ERKENNE DICH SELBST

Eine Geschichte der Philosophie II

認識自己

西洋哲學史卷二

從文藝復興到德國觀念論

Richard David Precht

理察・大衛・普列希特

周予安、劉恙冷———譯

仰瞻天上的炳朗日星，俯撫心中的道德法則；
我們對此二者愈是靜省深思，愈是新增驚嘆與敬畏之感。———康德

「……一個哲學體系並不像沒有生命的居家用品，人可以隨自己的喜好決定要拋棄或者接受；它因為擁有人類的靈魂，所以充滿生命力。」

——費希特（Johann Gottlieb Fichte）

目錄

文藝復興的哲學

巴洛克時期哲學

啟蒙運動時代的哲學

德國觀念論的哲學

附錄

作者簡介

理察・大衛・普列希特（Richard David Precht）

哲學家、政論家、作家、媒體出版人。一九六四年出生於德國索林根市。一九九四年於科隆大學取得博士學位，其後幾乎任職過德國各大報與電台，並曾獲美國芝加哥論壇報（*Chicago Tribune*）記者獎學金。目前身兼呂訥堡大學（Leuphana Universität Lüneburg）的哲學名譽教授，以及柏林漢斯艾斯勒音樂學院（Hochschule für Musik Hanns Eisler Berlin）之哲學與美學名譽教授。

二〇〇〇年榮獲生物醫學大獎。童年回憶《列寧只來到盧登夏德》（*Lenin kam nur bis Lüdenscheid*）已拍成電影。哲普著作《我是誰？》一鳴驚人，榮登《明鏡週刊》非文學類排行榜冠軍，長踞德國亞馬遜排行榜不分類冠軍。

著作如《我是誰》（啟示，二〇一〇）、《無私的藝術》（啟示，二〇一二）以及《愛情的哲學》（商周，二〇一五）皆為國際暢銷書，共被翻譯超過四十種語言。自二〇一二年起，他在德國電視二台主持自己的哲學節目《普列希特》（Precht）。

他於二〇一五開始進行了一段哲學史的長征，於同年出版了《認識世界：西洋哲學史卷一》（商周，二〇二一），隨後陸續出版了《認識自己：西洋哲學史卷二》（商周，二〇二一）、《做你自己：西洋哲學史卷三》（商周，二〇二二）。而第四冊預計於二〇二三在德國出版。

譯者簡介

周予安

民國八十年生，國立師範大學國文系畢業，目前在德國小城哲學系深造。除了哲學之外，也對中東政治以及宗教有濃厚的興趣，正在自學波斯文與阿拉伯文。愛狗卻養貓，希望有一天可以住在山林間杳無人煙的小屋裡。

劉恙冷

台灣彰化人，德國格萊夫斯瓦爾德大學哲學系及斯堪地那維亞語言文化學系，曾至挪威卑爾根大學交換主修挪威語，也曾到法羅群島大學暑期進修法羅語。

【編輯人語】

如果哲學史是一部連載小說

中文出版當中可見而可觀的哲學史著作，大抵列舉以下：

一、黑格爾《哲學史講演錄》（G. W. F. Hegel, *Vorlesungen über die Philosophie der Weltgeschichte*, 1831）：在黑格爾的歷史辯證法裡，哲學史也成了精神回到自我的發展過程，於是既預設了唯一的真理，而又說明了各式各樣哲學系統的雜多性，汪洋宏肆而又理路分明，其中對於亞里斯多德和斯賓諾莎頗多推崇。至於他對於印度和中國哲學的誤解，就揭過不提了。二、文德爾班《西洋哲學史》（Wilhelm Windelband, *Lehrbuch der Geschichte der Philosophie*, 1893）：同樣是講演課的教材，旨在概括闡述歐洲哲學觀念的演進，因而著重於哲學觀點的鋪陳，於是各個哲學理論潮流宛若萬花筒一般層層疊疊，捲起千堆雪。文德爾班把它叫作「問題和概念的歷史」，意欲全面性而沒有成見地探究思想的事實，至於哲學家生平及各家學說，則是略而不談。三、梯利《西方哲學史》（Frank Thilly, *A History of Philosophy*, 1914）：是一部「老實商量」的哲學史水準之作，作為哲學史家，梯利盡可能讓哲學家自己說話，謹守史家的客觀性，雖然他也自承先入為主的成見是不可避免的。他認為哲學史是個有機的整體，更強調每個哲學體系在文化、道德、政治、社會和宗教方面的形成背景。四、羅素《西洋哲學史》（Bertrand Russell, *A History of Philosophy*, 1945）：這部著作出版後在學界引起許多批評，卻使他成為暢銷作家，更讓他獲得諾貝爾文學獎。羅素認為哲學是社會生活和政治生活的一部分，因此著墨於哲學思想和政治、社會的關聯性。不過，羅素也任意以自己的概念分析指摘歷史上的哲學理論正確與否，嚴重傷害了哲學史著作的歷史性。五、柯普斯登《西洋哲學史》（Frederick Charles Copleston, *A History of Philosophy*, 1946-1975）：是至今哲學界公認哲學史的經典作品，以其客觀翔實著稱。原本計畫寫作三冊，分別是古代、中世和近代哲學，三十年間卻擴充為九大冊。柯氏於一九九四年過世，出版社於二〇〇三年把他的《俄羅斯哲學》（*Philosophy in Russia*, 1986）以及《當代哲學》（*Contemporary Philosophy*, 1956）增補為第十、十一冊。關於哲學史的中文著作方面值得閱讀者，則有：洪耀勳《西洋哲學史》（1957）；傅偉勳《西洋哲學史》（1965）；鄔昆如《西洋哲學史》（1971）。

理察・大衛・普列希特（Richard David Precht, 1964-），科隆大學哲學博士，有「哲學家當中的流行明星」的綽號，他的大眾哲學作品《我是誰》（*Wer bin ich - und wenn ja, wie viele?*）於二〇〇七年出版，造成出版市場的大地震，盤踞《明鏡周刊》暢銷排行榜第一名十六週。短短一年間被翻譯為三十二國語言，全球銷售數百萬冊。此後更筆耕不輟，陸續寫就了：《愛情的哲學》（*Liebe: Ein unordentliches Gefühl*, 2010）、《無私的藝術》（*Die Kunst, kein Egoist zu sein. Warum wir gerne gut sein wollen und was uns davon abhält*, 2010）、《奧斯卡與我》（*Warum gibt es alles und nicht nichts? Ein Ausflug in die Philosophie*, 2011）等作品。

普列希特在大眾哲學作品的寫作成就使人聯想到喬斯坦・賈德（Jostein Gaarder, 1952-）及其《蘇菲的世界》（*Sofies verden*, 1991），自從《我是誰》一時洛陽紙貴，全世界更掀起大眾哲學的閱讀風潮而至今不衰。喜愛其作品者大抵上著迷於他的文筆流暢、趣味和幽默。批評者則不外酸言酸語，譏誚其著作內容了無新意。二〇一五年，普列希特的哲學史作品第一冊《認識世界》（*Erkenne die Welt*）問世。儘管懷疑、嘲諷、不屑的聲音不斷，普列希特仍舊以其對於哲學的誠實、說故事的人的看家本領，讓閱聽大眾徜徉於哲學橫無際涯的時間流裡。隨著第二冊《認識自己》（*Erkenne dich selbst*, 2017）、第三冊《做你自己》（*Sei du selbst*, 2019）陸續出版，讀者也漸漸明白了普列希特在其哲學風情畫裡所要勾勒的無限風光。至於第四冊《人造世界》（*Mache die Welt*）則預計於二〇二二年出版。

為了研究哲學，或者從事哲學思考，或者說用哲學開拓視野，究竟有沒有必要讀哲學史？畢竟不是每個地方的大學都像台灣一樣把哲學史列為必修課。我在思考人權、正義、道德的問題，探究什麼是真理、知識或理性，或者問人從何處來要往哪裡去，「存在」究竟是什麼東西，為什麼要讀哲學史？這個問題其實和為什麼要讀歷史沒多大差別。如果說歷史裡的文明興衰更迭有如湯恩比（Arnold Joseph Toynbee, 1889-1975）所說的「挑戰和回應」模式，那麼，我們在思考的種種哲學問題也不是憑空想像出來的，而是在回答歷史裡的文化、社會、政治、宗教的問題；另一方面，每個個人，包括哲學家，他們的身心特質、家庭、學習過程、生涯際遇，也會影響其哲學思考的方向。所以，普列希特說他想寫的是一部「進行哲學反思的哲學史」，也就是說，從歷史和個人生命軌跡去理解哲學思考是怎麼一回事。

也因為如此，讀者究竟該期待在哲學史讀到或學習到什麼？同樣地，一部哲學史不應該是哲學家思想資料彙編，或者說各種哲學體系、理論、學派、主義的大雜燴。那不但不必要，而且也做不到；就連柯普斯登十一巨冊的哲學史，在他寫到叔本華、尼采、齊克果的地方，讀者應該也會覺得不過癮。或者說我們應該在裡頭探索歷史的規律性、理性的發展，或者真理是什麼嗎？這種歷史定論主義的說法，大部分的史家應該會持保留態度。於是，普列希特則說，如果讀者在讀這本書的時候忘記那是一門學科、不再只是追問真理或理性是什麼，那麼他的寫作目的就達成了。因為他心中的哲學思考，「是要擴大我們思考及生活的框架。哲學思考是把我們思想工具刮垢磨光，讓我們更有意識地去體會我們存在的有限時間，哪怕只是為了理解我們不了解的事情」。

所以，在這部哲學史裡，讀者不會看到柏拉圖、亞里斯多德、康德或黑格爾的理論的條列介紹，因為即便是梗概，也足以讓人暈頭轉向。再者，所有哲學思考不僅要放在時代背景底下加以咀嚼，更要從哲學家的人生際遇和心境再三玩味。因此，我們不僅會看到古代貨幣經濟的崛起和抽象思考的關係，明白教會和國家的權力對抗在「共相之爭」裡扮演的影武者角色；不同於上述哲學史著作，普列希特更加細膩地描寫哲學家的個人故事。我們也因此會讀到大亞伯拉和哀綠綺思纏綿悱惻的愛情故事，明白了齊克果和彌爾他們的父親在其生命中投下的陰影，也可以看到尼采到處領到好人卡的引人發噱的插曲。

如果說哲學史是一部連載小說，讓人在夜裡枕邊愛不釋卷，那麼普列希特應該是做到了這點。

商周出版編輯顧問　林宏濤

導論

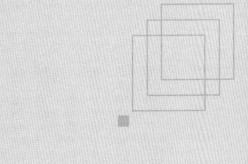

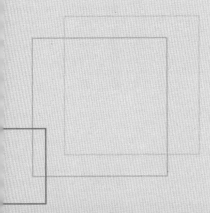

就像人類一樣，我們只能從時代走過的軌跡去認識時代，而沒辦法在它進行當中論斷它。每個時代都有它的特徵，它的節奏，它獨有的生活體驗。定義其軌跡的，並不是事實、某個政權崛起或衰滅，或是某一天的新聞標題。在當時不明確的東西，往往要以後才能加以解釋。然而定義每個時代的，正是這種不明確性，一直到我們的時代都是如此。

哲學的軌跡更是充滿了許多不明確性和非共時性（Ungleichzeitigkeit）❶。某些遠古的思想，在我們看來顯得具有前瞻性而且現代性；相反地，若干近代的思想卻顯得既陳舊又蒼白無力。但誰又知道，究竟對於那些哲學的評價是否曾經被證實或改變？哲學史學大抵上不太關注對於這類的觀點和評價的轉變；他們傾向於以類似的方式闡述他們口中的歷史——主要是因為他們擔心其他專家的批判。如果可以的話，哲學史家寧可對於他當時的哲學避重就輕或隻字不提，那就省事多了！任何不同的評價、揀選和筆調，都需要足夠的勇氣與無畏的精神；那是人們寧可小心投注的資本。正如這個哲學史計劃的第一冊，我會史無前例地側重於社會以及經濟的歷史，以及物質性和生物學方面的問題。

許多哲學史都會依序鋪陳事件的進行和人物的出場。這種哲學史的編年史是一條長河，它的河床甚少改變，其中多為陳腔濫調，而看不到什麼必然性。因為歷史書寫並不是一門必須遵守什麼鐵則的學問。然而它也不是藝術或是意見的大雜燴。然而，就像謝林（Friedrich Wilhelm Joseph Schelling）在《自然哲學之理念》（*Ideen zu einer Philosophie der Natur*）序言所說的，關於哲學究

❶ 指時間的落差。

竟是什麼，這個問題本身就是個哲學問題。哲學以及哲學家所扮演的角色也會改變，就像是本書要探討的十五世紀到十九世紀初期一樣。從庫薩努斯（Cusanus）到黑格爾（Georg Wilhelm Friedrich Hegel），他們不僅僅是時代的差距，而是兩個截然不同的世界：一個是基督教威權世界觀的圈內人的學術世界。每個哲學家都只是以不同的方式加工處理這個世界觀；在另一世界中，啟蒙運動與革命為中產階級的崛起迎來破曉的曙光，攪煉爐的煙囪、無產階級的貧困以及教會，都混處於同一個社會的壁龕當中。

中產階級在生產過程中的分工最終也也應用在哲學領域。到了十八世紀末，亞當・斯密（Adam Smith）希望可以將哲學分成「不同的支派，並且各自與哲學家的不同部門和階級有關」；因為「分工」可以增進「靈巧度和節省時間，就像其他職業一樣」。[1] 把時間視為應該節省的資源，那是文藝復興時代的思想家們從來沒想過的事。相反地，現在它已經成為我們生活的固定準則。同樣地，認為哲學家應該是思想產品的專家，黑格爾應該對於會相當不以為然，雖然現在已經是個普遍的現象。

現在要當個跨學科的學者，是相當困難的事。自從那個時代開始，各自不斷積累的專業知識已經成為過重的負擔。在一個充斥著不同學科領域和專家的世界裡，跨領域學者只是嘗試彌補原本的體系化知識遺漏的部分。而哲學歷史的書寫，則是跨領域學者最後棲身的範域。本書所要處理的時代裡的重要問題，都是老問題了；我們在第一冊裡也都認識了它們：實在界到底有多麼真實？我怎麼知道我擁有知識？我可以順從自己的欲望嗎？為什麼我應該要成為有道德的人？什麼才是一個美善而正義的社會？只不過在我們要討論的這四百年中，這些問題開展出不同的格局。在逐漸發展中

[11]

的公民社會中，這些問題都被重新審視；「勞動」與「個人權利」的概念整個改變了人們的想像世界以及行為框架。而它們也形塑了現在我們所謂「正常」的社會——即便它們也可能就要因為數位化而告終。

某些事件和人物在這場數世紀的長征中會特別困擾。種種慣例會是第一個難題。這部作品會細分為**文藝復興**、**巴洛克**、**啟蒙運動**以及**德國觀念論**，對於文藝復興何時開始和何時結束，人們討論多時；至於「巴洛克」則根本不是哲學史裡的一個時代。對部分的人而言，它從來不算是個歷史時代，而僅僅是一種藝術風格。可是所謂的「時代」究竟存不存在呢？人們越是仔細審視所謂時代的概念，就越明白它有多麼混亂而且專斷，不過本書的章節區分並不打算扯上這種討論。我只是想讓讀者有個清楚明白的梗概就行了。因此，我們也不必爭論康德（Immanuel Kant）到底算不算是「德國觀念論」的成員，或者他只是以啟蒙者的角色點燃德國觀念論的火焰。畢竟，「德國觀念論」這個概念直到十九世紀中葉才出現，但對我而言，如果要歸類康德的話，他應該是屬於那個時代，因為這個相當日耳曼風格的哲學思潮就是由他所開啟的。它與英國與法國的思潮有著極大的區別，而且建立了自己獨有的傳統。

對於時代是如此，對人當然也不例外。比如說，直到現在，我們仍舊難以為馬丁·路德（Martin Luther）定位。即便馬丁·路德不是哲學家，但是不管是就教會史或政治的角度而言，他都會出現在任何一部哲學史裡。然而歷史裡的路德早就沉埋在對他的種種詮釋的沈積層下；他們認為路德公認的正面評價是恆久的，而他的許多負面評價則是因為時代的限制。數個世紀的「同人小說」早就把路德曲解得面目全非。而相似的歷史在反覆訴說幾千遍之後，任何相左的看法也很容易被視為挑釁，即使是無意的；「二〇一七路德年」就相當顯著地證實了這點。在推崇和歷史批評之間的「中庸之道」也難以真正找到中間值；如果想要中立地評斷馬丁・路德，就必須完全排除他的信徒身分，才有辦法適當地評價他的歷史地位。

當然自我設限的並不總是人，而是歷史形成的學術地形。本書中會提及數座哲學裡危乎高哉的「八千呎高峰」，它們是哲學地圖上最難以攻頂的。在這場障礙賽的開端，我們會遇到名為庫薩努斯的山峰，緊接著便是斯賓諾莎（Baruch de Spinoza）以及萊布尼茲（Gottfried Wilhelm Lebniz）。闡述萊布尼茲的哲學根本是吃力不討好的事。世上沒有一個萊布尼茲哲學體系，而只是無數零零落落的想法。自一九二〇年代開始編輯的數百冊萊布尼茲全集，至今依舊完成不到一半。其中還有許多概念是在難以理解的思考框架裡。我們必須以相當的語言自由度才有辦法用現代的詞語來描述它們。比如說，我在解釋單子論（Monadentheorie）的時候使用了「意識」（Bewusstsein）這個語詞，可是它直到一七七一年才第一次由窩爾夫（Christian Wolff）提出來，在萊布尼茲過世前五年。

不同的思考方式同樣也會改變對於霍布斯（Thomas Hobbes）的評價。他在哲學歷史的地位無庸置疑，畢竟他開始了理性的政治理論，並且提出社會契約的理念。但是如果相較於當時的詹姆斯・哈林頓（James Harrington）這位建立議會民主和權力分立的哲學家（他幾乎被所有哲學史遺忘，即便是在他所處的英美哲學裡），霍布斯便顯得既不現代化也不夠前衛了。

當我盡其所能詳細闡述洛克（John Lock）的思想時，會清楚指出這位「啟蒙運動之父」的種種矛盾。十七世紀末的人們對於自由和平等的理念的渴望，並不只是因為它們是美好的；當時的許多理念早在古代就一直為人所討論，卻直到那個時代才第一次和政治扯上關係，而背後的原因則是強

[13]

大的經濟利益。同樣地，自由主義和資本主義社會裡的道德雙重標準，洛克也難辭其咎；洛克反對黑人和印地安人享有與英國資產階級相同的權利。即便現在的歐州許多人和洛克的看法相左，但我們社會中獨有的美德依然是關注個人的富裕而不是世界的饑饉。

另一個值得深思的問題是：對比法國的啟蒙運動，如何評價英國的啟蒙運動。我們該怎麼詳述這個問題呢？法國啟蒙運動有許多羽毛斑斕的鳥：打頭陣的有伏爾泰（Voltaire）、拉美特里（La Mettrie）、狄德羅（Diderot）和盧梭（Rousseau）；相反地，柏克萊（Berkeley）、休姆（Hume）和亞當·斯密，乍看下則顯得羽毛黯淡。儘管如此，盎格魯薩克遜人透過啟蒙運動建立的公民社會卻屹立不搖。而在法國，則是直到法國大革命，普遍理性與公共意志（volonté générale）才登上神的位置，而在大不列顛則是降福人間的市場經濟。而且，當理性專制主義之火焰猛烈卻轉眼燃盡，市場經濟的專制在世界上卻依然有著眾多強大的擁護者。

相反地，日耳曼地區的處境迥然不同。大不列顛正在為資產階級的統治結構建立種種硬體設施，法國利用個人享樂主義為其製造軟體，而在日耳曼地區則有個充當人類意識的公務員的康德。康德用數以百計的新概念掃描「人」，並把它們分類、評鑑和估價。在康德這裡，讀者要在艱辛的障礙賽裡攀登四座八千呎高峰的第一座，在接下來艱難的賽道上則會看到費希特（Fichte）、謝林（Schelling）以及黑格爾（Hegel）。他們在德國哲學史的卓越地位毋庸置疑，也相對的在哲學史裡擁有他們的一片天地。不得不提及的是，牛津教授安東尼·肯尼（Anthony Kenny）這位英國哲學家在他四大冊的哲學史裡，費希特和謝林加起來只值兩頁半的篇幅！[2]

從康德的哲學翻轉成基督新教的浪漫主義，一個沒有神的精神宗教，頭腦冷靜的人並不吃這一

[14]

套。可是德國觀念論的偏激誇大而繁殖力旺盛，在哲學史上的評價最兩極化。不管如何，在十九世紀的耶拿（Jena）這個圖林根（Thüringen）邊境的窮鄉僻壤裡醞釀的思想，成了一塊以觀念論熱情地為哲學施肥的沃土；哲學在黑格爾那裡越是理性地傳唱，他的聽眾越是得到完全相反的看法：人心深處的世界，並不是以理性為支撐……[15]

由此可見，哲學並不存在筆直向上的道路。哲學會隨著不同的浪潮而搖擺，宛如酩酊大醉而不辨東西，不過還是希望有洞然明白的一天。這條路會兩次經過變幻多端且激勵人心的大地。在概述了前方的旖旎風光之後，我衷心祝福各位讀者旅途愉快。

理察・大衛・普列希特

杜塞道夫，二〇一七年七月

博士們的隨從

關於畫作的不真實的魔法

[17] 來自艾米利亞羅馬涅（Emilia-Romagna）地區的隊伍正在穿越托斯卡納（Toskana）亞平寧山脈（Apennine）的高地。神色儼然的博士與君王們騎在高貴的駿馬上，身著莊嚴的法袍，隨行的有優雅的侍從和高貴的獵犬，甚至還有一隻印度豹。背景的風光宛如童話：陡峭的岩石有如摺皺的高級紙張；鳥乘著寧靜的風在飛翔，非寫實的樹上覆滿樂園果實和樹葉，宛如鴕鳥羽毛一般。地平線以及風景裡散落著數座夢幻城堡，所有時間都被抽離了，那是神國裡的耶路撒冷。

這是一幅濕壁畫，三聯壁畫的其中之一。直到今天，它依然在位於翡冷翠（Florenz）梅迪奇・
[18] 里卡迪宮（Palazzo Medici Riccardi）的梅迪奇祈禱室裡，沈浸在魔幻而使人著迷的光線之中。這幅畫的義大利語標題是〈東方三博士的隊伍〉（*Il Viaggio dei Magi*）。德文翻譯更貼切一點：〈博士們的隨從〉（*Das Geleit der Könige*）。因為溼壁畫所呈現的，遠遠不只是到伯利恆的三博士的隊伍。有許多地方值得我們加以闡述（ausleuchten）的，光是博士的侍從隊伍就頗有可觀之處。說到字面意義的「投光」（ausleuchten），就必須從創作者戈佐利（Benozzo Gozzoli）在翡冷翠創作該畫的時候說起：那是一四五九年夏天到一四六〇年春天，那時的祈禱室還沒有窗戶。戈佐利於一四二〇年在翡冷翠出生，並且學習冶金匠技術。他擔任著名的安基利柯（Fra Angelico）的助手，曾經在他的師父於羅馬與奧維耶托（Orvieto）工作時幫忙，並且在小鎮蒙特法爾柯（Montefalco）完成他的第一幅溼壁畫。

當有權有勢的梅迪奇家族開始為他們的皇宮祈禱室尋找畫家時，相中了這位後起之秀。戈佐利身上必有某處使老柯席莫（Cosimo）著迷。有可能是戈佐利對細節的溺愛以及身為冶金匠的精準眼光，使這位年輕藝術家的畫作熠熠生輝。畢竟翡冷翠的城市統治者並不想要像教堂中聖人畫像那般的效果；他們要的是一場盛大的遊行隊伍，就像是「三王兄弟會」每年在羅馬的拉加大道（Via Larga）（現名為卡沃爾大道〔Via Cavour〕）舉辦的那樣，充滿光輝與榮耀；這件事讓梅迪奇家族心甘情願地混雜在隨從當中，以顯示有錢的銀行家們為了讓博士們騎馬出巡做出了多大的貢獻。

在宮殿祈禱室裡，戈佐利必須把燈光打在梅迪奇家族身上，而不是那三位博士，而這個任務可謂無比複雜。東方三博士這個主題藝術裡早就有其特定的寓意，而且畫家必須在三位聊備一格的博士身邊適當地畫上老中青三代家族成員。而在溼壁畫中更要顧及另一個更重要的意義層面。一四三九年冬天，在戈佐利接受委託的二十年前，真正的「東方智者」穿越亞平寧山來到托斯卡納。這些大人物分別是東羅馬帝國巴列奧略王朝的若望八世（Johannes VIII），他是君士坦丁堡（Konstantinopel）的皇帝；以及宗主教若瑟二世（Joseph II），東正教教會的領導人。他們要和天主教領導人教宗歐日尼四世（Eugen IV）見面；這是一場世界級的事件：這是直到一九六四年之前，教宗與東正教宗主教的最後一次會面！

不過這次會面的共同目標既不是耶路撒冷也不是人子耶穌，而是翡冷翠以及神職人員聯合大公會議。在這些「博士」們的隨從中，我們可以找到當時宛如《名人錄》（*Who is Who*）中的博學之士。況且又有什麼樣的任務會比起基督教的統一更具有紀念意義呢！或者更明確地說：這是西方天主教會和東方東正教會確定而絕對的和解。

這場轟動一時的事件，除了翡冷翠之外沒有別的地方可以舉辦，它將會是讓西方世界復活的城市。就算是現在把八大工業國組織會議，奧林匹克運動會、加上世界盃足球賽都在同時同地舉辦，也都無法和它相提並論。為此，這座商人城市中的強大寡頭柯席莫·梅迪奇（Cosimo de' Medici）不惜出錢出力以贏得這個機會。他的論證相當有說服力：他要為這場會議的無數與會者負擔所有費用。銀行家不僅出資舉辦為期整整半年的會議，並且吸引了皇帝、教宗、宗主教、許多義大利的諸侯以及城市資助者和他們的隨從們，捨棄規模比較小的費拉拉（Ferrara）而來到阿爾諾河畔（Arno）的城市。戈佐利必須在濕壁畫描繪的場景，就是這場高峰會，尤其是從費拉拉往翡冷翠的這段路程。在畫中，畫家必須把三博士的主題及其生命階段的寓意囊括在內。同時，他也必須把梅迪奇家族畫到三博士的隊伍中，以在畫中彰顯翡冷翠的輝煌。

這個主題延伸到另一個水平，給予戈佐利巨大的挑戰。在十五世紀早期的義大利，王公貴族，或者不及王公貴族的人，都藉著繪畫讓自己躋身歷史舞台，那是司空見慣的事；即使繪畫的涵義和他們本身並不相配。任何有權有勢的人都可以任意挪用歷史、寓意和宣傳，並委託當時最優秀的畫家為其效力。托斯卡納城邦國家上流社會的富裕的傭兵和銀行家，一夜之間便成了「皇室」；就和今日摩洛哥的格里馬迪（Grimaldis）王朝沒兩樣。他們並不是古老貴族，在現實層面也從來不是「格里馬迪」；但圖像的宣傳和大字標語會讓他們成為人們談到歐洲貴族時第一個想到的諸侯。

老柯席莫就是這樣打算的。為了滿足種種要求，戈佐利畫了三幅濕壁畫，但是其中卻缺少了不久前成為所有高價畫作不成文的必要條件：中央透視法！在戈佐利出生之前，天才建築大師布魯涅勒斯基（Filippo Brunelleschi）於一四一〇年首創劃時代的透視演算法，馬薩喬（Masaccio）之流的畫家採用它並且應用在繪畫上。戈佐利年幼時，博物學家阿貝提（Leon Battista Alberti, 1404-1472）

把透視法寫入藝術理論著作。當然戈佐利也是熟諳透視法的畫家，卻在創作博士的隊伍時捨棄了它。後世並不認為戈佐利是文藝復興時代的優秀畫家，這是最主要的原因。陳陳相因的藝術史，只有在第一眼就顯得創新而出人意外的畫作，才有資格載入史冊；這個過於短暫的一瞥，除了戈佐利之外，各個時代中許多有天分的畫家都成了受害者。

可是戈佐利完全不想要一個看起來現實的空間。他也不想要一個看起來現實的時間。所以托斯卡納風景及其理想化的羽毛似的樹木，看起來並不符合現實的樹木，而且畫面中的城堡更像是來自童話國度而非義大利中部。也因此整幅畫作就在現實與夢境、歷史、現在和寓意之間來回閃爍不定。也只有如此，畫家才有辦法一次展現畫作應該具備的意義層次。戈佐利捨棄方興未艾的中央透視法，而是遵循哥德式的技法，尤其是充滿寓意的祈禱書插圖。

對於一個把文藝復興窄化為被「自然科學」激發的樂觀主義的文化史而言，戈佐利的濕壁畫偏離了文藝復興的理想軌跡。當然在新的事物之外，懷古、神祕主義，加上中世紀時期的思想，都是文藝復興思想的重要元素。戈佐利的委託人，梅迪奇家族，他們的看法應該也沒什麼不同。身為君王和教宗的銀行家，他們是這個從十三世紀就推動著中世紀前進的社會階級的代表人物。他們憑著金錢、計算以及經濟效益思考沒有感情的合理性，把基督教井然有序的世界觀除魅。但是這些冰冷錢幣的主人卻也出資舉辦一四四五年聖若望節的盛大遊行；在那場遊行中，臨時演員、達官顯貴、和兩百匹馬一起華麗地重現了聖誕故事。他們也為教宗庇護二世（Pius II.）、斯福爾札（Galeazzo Sforza，他是未來的米蘭公爵）以及里米尼（Rimini）的強人馬拉泰斯塔（Sigismondo Malatesta）舉辦了不遜於該遊行的奢華慶典。

[21]

慶典在一四五九年的春天舉行，緊接在戈佐利創作濕壁畫之後。這三個位高權重的男士（儘管他們和從費拉拉來到翡冷翠的隊伍沒有任何關係）也在濕壁畫中的三十多個人像裡擁有自己的位置。馬拉泰斯塔和斯爾弗札是主畫面左側邊緣的兩位騎士。根據當時相當容易辨識、有著金色刺繡的紅色兜帽，教宗被推測藏身隨從當中。兩名分別騎騾子和白馬，位在隊伍前端的騎士，則是戈佐利的委託人老柯席莫和他的兒子：痛風者皮耶羅（Piero der Gichtige）。戈佐利在書信中透露皮耶羅一絲不苟地監督濕壁畫的工程。在皮耶羅旁撐著他的，還有他的銀行家好友馬爾特利（Roberto Martelli）；他出席了一四三九年翡冷翠的會議，並且為溼壁畫貢獻他的回憶。三位博士中的兩位直至今日，也可以輕易地認出來是真實的會議與會者：年長的博士是宗主教若瑟二世，正值壯年的博士則是巴列奧略王朝的若望八世，他是君士坦丁堡的皇帝。而誰又是在白馬背上直視著觀畫者的年輕博士呢？他到底是不是「偉大的羅倫佐」（Lorenzo il Magnifico），當時才十歲的梅迪奇家族的繼承人？到今天這依舊是個言人人殊的問題。

不管怎樣，天主教教會的代言人和他的諸侯和拜占庭人水乳交融地一起騎馬穿越山嶺，絲毫不見對立和劍拔弩張的徵兆。人們可以透過狂野的鬍鬚和東方的服飾立刻認出東正教會的代言人。事實上，戈佐利用璀璨的色調描繪的天堂般的和平，並沒有出現在大公會議的隊伍裡。拜占庭宗教和世俗領袖在一四三九年已經沒有退路。土耳其人佔領拜占庭帝國，並且就要奪下首都君士坦丁堡；東正教會在這個情況下願意默默忍受大公會議，等於簽下投降協議，讓所有宗教傳統瓦解，只因為它必須這麼做。在梅迪奇家族祈禱室裡，東方三博士的隊伍卻沒有指出這件事。戈佐利的畫作展現出聖誕節的安詳，兩個文化的人們宛如童話故事一般地融融泄泄。托斯卡納的風景和神國的荒涼山

[22]

[23]

崖兩者難分彼此。而彷彿天啟的「人文主義」以繽紛的繁忙人間充填了這幅畫。

當時代、信仰與歷史融合在一起，就再也和可鄙的現實無關了。在美麗的淺色巉岩之間迤邐蜿蜒的大公會議隊伍穿著什麼服飾？真正的與會者才不會穿著夏日節慶衣服在冬天穿越亞平寧山脈呢。暗色沈重的外套去了哪裡？戈佐利也運用他的自由想像，把自己畫進隨從隊伍中。畫家戴著繡著他的名字的紅色便帽，在男眾中間騎著馬，他們當中有許多當時重要的哲學家的身影，畫家極力想要讓他們被辨識出來。那位滿臉于思，戴著藍色與金色相間便帽的男士，可能是自稱普勒托（Plethos，豐盛的意思）的格米斯托士（Georgios Gemistos, 1355-1450）。作為拜占庭皇帝的策士，他也出席大公會議。普勒托始終反對東西方教會的統一，因而讓他的皇帝相當不高興。若望八世知道，他必須在翡冷翠向十字架俯首稱臣，並且犧牲了東正教的三位一體說。對他來說，教會的統一是以高昂的代價快速換取天主教會的軍事支持，以抵禦土耳其對君士坦丁堡的進逼。

在一四三九年六月六日，大公會議的領袖們聚集在在基督教最偉大的教堂圓頂之下：五年前剛落成的花之聖母大教堂（Cattedrale di Santa Maria del Fiore），它更為人所知的名字是翡冷翠主座教堂（Dom von Florenz）。在這裡他們簽署了教宗訓諭〈諸天同樂〉（*Laetentur coeli*）。其中也包含一位來自莫瑟河（Mosel）的日耳曼人：庫薩努斯（Nikolaus von Kues, Cusanus, 1401-1464）。作為教宗特使，他陪同拜占庭代表團從君士坦丁堡乘船到威尼斯，並隨隊來到費拉拉與翡冷翠。我們不知道戈佐利是否也藉由祈禱室內的濕壁畫紀念庫薩努斯。如果不是的話，那絕對是非常不可思議。在他的畫中，一列賢者融洽地穿越神以善意創造的和諧世界，所有對立都消融在更高的統一裡，正是以美妙的方式畫出了庫薩努斯的哲學。

[24]

翡冷翠的另一位人文主義學者馬內提（Giannozzo Manetti, 1396-1459）也提倡類似的想法。一四五二年，在戈佐利為梅迪奇宮作畫之前不久，馬內提也在讚揚人性的高貴：「每一幢房屋，每一座大大小小的城市，乃至地球上所有的建築物，他們都有著龐大數量與極高的品質，而我們必定為因其華麗的榮耀而判斷說，它們與其說是人的創造，不如說是天使的創造。」[3]

「土地是我們的……山脈是我們的，丘陵是我們的，山谷是我們的……柳丁樹是我們的，歐楂樹是我們的……夏季的橡樹是我們的……冬青櫟是我們的，柏樹是我們的。」同時，「馬匹是我們的，騾子是我們的，驢子是我們的。」「以及種類如此繁多的鳥類，……一位伊比鳩魯學派的女性追隨者向我們揭露，這是神的意旨，所以祂才會為我們準備如此繁多而且有趣的物種。」[4]神的地球是為了人類創造的樂土。人們不應該繼續夢想成為天使，人們就是天使，從天國降下，並獲得了人類日常形象。

現實生活卻證明人類並不是天使。人類所創造的「完美的玩意兒」依然被塵世限制。世界遠非神所想的，而人類卻依舊執著於它。當拜占庭人於一四三九年回到君士坦丁堡，他們令人驚駭地取消了對羅馬教廷的妥協。幾乎沒有人想要歸順羅馬，第四次十字軍東征對這座城市的諸多暴行依然沒有被忘記。神職人員強迫皇帝撤回在大公會議的決議，並讓東正教會回歸正統。第三次，也是最後一次基督教會的統一失敗了。其結果是，教宗和義大利諸侯也不願意履行幫助他們抵抗土耳其人的承諾。如此一來，基督教統一這個問題也永遠解決了：一四五三年五月二十九日，拜占庭的千年帝國永遠地淪陷了。奧斯曼帝國的蘇丹穆罕默德二世（Mehmed II.）率領八萬名驍勇善戰的士兵佔領了偉大的君士坦丁堡……

文藝復興的哲學

的港
皮亞維河
尼斯
菲拉拉公國
拉芬納
聖馬利諾
共和國
烏爾比諾
威尼斯共和國
達爾馬提亞
斯帕拉特歐
（斯普立）
教宗國
亞得里亞海
拉古沙共和國
台伯河
羅馬
拿坡里王國
貝內芬托
拿坡里

阿 提 聯 邦
洛卡諾
日內瓦
米蘭公國
米蘭
薩瓦公國
隆河
杜林
曼
波河
阿斯提
沙盧左
蒙費哈藩侯國
帕瑪
莫德
公
法蘭西王國
熱那亞
熱那亞共和國
馬薩
尼斯
摩納哥
盧加城邦
共和國
翡冷翠
第 勒 尼 安 海
愛爾巴島
科西嘉島
(熱那瓦共和國)
皮翁畢諾侯
地 中 海
薩丁尼亞
(亞拉岡王

文藝復興哲學家年表

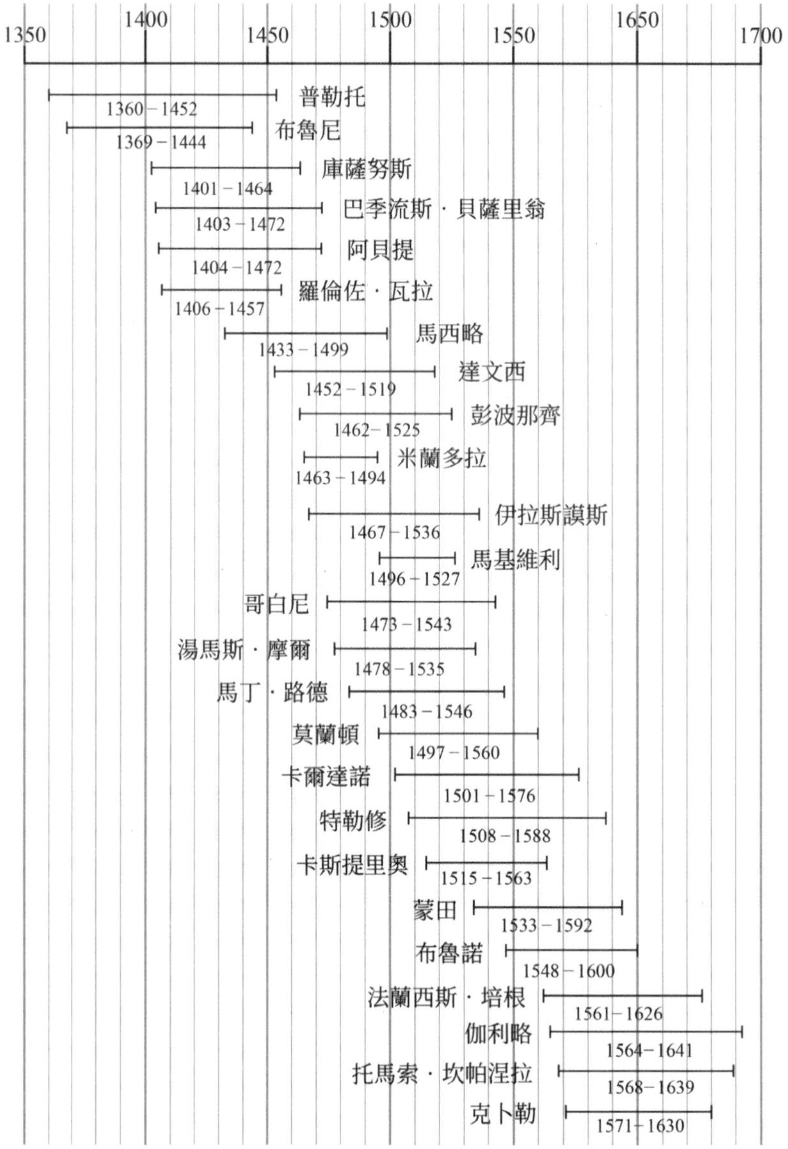
1350
1400
1450
1500
1550
1650
1700
普勒托
1360－1452
布魯尼
1369－1444
庫薩努斯
1401－1464
巴季流斯．貝薩里翁
1403－1472
阿貝提
1404－1472
羅倫佐．瓦拉
1406－1457
馬西略
1433－1499
達文西
1452－1519
彭波那齊
1462－1525
米蘭多拉
1463－1494
伊拉斯謨斯
1467－1536
馬基維利
1496－1527
哥白尼
1473－1543
湯馬斯．摩爾
1478－1535
馬丁．路德
1483－1546
莫蘭頓
1497－1560
卡爾達諾
1501－1576
特勒修
1508－1588
卡斯提里奧
1515－1563
蒙田
1533－1592
布魯諾
1548－1600
法蘭西斯．培根
1561－1626
伽利略
1564－1641
托馬索．坎帕涅拉
1568－1639
克卜勒
1571－1630

我們心中的世界

- 一個支離破碎的世界
- 在尋找普遍原理的路上
- 內心的真理
- 價值的顛覆

一個支離破碎的世界

渡海的過程可謂驚濤駭浪。拜占庭的代表團必須要在海面上花兩個月的時間，才能從君士坦丁堡來到義大利北部的東海岸。不過大概在一四三七年的晚秋或者冬天，同行的教廷談判負責人突然得到了靈感，他理解了到底是什麼讓基督教會分裂；這位談判代表就是庫薩努斯，他在君士坦丁堡和與威尼斯之間的海上的領悟，為幾乎所有人類和哲學討論帶來了另一道光。

[33]

這個議題的衝突不曾稍歇。在庫薩努斯的時代動亂如冬季咆哮的地中海。作為教宗外交使團的大使，他知道教宗的處境有多麼艱難。即將來臨的聯合大公會議並無法遮掩，天主教教會不像中世紀那樣如日中天。諸侯削弱了教宗在西方基督教世界的所有權柄，而教會本身也正在經歷強烈的亂流。聯合大公會議不過是教宗的一著棋，為的是破壞同時在巴塞爾的另一場大公會議的勢力。那裡的教會代表自視為對抗恣意專擅的宗座權的正當反對勢力，並且意圖剝奪神國的代理人的宗座權力。庫薩努斯當時也在巴塞爾。他認為中庸的分權有利於教宗和大公會議創造新的和諧（《論公教的和諧》〔*De concordantia catholica*〕），但是這項提議自然是失敗的。

[34]

教會距離和諧依舊非常遙遠；西方世界分崩離析。情勢和戈佐利於二十年後在梅迪奇祈禱室描繪的天使和平剛好相反。政治情勢是如此，整個時代的思想亦然。各地都有人認為這個世界只是各種矛盾的集合體，一個具有決定意義的秩序已然消失無蹤。清醒的知性只是更加證實矛盾的存在卻無法消解它們。

即使在基督信仰，包括它的神學體系，都出現這樣無法統一的狀況。中世紀的哲學家們都在思考這些問題，有時候甚至因此失去信仰。世界是自有擁有的嗎？或者是被造物？如果世界是永恆的，那麼就不會有神的創世。如果世界是被造的，那麼就必須問神在那以前做了什麼，當時想到什麼，才會創造出一個世界，讓充滿缺陷的人類在其中說謊、欺瞞，並在戰爭中互相屠殺。這到底是誰的錯，是人類的，還是上帝的？如果依照教會所說的是人類的錯，那麼人類就必定擁有自由意志。但是如果有個全知的神，他可以預定並且預知未來的一切，那麼怎麼會落到如此下場？為什麼他創造的人類可以自由地做出完全屬於自己的決定？為什麼神對某些人慈悲施憐憫而捨棄其他人？對祂來說，自始就讓所有靈魂都是善的因而蒙福，難道不是輕而易舉的事嗎？

這種種問題沒有什麼好的答案。這類的答案都是在迴避人類的理性（Rationlität）。知性（Verstand）以邏輯、數學以及合理的證明為武器，在這個問題上，它卻百思不得其解。聖多瑪斯（Thomas von Aquin）強迫把亞里斯多德（Aristoteles）的理智和基督教的靈性（Spiritualität）送作堆的作法，依然無法解決這些問題。他如雜技一般耍弄概念的學說體系如今也生鏽了。對庫薩努斯和當時許多其他的哲學家來說，中世紀中、晚期的「經院哲學」（Scholastik）中的學院式爭辯早已走調而且過時。但是如果說這個世界顯然不是有如模具生產的完美作品，如果腐敗、濫權、戰爭和懷疑動搖且損害了聖多瑪斯在十三世紀忠實奉獻的天主教教會，人們又要以什麼取代這個經院哲學呢？

在這樣的情勢下，若干想法在前往威尼斯的船上如閃電一般襲上庫薩努斯心頭。我們究竟為什麼會認為，人類偏偏一定要以**知性**回答這些重大而且明顯無解的問題？在亞里斯多德的哲學傳統中，哲學家認為他們對世界的命題應該**不存在矛盾**才對。這個要求使得哲學和神學在中世紀分道揚

[35]

鑣，神既是恩慈**又是**公義的，既是詛咒**又是**拯救的，祂是無時間性的，卻在時間裡作工，神學家對此只能聳聳肩表示不在意，而從事哲學思考的學者則嘗試要解消這些矛盾；亞里斯多德不接受任何**矛盾**（oppositio）的存在，只有非此即彼。不以這種方法加以揀擇的，就會違反邏輯，因而是不真 [36] 實的。亞里斯多德的實在界是單義而不是多義的；它是不含矛盾而且也不可以違反邏輯的。

在這方面，庫薩努斯意識到一個很大的錯誤。神真的要世界合乎邏輯而且具意義明確嗎？就像是柏拉圖與亞里斯多德一樣，這位年輕的外交官在教皇的任務途中區分了知性（ratio）和理性（intellectus）。知性像是技術性的輔助器材，讓我們有辦法導出合乎邏輯的結論。相反地，理性則是更完備的理解能力，它可以辨識出作為所有邏輯結論基礎的前提。作為精神的思考能力，理性的範圍遠大於邏輯；它是處世智慧（Weltklugheit）。庫薩努斯認為，理性告訴我們，知性不能夠代表一切。理性告訴我們，知性不管如何努力鑽研自然，也找不到任何統一性，而只能在由種種對立構成的世界中永無止盡來回梭巡。亞里斯多德嘗試要讓這些對立和諧一致。即便他討論「無限性」，也把它看作有限的，因而得以認識無限性。他小心翼翼地區分靜止和運動，即使它們在物理上互為條件並且相互滲透。他從動態世界發展出一個靜態系統，因而錯失了它的本質。簡言之：亞里斯多德讓事物相互分離，它們之間的對立的交互作用也因此被忽略了。

庫薩努斯不只是教會的官員，更是狂熱的自然學者和數學家，他不認為存在一個封閉的整體。正如基督教會是由各種對立構成的（不單只羅馬天主教和東正教會的分裂），這個世界也到處都是由對立構成的整體。**對立的統一**（Coincidentia oppositorum，對立的和諧一致），正是庫薩努斯從君士坦丁堡至威尼斯的航行途中的思考的關鍵字。如果說至今所有以哲學解釋世界的嘗試都失敗， [37]

那麼失敗的原因就會是：哲學僅僅以合理性思考世界，並且盡可能排除矛盾地加以梳理。但重點是，要就各種無法以邏輯排除的對立的交互作用去理解世界整體。因此，庫薩努斯可以自豪地說，哲學正站在一個全面而嶄新的出發點。

對比於傳統的哲學，庫薩努斯的思想就像是哲學的量子力學。這位深深扎根於神祕主義的教會高級官員，成為義大利文藝復興哲學的先驅。他的思想炸毀了至今為止的系統，並且為這世界起草了一個新的普遍法則（Universalgesetz）。這位教宗的特使並不是在晴朗的天空下突發奇想的；他在莫瑟爾河畔的庫司（Kues）出生，並從海德堡（Heidelberg）的「博雅學院」畢業，於帕度亞（Padua）研習教會法。據推測也可能在科隆短暫教書，在那裡認識了荷蘭神學家海梅尼庫斯（Heymericus de Campo, ca. 1395-1460），因而熟諳新柏拉圖主義以及一個人的著作，他就是西元六世紀的亞流巴古的狄奧尼修斯（Dionysius Areopagita），他在其書中自稱是〈使徒行傳〉中使徒保羅的學生。

這位狄奧尼修斯以基督教思想詮釋了新柏拉圖主義者普羅丁（Plotin）的著作，並且對基督教產生深遠的影響。他最大的成果是提出「否定神學」的說法。因為神遠在萬物之上，所我們人類沒有辦法正確地描述神。就連「善」、「仁慈」、「完美」這樣的性質，有鑑於神無法測度的偉大，也都不足以形容祂。許多中世紀的思想家對於聖經裡童話般的歷史、天主教會俗世而恣意的規定和信理感到懷疑時，都會托庇於狄奧尼修斯的否定神學。

新柏拉圖主義的思想核心有個前提：世上萬物都可以回溯到某個聖祕的靈性「太一」！太一是個離言絕慮的源頭，經過層層步驟，世界裡的萬物自其中流出。狄奧尼修斯將普羅丁的這個思想塗上基督教的色彩，而希臘人的「太一」則被等同於基督教的神。庫薩努斯看了之後相當興奮。靈性「太一」的想像陪伴他終身。但是他認為還是欠缺一個解釋：為什麼人類無法以知性在自然中發現「太一」；人如何把森羅萬象的世界和靈性存在的「太一」合理地融合為單一的思想物。

雖說庫薩努斯是在這場漫長的冬季航行中想出對立之統一的原理的，但是他其實思考了很久。海梅尼庫斯是古典邏輯學者，他從「矛盾律」推論出全部人類知識。但是庫薩努斯對於傳統邏輯有所懷疑。它太呆板而狹隘，以至於無法掌握「太一」的存在。身為基督教化的新柏拉圖主義以及否定神學的信徒，認為神既是全部又是祂自身的對立。至大和至微是一樣的，因而無法以知性及其概念加以形容和認識。人們不應該意圖透過知性和邏輯對這個世界追根究柢，就像亞里斯多德和中世紀哲學家那樣。更世故地說，在至高究竟的問題上，人們只要承認知性的無力就行了。

庫薩努斯把這個自白叫作「**無知之知**」（docta ignorantia）：理性知道知性的侷限性。對於教宗的外交官來說，擁有這個哲學觀點相當需要勇氣，因為它輕視幾乎整個教會哲學的學問。只有極少數人在庫薩努斯之前走過這條小徑。其中最勇敢的學者，庫薩努斯對他的作品也很熟悉，並於一四二八年在巴黎研讀和抄寫他的大量著作。他就是拉蒙·柳利（Ramon Llull），加泰隆尼亞最重要的哲學家。

在尋找普遍原理的路上

在帕拉瑪（Palma）的馬約卡島港口的沙加利亞路上，豎立著一位哲學家的雕像，他是這座島嶼最重要的兒子。他蓄著長鬍，捲曲如德魯伊巫師米爾庫利克斯（Miraculix der Druide），他目光如炬，手中緊緊抱著一本書，看起來活力充沛又堅定，宛如要向海洋和大自然佈道。

拉蒙．柳利是中世紀哲學家，但那只是因為他是十三世紀的人。一談到他的思想，他可以說是後來被視為文藝復興典型思想遺產的新思潮的宣教者。這些「新思潮」可以一言以蔽之：和後來的庫薩努斯一樣，柳利認為**理性高於知性**。對於哲學和自然科學相當熟悉的他在尋找一個從內部凝聚整個世界的普遍原則。對他而言，在一個恆久生住異滅的世界中，這個原理不可能是個「存有」（esse），它只會是個「行動」（agere）。柳利追蹤這個「行動」的靈性核心，也就是所有宗教的共同點；據此，柳利也宣揚**宗教寬容**。另外他也把個別的人，個殊的**個體**，放在他的哲學的核心位置。這些都是現在看來和中世紀正好相反地近代思想。

柳利出身自馬約卡島封建貴族的上層階級。就其出身的階級來說，他年輕時是個紈褲子弟、獵艷高手和花花公子。他卻在三十歲左右時成了傳教士。他在語言方面有極高的天賦，讓他除了拉丁文之外，也很快學會阿拉伯文。他的母語加泰隆尼亞語也因為他才成為有清楚文法和豐富辭彙的書寫語言。柳利也研習猶太神學以及伊斯蘭神學，他更用心鑽研邏輯。畢竟基督教必須要比猶太教或者伊斯蘭教更合乎邏輯，才有辦法說它比其他宗教優越。為了要找到基督宗教的邏輯，必須剝除所有東方詩歌的外衣，挖掘其屬靈核心。

作為加泰隆尼亞人，柳利在地中海西部地區繁榮商業文化中成長，阿拉伯人、猶太人、基督徒在這裡交流頻繁，交換或者買賣他們的商品。在馬約卡王國以布匹、船隻與武器而貿易蓬勃，而作為商業強權的傳教士，柳利在地中海上來回旅遊了無數次，也找到時間以三種不同的語言撰寫了超過兩百八十篇著作。柳利有個雄心壯志的目標：他一心想著一個**普遍知識**（*Ars generalis*），它可以把所有知識涵攝到一個系統。十三世紀只怕是找不到比他更有野心的人了。真的有個普遍原理可以把自然、哲學和神學這三個不斷瓦解的世界統一在一個巨大的體系裡嗎？

在這個難題中，柳利有了新的想法。當時阿拉伯人、猶太人和基督徒因為兩個問題而永無止盡地爭執不下：神到底是不是三位一體？耶穌到底是不是神子並且本身也是神？這些衝突都環繞著同一個問題：某件事「是」或者「不是」。對柳利來說，不斷追問某物的「存有」，那是錯誤的問題。因為在柳利眼中的世界，並不存在任何永恆不變的「存有」，而只有生成變化。萬物在自然中都在運動當中，它是動態的。如果某事改變了，那就必然有個作用力推動這個改變並定義它。有個東西在一切事物，在自然以及每個人內裡作工。這個「**作用力**」對柳利來說就是神。至大、至美、至善等性質，並不是以存有者的型態存在於世界，唯有人類因為神所灌注的能量而實現至大、至美、至善的行為和事物，才會造就至大、至美和至善。而這個過程中包含了：行為主體、行為本身、以及行為的結果。

柳利在思想上令人驚奇的一手好棋，便是將這個世上一切事件的三分法和基督教教義中的三位一體結合在一起。他的阿拉伯談話夥伴們聽了也感到驚奇，原來基督教裡的神的三位一體並不是他們必須相信的概念。不，當他們進行或完成某件事時，三位一體就必然會在他們內心作工。因為這個作用力是神聖的，所以它的目的就是為了讓人趨於神聖。柳利認為，每個人原則上都在追求更加接近神以及相對應的完美；正確的人生，就是讓這個三重的神聖行動任運自然，而不因為自私和目光短淺而壓抑它。

人們該怎麼想像這個行動呢？這個塵世裡的神性動力如何自我轉化呢？柳利寫道：它就像火一

樣。火燃燒，因為它燃燒。它是神性作用力的純粹形式。它促使自己在對象裡點燃自己並且放大自己。至於燃燒的火造成什麼影響，它是否加熱了水或者土壤，都只是次要的問題。對於世上對象的實際影響（加熱或焚毀），只不過是許多可以想像的狀況之一。換句話說，火焰本身就是潛能或者可能性，而加熱和焚燒則是依狀況而定的現實。

柳利認為，這個世界的初始狀態（Urzustand）是一團混沌，是以各種神性潛能構成的巨大線團。從潛能當中生成了元素、物種和特性。因為神的作用力存在於萬物之中，所以它們都會渴望再次接近這個神聖的存在。這是普羅丁的古老思想，萬物都想要和他們自其中流出的「太一」合而為一。和普羅丁不同的是，柳利所說的對象並不僅限於靈魂。對他來說，自然中的一切都在追求完美。當然對單一元素、青蛙或者薊花來說，它們最遠也只能達到元素、青蛙、薊花所能及的完美，它們物種和性質的極限，也是它們所能成就的完美可能性的極限。柳利的思想包含了某些神學的演化模型，據此，自然中的一切首先都會追求更上層樓，其次則是自我開枝散葉。

人類和自然中其他物種的區別在於人類可以在自身當中有意識地感覺、接觸和探索神性的行動。因此，聖靈灌注的人類心靈的任務，就是認識自己，據此以反省的方法回到自身。這個想法是哲學裡劃時代的思想。感性一點說，這就是近代哲學的開始。當然，古希臘的德斐神諭就這麼敦促我們了：「認識你自己！」可是當時這句話是說人必須找到自己**在世界中**的位置，而不是以自己的心靈創造一個世界，而讓這個世界**存在於我們心裡**。這個新思想不只啟發了庫薩努斯，更是近代主體哲學的開端，經過了笛卡兒（René Descartes）以及十八世紀晚期和十九世紀早期的德國觀念論，直到二十世紀，它一直都大放光明。

[42]

柳利到底做了什麼？他完全翻轉了認知的視角。據此，真理並不在世界裡，而是在我們心裡。接著，就像後來的庫薩努斯，為我們創造通往最高存在的道路的不是知性，而是理性。

[43]

然而要透過什麼方法才有機會前進？對柳利來說，這條認識的道路要從容易受騙的感官知覺，經過知性的分類整理，才到達洞然明白的理性。這些都是古典希臘的思想。就連對於真理的神性層面的描述都不是前所未有的。在那個絕對的世界裡，所有積極屬性都是互依互恃的，所以「完美」、「至大」、「正義」、「愛」等等再也無法獨立存在。這個理解是普羅丁和狄奧尼修斯的思想遺產。柳利自創一格的地方是把使用理性的「邏輯」導入哲學之中。對他來說，想像力與知性都限制了人類的認識；人類作為動物（homoficans animal）的物種界限就到此為止了。我們只有視覺、聽覺、嗅覺、觸覺以及味覺，也就是感官能提供給我們的。我們的知性也只能以它有限的邏輯加以理解；當我們傾聽自己的內在並沉思，便可以察覺和明瞭這一切。如果我們還想要更高層的認識，就需要一種普遍方法（《究竟的普遍知識》〔*Ars generalis ultima*〕），一個新的思考藝術。它的基礎只會是個擴大的**新邏輯**（Logica nova）。這個邏輯不能拘泥於知性世界的高牆，它必須是以理性引導的邏輯，比我們的知性邏輯更廣更高，它可以使信仰和知識和解。對於許多今日的讀者而言，這種想法既不知所云也太天真而不科學。邏輯與合理性都只有一個，而且它們和屬靈的洞見風馬牛不相及。但是事情沒有這麼簡單。柳利合理地指出，真正驅使人的並不是合理性。當我們追求善、愛和真理時，是無法用邏輯去解釋這個渴望的，相反地，那是我們內在力量在作用，鞭策我們去尋找真理以及開展邏輯思考。在中世紀以及近代早期❶，人們大多相信促使人追尋真理的作用力

[44]

❶ 近代早期的分野在不同歷史流派中略有不同，一般認為是隨著地理大發現或文藝復興展開，昭示中古世紀的結束，後在工業革命或法國大革命之後，歷史才邁進「近代」。

是來自「上界」，也就是神對於我們的影響，讓身為人類的我們更上層樓。在達爾文（Charles Darwin）之前的幾個世紀，人們並不會像現在的生物學家一樣，認為這股作用力是高度社會優雅化的動物需求。像柳利一樣把渴望和思考、本能和知性視為一體兩面的，是相當前衛的思想。而以作用力和合理性共同組成「新的邏輯」，在十三世紀並不會被認為不恰當的理解，反而是相當聰明的。

當然，部分的哲學史學家會把柳利的「普遍方法」上溯到中世紀早期，當時人們，例如安瑟倫（Anselm von Canterbury），相信他們可以把信仰和知識結合在一起，甚至以此證明上帝存在。難道哲學在中世紀的進展沒有證明兩者並不重疊嗎？聖多瑪斯不是進一步區分了信仰和知識，而奧坎的威廉（Wilhelm von Ockham）不也以鋒利的剃刀把兩者徹底切割了嗎？當然，柳利並不是要以理性探究信仰，然後把它分解成知識。他只是要借助理性的力量更加接近信仰；理性對於信仰就像對知識一樣敏感。所有的努力都是要在屬血肉的事物裡找出屬靈的東西。而把兩個最上層的概念結合起來，可以讓我們揣測神到底是什麼。啜飲一瓢海水，是沒辦法理解整座海洋的，他只會發現海水是鹹的。同樣地，人可以認識神的若干決定性的面向，而看不到整體。

柳利在中世紀的學術界極負盛名，但是他宏偉的目標，也就是讓各個宗教和好，以基督教的指導原則把它們靈性化，到頭來還是失敗了。當時的人嘲笑他是「空想博士」（doctor phantasticus），他本人倒是很喜歡這個稱號。他的目標其實是個烏托邦，但是難道因為這樣就不可以心懷願景嗎？柳利也反對民族國家的建立，他夢想一個和平而統一的歐洲。他重摔在地上。柳利在晚年因為宣揚宗教寬容的理念而在突尼西亞被穆斯林用石頭打死。他死在一艘船上，這艘船載著

[45]

他從非洲回到帕拉瑪，並埋葬在那裡。這位終其一生都在和王公貴族打交道，並在巴黎索邦學院教書的男人，引起了教會的猜疑。柳利的哲學核心是個努力追求屬靈領悟的個人，而教會的組織和教條則沒有那麼重要。因此在他死後六十年，教宗額我略十一世（Gregor XI）宣判他異端，把他的著作列為禁書且焚燒，直到十九世紀才被平反。一八四七年，教宗庇護八世親自把他列為真福品。

內心的真理

在一個有著金黃色圓頂的寒冷房間裡面，收藏著中世紀阿爾卑斯山以北最龐大的私人圖書。牆面樸實無華的深色書架上，陳列著巨大的大開本古書。直到今天，拜訪位在伯恩卡斯特庫司（Bernkastel-Kues）的庫薩努斯圖書館的人，依舊會因為過往世界傳承下來的知識而驚奇不已，這些神學、哲學、數學、天文學、物理和醫學的手抄本，讓他們在肅穆中驚呼連連。有個作者的著作，在這裡比任何其他的方都來得多，他就是柳利！

庫薩努斯深受這位加泰隆尼亞偉人的啟發。就像柳利一百多年前想要成就的，庫薩努斯也想要把基督教信仰從外在世界引領到我們心裡。人絕對無法在外在世界裡找到靈性。「體會神」意味著以默觀和內省在人的內心裡感受祂，尤其是透過柳利在他的「新邏輯」裡所說的理性。

庫薩努斯知道他不是唯一以「神祕主義」註解基督宗教的人。他也一再引證九世紀的愛爾蘭學者俄利根（Johannes Scotus Eriugena）的學說。而且當時的艾克哈特大師（Eckhart von Hochheim, Meister Eckhart, ca. 1260-1328）也宣揚同樣地學說，並且因言賈禍。在亞維儂教廷以異端火刑威脅之下，他在宗座前面懺悔，然後疲倦地死去。因此庫薩努斯必須非常小心，如果他想要把信仰靈性化，就不可以失去教廷的支持。不過事實上他的遭遇完全相反，他在教會裡成就了輝煌的事業！在他出使巴塞爾、費拉拉和翡冷翠之後，他代表羅馬進入紐倫堡（Nürnberg）、美因茲（Mainz）和阿夏芬堡（Aschaffenburg）的議會，在那裡和逐漸強盛的日耳曼主教轄區，還有在宗教問題上漸趨中立的城市貴族階級搏鬥。一四四八年，庫薩努斯促成了決定性的「維也納協議」（Concordat of Vienna）。據此，教宗可以保有他在神聖羅馬帝國境內教區極具爭議的影響力。這對教廷來說是大有斬獲，庫薩努斯也因此差一點被選上教宗。當他的朋友托馬索（Tommaso Parentucelli）取而代之而成為尼古拉五世（Nikolaus V），庫薩努斯立刻成為樞機主教，接著擔任布里克森（Brixen）的主教。

庫薩努斯是兩百年來第一個出身日耳曼地區的樞機主教。在接下來的幾年，他不斷在日耳曼和義大利北部地區旅行。他化解衝突，消弭爭端，整頓財政，宣布法條，卻也因此不斷陷入和布里克森當地貴族的衝突，甚至差點命喪黃泉。一四五九年，庫薩努斯被剛上任的教宗庇護二世（Pius II）封為教宗使節和（羅馬教區）代理主教，成為整個教會的第二把交椅。在這期間，他居然還有辦法找到時間，寫下不只是法學和神學的應用文章，甚至還有哲學著作，著實讓人感到驚奇。尤其是在一四四〇年代中期，當他在日耳曼地區執行外交任務時，連珠砲似地寫出大量見地精闢的文章。

他哲學的中心觀點深受新柏拉圖主義影響：神不可能被人確切理解，因為祂是絕對者！當人試著構想「至大者」的存在，就必然有個想像所及的更大的存在，就像人類也不可能想像「極微」的概念一樣。我們的知性沒有能力掌握世界的真實向度。就像是普羅丁的思想中，睿智是從太一「流出」的，而靈魂是從睿智「流出」的，庫薩努斯也談到這個世界是由至大到極微「展開」的。同時，他更藉著數學說明他的哲學，大部分是幾何學的範例。就像在他以前的許多學者，庫薩努斯也挑戰「化圓為方」的難題。因為這個問題是無解的，所以他把圓的面積比擬為神，也就是所有離言絕慮的事物的總和。

庫薩努斯的著作是以拉丁文書寫，而不是以德文，雖然他的作品中完全是出於教育目的。當然在現實中有個危險，那就是平信徒可能會擷取他的靈性學說而用來對抗教會。他不是和艾克哈特如出一轍，也採用「無知之知」而捨棄正統神學的說法嗎？難道他沒有寫到，人們應該要在諸如「化圓為方」的不可能性裡尋找真理，而不是在教會的教條之中？畢竟真理沒有辦法在教堂裡找到，它是隱藏的，我們只能管窺蠡推測而已。我們必須闡明使這個世界成謎的無止境的符號織錦，可是我們也要理解「對立的統一」是什麼。我們必須接受知性無法探究世界深處的這個事實。

如果人們想的話，大可把這一切稱為神祕主義。無論如何，相較於庫薩努斯身為教宗的外交官和強權政治的角色，那是個完全不同的視角。一方面是冷靜的實用主義，另一方面則是潛心於屬靈世界。當時的人多半無法明白他的哲學。庫薩努斯想要對他們說什麼呢？什麼是對的，什麼又是錯的？他們應該要怎麼生活？這個隨侍宗座的日耳曼人想說的是：聖多瑪斯的哲學和學術已經不再管用。可是十五世紀的教牧們依舊活在這個思想世界之中。相對的，庫薩努斯告訴當時人們的知識的普遍法則，卻又和他所宣告的全新「普遍知識」一樣晦澀不清。

在這樣的情況下，庫薩努斯為他的思想寫了一篇導論。他把它交給在泰根湖（Tegernsee）修道院中時常向他請益的修士朋友。庫薩努斯交給他們的文章，其作用就像放大鏡或眼鏡一樣：《論

（知性的）眼鏡》（*De beryllo*）。在這篇文章中，他向修士們解釋「對立的統一」的原理。所有的自然科學基本上都是數學，數學為我們開啟了理解之道，但是它本質上正是以不可分的方式把對立統一在它自身當中。當我談論「多」的時候，我首先必須可以區分「多」和「一」，也就是說知道「多」不是「一」。所以在思想「多」的時候，也要思考被否定的「一」。「無限者」也是如此；只有為「有限者」劃上界線，才可以有意義地討論「無限者」。多與一，無限者與有限者，都無法和對方分開。矛盾讓他們分離，也讓他們統一起來。庫薩努斯也如是看這個世界：世界是由各種對立構成的不可分割的全體，而在神裡頭被揚棄（aufgehoben，又譯為揚升、棄存升揚）。

庫薩努斯和普羅丁的不同在於他認為一即是多。他在這點上有基督教三位一體說的影子；一不只是個**存有**，更是一個**思維**！這個認知當然不是來自邏輯的知性洞見，而是更加超越的理性。就像柳利的新邏輯一樣，它是以靈性為基礎的邏輯結論，以數學邏輯構成安穩地基，以神的拱座構成的穹窿。當我們認識了對立的統一的普遍法則，並且應用到萬物，就是在使用新的「普遍知識」。所以和柳利一樣，庫薩努斯也認為每個人都可以藉由思考和默觀而接近神。

隨著庫薩努斯年齡增長，他對新柏拉圖主義的詮釋也越來越不一樣。對柏拉圖來說，「一」是宇宙中的客觀存在，只有從睿智流出的靈魂才是心理的東西。相反地，對庫薩努斯來說，「一」是以心理和身體的形式臨在於每個人裡面，是靈魂追尋的目標。他和柳利一樣，都認為這個認識歷程是個人接近神的機會。無限性、絕對者，都在我們裡面。它不是外在世界的一部分，而是在我們內心深處。神諭不是要我們「認識這個世界」，而是「認識你自己」！這個視角的轉換由柳利起了個頭，而庫薩努斯則是擴而充之。

[49]

以現在的觀點看來，他也是近代世界的使者。他踵繼柳利而為哲學預想了一個決定性的轉折點。這個轉折點是：**我所知道關於這個世界的一切，都是來自我的思想。因此我不需要研究世界，除了我們的思想之外，我們對於世界一無所知。相反地，我們必須要探究我們的思想，在其中認識這個世界**。以現代的說法，庫薩努斯就是意識哲學（Bewusstseinsphilosophie）的先驅。意識哲學可以上溯到西元前五世紀的巴門尼德（Parmenides）。弗賴貝格的狄特里西（Dietrich von Freiberg）、艾克哈特大師和柳利，在中世紀為意識哲學打開大門，庫薩努斯則是把它轉運到近代世界，並為人們打開了新的視野。他成為了他的自我的建築師以及他的世界的創造者。

可是對於庫薩努斯的哲學在現實上的顛覆影響，梵諦岡的當權者究竟什麼看法？他是要據此要教會進行內部改革嗎？他真的相信，只要歸信泰根湖和其他地方的修士以及他們的「普遍知識」，就可以讓教會乃至整個世界變得更好嗎？庫薩努斯當然不是個革命家。他甚至諭令銷毀艾克哈特大師在圖書館中僅存的手稿。艾克哈特的夢想，就是改革腐敗的天主教會以及同樣墮落的主教。他甚至把改革的機會押在平信徒運動，押在每個人的靈性上，不管他們是否受教育。但是艾克哈特失敗了。他的屬靈革新才剛萌芽就被教會掐死了。

庫薩努斯行事更加小心謹慎。他只對教牧說話，而且避免公開批評天主教會。或許他認為隨侍教宗有助於改革吧。確實，至少尼古拉五世認為民間信仰算不上什麼靈性。正好相反，他以所有可以想像的工具鞏固教會權力，然後以技藝、奢華和榮光炫惑平信徒，好讓他們俛首貼耳。庇護二世也採用同樣的方針。要盡一切手段拯救危如累卵的宗座權，當然不會是求助於個人的內心。相反地，他需要的是長袖善舞的政治操作：最大危險就是土耳其人，他們在幾年前攻佔君士坦丁堡。在這個情況下，庇護的想法極為世俗，他要求基督教世界組成聯軍。他重新提出加洛林王朝塵封已久的「歐洲」的概念，不過它不是柳利夢想的國家實體，而是基督徒的「祖國」，一個靈魂的家園，他們必須一起對抗外在的敵人。

與教宗相反，庫薩努斯在同樣的情況之下宣傳的是寬容，並且強調所有宗教（包含伊斯蘭教）共同的靈性：和解而不是分裂！這裡，他再次展現柳利的取向。為什麼土耳其人不可以和「歐洲人」信仰同樣的神？雖然庫薩努斯也認為，基督教是「比較正確」的宗教，並堅持基督的道成肉身以及三位一體的意義；但是他也承認其他一神論宗教也以自己的方式認識神。庫薩努斯寫了一本關於信仰自由的書（《論信仰自由》〔*De pace fidei*〕），以及其後另外三本關於古蘭經的著作。他認為要把宗教和誡命、習俗等區分開來，因為那並不是來自神，而是人的作為。如果有人因為祈禱的方式或者割禮之類的宗教儀式而有齟齬或爭吵，信仰不會是原因，而是因為人們的穿鑿附會和詮釋。若是以理性觀之，根本就不存在任何來自神的「誡命」。不只是宗教之間的和諧，甚至宗教的統一，就不會有什麼阻礙了。

[51]

當庫薩努斯寫下這一切時，土耳其人佔領了拜占庭在希臘最後的領土，並且逐漸逼近巴爾幹半島。庫薩努斯想要以維也納協議促成神聖羅馬帝國的和平，卻無法平息教會和諸侯之間的紛爭。天主教教會主宰的世界的覆滅似乎無法阻擋……

價值的顛覆

庫薩努斯在一四六八年八月在翁布里亞地區的城市托迪（Todi）過世。他的最後任務是率領庇護組成的十字軍對抗土耳其人。他出人意外的死亡讓他得以再次避免違背他的信條。他的屍骨長眠於羅馬，但是他的心臟或許不在其中。根據死者的願望，他的心臟被運回家鄉，並在庫司下葬。如 [52] 果此事屬實，那可以說是相當明確的表態；當時庫薩努斯在義大利是否受歡迎？

在他到處羈旅的人生的最後十五年，庫薩努斯剛好就在義大利。以前他在帕度亞求學期間結識了許多義大利朋友，比如說數學家、醫生、天文學家托斯卡內利（Paolo dal Pozzo Toscanelli, 1397-1482）。他們過從甚密，使得庫薩努斯的思想在義大利哲學舞台上很出名。托斯卡內利另一個著名的事蹟是建議哥倫布西行經過中國以及穿越大西洋的航行；這個建議是基於一個荒誕不經的錯誤推論，因為托斯卡內利認為這條航線不太遠，如果美洲大陸沒有意外地出現在中途，那麼哥倫布和他手下就會以死亡收場。另外一個庫薩努斯早年在義大利的朋友，是歷史學家、古典語言學家以及政治家的羅倫佐·瓦拉（Lorenzo Valla）。他們在翡冷翠的大公會議期間認識，並且與對方發展出終其一生的友誼。

儘管庫薩努斯大半生都在義大利度過，我們卻不認為他是義大利文藝復興的一部分。更確切地說，我們會認為他是兩個世界邊界的走私者。在托斯卡納平緩的丘陵以及義大利中北部，有著大理石教堂、獨棟別墅和皇宮的繁華城市裡，他一直都是個過客。他的確在這片檸檬花盛開的土地上功成名就，但是那從沒有完全成為他的世界。如果有人要問，他的知識和文藝復興城市有什麼關係，就會注意到這點。庫薩努斯的作品裡沒有新興的城市文化、交易市場的生活、具體的政治議程，而這些都是他的義大利朋友們在推動的。那麼，十五世紀的義大利「人文主義」和以古典時代❷學術 [53]

❷ 古典時代：是對一個長期文化史的稱呼，範圍是以地中海為中心，包括古希臘與古羅馬等的一系列文明。

為去尋找一個全新的理想城邦有什麼不一樣呢？

相反地，庫薩努斯的世界停留在教會世界。他的思想是否義大利中北部商業城鎮流傳，哲學史學家至今都在揣測和爭辯。這兩個涇渭分明的世界到底和我們有沒有關係？在過去十年間，我們才發現，原來庫薩努斯也影響了在翡冷翠的哲學家們。羅倫佐·梅迪奇的御醫斯波列托（Pierleone da Spoleto, ca. 1445-1492）在手稿中多次提及此事。儘管如此，庫薩努斯最多只是眾多靈感來源之一而已。

那麼現在的義大利人如何看待他的作品呢？直到十五世紀初，這塊土地並沒有建立一個統一的國家。南方在安茹王朝（Haus Anjou）的統治之下成為一個互通聲氣的區域。相反地，在北部和中部及其繁榮的商業市鎮，則建立了公國和城邦國家。義大利的土地上總共有五大勢力：威尼斯共和國、米蘭公國、著名的翡冷翠、羅馬及其近郊的教宗國，以及拿坡里西西里王國。除了這些勢力之外，義大利北部還有無數的中等強國：熱那亞共和國（Genua）、盧加（Lucca）、西恩納（Siena）和由封建貴族治理的曼圖亞（Mantua）、費拉拉（Ferrara）等城市國家。

共和國是由富商家族統治的寡頭政權。站在其他國家權力頂點的，則是像維斯康提家族（Visconti）的公爵和伯爵，還有其後米蘭的斯福爾札家族、費拉拉的艾斯特（Este）家族、曼圖亞的貢札加（Gonzaga）家族，還有里米尼的馬拉特斯塔（Malatesta）家族。部分統治者是世襲君主，其他則是由城市議員選為城市的領導者。個人或者家族被選為城市的專制君王是相當不尋常的事，而且整個歐洲只在義大利才有，它背後的理念十分明確。被選出的仕紳會調解有權勢的商人家族和貴族之間的關係。他就像是漂浮在湯面上的油花，在城市寡頭們之間來來回回創造利益平衡。

[54]

這種類型的仕紳在米蘭、費拉拉、烏爾比諾地區（Urbino）形成。

義大利中、北部商業市鎮的起飛，代表商人戰勝了日耳曼的皇帝和教宗的權力利益。這場凱旋或許在中世紀就已經透過銀行和借貸成形。除了紡織業以外，金融業是該地區龐大的收入來源。四處林立著銀行大樓，諸侯、皇帝、甚至教宗都為了自己的事業向他們借錢，不管是要發動戰爭或者興建宅第。當然銀行業因為中世紀經濟的內規而非常顛簸。依據這個內規，他們不能把自己（即使實務上不是如此）當作是信用經濟。它並不保證經濟發展或者利潤，而是永久有效的神聖規章。聖多瑪斯在十三世紀就說，商品在市場上的價格是由神規定的內在價值，而使得商品的價格鮮少修正或者更改。

多瑪斯說，人世間的物品、想法、概念都是神為人類規定且量身訂做的。在多瑪斯在世的年代或者更早之前，人類世間的種種概念是否符合客觀且神性的實在界，就已經引起懷疑。這個貫穿了整個中世紀的衝突，就演變成史上所謂的共相之爭（Universalienproblem）❸。「人類」或「善」之類的語言真實存在的事物嗎？或者「人類」和「善」都只是個語詞或是約定成俗的概念，而沒有客觀的對應物？對懷疑論者來說，只有個別的人和個別的善行是存在的，抽象記號並不作為更高的實在物而存在。除了語詞之外，它們什麼也不是。語詞的意義源自於人類之間的約定，和神的秩序毫無關係。

這場衝突延燒到十五世紀，這時主張存在著「人類」這種東西的「唯實論者」（Realisten）一

❸ 見《認識世界：西洋哲學史卷一》，頁 393-398，劉恙冷譯，商周出版，2020。

[55]

敗塗地；認為「人類」只是實用語詞的「唯名論者」（Nominalisten）則逐漸被人接受。這個轉變不容小覷，它代表著神把世界以及人類的權力明確地確立在平信徒的語言中。或者說，當民眾於經濟和法律問題上不再求告神的意旨時，他們不就有了自己的行為空間？就好像以下的例子：商品價格到底是由神訂定，或者是由買賣雙方決定？

而偏偏是兩個被天主教會封聖的男士，推動了這場激烈顛覆世界和價值秩序的變革：西恩納的聖伯爾納定（Bernardino von Siena, 1380-1444）和翡冷翠的聖安東尼烏斯（Antoninus von Florenz, 1389-1459）。第一次有一個方濟會的教士主張為債權人承擔的風險而放貸取息的作為是正當的。不僅如此，他更僅僅以買賣雙方的實用性來定義貨物的價格。他不只反對把禁止放貸取息視為上帝的誡命，也不接受商品的「內在價值」和對應的售價。現在人們可以獨立於理想價值之外，自由思考貨物價值。「對於供應與需求的忽視」突然間在經濟理論中消失了。決定價格的不是神而是市場。道明會的安東尼烏斯也如此主張，他是翡冷翠的大主教，也是梅迪奇家族的城市以及許多有勢力的銀行家、商人的精神領袖。他也捍衛充滿活力的資本主義，而反對中世紀一成不變的準則。

製造（當然還有採購）的成本以及商品的稀缺和需求，一起決定商品的價值。事物的價值並不由神的價值刻度定義的，而是由買賣雙方對它的重視（complacibilitas，又譯為希求、可欲性）決定的。商人階級長期受到教會的懷疑，完全不被重視，但是現在他們掙脫了宗教的束縛，受到義大利教會裡面實用主義人士的強力支持。通往近代世界的道路如今暢通無阻……

[56]

新視角

- 匯票與通信
- 精神的考古學
- 理想的城市
- 柏拉圖在托斯卡納
- 人性尊嚴
- 不自由的意志
- 教宗與諸侯

匯票與通信

上古時期始自硬幣的發明；近代時期則是始於有價證券。即便事實上聽起來沒有這麼誇張，卻也差不多了。如果沒有紙幣，資本主義就不可能在十五世紀於義大利興起，生氣蓬勃地對外發展和擴張。虛擬的金流同時有利於新的發現和發明。它以抽象物、符號價值和虛構的世界改變了社會的互動；漸漸地，它從宗教轉向經濟，並且離開它原本的領地而讓雙方都獲利。這也為非神職的哲學和世界解釋開啟了一片天地。[57]

從中世紀開始，義大利商人就開始在商業活動中使用「匯票」（lettere di cambio）來付款。人們會開立信用狀，視為付款承諾，必須在特定時間兌現。以這種方式，商人可以在交易會和市場上支付應付帳款，遠道而來的商人們也不必攜帶大量的錢幣。人們漸漸發現有價證券還有更多的可能性。匯兌的利息微不足道，而且也比錢幣更容易接受。為此人們精心設計出複雜的表格說明貨幣匯率，並且提高外匯業務的風險差額。貨幣匯兌這個行業本來只是商業活動的附加現象，但是現在變得有利可圖。信用證券在不同擁有者之間轉移，逐漸形成繁榮的證券交易現象，這種交易最早是建立在人與人之間的信賴，逐漸在實務上被接受。如果債務人無法履行契約，債權人可以到法院控告他。此後才開始發行的鈔票，其實也不是什麼新概念，只是延續抽象的金錢交易方式而已。[58]

使用有價證券並且進行交易，是邏輯抽象化行為的新階段。在物質上完全無意義的事物一下子擁有巨大的價值。金錢的原料價值不再重要，付款交易無限超越所有界限；虛擬價值跟著出現，虛構的資本逐漸堆積。它的意義來自一個由協議、契約、簽名構成的複雜系統。可是如果說金錢在十五世紀沒有了任何界限，人們的往來還能有什麼界限呢？如果說金錢成了天使的化身，那麼人類也不再是像當時的馬內提所憧憬的那個以凡人的形象降到人間的天使。

擯別了教會的屬靈專制（絕對主義〔Absolutismus〕）以後，思想的相對主義（Relativismus）大門也就開啟了。「獲利」和「好處」等概念一躍而成為人類行為的正當目的。教會不怎麼指責這種新觀點，它們也積欠翡冷翠等地的銀行家大筆債務；梅迪奇家族最大的債務人不是別人，就是教宗。在十五世紀的前三十年，熱那亞和翡冷翠的銀行家們開始利用數學把他們的利潤追求系統化。那正是「複式記帳法」（Double entry bookkeeping）的開端。商人科特魯利（Benedetto Cotrugli）在一四五一年率先見諸筆端。大約四十年之後，方濟會修士帕喬利（Luca Pacioli）也在《算術、幾何、比例和比例性大全》（*Summa de Arithmetica, Geometria, Proportioni et Proportionalità*）裡提出這個概念。

「價值」是關於應用，而不是神的意志或命令，這個觀念徹底改變了對於世界的觀念。在義大利的以商業大城裡，人們對於生命和共同生活有了全新的態度。在中世紀的世界裡，教會就是「公共領域」。它建立了交易的重要社會場所，興建學校，並且為教會法作擔保。人們在義大利文藝復興時期突破了這個地平線。城市的中心通常是市場，它成了以往古代傳統的那種交易中心，變成人們更自由地的見面場所。例如翡冷翠的領主廣場（Piazza della Signoria），一五〇四年米開朗基羅（Michelangelos）在那裡豎立起大衛像，它是政治和國家的象徵。

以教士和貴族階級建立起來的人與人的界限，現在越來越模糊了。庫薩努斯在《論眼鏡》裡引用普羅塔哥拉（Protagoras）的話說：「人是萬物的尺度。」（omnium rerum homo mensura est）

[59]

現在這句話再度流行起來。在商人的世紀裡，人與人之間的「質」的差別消失了，轉而偏向「量」的差別。人不再是由出身決定他是誰，而是取決於他有多少錢。

有別於日耳曼地區，哲學家在義大利發展出完全不同的職業形象。當中世紀的所有哲學家都是服務修會和教會的神學家，在阿爾卑斯山脈以南，形成了遠離教會的公共知識分子。他們是政治家、謀士、譯者、圖書館管理員、教育家、社會改革者、烏托邦主義者、宣傳家和辯護人。為了執行這些任務時，人們再也不必研讀神學，他們在帕維亞（Pavia）完成博雅學位（Studium generale）❶在波隆納（Bologna）或當時最重要的帕度亞大學學習法律。那裡除了法學之外，醫學也相當進步；而沙勒諾（Salerno）早就不是醫學大學的領頭羊了。

大部分公共知識分子後來都被歸類為「人文學者」（Humanist）。這個詞非常模稜兩可，因為人會把「人文」理解為全體人類或者文科高中。我們現在所說的「人文學者」源於十九世紀，而這個語詞在十五世紀末的義大利則只是實務上的用語。在大學古典語言系擔任教席的，都是人文學者。同樣地，今天的英美世界裡的「Humanities」也是「人文科學」的意思。

哲學史裡所說的「人文主義」（Humanismus）的意義則有所不同。它意指一個傳統，濫觴自詩人、古典語言學家和歷史學家佩脫拉克（Francesco Petrarca, 1304-1374）以及當時的詩人薄伽丘（Giovanni Boccaccio, 1313-1375）。他們先後重新發現羅馬時代以及希臘時代的文化，研究它們的語言，複製它們的風格，懷念其卓越的功績。人文學者在十五世紀是指教授古典語言的大學老師，

❶ 博雅學位是指中世紀至文藝復興時代，歐洲地區相當普遍的一種高等教育學位，通常需要學習醫學、法學、哲學和神學中的兩科才能畢業。

[60]

[61] 但是他們的夢想以及實現夢想的意願卻各自不同。人文主義者可以是博學而韜光養晦的，或者是狂熱的烏托邦主義的，或者是熱中政治的。這一切便鐫刻了一個史稱「文藝復興」（Renaissance）的年代，也就是以希臘羅馬時代的精神傳統讓歐洲文化現代化。

文藝復興時代的思想家們相互魚雁往來以交換他們的理念。他們不只在大學、市政廳或宏偉的宮殿裡討論政治和社會問題，反而偏好書簡的形式。一四五一年發明印刷術之後，迅即傳到義大利。書籍的獲得和傳播更加便捷，因而對話者的數量也跟著劇增。名人書信是最受歡迎的作品。不只是作者，讀者和注釋者也是文壇（res publica literaria）的一部分。許多人文學者使用優雅的新拉丁文書寫，並且以書信的形式推廣它。這些人文學者的書信筆調真誠而私密，卻不是知己的互訴衷曲，而是對著知識大眾的學術自述。這些書信不僅僅串連了義大利境內外的人文學者，如果他們結識到著名的筆友，也可以提高知名度以及思想家的聲望。這些書信也會印刷發行，不過多半都經過了改寫和修潤……

精神的考古學

[62] 由信差以及後來的出版品在世界各地傳播的思想風馳電掣，對於當時的大眾思想影響無遠弗屆。作者以古諷今，把希望和夢想寄託在古代。他們以古代希臘羅馬為典範，夢想心中更正義的世界、更加符合人性的道德或者治理更完善的政府。在十五世紀初期，古代傳統的研究旨在找尋在基督教傳統以及天主教會出現之前的世界；其中心就是城市，不管是雅典城邦，或者作為帝國樞紐的「永恆」的羅馬。

他們以古典語言學考究古代作者文字的原意。人文學者探蹟索隱，滌除古老文本裡的基督教義，恢復他們的原始精神。其中的佼佼者是羅倫佐・瓦拉（Lorenzo Valla, 1405/07-1457），這位來自羅馬的年輕人師事大名鼎鼎的布魯尼（Leonardo Bruni, ca. 1369-1444）。布魯尼是少數嫻熟希臘文的義大利人，以翻譯柏拉圖和亞里斯多德作品著稱，後來更成為威尼斯共和國的首相；瓦拉才華橫溢，但是他再怎麼鑽營，還是得不到梵諦岡的青睞。這位謹慎而且踏實的古典語言學家也研究教會教父和經院哲學的古老文本；他以古典語言學解剖古代文本，像考古學家一樣刮除塵土。他一再發現中世紀如何扭曲、偽造和誤解古代傳統。在他的《論快樂》（*De Voluptate*, 1431）裡，他抨擊從柏拉圖、斯多噶到基督教強調「德福一致」的古老傳統。相反地，瓦拉認為，幸福並不在德行之中，而是在快樂裡。為此他支持不斷被基督教抹黑和唾棄的伊比鳩魯（Epikure）的說法，當然瓦拉依然是個基督徒，而且遠遠超越了伊比鳩魯：至高的快樂無法在人世間獲得，而是在彼岸。

在客居皮亞琴扎（Piacenza）、帕維亞、米蘭之後，這個羅馬年輕人於一四三三年成為統治加泰隆尼亞以及整個義大利南部的亞拉岡王國（Aragón）的阿方索五世（Alfons V）的謀士。在這裡，瓦拉也因為以其懷疑論立場獨樹一格，為哲學和神學剷除錯誤的傳統。就像他的朋友庫薩努斯，瓦拉也在尋找基督宗教的新基礎，只不過他的透視法的消失點並不是新的靈性。就像其他唯名論學者亞伯拉（Pierre Abélard）、柳利、奧坎和約翰・布里丹（Johannes Buridan）的傳統，瓦拉並不認為每個語詞都和現實一對一對應。我們的生活世界並不是由物件組成的，而是我們依據事物產生的表象和概念。因此我們再也不應該談論任何形式的存有者自身（ens），而要探討我們頭腦中的事物（res）。亞里斯多德以及所說的事物裡的真理並不存在，有的只是人類理性的似真性

[63]

（Plausibilität）。

瓦拉和庫薩努斯在這點上意見一致。相較於教宗的外交特使，他顯然更堅決地敦促教會放棄僵化的教條和狹隘的信理；在這之中，瓦拉首先抨擊三位一體說，他認為這是一種自我誤解而不是信仰準則。在《辯證法》（*Repastinatio dialecticae et philosophiae, Dialectica*, ca.1439）剛好在費拉拉和翡冷翠的聯合大公會議召開之前寫成。瓦拉是和解計畫的熱切支持者，不過也希望藉此機會排去除任何可能的和解阻礙。他在聯合大公會議上要求羅馬教會儘速破除陳舊：從三位一體到聖多瑪斯對亞里斯多德的理解。

國王阿方索五世相當中意瓦拉的古典語言學和哲學，這位南義大利的統治者對教宗心懷怨念，而瓦拉為他獻上恰到好處的謀略；瓦拉在一四四〇年證明了庫薩努斯早就懷疑的事：記載著西元八世紀君士坦丁於西元八世紀（756）致贈宗座國（Status Pontificius）的文件，其實是杜撰的。這是一起證據確鑿的醜聞！瓦拉謹慎分析文件的語言風格和沒有歷史佐證的名字，這是唯一可能的結論。〈君士坦丁詔令〉（*Constitutum Constantini*）起草的時間絕晚於教會宣稱的時間。如此一來，瓦拉可以說扯了天主教會的後腿❷。

而瓦拉因此招惹的麻煩，他自己再清楚不過。一四四四年，宗教裁判所傳喚他到庭，不過不是因為他證實文獻是偽作（教廷對此選擇閉口不提），而是因為他批評三位一體說。不過以基督教之名批評神學的瓦拉總算全身而退。阿方索五世插手保護他的人，四年後甚至對羅馬出了一手老千。

❷ 這裡是個雙關語，原文字面意思是「奪走腳下的土地」，也就是收回獲贈的土地的意思。

瓦拉的人文學者友人托馬索（Tommaso Parentucelli）成為尼古拉五世，接受庫薩努斯的建議，提拔被排擠的瓦拉，於一四五五年任命他為教廷祕書，又授予他修辭學教席；然而瓦拉的時日已經不多了。他於一四五七年去世，只留下一部關於正確使用拉丁文的教材，它不斷再版，比瓦拉多活了好幾個世紀。

理想的城市

當瓦拉努力讓古典時代的原始精神復活時，還有另一群專家在截然不同的領域以新的觀點和視角觀看這個世界。他們都是工匠，儘管是重新定義的工匠。如果今天人們想到文藝復興，第一個想起的只怕也是他們：法蘭切斯卡（Piero della Francesca）、波提切利（Sandro Botticelli）、達文西（Leonardo da Vinci）、拉斐爾（Raffael）、米開朗基羅等畫家。

一四一〇年，建築師布魯涅勒斯基（Filippo Brunelleschi）以他發明的中央透視法繪製翡冷翠城內兩座廣場的草圖：領主廣場（Piazza Signoria）和聖若望廣場（Piazza di San Giovanni）。這些草圖已經散佚，但是它們為整個繪畫的透視法演奏了序曲。這些新繪畫把人們拉進真實的空間裡，創造了強烈的寫實感。這個趨勢早在喬托（Giotto）就開始了，不過一直到諸如馬薩喬（Masaccio）和法蘭切斯卡之流的畫家出現，才讓這個新技藝漸趨完美。

為透視技法奠定理論基礎的，是熱那亞的阿貝提（Leon Battista Alberti, 1404-1472）。他也參加翡冷翠和費拉拉的大公會議，作為教廷祕書，這位年輕人可以說少年得志。就像當時許多人文學者一樣，阿貝提在波隆納研習教會法，也研究數學、物理和光學；在擔任教廷祕書的期間，他寫就了

《家庭論集》（*I Libri della famiglia*）。因為阿貝提不幸的童年，他理想化了中產階級的家庭生活，不過他並不是空想的人。他同時忙於義大利文的寫作，其黑暗和混亂讓人想起博許（Hieronymus Bosch）的畫作。在這些作品中，他以詩體描繪人性和社會的黑暗面：城市的掌權者既無能又恣意妄為；看起來有治世之才的，其實昏庸愚昧；配偶在婚姻中的不誠實；生命其實是充斥著幻想。

他一方面樂觀地觀察家庭和社會，另一方面則是悲觀、詭異的惡夢。阿貝提的胸懷裡有著兩個靈魂，在璀璨的希望以及深沉的恐懼中拉扯。這些特點使他迥異於天馬行空的馬內提以及冷靜的瓦拉，因而成為著述繪畫和建築等藝術的最佳人選。

他在文藝復興時期的成就並非偶然。十四世紀時，看重自身名聲的領主、仕紳和銀行家，都會採用濕壁畫裝飾公共以及私人建築；城市的中產階級接著也加入和教會的競賽，關於世俗生活的繪畫越來越受歡迎。著名的畫家報酬優渥，而且繪畫藝術再也不用擔心後繼無人。然而，被譽為「天才」的畫家們卻苦於無法依照自己的意思作畫。藝術的創作並不是為了陶冶心性或是美感本身。對委託人的歌功頌德才是第一要務，就像戈佐利在「三博士的隊伍」所呈現的。托斯卡納、翁布里亞（Umbria）、艾米利亞羅馬涅以及倫巴底（Lombardei）等地區有錢有勢的人，都被畫成偉大的英雄。他們喜歡的自我形象，是點綴著法國騎士浪漫風格的亞瑟王傳說或者古代英雄的穿著。人們應該要為他們正直正義的統治歡呼，並且把他們畫成萬神廟中的偉人。這些妝點著許多繪畫的的房間都是個人和政治宣傳的展覽室。

儘管幾乎所有文藝復興時代的藝術家都是在這樣的環境下工作，他們大多數還是可以自由地發展個人風格。就在這個基礎上，阿貝提寫了《論繪畫》（*De pictura*）。在他的筆下，畫作和雕像的主題、動機和試圖表達的意象似乎和委託人一點關係也沒有。相反地，他定義了在古代傳統裡許多**各自獨立的目標**，例如怡人的比例以及藝術表現的完美性。對阿貝提來說，藝術就像是辯論的手段：透過模仿和設計表現出「真實」。就阿貝提的了解，藝術只是媒介不同的哲學而已。藝術的基礎在於幾何和光學原則；就像是哲學以邏輯去探究思想，繪畫則是以光學去探究視覺。哲學家是在詮釋人的知識，畫家則是在詮釋人的經驗。畫家把靈魂的運動翻譯成肢體的運動，喚醒對於美麗的感受。他讓觀眾得到新的認識和見解，並且進行一個大計畫：讓人類的生活更美好。

對阿貝提來說，藝術不是上位者的特權，而是大師與行家之間的對話。藝術作品的良窳並不是取決於委託人的出身、他們的名聲或利益，而是一個問題：畫家的技藝以及觀眾的素養。他們到底識不識貨？這有點類似貨幣經濟，在討論藝術的時候，是不分社會地位和階層的。在國家和城市裡社會階級的遊戲規則，對藝術並不適用，而在文藝復興時期形成的「藝術」這個社會子系統因而極為弔詭。翡冷翠、米蘭、威尼斯、費拉拉與里米尼（Rimini）的權貴們，他們最大的願望，就是讓他們手裡來路不明的金錢和以骯髒手段得來的權力，轉換成象徵榮耀的畫作；但是他們同時也促成了這個「藝術體系」，它有自己的遊戲規則，既往的規則對它都不管用。

這個藝術的論述也可以應用在建築上。在阿貝提於一四四三年至一四五二年的大部頭作品《論建築藝術》（*De re aedificatoria*）裡，他把建築師的地位等同於一個自由的藝術家。他思考公共和私人建築之間的關係，也考慮建築物要如何適當照顧到社會上不同階層的人。他在夢想的典範城市裡提供許多空間給最理想的生活。要在一座城裡改善整個社會，必須從建築物開始，因此阿貝提有

[67]

個信條：「最後還要說的是，一個社會整體的持久性、名聲和門面，最需要的就是建築物。建築物可以讓我們在閒暇時感到滿足、舒適而且健康，在工作時滿足實用性和信仰，在任何時刻都讓人安全無虞而有尊嚴地生活。」[5]未來的建築應該要讓世界更美好。於是，建築的自我認知就呼之欲出：它要以繪圖板、圓規和岩石從事哲學思考，把這個世界打造成一個盡善盡美的場域；理想的城市計畫（在阿貝提之後如雨後春筍般的出現），就是要以縝密的邏輯打造理想的社會。這個想像從文藝復興時期，直到包浩斯時代，接著又在二十一世紀持續綻放，鼓舞著現在所有城市規劃的憧憬。

阿貝提的建築師生涯並沒那麼按部就班，反而是起起伏伏。作為尼古拉五世城市建築顧問，負責整頓、修繕和建造新教堂；相反地，建造私人宅邸時，他因為壓抑自己的理論而鬱鬱寡歡。阿貝提為傑出的馬拉泰斯塔（Sigismondo Malatesta）於里米尼建造的萬神廟一直未完成，就好像他在曼圖亞為貢扎加（Ludovico Gonzaga）建造的兩座教堂一樣。

阿貝提於一四七二年過世。他的作品，尤其是在建築方面，奠定了一個新的流派：理想城市的草圖。同時他也有意識地將這份草圖和哲學傳統掛勾，虛構一個盡善盡美的城市，是對柏拉圖的狂熱崇拜。不過令阿貝提迷戀的，並不只是柏拉圖以優美的修辭描繪的美善之邦（Kallipolis）和馬格尼西亞（Magnesia）。阿貝提也延用了柏拉圖「美的理型」概念；柏拉圖認為美是個天體之類的東西，是在我們生命初始就存在於我們靈魂裡的遙遠記憶。不過柏拉圖相信，只有建築才可以無限接近美的理型，而其他的藝術型態則無法觸及。其他的模仿藝術，諸如繪畫或者詩詞，在他看來都只是在複製這個世界的事物。相反地，阿貝提則把畫家和建築師都視為天才，他們都可以把名為

[68]

「美」的天體散發的光芒如數學一般精確呈現在他們作品裡。他對於理想的要求，就像是一個警政機關，盤查所有藝術作品，有如一個過度炒作一切人性的道德嚴峻的任務。

柏拉圖在托斯卡納

當阿貝提於一三四〇年代寫作建築的著作時，柏拉圖在托斯卡納已經是乏人問津了；相反地，自從亞里斯多德在十三世紀被學者重新「發現」，就成了哲學家的代表。儘管拜占庭學者討論了很久，究竟柏拉圖與亞里斯多德誰比較偉大，誰的哲學比較正確；不過對於出走到翡冷翠的希臘人而言，那根本不成問題。

阿貝提是柏拉圖主義者的早期支持者。作為教宗代表團的一分子，他聽取了拜占庭學者在費拉拉和翡冷翠的聯合大公會議裡的論點。拜占庭學者當中最傑出的智庫，我們在戈佐利的濕壁畫中看到了，這位老人戴著藍色和金色相間的扁帽，如瀑布一般淌下的鬍鬚：自稱普勒托（Pletho）的格米斯托士（Georgios Gemistos, 1355-1450）。普勒托曾經待過米斯特拉斯（Mistra），它是位於伯羅奔尼薩（Peloponnes）平原斯巴達（Sparta）附近的一座要塞。身為當地的哲學領袖，他以柏拉圖和普羅丁的思想建構了一個理想的生活團體。在那場宗教會議以後，普勒托在翡冷翠停留了很長一段時間，並且吸引該城市的知識分子一起狂熱地研究柏拉圖。

不同於亞里斯多德，柏拉圖在中世紀晚期甚少被提及甚至被遺忘。他大多數的對話錄都沒有譯為拉丁文。普勒托努力要改變這個偏好，對翡冷翠學者不斷地解釋說，柏拉圖才是兩位哲學家中比較重要的，而不是亞里斯多德。他更以神學的角度去詮釋柏拉圖，把他的思想視為一種原始宗教，只可惜基督教和伊斯蘭教距離它太遠了。

那麼普勒托在這場聯合大公會議上，在這場東西方基督教會要克服分裂狀態的會議上，到底有沒有打算過使用柏拉圖的思想遺產？就這場會議最後的現實主義解答來說，應該是沒有。另一個絆腳石是普勒托不會說拉丁文，而幾乎所有翡冷翠人都不會說希臘文，這是他最大的敵人之一。普勒托逗留在米斯特拉斯時，克里特人特雷比松的喬治（Georgios Trapezuntios, 1395-ca. 1472）周遊於威尼斯、帕度亞、維辰札（Vicenza），為說拉丁文的博學之士教授希臘文。在大公會議期間，他再次來到翡冷翠，在這裡與熱情的柏拉圖主義者針鋒相對。特雷比松捍衛被基督教吸收的亞里斯多德，而不是受到拜占庭人尊敬的柏拉圖，他甚至指責普勒托不敬神而是個異教徒，那是個史無前例的、極為可笑的說詞。無論如何，柏拉圖強調靈魂不滅，認為世界源自一個理型界；反之，亞里斯多德認為靈魂終有一死。他對世界的解釋大抵上是物理的角度以及唯物論式的，超感官以及天體的事物則沒有多少空間。

普勒托和特雷比松之間的爭吵讓我們看到戈佐利有如失樂園一般的濕壁畫裡的那個和諧世界如何被齟齬、爭端和誤解撕裂。十五世紀早期，基督徒和哲學家一樣分裂而不安，他們早就不談聖多瑪斯井然有序的哲學。中世紀首席思想家強調的靜止世界，變成無時無刻都在改變和顛覆的動態世界；再也沒有什麼是確定、明確而且堅如磐石的。而且在一四三九年這個值得深思的半年裡，普勒托和特雷比松確實不是唯一在翡冷翠捉對辯論的人。這座城市成了學術界的熔爐。無數的哲學家、神學家、醫生和法學家在那裡見面，帶來自己的手稿，西方世界和拜占庭世界結合在一起。

在眾多來自君士坦丁堡和費拉拉的學者中，包括普勒托一個三十六歲的學生，名叫貝薩里翁

（Bazillus Bessarion, ca. 1403-1472）。他來自黑海的特拉比松（Trapezunt, Trabzon），是拜占庭學術界裡的一顆流星。在翡冷翠的會議上，這位年輕的大主教代表東正教主持協商，讓他們的教父們向教宗妥協，接受聖靈不只是源自天父，也源自聖子。東正教的高層也勉為其難地祝福了使兩個教會分裂了一千多年的天主教信理。教會的統一之路似乎暢通無阻。

教宗感激萬分：貝薩里翁被提名為羅馬天主教會的樞機主教。代表教宗和貝薩里翁談判的是盎博羅削（Ambrogio Traversari, 1386-1439），他是人文學者也是翻譯家，他於會議當年十月過世，為翡冷翠的學者們留下了狄奧尼修斯的作品譯本。這些譯本使基督教的新柏拉圖主義在義大利學界更加流行；它們在十五世紀初給予身處巴別塔一般混亂的學者們大量的靈感，使得基督宗教和哲學重新融合。白髮蒼蒼的布魯尼把柏拉圖提高到接近舊約聖經的高度，也把亞里斯多德和柏拉圖的翻譯作品介紹給更多哲學團體。另一個外加的推力，是許多說希臘文的學者，他們在君士坦丁堡於一四五三年淪陷之後來到義大利。許多人在義大利建立自己的學院，在翡冷翠和其他地方為貴族子弟教授希臘文。

來自菲利內（Figline）的馬西略（Marsilius, Marsilio Ficino, 1433-1499），在阿貝提把柏拉圖的理型論引入自己的藝術理論時，他還只是個孩子。不過他年輕時就醉心於這位偉大的古代哲學家。馬西略學習醫學，是他擔任柯席莫・梅迪奇的醫生的父親建議的。他二十三歲時讀了第一本關於柏拉圖理論的書。第二年又讀了第二本，是關於古代對於「快樂」的不同見解。

為了更加了解柏拉圖，馬西略必須學習希臘語。當時的翡冷翠可以用原文閱讀古希臘作品的人屈指可數。這個年輕人一開始就得到大力的支持。梅迪奇家族暗地裡操控這個城市多時，把公共領域的燈光留給共和國的議會。但是在十五世紀中葉，梅迪奇家族自己就是燈光師（就好像當時戈佐利的濕壁畫呈現的），他們把自身的影子投射在領主廣場和聖若望廣場之上。馬西略當時就深獲他們的寵愛。老柯席莫有足夠的理由資助這位熟諳柏拉圖的年輕人。就像許多富人一樣，他也希望信仰、非理性因素以及道德都站在他這一邊。如果所有人都像用商人一樣思考，那麼我們要何去何從？在一個錙銖必較的社會裡，價值又在哪裡？

一四六三年，馬西略年方三十歲，年事已高的柯席莫把他以前的居所轉讓給馬西略，這座卡雷吉別墅位在翡冷翠市郊。老梅迪奇囑咐馬西略把柏拉圖的所有作品翻譯成拉丁文。當然這位年輕人不只是翻譯，他也要活用柏拉圖的哲學。在基督教信仰的舊有世界以及由商人構成的新世界醫學和自然科學之間日益擴大的裂痕，馬西略必須想辦法把它填補起來。翡冷翠、熱那亞、威尼斯等地的商人不再信仰金錢之外的任何事物，而帕度亞的醫生們也不再在人體裡找到靈魂，而馬西略要利用柏拉圖矯正這個現象。

這位年輕的柏拉圖狂熱者對這個工作充滿熱情。到了一四六八年，他重譯了柏拉圖的所有對話錄，一四八四年它們全部都付印。人們終於再次有機會接觸到柏拉圖的全集！馬西略的翻譯風格簡單而且生動，同時也相當信實。此外，譯者也寫了完整的注釋，例如《會飲篇》（*Symposion*）。他的《論愛》（*De amore*）是哲學史裡的重要著作，書中區別「世俗之愛」（amor）和「神聖的愛」（caritas），在哲學史上也同樣重要。在卡雷吉別墅中不久就聚集了城市中的博學之士，像是阿貝提，人文學者克里斯多福·藍迪諾（Christoforo Landino），以及年輕的詩人安吉洛·波利齊亞諾（Angelo Poliziano）。那裡的人們開始自稱「學院派」（Akademiker），取自柏拉圖的雅典學院，即便他們並沒有任何教學活動。馬西略依舊勤奮地工作，他翻譯了赫美斯．提里斯美吉斯特（Hermes Trismegistos）的著作，它們都是老柯席莫的藏書。這些文集據說是摩西時代一位智者遺產，其內容除了種種戲謔之作以外，更認為所有宗教都是同一個源頭。就像當時的學者，馬西略也認為這份手稿是上古時代的作品，直到後來才發現它並不是來自摩西的時代，據推測是完成於西元二世紀。另外，馬西略也挖掘了普羅丁之類的新柏拉圖主義者，以及狄奧尼修斯的基督教新柏拉圖主義。

在接受了這些靈感泉源之後，馬西略也開始發展自己的哲學：《柏拉圖神學》（*Theologie Platonica*）於一四七四年完成，一四八二年付印。其他許多新柏拉圖學者即便也找到自己的「柏拉圖」，卻相信這位住在卡雷吉別墅的梅迪奇門客是唯一正確理解柏拉圖的人。這個思潮出人意外地對政治冷感，尤其是柏拉圖在《理想國》（*Politeia*）和《法律篇》（*Nomoi*）討論的國家模型。但是對馬西略來說，關鍵其實在別的地方。就像普羅丁和普勒托，馬西略最感興趣的是靈性上的柏拉圖；其他醫學家不再認可精神性的靈魂的存在，而馬西略卻和柏拉圖一樣相信有個主宰世間萬物的「世界靈魂」（Weltseele）。世界靈魂是女性的，它可以自給自足，並且形成了一個由器官和肢體構成的有機全體。人類只是大的有機體底下的一個小有機體。所有的有機體都以相同的方式相依相恃：人類身體的組成方式，就是世界身體的組成方式。

和庫薩努斯一樣，馬西略也認為這個世界是由各式各樣的對立構成的。差不多在庫薩努斯即將過世時，馬西略透過他的朋友皮耶雷諾（Pierleone Leoni）認識了這位教廷副主教的文章，他也認識了庫薩努斯極具影響力的觀點轉換：人類居住的宇宙並不是客觀預定好的。人類自己就是這個宇宙，因為他以想像和思考實現它。我具有理性天賦的靈魂是我的世界的中心點，它也就是世界。因為一切存在的，都是**來自**靈魂，也**在靈魂中**形成且實現。我的靈魂把不朽的觀念，也就是神的領域，和世間生命的必死性連接在一起。我的精神也「創造了真理」，馬西略在他的《柏拉圖神學》裡如此寫道。因為我們的認知能力獨力剪裁、組織且開展了事物。

具備了這樣的能力的靈魂和精神，依照馬西略的說法，應該是不朽的。他們是天體的力量。馬西略想要證明靈魂不滅！他認為對於靈魂不滅的認識是古代文獻中最重要的寶藏，在聖經、在赫美斯．提里斯美吉斯特的書中，在奧菲斯祕教和畢達格拉斯學派裡，在柏拉圖、普羅丁、楊布里科斯（Iamblichos）、波修武（Boethius）、在狄奧尼修斯和聖奧古斯丁的思想中，我們都可以看到它。馬西略想要闡明這個「原始知識」，使它再次發光發熱。他的基督思想是屬靈的，而且充斥著原始知識的魔法。連巫術和星相學都有一席之地，這在文藝復興時期並不少見。基督教及其教條和儀式，馬西略都無法接受。對他來說，這些教條都是人為的，是因時制宜而偶然的，而不是神的的意旨。在這點上，馬西略和庫薩努斯不謀而合。

馬西略的「神智學」（Theosophie）寫得相當優雅，極致琢磨美感，點綴著光的隱喻。他的著作主要被視為文學而不是哲學；它們對我們來說依舊意義重大，主要原因是它們熱烈地討論人類。他把人視作宇宙的中心，是內在和外在世界自由的創造者。心中充滿著「愛」這個最屬靈的寶藏的人類，因而有能力成就偉大事業。人類是自身的藝術家，是其思想的建築師，宇宙節奏的節拍器，是無涯宇宙的創建者。

這一切都與中世紀再也沒有關係。就算身披莊嚴高貴的法袍，這些思想其實是近代的財富。另一方面，馬西略的哲學和普羅丁的新柏拉圖主義類似，都對於政治冷感；這位卡雷吉別墅的主人竭力要把柏拉圖的政治哲學消融於他的自然哲學之中。他依照柏拉圖的藍圖，把世界（Kosmos）類比為城邦（Polis）。一個由世界建造者，造物主（Demiurg），建構的「善的」世界，在柏拉圖看來，就是一切變易不居的事物當中「最美的」。柏拉圖的理想國「美善之邦」亦復如是；人在社會中實現了善，也就產生了「美」，也就是正義。馬西略認為人類的任務就是依照預定的藍圖創造實現和形塑「善」、「美」、「正義」。人文學者應該會喜歡這一切才對。但是關於政治的行動，他卻三緘其口。在馬西略的哲學中，對於分權理論或政府形式隻字不提。一切都只是理論，而和實踐無關。梅迪奇家族的門客儘管呼風喚雨，他的思想對於社會以及翡冷翠這作城市卻一點作用也沒有。當時有另一個成就輝煌的人，他和馬西略一起載入哲學史裡，他的主張卻正好相反……

人性尊嚴

他出身貴族，是名聞遐邇的天才，完成了一部把所有哲學重新串接在一起的史詩巨作，卻也因此付出慘痛的代價，遭到批判和迫害；雖然他鄙視以星相學為首的所有巫術，卻師事一位相信神意的牧師。據說他是被毒死的，過世時僅三十一歲。

故事的主角是米蘭多拉（Giovanni Pico della Mirandola, 1463-1494），文藝復興時期哲學界最傑出的代表人物。這位年輕人出身北義大利米蘭的伯爵家族，因此受到最好的教育，年輕時就潛心研究哲學。家人要他選擇神職，但是波隆納的教會法學業讓米蘭多拉感到百無聊賴，他和遠在翡冷翠的馬西略通信並接受他的建議，研讀亞里斯多德以打好哲學基礎。米蘭多拉的足跡橫越這片土地，他先是來到費拉拉，然後是帕度亞，最後落足於帕維亞。他在帕度亞停留的時間最長，亞里斯多德在該地依舊被尊為最偉大的哲學家，學者們教授他的哲學系統以及中世紀阿拉伯哲學家亞味羅（Averroës）的註解。

這和米蘭多拉的出身是完全不同的思想世界。詩意和修辭被明確的概念、清楚的秩序、系統和方法取代。年輕的米蘭多拉相當仰慕亞里斯多德哲學裡嚴格的真理框架，使它不致受到人文學者的修辭上的信口開河的影響。不過他期待的並不是分裂，而是新的統一。他閱讀所有可取得的文獻；他和馬西略一起研讀柏拉圖、普羅丁和赫美斯．提里斯美吉斯特；在巴黎，他專心致志於研究波斯人亞維森納（Avicenna）和阿拉伯人亞味羅；他也研讀中世紀的經典，像聖多瑪斯、董思高和海因里希．馮．根特（Heinrich von Gent）。另外他也深入探究數量可觀的猶太哲學，尤其是卡巴拉（Kabbala）、邁門尼德（Moses Maimonides）、納賀曼尼德（Nachmanides）、哲爾松（Levi ben Gershon）。米蘭多拉要在這些大相逕庭的思想中找出共同真理。一四八六年，米蘭多拉剛滿二十三歲，他在所有哲學家中雀屏中選，自翡冷翠前往羅馬參加「哲學家大會」。他從讀過的文獻中，列出九百個矛盾的論題，想要和其他同行討論如何化解這些矛盾。米蘭多拉夢想可以找到一個普遍的智慧理論，一勞永逸地解決所有哲學和神學的爭論；一個普遍哲學，乃至於普世宗教。

這場代表大會後來停辦了。羅馬教廷耳聞米蘭多拉好高騖遠的計畫之後大發雷霆。當時的宗座是自兩年前剛上任的依諾增爵八世（Innozenz VIII），他以盜賊統治、雷厲風行的宗教審判和迫害女巫而惡名昭彰。尼古拉五世和庇護二世開創的「人文主義教宗」的黃金時期已經過去。新任教宗不會袖手觀，任由一個年輕貴族把整個天主教教會搞得天翻地覆。一個普世而寬容的基督宗教，充斥

[77]

著古希臘、猶太教、阿拉伯人的智慧和知識，而無視信理和誡命的存在，這是依諾增爵八世不想看到的。米蘭多拉寫下《申辯篇》（*Apologie*）為他的主張辯護，卻遭到查禁，他也因此逃到法國。

米蘭多拉在行前還抽空寫了《論人類之尊嚴》（*Oratio de hominis dignitate*），原本是要在大會[78]上當作引言，可是在他有生之年卻沒有等到它問世。以今日的觀點來看，這或許是關於義大利文藝復興和人文主義的說法最重要的文本。米蘭多拉並沒有發明「**人性尊嚴**」這個概念，人們大概可以聯想到馬內提，他在十多年前就提到「人性尊嚴」，只不過米蘭多拉才是第一個以它為基礎建立自己的哲學體系的人。在古代希臘，「身為人類」是指以理性而和動物有別；然而這並不意味著每個人都有權在社會上得到尊敬和尊重；對亞里斯多德來說，人並不會因為身而為人而理所當然的得到尊敬，而是取決於在生命裡實踐的美德。而這個尊敬，西賽羅（Marcus Tullius Cicero）稱作「**尊嚴**」（dignitas）。但是羅馬人並不認為每個人都配得上這個尊嚴，而必須以在社會上的德行和名聲證明值得擁有尊嚴。直到文藝復興，人們才開始擴大人性尊嚴的意義：尊嚴是人類共同擁有的性質，確切來說，人類擁有尊嚴，僅僅是因為其為人類；尊嚴不再只是少數人的功勳獎章，而成了**所有人都有資格擁有的權利**。人類的尊嚴被民主化，自此披荊斬棘，經過康德一直到現代以憲法建構的民主國家。

米蘭多拉在這篇著名的論述一開頭都把生命區分成兩類，一種神要他們各安其位而永遠不變的，另一種則可以自由追尋和決定他們在這個世界上的位置。動物和天使（！）屬於第一種，人則屬於第二種生命。人是沒有定型的動物，一種「變形桿菌」或「變色龍」，總是可以依照意志改變：「天父的度量是何等令人望塵莫及！人類的運氣又是何等無與倫比、值得讚嘆！天父賜予人類[79]

的，乃是得其所需，成其所願！」[6] 人類可以選擇想要成為什麼。人類是自己的創造者，因而在某方面是神性的。並不只是因為聖經說神以自己的形象創造了人類，更因為他們擁有創造自我的神性**自由**，這使得人類擁有無可比擬的尊嚴；人類擁有尊嚴，動物和天使則沒有。米蘭多拉以這個思想為種子，栽種在名為哲學的土壤中，並在啟蒙運動、齊克果（Søren Kierkegaard）乃至於沙特（Jean-Paul Sartre）的思想裡萌芽。

在古希臘羅馬，或是中世紀的經院哲學，沒有任何人像年輕而富有的貴族米蘭多拉如此莊嚴地描述人類的自由或自決（sibi praefiniens）。因此，當米蘭多拉沒辦法想到哪裡就到哪裡的時候，對他的打擊一定相當沉重。他在里昂被捕，不過法國國王查理八世（Karl VIII）釋放了他，並且讓他逃往翡冷翠。「偉大的羅倫佐」庇護這位教會的背叛者，這位羅倫佐可能是東方三博士濕壁畫中那個騎著白馬的英俊青年的原型。米蘭多拉寫了一部著作，把聖經的創世和其他創世神話做比較和會通；第二本書則是假定新柏拉圖主義和亞里斯多德的一致性。他深信所有哲學和宗教可以和平相處。

在這期間，他與聖馬可宗主教座堂的主教吉若拉莫．撒沃納羅拉（Girolamo Savonarola, 1452-1498）成為朋友。這段友誼相當微妙，因為撒沃納羅拉是個離經叛道的爭議人物。他年輕時就勸告義大利的上流社會要懺悔，放棄他們墮落的生活。老羅倫佐相當寬容大度，他不只容忍這位煽動者為窮人喉舌，有時甚至支持他。當然，身為堅定的衛道之士，即便面對自己的恩人，他也不會做出任何讓步。在猶豫不決的時候，他甚至在政治上偏向法國的查理八世而非梅迪奇家族。當法國君王在一四九四年佔領北義大利部分地區，趕走梅迪奇家族的勢力，撒沃納羅拉終於有機會一展抱負。

[80]

他支持以公民政府取代既有的寡頭政治。其實，許多貴族和寡頭都逃出城。撒沃納羅拉把他們留下的財物公開燒毀，使得教宗豪不遲疑地對他處以絕罰。撒沃納羅拉的統治只是五日京兆，查理八世一離開義大利，撒沃納羅拉就在一四九八年被監禁、刑求並被處以絞刑，屍體被公開焚燒。他的朋友米蘭多拉在動蕩不安的一四九四年過世，死因或許是發燒，也可能是被他的祕書毒死。

不自由的意志

查理八世揮軍義大利，因而終結了義大利中北部城市的輝煌年代。它們仍舊存在，但是自此更著重於強化軍事而且相互征伐。人文主義在義大利顯然失去了哲學中心地位和影響力，只剩下帕度亞、帕維亞、波隆納等大學的亞里斯多德學者仍舊保有其份量。他們為整個歐洲供應醫學人才，以及亞味羅對於亞里斯多德嚴重「唯物論」傾向的解讀。在這個解讀之下，亞里斯多德絕對是相信靈魂並非不滅的。

帕度亞最有名的亞里斯多德學者是彭波那齊（Pietro Pomponazzi, 1462-1512）。在米蘭多拉出生於曼圖亞的前一年，彭波那齊就讀於帕度亞，學習醫學與哲學。一四八八年他開始在那裡教書，長時間研究關於不滅性的難題。這是個棘手的問題。一方面，靈魂不滅的爭辯往往會惹禍上身。彭波那齊的前輩帕爾馬（Biagio Pelacani da Parma, 1347-1416）和維尼亞（Nicoletto Vernia, 1420-1499）必定會點頭稱是。另一方面，這個問題實在極為撲朔迷離。人們可以主張說，靈魂需要身體才能思考，因而也會隨著身體一起死亡；亞里斯多德顯然就是這麼想的，撰寫注釋的亞味羅和阿弗羅迪西亞的亞歷山大（Alexander von Aphrodisias）這麼想。或者人們也可以認為，靈魂可以獨立於身體之外活動，因此是不滅的；聖多瑪斯的亞里斯多德學說便是這個安排。在第一種情況下，人們會問，如果靈魂只是在處理眼、耳、鼻、舌和觸等感官，它要如何理解諸如幾何、人性、正義等抽象事物，這是個自古以來懸而未解的問題，**經驗論者**已經窮究了若干世紀。在第二種情況下，人們就必須假設具有理性天賦的靈魂是普遍的、超越時間的、沒有實體的存在，而如果以清醒的和醫學的角度來看，那是根本無法驗證的。不只是信徒，就連**理性主義者**也必須為了這個問題而煩惱。

彭波那齊也確實為了這個問題苦思甚久。亞里斯多德和亞味羅說，我們可以理解幾何和正義，那是因為我們心裡有個超越時間的、不屬於個人的（！）的知性。這個知性在每個靈魂裡起作用，並使人類成為具有理性天賦的生物。這個知性是天性本具的思考流體，而和靈魂涇渭分明；這種假設是遠古的希臘思想，早在赫拉克利特（Heraklit）就存在。它並不是**我們的**知性，我們僅僅是**分受**這個知性。如果你想著「你在思考」，那麼你所想的，就只是「**你**」在思考。

彭波那齊認為這個解釋根本是粗劣的胡扯，就像相信靈魂不滅一樣。不可能存在某個普遍的理性，而只有各自不同的個人理性；人心不同！在這個情境下，新任教宗良十世（Leo X.）終結了這沒完沒了的思辨；在一五一三年十二月的第五次拉特朗大公會議，他譴責所有懷疑（不論以何種方法或何種理由）個人的不朽性的哲學家。

彭波那齊當時正好動身前往波隆納，他是個充滿批判性而且極度自負的人，以其辛辣的諷刺而受到學生歡迎。大公會議的結論徹底地激怒了他，在思想禁令頒布三年之後的一五一六年，他出版了《論靈魂不滅》（*De immortalitate animae*）。就像亞里斯多德的討論天體的著作的正確認識，他也認為世上一切都臣服於生住異滅的法則。如果這個想法是正確的，那麼人類的靈魂和人類的知性

[82]

也應當如此；宣稱此兩者永恆不滅，在物理上根本是胡說八道。在彭波那齊看來，這個主題根本沒有被討論的價值；一個有品性的人會在德行的生活中尋找快樂，而不是在鏡花水月之中；只有弱者才會相信天國，反之，強者則會讓自己的生活宛如在天國之中。天堂和地獄的意象都只是掌權者創造出來，好讓軟弱的人覺得有義務活出道德來。彭波那齊在最後狡詐地加上了一句：哲學對事物的冷靜思考，無論如何都會得到這個結論；但是如果人們想要**信仰**靈魂不滅也沒有什麼不行的，畢竟他自己也沒有「不喜歡」……

不過這個結論並沒有改變什麼。在威尼斯，彭波那齊的論叢立刻被拿來當作火刑場的柴堆，他遭到起訴、咒罵和迫害。這位眾矢之的為自己辯護，認為自己只是正確闡述亞里斯多德的學說而已。不過他所做的並不止於此，他還提出對於宗教的批判，而後來的馬克思以一句話總結之：「宗教是人民的鴉片。」在他的下一本著作中，彭波那齊並沒有那麼做，因為就像他想要以亞里斯多德的自然理論重建基督教信仰一樣，他有個新點子。他想要以亞里斯多德學說中的「不動的原動者」一勞永逸地確立世界法則和行星運轉的規律。一切都是物理，而在物理的世界裡，既不存在天使也不會有奇蹟；但是行星的排列對於人類的命運卻有著「巫術般的」影響力，那就是星相學。米蘭多拉將星相學斥為無稽之談，而彭波那齊卻認為它屬於天文學的副作用。特定的星相會對人類命運乃至世事產生必然的影響。它們甚至會週期性地產生出偉大的先知和宗教創始人，像是摩西、耶穌和穆罕默德；他們的宗教誕生自宇宙裡的天體排列；當然它們也會隨著天體的消失而消失。

彭波那齊認為天文學和星相學預定了世事，他的這部作品直到他死後才付梓；命運相同的，還有另外一篇掀起了彭波那齊和教會第二場廝殺的著作，它處理的問題極其危險：**自由意志**。在彭波那齊的世界觀裡，自然律並不包含自由。馬西略和米蘭多拉在翡冷翠高唱人類無限的自由，彭波那齊卻在波隆納看不到自由的蹤跡。在一切都只是因果鎖鏈的世界裡，怎麼可能會有自由？

關於意志是否自由的疑問，瓦拉已經探討過。如果基督教的神預知且預定了一切，那麼人類就沒有自由可言了。就連亞里斯多德在這個問題上也無用武之地。瓦拉批評說，這位人人稱讚的古代哲學家太過小看意志的問題了。亞里斯多德認為人會依照其理性的高低程度去行動，但是他們並沒有不明的推力或者黑暗的衝動。可是真正的人除了互相衝突的理念以外，也是由相互矛盾的衝動組成的。瓦拉在自由意志的問題上也同樣抨擊神學以及亞里斯多德的心理學。不管是基督宗教或是亞里斯多德，都沒辦法證明人是自由的；我們唯一可以做的，只是**相信**自由意志。

彭波那齊選擇走一條不同的路線。他認為預定世事的，並不是基督教的神，而是宇宙裡的物理定律。他找到古代的斯多噶學派（Stoikern）做為思想上的兄弟，芝諾（Zenon von Kition）及其信徒都相信世事是無法改變的，人類的命運自始就是預定的。彭波那齊說，亞里斯多德居然沒有注意到他的學說和自由意志存在著矛盾，這是很奇怪的事。在一個絕對物理性的世界裡面沒有多少轉圜空間。一切都是出自第一因，接著導致了所有的從屬因。就連人類的行為也是產生自種種原因，而這些行為也會成為接下來更多行為的原因。現今的自然科學家大多採用這種說法，對他們來說，自由意志還是不要存在比較好。對神經生物學家而言，人類的行為只是源自神經元建立的行為模組，所謂的自由意志僅僅是幻覺。這是現今哲學裡最引人入勝的一場辯論，我們也會在現代哲學的問題中細說從頭。比方說，美國腦神經科學家班傑明・利貝特（Benjamin Libet, 1916-2007）在一九七〇年代末提出的「不願意的自由」（free won't, the power of veto），就是以彭波那齊對於自由意志的

[84]

批判作為其庇護所。依照其理論，我們固然無法「不想要」我們所「想要」的，但是我們永遠可以對腦海裡的衝動對我們預定的想法說不。

彭波那齊在一五二五年去世時，世界和他出生時的一四六二年已經大不相同了。新人類的遠見為種種詮釋打開了開闊的天地，一個有光明和陰影的世界，不管是開闊的或狹隘的。對於歷史縱深的理解讓我們明白，人類並不只擁有偉大的古代歷史，他們或許也擁有同樣的未來。畫家為了創作一個有深度的空間找到的中央透視點，同樣可以在社會和個人之中找到。但是這個空間到底是如馬西略所設想的充滿光明，還是黑暗如阿貝提的惡夢？它是不是和米蘭多拉的思想一樣開放、寬闊、橫無際涯，或者像彭波那齊所說的，只是一個由物理決定一切的體制？當自然和社會產生分歧，當上帝賜予人類的居所不復存在，而只有一個服從物理法則的自然界和變動不居的社會，人類該如何在世界裡自處？

當然並不只是人的內心，這個世界的地理座標也發生了轉移。一四九二年，哥倫布（Christoph Kolumbus）終於證明自己是正確的；他航向蔚藍的大海，為歐洲人發現美洲大陸；這為義大利的商業市鎮招致不可挽回的惡果！地中海失去它的地位，大西洋越來越重要，法國以及更明顯的葡萄牙和西班牙成了新強權。一四九二年，「偉大的羅倫佐」過世，他是翡冷翠文藝復興時代的政治燈光師。二十年之後，四十二歲的達文西（Leonardo da Vinci）在聖母恩寵修道院（Santa Maria delle Grazie）食堂前面牆壁上創造那在劫難逃的背叛前的偉大片刻：《最後的晚餐》（*L'Ultima cena*）……

[85]

教宗與諸侯

一五〇六年四月，基督教世界中規模最龐大的教堂修築工程開始了。一直以來，文藝復興時期的教宗們企圖擴建老舊的聖彼得大教堂（Basilika von Sankt Peter）和周圍無數的建築物，卻都沒有完工。教宗儒略二世（Julius II）卻有更大的計畫。他諭令建築師多那圖斯．布拉曼特（Donato Bramante）為他興建一棟全新而且更加雄偉的教堂。可是聖彼得教堂不是在很久以前就要被超越了嗎？不過瘟疫使得西恩那（Siena）的主教教堂沒辦法在十四世紀成為最大的主教教堂。一四三六年，布儒內勒契著名的翡冷翠主教教堂圓頂落成，成為當時最大的基督教教堂。羅馬的聖彼得教堂只是東拼西湊的建築物，和富可敵國的商人打造的教堂相較之下黯然失色。

儒略二世不是個夢想家。這位聖彼得宗座的新主人是權力欲極強的謀略家；他操縱棋盤，冷血無情。天主教會想要得到商人和銀行家在商業市鎮中喪失的權力，只有在一種情況下可行：天主教會必須要在影響力、威信、佔地以及奢華上都勝過其他的義大利城市國家。只有世俗的優勢才可能在近代這個不屬靈的世界裡保有權力，並可以宣稱自己在屬靈上的領導權。儘管聖彼得大教堂的興建工程持續了一百多年，耗損了無數建築師，然而教宗為了商業城市的權力的算計遠遠不僅於此。

這位教宗的行事作風幾乎就像是封建領主。他揮軍威尼斯，並和當時在義大利有支配地位的法國宣戰。他突擊城市和村莊，把它們併入宗座國的勢力範圍。同時我們也看到他是個有藝術眼光的贊助人：他的私人房間和辦公室到處都是拉斐爾的繪畫，其中包括著名的《雅典學院》。儒略二世要布拉曼特為他打造一座夢想中全新而更加華麗的羅馬。在一五〇六年八月至十一月間，就在聖彼

[86]

得大教堂的奠基禮過後幾個月，教宗接待翡冷翠的外交使者，他來到羅馬是要刺探教宗的意圖和目的：馬基維利（Niccolò Machiavelli, 1469-1527）。

[87] 馬基維利是個極有洞見的觀察家，他對人心瞭若指掌，一眼就看穿教宗的心思。這位出身寒微的翡冷翠人在政治上的成就令人驚嘆，他於一四九八年成為國務祕書，那是他的第一份公職，緊接在撒沃納羅拉被處決之後。他的專長是外交和軍事政治，而他所屬的政府正陷於無止盡的戰爭和動亂。身為故鄉的外交特使和談判人員，馬基維利很快就學會各種詭計、困境和現實政治（Realpolitik）的必要性。他同時也遇到難以捉摸、任意妄為的文藝復興諸侯兼軍閥博吉亞（Cesare Borgia），並且和法國國王路易十二談判。他為自己的家鄉創建民兵團，以取代貪腐又反覆無常的傭兵團。

馬基維利離開梵諦岡之後，他繼續以外交官的身分率領民兵團平定了比薩（Pisa）的叛亂。教宗和法國的衝突逐漸白熱化，翡冷翠正好夾在兩方衝突的前線。馬基維利試著操縱這場戰爭，他為衝突雙方獻策、談判甚至干涉。但是努力沒有贏回勝利；翡冷翠人民最後必須以巨額賠款才能免於教宗的軍隊摧毀他們的城市，因為他們先前押寶在落敗的法國那方。這使得翡冷翠的政權大換血。在撒沃納羅拉的統治期間流亡外地的梅迪奇家族，於一五一二年重新掌權，裁撤所有不喜歡的官員。馬基維利失去官位，不久又遭指控發動政變。他遭到逮捕和刑求，接著又獲得特赦，和妻子以及他們的六個孩子被趕出那座城市。在此期間，他寫下了即使在哲學家眼中也意義非凡的作品：《論諸侯國》（*De principtibus*），它還有個更著名的標題：《君王論》（*Il Principe*）。

[88] 直到一五三二年，教宗才批准該書付印。不過自一五一三年起，它的手抄本就已經在翡冷翠等

地流傳。馬基維利的基本論調冷淡到相當犬儒。根據傳記作家的推測，就算他之前對於政治抱持什麼幻想，現在也都擺脫掉了。《君王論》這部政治哲學著作，是建立在義大利中北部城市國家的廢墟之上寫成的。和這些城市的衰落對應的，是法蘭西這個平原國家以及擁有領地的梵諦岡，兩者都是「君主專制」（Monarchien）國家；他們的崛起讓馬基維利得出夢想幻滅的結論。他關於人類、道德、社會和權力的世俗論證，和馬西略和米蘭多拉的樂觀主義天差地遠。馬西略沿襲柏拉圖式的理型論，而馬基維利則是把他在十五年政治生涯裡蒐集到關於人類和權力的各種真實而且痛苦的經驗放在天秤上。

當時的義大利哲學家的政治哲學大抵上是把亞里斯多德的《政治學》奉為圭臬。在這個傳統中，但丁（Dante Alighieri）鼓吹「世界帝國」，來自帕度亞的馬西略則主張人民享有主權，換言之，他們的統治者如果違背了普遍意志，人民就有權力在選舉中讓他們下台。兩者的作品即便結論天差地別，卻都把國家視是當時流行的「城邦」（Polis），就像亞里斯多德眼中的雅典。而馬基維利卻打破了這個傳統。亞里斯多德和柏拉圖的根本問題，也就是什麼樣的統治形式在道德是最正當的，對馬基維利來說，已經不再重要。對這位頭腦冷靜的現實政治家而言，道德律並不是政治的一部分，幾乎就和宗教基礎一樣沒有意義。宗教和道德元素越少，冷靜的實用主義就越有思考空間。在馬基維利眼中，當不斷發起戰爭的教宗、貪圖權力的法國國王，還有商人城市裡陰險狡詐的寡頭們，都要以道德正當化自己的統治，道德就只會是個詛咒，而不是祝福。因為如果沒有實用目的或陰險的好處，根本不會有人在意道德。道德淪為統治的工具，而無法預防任何犯罪。而每個罪犯反倒都還有自己的道德理念。

政治不是建立在道德，也完全不是建立在宗教之上，這當然不代表著政治沒有任何目標。馬基維利幻想著一個治理著強盛的義大利的強大君王。他希望拯救他心目中的商人城市裡的種種優點。他的政治動機相當明確。他要為政治提供思想工具，那是未來義大利的強人統治者所必需的。對他而言，政治既不是道德任務，也不必看命運的臉色；政治是合宜行為的藝術。當時大多數的政治思想家，要不是太過理想主義，就是對政治的想法太過狹隘，當然也會因而失望。一個跟得上時代的政治家應該要永遠以理智行動，他要追求最大的共識，確保自己的權力，好保護社會並且維持穩定。他也為自己保留了政治理性不可或缺的手段。就連暴力和陰謀也是正當的，如果沒有它們不行的話。

後人對於馬基維利大肆抨擊。馬基維利主義者被看作是沒有良知的、冷酷無情的機會主義者。但是馬基維利完全沒有試圖美化任何犬儒的、不道德的統治者。他並不把機會主義或是冷酷無情視為目標，它們只是在不得已的情況下的政治工具。他以完全工具性的角度重新審視治術。冷酷無情的儒略二世和機智狡猾的博吉亞，都是馬基維利在現實中遭遇到的印象深刻的模版人物。就算馬基維利沒有把他們美化為典範，他也不得不敬畏他們。這些把權力玩弄於股掌之間的藝術家，總是把他們的對手當作最陰險邪惡的人，以隨時回應他們，這點深得馬基維利的心。

馬基維利認為不計一切代價的掌握權力是正當的政治目標，因而踏入新的疆域。羅馬人和希臘人以修辭學和哲學小題大作的「公義的國家」，對馬基維利來說，就等於「強大的國家」。和以前的但丁不同的是，馬基維利認為個別君主的統治並不是重點。另外，在馬基維利撰寫《君王論》的同時，還為李維（Titus Livius, 64/59 BC-AD 12/17）的《羅馬史》（*Ab Urbe Condita*）撰寫汪洋宏肆的論文。讓人意外的是，他在其中大讚古代羅馬的共和體制。他認為共和國是「人民就是其領主的國家」，雖然和《君王論》有淵壤之別，不過對馬基維利來說，它們本質上是相同的。真正重要的是個追求強大的國家。只有在這樣的國家中，人民才有辦法享有和平而且受到足夠的保護。

馬基維利究竟有多麼輕視貴族政治，顯示在他往後的命運中。他兩度向他的故鄉提出共和國憲法草案，梅迪奇政權當然不打算理會。為了賺錢，這位被冷落的前外交官還寫了一部翡冷翠史，悖於史實地歌頌梅迪奇王朝的表現。在這個商人家族於一五二七年被趕出翡冷翠政府時，這些阿諛奉承的文字再次為馬基維利招致災厄。對新的翡冷翠共和國來說，這個年老的國務祕書已經沒有任何用處，不久之後，他便以五十八歲之齡過世。他推崇的理性專制並沒有實現；反之，道德和世界觀的混亂持續擴大到無法收拾的地步。在馬基維利過世前十年，一位來自維騰堡的神學教授因為他的《九十五條論綱》（*95 Thesen*）而聲名大噪，並因此導致一場大雪崩。他的名字是馬丁．路德（Martin Luther）……

塵世與天堂

- 愚人頌
- 伊拉斯謨斯和路德
- 恩寵和失寵
- 烏托邦

愚人頌

在一五〇九年七月，馬基維利官位還在而且頗具盛名的時候，一位心思細膩的學者橫越瑞士的 [91] 斯普呂根古道（Splügenpass），從嘉凡納（Chiavenna）往庫爾（Chur）的方向走去。他從科莫湖（Comer See）騎馬啟程，經過康斯坦斯（Konstanz）、史特拉斯堡（Straßburg）、安特衛普（Antwerpen）、魯汶（Löwen）到倫敦。他在義大利停留三年，在杜林（Turin）被授予神學博士學位，他還拜訪人文主義的「聖地」，威尼斯、波隆納、翡冷翠、帕度亞、羅馬和拿坡里。當然，這位學者感興趣的並不是大教堂、國家的和私人宮殿或者華麗的藝術品。就連聖彼得大教堂的建 [92] 築，他都隻字不提。這位學了三年希臘文的經師是為了和其他的義大利思想家交流才到處遊歷的。他要為當時重要的學者織一張網。不過這位旅行者確實來得不是時候：義大利中北部因為領土的戰亂而成為廢墟，一四九四年更因為法國的入侵而到處斷垣殘壁；自從儒略二世成為羅馬的強人以來，法軍和梵諦岡就腥風血雨不斷。這位人文學者從北方的波隆那逃到翡冷翠，在失去夢想的同時，他也認識了苦澀的現實：在後來關於義大利的描述中，他提到諸侯和教廷的統治下的道德扭曲。

我們說的是鹿特丹的伊拉斯謨斯（Desiderius Erasmus Roterodamus, ca. 1467-1536），他的人生是不折不扣的人文主義學者的典範。他出生於鹿特丹，當時只是個小漁港。他是個私生子，在豪達（Gouda）、德文特（Deventer）以及聖海托亨波斯（'s-Hertogenbosch）長大，家境相當清寒。一四八七年，伊拉斯謨斯為了生計而不得已加入修會，五年後成為教士。他很早就開始寫詩，也有大量的書信，並寫下了他的第一篇論文，歌頌修院的生活、隱居、厭離世界和生活的享受。後來他再也不寫這種吹捧的文章，並以古老的修士生活方式為榮，而不願意與世浮沉。一四九三年，他獲准離開修道院，擔任康佩（Cambrai）教區主教的祕書，接著又結識了布魯塞爾和勃根地的王室。那是個令人振奮的時代，布魯塞爾、布魯日（Brügge）、根特、安特衛普和魯汶等商人城市欣欣向榮。伊拉斯謨斯和荷蘭人文學者相見恨晚，也和他們一樣反對中世紀的經院哲學，並推行「現代」的希臘羅馬式教育。

兩年之後，二十八歲的伊拉斯謨斯到巴黎的索邦學院就讀，對於學院裡硜硜自守而讓人煩悶的神學漸感不耐。宗教世界再也無法讓他喜悅。他加入學術圈，熱中於在文學界的永恆名聲，那是政治上的聲譽難以比擬的。一五〇〇年，他擔任英國一位年輕男爵的教師，找到機會離開巴黎。這個名不見經傳的荷蘭一下子就躋身英國貴族和資產階級：在英國也有「人文學者」；他們的生活建立在貨物以及城堡之上，住在地主的莊園，而且他們的禮儀就像他們的文學風格一樣優雅細緻。而他們之中讓伊拉斯謨斯最著迷的，是年紀輕輕就頭角崢嶸的湯馬斯．摩爾（Thomas More, ca. 1478-1535）。歷經了種人生難堪之境遇，他們的友誼只有更加甘醇。

在其後幾年中，伊拉斯謨斯往返於荷蘭、巴黎、英格蘭之間。他寫了一本有關於古代諺語和成語的書，使他在人文學界聲名大譟，緊接著又寫了《基督教鬥士手冊》（*Enchiridion militis Christiani*），為了真正的虔信而批駁錯誤的欲望、空洞的規則和儀式。一個真正的基督徒不應該在意外在的表現，不應該向神祈求富裕和健康，也不應該任由沒完沒了、言之無物的禱告和毫無意義的點蠟燭一直玷污自己的信仰。這本書現在看來是宗教改革的經典之作，在當時卻不被人接受。一輩子都在貧困中闖蕩的伊拉斯謨斯感到相當失望。一五〇六年，他有個機會護送亨利七世的御醫之子前往義大利。隨之而來的就是這次為期三年穿越義大利中北部的旅程。

伊拉斯謨斯於一五〇九年再次踏足倫敦時，英國已經有了新的國王。當時只有十七歲的亨利·都鐸（Henry Tudor）接下了英格蘭王座，成為亨利八世。人文主義世界對他有著極大的期待；伊拉斯謨斯為了一本書的創作回到這裡，《愚人頌》（*Morias Encomion Sive Stultitiae Laus*）很快就為他建立了名聲。當他橫越義大利時，他隨身攜帶著古代詩人琉善（Lukian）的諷刺小品，他顯然試著在其中找個避難所，逃避對人類以及時勢的失望。現在他以琉善的風格書寫自己的創作，並且獻給「親愛的摩爾」。他讓「愚神」（Moriae）不停夸夸其談，為愚昧和盲目做各種宣傳。因為如果不是她的愚行，又有什麼可以讓人們快活而喜悅呢？這個世界情願被矇騙；而和愚人的旗幟站在一起，正是人性使然。與其拒絕，任由自己被矇騙才是比較好的選擇。愚人開啟了一系列人類的愚蠢、浮華、近視短淺。對伊拉斯謨斯來說，最愚蠢的莫過於自詡聰穎或智慧。這位來自荷蘭的人文學者以冷酷的嘲諷，把教會的達官顯要和教授們狠狠修理了一番。最讓伊拉斯謨斯開心的就是「極盡所能地在無以數計的細節上吹毛求疵：對概念的理解、事物的關聯性、要素、儀式、癖好——這一切都產生於沒有任何人可以看穿或辨認的純粹幻象；他非要有銳利的眼光不可，才能夠透過漆黑的日蝕，徹底區分那些根本不存在的事物」。[7]

當然教宗也毫不例外，在伊拉斯謨斯眼中屬於這個蠢蛋的世界。他的羅馬之旅的回憶不只讓儒略二世出醜，更暴露他是個不夠格當個基督徒的偽善者。他對教宗的否定非常明確，當儒略二世於一五一三年過世時，伊拉斯謨斯便匿名寫了〈儒略在封閉的天國大門前〉（*Iulius exclusus e coelis*,

[94]

1514），文中教宗為自己備受爭議的功動辯護，說他積累大量的財富，吹噓他所發動的戰爭和勝利、毀約背信、燒殺擄掠，以及為自己舉辦的凱旋慶典。「就算我身處死亡險境，」伊拉斯謨斯讓教宗在聖保羅面前吹噓說：「我依舊辛勤關心著我在全世界發動的戰爭是否得到調停了……難道你要拒絕像我這樣為基督教掙了那麼多錢的教宗，而不為我打開天國的大門嗎？」[8]伊拉斯謨斯又在四年的〈和平的控訴〉（*Querela pacis*）為和平大聲疾呼，痛斥梵諦岡發起的戰爭。

伊拉斯謨斯從原先的修士變成對於教會的信仰批判者。憑藉犀利的辯才和銳利的文筆，他為「真正的」信仰辯護，駁斥那些假信仰之名而濫用信仰的人。然而這場關乎教會刻不容緩的改革與劇烈的變動之所以成功，卻不是得力於伊拉斯謨斯遍及歐洲他志同道合的筆友網路，而是另一位男士，他的知識水平和伊拉斯謨斯相去甚遠，卻擁有絕不會因為懷疑而動搖的信心和使命感，以及桀驁不馴又殘暴的意志……

伊拉斯謨斯和路德

要了解一個時代、文化、乃至於整個世紀，不能只憑著某個人的命運寫照。各種力量的糾葛以及所謂的時代精神，也不能一言以蔽之。「宗教改革」（Reformation）這個語詞已經成了十六世紀的標題或是時代的頭銜，其意涵包羅萬象而且充滿矛盾。「自由」和「博愛」這兩個語詞亦然，它們有如密封的罐頭一般在宗教改革的鬥士之間傳來傳去，並且當作擋箭牌。可是差不多每個人都有自己的解釋。

十六世紀並不是偉大哲學系統的時代。它是個喧囂而動盪的時代，充滿著杌隉不安和騷亂、探

[95]

[96] 索、論叢和宗教文宣。若干沿襲已久的傳統隨著中世紀的秩序一起走到終點，但是這些混亂的新事物會賜予人類什麼樣的祝福，卻是混沌不明。在一些城市，行會已經式微，「神的價格」轉變為「市場價格」，投機交易和高利貸都不再被基督教譴責。日耳曼南部的商人家族，例如傅格爾（Fugger）和衛斯勒（Wesler），變成國際性的銀行家，坐擁不可度量的商業帝國。在此同時，城市的賦稅以及糧食價格大漲，不管是歉收或者農業不景氣，都使得農民更加窮困。領地經濟（Grundwirtschaft）變成了新的貴族莊園制度（Gutsherrschaft），農民則從佃農變成生產工具。

在一五一四年到一五一九年間，伊拉斯謨斯五次於德國大範圍遊歷，見證了這樣的狀況。起初幾乎誤以為自己身在天堂，因為他到處受到人們的讚美和歡迎，每個人都爭相要認識他。但是他很快就意識到這片土地在變革中的陰暗面。在關於斯瓦本（Schwaben）的人文學者約翰・洛許林（Johannes Reuchlin, 1455-1522）的一場辯論中，人們要求伊拉斯謨斯選邊站。這位勇敢的學者因為拒絕支持反猶太的仇恨宣道者，而遭到科隆的道明會的迫害；伊拉斯謨斯堅決支持洛許林，同時也認知到帝國裡山雨欲來的衝突局面。不安的人們往往會緬懷過去的幸福並且美化它。伊拉斯謨斯的「作為重生的改革」（reformatio als regeneratio）就是在這個意義下要重建舊有的秩序。但是對於昨日美好的追憶到底所指為何，總是言人人殊的，也正如奧地利作家穆齊爾（Robert Musil）所形容的：人類歷史裡不會有人自願走回頭路。

[97] 任何人在自己的時代中迷失，都會想要回到基本，而且屢見不鮮的是，他們都會找上原教旨主義（Fundamentalismus，基本教義派、基要主義）。逃避現實的終點通常不是宗教就是民族主義（Nationalismus），從五百年前到今天都沒有改變！事實上，十六世紀的日耳曼地區可以說前所未

有地虔誠；當時民族主義有如洪水一般在這塊土地氾濫成災。早在十五世紀中期，日耳曼地區的諸侯以及教士對於教廷輒有煩言，一如既往地是金錢和職缺分配的問題。羅馬要分配到多少有俸聖職？日耳曼的貴族和教士又可以分配到多少？在法國，教宗的權力早在十四世紀初期就被美男子腓力四世（Philipp IV. der Schöne）瓦解了，教會的收入也因而銳減。反之，在日耳曼地區，天主教會憑著維也納協議而鞏固它的特權。庫薩努斯的重要角色，我們在前面已經提過了。

伊拉斯謨斯在一五一四年造訪薩爾斯堡、巴塞爾和康斯坦斯，遭遇日益高漲的民族主義浪潮。他對於「我的德意志」可能是隨便說說而已，但是其他人卻把它當作機會，想要把這位著名的人文學者變成「日耳曼的門面」或者「德意志的蘇格拉底」，熱切期待他成為執掌民族主義的車伕。人們屢次強迫他坦承自己是「德意志人」。兩年之後，在科隆的國會中第一次提及「日耳曼的神聖羅馬帝國」，雖然那只是由許多小國家組成的，由皇帝和國會鬆散地湊泊在一起的。

在如此民氣可用的氣氛中，奧思定修會（Augustinerermiten）默默無聞的修士馬丁・路德（Martin Luther, 1483-1546）在薩克森（Sachen）的威登堡（Wittenberg）宣揚他的九十五條論綱。和當時許多人一樣，路德也反對販售贖罪券。關於贖罪券是否對社會有益的問題，奧思定會和道明會各執己見。只不過有個讓人意外的事實：在威登堡，就像整個薩克森一樣，根本不存在贖罪券的販售行為。涉及到這個問題的，反而是鄰近的布蘭登堡（Brandenburg）以及馬格德堡（Magdeburg）主教教堂。此時，道明會修士約翰・特策爾（Johannes Tetzel）在這些地方來回奔波，他販售的「贖罪券」不只向信徒保證可以用金錢洗淨罪惡，甚至是直達天國的特許證。路德在幾年前也在羅馬買過贖罪券，認為這樣應許天國的空頭支票實在太過分了。

當然在薩克森境內的爭端在政治層面上也有重要意義，因為特策爾到處兜售贖罪券並不是偶然的。布蘭登堡的阿爾布雷希特（Albrecht von Brandenburg）是當地選帝侯的弟弟，他必須籌措巨額的資金以謀求美因茲（Mainz）主教教堂的職位。教宗要求兩萬多盾（Gulden）才會為他助選。在儒略二世之後，教廷成為了一個冷血算計的營利組織，不斷在尋找敲詐和漁利的機會。於是，阿爾布雷希特和羅馬達成協議，他向傅格爾借款支付教宗，事後主教教堂則販售贖罪券籌措還款。官方的說法是，這些收益將會用來興建聖彼得大教堂，並且資助對抗土耳其人的戰爭；可是實際上，這筆錢有一半用在讓阿爾布雷希特上任，以及償還販售贖罪券的傅格爾派人士。

路德是否看穿背後的政治操作，我們所知不多。他不僅不希望教會從事資本主義的商業行為，更認為他的領主「智者腓特烈」（Friedrich der Weise）不應該攻擊可恨的競爭對手阿爾布雷希特。路德期待教會停止開立讓牧靈成為多餘的空頭支票；在威登堡幾乎沒有人願意和他討論這個問題。然而由於外國的出版商讓他的論綱在大半個歐洲流傳，路德在反對贖罪券的衝鋒陷陣舉動也點燃了漫天烽火。而他倉促間寫成的這篇文章使得從易北河（Elbe）到荷蘭的民眾群情激憤。看著路德驚人的崛起並且成了宗教改革的領頭羊，伊拉斯謨斯心裡五味雜陳。雖然伊拉斯謨斯一直在保護路德，讓他不致於被定罪，但是他不想和這位易怒的薩克森人同進退。在寫給這位改革者的信中，伊拉斯謨斯稱讚他的成績，但是也批評他的缺失，而且讓他不滿的地方比比皆是。讓他最反感的，是路德在一開始的猶豫之後，便直接對教宗進行攻擊；伊拉斯謨斯認為這是君王的工作。而伊拉斯謨斯再也不支持路德的另一個原因，無疑是路德的專斷獨裁。像伊拉斯謨斯這種人文學者，通常在書簡裡彼此討論自己的立場，他們不會像路德或中世紀的經院哲學家一樣直接提出論綱，也不會用地獄和煉獄之火威脅和他們想法不一致的人，而路德的行徑卻是變本加厲。另外，路德在恩寵說（Gnadenlehre）上面的退步思想，也讓伊拉斯謨斯非常震驚。就像使徒保羅、聖奧古斯丁以及中世紀的教廷，路德也認為人類的命運是預定的；一個人的靈魂死後是否可以得到神的救恩，那是已經預定好的。如果人的意念迫使他為惡，人是沒辦法反抗的，他只能在不同的罪行中做選擇。這是對於自由意志的激進質疑，但是驅使路德這麼做的動機，和他不認識的彭波那齊完全不同。路德的動機是屈服於神的抉擇，因為一切「衝撞奔走」都是枉然，操縱我們的，要不是神就是魔鬼。路德把「**唯獨恩典**」（Sola gratia）視為自己的原則。

伊拉斯謨斯很清楚，路德的改革為許多重要的問題提供了令人吃驚的解答。一方面，這位來自威登堡的教牧如此為自由辯護：人只需要臣服於上帝，而不是教會。他在一五二〇年被教廷威脅絕罰時，寫了《論基督徒的自由》（*Von der Freiheit eines Christenmenschen*）為自己辯護，而這篇文章直至今日對於基督新教徒依然相當重要。一個基督徒，路德寫道，是萬事萬物的自由的主人，而不臣服於任何人。然而他卻又是萬事萬物的熱心奴僕，並且服從於每個人。人類作為神的受造物，並不必對教會負責，但是必須對神以及自己的行為負責。路德對於自由的觀點和神祕主義傳統沒有太大差別，在之後多次被美化為基督教自由觀的誕辰，尤其是黑格爾。

當然路德所說的自由並不像現在基督新教所詮釋的那麼自由，因為這個薩克森人同時也為自由下了明顯的限制；在其中，人的命運只能由神決定，而不是憑靠著各自的努力！而且路德對於教會權威的質疑固然是正當的，可是他片面地把自己的話語當作基督教的真理而取代教會，那就站不住腳了。大多數中世紀哲學家不是都說不要就「字義」理解聖經，而是「認真」對待它嗎？但是路德對於「**唯獨聖經**」（sola scriptura）非常堅持，而這種詮釋聖經的方式，學者早就不再相信。對路德來說，世界一定是神在六天之內創造的，聖經的話就是聖經的話；他不願意理解任何多層次的或者譬喻的聖經意義。如果說我們的理性覺得亞當和夏娃的故事很矛盾，那麼問題不在聖經而是在於理性。

一五二九年，斯派爾（Speyer）聲援馬丁・路德，「抗議」（Protestation）教會對他的審判，自此之後，人們就把他的支持者稱為「抗議宗」（Protestant）（基督新教）；他們不僅認為人的生命是「預定的」，甚至對於聖體聖事的理解也不一樣。和教廷相反，基督新教不相信聖餐的餅酒真的是基督的血肉。然而，關於基督究竟是屬靈地或象徵性地臨在於聖體聖事，路德宗（Lutheran）和「改革宗」（Reformierte）爭論不休。他們的共同點是堅持個人和神的直接關係。教會神職人員的神聖性都被摧毀，而聖事也縮減到只剩下聖洗聖事以及聖體聖事。

路德的信仰非常堅定而且固執，從來不認真對待任何和他意見相左的想法。為了堅持他自己的看法，路德可以說無所不用其極。當他詛咒那些和他意見不同的聲音和批評者時，他最喜歡用的字眼是「魔鬼般的」。任何神學家，甚至連宗教裁判所裡最食古不化的審判官，提到魔鬼的次數都沒有路德多。任何對他的觀點不置可否或不以為然的人，不管是獨立思考的同道中人，或者主張懷疑論的猶太人，他們都是中了「魔杖」（Teufelskeule）。在文藝復興時代，人們學會用花劍（Florett, Foil，輕劍）擊劍，路德在神學討論中則反其道而行，彷彿回到中世紀。他粗魯蠻橫的信仰遠遠落後於艾克哈特大師充滿智慧的靈性。可是除了政治的靠山之外，路德可以說大獲全勝：他的文章乎只以德文出版，內容淺顯易懂；他的「福音」（evangelisch）信仰是個結合了素樸的聖經直譯主義

[101]

（Schriftgläubigkeit, scriptual literalism）的原教旨主義。還有他的民粹主義式的民族主義，對於動盪不安的人們而言相當有吸引力。而且越來越多的君王，尤其是薩克森的選帝侯，也趁機擺脫羅馬對於自己的田地和國庫的控制。

我們現在對於路德這個人的已經一無所知。雖然他把信仰傳統喚醒到不朽的地步，他自己卻沒辦法死而復活。他遺留下來的成就，就是把伊拉斯謨斯剛從希臘文翻譯成拉丁文的聖經，以生動的文字翻譯成德文。他空前絕後地豐富了德文這個語言，並且把薩克森選侯國的公文體語言（Kanzleisprache）引進整個德語圈。但是路德並不是哲學家，他也不想要成為哲學家，因為如同「善」是神的事情，而不是汲汲營營的人類的事，真理也是神的特權。可是路德卻認為自己是宣揚真正基督宗教的唯一信使，而且顯然不覺得那有什麼問題。這類型的自我反思，要不是在他的信仰下顯得太過渺小，就是對他的知識水平來說太遙不可及；這點就由其他人下判斷了。

恩寵和失寵

路德並不是第一位宗教改革家。一直以來都有信徒反覆在督促教會改革，人們或許只想到聖方濟、聖道明以及十三世紀的托缽修會；它們無一例外的都是修士的運動，強調簡樸和虔信，反對世俗的奢華和墮落。另外還有一場高級知識份子的改革運動，例如說艾克哈特大師、柳利和庫薩努斯：那是一場哲學家的宗教改革，它著重對於信仰的思索，而不是創造新的信理、誡命或組織。即便是宗座權也經常被質疑。在十四世紀，英國人約翰．威克里夫（John Wyclif, ca. 1372-1415）要求政教分離。他譴責教會不該擁有世俗財富，認為教會高層都應該過著簡樸的生活。威克里夫也大力提倡恩寵說，認為神早就對人類做出無法測度的審判。十五世紀早期的捷克人揚・胡思（Jan Hus, ca. 1372-1515）沿著威克里夫的足跡繼續走下去。就像後來的路德和許多人，他也反對販售贖罪權。因為他只認可聖經，卻不願意承認教會體制，所以於康斯坦斯的大公會議（1414-1418）被燒死在柴堆上。

這些倡議都沒有實際轉化為持續的改革，然而和其他所有改革理念相反的是，在淨化宗教方面，路德的做法非常武斷。不管是對於神的救恩的意見、對於販售贖罪券的解釋、對教宗統治的批判，又或者對人類命運必然性的觀點，其實都了無新意。他提出的一切，其實都在中世紀一再地討論過。當然，看來帝國中的諸侯早就等待像路德這樣的人登高一呼，他們才得以背棄羅馬。

隨著自教廷的「解放」，極速形成的敵我陣線卻造成毀滅性的後果。「基督新教」信仰撕裂了日耳曼的選侯國，導致宗教改革內部的黨同伐異，也提供窮苦農民一個推力，開始對自己的地主發出怒吼。路德難道沒有寫過，一個基督徒「是萬事萬物的自由主人，而且不用向任何人稱臣」嗎？農民起義已經有一段時間，但是一五二四年到一五二六年的農民戰爭卻演變成遍地烽火。可以確定的是，農民們在南德各處都遭到諸侯軍隊的強力鎮壓，而路德也做出清楚的表態。突然間，自由已經不再重要。他譴責「農夫燒殺擄掠的惡行」，要求把他們「在公開場合或者暗地裡碎屍萬段、絞死或刺死」，就像是「必須痛打一隻發瘋的狗一樣」。他最親密的戰友莫蘭頓（Philipp Melanchthon, 1497-1560）也有差不多的言論；他認為這些農民「沒有教養」，身為農奴，本來就應該繳租納稅。

早在一五二〇年代中期，路德的宗教改革再也不主張暴動和顛覆。正好相反，他們開始鞏固屬

[103]

靈和塵世的領土，一五三〇年，更在奧格斯堡市議會上確立下來。儘管如此，宗教改革根本談不上成功。它其實涉及太多的信仰問題。每個宗教改人士都有自己的想法，每個人都各行其是，而非路德真正希望的。對此路德給出了結構牢固的回應。不同於許多的宗教改革者的憧憬，路德並沒有為教會創造一個獨立自主的地位。相反地，他讓地方教會交給地方君王管轄。路德派信徒心中那個不接受世俗統治的宗教烏托邦，變成了冷血的現實政治。許多同志，例如荷蘭的史文克斐（Kaspar Schwenckfeld, 1489-1561），和路德分道揚鑣，繼續為一個沒有任何機構、高層人士、階級和當權者的基督教信仰奮鬥。為了一個純粹屬靈而不是教條的基督宗教，巴伐利亞的賽巴斯提安·法蘭克（Sebastian Franck, 1499-1543）也揭竿而起，他是個熱情的和平主義者，而且也主張宗教寬容。另外，在蘇黎世、薩爾茲堡、以及圖林根等地遭到殘忍迫害的重洗派（Täufer）托馬斯·閔慈爾（Thomas Müntzer, 1498-1525）也主張政教分離。他在農民戰爭中支持起義者，並在決定性的法蘭克豪森戰役（Schlacht bei Frankenhauser）之後遇害。

[104]

這場運動沒多久就四分五裂，因為幾乎在所有基督新教盛行的地區，都選擇背離了自己原本最重要的主張：把基督宗教從當權者手中拯救出來；他們甚至反其道而行，世俗權力越加鞏固，路德派的改革者越加偏向神權政治；任何世俗權力都要臣服教會的統治。亞爾薩斯地區的馬丁·布塞爾（Martin Bucer, 1491-1551）是基督新教相當有聲望的基礎建設的建築師，他的足跡橫跨整個國家，成立無數機構，賦予明確的位階，接著導入所謂的「教會紀律」（Krichenzucht）。天主教會有信理部（Glaubenskongregation），基督新教教會則透過團契進行思想控制，其中包含嚴刑重罰。

正如人們對於掌權了的基督新教的觀感，它的行徑和天主教教會一樣殘忍無道。在蘇黎世，慈

[105]

運理（Huldrych Zwingli, 1484-1531）把所有不服從的重洗派教徒處以酷刑、處死或者流放。而路德應許的基督教的「地上天國」（Himmel auf Erden）」如何變成由國家監視人民一舉一動的地獄，日內瓦就是最好的例子。在那裡，宗教改革家喀爾文（Johannes Calvin, 1509-1564）不擇手段地施行基督新教的思想獨裁；在日內瓦的監視、告密、對意見不同者肆無忌憚的迫害，是對於路德的〈論基督徒的自由〉最大的諷刺。一五五三年，慈運理把西班牙人文學者和醫生塞爾韋特（Michel Servet）燒死，只因為他質疑三位一體說。在路德的同志墨蘭頓的讚揚聲中，基督新教選擇了基督教歷史裡走過無數次的老路：從被迫害者成為迫害者，從寬容的理念變成不寬容的體制。

難怪當時大多數知識份子對基督新教都是不假辭色或感到失望。法國人文學者卡斯提里奧（Sebastian Castellio, 1515-1563）尤其對基督新教感到希望幻滅：他年輕時就在法國里昂目睹宗教裁判所如何燒死胡格諾派（Huggenotten）的基督新教信徒；卡斯提里奧前往薩爾茲堡並且認識了喀爾文，和他一起到日內瓦並且接受喀爾文的資助，但是他對於基督新教的好印象並沒有維持太久。一五五四年，日內瓦市議會判決卡斯提里奧有罪，只因為他批評了若干牧師。這位心灰意冷的人文學者逃到巴塞爾，專注於拉丁文和法文的聖經翻譯。和伊拉斯謨斯一樣，他嫻熟於優雅的風格，並且著重推敲其微言大義，而不是拘泥於原文。不只基督新教，連天主教會都對這個新譯本口誅筆伐。當喀爾文在日內瓦處決塞爾韋特時，卡斯提里奧憤而寫了匿名文章譴責他。一五五四年，一年之後，他以假名為這篇文章增添內容並寫了〈論是否應該迫害異端〉（*De haereticis, an sint persequendi*）。從聖奧古斯丁到伊拉斯謨斯，甚至喀爾文自己，都曾經撰文反對處決異端。卡斯提里奧在序言裡的許多句子，直到今天依然適用，那是訴諸原始基督教的福音：「基督徒啊！如果你下令執行這些處刑和酷刑，那麼你和魔鬼又有什麼區別？」[9]

喀爾文和他的門徒貝茲（Théodore de Bèze, 1519-1609）為自己辯解。一時間激盪出激烈的辯論。而卡斯提里奧也沒有退卻，他回覆對手說：「殺死一個人的意思不是捍衛思想，而只是『殺死一個人』的意思而已。」卡斯提里奧敦促基督新教，不要和天主教的宗教裁判所同流合汙。他記憶中的基督宗教是愛的宗教，主張宗教寬容，而他也抨擊人類命運預定說的思想。喀爾文勃然大怒，指摘說卡斯提里奧是「撒旦的工具」。喀爾文和貝茲以激烈的方式對付這位博愛的人文主義者，把他押到法庭受審。卡斯提里奧在論戰期間寫了《論懷疑的藝術》（*De arte dubitandi*），那是在宗教狂熱時期少見的理性哲學著作。卡斯提里奧認為對於神的存在的深刻洞見不同於人的所有其他作為。當眾多信仰思潮和宗教團體同時存在，誰有權以仲裁者自居呢？而人類的創造物，比如說聖經，我們為什麼要一字一句全盤接受，而且為了如何詮釋它而爭執不休？盲目的信仰已經無法幫助我們，我們應該聆聽理性的聲音。理性告訴我們，我們確信的東西，只是眾多可能性中的一個。沒有任何真理是絕對的，所有的知識都是相對的。

卡斯提里奧在一五六三年過世，享年四十八歲，他總算躲過喀爾文在日內瓦對他的死刑判決。他反對預定說，主張宗教寬容，世人並沒有被遺忘。當喀爾文教派在十七世紀分裂，荷蘭的抗辯派（Remonstrants）引用了卡斯提里奧對於預定論的批判。他以理性（注重合理性）註解聖經的方式不只影響了義大利神學家索契尼（Fausto Sozzini, 1539-1604），更催生了往後的社會主義運動以及英格蘭的神體一位論（Unitarismus）❶。在洛克（John Locke）關於良知和信仰的自由的理論，也可以看見卡斯提里奧的影子，後來甚至影響了伏爾泰（Voltaire）。

烏托邦

從卡斯提里奧的遭遇中可以看見，面對宗教的原教旨主義，十六世紀的哲學處境艱難而噤若寒蟬。宗教改革要求敬虔和懺悔，而不是權衡和反省。中世紀的經院哲學家重視的邏輯已經大不如前，伊拉斯謨斯對邏輯完全不感興趣；路德、慈運理以及喀爾文也認為真理不在語句的邏輯或正確的論證結論裡，而僅僅在信仰之中；深刻的知識無法透過思考和冥想獲得，它是神的恩典。

神對於世界或許有更遠大的計畫，但是每當人類承諾要建立一個地上天國，世界就只會越來越狹隘。在這種情況下，難怪像是伊拉斯謨斯的《愚人頌》這種諷刺作品也可以列入哲學史裡。如果有人認為路德的宗教改革是「現代」的，認為他相當進步而且有遠見，那麼他直到今天一定還會訝異伊拉斯謨斯為什麼要那麼躡手躡腳地描寫人性。而如果他有機會看到當時另一個人的文章，那麼他的想法必然會完全翻轉。我們回到宗教改革的起點，也就是一五一六年：在路德的九十五條論綱登場前一年，倫敦的文壇出現轟動一時的大事。《關於最完美的國家制度和烏托邦新島的既有益又有趣的金書》（*De optimo rei publicae statu deque nova insula Utopia*）出版，作者是伊拉斯謨斯的朋友摩爾。這個聰明而且有教養的大法官也擔任過國王的特使，在當時可以說一人之下萬人之上。對

❶ 否認三位一體而相信天主只有一位的教理。

亨利八世來說，他可以遇見受人愛戴的摩爾實屬偶然，而對於摩爾而言，這位國王則是他施展抱負的大好機會。

儘管如此，摩爾並沒有因此退卻，他在該書第一部裡猛烈批評英格蘭當時的社會狀況。他譴責貧窮及其主因：貪婪搜刮土地以及獲利的貴族，他更反對把竊賊判處死刑。海員拉斐爾．希特洛戴烏斯（Raphael Hythlodaeus）在《烏托邦》開頭的論證就相當引人入勝：聖經裡不只禁止殺人，連以死亡作為威脅也是不對的。「如果強盜看到就連偷竊這種小罪都要被處死的話，那麼他在搶劫的時候，就會基於這個考量而心生殺死對方的念頭。」[10]

《烏托邦》的第二部分則是寫實的敘事形式。拉斐爾對摩爾以及他的朋友彼得．吉爾斯（Peter Gilles）描述自己在美洲一座偏僻的島嶼「烏托邦」的經歷。對摩爾當時的人來說，它顯然是個虛構的故事。因為「烏托邦」（U-topos）的意思要不是「Ou-Topos」（烏有之鄉），就是「Eu-Topos」（幸福之地）；而在拉丁文中，「ou」和「eu」都可以寫成「u」。顯然現實中並不存在烏托邦，那只是個哲學思想實驗。當摩爾談到「最完美的國家狀態」時，他其實是以人文學者的方式憧憬這個傳統。一座位在遙遠的大西洋上的島嶼，讓人聯想到柏拉圖在《蒂邁歐篇》（*Timaios*）裡提到的亞特蘭提斯（Atlantis），以及他在《理想國》（*Politeia*）和《法律篇》（*Nomoi*）裡描寫的理想城邦「美善之邦」和馬格尼西亞。

事實上，烏托邦和「美善之邦」以及馬格尼西亞在某些方面確實相當神似，因為這個理想國家是個共產主義的國家。它有共用的廚房以及基本收入的保障。和柏拉圖不同的是，在這裡的生活中心並不是國家，而是家庭；經濟體系是停滯的，只生產必要的物資，而人口的數目也是固定的。想要增加人口，就必須建立殖民地。金錢和黃金並沒有很高的價值，它們的作用只是為了支付傭兵。烏托邦的居民有一套全民教育系統，以實行義務教育、培育人才，他們還有選擇職業的自由，更有終身學習的機會。健康保險完全免費的。每個人都可以自己選擇任何宗教，大多數的居民都敬拜一個「萬物之父」，一個神性的存在者，新柏拉圖主義認為祂是「超越了人類心靈的理解能力」。[11]

在烏托邦中，每天只要工作六個小時，每個居民既是農夫也是工匠，而且六個小時的工作時間絕對足夠，因為男人和女人都在工作。在這座幸福島上，沒有任何神職人員依賴他人辛勞工作的供養，也沒有任何地主。沒有人儲藏財物，也就沒有盜賊，共和國的首都是夜不閉戶的。

以共和取代君主和貴族統治，以理性取代信仰；這是個世俗的國家，以自決取代原罪和神的恩寵，以自由取代預定，以保證取代命運；人們或許會以為他在讀一本十九或二十世紀的作品呢！一個和馬基維利和路德同時代的人，怎麼有辦法寫出這些內容？在《君王論》問世三年後，或者在路德的《論基督徒的自由》出版前一年，沒有任何人像他那樣閃耀著社會理性和智慧，以及冷靜的人性。為了以防萬一，摩爾反覆澄清，他的烏托邦只是個諷刺小品；海員的名字「希特洛戴烏斯」意思就是「丑角」，摩爾也趕緊補充說，烏托邦裡的情況，明顯在歐洲是不可能實現的。而且他還時不時會開玩笑，比如說書中的法官摩爾就說，烏托邦實在太平靜了，律師根本不需要存在。

這位足跡遍及世界各地的英格蘭人，不在新的信仰中尋找理想的世界，而是寄託於文學。他也創立了新的文類，「烏托邦」，再添加一點諷刺和挖苦。這些人文主義的玩笑、挖苦和深層的意涵，都有絕對的必要，畢竟對摩爾來說是攸關生死的問題。在十六世紀描繪一個擁有政府的未雨綢繆、社會理性、普遍的平等和全面的分配正義的國家，是非常危險的事；即使是像摩爾這樣有著嫻熟的外交和文學技巧並且位居要津的人來說，情況依舊如此。不管如何，這部未加刪減的第一本「政治小說」通過了審查，並且在歐洲掀起波瀾，遠比伊拉斯謨斯當時的作品《論基督徒君王的教育》（*Institutio principis Christiani*）引起更多關注，這部作品是在建議未來的皇帝查理五世推行符合督教道德觀的政策。

伊拉斯謨斯的書中也充滿自由的思想，而且強調基督徒在神面前都是平等的，個人的世俗階級差異並不重要。但是作者自己倒是很喜歡他和眾多歐洲統治者之間的深厚關係，所以不敢像摩爾一樣，在書中勾勒一個共產主義的社會主義國家。伊拉斯謨斯一直在找機會脫離他的居住地巴塞爾，想辦法進入整個政治和宗教的核心圈；他期待的不是改革或者革命，而是人文教育和知人善任的君王。因此，他不算是活躍的政治份子，以學術教育的標準來說，他也不是偉大的哲學家，伊拉斯謨斯並沒有寫出系統性的哲學作品，對於中世紀的哲學流派認識很短淺，邏輯能力也不怎麼強。因而多半被視為公共知識份子和眼光銳利的觀察家，他總是在著作和信件中提出許多當時的重要問題。

但是不管是他後來不再支持的路德或是自己的好友摩爾，他們都不需要利用伊拉斯謨斯的名氣：摩爾更是當上了英國的大法官。然而，伊拉斯謨斯和摩爾對於亨利八世的專斷獨行，都只能書空咄咄；這位被譽為歐洲人文主義救星的政治強人，最終宣布脫離羅馬，成立了符合自己口味的聖公會（anglikanische Kirche，英國國教、安立甘教會）。摩爾不願意和這個新的宗教專制政權同流合污，於一五三五年在倫敦上了斷頭台。他的頭顱被掛在倫敦橋上整整一個月以儆效尤。

[111]

天國並沒有在十六世紀出現在人間，這個世紀也從來不是屬靈的世紀。反之，就哲學的角度來說，這是個在全方面圍攻理性的世紀，就像路德在他的作品中所說的：「理性當然可以珍視和誇耀自己的光芒，還有他們的世俗智慧。但是他們絕對不可能以此上天堂……因為理性的雙眼是全盲的。」所以說，路德進一步指出，人們應該以卑微的目光專注於人子耶穌降生的馬槽，在那裡，我們可以找到內心的天堂。而眺望著物理的天空的傲慢目光，終究是枉然的，因為：「對我們來說，我們上頭什麼也沒有。」路德很清楚自己在說什麼；當時的另一個名人正重新丈量我們頭上的天空。他的視線沒有屈服於信仰，而是開放而清晰的……

[112]

全新的天國

- 除魅的天國
- 太陽崇拜
- 無盡的世界
- 無處可尋的秩序
- 望遠鏡的真理
- 科技的精神
- 所羅門之家

除魅的天國

[113] 波羅的海的瓦爾米亞（Ermland, Warmia）地區的福勞恩堡（Frauenburg）人口近千人，有一座令人驚嘆的哥德式大教堂。自十三世紀起，這個主教區就由當時的普魯士駐守；十五世紀時，這座小鎮成了波蘭和日耳曼之間「飢餓戰爭」（Hungerkrieg）的舞台，它在被掠奪之後，一把火化作了灰燼，就像瓦爾米亞許多其他城市一樣。其實福勞恩堡在十六世紀之後就不再重要。

[114] 不過自一五一四年開始，這座城的城門口就豎立著一座磚造塔樓，那是一座天文台，由道明修會會長哥白尼（Nikolaus Kopernikus, 1473-1543）親自搭建，他在這裡以象限角、三分儀和渾天儀自娛。這三項儀器都是他自製的，它們不只很簡陋，而且是自古就流行的。

中世紀世界觀的真正革命並不是倚靠宗教改革，這場革命來自默默無聞的數學和瓦爾米亞的卑微教堂執事。哥白尼在義大利求學，待過波隆納、帕杜亞和費拉拉，他對教會法並沒有什麼興趣，反而喜歡數學、醫學和自然科學。作為福勞恩堡的天主教教區全體修道院協會會長，哥白尼身陷波蘭和日耳曼騎士團之間在瓦爾米亞教區的戰爭。不過他生命中的熱情，一直都是屬於數學以及天文學。

早在一五〇九年，哥白尼就寫了十頁的《短論》（*Commentariolus*），在其中解釋道：地球絕對不可能是世界中心點。他還寫下了這句話：「我們在天空中看見的所有天體運動，都是因為地球本身的移動所致，而非天體本身。地球及其自然現象每天都以一個不變的軸心轉動一次。而極其遙遠的天體作為恆星則不會運動。所有我們看見的太陽運動，都不是由它自身引起，而是因為地球以及我們的運行軌道，我們的地球在這個軌道上繞著太陽運行，就像其他所有星球一樣。由此可見，地球同時被各種運動牽引到太陽。」[12]

這份手稿從來沒有出版過，直到一八七七年才被發現。當然哥白尼並沒有停止他的演算，他很快就因為正在進行的一大部頭作品而廣為人知。它解釋地球以及其他星球如何圍繞太陽運轉。人們 [115] 的反應搖擺在好奇、反對和嘲笑之間，而基督新教則是特別憤怒。莫蘭頓是宗教改革當中的人文學者，人稱「日耳曼的導師」（Praeceptor Germaniae），是非常有影響力的人物；他派了維騰堡的年輕數學家瑞迪庫司（Georg Joachim Rheticus）到福勞恩堡師事哥白尼。瑞迪庫司很快就被哥白尼說服和啟發。一五四〇年，他出版了哥白尼理論的論集，催促年事已高的大師趕緊付印。早在《天體運行論》（*De revolutionibus orbium coelestium*）於一五四三年問世之前，宗教改革家們就急於和它切割。路德在筵席間嘲弄哥白尼是「新的占星師」，他是個想要「反轉整個天文技術」的蠢貨。路德非常確信：「沒有任何理性……可以掌握甚至理解造物主的創世。」[13]路德也認為，科學並不能揭露真理，只有信仰可以。可是正因為如此，基督新教不是應該以對哥白尼仁慈一點嗎？路德把這個世界一分為二，也就是基督教信仰裡不可見的真實世界，以及可見卻不真實的物質世界。基督新教徒相信上帝，不是因為世界證明了祂的存在（以前許多經院哲學家就是這樣認為的）；基督新教徒相信上帝，儘管世上沒有任何證明。人們只能憑著信仰、聖經、基督和恩典看見真理。

從這個立場出發，路德面對哥白尼的學說其實可以輕鬆一點。但是對這位向來保守的宗教改革者來說，宗教改革已然臻至完善，不應該因為一個動力學的新理論而產生困擾。路德手下最訓練有素的戰友莫蘭頓也為哥白尼的學說感到非常緊張。莫蘭頓不只熟諳亞里斯多德的《物理學》，對於 [116]

薩摩斯島的阿里斯塔克斯的日心說也很了解。如果他曾經讀過的話，他也可能在奧雷斯姆的尼古拉（Nikolaus von Oresme）以及庫薩努斯的著作中發現他們也有相似的想法。在莫蘭頓對哥白尼的第一次反擊中，他宣稱哥白尼的計算早就過時，並且指責他是個「譁眾取寵」的人。

不過這位數學家描述的世界觀仍舊吸引了許多學者，其中包括宗教改革家奧西安德（Andreas Osiander, 1498-1552）。這位法蘭克神學家以前是路德的重要戰友，直到他和莫蘭頓因為人是否可以在神面前「稱義」而鬧翻。奧西安德於一五四三年在紐倫堡出版了哥白尼的代表作，並在序言中以哥白尼的理論為基礎，寫下了和他的神學觀點有關的內容。莫蘭德相當吃驚，他對天文學並非一無所知，也為天文學作品寫過序；他相信星相學，而且不像路德那樣對於天文物理不屑一顧。可是在他看來，天文學應該止於實用層面，比如說以天文學校正曆法之類的。但是他拒絕把天文學視為獨立於宗教世界觀的科學，那無疑打破了宗教結構的一致性。如果神明顯告訴人類太陽繞著地球運行（所以《約書亞記》十章十二節裡的約書亞才有辦法讓太陽停留數日），那麼事實就是如此。而如果天體物理學有所懷疑，它就是招惹了自己不能解決的麻煩，而只有神的權威才可以解決。

哥白尼並不是不可知論者（Agnostiker），更談不上無神論者。他當然也不想要挑釁任何人。可是他的日心說世界觀卻在宗教改革從來不覺得有危險的地方超越了它。因為被重新測量的天空和基督新教堅持以字面解讀的聖經裡的天空互相矛盾。地球不再是世界的中心，而只是眾多星球其中之一。在人們看來證據充足的事情，卻和事實不符。我們直覺的認知並不足以探究物理真相。只有不以信仰而以理性習得的知識才可以。

相較於新教教會，天主教會對於日心說的反應非常平靜。早在一五三三年，就有人向教宗克勉七世（Clemens VII.）提過哥白尼的理念，而且教宗大使紅衣主教荀貝格（Nikolaus von Schönberg）甚至鼓勵這位天文學家把他的作品付印。他的著作終於出版，並且題獻給新任教宗保祿三世（Paul III.），接著則是一篇詳盡的申辯，並且極力貶低自己成就。另外天主教會當時對於新興的自然科學知識相當友好，即便可能牴觸聖經，例如日心說的世界觀。但是教廷的口氣卻在十六世紀下半葉變得尖銳，它的寬容也消失無蹤。和這位數學、天文學家爭奪真相的戰役延續了整個世紀。直到一八三五年，哥白尼的《天體運行論》依舊被天主教廷列在禁書目錄裡。

哥白尼指出，決定這個世界樣貌的並不只是神的意志和恩典，還有一直以來都隱而未現的物理力量和自然規則；至於它們要怎麼相互配合，聖經並沒有交代，這個問題必須重新審視。當達文西（Leonardo da Vinci, 1452-1519）打算以所有可以想像的角度超越且打破知識的界限，他也是這麼想的。他學習光學、流體力學、普通力學、化學、地質學、動物學和解剖學，更認為數學是基礎科學。達文西對所有傳統的概念和解釋都加以懷疑，只相信他自己的研究和觀察。

這樣的思考方式並非沒有先例。早在古代，阿那克薩哥拉（Anaxagoras）、留基伯（Leukipp）或伊比鳩魯都以物質的角度理解這個宇宙。但是他們的思想都有個整體性的特徵，而在哥白尼和達文西的時代則日漸衰微。對十六世紀來說，想要創造一個巨型理論，從天體物理學、知識論到倫理學的體系，那是很困難的；換言之，這個整體性已經分裂成許多不同的領域。屬於數學和科學的新知識（Scientia）和哲學的智慧（Sapientia）（也就是人文學者的知識）站在完全對立面上；一個分裂的起點持續到現代，依舊可以在自然和人文科學的荒誕競爭以及相互侮辱裡看到。

各個領域的分裂也牽扯到一個古老的哲學爭端。人文學者，尤其是像阿貝提和馬西略這類的思想家，他們都信奉柏拉圖或新柏拉圖主義的世界觀。他們第二個智慧源泉是西賽羅，他以斯多噶主義的思想解釋人類為何是宇宙的中心。由此可見，自然萬物都是為了人類而有目的地存在。而且所有領域的智慧也因此都是「關於人類的智慧」，也就是人文的智慧（Sapientia）。這種世界觀是人類中心主義的，受到新柏拉圖主義影響的基督教也有一樣的觀點，而亞里斯多德的哲學則反之，它在十三至十四世紀幾乎銷聲匿跡。只有在帕度亞的佩拉卡尼和彭波那齊等亞里斯多德學者仍舊力挺這位失寵的偉大古代哲學家。他的世界觀有強烈的物理學取向，而且在他的觀點中，人類既不是宇宙的中心，自然活動也不是為了人類的目的而存在。即便亞里斯多德以前同意地球中心說，他的哲學會不會因為日心說的世界觀而得到佐證？

人類在自然中的位置是什麼？這個問題不只是讓學者好奇，更使他們不安和恐懼；自然科學研究緩慢但不見停歇的步伐，不是只讓人振奮和自由，因為隨著研究的進步，人類也失去據以建立自我意識的知識。一般對於文藝復興認知，或許會認為人文主義和自然科學的崛起應該是一體兩面的。然而事實卻正好相反。自然科學的凱旋起點，正是人文主義的式微而不再樂觀。

自然科學的誕生不只是偉大的勝利，隨之而來的還有失望。馬西略或者米蘭多拉之類的人文主義者夢想中的美好世界也都傷感地破碎了。社會烏托邦時代，大多不是自然科學和科技烏托邦的時代，就像科技的烏托邦時代（我們的現代社會）也不是社會的烏托邦。馬基維利的《君王論》裡對於政治的幻想破滅，隨之而來的是對自然的幻想破滅。而即便我們認為把自然科學的頭腦清醒視為政治夢醒的結果有點太片面了，把游標從政治轉到科學，也絕對不會是因為晴朗的天空⋯⋯

太陽崇拜

地球是圓的而不是平的，在十五世紀的學者眼中已經是沒有爭議的事。而也因為這樣，所以當時的數學理事會（Junta dos Matemática，葡萄牙國王的智囊團）才會勸阻鹵莽的哥倫布啟航。對像他一樣的外行水手來說，地球的圓周實在太大了，如果美洲沒有在半路上突然出現，哥倫布與他的手下在一四九二年就不可能到達尋找中的中國和日本，而會在海上餓死或渴死。達伽瑪（Vasco da Gama）乘船繞行非洲而找到到印度的海路。二十年之後，他的同胞麥哲倫（Ferdinand Magellan）的探險隊完成了第一次環球航行，證明了其實根本不必證明的事實：地球真的是圓的（更精確來說是橢圓的）。

舊有的秩序、托勒密的地球中心說世界觀已經不再正確。但是人們還不知道新的秩序應該是什麼樣子。它不只涉及星球在宇宙中的位置，還有新物理學的許多基本問題：哪些自然力以何種方式互相作用？亞里斯多德對於自然的理智觀點雖然比柏拉圖、斯多噶主義者和基督教的物理觀點更正確一點，但是他的物理學太老舊了而不足以回答這個問題。亞里斯多德的物理學假設所有的運動**都是設定成基於達到其目的**。當然在中世紀時就有歐特庫的尼古拉（Nicolaus von Autrecourt）和布里丹之類的思想家提出質疑。不是每個運動都需要一個**動力**嗎？

[120]

十六世紀的物理學拋棄了他們的師傅，這些自然思想家們邁向一個全新的領域。亞里斯多德變成了人人喊打的古代哲學家，是要被除魅的假權威。這是義大利自然哲學（Naturphilosophie）誕生的時刻——它嘗試尋找一個全新的體系，從天上到地上，所有物理和心理的現象，都要重新整頓。義大利自然哲學第一位重要的代表人物是卡爾達諾（Girolamo Cardano, 1501-1576），是帕維[121]亞遠近馳名的醫生和數學家。他的《論事物多樣性》（*De rerum varietate*）於一五五七年出版之後再版五次，而且翻譯成德文和法文。

卡爾達諾非常多產，他寫了大量的著作，解決了四萬個大問題和二十萬個小問題。他尤其以數學家而著稱，其次才是自然哲學家。卡爾達諾熱愛數學，不過不同於達文西或當時其他學者，他並不認為數學是通往一切自然現象知識的鑰匙。正好相反，他把數學視為人類靈魂的秩序圖式。如果數學家們相信可以透過數學認識自然，那麼終究只是沉醉於自己的靈魂和自以為是的理智。換句話說：數學家們看似在解讀自然，那是因為只有符合人類的典型數學思考模式的，我們才會視為清晰和真實的。也就是因為這樣，對卡爾達諾來說，所有的數學知識都只是循環論證，它離真正的自然知識還差得遠了。唯獨神才能觀照一切，而不是人類；神透視事物的性質，而人類卻只有在量上前進：我們（以浪漫主義詩人諾瓦里斯〔Novalis〕的詩句來說）到處尋找絕對者，卻只找到事物。

卡爾達諾不只是對於人類認識能力的細膩批判者，他也是第一位在文藝復興時代質疑亞里斯多德的物理學家資格的義大利自然哲學家。他要僅僅憑藉經驗探究自然，然後在自然中認識那孕育出所有生命的溫度和濕度的相互作用。就和恩培多克勒（Empedokles）和柏拉圖一樣，他也認為自然力和愛憎的交互作用有關。因此，研究物理者並不致力於純粹的物質性，而是自然的「心靈研究」（consideratio animalis）。

卡爾達諾不久就找到志同道合的人，來自卡拉布里亞（Kalabrien）的特勒修（Bernardino Telesio, 1508-1588）；他也夢想著一個自然哲學的總體系統以取代亞里斯多德的物理學。他的《論[122]

事物的本性》（*De rerum natura*）是一部九大冊著作。和卡爾達諾相同，特勒修也認為古希臘傳統可以再次從天體物理、「生物學」、心理學推論到倫理學。特勒修致力於把當時的物理學列入自然哲學，以創造一個新的全面性的世界觀。他也和卡爾達諾一樣，想要證明新興的物理學並不會引起混亂，而是描寫宇宙一體的另一種方式。科學的知識和哲學的智慧在戲劇性的分裂之後，應該言歸於好。特勒修透過其他文藝復興時期的作品認識到先蘇哲學家、伊比鳩魯主義和斯多噶主義，並且找到他的典範。所以他的書名不只是影射古代羅馬的啟蒙者盧克萊修（Lukrez）的同名著作，也在致敬一篇推測名為《論自然》的先蘇哲學論文。

對特勒修來說，恩培多克勒是最重要的典範；就像西元前五世紀的大師一樣，十六世紀卡拉布里亞自然哲學家也認為世界陷入無止境的物質鬥爭。卡爾達諾認為那是溫度和濕氣的緣故，特勒修則以熱和冷形容它。地球是冷的領地，而熱則是太陽的輻射；我們眼中的一切萬物都是在這個鬥爭當中產生的。「熱」賦予世界動力、運動和生住異滅，「冷」則是不變和靜止。自然的所有變化都源自這個交互作用，並且漸漸演化出植物和動物。

為了從物理學跨到有生命的大自然，特勒修在神經和大腦裡尋找「生魂」的位置。正如特勒修鄙視的亞里斯多德以及他吹捧的伊比鳩魯，他也認為靈魂是渴望自我保存的生命能量。特勒修也以唯物論的觀點解釋一切物理現象，認為靈魂是物質性的東西，不過他和柏拉圖一樣認為有第二種靈魂的存在，唯獨人類才擁有。卡爾達諾也主張這個區別。他也同意新柏拉圖主義者和阿拉伯哲學家亞味羅的觀點，認為精神是客觀的存在，它是屬靈的世界靈魂的一部分。人的知性在活動時，那其實不是我們自己的知性，而是來自超越時間的、來自天上的知性，我們在思考時會從中擷取它。當然，特勒修和卡爾達諾的靈魂概念都自相矛盾。因為如果我的理性靈魂根本不是我的理性靈魂，怎麼會有卡爾達諾或特樂修宣稱的靈魂不滅；這也是為什麼亞里斯多德和亞味羅會否認人是不滅的。然而卡爾達諾和特勒修沒有注意到這個矛盾。重要的是要讓那個不朽的理性靈魂追求極致和完美，以及斯多噶主義所說的「淡泊寧靜」（Gelassenheit）。

在特勒修看來，他的體系裡的每個解釋，從天體到倫理，都是環環相扣的，而毋需神的介入。他的神是個工匠，創造了一個功能完備的全體，不用任何外力就可以獨力運作。特勒修沒有被教會的怒火波及，那是因為他和樞機主教以及教宗的交情。卡爾達諾在一五七〇年被宗教裁判所監禁三個月，而特勒修死後也出現批判他的聲浪，天主教的「反宗教改革」還是把他的作品列入禁書目錄。

這位南義大利人的自然哲學著作喜歡把各種元素胡亂撮合在一起，仔細一看就可以發現它們相當不一致；但儘管如此，它仍舊造成不小的轟動，並且在歐洲範圍內的許多思想家心中留下深刻的印象。在他們看來，特勒修把造物主的智慧分解成物質性的種種部件。懷疑論者和唯物主義者加桑迪（Pierre Gassendi, 1592-1655）在南法讀了特勒修的著作；荷蘭的笛卡兒也沿襲他的「生物學」思想；英國人霍布斯（Thomas Hobbes）接收了他在知覺方面的唯物主義理論。

不過特勒修最熱情的愛慕者是他卡拉布里亞的同鄉坎帕涅拉（Tommaso Campanella, 1568-1639）。這位道明修會的修士命運多舛；他利用自己筆下的自然哲學作品為他仰慕的大師辯護，因而被宗教裁判所迫害，搜遍整個義大利要逮捕他，儘管他的觀點大部分都沒有特勒修那麼極端。坎帕涅拉想要解釋，植物、動物、人類等不同個體的靈魂，如何和巨大無邊的世界靈魂交流。在他看來，個別生命體棲身於宇宙裡，「就像是蠕蟲們居住在人的腸道裡，牠們……無法感受到人的知性、意志和情感，因為它們的感官並非為此設置的。」[14]與特勒修相反，坎帕涅拉認為所有物質都有感覺，可是在模糊程度上各有不同。連空氣也有感覺，而如果有卡拉布里亞的淳樸民眾認為，他們可以透過眼神詛咒別人，讓動物的屍體復活，那麼也不無可能。

萬物都有感知，而且都是為了自我保存。感覺也是所有知識的起點，而不是人類內建的知性。坎帕涅拉這個說法成為所謂的**感覺主義**（Sensualismus）的開路先鋒。我們的感覺意識到它自身，接著才有心靈事物。而這個自我意識的生成就是所有自然知識的起點。這個想法同樣也相當有指標性；坎帕涅拉和庫薩努斯類似，他也以自我意識作為其哲學的中心點，而不是不相干的對象世界。坎帕涅拉認為世界是從感覺而生成的，而它也會認知世界。這個漸漸意識到自身的感覺，這個思想相當激進而且現代！兩個世紀之後，在謝林和黑格爾的哲學中，我們再次尋見它的蹤跡，只不過它不再稱作「有自我意識的感覺」，而是回到自身的「精神」（Geist）。

坎帕涅拉以此為開端，並在他的思想中貫徹始終。甚至連倫理學，這個邏各斯（Logos）的傳統領域，他也認為是始自感覺：倫理學基本上就是物理學！因為道德的衡量標準是源自於自然。正如特勒修一樣，坎帕涅拉完全不認為「情感」是負面的東西。如果人有欲望或者激情，那也是為了要自我保存。從個人自身向外擴展至我們的子孫，接著擔心自已的名聲以及我們和神的關係。即便情感扮演的角色和斯多噶哲學完全相反，坎帕涅拉還是同意他們的其他世界觀。所有生命活動都是為了自我保存（Selbsterhaltung），所有生命都是有機體，所有生命也都會死。地球是個有機整體，會被太陽逐漸蠶食，最後在一場世界大火中終結。

坎帕涅拉自然哲學中的泛靈性和萬物有情，對於萊布尼茲（Gottfried Wilhelm Leibniz, 1646-1716）和赫德（Johann Gottfried Herder, 1744-1803）影響甚大。不過這些觀點的創始者卻只是哲學歷史上微不足道的註腳；坎帕涅拉是以政治反動者和烏托邦主義者著稱。這位道明修會的修士把自然哲學、倫理學和政治學組成一個不可分的整體，各個部件因果相扣。作為在社會中生存的有機體，人與人是互相依賴的。人類的社會性本能是如此強烈，讓這位自然哲學家把這種需求說成是社會性的「交配」。

在一五九八年至一五九九年間，我們發現坎帕涅拉再次回到了他的家鄉卡拉布里亞。他和志同道合的同伴一起計劃起義推翻西班牙在南義大利的政權，建立一個沒有私有財產的共產主義共和國。可是這場政變以失敗告終，坎帕涅拉被逮捕和刑求；他僥倖逃過處決，在不同的監獄裡度過了二十七年監禁歲月。在監禁環境比較好的期間，他在一六〇二年完成他的《太陽城》（*Civitas solis*），他在裡面提出的構想，和摩爾的《烏托邦》很類似，都是作者在現實人生中不可能實現的理想國家。

坎帕涅拉的方案至今仍然是國家烏托邦主義者和建築理論學家的研究對象。城市由七個向內縮小的同心圓組成，象徵著「七藝」。就像行星軌道一樣，他們也圍繞著太陽。位在中心點的「太陽」是一座有著圓頂的圓形神殿，奉祀太陽神（Solarier），形象類似上帝。坎帕涅拉的烏托邦國家是個一成不變的宇宙，是神性秩序在人間的對應物。人們也宛如在天上一樣，生活在沒有私有財產的共產社會。每天有四個小時的工作義務，休息的時間主要用來教育和討論。在生育下一代時（依照「哲學」的視角）只會選出最優秀的人。而且正如同柏拉圖的美善之邦由哲人王統治的人，它的統治者也是純潔而且理想的太陽神祭司階級。

不管這個樂觀國家的夢想創造的是個理想或者怪物，我們且擱置不談。人們至少可以問道：如果太陽城的居民們在生活上盡善盡美，而且遵循著宇宙規則而和諧一致，他們閒暇時間裡到底還在討論什麼？天文學是在坎帕涅拉的屬靈共產主義裡才出現的新概念，它遠比柏拉圖預設的理想秩序強得多。對於所謂新的宇宙中心的太陽的敬拜，是否取代了基督教的神呢？這使人想起馬西略書中不勝枚舉的光芒和太陽的隱喻，以及米蘭多拉把基督描述成「正義的太陽」，達文西對太陽的讚頌，還有許多文藝復興時代的詩句，都是以太陽為主題的讚美詩……

接近三十年後，當坎帕涅拉終於在羅馬被教宗平反，緊接著定居巴黎，他仍然夢想著一個神權統治的國家，它政教不分，形成完美的秩序。為了在這片亂無章法的宇宙中找到和地球中心說相同的安全感，他甚至起身為天主教教義辯護。他在《駁無神論》（*Atheismus triumphatus*）裡痛斥新教徒、馬基維利主義者和無神論者是亂源，他不只是出於對自身安危的惴惴不安，也因為擔憂這個世界即將失去所有的秩序。

[127]

無盡的世界

不論是托勒密的世界觀、當權者的基督教會信仰或哥白尼的日心說世界觀，都認為宇宙的真相是一目了然的。即使哥白尼說萬物是「不可測量的」的，他想像的宇宙卻沒有比西元二世紀的托勒密大多少；他們兩者都推測宇宙是地球直徑的兩萬倍。哥白尼的追隨者和教會的對手之間的衝突宛如一場前哨戰，只因為一位叛教的道明會修士在一五八四年寫道：宇宙並非「不可測量」，而是

「無限的」。不只是地球，就連「日心說學者」所崇拜的太陽，也不過是無盡的星星中的一顆而已。

布魯諾（Giordano Bruno, 1548-1600）生性好鬥，即便不和人拌嘴，也往往很討人厭。由於出身在南義大利拿坡里的諾拉（Nola），布魯諾一直都在尋找認同與支持，導致了他飄泊的一生。二十八歲時，他和自己的修會陷入激烈爭吵。由於對宗教裁判所的恐懼，他選擇逃往日內瓦並成為新教徒。不久後他就進了日內瓦的監獄。緊接著他在法國渡過四年時光。一五八三年，他動身前往英國牛津，又和那裡的教授大吵一頓。不久後，他便出版了《義大利對話錄》（*Dialoghi italiani*）。這些文章是個奇特的混合體，由對話、戲劇、詩歌、諷刺短文、辯論混雜而成的文學，還有現在奇幻小說的特點。它們也向所有討厭的敵人與對手噴灑毒藥。而且布魯諾時或也會在關於宇宙、無限性以及多重世界的哲學思考中靈光一現。這些作法和英國哲學風格大相逕庭，而讓他在大學的同事們嗤之以鼻。

布魯諾返回法國，不過在抵達一年之後，他又被迫踏上旅程。他希望可以在威登堡（Wittenberg）和赫姆斯特（Helmstedt）獲得更多賞識，當然那裡的路德派教徒依舊反對哥白尼的世界觀，很快也把矛頭轉向布魯諾。布魯諾只能橫越日耳曼地區逃到蘇黎世，接著返回義大利。在帕度亞，他曾短暫獲得大學教師資格，卻又輸在年輕的伽利略（Galileo Galilei）手上。一五九一年，他因為一封致命的邀請函而前往威尼斯擔任威尼斯貴族莫齊尼可（Giovanni Mocenigo）的家教。主人對於布魯諾的邪說心生不滿，所以向宗教裁判所舉報他。在長達七年的時間裡，布魯諾反覆經歷著同一個過程：他被刑求逼迫而收回自己的主張。可是他又一再地翻供。一六〇〇年，這位叛教的修士在羅馬被燒死於火刑堆上。

[129] 為什麼布魯諾必須死？人們從他的著作中解讀出什麼哲學思想？這位來自諾拉的修士認同哥白尼的思想，但不是「哥白尼主義者」。他以輕視的態度把這位瓦爾米亞的天文學家列為眾多歷史先驅之一。哥白尼只是個新天新地的「黎明」，布魯諾才是它的「白晝」，是理性的開端。《義大利對話錄》最開頭的〈聖灰星期三的盛宴〉（*La Lena de le ceneri*）裡，布魯諾把自己描寫成一個「諾蘭人」（Nolaner），他發現了「人要如何升空，邁向遙遠的星界，把蒼穹的圓頂拋在身後。」[15]

在布魯諾看來，哥白尼只不過略加修正了一個古老的錯誤模型。而被布魯諾嗤之以鼻的哥白尼追隨者，卻為了「證明和辯護一個是非不分的理論」[16]而吵得不可開交；事實上，不管地球或者太陽都不是宇宙的中心！如果太陽是中心的話，那麼在地球繞著太陽轉動時，恆星也應該會持續移動。既然事實上並不是這樣，那麼這個世界的架構就不是靜態的。也就不存在一個可以把世界觀安置在上面的固定點，並在雙重意義上「確立」它。一切都在運動，這個無盡的世界既沒有起點也沒有終點。

布魯諾在超車道上把哥白尼甩在身後，讓他顯得無限渺小而毫無意義。當然他的手裡沒有星盤和直角測量儀，而且他也沒有為他的時代提出新的天文學。他並不想要成為物理學家，而是想要呈獻新的哲學世界系統。他在人本主義者馬西略的思想中找到他所要的觀點，尤其是對於赫美斯祕教文獻的歌頌；他和卡爾達諾以及他敬重的特勒修熱切討論伊比鳩魯和盧克萊修，並且從柏拉圖那裡擷取了對於「世界靈魂」的理解。為了要攀比同時的自然哲學，布魯諾也毀掉了亞里斯多德的物理
[130] 學。對於這位古代先哲來說，所有存在的基本狀態是僵化、固定而不動的，運動則是人類必須解釋

的特例。當然布魯諾和特勒修一樣，他並不認為宇宙中存在著靜止狀態。正如赫拉克利特的「萬物流轉」，他也認為一切都在飛馳、旋轉和繞行。

依照亞里斯多德的說法，生命是靜止的事物開始運動而產生的：存在就是行動（To be is to do）。可是文藝復興的批評者們完全顛覆了這個原理。對於自然科學完全不感興趣的米蘭多拉認為，真正的存有是動態的，而不會是個神祕的靜止狀態，在那裡，所有的「行動」以莫名其妙地發生。也就是說：行動就是存在（To do is to be）！（法蘭克・辛納屈〔Frank Sinatra〕的一則笑話終於找到了最好的解答：「Do be do be do」！）❶

萬物運動，而且是無止境地繼續運動下去。自然的天性，是形塑和轉形，一個沒有起點和終點的過程。「整體」就在「在包羅萬象的作用手裡，就像是一團獨一無二的黏土，被握在一位獨一無二的陶土師傅手中，為的是在星辰旋轉的圓盤上，隨著事物生住異滅的交替，時而做出好的容器，時而以相同的物質做出壞的容器，然後再摧毀它。」17

生住異滅的週期循環並不是基督教的思想遺產，而是斯多噶派想像中的世界（也影響了〈傳道書〉）。在它裡面沒有目的，也沒有救恩事件，這樣一個宇宙是不可測度、難以捉摸而且不可名狀；它超越我們的理解力。自亞流巴古的狄奧尼修斯（Dionysius Areopagita）以降的新柏拉圖主義也如此定義基督教的神：祂是個強大的存在，遠遠超越我們可以理解的範圍。柳利和庫薩努斯對於大能的神也有相似的看法：祂的存在不僅無法證明，也不可能被證明。布魯諾也加入了這個隊伍，

❶ 另見：普列希特，《我是誰》，頁314-315，錢俊宇譯，啟示文化，2010。

他非常欣賞柳利，而且景仰庫薩努斯。創造一個清楚明瞭的有限宇宙，難道不會和神的本質互相衝突嗎？如果神真的比萬物和所有的詞語都來的偉大，難道神性的宇宙不也應該如此嗎？「神的本性」，布魯諾寫道：「如果是有限的，那麼祂就無法創造出無限者以及無盡的萬物。」[18]

可是如果所有的存在都是個「作用」，那麼人對神的想像就會產生天翻地覆的變化。祂不再是在受造世界彼岸的靜止而超越時間的存有，因為不可能有個這樣靜止存有。我們思考神的唯一形式，就只有把祂放在動態的世界當中。這些動能在萬物中不斷作用，它們是產生一切的屬靈力量。這個想法在不同的時代都存在。在這個方向上的思考，幾位和布魯諾完全不同的學者早就已經徘徊於此。來自葡萄牙的猶太醫生和哲學家耶布瑞歐（Leone Ebreo, ca. 1460-1521）把這個世界比擬為柏拉圖的「世界靈魂」，認為它是個有生命的獨特有機體。瑞士的醫生與哲學家特霍恩海姆（Theophrastus Bombastus von Hohenheim）又稱為帕拉切爾蘇斯（Paracelsus, 1493-1541），在他所想像的新醫學裡也是一樣的思路。卡爾達諾和坎帕涅拉，以及某種程度上的特勒修，在他們眼中的世界處處可以發現一個屬靈的原質的作用。還有來自塞爾維亞地區的博物學家切爾索（Francesco Patrizi da Cherso, 1529-1597）也認為整個自然都充塞著柏拉圖式的「世界靈魂」，他把它定義為「泛心論」（Panpsychismus）。

神以一次的行動創造出來的靜態世界圓拱以及僵化的天空橫樑，現在全都瓦解了，因為萬物都在運動。而我們不再到世界之外尋找神的作用，而是要在世界之內。這個不斷前進的動力就是神在自然中實現的本質。布魯諾也是個「泛心論者」；至於他是不是個「泛神論者」（Pantheist），則是言人人殊。因為我們不知道在他的思想中，神究竟只是在自然中「作工」或者祂其實就是自然。

[132] 不管如何，祂都不只是在我們的天空或地上作工，而是在有生命的無盡多重世界之中。因此，生命並不是神在一次創造當中被送到地上來，而是遍及各處而又消失。因此，如果有人相信除了對我們的感官顯現的以外，就沒有其他生物、感覺和知性，那會是很愚蠢的事。

布魯諾相信他的知識可以開啟一個新的時代：宇宙的理性會戰勝狹隘的思想。地球中心說和人類中心主義都被淘汰出局，這個世界不是人類的舞台。神、宇宙、人類，這三者組成的中世紀世觀已經分崩離析，他們的黏合劑也失效了。庫薩努斯的支持者選擇以繁雜的手法把它們接回來；布魯諾則反之，他認為它們終究要分開的。而基督信仰裡道成肉身的救世主只是個狹隘而可笑的天真人物。布魯諾認為自己也是哲學裡的「洞察者」以及「宣道者」的角色模範之一，而世人則因為太過愚昧而不認識他們，從先蘇時期的赫拉克利特開始，這個狂妄的傲氣就一直在哲學裡出沒。然而布魯諾畢竟也是個在屬靈和視角上都相當有限的人類，他怎麼知道自己擁有普遍真理呢？他哪裡來的狂妄和傲慢，以嘲弄和鄙視懲罰當時的思想家呢？

關於自身的觀點的問題，在布魯諾的知識論裡相當關鍵。他從柳利和庫薩努斯那裡得知，我們從世界得到的所有知識，都是在我們意識裡的知識。人類並沒有和這個世界交流，而是在自己的腦袋裡創造對世界的想像。然而我們又怎麼確定，我們腦海裡的世界和世界「自身」（an sich）是一致的？以前有許多思想家都試圖解決這個最核心的哲學問題之一。在以自然哲學尋找對於「認識」[133] 的一個新的解釋時，布魯諾使用「單子」（Monade）這個概念。它從古希臘以來就有著源遠流長的意義。單子是「單位」（monas）的意思，最初在數學裡有一席之地，對畢達哥拉斯學派、歐基里德（Euklid）和新柏拉圖主義學者來說，它是數學的最小「單位」，是一切數的始基。狄奧尼修斯把單子的概念從希臘的思想世界帶進基督教的思想世界；單子就是聖三一裡隱藏的統一性，是聖父、聖子、聖靈的始基。普羅丁以及西元六世紀基督教的狄奧尼修斯說，單子就是那個「一」，是一切存有的起源也是全體。

布魯諾是在《二十四哲之書》裡認識到它的定義，據推測是寫於西元十二世紀的新柏拉圖主義文獻。定義中的第一條是：「神是創造出單子的單子，它們是一股『熱風』，會折返到祂自身。」布魯諾據使發展出他自己的想法。其一是：單子是無法分割的神聖獨一，世界萬物都源自於它，它是所有理性、本質和物質的起源。其二是：它則是折返到自身的「熱風」，是從所有存有者裡放射出來的光，闖入所有思考當中的心靈裡。所謂的理解，它的意思就是接受單子的光，讓它闖入心靈裡而且和它融合在一起。當人類的意識隱約感覺到自己是這個靈性宇宙的一部分，認知的主體和客體就會在世界經驗深處不分彼此。當存有的光輝闖入我們的意識，它們就會一起融入對於存有的認識裡，那是只有像布魯諾這樣真正的學者才會有的經驗。

人類只要憑著知性的沉思就可以認識宇宙法則的屬靈起源。這點布魯諾和庫薩努斯還是很接近，這些法則同樣在人類心裡起作用。數學家和物理學家反對這種說法，因為以他們的工具根本無法認識到究竟知識。幫助我們推斷出「存有」的並不是科學的知識，而是反思中的意識。而最理智的天文物理學也是由人類在探究的，而且只在人類的意識裡進行；世界法則只在我們心裡以科學不得其門而入的理性加以認識。

布魯諾往往被錯認為哥白尼世界觀的殉道者，或者是理性而獨立的自然科學的思想先驅；但是他的重要性不僅於此。翡冷翠的宗教裁判所拘捕他時，他們並不想聽到什麼天文物理學。絕望的布魯諾一直試著提到這個問題，可是教會並不想和他討論天文物理學。相較於布魯諾對於基督教信仰其他方面的猛烈攻擊，地球在宇宙裡的位置只是枝微末節的問題。翡冷翠以及羅馬的宗教裁判指控布魯諾是泛心論者，尤其是因為他認為其他行星也可以居住。因為如果這是真的，那麼基督究竟是特地為了哪一顆小星球而死的呢？太空無窮無盡，但他卻甘願死去。基督不會讓地球上的基督徒和他擁有生命或信仰的星球一起競爭！宗教裁判所也沒有忘記，布魯諾在《驅逐趾高氣昂的野獸》（*Spaccio della bestia trionfante*）裡如何以輕蔑的態度詆毀基督。他說基督是「可鄙、下流、無知的人」，一個「貶低和奴役一切，顛覆一切，冠履倒易，並且以無知取代科學」的男人。敬拜基督的人，在布魯諾眼裡，他們拜的不是神而是個偶像。

在八年裡，宗教裁判所對他審問和嚴刑拷打。羅馬的訴訟輸了，但是布魯諾最後還是被教會指控使用巫術並且追隨被教會譴責的柳利。那個唯一可以想像的神，在布魯諾眼裡充塞在宇宙中的神，不會是把自己的兒子交給世人的天父，他的這個主張更是推波助瀾。一六〇〇「大赦年」（Jubeljahr）的二月十七日，這位叛教的修士在羅馬的鮮花廣場（Campo de' Fiori）被處以公開火刑。這位烈士的遺言應該是：「你們作出這個判決時感受到的恐懼，遠比我的苦刑時更巨大！」

附帶補充一下，教會從來沒有撤回他們對布魯諾的判決，而「世界靈魂」的天文學至今也鮮為人知。反倒是布魯諾啟發了大量的泛神論與泛心論者，諸如雅可比（Friedrich Heinrich Jacobi, 1743-1819）、歌德（Johann Wolfgang Goethe）、耶拿（Jena）的浪漫主義詩人、謝林、黑格爾和新時代物理學家詹姆斯・洛夫洛克（James Lovelock, 1919-）。單子的概念永遠存活在斯賓諾莎和萊布尼茲的知識論裡。一九九七年仲夏，美國太空總署研究人員在影片裡報告說他們於一九八四年冬天在南極找到一顆馬鈴薯大的隕石，並將它命名為「ALH 84001」（艾倫丘陵隕石）。在這個隕石裡發現了類細菌生物的痕跡，且這塊岩石也不是尋常的岩石，而是火星的小碎片，在一千五百萬年前因為小行星的撞擊而從火星表面剝落……

無處可尋的秩序

在一五七五年至一五八〇年間，布魯諾告別拿波里的修道院生活，而在五百公里外的南法平靜小鎮聖蒙田堡（Saint-Michel-de-Montaigne），一位貴族男人坐在他的城堡塔樓的房間裡。蒙田（Michel de Montaigne, 1533-1592）比布魯諾年長二十五歲。這位法學家是波爾多（Bordeaux）稅務法院的法官，父親是鎮長。蒙田曾經為父親把泰隆尼亞神學家雷蒙．塞邦（Raimond Sebond, ca. 1385-1436）的自然神學（*Theologia Naturalis sive Liber naturae creaturarum, etc.*, 1434-1436）翻譯成法文，這是一部依據柳利的哲學航道認識自然中的神的作品。蒙田在翻譯過程中漸漸懷疑教會教條和規範。

蒙田是第一位在法國鑽研哥白尼學說的學者，在沒有社交和政治活動的五年期間，他寫了《蒙田隨筆》（*Essais*），裡面有一篇文章是〈雷蒙．賽邦贊〉。蒙田對於日心說的世界觀沒有意見，但是他和布魯諾一樣，認為哥白尼的思想只是一種過渡知識。所有的宇宙，包括哥白尼的宇宙，都只是人類認為正確的宇宙：「有些事物，連我們自己都承認，以我們的科學並不足以掌握，我們卻憑空賦予它們另一個，憑空想像虛假的形象，這難道不是可笑的行為嗎？就像是行星的運動，我們的知性對它的掌握越少，或者對它的自然運行越無法想像，越是在我們的大腦裡虛構更多物質的、

[136]

粗糙的、實體的動力？人們或許要相信我們把馬車伕、木匠和畫家送上宇宙，在上面為不同運行建造機器，然後就像柏拉圖說的，圍繞著必然性的軸心安排了五顏六色的天體齒輪和槓桿。」[19]

事物真正的本質，包含物理學，蒙田都認為是「不可知的」，因為天文學揭露出來的一切，皆是「夢境與瘋狂的惡作劇」。蒙田與布魯諾不同，他不相信人類擁有洞察宇宙真正本質的清醒精神。在他看來，靈魂只是個「不安定、危險、狂妄的工具」，而且人類所作所為，只是「濫用」與「誤判」[20]。哥白尼挪動了天體，而布魯諾在蒙田寫作《蒙田隨筆》之後幾年間也把宇宙擴充至無限；在這兩者中，理性都獲勝了。可是住在蒙田堡塔樓房間裡的作家，卻從被顛覆的天文物理學中得出完全不同的結論；如果我們以前搞錯了，那麼我們現在確定也是錯的！這個新的宇宙論的重點不在於人類精神的勝利，而是正好相反。這次的變革告訴我們，人類天真有限的知性只會不斷犯錯。修正陳舊的知識，並不是精神的勝利，而是理解到精神無法挽救的易錯性。

蒙田強烈懷疑人類的認識能力。因為我們所能理解的，難道不是只有感官讓我們理解的東西嗎？所有的感官都只源自感性，而人類感性的侷限程度和其他動物沒有區別。這個認識並不新，它起源於斯多噶學派、伊比鳩魯學派和古典懷疑主義者。但是蒙田把對於理性的懷疑放在特定的歷史時間點。他貶低人類認識能力的那個時代，宗教改革者與反宗教改革者正以各自的絕對信條和自稱的洞見攻擊對方。自一五五五年的《奧古斯堡宗教協議》（*Augsburger Religionsfrieden*）以來，日耳曼地區大抵上歸於平靜，法國的情況則比較動亂而且充滿無法比擬的戲劇性。不只是在首都巴黎，整個國家都陷入了混亂：中央政府和地方政府，天主教和新教，王室和貴族，還有瓦魯瓦家族（Geschlechter der Valois）和吉斯家族（Geschlechter der Guise）之間的角力。在一五六二年至一五九八年間，發生了法國宗教戰爭（胡格諾戰爭），其中最惡名昭彰的當屬聖巴特勒密大屠殺（massacre de la Saint-Barthélemy）。上千名胡格諾教派的信徒在一五七二年八月二十四日於巴黎以及其他城市遭到殺害。

[138]

胡格諾戰爭以「瓦西大屠殺」（massacre de Wassy）揭開序幕時，蒙田正在巴黎。雖然他從未正式背棄天主教，不過當時許多人一樣離信仰越來越遠。在十六世紀的許多宗教戰爭之後，基督信仰開始了逐步而痛苦的除魅，至今也一直在持續著。一五七〇年，蒙田放棄了他的法官職務，搬回城堡塔樓的房間，思考對於人類和及其瘋狂時代的解釋。他並不是以哲學家而在歷史裡著稱，而是以文學家、文學家、心思細膩的心理學者、懷疑論者以及對人性的洞察為人津津樂道。《蒙田隨筆》創造了新的文學形式，並且為這個文類設定了標竿。在蒙田之後，人們理解的散文是信手拈來卻自成章法的文本，是思想的曲流。

這位塔樓裡的男士以學究般的態度觀察著自己，然後對自我進行思想的探究。在自我觀察中，他試著理解自己思想和行為的原因，以及所有人類行動的根本理由。他也寫下對於「永恆真理」的意見：「只有笨蛋才會對任何事物深信不疑」；「我完全知道自己在逃避什麼，卻不知道我在尋找什麼」；「生命的實用性不在它的長度，而在使用的方式」；「如果你贏得了內在的平靜，那麼你的成就遠勝於征服國家和王國的人」。

蒙田思考死亡和衰老，談到他和書和女人的相處、友情的價值、他在政府工作的經驗、他寫作的原因以及對於醫生的厭惡。年齡和成就漸增的伊拉斯謨斯在思想上越來越勢利眼，只會寫什麼行為手冊，對於「下里巴人的基督徒」嗤之以鼻，相較於他被人吹捧的思想，蒙田的民胞物與以及懷

[139]

疑主義的句子，顯得更有智慧。「人類致命的疾病，是強不知以為知。」蒙田反駁說：「自負是我們與生俱來的疾病。」蒙田也意指著對於美洲原住民殘暴的「傳教」和宗教戰爭。可是他真正心繫的，是我們「不斷朝著孩童的耳朵咆哮」要他們記誦的教育方式。他也想到人們對待動物的方式，因為如果所有意識都是從感性得來，那麼動物雖然與人類有別，卻不比我們低等。任何生物都有自己的智慧，無關乎他們的感官配備：「我們每年春天等待著他們來到我們房屋一隅築巢的燕子們，如果牠們在尋找棲身之所時，完全沒有動用到自身的判斷力，怎麼會在上千個選擇中找到舒適的居所？蜘蛛知道在不同的位置要編織厚薄不同的網，如果牠無法考慮、思考、決定，那麼怎麼會有厚薄之分？」[21]

卡爾達諾、切爾索、布魯諾，在大自然各處找到有靈性的客體；蒙田則對有靈性的主體比較感興趣；人類、動物，有時也包含植物。任何有靈性的個體都值得尊敬，而且應該合理對待之：「我們對人應該公正，對待其他同樣有感覺的生物，也要親切和善良：在我們和他們之間存在著一條神祕的繩子，一種互相依賴的存在。」[22]這些想法讓蒙田成為近代初期的「動物倫理」之父。但其實古代思想家如泰奧弗拉斯托斯（Theophrast）和普魯塔赫（Plutarch），就已經代表動物向人類抗辯。他們的論證依據是動物和動物的相似之處。不過《蒙田隨筆》的作者選擇了另一個論點：他指出人類自己感官的侷限！蒙田的哥白尼式轉向是認知心理學的轉向，認識到所有的知識都取決於偶然的立足點，受到空間和感官的限制，更會受到心情、氣氛和妄下判斷影響。所以就連鮪魚都可以像人類一樣思考天文學，牠們會在冬至停止遷徙，並在春分後繼續春天的旅程……

[140]

望遠鏡的真相

人類的天文學其實在蒙田的時代還相當有限。哥白尼的日心說世界觀止只是由若干跡象推斷得來的，卻沒有辦法以物理學或者自然哲學加以解釋。第一個突破是出現在望遠鏡的改良。據推測，望遠鏡在許多國家使用了一段時間之後，日耳曼和荷蘭的眼鏡匠漢斯・利普西（Hans Lipperhey, ca. 1570-1619）在一六〇八年第一次改造為具有量產能力的原型。一年後，帕度亞大學數學教授伽利略（Galileo Galilei, 1564-1641/42）在威尼斯議會展示一具學術用的望遠鏡。威尼斯相當驚喜，這個發明大大增進他們的海戰優勢。這個工具不久就以「伽利略望遠鏡」為名被載入史冊。事實上，這位聰明的義大利人意識到這個「市集商品」在有多方面的使用價值，而且在接下來的幾年裡一直不斷改進它。

伽利略出身自比薩的貴族家庭。他中斷讀了四年的醫學學業，專心研究數學，在一九五二年（蒙田在該年過世）獲聘為帕度亞大學教授，就是布魯諾短暫任教的職位。

伽利略在帕度亞教學研究了十八年，和當時大部分學者一樣，伽利略也和亞里斯多德保持距離。伽利略感到反感的，不只是亞里斯多德關於靜止和運動的理論，他更懷疑亞里斯多德如何以「經驗」推論出事物的本質。亞里斯多德所謂的「經驗」是指事物的外觀、現象，以及我們在日常生活知覺的方式；我們基於經驗，假設所有的運動都是有個力在推動；而運動的物體越大，所需的作用力也越大。

但是伽利略懷疑這些日常經驗可能會對我們說謊，欺騙我們。對他來說，「自然之書」是以

「數學語言」（lingua mathematica）寫成的，那是日常生活經驗沒有辦法表達的。因為只以數學為工具解讀宇宙的秩序，才可能揭開真實存在之謎。在伽利略之前，從沒有人如此一以貫之。而在某方面來說，自然科學的時代是從他才真正開始的。他一步步以實驗取代一般的觀察和猜想。早期他就在比薩大教堂有個重要發現：他觀察搖晃的吊燈，發現吊燈的搖晃明顯只取決於懸掛的長度，而不是懸掛物的大小和重量。而後世認為是伽利略的另一個相關實驗，其實是出自他人隻手：他們將一個球體自大教堂傾斜的鐘樓往下丟，然後觀察到五十公斤的沈重球體和只有一磅重的球體幾乎同時落到地面上。

伽利略是在帕度亞進行這個實驗的：他以不同大小的球體沿著一個傾斜的表面往下滾，而他們的速度全部都一樣；唯一的阻力就是「摩擦力」。一個運動中的物體，不會因為自身內在力量的疲乏而停止，唯一的原因只有反方向的作用力；後來的笛卡兒和牛頓（Isaac Newton）以更精確的推算為物理界投下震撼彈。物體會始終保持既有的狀態，靜者恆靜（就像亞里斯多德已經知道的），動者恆動（就像伽利略觀察到的）。慣性定律被發現了！牛頓描述慣性定律如下：「物體會保持靜止或是均勻直線運動的狀態，除非有作用改變其狀態。」

於是，伽利略解決了物理學的一個大問題。人們第一次不必像特勒修一樣以冷和熱之類的普遍形上學的力量來解釋自然力。「摩擦力」和「慣性」，相較於義大利自然哲學的泛心論，是個相當世俗化的解釋；「如何」變成了問題的重點，而「為什麼」則不再重要，而且真理不再那麼顯而易見，它反而和日常經驗互相矛盾。「自然科學（科學的知識）」這條大道而今暢通無阻，卡爾達諾、特勒修和布魯諾都為了同一個問題尋求一個新的形上學，而伽利略則直接向這個世界提出一套全新的物理學。

但是，伽利略以新物理學解釋宇宙運作的過程並不容易。亞里斯多德曾小心翼翼地把天界和人界切割開來，經驗難以探究全體；塵世的物理學是塵世的物理學，天堂的物理學就是天堂的物理學。和其他文藝復興前輩們一樣，伽利略並不認同這樣的分野。許多在英國人托馬斯．迪格斯（Thomas Digges, 1546-1595）和丹麥人第谷．布拉赫（Tycho Brahe, 1546-1601）等前輩眼裡依舊隱覆的無數真相，伽利略都藉著望遠近鏡發現它們。一個全新的世界被打開了：伽利略成了第一個觀測月球、太陽黑子和銀河的人類。他最重要的發現是木星的四個衛星，那是日心說世界觀的另一個佐證。他的著作《星際信使》（*Sidereus Nuncius*）更讓他在一六一〇年成為未來之星。為了邀功，他把那些衛星命名為「梅迪奇之星」。位高權重的托斯卡納大公柯席莫二世（Cosimo II）於是任命他為翡冷翠的宮廷數學家，並享有完全的自由。

當然，以感官觀察天空和以物理學解釋觀察到的現象，那是完全兩回事。伽利略嘗試把慣性定理運用在萬物上，卻遭遇諸多困難，在這點上，布拉格皇宮數學家克卜勒（Johannes Kepler, 1571-1630）則更成功。在布拉赫的幫助下，他於一六〇九年發表《新天文學》（*Astronomia nova*），證明星球的運行軌跡並非圓形，而是以橢圓形軌道繞行太陽。他還發現星球距離太陽越遠，運行的速度就越慢。儘管兩人早就開始書信往返，伽利略還是選擇忽略這位德國競爭者的研究；同樣情況也發生在他對於潮汐現象的解釋上。克卜勒發現，潮起潮落取決於月亮和地球的距離。反之，伽利略則認為是地球自轉的結果，而且他從未放棄以潮汐現象作為地球自轉最有說服力的證明。

伽利略和克卜勒之間有巨大的差距：當克卜勒對於星球動力提出更完備的解釋，伽利略仍舊嘗

[143]

試以自己老舊的鐘擺模型理解它。可是在思考上顯然僵化的伽利略，卻是今天所有聰明的自然科學家的原型；因為不管克卜勒是個多麼優秀的天文學家、光學家和數學家，他依然抱持自然哲學的世界觀，而不是精確的科學家。他發現的克卜勒定律並不是「科學知識」所說的「定律」，而是神以數學建構的宇宙的基石，早在畢達哥拉斯的時代，人們就這麼認為。儘管他認為當時的星相學都是胡言亂語，卻仍舊認為，宇宙間的星座直接影響每個個體。而且儘管他認為宇宙浩瀚無垠，卻堅持地球是真正的屬靈中心，並為基督教背書。

從望遠鏡發現的新真相，仍然可以像從前一樣，得出截然不同的結論，不論物理學或形上學都是如此。伽利略對此大感光火，因為當時人們大多不認為他的觀測「顯而易見」，也不認為它們是「真相」。出乎意料之外的是，他從天主教教會那裡感受到越來越多的怒火；教會長期對哥白尼的日心世界觀保持高度興趣，也不排斥視之為正確的知識。伽利略既不像卡爾達諾、布魯諾或坎帕涅拉那樣相信宇宙萬物皆有心靈，也不曾說過任何貶低基督的言語，可是他仍舊在一六一六年收到了嚴重警告，要求他只能把哥白尼的系統當作「假設」而不是事實。

十年後，伽利略多年的知己，也支持他研究的教宗伍朋八世（Urban VIII）建議他寫一本書持平討論地球中心說和日心說。伍朋並不擔心日心說的世界觀。可是他很清楚伽利略的證據還不足以讓教會願意冒險以它作為聖經詮釋的新基礎。儘管如此，當《關於托勒密和哥白尼兩大世界體系的對話》（*Dialogo di Galileo Galilei sopra i due massimi sistemi del mondo tolemaico e copernicano*）於八年後問世時，還是讓羅馬相當不安。年近七十的伽利略被押到宗教裁判所，不過主要是因為他不服從教廷於一六一六年對他的警告，而不是因為他對於宇宙的觀點。伽利略辯稱書中為衡平論述兩邊的立場；另外，他實際上也沒有就日心說提出什麼無懈可擊的證據，因為他用望遠鏡的觀測、他的物理學原則以及天文學推理，三者並沒有真正相互呼應。最終他撤銷了（由於死刑或者終身監禁的威脅）自己的太陽中心說。伽利略從不覺得自己是科學的殉道者或是為了言論自由奮鬥的英雄，那些都是後人為他加上的名號。不然，他怎麼會不在這場激辯中提出反駁呢？

宗教裁判所對伽利略的判決一直無法達成一致意見，只好把他軟禁在翡冷翠附近的阿切里特（Arcetri）鄉間別墅中度過晚年。他發表自己物理學的代表作，持續寫信直到雙眼全盲為止；他也接待客人，其中包括當時聲名顯赫的英國人。兩位對伽利略相當感興趣的男士相繼到來，一六三六年來訪的英國哲學家霍布斯（Thomas Hobbes）以及一六三八年的英國年輕詩人和政治理論家彌爾頓（John Milton）。

科技的精神

一五八八年，強風和英國海軍擊沉了西班牙無敵艦隊。這場兩位永久君王的戰爭，西班牙國王菲利普二世（Philipp II., 1527-1598）和英國女王伊莉莎白一世（Elisabeth I., 1533-1603），最終是英國佔上風。「伊莉莎白王朝」使這個遭受瘟疫重創的國家蛻變為帝國。在和荷蘭的競爭中，「商業冒險家行會」（Merchant Adventurers）派遣船隻進行紡織品交易，並於一五五一年成立一家股份公司，讓英國人航行在全世界的海域上，尋找著香料和其他原料。那便是於一六〇〇年成立的英國東印度公司的前身。十六世紀初的倫敦只是大約有六萬居民的中型城市，這時候迅速崛起，伊莉莎白一世於一六〇三年去世時，這座城市已經擁有二十萬居民，比巴黎更大。

然而一如往常的，經濟的繁榮也摧毀了既有的社會結構。經濟起飛的受益者更加富有，其他人則更貧窮。飛速擴張的貨幣經濟在日益國際化的市場上把一切都變成商品，糧食投機交易對少數人有利可圖，但是要犧牲的人卻更多，就連貨幣本身也成為高級商品，被用來投機交易，包含通貨膨脹也是交易模式之一。只有擁有財產和商品的人才能長期獲利。物資價格飛漲、高利貸正當化、土地分配，這些都是十六至十七世紀在政治上的重要問題。而且基督教道德過時的基本原則也沒辦法回答這些問題，在聖多瑪斯的傳統裡，人們主張價格固定不變，高利貸違反基督教教義，而土地問題則是神的管轄範圍。

商人階級炸毀了古老的秩序結構，和義大利文藝復興時的情節也如出一轍。在商人的世界中不存在自然或神的法律；所有權爭端、價值和分配，都是以談判後的契約決定。不出所料，英格蘭和荷蘭這樣的新興貿易國家，很快就必須討論如何找到解決經濟與社會問題的新方法。在商人世界中最重要的是「契約」，而那也應該適用於所有人類社會關係。我們在後面會詳盡討論這個概念。政治和經濟也因此在理論上擺脫了信仰，就如同中世紀晚期的董思高和奧坎等「唯名論者」早就主張的。相對的，人們尋找種種「自然」力量和法則，認為它們才是支配國家和經濟的東西。

這時人們的人生觀和經濟觀完全是以**技術**為考量。任何事物的力量都要加以釋放和利用。就像農業在尋找可以藉其的生物化學成分自然地改善土壤的植物，尋找肥料以提高產值，農民也應該在冬季「自宅工作」以提高紡織產業的效率。在英格蘭的「黃金時代」，以及莎士比亞人情練達的戲劇和細膩的十四行詩，幾乎都和黃金有關。在《威尼斯商人》裡，莎士比亞在金匣裡藏了一句格言：

發閃光的不全是黃金，
古人的說話沒有騙人；
多少世人出賣了一生，
不過看到了我的外形，
蛆蟲佔據著鍍金的墳。❷

人對利潤的貪婪無所不在，所謂的濟貧院，其實是在強迫社會中的窮人勞動，各地的大地主都渴望財產公有制，好讓耕作更有效率。不斷精進的技術和無條件提升的效率，成了時代的信條。這一切都激化了追求利益者和小農戶之間的衝突，後者感覺自己傳統的生活方式和生存都受到威脅；這不就是如今世界各地正在上演的場景嗎？我們可以直接聯想到綠色基因科技的企業巨頭，以及巴西、印度、馬利等許多國家小農的生存困境。把這種技術思想提高到哲學原則的第一人，就是法蘭西斯·培根（Francis Bacon, 1561-1626）。作為政府高官之子，培根在劍橋學習法律，並且在宮廷任職。他性格多疑，是位見風轉舵的機會主義者，這讓他不只成為首席檢察官，最後還當上大法官，直到因為貪腐而被免職。在那之後，他寫了一本對話錄，其中對話者支持王室發起「聖戰」對抗「烏合之眾」，就是美洲原住民、無產階級、難民、流浪者和重洗派教徒（Anabaptist）。儘管

❷ 引文中譯見：《威尼斯商人》第二幕第七場，頁72，朱生豪譯，世界書局，1996。

這本著作並未完成，不同的論調也都該有發言權，但是我們今天仍會因為培根在書中表現的殘酷而震驚，裡面的主角不只認同種族滅絕，也支持消滅「不值得活著的生命」（Vernichtung lebensunwerten Lebens）。❸

培根身後名聲當然不是在於腐敗的政治家或優生學主義者，他對自然、真理和理性的全新觀點，使他成為意見領袖。對後來所謂的基督新教倫理的思想傳統，培根是重要的先驅之一；新教倫裡是一種苛刻的「勞動道德」，認為勞動的價值取決於它在創造金錢和財產的附加價值方面的效率和機會。培根的人性觀和社會想像裡完全沒有靈性或形上學存在的空間。所有成功的關鍵都必須以經驗去解答和衡量。而且他也以「技術」思考科學、經濟學和社會，只有「可以用的真理」才是有意義的；自然科學的知識也僅僅以其對科技發明的實用程度來衡量。培根以這個角度批判哥白尼和伽利略。對人類來說，還有什麼比日心說世界系統更無關緊要的嗎？天空裡的混亂只證明了一件事：宇宙的神性秩序和人類的知性呈現恐怖的不協調。培根和蒙田一樣，覺得宇宙根本難以捉摸。望遠鏡作為一種科技成就，意義相當重大，但是我們透過望遠鏡學到的東西（不同於顯微鏡）卻微不足道而且可笑。天文學並沒有兌現它在技術上的承認。培根非常確定它在未來也不會有任何作為。這個推測並非完全沒有先見之明。探索宇宙萬有確實令人著迷，卻沒有為人類真正帶來巨大的福祉（儘管一九六〇年代一片歌頌之辭）。

❸德國第三帝國時期的納粹用語，指身體、智能、心靈上有殘缺，對社會沒有貢獻的人群，納粹也主張應該要將他們送進毒氣室。

所羅門之家

儘管培根費盡心力，以更井然有序的儲櫃、一目了然的貨架，還有符合時代的倉儲清單，以取代亞里斯多德的世界秩序系統，他的努力在這個領域可以說是毫無成果。他的代表作《大復興》（*Instauratio magna*）一直是分為兩個部分的片簡。這個計畫很容易讓人聯想到培根不認識的羅傑・培根（Roger Bacon, 1214-1294）。這位十三世紀的方濟會修士夢想要把科學從懷疑論裡解放出來，並且讓人類透過諸如顯微鏡、蒸汽船和飛機等發明更加幸福。和法蘭西斯・培根相反的是，羅傑・培根熟諳許多數學理論，自己也有許多發明，而且為人類的進步留下了巨大的功績。

培根的角色更接近一位顧客而不是研究者。他的《新工具論》（*Novum Organum scientiarum,* 1620）為這個計畫起了開頭。在《大復興》第一冊的標題，以及《新工具論》的第二冊，人們可以看見科學之船通過「海克力斯之柱」（古代傳說世界的邊界）。培根的這個主題抄襲自西班牙宇宙誌學家瑟斯佩德（Andrés García de Céspedes, 1560-1611）的《領航團》（*Regimiento de navegación*）。不過他以不列顛東印度公司的船艦取代這艘船，並且在遠處的海洋上又加上第二艘船。因為和瑟斯佩德不同，對培根來說，航行的目的不是「發現」，而是從封閉的水域航向一個沒有任何阻礙和限制的「豐饒的未來」。

培根可以說是第一位以「科學知識」完全淘汰掉「哲學智慧」的哲學家。作為一個法學家，培根區分了永恆的自然法以及它的具體適用：法律原則和法律實務。德國化學家李比希（Justus von Liebig, 1803-1873）說，培根把自然歷程「完全當作民事案件和刑事案件來處理」。所謂的智慧和人生哲理並不屬於法律的模式，因而不在考慮範圍。機智、聰敏以及洞察力，都只是以實際運用為取向的自然科學而已。為此他提出新的經驗法則；一個真正的研究者必須要小心提防四個「偶像」的偏誤：種族偶像（idols of the tribe）（成見）、洞穴偶像（idols of the cave）（個人處境）、市場偶像（idols of the market-place）（不精確的語言）以及劇場偶像（idols of the theatre）（既定的秩序系統）。真正的科學家不會提出一個由共相推論到殊相（演繹法）的理論。因此人們才會把培根理解為「歸納法之父」，這不是完全錯誤，但也有點誇大其詞。這個評價同樣可以套用在「知識就是力量」這句話，它不是什麼新想法，卻因為培根而膾炙人口。

他的世界觀是線性的，他敘述的人類歷史是自童蒙的古代發展到成熟的未來，而且他的世界觀也是完全人類中心主義的。天空、神、動物、植物，它們的存在都是為了人類的富裕，或者更明確的說：是為了英國男性特權階級。他們的意志使關於自然的知識變得實用，並且恣意剝削它們。而無法被歸類在這個目標之下的，不論是天文學或哲學思辨，都因為沒有用處而被剔除於知識之外。好的概念，就是容易被理解的概念，它們既具體又實用。我們需要的不是謹小慎微的消極理性，而是以絕對意志追求改變和創造的積極精神。

「經驗和理性的能力」在培根眼中再也沒有分別。反之，他夢想著一個「動腦和動手」的模型，只有實際進行研究的人，才有辦法正確地操作。原因和結果構成的因果原則，是培根唯一承認的規則，不管是科技或是政治和道德等社會技術領域。「預知未來最好的方法，就是自己創造未來」，這句話被現代美國資訊工程學者艾倫．凱（Alan Kay, 1940-）當作座右銘，它和培根的計畫又有什麼區別呢？而這位英國議員的「反哲學」真理概念、熱情的進步主義和對於科技的的絕對信任，又和微軟（Microsoft）創立者比爾・蓋茲（Bill Gates）、蘋果（Apple）的精神導師賈伯斯（Steve Jabs）或者谷歌（Google）執行長賴瑞・佩吉（Larry Page）有什麼區別呢？總體來說，他們都以新科技宣告「地上天國」的到來，而且都讓天國在某種野蠻的意義上和有利可圖的生意掛鉤。

如此看來，培根的思想披堅執銳，即便他不像個哲學家，而比較像是意識型態思想家；這些思想至今依舊在西方國家中風靡一時，甚至更加激進：對於效率以及成本效益的計算的義務，以及對於除了日新月異的科技之外不會有其他東西讓人類更幸福的絕對信仰。讓人驚奇的不再是大自然，反而是人類為了自己的利益而開物成務的力量。

國家也是如此。柏拉圖的國家是宇宙秩序的摹本，馬西略也對此深信不疑。但是當整個宇宙在十七世紀初幾近消失，國家也失去它的形上學基礎。任何集體秩序都只是人類依據自己的想像建立的秩序。崇高的理想，比如秩序中的正義，也都蕩然無存。一個好的國家就只是讓經濟力量自由發揮、向外擴張而且不斷成長而已。培根對國家的觀察並不著眼於道德原則；在他看來，國家更像是巨大的科技產物，一部被設定和支配的機器。

培根在一份未完成的稿件中描繪這個世界的草圖，一六二七年，在他過世不久之後，《新亞特蘭提斯》（*Nova Atlantis*）出版了。它和摩爾的《烏托邦》和坎帕涅拉的《太陽城》齊名，是文藝復興時代第三個重要的烏托邦。它的敘事模版則和前兩部作品大不相同。一艘來自歐洲的船隻迷失在太平洋上，然後在祕魯外海的本撒冷島（Bensalem）登陸。所有人都和《烏托邦》裡一樣和平、友善和知足。這座島的亮點一座名為「所羅門之家」的研究中心，那是一座科學神廟，在其中有難以計數的勤奮研究員，依照培根的「方法」揭露自然的謎題，創造新的發明。這個方法的名字是「計畫」，因為所羅門的新智慧已經不再是「哲學的智慧」，而全然是「科學知識」。這些科學家可以自己決定研究目的，完全獨立於國家企圖或者政府之外，他們甚至有權隱瞞自己或者其他人的進展。

隨著烏托邦而來的，事實上是通往未來的時間旅行，就像科幻文學作品；在本撒冷島上有接近一公里高的摩天大樓，而在所羅門之家裡的發明和研發，都是在很久以後的歐洲依舊停留在想像階段的東西。有目的地培育新的動物和植物品種，人工降雪和降雨，雷射科技，飛機在天空中飛翔，還有潛水艇；這個備受喜愛的題材從亞里斯多德穿越中世紀，神出鬼沒地出現在文藝復興時代，在海岸浮上水面。不只是所羅門之家，整座島嶼就是一座巨型的研究實驗室和研發中心，它是座落在海面上的矽谷。

在科技繁榮的同時，所有嚴重的社會問題依舊被省略了。對於為什麼基督教早就來到新亞特蘭提斯的解釋聽起來離奇荒誕。而所有的新發明也似乎沒有改變人們的生活。當生命中的某個支線往前奔馳時，國家與社會中的其他一切都和舊時無異。社會的衝突、超載、深層的改革和重新分配權力的必要性。這些都隨著科技的進步浮上檯面，卻不被重視；就和今天的矽谷一樣，把任何責任都和自己撇得一乾二淨。換句話說，和現在世代類似，科技的進步變成了物神；其他一切，共同生活、孩子的教養、教育和生活樂趣，都被歸類在這個內容貧瘠的信仰之下，認為革新的節奏會催化其他所有的生活節奏。未來比任何現在都更重要，變化比存有更重要。

但是在現實生活裡，任何新科技或經濟的進步，都會招致許多始料未及的後果。當培根幻想著

[153]

可以透過科學使天堂復臨時，被資本主義和宗教口角深深激怒的英國社會完全陷入混亂之中。在《新亞特蘭提斯》出版一年後，克倫威爾（Oliver Cromwell, 1599-1658）進入下議院。一六四二年英國內戰爆發。一六六七年，約翰．彌爾頓，克倫威爾以前的戰友，把自己這十年分崩離析的經驗寫成有聖經意味的詩篇〈失樂園〉（*Paradise Lost*）。而在這片大陸上，在培根還在世時，腥風血雨的三十年戰爭就已經戰雲密佈。文藝復興時代也隨著戰爭而結束了……

[154]

巴洛克時期哲學

巴洛克時期哲學家年表

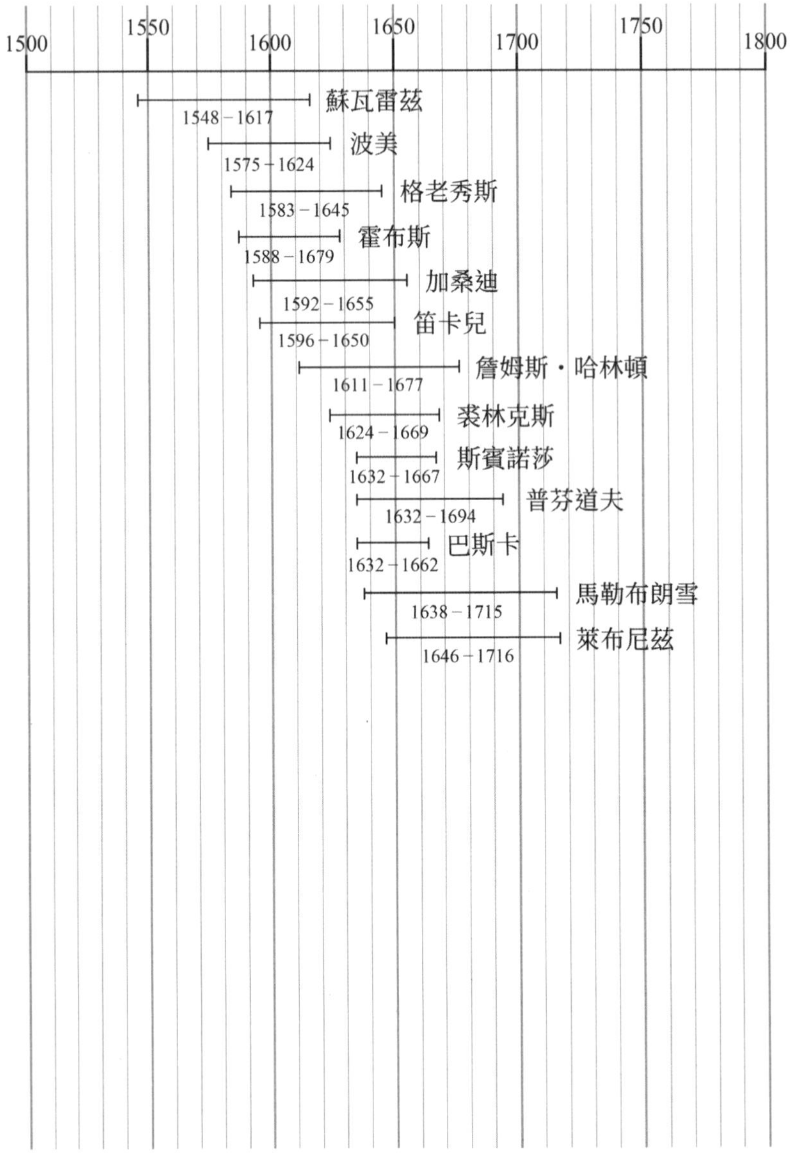
1500
1550
1600
1650
1700
1750
1800
蘇瓦雷茲
1548－1617
波美
1575－1624
格老秀斯
1583－1645
霍布斯
1588－1679
加桑迪
1592－1655
笛卡兒
1596－1650
詹姆斯・哈林頓
1611－1677
裘林克斯
1624－1669
斯賓諾莎
1632－1667
普芬道夫
1632－1694
巴斯卡
1632－1662
馬勒布朗雪
1638－1715
萊布尼茲
1646－1716

我思故我在

- 一六九一年的烏爾姆附近
- 世界體系
- 懷疑和肯定
- 天生的結構
- 心靈和身體
- 會思考的自動機器

一六九一年的烏爾姆附近

這是哲學史上最著名的一幕：在一六一九年到一六二〇年的冬天，一名二十三歲的男子坐在烏爾姆附近一間溫暖的農舍中；他是個有著瀑布般黑色捲髮的小伙子，身穿皇家軍人的冬季大衣。他是法國人也是天主教徒，曾在荷蘭就讀軍校，那一年遍歷丹麥、波蘭、奧地利、匈牙利和波希米亞，最後來到法蘭克福。不過，我們還是讓他自己來說吧：「因為戰爭尚未結束，我被召到德國服 [162] 役。當我由皇帝加冕典禮那兒回到軍隊時，適逢初冬，遂被困在一村落中。那裡找不到談話消遣的機會，但也幸運地沒有什麼顧慮和雜念來擾亂我，我整天孤守在火爐間，有全部的餘暇來作自我反省觀察的工夫。」[23][1] [161]

與自己的對話中彰顯了一個雄心勃勃的目標：外面的三十年戰爭爆發，整個中歐烽火連天，煙硝瀰漫，這個男人仍然心繫著安寧、秩序和明晰性。他想要為世界和自己找到絕對和究竟的確定性。首先，他定立了規則，只要**不是清晰明白**地認識到的事物，他都不認為是真實的。而且他懷疑一切**可以懷疑**的東西。人們既不可以相信自己的眼睛，也不可以相信其他任何感官。人們太容易被騙了，應該要抱持懷疑探索向前的道路；同樣地，人們也不可以信任未經檢驗的思想。難道不會有個邪惡的魔鬼在思想上作手腳，最後導致錯誤的結論嗎？不過，等一下，有沒有什麼東西，是我無論如何都不能懷疑的呢？如果我懷疑一切，那我就沒有在懷疑自己正在懷疑的這件事。當我知道**我**

❶ 引文中譯見：《方法導論．沉思錄》，頁73，錢志純、黎惟東譯，志文，1984。加冕的是波西米亞王和匈牙利王費迪南，於一六一九年選為皇帝。

在懷疑時，我應該是**想著**我在懷疑。也就是說，此處有個不容置疑的確定性，一個先於一切其他原則的第一原則：**我思故我在**（**Cogito ergo sum**）。

這位在三十年戰爭肇始的冬夜裡，為哲學革命揭竿而起的男子名叫笛卡兒（René Descartes, 1596-1650）。他來自貴族家庭，父親是布列塔尼（Bretagne）雷恩市（Rennes）最高法院法官。笛卡兒八歲時就到夫列什（La Flèche）的安茹（Anjou）的耶穌會學校接受經院哲學和人文學訓練。他在一六一四年離開學院，就已經熟諳拉丁文，並且擁有豐富的數學知識。他的下一站是在波瓦提耶（Poitiers）兩年的法學學程，並且在巴黎科學院教導年輕的貴族子弟。一六一六年，笛卡兒在軍事改革者莫里茲（Maurits van Oranje）將軍麾下服務，三年後，他轉投巴伐利亞的天主徒麥西米連（Maximilian von Bayern）擔任謀士。他旅行過大半個中歐，並在冬天短暫停留於烏爾姆附近的軍營。這裡就要成為近代哲學的斗室。

我們得以知曉那個農場小屋裡的一切思想遊戲，都要感謝在十八年後問世的一部著作，那是一本為了所有人撰寫的小品，也就是笛卡兒在一六三七年匿名出版的《方法導論》（*Discours de la méthode*）。它是在哲學史上最重要（某方面來說也是災難性的）的著作之一。有不少哲學史學者視為改變西方思想的大事！笛卡兒以史無前例的系統方式澈底研究兩個問題，它們構成我們現在所謂的「知識論」的基礎。

第一個問題是：**我怎麼知道我知道？**這當然是個古老的問題，我們立刻想到蘇格拉底的那句話：「我知道我的無知。」或是柏拉圖在無數的反對聲浪中試圖以精確的定義獲得更可靠的知識。不過儘管在古代或中世紀屢屢被提及並且精確地思考，卻沒有人對它做過系統性的論述。

[163]

同樣地，知識論的第二個問題：**真實有多麼真實**？這個問題早在笛卡兒之前，也有過無數先例。柏拉圖的理型論點燃了多少熱烈的討論？由感官知覺到的物事，只是原型外部輪廓的拓本嗎？在這個脈絡下，我們也會想到新柏拉圖主義從古典晚期直到文藝復興時代源遠流長的歷史影響。還有自德謨克利特和伊比鳩魯以降的「唯物主義」和柏拉圖和普羅丁之流的「唯心主義」之間的衝突。然而「我身爲一個人所認識到的，是客觀的實在界嗎？」這個問題卻始終沒有獲得系統性的解答。

[164]

笛卡兒把知識論提升到一個新的立足點。「方法」則是他的關鍵概念。這個語詞在十七世紀特別流行。可是直到笛卡兒才認真看待「方法」：方法是理性**不間斷地**、**邏輯一致地**、**完備地**探究真理的程序。中世紀的經院哲學則依照亞里斯多德的架構：大前提、小前提和結論。每個人都是生物；蘇格拉底是人；蘇格拉底是生物。這個方法到了笛卡兒的時代已經聲名狼藉，因為大前提可以決定論證的成敗。我也可以說：所有人都是狗，蘇格拉底是人，所以蘇格拉底是狗！經學哲學的方法論總是預設想要證明的知識是正確的。於是，他們可以鞏固既有的知識，卻沒辦法創造出新知識。在自然科學研究的未知領域，這個武器不再那麼鋒利，而且自此再沒有重見天日。

當文藝復興把經院哲學束之高閣，他們就幾乎沒有在邏輯上的任何革新。只有一個法國人哈梅（Pierre de La Ramée, 1515-1572）不辭辛勞地鑽研它。不管伊拉斯謨斯的思想是否合理，都不是由經過檢驗的思考方法加以決定的，而只是逞口舌之能而已。馬西略、米蘭多拉，以及後來的卡爾達諾、特勒修、坎帕涅拉或者布魯諾，他們在自己的著作中所寫的，或多或少都是具有說服力的推測。伽利略則相反，他嚴格遵守數學，並以力學論述更合理；但是哲學的推論呢？而且培根固然建

[165]

立（歸納法的）規則，可是只對於研究自然科學有效，也就是科學知識。

果然，自十七世紀初，科學知識和哲學智慧之間的鴻溝日漸擴大。填補這個裂痕就成了笛卡兒一生寫作的哲學計畫：它的核心就是「方法」。

世界體系

我們接下繼續看看笛卡兒的人生軌跡：滯留在烏爾姆一段時間後，他才真的加入皇家軍隊。他參與巴伐利亞的麥西米連於一六二〇年十一月佔領布拉格的行動，在那裡參觀了布拉赫和克卜勒以前的工作場所。最後他離開軍隊，表面上是因為他一年前在多瑙河畔的新堡（Neuburg an der Donau）許下的願望。他想要扮演啟蒙者的角色，在黑暗中為科學帶來光明的人。笛卡兒夢想一個清晰的、合乎邏輯的、「探索真理的普遍方法」。他記錄所有真理研究的基本規則，九年後出版了一本著作，題為《指導心智的規則》（*Regulae ad directionem ingenii*）。

笛卡兒漫遊在義大利的羅雷托（Loreto）、德意志地區、荷蘭和瑞士。一六二五年，他搬到巴黎，很快就融入城裡的學術圈。他鑽研代數題目、光學和感覺理論。值得注意的是，他「發明」了「解析幾何」，關於數學知識的一種新方法。奧雷斯姆的尼古拉在十四世紀創造的座標系統，在文藝復興時代是繪畫的基礎，這時候有了新的功能：笛卡兒指出幾何和代數如何相互轉換。

四年後，笛卡兒離開巴黎，前往繁華似錦的荷蘭。那裡洋溢著整個歐洲大陸最偉大的思想和宗教自由。笛卡兒想要利用這個機會寫一本準備很久的偉大著作。他息交絕游，只剩下書信往來，尤其是和女士們通信。他全心投入《世界論》（*Le Monde*）。這本著作從物質和力學的基本狀態，談到宇宙論和光學，並一路推演到作為自然和心靈存有者的人類。因為在笛卡兒看來，一切都在可以清楚描述的法則底下相互作用著，由此建構獨一無二的完備體系。

他的自信顯然無邊無際。「與其只解釋一個現象，我決定要解釋自然界的所有現象，也就是說整個物理學，」他在一六二九年給友人法國神學家梅森（Marin Mersenne, 1588-1648）的信中如此寫道。[24]他想要修正物理學特有的兩個觀點。正如文藝復興時代所有重要的自然科學思想家，笛卡兒也批評亞里斯多德以及經院哲學的物理學。亞里斯多德和中世紀的經院哲學都認為世間萬物是「質料」和「形式」不可分割的相互作用的結果。「形式」會賦予質料秩序和結構，以生成一顆石頭、一個生物或者一把斧頭，它們各自有不同的功能。中世紀思想家們則只是要指出「形式」裡有著神的意旨在做工，讓世界萬事萬物各安其位；如果他們在演化裡處處看到神的技藝精湛的意旨，應該也會認為那是個有智慧的設計（intelligent design）。笛卡兒明確反對這種解釋，不過他從來沒有正確理解它。笛卡兒的假想敵是那些在「物質」之外又扯上不明確的「形式」的物理學解釋；近代物理學家對於「形式」這種東西相當不以為然。然而亞里斯多德所想的並不是**絕對的**形式。他說的是我們可以從被形塑的物質裡**看出來**的那種形式。任何物質都是被形塑的。而我們接觸到的任何形式都是以物質形象呈現的。反之，笛卡兒眼裡的亞里斯多德物理學（他根本不知道最原始的版本），卻把質料和形式看作是兩個完全不同而且相互獨立的東西。

此外他還要駁斥經院哲學家們附會亞里斯多德的說法：物質有**真實屬性**，就像大或小、熱或冷。笛卡兒對此相當不以為然，因為大、小、冷、熱，都只是相對的**概念**，而不會是真實**屬性**。一塊大木頭會因為燃燒而變成微塵，而在加熱過程中，冷會自木頭裡漸漸消失。與其胡扯物質的屬性，人更應該著眼於力學以及解釋木頭燃燒的因果法則。

笛卡兒還有第二個要反駁的敵人。在他駁斥亞里斯多德的同時，他正踏入十七世紀的另一扇門。在伽利略發現慣性定律之後，古代先哲們的物理學終於走到盡頭。比較有危險的只剩下「原子論者」。大概有一千五百年的時間，留基伯、德謨克利特和伊比鳩魯的學說都沉睡在莎草紙和羊皮紙，但是十五世紀的人文學者讓它們死灰復燃。盧克萊修的〈論自然〉重回學術殿堂，第歐根尼・拉爾修（Diogenes Laertios）關於古代哲學家的選輯也一樣。特勒修和其他義大利自然哲學家把原子論植入他們的理論，並且把它們傳到十七世紀。

德謨克利特和伊比鳩魯對於物理的解釋相當簡單。所有存有者都在巨大而空無一物的空間裡，那是一片真空。在這個空間裡面，四處飛舞著不可分割的極微小粒子，也就是「原子」。萬物都是由它們所組成的。而改變原子的結構成為一個新的排列，就是我們所謂真正的物理變化。當木頭燃燒，我們不必考慮什麼屬性的改變，而要想到原子的狀態。德謨克利特相信這個世界上沒有任何東西「擁有一個顏色，甜和苦只是表面上如此；其實只有原子以及空虛的空間」。[25]十七世紀的原子論者就是這麼想的，其中最有影響力的就屬加桑迪（Pierre Gassendi）。

[168]

笛卡兒在那裡找到自己對於物理世界的解釋，而無法分割的原子並不符合這個概念。在他看來，所有物質性的東西都是「擴延的」，而所有擴延實體都可被分割。而我們現在知道他的看法是錯誤的。不過他對於真空空間的批評則比較聰明。他對梅森寫道：「唯一比真空空間更不可能的存在，就是沒有坡度的山嶺。」[26]笛卡兒覺得「空間」和「物質」兩個概念太過接近，所以只要其中之一無法想像，另一個也不可能成立。（而依據現代物理，我們知道真相是介於兩者之間。因為宇宙是個每立方公分只有三個粒子的近乎完全空虛的空間，再加上電磁場和電磁波。）

笛卡兒自一六二〇年代開始撰寫自己的物理學著作。他的第一個定義是：所有物體都因為是擴延而成為物體。不過這個定義並無法由觀察得出。因為當我察覺到所有觀察到的物體都是擴延的，並不代表所有的物體在任何狀況下都「必定」是擴延的。第二個定義為：每個物體永遠都是以特定方式具有屬性。它有長寬高，處於不同的運動狀態下。對此，物理學家就只能說這麼多了。而經院哲學家主張的物體的其他物理屬性並不算數。不論某個物體是熱是冷，是硬是軟，香或者臭，紅或綠，都不取決於物體本身，而是取決於那個**感受到**熱、軟或紅的人。這些屬性源自物體和觀察者的互動，嚴格來說，它並不是物理學的一部分，而是知覺生理學。

所有經院學家把所有感官知覺的問題都當作物理學的問題。可是笛卡兒把把它們都刪掉了。這是個影響重大的現代性且指標性的做法。可是他的運動理論相形之下就比較讓人失望。亞里斯多德認為物體的運動是因為物體預設要朝著一個目標前進。直到伽利略才讓力學擺脫這個莫名其妙的預設。可是運動到底為什麼會存在？笛卡兒的回答意外的簡單：神把物體設定成運動狀態。而且直到今天，對於任何運動仍然有效！笛卡兒駁斥質料和不可靠的「形式」的交互作用，批評這種看法是非理性的，卻又在「宗教性的運動理論」上面讓這個非理性偷渡回物理學裡。他的「理性」觀察方式於是把物理事件的不可解釋性從物質轉移到它的運動上。這算不上什麼真正的創舉。亞里斯多德假設，在事物的運動中有個「不動的原動者」；而笛卡兒則相信是神直到今天都在作工，推動著每個運動。

神的運動遵循著明確的規則，也就是那些神「有如國王一般」宣布的自然法則。第一：一個物體無法自己運動，而需要神以另一個物體對它作工。可是物體則會「自動地」永遠處於現有的狀 [170] 態。如果把神從這個概念中剔除，笛卡兒的定義就和伽利略的慣性定律一樣：運動中的物體沒有辦法自己停下來。第二：如果有個物體開始運動，它必定是直線運動。第三：如果運動中的物體撞上其他物體，那麼第二個物體是否會運動，就取決第一個物體的力量是否大於靜止的物體。如果靜止的物體力量比較大，那麼運動中的物體就會轉向；如果運動中的物體比較有力，它會使靜止的物體開始運動，其運動力量等於物體失去的力量。神用以讓物體在宇宙裡運動的力量則是守恆的；這也是個完全沒有辦法證明的主張。

笛卡兒在《論世界》中勾勒的新物理學相當匠心獨運。一方面，他從關於神的本性的主張一步步推論出他自己的主題。因為神使世界運動，也因為神就是這樣的存在，簡單、直線性、完備、精確而且不變易，所以存在種種明確的自然法則。另一方面，笛卡兒完全不憑藉著神而定義物質，認為那是人類唯一可以合理地想像到的定義方式：也就是「擴延」以及種種「幾何」性質。他列舉出大量自己身為聰明冷靜的自然觀察者所看到的種種物理現象和法則，例如說彩虹的產生。作為哲學家，他會從事演繹，作為數學家，他會加以論述，而有時他只是陳述他觀察到的現象。

一六三三年，笛卡兒才拿到伽利略的《關於托勒密和哥白尼兩大世界體系的對話》，就聽說這部著作觸怒了宗教裁判所。原本要在年底問世的《世界論》也沒有付梓。是不是因為笛卡兒害怕遭 [171] 受相同的命運呢？儘管荷蘭比起義大利和法國寬容許多，笛卡兒還是謹慎地不斷搬家。他出版了原本《世界論》裡關於幾何學、代數和物理的部分文章，在數學界名聲大譟。然而《世界論》究竟變成怎樣的一本書呢？它真的建立了一個新的物理學世界體系，儘管各個部分彼此扞格不入？在一六六四年以法文出版的斷簡中，我們看見關於物體的合理定義，關於運動理論的神學臆斷，據此演繹出的自然法則以及無數以歸納法得出的個別知識。此外還有關於感官知覺以及生理學的未完成作品，著實稱不上是一部系統性的巨作。

懷疑和肯定

笛卡兒似乎察覺到這點。難道他失敗了嗎？他必須另起爐灶嗎？他在一六三七年出版的著名的《方法導論》，並不包含對於完整世界體系的研究。身為作者，他想要思考的反而是人到底如何得到可靠的知識。他想要把「方法」（在《世界論》中幾乎沒有單獨提出的概念）再次當作知識的基礎。

他在《方法導論》第二章開頭就描寫我們在前面提到的場景，彷彿他年輕時就在烏爾姆的冬季軍營中把一切都想清楚了；然而這不代表那些都是真相，他的思想也有可能是源於一六三〇年代中期。可以肯定的是，笛卡兒對於《世界論》顯然相當不滿意，所以他要從頭來過，一個對於意識的全新嘗試。

我們再回顧一次這個著名的思考過程。笛卡兒一共重複了三次：一次在《方法導論》，一次則以類似的手法出現在一六四一年出版的《沉思錄》（*Meditationes de prima philosophia*）；以及一六四四年的《哲學原理》（*Principia philosophiae*）。笛卡兒想要大膽為哲學找一個新的開端。他不僅反駁經院哲學，更鄙視培根認為只有通過經驗檢證者才有效的主張。因為很多根本的事物，例如人類的心靈，是無法探究的。笛卡兒想要在單純的思辨和單純的經驗之間找到「第三條路」。這條由理性為我們指明的道路，只要用正確的「方法」就可以找到。

他的前提是只有「清晰而明確」的事物才是真實的，拒絕諸如卡爾達諾、切爾索和帕拉切爾蘇斯之類的自然哲學家認為大自然裡有隱藏的力量在作工的那種主張。所謂清晰明確的知識，並不等於顯而易見的現象。因為許多一千多年來對人類來說顯而易見的事實，後來都被證明只是一場誤會。

那麼我們要如何才能分辨「清晰明確」和「顯而易見」的差異呢？笛卡兒的工具就是「方法學上的懷疑」。而這個懷疑在十七世紀早就甚囂塵上。人文學者在十六世紀下半葉把塞克圖斯・恩皮里科斯（Sextus Empiricus）的作品翻譯成拉丁文，他是西元二世紀的希臘哲學家。那些文章主要是關於西元前三、四世紀傳奇性哲學家皮羅（Pyrrho）的學說。皮羅懷疑人類可以獲致任何真理或確定性。他懷疑一切，而且提醒人們，應該要對所有重要問題的判斷有所保留。因為只有這樣，人們才有辦獲得心靈安穩和淡泊寧靜。這些翻譯在十六世紀的學者之間造成轟動，就連蒙田也是皮羅的熱情擁護者。哥白尼的新物理學和那些剛愎自用者的宗教論戰，不就證明了真相的遙不可及嗎？感官會騙人，世界原理毫無意義，真理也沒有任何確定的判準。

皮羅主義的懷疑論者成了笛卡兒的強力對手，而笛卡兒對他也瞭若指掌。從懷疑論者的角度來看，沒有人可以認識世界體系。而對笛卡兒來說，探究世界體系則是他的任務。在這個棋局裡，笛卡兒下了一著機智的棋。他直接把皮羅主義的懷疑論者的懷疑方法據為己有，懷疑任何可以懷疑的事物，目的是要在激進的懷疑論當中找出不可懷疑的事物。或者就像他自己在《方法導論》第四章所寫的：我想，「凡在我想像內含有可疑的成份，即使只含有極輕微者，也要毅然放棄，猶如揚棄

一絕對虛偽之事物，以便觀察。除此之外，是否還有一物仍然留在我的信念中，為完全不可懷疑者。」[27]❷

笛卡兒儼然是個古代懷疑論者：他懷疑感官的可信度，而且證明感官容易受騙而沒有辦法傳達確定性。如前所述，笛卡兒早就認為：顏色、聲調、氣味等等，都不是物體真正的屬性，它們只是說人類感官有了這些知覺而已。那裡並沒有不可懷疑的確定性。笛卡兒接著對思考下手：我們怎麼知道，當我們思考著某個事態時，真的對應到那個事態？我們有可能被某個惡靈（deus malignus）欺騙，使得我們在處理一個數學問題的時候，總是會在同一個算式上出錯，或者我們可以感覺到自己的身體，即便它其實並不存在。我思考的**認知基礎**無法傳達任何確定性，我甚至無法確定自己是個認知主體（kognitiv autonom）而不是某個邪靈的工具。

我在其中身為思考者的**認知狀態**也是同樣有問題的。我怎麼知道我清楚看見這個世界而不是在做夢。後來的哲學對於清醒和做夢找出五十多個差異。但是「夢境論證」直到今天依然有人在討論。我的大腦怎麼知道它知覺到的事物真的存在？有沒有可能，我的大腦只是生存在人工培養液裡，有一部電腦提供它經過設計了的現實世界；就像是現代的哲學家們熱中討論的模型？美國哲學家普特南（Hilary Putnam, 1926-2016）感到難以置信，而他的加拿大同事史特勞德（Barry Stroud, 1935-2019）則持相反意見。[28]

笛卡兒自己並沒有通盤思考他所提出的「夢境論證」，這對他來說只是通往「哲學第一原理」

❷ 引文中譯見：同前揭，頁95-96。

的一小步。因為不論我或睡或醒，我都可以懷疑一切，唯獨沒辦法懷疑我自己。為了要懷疑，或者為了思考，我必須存在：我思故我在。或者是《沉思錄》中的「有我，我存在」（ego sum, ego existo），或是《哲學原理》中的「我思，我在」（ego cogito, ego sum）

「我思故我在」可以說是哲學最著名的句子之一，或許僅次於蘇格拉底的「我知道我什麼都不知道」。（康德的定言令式〔kategorische Imperativ〕的原文可能對普通人來說有難度。）但是這個句子為什麼寓意深遠？現在看來，我們認為笛卡兒的「我思故我在」是哲學史裡的轉折點，「自我」再次被放在哲學的中心。以前大多數的哲學家都試著要探究世界「自身」，而笛卡兒則選擇一條完全不同的途徑。世界「自身」是什麼模樣，我只有探究它如何對我的**思考**呈現才有辦法明白。因為我所知道的世界的一切，並不是藉由客觀的鳥瞰得知的，而只是透過我頭腦中的思考。弗賴貝格的狄特里希（Dietrich von Freiberg）、柳利、庫薩努斯，都有相似的想法。但是他們卻沒有人開創出如此鋒利的新觀點。

笛卡兒為「我怎麼知道我存在」這個問題提出一個答案。透過我的思考！而且這個回答比以前所有答案都還要好上許多，即便奧古斯丁早在西元四世紀就有了類似的說法；這個證明過程已經被後人指出其缺陷，因為它的形式並不像笛卡兒認為的不需要任何預設。邏輯學家抱怨道，要從「我思」推論到「我存在」，就必須有個前提：所有思考者都存在。可是笛卡兒正是超越這種邏輯。他認為「我思故我在」不需要任何前提，因爲它本身是不證自明的。一個「沒有任何思考者」的思考並不存在，「因為思考者不會是虛無的」。[29]我們或許會抗議說，我們必須事先知道「思考」和「存在」的意義，才能從思考推論出存在。笛卡兒也意識到這點。可是對他來說，人們「只要以那種內在認知（connaissance intérieure）就可以知道了，它先於習得的（l'acquise）認知，而且對於每個人而言，關於思考和存在的認知天生就是如此……我們不得不擁有這種內在認知。」30

後來的批評家反駁說，為了描述自己對世上一切的懷疑，我需要一個功能完整的**語言**。笛卡兒卻沒有懷疑這個語言。他使用語言，卻沒有懷疑說，語詞、句子、文法也可能騙人。美國哲學家皮爾斯（Charles Sanders Peirce, 1839-1914）認為這種沒有前提的懷疑只是在胡扯，因為根本不可能實現。任何人在進行哲學思考時，已經有許多思想、理念、術語、偏見在腦海中，就算藉口放棄，也不可能完全擺脫。就連拒絕一切前提的嘗試，都是以先前的判斷和想法作為動機，不是嗎？「我們不應該在哲學中假裝懷疑我們心中堅信不疑的事物。」31

天生的結構

笛卡兒的「觀念理論」也是在他心裡堅信不疑的。藉著「我思故我在」，他的哲學站在一個全新的基礎上，而和經驗世界完全無關。在思考中的我是存在著的，這是個只能在思想裡證明的認知，而不是透過觀察或實驗。「我思故我在」並未經過計算，嚴格來說，也不是自某個前提合乎邏輯地推論出來的，它是**明證性的**。如果有人否認他在思考，他就必須思考才可以否認，因而陷入自我矛盾。只有當人不再以擴延物體的世界為起點，而是依據純粹心靈世界的邏輯，他才可以再次找到堅實的基礎。

笛卡兒沿著這條新道路繼續向前。他認知到，任何思考的人在心靈裡都有能力創造自己的思想內容，因為否則就不會有思考。笛卡兒把這個能力稱為「觀念」。當我形成一個想像或者概念時，這個觀念就在運作。直到這裡都沒有爭議。沒有心靈能力，就沒有思考。可是在下一個階段，笛卡兒要證明，觀念不只可以領會概念，甚至是**相當確定**的概念。當我們形成顏色、聲調、疼痛或神的概念，我們只是想起早就在我們心裡的想像。笛卡兒要說的是，「我們所有的觀念，都是心靈也就是思考能力天生的；除了經驗的外在條件之外。」[32]

當然，所謂的「先天觀念」在哲學上早就了無新意。它的先祖不外乎柏拉圖；他在《泰阿泰德篇》（*Theaitetos*）裡說，任何人都可以想像三角形，即便從未見過的人也一樣。觀念就像「身分」一樣，柏拉圖認為這些理型呈現在每個人類心裡，以我們靈魂的前世記憶的形式存在著。在西塞羅之後，就把這種理型稱作「先天觀念」。而亞里斯多德則認為拉圖的理型完全是在胡扯；他的老師所說的理型，只是為世上一切事物賦予其外型的形式原理而已。

笛卡兒很清楚這場古老的辯論，並且選擇投身柏拉圖陣營；他當然不會相信靈魂轉世，但是他相信，我們都帶著某個「模型」來到這個世界，它有著精密的構造，足夠我們適當地了解一切；這就是哲學理性主義（Rationalismus）的降生！這個觀點內化到所有十七世紀重要思想家們的意識深處：我們天生的知性就是為此而存在，讓各個觀點下的實在界，形上學、物理學和道德，都可以如實被理解。理性主義成了當時的哲學主流，而笛卡兒理性主義式的「觀念理論」的影響更是無遠弗屆。

他區分三個不同的觀念，也就是三種天生的思考行動。大部分是**後天觀念**；如果我們屢次看到一隻狗或一匹白馬，那麼我們很快就可以建立起關於狗或白馬的想像。另外還有**自生觀念**；它們是

[177]

後天觀念的不同部件的相互組合。所以，我可以想像一隻獨角獸（笛卡兒說的是一隻奇美拉）❸，只要我把馬和某種有腳的生物拼裝在一起就行了。至此並沒有太多的矛盾。不過他還引進第三種觀念，「先天觀念」。我們與生俱來的並不只有思考，還有所有的概念，比如說，真理、三角形或神。這些我都沒有辦法從感官知覺認識到，也不可能自己用種種材料組合出來，而儘管如此，這些概念還是存在。它們到底是哪裡來的？笛卡兒認為是神把它們植入人類心中，而對於批評他的洛克和休姆而言，則是源自知覺。一場世紀論戰的基礎於焉成形，我們接下來會詳盡探討它。

笛卡兒在試著證明先天觀念時，他亮出了底牌，也就是神！我們在「第三沉思」裡可以看到上帝存在的第一個證明。所有人都有能力想像「上帝」這個概念。我們沒辦法以感官知覺到祂。同時，「上帝」的觀念太巨大了，完全超出我們的想像力範圍，也不可能像獨角獸一樣拼裝出來。如果上帝本身不是自有永有的、無限的、全知全能的，人類如此有限的生物，根本不可能想出一個擁有這些觀念的存在。「上帝」這個觀念不可能來自我們本身，而一定是源於上帝。只要我們可以思考著上帝，就會推論祂必定存在，上帝本身就是這個推論的理由。

像這種「上帝存在的證明」大抵上看似可信，但是它有個軟肋。笛卡兒認為，對我們而言，觀念和因果法則有關。我們看見的那隻狗，是我們想像出那隻狗的原因。而如果我們在心裡證實有神的作用（因為我們可以形成「上帝」這個概念），那麼上帝必定是其原因。可是這兩個情況其實都不存在物理學的那種因果關係。因果關係可以被觀察、詳盡研究，在多數情況下也可以被計算。但

❸ 奇美拉（Chimaera），希臘神話裡的冥府噴火怪獸，有三個頭，前面是獅子，中間是山羊，後面是蛇。

[178]

是狗對於我們的想像力的作用卻不然，上帝也不行。笛卡兒所謂的「證明」，其實只是個看似合理的假設而已。除此之外，擅長數學的笛卡兒居然將「無限」的概念預留給了上帝，也使人感到震驚。我們甚至被植入無限性的概念，才得以思考上帝。不過，這個概念有沒有可能只是來自數學呢？笛卡兒對這個意見置若罔聞，那會搗亂他的「證明」。他不承認數學也有「無限性」的概念，而是只有「無規定性」。

僅管如此，笛卡兒的上帝存在證明，是在二十一世紀唯一依舊不減其光輝的證明。上帝在我們心裡作工，我們據此推論祂是這個作用的原因，美國神經生物學家安得魯・紐伯格（Andrew Newberg, 1966-）也同意這個說法。如果有個腦區在宗教性的思考和默觀時特別活躍，那麼絕對是上帝自永恆以來植入我們心裡的。[33]

我們可以推測說，笛卡兒比紐伯格更清楚他的上帝存在證明裡的弱點。畢竟他也提出第二個證明。早在《方法導論》裡，他就概述了這個證明，並且在「第五沉思」和《哲學原理》裡更明確地闡述它。這次他不再著眼於上帝在我們心裡的**作用**，而是祂的**本質**的定義。上帝是誰？或者是什麼？我們關於祂出的唯一有意義的想像，就是一個完美的本質。然而如果這是正確的，那麼上帝就必須存在，因為如果本質缺少了「存在」這個屬性，它就不是完美的本質了。

這個上帝存在證明並非笛卡兒首創。他只是重複安瑟倫（Anselm of Canterbury）在十一世紀時提出的論點。這裡的基本思想甚至可以上溯到波修武（Boethius），一直到西元三世紀的新柏拉圖主義學者普羅丁（Plotinus）。不過，笛卡兒當時的學者並沒有完全信服。加桑迪就反駁說，「存在」並不是一種屬性，而是讓某物可以擁有屬性的一個預設。荷蘭神學家狄卡特（Johan de Kater,

[179]

1590-1655）也提出一個重要的批評：我或許不得不想像上帝是個完美的存在，但那終究只是我的 [180] **想像**。對於上帝的思考是在我的意識中進行的。而沒有什麼可以對我保證說，我在自己的意識裡的想像，會對應到意識之外的一個客觀實在物……

心靈和身體

笛卡兒對於他的哲學以類似的方式做了三次說明。而即使這三本薄薄的小書裡一直都包含著物理學思想，但距離完整的系統還很遠。反之，在《方法導論》、《沉思錄》和《哲學原理》的其中一篇裡都可以找到那些物理學思想的簡化版。使人更加驚訝的是，這個簡化版並不減損其作者的自豪和自信。可是，笛卡兒的哲學論證以及他的物理學觀察依舊沒有系統性。他狂妄地主張要找到一個開端，層層建構整個體系，終究沒有實現。而大師關於其哲學和實務性的自然科學之間的關係的說法也一樣矛盾。在《哲學原理》法文版的前言裡，他堅持要以所有科學的相互關係建立一棵樹，形上學是樹根，物理學是樹幹，醫學、力學和倫理學則是樹枝。可是一年後，在和一位荷蘭學生布爾曼（Frans Burman）的對話裡，他卻強調說，對於形上學問題的探究會使心靈「太過偏向物理學的對象」，真是令人詫異的說法，如果說物理學完全可以從形上學推論出來的話。

在笛卡兒的「哲學第一原則」以及他對於物體或運動的定義之間，其實沒有什麼邏輯關係。我 [181] 們現在以笛卡兒為開創者的近代主體性哲學，和所謂的近代物理學，兩者並沒有統一。事實上，隨著和亞里斯多德分道揚鑣，它們兩者反而彼此漸行漸遠，即使我們看到，在十九世紀初期浪漫主義的自然哲學裡，它們兩者再度攜手偕行。

笛卡兒哲學裡影響最深遠的原理，是心靈（res cogitans，思維物），和物體（res extensa，擴延物）的區分。他在《沉思錄》寫給巴黎索邦大學神學家的信裡，就支持一五一三年第五次拉特朗大公會議（Laterenkonzil）通過的信理：人類的靈魂不是物體，而是屬靈的而且不滅的。對笛卡兒來說，心靈也是完全非物質。心靈是個完全屬靈的，讓人類可以思考、意欲、從是數學推論以及判斷。相對的，身體是物質性的、擴延的，而且依據力學規則在運作，它有接受刺激的神經、不斷循環的體液，以及機械性的消化系統。物質性的身體和非物質性的心靈的區分，在歷史裡叫作二元論（Dualismus），使各個時代的哲學家們陷入嚴重的對立。英國哲學家吉伯特．萊爾（Gilbert Ryle, 1900-1976）認為，對笛卡兒來說，人只是「一個住在機械中的鬼魂」。

事實上，笛卡兒相信，人類的自我是由非物質的靈魂組成的。因為只有這樣才有辦法證明靈魂不滅。亞里斯多德卻認為靈魂是會死的，而靈魂作為生命的能量，它和身體是不可分的。笛卡兒則堅持兩者判若雲泥，因為對他來說，這點有方法學上的重要性。在一六三〇年代左右，他應該理解到自己需要一個可以讓心靈和身體分開的途徑。

只有認知的自我才能主觀地把握心靈，並且**演繹出**它的規則性。而身體則可以從外在被客觀的描述，相反地，身體是從外部客觀地掌握的，可以透過實驗以**歸納法**解讀出來。同時，笛卡兒也把整套力學都用在身體上面。這位心靈的工程師興味索然地對讀者指出，所有生物的身體只是環環相扣的機械，是一個自動機器或鐘錶發條。身體的器官，就像是十七世紀水田裡的自動裝置：神經變成水管，大腦的空間就像是儲存槽，肌肉是人類的彈簧，呼吸就是時鐘裡齒輪的轉動。

這些笛卡兒都想要寫在《世界論》裡，在這裡，他則是提綱挈領地陳述。至於靈感的來源，他只提到斯多噶學派的自然哲學。事實上，他也研究當時許多作者，尤其是特勒修，他們有許多共同點。這位義大利人和笛卡兒都談到「靈」（spiritus，氣息），笛卡兒認為那是「極微的氣息，或者更確切地說，是極為純粹而熾熱的火焰」，可以加熱神經和肌肉，促使它們運動。這種以力學解釋生物現象的模式，在十七世紀隨處可見。一六二八年，笛卡兒還在寫作《世界論》時，英國人威廉・哈維（William Harvey, 1578-1657）發現了血液循環。義大利物理學家托里切利（Evangelista Torricelli）成了研究大氣壓力的先驅，並且首次製造人造真空狀態。這讓笛卡兒極為惱火，因為在他的哲學概念中，宇宙裡只有擴延的實體，而不可能存在真空狀態。這位被惹怒的法國人嘲諷說，這個真空只「存在在於托里切利的腦袋裡」。其實，笛卡兒也很困惑，他對實體的單純幾何學定義並不足以解釋這個物理事實。而且我們現在都知道，在生物學來說，它也不是令人滿意的解釋。

會思考的自動機器

任何有機會駐足於英格斯塔（Ingolstadt）的人，都不應該錯過德國醫藥歷史博物館。這座黃色的巴洛克後期宮殿，曾經是英格斯塔大學的解剖學研究所。如今它是一座博物館，擁有許多令人驚豔的收藏品。其中有兩項展覽品特別引人注目。人們會駐足於兩座小型基督蠟像前面，一座掛在隱形的十字架上，另一座則在石棺中。它們的特別之處在於，人們可以打開死去的彌賽亞腹部觀察他的內臟。**解剖的基督**（Christus anatomicus），一小段解剖學課程，展示在神子身上。

把基督和醫學結合在一起，是個很古老的動機。耶穌是靈魂的治療師（Heilender），也是「救世主」（Heiland）。在這裡，他自己卻成了活體解剖的醫學物件。當時也引起一場神學和哲學的衝突，在巴洛克時期相當轟動。一方面是古老而持續的基督崇拜，另一方面則是以現代自然科學的眼光檢視一切事物。但是聖靈可以同時又是世俗的身體嗎？

笛卡兒為了這個問題而苦惱的時代，在義大利語區和荷蘭等地普遍開放了以前只有在阿拉伯國家才允許的事：屍體解剖，以及人體解剖學和生理學的探究。終於，基督徒也被允許揭開神的巫師斗蓬的兜帽。在帕度亞（一五九四年）和波隆那（一六三七年）有兩場嘆為觀止的「解剖劇場」。當時特勒修的生理學著作依舊被禁，對他的信徒來說反而更方便。他們可以從事實驗，而不再只是憑空推測。就連笛卡兒在荷蘭時也使用實驗的方法。當時的林布蘭（Rembrandt van Rijn）在創作著名的《尼古拉斯．杜爾博士的解剖學課》（*De anatomische les van Dr. Nicolaes Tulp*）時，他就親自解剖了動物的頭部和公牛眼睛，甚至剖開一隻活狗的心臟，只是為了感受心室的跳動。

但是笛卡兒並沒有開展一門研究生命現象的獨立學科，一切仍舊照著計畫走。因為如果以「幾何方法」並按照力學規則解釋一切，就不必用到生物學。笛卡兒對於所有無法直接以力學原理解釋的生理現象都視而不見。感官知覺的生理學和心理學複雜的交互作用並沒有得到解釋。而義大利的自然哲學家們正好特別關注這點。不過，特勒修認為生物擁有自律行為，而笛卡兒卻把它們看作自動機置的結果。更甚之，他完全相信可以只藉著他的力學解釋整個身體機能。對此，他建立了一門（與義大利醫生聖多里歐〔Santorio Santorio, 1561-1636〕大概同時）全新的、影響深遠的**醫療物理學**（Iatrophysik）。可是難道沒有別的現象是關於壓力和碰撞的力學無法解釋的嗎？？就像在十七世紀上半葉讓自然科學家們激烈爭論的「含羞草」（Mimosa pudica）一樣，一五七八年是這個奇特的受造物第一次被提及，一六一九年則是它第一次詳細的描述；這篇文章的內容旨在討論含羞草被

[184]

觸碰時會闔上葉子，是不是壓力和碰撞的結果呢？

笛卡兒本身並沒有研究過「含羞草」的問題，不過他的徒弟雷吉耶斯（Henricus Regius, 1598-1679）卻花了很多心思。這位荷蘭醫生和哲學家依據古老的亞里斯多德傳統，認為含羞草具有「感性靈魂」（anima sensitiva），大大惹惱了他的師父。因為笛卡兒絕對不承認植物或動物擁有靈魂，「靈魂」（anima）充其量只有一個「力量」（vis）而已。但是這有解決植物反應能力的問題嗎？儘管笛卡兒在雷吉耶斯面前相當篤定，他心裡其實動搖了。因為靈魂和身體無疑地不知怎的有著緊密的相互作用。否則我們就無從解釋神經的刺激為什麼會引起種種觀念和複雜的感受。笛卡兒自己也承認，「不僅依附於自己的身體裡，就像舵手在船上一樣，而且我和此身體緊密地連結和混合在一起……使心靈和身體組成了一個整體。」[34] ❹

但是如果心靈和身體是兩個完全分離的存在領域，而又不像是舵手和船的關係，那麼它們到底如何連結在一起的呢？面對這個困境，笛卡兒花了很久的時間研究間腦的松果體；問題在這裡有可能得到解答嗎？這個腺體有可能就是把我們的知覺和身體肌肉結合在一起的部位嗎？笛卡兒的思考並不明確，他談到一個腺體，「靈魂以特別的方式，把它當作身體的一部分而行使其功能」。[35] 我們現在知道，他對於松果體的解釋並不正確。但是就算它是正確的，「心物問題」也沒有得到解答。

不管如何，笛卡兒有生之年只有在《方法導論》第五章裡提到一點他的見解。他關於生理學的

❹ 引文中譯見：同前揭，頁232。

[185]

著作〈論人類〉（*De homine*），是在一六三〇年代初的《世界論》的草稿，實際問世於一六六二年，當時他已經過世十二年。笛卡兒擔心把人類身體比擬為機械的寫法太褻瀆而會引起宗教裁判所的注意，即便他的機器理論其實保持了靈魂不滅性。甚至你可以說，機器理論是要證明靈魂不滅：人類的身體和任何動物一樣，都是神所造的完美機器，只是添加上了人類專屬的語言和理性。因為人類可以使用複雜的語言，也能夠理性思考，所以人類可以辨認彼此，並有別於單純機械性的動物。

笛卡兒把動物視為自動機置，既沒靈魂也沒有理性，而使他在後世留下了惡名。他認為人類是自然的統治者和擁有者（maître et possesseur），而動物則是沒有靈魂的財產。來自阿爾薩斯的神學家史懷哲（Albert Schweitzer, 1875-1965）認為，笛卡兒及其動物自動機械理論「蠱惑了整個哲學界」。事實上，在笛卡兒眼裡，認為動物擁有心靈的主張是錯誤和憑空虛構的，他甚至認為「對德行造成了威脅」。一個完美複製的動物自動機械和動物完全沒有分別，在道德上也不該有分別。因為沒有心靈的動物固然有最起碼的感受能力，但是這種感受本身是機械性的而道德完全無關。

笛卡兒的自動機械理論影響相當深遠。其一是它點燃了一百多年的動物靈魂之爭，其二是我們看到他啟發了拉美特里（Julien Offray de La Mettrie, 1709-1751）和霍爾巴赫（Paul Henri Thiry d'Holbach, 1723-1789）等十八世紀法國唯物論者。在一夜之間，笛卡兒成了這種全新的物體觀念的辯護人；這個觀點還為醫學提供一種完全因果法則的視角。在種種迷信橫行的十七世紀，其實不容小覷。很快地，笛卡兒作為醫生，就已經和他哲學家的身分一樣聲名大噪。他找到了若干貴族筆友，像是來自法爾茲（Pfalz）的年輕公主伊莉莎白，從一六四三年自一六四九年就和他定期書信往

[186]

來。他的書簡裡透露了許多十七世紀學術圈關注的議題，在年輕公主求知欲的刺激下，笛卡兒寫下對於重要哲學文章的詮釋，例如馬基維利的《君王論》。他也認為，「什麼才是生命裡的至高善」這個問題亟需一個答案；而這個答案就在於堅定的意志、德行的行為以及心安理得（那是德行的結果）。他在寫給另一位女性筆友瑞典女王克莉絲汀的信裡也提到類似的觀點。一六四九年，他應女王的邀請前往瑞典，可是冬天的斯德哥爾摩卻奪走他的性命。女王的早課是在一間沒有暖氣的房間中舉行，一六五〇年二月，五十三歲的笛卡兒就因為肺炎過世，不過也可能是被下毒致死。

笛卡兒並沒有為後世留下完整的系統，讓人把形上學和物理以及應用自然科學無縫接軌。他反而不情願地指出，這樣的體系在十七世紀已經不可能建構出來了。不過他還是豎立了四個標竿，在各自的領域裡如日月經天，江河行地：第一、「我思故我在」的論證及其**能思的自我的哲學的體系性進路**。第二、理性主義哲學的基礎思想，也就是說，**各種核心概念早就在意識裡有了完美的結構**。第三、身體與心靈、主體和客體涇渭分明，也就是所謂的心物二元論。第四、邏輯一貫地把**力學應用在生理學**。第一和第三個思想在哲學演進裡有決定性的作用。黑格爾把笛卡兒稱作哲學「真正的起點」，而海德格（Martin Heidegger, 1889-1976）則把「我思故我在」和主體和客體的二元論視為現代哲學所有死胡同的「原型」。

當笛卡兒過世時，他是當時的超級明星！西歐各地以他的概念為樣本而掀起無數激烈的學術討論。不過沒有任何討論比那位出身阿姆斯特丹的猶太裔葡萄牙移民家庭的年輕人更加精闢……

清晰事物的神

- 哲學是探尋自我
- 一個離言絕慮的神
- 情感的幾何學
- 完美的規則
- 神的原理
- 單子
- 羅亞爾港的懷疑
- 可能性的自由

哲學是探尋自我

對於造訪阿姆斯特丹的旅人，以搭船的方式探索這座城市，會是不錯的點子。阿姆斯特丹城區 [188]
是由縱橫交錯的運河形成的半圓形，多數人會選擇搭船順著運河區中心的紳士運河（Herengracht）遊覽。在運河兩岸蓊鬱樹林的簇擁下，人們驚嘆連連地欣賞十七世紀富貴人家高聳細長、有著階梯式山牆和窄窗的老式荷蘭風格宅第。河上有無數橋樑覆蓋其上，船隻從橋下經過時，就看不到荷蘭黃金時代巴洛克風格的華麗建築。在當時的情況下，這座城市以貿易贏得了聞所未聞的財富，先是 [189]
黑胡椒、肉桂、丁香以及肉豆蔻等香料，接著則是奴隸買賣。西元一六一二年，紳士運河開始建造，在十年前成立了荷蘭東印度公司，而在九年後則掀起一場可怕的大屠殺，公司平息了班達群島（Banda-Inseln）原住民最後一次起義，無數婦女和孩童淪為奴隸，地方首領也身首異處。歐洲的擴張宛如浪潮席捲東方。荷蘭人趕走了亞洲的葡萄牙人、征服印尼群島，更在南美洲建立殖民版圖。「強權就是公理」和「戰爭、商業和海盜是不可分割的三位一體」，歌德在《浮士德》第二部裡如是描寫當時歐洲的殖民主義思想。

一六六四年，當紳士運河的建造工程挺進猶太區時，當地最重要的人物，斯賓諾莎（Baruch de Spinoza, 1632-1677）卻已不在了。出生於瑪拉諾家族（Marranen）的斯賓諾莎，屬於在西班牙飽受欺凌和鄙視的猶太少數族裔。他繼承了一家貿易公司，進口黎凡特地區南方水果和貨品，但是很快便證實自己不是做生意的料。這位身體瘦弱、極富語言天份且受過良好教育的年輕人，很早就捲入多起阿姆斯特丹猶太社區的紛爭。為此他感到相當苦惱且不安。由於無法融入，他被逐出了猶太會堂並處以嚴格的絕罰：「禁止和斯賓諾莎口頭或書信的任何交流、禁止對他施以任何形式的恩惠、不允許任何人和他共處一室或是和他保持少於四肘（Ellen）[1]的距離，也不准閱讀他的文字書信。」[36]甚至以色列總理大衛・班・古里昂（David Ben-Gurion）也無法撤銷這個詛咒。

就這樣，斯賓諾莎的商人生涯走到盡頭。為了生計，他學習磨鏡片。然而他真正的熱情仍是閱 [190] 讀和哲學思辨。唯有在精神世界裡最深奧的思想交流，才能他感到慰藉；相反地，日常瑣事對他來說只是負擔和麻煩。這個極度敏感纖細的男人，從來沒有好好享受生活的快樂，也正因為如此，追尋幸福自始就是他哲學思想中唯一且最重要的核心目標。

許多哲學議題，例如古代哲學關於幸福的探索，是哲學巨擘笛卡兒不屑一顧。至於道德，笛卡爾只想到人應當適應環境，避免不必要的麻煩，這才是明智之舉。可是斯賓諾莎很早就麻煩不斷。即使外表看似瘦弱謙遜，斯賓諾莎卻從不屈服於無法使他信服的權威。道貌岸然的權貴、專制腐敗的宗教衛道人士，讓他尤其反感。所有這些，都是他想要以邏輯清晰的哲學思辨擺脫的。雖然認為笛卡兒的理性主義思想錯漏百出，斯賓諾莎卻認為那是他的救世主。

西元一六〇〇年，這位遭到絕罰的磨鏡片工人，搬往萊登附近的萊茵斯堡（Rijnsburg），時年二十七歲。他全部的家當只有寥寥幾樣東西，其中多數是西班牙文、荷蘭文、希伯來文和拉丁文書籍。在他早期著作中可以看到笛卡兒的許多痕跡，例如他最典型的自傳式寫作風格：「透過經驗，我明白生活瑣事都是毫無意義且沒有價值的……因此我決心探究生命中是否有個真正的善是我們可 [191]

[1] 源自英國的古老長度單位，大約等於成年人前臂的長度，現在約等於一・一四公尺。

以企及的……或者是否有那樣的存在，可以透過它或是透過對自我的探索和要求而找到永恆至高的快樂。」[37]於是以這種笛卡兒如出一轍的文字風格，斯賓諾莎展開他的哲學生涯。斯賓諾莎從此揮別當時浮誇不實的世俗思想，堅定不移地踏上追尋真理的道路，至於享受至高無上的喜悅，對他來說只是額外的賞報而已。

已經很久沒有哲學家以古代哲學的觀點闡釋哲學的本質：哲學思辨能產生無與倫比的快樂！斯賓諾莎的第一部著作是《理智改正論》（*Tractatus de intellectus emendatione*），一個相當綱領性的題目。因為不同於笛卡兒，對於斯賓諾莎而言，理性思考不是為了自由而充分地利用一切事物，而是要擺脫種種偏見。理性思考是按部就班地探究世界的漫長歷程。據稱，笛卡兒自己說他只花了幾小時就在農舍裡完成其著作；反之，斯賓諾莎辛苦了一輩子才完成他那汪洋浩瀚的曠世巨著。

這個羞怯的磨鏡片工人言之有物地開始他的自我的考古學。他首先要一層層慢慢地挖掘出被輕率的偏見障覆的知性。西元一六六三年在福爾堡（Voorburg），一六七〇年在海牙（Den Haag），斯賓諾莎著手寫作他人生中最重要的著作，也就是《倫理學》（*Ethica*）。自我確定性從何處開始？要如何著手？它的正確的起點又在哪裡？笛卡兒決定以思考的主體做為他的哲學的支點。而斯賓諾莎一開始就拒絕這點。他的哲學理論不以自我作為起點。因為**思考的自我為了可以思考，不是必須存在嗎**？難道沒有一個沉默的證據告訴我們，**我和我的身體確實存在**，因為否則我就沒辦法思考也無法推論出我的存在嗎？依據斯賓諾莎的說法，存在先於思考，而且始終是思考的基礎。

以思考中的自我為起點的近代主體哲學，因而被投了不信任票。他的觀點可以說和阿姆斯特丹的笛卡兒、都柏林的柏克萊（George Berkeley）、科尼斯堡的康德以及耶拿的費希特大異其趣。相

[192]

反地，斯賓諾莎在追求幸福的問題上創新了**存有學**（Ontologie），一個不以思考的自我為起點而從事物的**存有**出發的哲學。什麼是世界？思考中的意識到底位在世界裡的哪個地方？而它到底為什麼可以思考和認知？斯賓諾莎的答案和中世紀思想家一模一樣，那就是神！可是斯賓諾莎心中作為所有存有的究竟基礎的那個神，卻和基督教或猶太教的神一點關係也沒有……

一個離言絕慮的神

神是誰又或者是什麼？笛卡兒概念中的神，是基督教的神，完美的神。然而，他的神除了神性以外，是個沒有任何屬性的神。這並不意味說笛卡兒把神想像成一個超越性的位格，有如基督教一般，我們和祂建立個人的關係，敬拜祂，對祂忠實。其實，這個法國人只需要神來證明實在界真的存在而已。如果哲學家以思考中的自我作為起點，那麼他很快就會得到思考中的自我的確定性。可是他沒辦法確定其他一切事物也存在！正因如此，笛卡兒才需要神。他把祂定義為我們心裡關於祂的觀念的原因。作為絕對完美的觀念，神必定也是存在著的。而且這個完美的神也不會欺騙我們。相反地，祂對我擔保說，除了我們之外，所有物體也都真實存在，而不是我們虛構出來的。

斯賓諾莎完全沒有被說服！一個只有當人的心靈思考祂、才能證明祂的存在的神，那是什麼樣的神呀？神不應該是個絕對的無限者嗎？笛卡兒利用**思考中的人**去證明神的存在，豈不是以不當的方式貶損了祂嗎？像我們這樣有限的心靈，怎麼有辦法從自身推論出無限者呢？斯賓諾莎的學說一開始就確定了，起點不會是「自我」而是神；任何哲學研究必須以神及其存在為起點。可是我們這裡談論的是怎麼樣的一個神呢？

[193]

在冷靜的理性主義者斯賓諾莎的想像裡，神和人類的相似處比笛卡兒認為的還要少。神不思考、不意欲什麼事，也不決定任何創造，更不會把自己親生子送到地上；祂既不是聖父、聖子也不是聖靈。中世紀時最熱門的問題：「上帝為什麼要創造世界？」斯賓諾莎的答案相當直率：神並沒有「創造」世界；祂就是世界！祂不是具有意志和想像的創造者，祂就是**力量**（potentia）或者**作用**。

很多人對於笛卡兒的「上帝存在證明」議論紛紛：他認真認為上帝存在，或許是對教會的膽怯讓步？人們很難想像這位心靈的機械師會有基督教意義下的信仰。也有人認為，笛卡兒依舊有一點敬虔，而他也讓神在可知者的界限內作為適當的假設而存在；這個觀點和從牛頓到愛因斯坦和普朗克（Max Planck, 1858-1947）之類的物理學家沒有什麼不同。

我們在斯賓諾莎那裡也看到相同的論調，如果有人僅僅把神定義為「力量」，當然也可以把它稱為「自然」。事實上，根據當時的說法，斯賓諾莎《倫理學》的初稿裡，根本就沒有提到神。斯賓諾莎是把整個自然給精神化了嗎？或者是把神加以物質化？無論如何，神的作工和自培根以來所謂的永恆而且守恆的「自然律」一模一樣。斯賓諾莎如此定義道：「神，我理解為是絕對無限的存在，亦即具有無限多屬性的實體，其中每一屬性各表示永恆無限的本質。」[38]❷

對於斯賓諾莎而言，世界和神是不可分的，而是一體的。神不僅僅是萬物的原因，也在他們當中繼續作工。他是不是自先蘇時期到柏拉圖和普羅丁（以及庫薩努斯和布魯諾）以來所謂的泛神論

[194]

❷ 引文中譯見：《倫理學》，頁1，賀自昭譯，仰哲，1987。

者，也就是把神和自然劃上等號的思想家？在其後的時代裡，他往往如此被定位。不管如何，斯賓諾莎經常把「神」和「自然」當作同義詞來使用，「神即自然」(deus sive natura)。而斯賓諾莎想要從這個基本假設，比笛卡兒更精準且合乎邏輯地解釋一切。早在一六六三年，他就出版一本小書，修正了他的前輩的幾何學方法，想讓它們「以幾何學的方式」（more geometrico）證明。而他自己的《倫理學》也應該要「依據幾何學」（ordine geometrico），也就是一步步恪守邏輯。斯賓諾莎希望以神為起點探討人類，研究他們的**情感**，找出人們如何在世界裡獲得幸福的方法。

實際上，斯賓諾莎的《倫理學》是至今最有野心的嘗試，它試圖把整個世界看作一個巨大的體系，並且依據方法學按部就班地開展它。「哲學家們，」羅伯·穆齊爾（Robert Musil, 1880-1942）寫道，「是沒有軍隊的暴徒，他們征服世界的方式，是把它囚禁在一個體系裡。」在斯賓諾莎之前，幾乎沒有其他哲學家，能像福爾堡和海牙的這個敏感的磨鏡片工人一樣，如此符合這個描述。到目前為止，如果有人想像《倫理學》是美好人生的指引的話，一定會恍然大悟。他不會看到什麼道德見解，而只是一連串嚴格的定義、公理、命題、證明、繹理和附釋。

有些哲學家相信自己的哲學會為整個哲學劃下句點，斯賓諾莎也屬於其中之一。其他人包括亞里斯多德、笛卡兒以及後來的康德、黑格爾和維根斯坦（Ludwig Wittgenstein）。斯賓諾莎的哲學體系是要整個闡明世界的真實關係。令人驚訝的是，他認為人類當然可以充分理解神和世界。因為整個理性主義綱領都是奠基於這個預設，雖然現在已經很可疑了。

斯賓諾莎僻居自己不斷搬家的書房，在那裡只有披沙揀金而為數不多的書籍，並以神為起點，開始他的哲學。一種既沒有意志也沒有知性的作用力，創造了萬物並主宰一切。人會思考，但是神並不操控任何事。神對人漠不相關。可是人類沒有辦法對神不聞不問，因為人類心靈有能力認識神，因而理解世界境況。透過對神的自然系統的認識，我們擺脫了自身的無知，然後獲得了……嗯，到底獲得什麼呢？獲得了愛，早期的斯賓諾莎如是認為，我們的意識在認識過程中和神合而為一，這是年輕的斯賓諾莎沿襲自馬西略的熱情抱負。當斯賓諾莎年齡稍長之後，只有在自我解放的知識裡才看得到愛的軌跡。

可是人要如何獲得絕對的知識呢？人類所追求的全部，都沒有超越自然的引導和陪伴。他們感到寸步難行，總是依據沒有深思熟慮的決定、傳統的偏見和一知半解的智慧。但是，斯賓諾莎說，只要借助幾何學方法，就可以揭開我們凡夫愚昧的障覆。因此，我們認識了神的實體，祂各式各樣的屬性以及更加五花八門的樣態（Modi）。世上一切都是由這些屬性和無數樣態組成的。斯賓諾莎的「神或即自然」並不是單純心靈的存在。笛卡兒認為只有物質才是「擴延的」，斯賓諾莎卻認為一切都是「擴延的」，不管心靈或物體都一樣。萬物同時擁有心靈和物質。沒有所謂心物「二元論」，而只有「一元論」（Monismus）：心靈和物體的統一體。

對於那些深受基督教文化薰陶的人來說，會有這種想法相當不簡單。可是身體和心靈的分野，在斯賓諾莎眼中只是兩種不同樣態的區別而已，它們是「一體兩面的」。[39]不管心靈或者身體都是「神或即自然」，儘管形象不一樣。這個思想非常具有指標性。儘管排除「神」的屬性，現在許多生物學家都有一樣的想法，尤其是腦神經科學家。在他們看來，並不存在一個獨立的心靈領域，心智的作用都是因為身體的電子化學事件。不過對許多生物學家來說，那並不代表所有物體現象等同於心靈現象……

斯賓諾莎以這個「神或即自然」為起點，開展出新的體系。他區分有限和無限的事物和樣態。而人類則是屬於有限者。人類不僅會死，更會被囚禁在自己的感官世界。無論我們經歷什麼或思考什麼，一直都是有侷限的存在，只能接收我們的感官以特定立場傳達給我們的東西。可是不同於動植物，我們可以在心裡轉化觀點。我們可以就不同的視角觀察事物，而這就是斯賓諾莎所說的「知識」：改變觀點，並且和自我建立一個關係。

和笛卡兒不一樣的是，斯賓諾莎把「知識」視為身體事件。沒有身體就沒有思考。即使我知道自己可以思考並且擁有靈魂，那也都是我的身體的一個「觀念」。可是為什麼人類會有這些觀念，動物卻沒有呢？斯賓諾莎認為，那是因為人類的身體構造比所有的動物都更複雜。生物的複雜度越高，身體產生的觀念也就越複雜。這位十七世紀哲學家當然不知道他是錯的。從生物學的角度來看，人類當然不是最複雜的生物。頭足綱動物的代表，章魚，構造就比人類更複雜、更敏感；牠有九個大腦，除了擁有中樞主腦之外，更有八個位於觸手上的腦部，以及三個心臟、三套陰莖或陰蒂。

[197]

可是斯賓諾莎對於生物學和物理學問題的細節都毫無興趣。對他來說，只要所有物體都遵守靜止和運動的定律就夠了，人類作為眾多物體之一也不例外。我們的外部刺激無所不在，讓我們總是處於活躍和運動當中，這些刺激不是來自我們自己，而是物理原因的作用。我們的觀念也是如此。它們是外部刺激的結果，只不過有細微的性質差異。雖然我們的身體只是外在作用力的傀儡，心靈卻可以**和自身建立關係**。在我們的心靈裡上演的一切，都是由身體的觀念構成的，心靈也因而是宇宙中唯一有辦法思考自身的觀念。在這層意義下可以說，我們的心靈有自己的思想。如果不是這樣，人類就完全不可能擁有自己的意志和知性。而且顯然，心靈有辦法（至少在一些情況下）理智地思考和審酌，這正是斯賓諾莎倫理計畫的基礎！

情感的幾何學

人們對事情可以有不同的看法，這是他們的自由。可惜他們鮮少理解到這點。他們大多遵循著身體規定的一成不變的模式。所以特定的人總是會對特定的刺激產生相同的聯想。斯賓諾莎有如以鋒利的手術刀解剖人們的反射性思考和判斷。葡萄牙腦神經科學家安東尼奧・達馬西歐（António Damásio, 1944-）對於這位巴洛克時代的同胞相當仰慕，他把斯賓諾莎的觀察用來佐證他的「軀體標記假設」（somatic marker hypothesis）[40]：在前額葉腹側區，過去的情感和現在的新經驗會以神經連結起來，使得我們總是對於特定的語詞、語句、圖像產生相同的想法和感受。

斯賓諾莎把這種感覺和思考的刻板印象擴而充之。在他看來，這些刻板印象也會在「大腦內部」[41]自行生成。但它們只是一種「想像」，完全不足於適切地理解世界。也「因此，各人都各按照他習於聯結或貫串他心中事物的形象的方式，由一個思想轉到這個或那個思想。」[42]❸斯賓諾莎仔細觀察他的同胞，發現人們大部分思考和判斷都是隨機而任意的，卻相當恆定。也就是說，我們用來在世界裡自我定位的一般形式，都是來自習以為常的想當然爾以及固執的錯誤。

那麼，人類的心靈如何才能擺脫外在刺激和反射性判斷造成的錯誤呢？人們如何分辨真偽？

❸ 引文中譯見：《倫理學》，頁63。

[198]

[199] 斯賓諾莎認為，以他的方法產生的所有思想皆為真，至少就「存在與否」而言是真的。謊言和欺騙同樣作為世界裡物理事件而真實存在。如果要判斷它們為偽，那只會是因為它們在聰明的思考者眼裡是假的；真偽會因人而異。這個想法絕對是革命性的。哲學家和科學家把某個想法定義為真，往往是因為這個想法和某件事或某個對象相符。但是對斯賓諾莎來說，那不是和對象是否一致的問題，對他來說，所謂「確切的知識」是指符合思考中的人**在自己心裡**認識到的永恆真理。對我們指出真理的，既不是感官知識也不是理性知識，而是**直觀的**知識。只有直觀的知識才有辦法「在永恆形相下」（sub specie aeternitatis）理解事物。

那麼什麼才是直觀知識呢？根據斯賓諾莎的想法，如果我們以同樣在我們心裡存在而且運作的自然律和自然原理的視野去理解事物，就有辦法以直觀認識到真理。在這個意義下，認知的心靈以正確的知識認識了自我，並且經驗到「所能得到的……最大滿足」[43]。這便是這個年輕時遭受無數責備和誤解的知識份子的倫理學核心思想：不必對於什麼是美好的生活設立什麼規定或準則，而要以破除人類在情緒、感覺、判斷以及行為方面的錯誤和困惑為目標，並且不斷努力讓人類擺脫種種虛妄計執。斯賓諾莎的倫理學是對於人類情感生活的幾何學分析，就「像是在研究對象的線、面、體」。[44]最後，這個倫理學還承諾說，當人認清自我，也就可以克服**激情**，也就是受到諸多誤導的情感。不過，古代斯多噶學派所追求的，或被斯賓諾莎誤解的笛卡兒的目標，其實並不盡然如此。

[200] 斯賓諾莎的著作有很多地方都有被批評的空間。他把神和自然劃上等號，只是出於推測。人類的「認識裝置」可以充分認識世界，這個假設也一樣只是臆斷。他的直觀知識理論現在已經站不住腳。可是斯賓諾莎的情感分析依舊在哲學史裡設立了一座里程碑。他認為世間萬物都在努力「保持

其存在」[45]。這並不簡單，因為在一個由原因和結果的世界裡，萬物都在流轉。因此，自然中的事物，包含人類在內，都在努力對抗外在影響而自我保存。不論是**自我保存**原理或者對它的**追求**，都可以在斯多噶主義的學說中找到，斯賓諾莎只是把它們表現得更明確：他認為**人類渴望要保存他的渴望**，也就是他完全屬於自己的活動空間。

直到現代世界，這個想法才在哲學裡發光發熱。十九世紀末的「生機論者」（Vitalist），諸如德國生物哲學家漢斯．德里希（Hans Driesch, 1867-1941）之類的，他們把「自我保存」美化成某種生物性力量；尼采（Friedrich Nietzsche, 1844-1900）從自我保存推論出天性裡的「權力意志」（Willen zur Macht）；法國人柏格森（Henri Bergson, 1859-1941）等「生命哲學家」則把「生命衝力」（élan vital）放在人性觀的中心；年輕的佛洛伊德（Sigmund Freud, 1856-1939）把它描述成「原欲」（Libido）；英國哲學家懷德海（Alfred North Whitehead, 1861-1947）稱之為「創造力」（creativity）；德國哲學家馬克斯．謝勒（Max Scheler, 1874-1928）把人的生存本能擴大為對於價值的直覺渴望，而有法國精神科醫生閔可夫斯基（Eugène Minkowski, 1885-1972）則認為它和人對成功的追求是息息相關的。

亞里斯多德也認為所有生命都有追求更完善的自我保存的本能。不過斯賓諾莎把它擴大為某種普遍法則，不只適用於一切生命，更適用於所有存有者。另外，他還為此使用了「衝動」（Trieb）」這個概念：「這種努力，當其單獨與心靈相關聯時，便叫做意志。當其與心靈及身體同時相關聯時，便稱為衝動。所以衝動不是別的，即是人的本質自身，從人的本質本身必然產生足以保持他自己的東西，因而他就被決定去做那些事情。其次，衝動與欲望之間只有一個差別，即欲望

[201]

一般單是指人對他的衝動有了自覺而言，所以欲望可以界說為我們意識著的衝動。從以上所說就很明白，即對於任何事物，並不是因為我們以為它是好的，我們才追求它、願望它、尋求它或欲求它，正與此相反，我們判定某種東西是好的，因為我們追求它、願望它、尋求它、欲求它。」46 ❹

佛洛伊德在一九一七年寫道：人「並不是自己屋子的主人」，這並非他的原創的想法，雖然他一直假裝如此。他明明知道卻很少引用的斯賓諾莎才是這個想法的創始者。斯賓諾莎在《倫理學》裡列舉了三個影響要素：欲望（cupiditas），歡樂（laetitia）和悲傷（tristitia）；我們努力追求快樂，盡可能避免悲傷。作為天生擁有想像力的生物，我們會「愛」那些期待它們帶來快樂的事物，並且「恨」那些讓人悲傷的事物。這些機制通常都很有效，比如說，我們很難控制自己對什麼會有欲望，反而會被自己的欲望控制。就倫理學來說，這些見解讓人相當驚恐，因為依照斯賓諾莎的看法，我們並不是因為想要為善才為善，反而只有對我們有好處的事，我們才會認為是善的。所以，道德從來都不是意志和有意識的決斷的問題。剛好相反，所有追求都是屈服在情感的獨裁下。

由此，斯賓諾莎成了一個路標。它經過了休姆、叔本華（Arthur Schopenhauer）和尼采，通往現代的腦神經科學研究。冷靜的理性主義者把愛、恨、羨慕、嫉妒和恐懼等情感，以堅定的眼神放在自己的框架裡。於是，妒嫉是因為渴求擁有喜歡的人在身邊，而且害怕失去他。我們的情感生活不只取決於經驗，更取決於想望和期待。如果我們的趨樂避苦和人類的「想像」結合在一起，就會明白為什麼人類往往會有特定的行為。引發負面經驗的原因，會有長期的負面聯想，反之亦然。我

❹ 引文中譯見：《倫理學》，頁103-104。

[202]

的想像世界以這種方式投射到事物上，並形成對於全體人類、民族、宗教和政治和國家之類的複雜關係的判斷。

斯賓諾莎並沒有忽略這些判斷必須經由人類不斷的證實和支持。如果某個判斷沒有社會的反覆認可，我們就會舉棋不定；但是，如果我們受到他人的鼓舞，那麼我們的判斷就會更堅定。這導致人們常常受到有害的野心驅使，要求他人也用相同的方法去看待世界，甚至高估自己、低估他人、爭權奪利和支配一切的意志，都是源自於此。

關於人類為什麼會傾向於相信自己的情感，而不是權衡得失的觀點，斯賓諾莎的理論也有很好的解釋。它也說明了為什麼情感總是不會被事實駁倒，那在感情關係或政治上都是眾所皆知的問題。「我知道世上沒有鬼，」有個朋友對我說：「但是我害怕他們！」很可惜的是，即便面對巨大的社會成見，理性也無能為力。這在任何時代都司空見慣，哪怕是今天，我們也活在「後真相」（postfaktisch）的社會裡。

斯賓諾莎並不滿足於描述人類對激情的考驗和糾結，他認為在這些情感泥淖和錯誤觀念底下其實隱藏著美好（善）的人生。只不過，斯賓諾莎定義的「善」有兩種：一種是我們說過的，我們追求的善之所以是善，那是因為我們追求它。但是這種「善」往往會導致錯誤的野心、對物質的貪欲、有害的歡愉和傲慢等等。真實的善是要擺脫錯誤的欲望；大多數的古代哲學家也有相同的看法。斯賓諾莎的三個倫理目標是堅定（animositas）、無私（generositas）和正直（honestas），它們在古代就已經廣為人知。根據斯賓諾莎的說法，我們是通過克服情感，把恐懼變成堅毅，把自私變成慷慨，把有對於認同的渴望變成榮譽感而獲致的。

到現在為止，都還可以理解。遺憾的是，斯賓諾莎的理論無法解釋，當一個人沉溺在自己的衝動裡，要如何掙脫欲望的束縛。斯賓諾莎聰明的激情學說，在心理學上表現出讓人惋惜的貧瘠。他只是想像一個沉思的人，他會突顯激情背後真正的、善意的渴望，也就是聰明的哲學家的角色。然而，只有少數人有資格擔任天性和本能的管理員。觀照神或即自然而使靈魂得到安穩，這是只為專家設定的方案。而且，只有離群索居，擺脫對於他人的激情的一切牽絆，這個方案才會有效。

斯賓諾莎為了人類的政治生活撰寫的兩本著作中，最終只完成一本。我們會在下一章中討論。一六七七年二月二十一日，四十四歲的斯賓諾莎在他位於海牙亭子運河（Paviljoensgracht）的出租公寓中去世，據推測是死於肺結核。同年，幾位朋友出版了他的《倫理學》，該書幾一出版就被列為禁書。二〇一一年，研究員在梵諦岡的祕密檔案室裡發現一六七五年的複印本，那應該是在斯賓諾莎生前被收藏在那裡的。不過，除了一個例外，這位磨鏡片工人的遺產只在若干著名的荷蘭哲學家之間留下印象，而這個「例外」可不是名不見經傳的人。是誰呢？他是日耳曼地區最重要的碩學鴻儒萊布尼茲（Gottfried Wilhelm Leibniz, 1646-1716）。

[204]

完美的規則

一六七六年十一月十八日，一位來自萊比錫的陌生人，站在斯賓諾莎位在海牙的公寓門前。萊布尼茲時年三十歲，卻已經是享譽半個歐洲的人物。這位上訴法院的博士、梅因茲選帝侯的首席外交官，剛剛才從倫敦回來，他在那裡因為設計能做所有四則運算的計算機（Vier-Spezies-Maschine）而聲名遠播，並且被提命為令人景仰的皇家科學院外籍成員。他曾在巴黎認識了一班一流的知識分子，比如說呼風喚雨的神學家馬勒布朗雪（Nicolas Malebranche, 1638-1715）、安托萬·阿爾諾（Antoine Arnauld, 1612-1694）以及重要的荷蘭數學家、物理學家和天文學家惠更斯（Christian Huygens, 1629-1695），他是擺鐘的發明家。

現在回到斯賓諾莎。不同於萊布尼茲在倫敦和巴黎談笑往來的知識分子，這位海牙的磨鏡片工人不是名人，他的哲學充其量只是一種神祕學說。但是萊布尼茲還是和他魚雁往返。他仔細研究了他口中的「猶太人」的思想，並且加上他自己的想法。

斯賓諾莎與萊布尼茲之間的對比之大讓人難以想像，前者不擅交際，而且在自己為數不多的著作中不斷修正自己的思想，而後者則風度翩翩、長袖善舞而且活力充沛。不過，萊布尼茲是個難以捉摸的人，他真實的容貌很容易消失在那頭著名的蓬鬆大卷假髮之下。他是觀念王國中裡形象完美的太陽王，自信滿滿地面對這個世界。

萊布尼茲和當時薩克森同胞巴哈（Johann Sebastian Bach）一樣，他的作品像是沒有河岸的河流，有著無數支流的蜿蜒巨流、不時會氾濫成災的三角洲；各種論文、評論、呈文、隨筆和研究，幾乎涵蓋了當時所有知識領域，從哲學到法理學，再從數學到教育體系、經濟學和礦業。他得到韋爾夫家族（Herrscherhauses der Welfen）的重用，並在漢諾威（Hannover）度過大半生。在這期間，萊布尼茲深入探勘下薩克森（Niedersachsen）的礦物，這可是讓現在的業主者們不是很開心。萊布尼茲有一千多名筆友，寫了五千多封信。就像巴洛克時代藝術消弭了繪畫和建築之間的界線，萊布尼茲也在各個知識世界的邊境來回梭巡。腓特烈大帝（Friedrich der Große）後來曾說，萊布尼茲「一個人等於整個學院」。

直到今天，萊布尼茲全集的大部分都還沒有出版，這個龐大的學院出版品於一九二三年開始動工，距離完工還遙遙無期。至今出版的部分只是一百多冊的計畫裡的四十冊。沒有任何人有辦法完整而適當地描述萊布尼茲，在他的遺稿裡，總會有新的發現可以和現代學說互通，在那些凌亂的敘述裡，人們必須刊落浮詞，披沙瀝金，排除偶爾的矛盾，才得以一窺萊布尼茲哲學的精髓。

他的父親是萊比錫的哲學教授，他年幼失怙，從小便被認定是天才。青少年時期，他嘗試以算術表示幾何學概念，二十歲時便取得法學博士，許多大學爭相聘任他。但是萊布尼茲心目中的哲學楷模是個不拘一格的通才，是所有領域的專家。他不想成為普通的教授或某個領域的專業人士。這位雄心勃勃的年輕人，以各種發明經世濟民，以外交建言獲致和平，以新的知識體系為社會奠定更好的基礎。

萊布尼茲拜訪斯賓諾莎時，是想要向他請教光學問題。但是磨鏡片工人並不想和他討論自己賴以糊口的工作。萊布尼茲在涼亭運河的小公寓裡住了四天，一個禮拜後，他在德夫特（Delft）找到可以一起討論顯微鏡的夥伴勒文霍克（Antoni van Leeuwenhoek, 1632-1723），他也是光學顯微鏡的發明家。萊布尼茲和斯賓諾莎主要討論的內容是神和世界，尤其是笛卡兒的上帝存在論證的弱點。雙方都認為神是所有哲學的起點，不過萊布尼茲並不認同斯賓諾莎的「神即自然」。他的神依舊是基督教的神，祂不是世界，而是超越這個世界；祂是創造者，在一次行動中創造了世界。而這個世界，萊布尼茲深信是個美好的世界，甚至是所有可能的世界中最好的。歷盡世界苦難折磨的斯賓諾莎不相信的東西，成了萊布尼茲一生的哲學計畫：他要證明世界的至善，並為它提供哲學基礎！

這般大無畏的樂觀主義讓人相當詫異，即便不是感到不安。萊布尼茲出生時，三十年戰爭剛剛

[206]

結束，基督新教和天主教之間的水火不容並未結束，反而更加僵化，整個地區在長久一片荒蕪，大半人口遭到謀害、消滅、屠殺。從詩人格呂菲烏斯（Andreas Gryphius, 1616-1664）的故事，和格里美斯豪森（Hans Jakob Christoffel von Grimmelshausen, 1622-1676）的《痴兒西木傳》（*Der Abentheuerliche Simplicissimus Teutsch*），可以看見這個板蕩動亂的時代的種種荒誕乖謬。日耳曼地區的思想和文化成了斷垣殘壁解，農民生活更加窮困，諸侯們卻持續建造更大的宮殿——這就是所有可能世界當中最好的世界嗎？

萊布尼茲並不否認世間的苦難。而且他為什麼要否認呢？可是他必須以新的方式，才有辦法把世界的災難和盡善盡美的神放在一起思考。否則，他就必須把基督宗教永遠從自己的哲學體系裡剔除掉。萊布尼茲和斯賓諾莎不同，他認為沒有一個仁慈的神，就沒有倫理。而沒有倫理，人類和政治就沒有正向改變的可能性。於是作為結論，一個充滿野心的計畫出現了：萊布尼茲想要以熟諳數學的思想家的高度，從這個世界證明無限仁慈的神，並且反過來從這位無限仁慈的神證明這個世界。

萊布尼茲的世界體系的基石並沒有什麼新意。他從耶拿的老師，數學家和發明家韋格爾（Erhard Weigel, 1625-1699）那裡認識到畢達哥拉斯學派的古代思想世界；畢達哥拉斯認為，我們的宇宙是由一個巨大的和諧構成的，而這個和諧是以「數」建立的，也可以從「數」看出來。無論萊布尼茲在他馬不停蹄的生活裡學習、研究、閱讀或聽聞了什麼，他都會把它們放在這個理念底下。也從未放棄年輕時夢想的「思想字母表」（Gedankenalphabet）。不論是以數字或者文字表達，這個世界都是個明確的結構。而人類用以描述結構的的記號系統越是精確，我們的知識就越接近真理。這個可以上溯到古代的計畫，最能體現萊布尼茲的思想。而就算哲學家們有充分的理由放 [208] 棄它，直到今天，它依舊鼓舞著無數的數學家……

萊布尼茲在他有生之年不斷歌頌世界結構的普遍和諧，卻並沒有忘記十七世紀的荒誕乖謬。他反而讓畢達哥拉斯主義的思想重生，也就是數的關係是和諧有序的。正如音樂和聲學的聽覺感受，是世界的核心秩序系統也是如此。「和諧，」萊布尼茲如此定義說：「是雜多的統一。」[47]而且它主宰了一切：不管是受造物的秩序、個體的內心秩序、感覺和思考的秩序，甚或是人類共同生活。

神的原理

最讓巴洛克時代的思想家俯首稱臣的，莫過於**規則**和**原理**了。建築就是一個難以想像的形式規則體系，建築家打造完美對稱的城市以及碉堡。而當時的文學和音樂也有嚴格的準則、記譜系統和使用說明。定式戲劇（Regeldrama）❺在法國蔚為風潮，而定式詩歌（Regelpoetik）❻在德國則因馬丁·歐普提茲（Martin Optiz, 1597-1639）建立的西里西亞語詩人學院而廣為流傳。這也就是為何哲學家們如此熱中深入探究所謂的規則，並試著用形上學驗證它們。簡單來說，哲學家們都想知道觀念世界的神祕橋墩。

萊布尼茲也在他的計畫中清楚定義說：要在所謂的世界混沌中發現和諧，在事物的差異性中追 [209] 蹤它們的統一性，在無序和荒誕中找到使萬物一致的規律和法則；這些都是笛卡兒和斯賓諾沙走過

❺ la doctrine classique，流行於十七世紀到十九世紀的法國戲劇理論。
❻ 詩歌藝術的一種流派，嚴格遵守既定的規則。

的路，而萊布尼茲的確有足夠的理由對他的前輩們感到不滿。笛卡兒的心物二元論裡並不存在著連接這兩者的橋樑。假如一隻狗只是單純的物質形體、是沒有靈魂的機器，那又為什麼會一看到曾經被拿來毆打牠的棍棒就害怕起來呢？單純的身體怎麼會擁有記憶，希望甚至感到恐懼？笛卡兒找不到身體和心靈交會的地方。然而萊布尼茲對於斯賓諾沙的一元論也不很滿意。一個不多不少就是自然的神，對他而言太冷漠、太事不關己、太不近人情、太不像基督教了。如果人也只是單純的身體，他會不會太渺小了？每個個體的獨特性以及他的不朽性又在哪裡？

萊布尼茲也和斯賓諾沙一樣以演繹法來開展自己的體系。在他的體系裡頭，神位於最高位階：「祂盡可能地把一切創造得和諧而美麗。」[48]但即使如此，世上仍存在不和諧和醜惡的話，那只能說，唯有黑暗才能襯托出光明的存在。也因此和諧並不代表完美無瑕。和諧並不是「沒有矛盾而且渾然一體」。和諧意味著無限的雜多性和對立性的共鳴，而產生無可比擬的巨大且完美的整體。由此看來，世界的秩序是完美的，因為如果神在創造世界時有任何的不同，世界就不會像我們現在生活其中的世界這麼完美了。因為完美的神不可能以不完美的方式創造任何事物，否則祂也就不完美了。

到目前為止，整個詮釋都在基督教的框架內。然而至少在以下兩點，萊布尼茲顯然逾越了這框架。如果這個世界對人類來說往往是不完美、殘酷無情、貧乏且絕望的，那麼神為人類創造世界的這件事怎麼說得通？對基督徒來說，這個問題的答案可以在《創世記》裡找到。可是萊布尼茲並不認為人類有什麼特殊地位。世界是屬於所有生命的：不論是植物、動物還是人類。神創造的完美，並不只為了人類的需求，而是著眼於大多數的物種以及「所有靈魂的幸福」[49]，也就是說，是為了一切有意識感受的生物。

第二個踰越基督教範疇的觀點，則是萊布尼茲用以建造體系的方式：在這套體系裡，信仰和禱告的份量都不重。如同笛卡兒和斯賓諾沙，萊布尼茲的體系也建立在冰冷的思想棋局上。神不只是無限仁慈而睿智，也是無限理性的。所以理性思考是人們接近神的最正確且最好的方式。在致信韋爾夫家族大公（Welfenherzog）魯道夫・奧古斯特（Rudolf August, 1627-1704）的草稿中，萊布尼茲建議以他的計算機那樣的記號系統重新描述這個世界：神為「1」，虛無則為「0」。這就是我們日後稱為數位化的初步概念，自此之後，它就不斷以巫術一般的儀器和救贖的承諾顛覆我們的理智。此外，萊布尼茲也利用和當時的牛頓（Isaac Newton, 1642-1726/27）不約而同開展出來的微積分找到認識神的捷徑。如果無限本身可以計算出來，那不就表示萬物當中充斥著神的永恆和諧原則嗎？

在此之前，沒有任何基督教的擁護者以此證明上帝的存在；沒有任何人會如此激進地以萊布尼茲當時相當成功的物理學思想為取向；也沒有任何人會推論出這麼嚴謹的普遍**原理**。

所謂原理，也就是說，**命題若為真，其中就不會包含任何矛盾**，這是自亞里斯多德的時代以來的古典定義（雖說柳利和庫薩努斯的看法略有不同）。但在萊布尼茲的時代，這個說法受到更多惡意的質疑。培根表示對它的不信任；笛卡兒則認為，我們有理由想像神也可能創造另一套邏輯和數學。

[211]

而萊布尼茲卻強烈反對這種論點。對他來說，所有數學都建立在邏輯上（如今我們知道這點並不正確）。而且沒有數學，就沒有判斷術（ars iudicandi）或發明術（ars inveniendi）。對於萊布尼茲而言，主張說世上存在著另一套不同的邏輯和數學根本是無稽之談。因為如果這個世界是所有可能世界中最好的，那麼同理可知，我們現有的邏輯和數學也會是最好的。否則，以理性自我體現的神應該也會創造出另一套不一樣的理論和數學。所以說，這個世界是由唯一且最好的數學邏輯的基本結構組成的。能夠在這個基本結構裡看到它的無矛盾者，也就會認識到普遍的**理性真理**。

除了眾所皆知的**矛盾律**（Widerspruchsfreiheit）以外，萊布尼茲還提出了第二個原理：**充足理由律**（das Prinzip des zureichenden Grundes）。萊布尼茲深信，神不會無緣無故做任何事。如果祂只憑著好惡和心情做事，那麼祂就是糊塗的而不是理性的，而世界也會陷入瘋狂、不可知和難以測度，可是事實正好相反，世上一切都有相對應的原因。這些原因都和神及其無限的理性創造計畫有關。神的意旨體現在自然界的**因果律**裡，也就是原因和結果的關係。我以這種方式觀察到的，諸如水結成冰的溫度，或者光學和力學的法則，都是**事實真理**（Tatsachenwahrheit）。它們都符合「充足理由律」。不同於理性真理，它們並不具有嚴密的邏輯。水會在攝氏零度時變成冰，並不會比在攝氏十度時變成冰更合乎邏輯。它只是和無數次的經驗相符合，於是我們推論說，神顯然希望水在零度時變成冰。

萊布尼茲以「充足理由律」補足了笛卡兒也解決的演繹邏輯和歸納實驗之間的鴻溝。任何人在進行物理實驗時，並不是在證明自然律，而是在體驗它的作用。大自然的任何事件都是無窮因果鎖鏈的一部分，沒有人可以完全看透它，除了神以外。除了上述兩個原理之外，我們還會看到更多原理，比如說，在大自然裡**不會存在兩個完全相同的事物**。在海恩豪森皇家花園（Herrenhäuser Gärten）裡，萊布尼茲開了個玩笑，他要韋爾夫家族那些優雅的上流社會人士找尋兩片一模一樣的葉子，他們卻一無所獲。另一個原理是**連續性原理**（Kontinuitätsprinzip），也就是自然界中沒有任何斷點，所有的運動都是持續不間斷地進行的。最後，萊布尼茲提出了**至善原理**（Prinzip des Besten）：因為上帝的屬性是無限的善和完美，祂的創造物也必然如此。畢竟，祂自無限的可能性中選擇了他們，而誠然是祂所欲。而神憑著無限力量，祂實現了至善的創世。難怪萊布尼茲會認為，世界上隨處可見清醒而窮究的心靈，他們可以感受到神以其意志和力量在主宰著自己的創造物。

不同於斯賓諾莎，萊布尼茲的神再度擁有意志和目的。而真正原因不僅是因為個人的信仰。萊布尼茲不僅想要填補理性（目的王國）和自然（因果王國）之間的裂痕，他也想要拯救個體在斯賓諾莎無止盡的因果鎖鏈中嚴重喪失的獨特性。萊布尼茲自一六九五年起在三部大規模的作品裡投入這個計畫而引人矚目：《論自然的新系統》（*Système nouveau de la nature et de la communication des substances*）、《單子論》（*Monadologie*）和《以理性為基礎的自然和恩寵的原理》（*Principes de la nature et de la Grâce fondés en raison*）。

單子

笛卡兒認為，一切「擴延」的東西才可以被定義為物體。它是由大小和形狀構成的。對於身為物理學家的萊布尼茲來說，這個定義太膚淺了，因為任何擴延的事物都可以無限分割，因而沒有「實體」，而只是個「排列」，一個「聚合」。就像原野上的石頭就是這種聚合，我們可以無限分割它。如果有什麼在物體內部依據物理原則把它凝聚在一起的，那應該是它的**能量**或**力**。一顆小石頭無法讓大岩石滾動，因為它缺少所需的力量。使事物成為實體的，不是擴延而是力。

從物理學的角度來說，這是個劃時代的想法，因為物體並不是像笛卡兒所說的由幾何學決定的，而是要從物理學加以定義。當然，萊布尼茲並不只是個物理學家，他更是個形上學家。他所說的能量，並不只是簡單的物理力，更是完全屬靈的。那是神的流出，它在每個物體裡作用著，並且據此努力要自我保存，或者在可能的情況下（在更高等的生命裡），讓自己更完美。這個基礎思想不是什麼創見。亞里斯多德就說過了，每個生物都會依據自己的構造自我實現。**實現自我的目標**（圓極，Entelechie）自此就成了哲學的專業術語。萊布尼茲也沿襲了這點，放到他的神的完美創造理論裡。在哲學史裡就成了「單子論」，一個格外豐富而意義重大的理念。

我們很難說萊布尼茲所說的「單子」是從哪裡來的靈感。如我們所見，布魯諾認為世界是由有生命的「初質」組成的雜多，也就是「單子」的集合體。可是相反地，萊布尼茲更喜歡提及卡爾達諾的類似概念。所以萊布尼茲的單子到底是什麼呢？它們是個自我保存的純粹心靈性的自動機制。它有感覺、知覺以及複雜程度各自不同的意識。因此，植物是原始的單子，動物是進一步的單子，人類則是高度複雜又有理性的單子，而最完美的單子則是神。由這些單子和無以計數的聚合（例如石頭、氣體和水的聚合），構成了我們的世界。

但是，一個單子怎麼會既是完全心靈的、非物體的存在，卻又可以像是樹木、狗或者人一樣以事物的形式出現在世界上呢？因為單子就像穿上世俗的服裝一樣而擁有身體。身體就是單子所穿的服裝，為了在自然中被看見、被知覺並且行動。單子所有的內在能量，也就是它感受、欲求、想像、記憶之類的能力，都需要身體作為載體。

[214]

我們現在已經知道，所有心靈都是電子化學的作用產生，所以會認為萊布尼茲的想像很奇怪。在我們看來，是身體產生了心靈，而不是心靈為了在自然裡自我實現而使用身體。我們對所有生物天性的想像，在達爾文時代就已經進化了。自十九世紀早期，人們就一直是以自下而上（從原始物質到人類的意識）的方式在解釋這個世界。從這種角度來看，我們所說的是**突現**（Emergenz）❼，也就是說，演化會在若干階段裡創造出各種難以預測的性質。在這個意義下，生命是從無生命的物質中產生的，而意識和心靈則是由腦部的神經細胞生成的。從這個自然科學思考出發，我們現在大多會理所當然的把身體（更確切來說是大腦）看作是心靈的載體。

不過萊布尼茲的說明模型卻剛好相反。他是自上而下地觀察這個世界，以**流出**（Emanation）取代「突現」。這個想法源於新柏拉圖主義，隨後滲透到基督信仰中。萬物都是從神聖的「太一」**流出**，一開始是心靈性的，緊接在一個更深入的階段才會產生身體。這種思想在十七世紀相當普遍，因為巴洛克時代並沒有現代意義下的那種生物學。我們可以看出，他們的唯物主義解釋不怎麼管用，而力學也無法解釋生命。難怪，就連萊布尼茲也會把心靈視為開端而不是身體。他的哲學裡的單子是有生命的，而它就其源起而言是完全心靈性的原子。但是他所說的「原子」並不是如加桑迪和霍布斯之流的「原子論者」所說的。對他們來說，自然是由物質以及無生命的原子組成的。可是萊布尼茲並沒有被這種說法說服。這個說法沒有辦法解釋自然如何產生心靈和意識；即使是在擁有大量神經生物學資訊的現代，這個問題依然無解……

❼「突現」是柏格森（Henri Bergson）提出來的概念。

[215]

想要了解萊布尼茲，我們就必須知道他以什麼哲學論證自上而下。我們關於世界的一切知識，都是作為有意識的生物認識到的。世界就在「我們的腦海中」。如果「有意識能力的」單子不存在，那麼世界也就不存在，也就是說，或許它存在，卻不會對任何人呈現，或者如萊布尼茲所說的「反映它」。所以說，**世界是在單子的意識裡自我實現**。而真正的本質則是「反映著一切的」心靈。

對於現在所有受過科學訓練的人來說，這聽起來或許很怪異而且「深奧」。但是萊布尼茲並不認為自己的體系和自然科學有任何矛盾。如果腦神經科學研究在十七世紀有所進展，他一定會相當感興趣。因為他對於當時的「生物學」絕非一無所知。他剛剛以雷文霍克發明的顯微鏡發現了游來游去的精子。生命的原理顯然無所不在，它充斥於萬物當中而俯拾皆是。也就是說，每個單子顯然都是由其他數百萬個單子構成的。到處都有想要在其他生命當中生存的生命：「由此可見，在物質的最小分子中，有一生化之物，生物、動物、圓極、魂的宇宙。物質的每一分子，你能設想他如長滿花木的庭園，又如一養滿魚族的池塘。但此花木之每一枝條，此動物之每一肢體和他的每一滴液體，仍是一個這樣的花園或一個這樣的池塘。」50 ❽

真是一個喧嚣的原子世界啊！斯賓諾莎「貧乏而不合理地」證明的唯一而巨大的統一體，「神或即自然」，萊布尼茲認為根本不存在。我們在各處都可以遇到統一體，它們以自身的能量建構自身，鑄造出靈魂，而作為個體，它們彼此有別。儘管在它們當中的許多歷程都是無意識當中發生

❽ 引文中譯見：《單子論》，頁83，錢志純譯，五南，2009。

的，像人類這樣複雜的單子，卻可以形成對於世界以及自己的意識。「被動」狀態下（感覺）的單子會變成「主動」狀態（思考）。可是不論我再怎麼思考，我的意識仍舊是一座監獄。因為我意識的極限就是我的世界的極限。在這層意義下，萊布尼茲說單子是「無窗戶的」：我們不可能眺望自己意識之外的景色。因為每個意識只認識它自身。我們的身體死亡之後，意識也會漸漸乾涸，陷入深層睡眠當中。這時候我們的意識就像植物一樣。單子是不死的，死去的只是身體外殼。不過，單子有機會從沉睡中甦醒嗎？一次性的，或是不斷的重生？在萊布尼茲的陳述中並沒有明確的答案，但是可以確定的是，此處的他已經遠離了基督宗教。沒有耶穌拯救單子，也沒有「救恩」應許他們天堂。

可是，如果單子們是「無窗戶的」，他們怎麼能夠彼此交流呢？在談話間，或像決鬥、愛撫和性愛等身體接觸時，又發生了什麼事呢？萊布尼茲解釋說，在這些情況下，我們依然是囚禁於自己的意識之中。即便我們的身體聚合彼此建立了因果關係，可是實際上並沒有交流，而只是**在自己的意識中**交流。萊布尼茲說，除此之外都是多餘的。因為在數以萬計的單子的獨立世界及其中更小的次單子，背後有個神聖的總體計畫。在這個**預先設立好的和諧中**，一切都符合最好的可能性。而如果身體和靈魂，因果世界和目的世界，都在單子之中完美地合作無間，那也是因為整個宇宙有個完美的規劃。到處可見在最大可能的統一裡的最大可能的雜多，這正是萊布尼茲稱作「和諧」的狀態。

當萊布尼茲談到和諧以及神的無限智慧時，他是以俯瞰的角度對著我們說話的。他就像是神的祕書處助理，正在向我們解釋和描繪神的世界計畫。不過，萊布尼茲也是個單子，其洞察力有著對

[217]

單子來說相當典型的限制。他受到自己無法看透的無意識的限定，縈繞於心的思想也是自己無法洞悉的。因為要洞悉所有思想，認識所有因果鎖鏈，只有完美的神（單子）才做得到。那麼，像萊布[218]尼茲這麼聰明的人，又怎麼會宣稱他獲致普遍真理呢？而我們如何才做得到呢？

萊布尼茲反覆思考了這個問題：關於這個世界，我們該如何提出清晰的、合乎邏輯的、明確的命題呢？出於好奇，他鑽研了所有可以想像的語言，甚至包含中國文字。他找尋語言的起源，想要知道史前人類如何以及為什麼會「出於原始本能」，「把激情和心裡的感想訴諸聲音」[51]。他想要把語言形塑成表達思想和感情的適當工具，當然也包括詩歌。而且他還夢想著發明一種精確的語言以供科學使用，類似他年輕時嚮往的「思想字母表」。對於萊布尼茲來說，這種語言的任務很明確：它要幫助人類表達他們在理性真理領域的先天觀念，或者是如萊布尼茲所說的「擷取自他自己心裡」的知識。

由於人類無法全面認識神，因此被迫使用「符號」，諸如「語詞、字母，或者化學、天文、中文符號，象形文字、樂譜記號，還有密碼、算數、代數的符號」[52]。它們是「機械性的絲線」，幫助差勁的人類知性思考。可是儘管為萊布尼茲熱中研究「計算機語言」的種種條件，卻沒有找到任何**符號術**（**ars characteristica**），後來的人們也沒有。維也納學圈（Wiener Kreis）在二十世紀也花了近二十年的時間（1924-1936）做了類似的嘗試，也是以失敗收場。

可是，人類的思考要如何跟得上神的理念和藍圖，那只是萊布尼茲知識論兩大問題中的一個。[219]第二個問題也是一塊厚厚的看板，上面寫著：在這個由神設計和規劃的完美世界裡，人類單子究竟何以得出自己的想法？如果所有事物都只是預定的總體計劃之一，我還有自由思考的空間嗎？到底——這個哲學上最古老的問題之一——**自由**要如何可能？

羅亞爾港的懷疑

羅亞爾港修道院如今已經是廢墟，只剩下古老的禮拜堂依舊完好佇立在凡爾賽（Versailles）西南方的蒼翠丘陵上。一七一〇年，路易十四的軍隊重創整片領地，荷蘭神學家楊森（Cornelius Jansen, 1585-1638）的追隨者，天主教楊森派（Jansenist）在那裡留下他們的手藝。這座修道院在女院長安潔莉克．阿爾諾（Angélique Arnauld, 1591-1661）的領導下，綻放學術的花朵。她是有名的安托萬．阿爾諾（Antoine Arnauld）的姐姐，安托萬後來在巴黎結識了萊布尼茲。阿爾諾院長召集一批傑出的思想家，包括劇作家拉辛（Jean Racine, 1639-1699）；然而，其中最著名的是年輕的巴斯卡（Blaise Pascal, 1632-1662），他在當時被捧為神童，在萊布尼茲之前，巴斯卡就發明了一種原始的計算機。他研究高等幾何學、立體測量學和機率理論，並試圖證明可以用物理的方式創造真空狀態。二十二歲時，巴斯卡突然變得非常虔誠，想要接近羅亞爾港的楊森派。他和他們一樣指摘神職人員的道德墮落，尤其是耶穌會教士。

就在巴斯卡加入楊森派的時候，教宗依諾增爵十世（Innozenz X.）開始批判他們。可是禁令只是激化了巴斯卡的信念，在他的《致外省人信札》（*Lettres provinciale*, 1656–57）中，巴斯卡抨擊耶穌會士的放縱，呼籲更嚴格的天主教生活方式。巴斯卡在《致外省人信札》裡提及楊森派和耶穌會教士之間的衝突，那是肇因於西班牙耶穌會教士莫利納（Luis de Molina, 1535-1600）的自由概念。莫利納認為，全知的神創造這個世界，讓每個人都可以自由做抉擇；神預知人類的決斷，這點並不會損害人的自由，因為神知曉這些決定，但是並不操縱它們。莫利納的概念像野火一樣在耶穌會裡延燒開來，激怒了他們的敵手道明會。當莫利納開始攻擊聖奧古斯丁的恩寵說時，衝突完全失控了。

巴斯卡和楊森一樣，都選擇捍衛關於人類命運的預定說。可是他並沒有輕忽信仰，他的理性讓他同時發現了關於上帝存在論證的正反觀點。可是他選擇以賭博論證押注在正方。根據機率法則，押注在正方會比押在反方有更好的結局。我們可能會以為，基於這種理由決定相信上帝存在，應該會得到一個對於他人的信仰與否更加自由或寬容的結論，但是情況完全不是如此！巴斯卡的信念不容許任何妥協，既然認可上帝的存在，就要信受奉行，任何過失都不可以寬宥！

耶穌會認為每個人都是對於自己的自由主人，而巴斯卡則是相信預定說。可是他並沒有像路德或喀爾文那樣偏執。即使神預定我們是否得救，我們也必須竭盡全力支持祂；否則，我們將喪失祂的恩典。因為「那位在沒有我們的時候就創造了我們的神，沒辦法在沒有我們的情況下拯救我們」。

到了現在，巴斯卡並不是他的恩寵說著稱於世，而是他在《思想錄》（*Pensées sur la religion et sur quelques autres sujets*）裡的珠璣妙語而享有盛名。咒罵不信者如惡魔的巴斯卡，卻是個使我們的心靈的各種衝突合情入理的偉大心理學家。「感情有本身的存在理由，非理性所知」[53] ❾他一方面這樣認為，卻又呼籲人們即便知道知性的無力，還是要持續使用它：「人擁有的理性越多，顯示

[221]

❾ 引文中譯見：《巴斯噶冥想錄》，頁121，劉大悲譯，志文，1985。另見：《思想錄》上冊，頁208，何兆武譯，五南，2020。

的的偉大性和卑微性也越明顯。」[54]❿在一六九九年出版的《思想錄》深深地啟發了萊布尼茲。例如：「動是人的本性；完全的惰性則是死亡。」[55]⓫特別是：「未歸於一的多是令人迷亂；不依靠多的一是專制。」[56]⓬年輕的萊布尼茲會讚賞《思想錄》，那並不令人意外，但是他卻不認同巴斯卡對於人類洞察力批評，尤其是對於自由的高度懷疑。

像巴斯卡一樣懷疑人類的自由，在宗教已經不再可靠的十七世紀並不罕見，古代哲學家和許多中世紀的思想家，如聖多瑪斯、董思高和奧坎，都沒有解決這個問題：在這個全知的神設計的世界裡，人們的自由怎樣才能做出屬於自己的選擇？在文藝復興之初，個人主義開始發跡，一個有著複雜心理的人成為自我的主人，可是這個問題並沒有解決。伊拉斯謨斯主張個體的自由，路德和喀爾文又以宗教論證反擊，彭波那齊則是以物理學的角度提出反駁。

可能性的自由

在烽火連天而動盪不安的十七世紀，人類的自由成了最重要的命題。整個宗教陣營非友即敵，在日耳曼地區，鞋匠雅克・波美（Jakob Böhme, 1575-1624）是關注自由問題的第一人。波美住在格爾利次（Görlitz），他是自學成功的人。西元一六一二年，在三十年戰爭爆發的六年前，波美的《曙光》（*Aurora; Die Morgenröte im Aufgang*）裡，用力鞭打了基督新教和反宗教改革的天主教共

❿ 引文中譯見：《巴斯噶冥想錄》，頁133。另見：《思想錄》上冊，頁325。
⓫ 引文中譯見：《巴斯噶冥想錄》，頁98。另見：《思想錄》上冊，頁97。
⓬ 引文中譯見：《巴斯噶冥想錄》，頁428。另見：《思想錄》下冊，頁315。

同的教條僵化。這部著作很快就引起質疑，並且使波美處境艱難。當然，對於他的敵意和禁寫令都無法阻止這位虔誠的鞋匠繼續他的研究。就像艾克哈特大師、柳利、庫薩努斯以及後來的賽巴斯提安・法蘭克（Sebastian Franck, 1499-1543）和瓦倫丁・韋格爾（Valentin Weigel, 1533-1588）一樣，波美也寫了許多文章，為「內心」的基督徒反駁「外在」的基督徒。就像許多神祕主義者一樣，他也把神視為「始基」（Urgrund，根本原因、萬物的深淵、源初基礎）。在他看來，神既不是天上的權威，也不是世界的審判者和統治者。反之，人在「自己裡面」和一切有生命的受造者裡面找到了神。為了自己的哲學，波美必須像艾克哈特大師一樣，自己創造適當的德文語詞。在新的嘗試中，他不停思索著（就像笛卡兒一樣）心物之間欠缺的連結，他也和後來的巴斯卡一樣，在人類的心靈裡看見眾多的矛盾。

波美不斷努力解答人類的自由問題：由於他心裡的神不是全知的掌權者，而是靈魂的「無根基」（Ungrund，無據、無基底者），所以他的解答也和新柏拉圖主義者以及艾克哈特、庫薩努斯等人相似。人越是深入自己的靈魂並且找到神，他就越自由。因此，與其說自由是世界秩序的問題，不如說是個人的自我關係的問題。

波美的作品影響相當深遠：斯堪地那維亞、俄羅斯、英格蘭和美國的貴格會（Quakers），乃至於德國敬虔派（Pietismus）。而萊布尼茲如果沒有閱讀過波美或和他交流，他也不會成為萊布尼茲。他把波美稱作「誠實善良的日耳曼人」，並讚美他的德文用語。萊布尼茲也不無自傲地證明這位來自格爾利次的鞋匠說，就他的教育程度而言，波美確實成就非凡。除此之外，萊布尼茲也把波美視為反路德派的盟友。萊布尼茲早就讀過《論被奴役的意志》（*Über den geknechteten Willen*），反對路德提出的意志預定論，不過不知道解決這個問題的出路在哪裡。

這條出路是許多人朝思暮想的目標。但大多數的概念都很糟糕。例如來自法蘭德斯地區的神學家裘林克斯（Arnold Geulincx, 1624-1669）在萊登（Leiden）提出的說法，萊布尼茲就認為完全沒有價值。裘林克斯也和笛卡兒一樣，把身體和心靈一分為二，認為兩者完全沒有互通。他進更把身體和心靈比擬為兩具一模一樣的時鐘，雖然同步進行，卻功能各異。當我用刀切傷自己的手指，立刻會引起一個心靈觀念，也就是疼痛，或許還有害怕受傷的感覺，但是這種連結不會自動出現。事實上，裘林克斯認為，這種轉移是神的介入，祂看準了「時機」（occasion）下手而促成這種連結。儘管裘林克斯的**機緣論**（Occasionalism）只是權宜之計，但還是說服了馬勒布朗雪這位呼風喚雨的哲學家，萊布尼茲自一六七五年的巴黎之行之後，就和馬勒布朗雪書信往來密切。

於是整個礦區擴大開採。機緣論者相信，神對人的生命干預了數百萬次，萊布尼茲認為這種說法在知識上太過牽強。他也不喜歡斯賓諾莎心中那個冷淡的神，斯賓諾莎認為人類只是神在無限自我中生產出的「有限樣態」。據此，人唯一的自由，就是更加理解自我。而意志自由或者行為自由則更加免談了。不過萊布尼茲也不看中波美的「內在自由」：它太神祕主義、太晦澀、太多臆測了。至於充斥在巴斯卡思想裡、把人類的自由化約為認可[13]的楊森派恩寵說，也讓萊布尼茲難以接受。

巴斯卡認為，理性的心靈太卑微而軟虛弱，無法認識偉大的真理，這與萊布尼茲終其一生強調

[13] 楊森派否認自由意志在接受和使用恩寵時的角色，認為神在灌注救恩的角色是不可拒絕的，而不需要人類的認可。

的恰恰相反。當法國哲學家皮耶爾・貝爾（Pierre Bayle, 1647-1706）在一六九七年出版著名的《歷史批判辭典》（*Dictionnaire historique et critique*），重述了類似的思想，而對萊布尼茲不假辭色。貝爾為每個意見列出了同等的反對觀點，以相反的信念質疑所有據說成立的事實。貝爾也認為，人的心靈充其量可以做出尖銳的批判，而沒辦法觸及永恆的理性真理。這個法國人老實不客氣地用放大鏡檢視偉大的萊布尼茲，尤其言詞批判他的「預定的和諧」的概念。

萊布尼茲知道他在法國懷疑論者中有個聰明的對手。他的論證並不容易對付。他和馬勒布朗雪以及貝爾等法國人，為了形上學而爭吵不休，就像他和英國的牛頓以及丟勒的尼古拉・法西歐（Nicolas Fatio de Duillier, 1664-1752）在物理學方面的論戰一樣激烈。他在自由問題的觀點令人聯想到莫利納。如果耶穌會的說法是對的，那麼神知道一切，卻不規定一切。萊布尼茲的說法也差不多。他說，神預見世界的歷程，卻不會**規定**它，而只是**調整**它。他證明自由的方式既是形上學的又是心理學的：世界是個擁有種種可能性的宇宙，而這些可能性都反映在單子的意識裡；所以，具有意識的單子可以想像無數可能的世界，以及無數可以想像的行動。自由就是建立在這個絕對無限的想像世界上。神容許這種自由，可見這就是祂想要的。當然，祂已經預見單子會認同哪個「未來的選項」，然後神「就會讓事情在適當的時機發生」[57]。

嚴格來說，現實的東西並不是自由的，而只有可能的東西才是自由的。如果有人惡意解讀，那麼甚至可以說萊布尼茲是主張一種回應性的機緣論：上帝會改變世界進程的計畫，確切地說，是依據有意識的單子的作為而改變的。然而同時，這些可能性宇宙（Möglichkeitskosmos）依據原理都有其預定結構。因為事實上，有意識的單子所意欲的東西都一樣。正如萊布尼茲所說，他們想要的是善！這個積極向上的假設，在到處燒殺擄掠的十七世紀，這根本就只是個猜想！因為這裡的「善」並不是斯賓諾莎所說的善，它不再是自我保存、自我肯定和自我認識。萊布尼茲的善是理想的善，正如自柏拉圖以來的哲學所認識到的，而且它往往高於一切。如果不是永恆的理性真理，那麼人類的道德動機會是什麼呢？就和柏拉圖一樣，萊布尼茲的善也是至高無上的，甚至比神更重要，因為善並不是由神規定的。善一直都在祂之中。

就像神的所有創造物都在追求完美的善，萊布尼茲哲學裡的人類也努力追求自我的完美。追求、完美和善，三者構成一個整體；這就是由原理與自然法則規定的世界的形上學憲章序言。這就是萊布尼茲的**辯神論**（Theodizee，神義論、神正論）的要旨，它的世界進程（Weltenlauf）是神預定了的。所有形上學的東西都遵循這個目的，一切因果都是要在世界裡實現這個目的，而有意識的單子則在可能性的框架中以對於善的決心實現它。在數十年間，萊布尼茲都堅守著這個概念，堅定不移，無所畏懼：善是真正的世界，惡則是或多或少必要的附帶損害，如果沒有善，那麼世界連個輪廓都不會有。

十八世紀，伏爾泰嘲笑「所有可能的世界中最好的世界」。在小說《憨第德》（*Candide*）嘲諷說，人的鼻子絕不可能超過眼鏡架所需要的高度。十九世紀的叔本華則是把世界稱為「所有可能的世界中最悲慘的」。其實對萊布尼茲來說，幸運星也並非永遠高掛在蒼穹。他在柏林的普魯士宮廷以及彼得大帝的俄羅斯皇宮裡備受禮遇，隨後卻在故鄉漢諾威受盡屈辱。韋爾夫大公指定他撰寫家族史，他卻遲遲寫不出來。萊布尼茲的薪資於是被凍結。他遭到種種冷嘲熱諷，卻只能抑鬱不振。一七一六年，偉大的萊布尼茲單子陷於長眠……

[226]

被馴服的暴力

- 馬梅斯伯里的霍布斯先生
- 《利維坦》
- 從自然到國家
- 契約和權力

馬梅斯伯里的霍布斯先生

「無論是法國和荷蘭的強權汲汲營營，或者是蘇格蘭民族的哭號，或者他的妻女在議會面前哀 [227] 求，或是他兒子對軍隊遊說，即便眾多追隨者為營救他而四處奔走，一切都是徒勞無功。」一七九三年，日爾曼詩人布格（Gottfried August Bürger, 1747-1794）在他的〈英格蘭共和國〉（*Die Republik England*）中戲劇性地描述這個驚心動魄的事件。作為歐洲第一個被送上斷頭台的君王，查理一世（Charles I）和「亞洲陳舊的君主觀」一起被推翻了。「他以為君權直接來自神，而不是憑著人民的恩惠才登上寶座……一六四八年一月三十日，他不幸的頭顱在最高人民法院的鍘刀下掉落。如果沒有那邪惡的信仰，如果它們沒有發酵，查理本可以憑著幸福的光和他個人的美德——即使是最痛恨他的敵人也不能否認的美德——走完他的統治生涯。」[58]

處決查理一世是歐洲歷史的轉折點。全世界都可以看到神恩的君王如何失寵於人民，而全世界 [228] 的領袖沒有人救得了他。在多年內戰之後，國王被控叛國罪，剛成立的最高法院對他進行審判，並在他剛落成的舞廳前執行他的死刑。新的統治者克倫威爾出身平民，接下來的九年裡，他將作為護國公（Lord Protector）統治英格蘭。

霍布斯（Thomas Hobbes, 1588-1679）是密切關注國王的審判和行刑的時代見證人之一。多麼不得了的一位時代見證人！他比笛卡兒早八年出生，比斯賓諾莎晚兩年去世。他九十一歲在德比郡（Derbyshire）離世的時候，萊布尼茲為在漢諾威的韋爾夫大公服務並且名聞遐邇。霍布斯經歷大約二十場戰爭，其中包括三十年戰爭和英國內戰。他親身經歷了社會變革、大瘟疫和倫敦大火。他死的時候，英格蘭走過了君主專制、克倫威爾的「聯邦制」、對於長老會（Presbytern）的迫害、對於天主教徒的迫害，以及查理二世（Charles II）的天主教復辟。霍布斯稱得上十七世紀獨一無二的時代思想見證人。

霍布斯出生於一五八八年四月五日，那天是耶穌受難日，距離無敵艦隊——西班牙國王菲利浦二世（Philipps II.）的艦隊——從里斯本出發到英格蘭不到兩個月。「我的母親，」他寫道：「相當害怕……以至於她生下了一對雙胞胎：我以及我的孿生兄弟：恐懼。」[59]儘管如此，作為英國南部威爾特郡（Wiltshire）馬梅斯伯里（Malmesbury）鄉村牧師的兒子，霍布斯仍然擁有平靜的童年。伊莉莎白的時代方興未艾，天才橫溢的霍布斯年僅十五歲就進入牛津大學，學習經院哲學的邏輯、物理學和形上學。二十歲時，他獲得哲學學士學位。但是他並不嚮往大學裡的工作。就像培根、笛卡兒、斯賓諾莎或者萊布尼茲那樣，他追尋的是學院外的生活，而且在他漫長的一生中，都對於學院世界抱持懷疑的態度。

他的第一份工作是教師和旅伴。貴族階級的卡文迪許（Cavendish）家族雇用他。霍布斯的職責是陪伴比他年輕兩歲的威廉·卡文迪許（William Cavendish）進行他的「壯遊」（Grand Tour）——年輕的英國貴族必經的歐洲教育之旅。兩個人用了五年時間橫越歐洲大陸，途經法國、日耳曼地區和義大利。回到英國之後，霍布斯成了卡文迪許的祕書。他結識當時擔任大法官的培根。一六二八年，卡文迪許過世之後，霍布斯又陪同另一位貴族進行「壯遊」。在此期間，他在圖書館讀到了《幾何原本》，出自歐幾里德（Euklid）之手的古代數學教科書。這本印刷量僅次於聖經的著作深深吸引了霍布斯。他一方面鑽研歷史，一方面在思考上追求數學的精確性。他也和當時的笛卡兒以及後來的斯賓諾莎和萊布尼茲一樣，意欲「以幾何學的方式」闡釋世界：清晰、明確、完備，並且遵循顛撲不破的原則。

一六三四年，霍布斯第三次和卡文迪許家族的子弟周遊列國，此時他已經不再是籍籍無名之徒了。四十六歲的他翻譯了修斯底德（Thukydides）的《伯羅奔尼撒戰爭史》。透過笛卡兒的朋友梅森（Marin Mersenne），他得到接觸這位著名的哲學家的機會，但兩人根本不了解彼此。笛卡兒以為霍布斯只是個道德哲學家，霍布斯則認為笛卡兒最多是個數學家。為了共同反對笛卡兒，霍布斯和加桑迪沆瀣一氣。在這期間，對霍布斯來說更重大的事，是去翡冷翠拜訪他景仰的伽利略。他沿襲了這位義大利物理學家的研究方法：先把問題拆解開來，然後逐步把它們重組。但是他並沒有把這個方法應用在自然科學的領域，而是用於研究他最感興趣的問題：國家。

霍布斯動身前往歐洲大陸時，英國正處在沸騰和動盪之中。一六二八年，議會起草一份《權利請願書》（*Petition of Rights*），限制王權，恢復議會舊有的權利。但是查理一世接受《權利請願書》只是權宜之計，次年他就解散國會並且建立自己的專制統治。國內的權力鬥爭加溫，鄉村貴族和富裕的（特別是在倫敦）市民階級共同對抗上層貴族和王室的統治，這樣的鬥爭伴隨著混亂的宗教紛擾，十七世紀的英國收容的基督教教派比現在全世界的基督教教派還要多。英國聖公會內部的清教徒（Puritanern）頑強鬥爭，比他們更頑強的是長老會，他們脫離聖公會，想罷黜主教，並且推動教會民主化。

一六三四年，霍布斯返回英國，和蘇格蘭長老會的的論戰也升級了，兩年之後，甚至爆發武裝衝突。如果沒有鄉村貴族的幫助，王室是無法贏得這場戰爭的，匆匆重組的國會卻反對國王，並且反對這場戰爭，查理一世也以同樣地倉促再次解散國會。但是他在蘇格蘭的敗戰迫使他再次請求國會的支持。這次國會抓住時機限縮王權，這是英格蘭歷史上第一次政府必須接受國會的控制。但國王也展開反擊，一六四二年一月，他試圖逮捕國會的主要成員，但是計劃失敗；查理一世撤回到牛津，並在那裡集結他的部隊回應，國會也組建自己軍隊。這就是英國內戰的開端。

在英國地動山搖之時，霍布斯卻寫就了他偉大的科學著作。一六四〇年，《法律、自然和政治要義》（*The Elements of Law, Natural and Politic*）的第一份初稿以手抄本的形式流傳開來，因為霍布斯不願冒險在如此杌隉不安的時代付梓。他搬到巴黎住，因為在那裡他感到更安全。為了謀生，他在巴黎暫時擔任數學老師，教導查理一世的兒子，也就是後來的查理二世。在此期間，霍布斯批評笛卡兒剛出版的《方法導論》，發表光學方面的著作，並且繼續完成他的三部曲；一部從事物本質推進到人類本質和國家本質的哲學。然而，他卻因為另一部著作而一夕之間名聲大噪，不同於一般的哲學著作，這部作品有個撐霆裂月的名字……

《利維坦》

哲學史上最著名的著作封面莫過於《利維坦》（*Leviathan*）：整個構圖一分為二，上半部分是個頭戴王冠的君王，一手持劍，一手持主教權杖，太陽從山上冉冉升起；君王的臉龐酷似我們的哲學家霍布斯，慈祥地注視著城市和鄉村；他是個身材魁梧的掌權者，蓄著八字鬍和飄垂的頭髮。下半部分是個兩邊有花紋的框架，框架左邊是象徵世俗的城堡、王冠、大炮、旗幟和戰亂場景，右邊是象徵屬靈世界的教堂、主教帽、雷電、代表教士脣槍舌劍的鋒利武器和宗教會議的場景。中間的旗子上寫著書名：《利維坦》（*Leviathan. Or the Matter, Forme and Power of a Commonwealth Ecclesiasticall and Civil*）；下一行是作者：馬梅斯伯里的托馬斯．霍布斯。

這是一本什麼樣的書呢？十七世紀的人們對於《利維坦》的理解和今天並無二致：聖經裡的巨型怪獸，類似龍或者鱷魚，就像在聖經《約伯記》讀到的。但是《利維坦》和這條巨龍毫無關係。這個書名和聖經唯一的關係，是《約伯記》四十一章二十五節描述利維坦的一句話：「世上沒有可與牠相比的，牠一無所懼。」對於霍布斯來說，利維坦即是國家，是不受限的權力，由公民的意志組成，就像在封面銅版畫上體現的，世界統治者的身體是由三百個人組成，他身上彷彿穿了毛衣，其實是由民眾構成的花紋。

這部作品寫於巴黎，於一六五一年四月出版，這時笛卡兒已經去世一年了。三十年戰爭結束了，英國內戰也結束了，查理一世被處決，克倫威爾剛成為這個國家最有權勢的人。國家不再是**王國**，而是一個**聯邦**。君主制和上議院都被廢除了，根據法律規定，所有權力歸於國會所有，但實際上，權力更多是掌握在國務委員會手裡，也就是克倫威爾的手裡。在這個建立新秩序的英國，這個形式上的共和國，霍布斯竟然出版他的《利維坦》，為君主專制辯護！

這位來自馬梅斯伯里的哲學家是個睿智、有教養而理性的人；他經驗豐富，六十三歲了，是一匹見慣了雪的狼。他親眼見識查理一世的專制統治，竟然仍然支持君主專制？他怎麼能（如果傳聞屬實）把這本裝幀華麗的著作送給查理一世的兒子，那個跟他學數學的查理二世呢？這位流亡的王位繼承人，一個沒有受過多少教育的紈袴子弟，一個聲名狼藉的花花公子，根本不夠格成為英明公正的統治者，也不足以守護公共福祉。

人們對霍布斯褒貶不一。有人認為他是西方歷史上第一位啟蒙者，現代世界的先驅；可是至今 [233] 還有很多人對他不合時宜的保皇主義（Royalismus）感到驚訝。而當時持反對意見的才是主流。《利維坦》甫出版就引起極大的反彈，共和黨人和所有教會都大力譴責這本書，在這一點上，清教徒、長老會和天主教徒出奇地口徑一致。就連流亡中的王位繼承人和他的家臣也因為《利維坦》的「無神論」而拒絕它，霍布斯四面楚歌。他處在一個絕不想要的位置：沒有位置！

但是，是什麼原因讓這本書如此令人反感呢？霍布斯關於政治和國家的創新以及使其建立在更穩固的基礎上的設想，並非憑空而來。烏雲並不只籠罩在當時的內戰上空，也籠罩著當時的政治哲學。帕多瓦的馬西略（Marsilio da Padova, 1275-1342/43）於一三二四年在《和平守護者》（*Defensor pacis*）裡要求統治者必須遵守法律，但是早已經被人遺忘。同樣被遺忘的還有：唯有政治清明的政權才是正當的政權。統治者如果做不好就可以被罷黜。馬西略認為，統治者作為自然權利的統治權，只有伴隨著出色的統治，才能成為真正意義下的權利，馬西略的這些觀點在中世紀算得上是創新之舉。因為判斷治理之良窳的不是神而是哲學家。而每個臣民則都是仲裁人。

霍布斯並不認識馬西略，他的《和平守護者》只是在中世紀修道院的圖書館裡經年累月地積灰。在霍布斯之前最有影響力的國家理論家，是法國人尚·博丹（Jean Bodin, 1529-1596），他經歷了法國胡格諾戰爭，寫了《國家六論》（*Les six livres de la république*）。他彙整了當時的所有關於國家的觀念，從冷酷無情的馬基維利到主張公民參與政府的熱烈思想，都囊括在內。博丹是個謹 [234] 慎的人，他認爲並不存在一種最好的政體，他認爲氣候決定人的性格，冰天雪地的國家及其勤勞的人民所需的政體，肯定和暖風醉人的國家以及懶惰的群眾需要的政體是不一樣的。博丹認爲，法國更適用世襲君主專制，但是與其說是因爲氣候的緣故，不如說是因爲法國國王處境艱難。博丹希望法國的君主在宗教戰爭的動亂之後恢復不受限制的權力。而且這個君主應當是個懂得制衡的君主，寬猛並濟，高於所有的利益和宗教。

正當宗教和道德的基礎全面崩解之時，博丹的作品在西歐迅速傳開來。他最富革命性的思想是，國王本人不應當臣屬於任何宗教教派，然而霍布斯並不贊同這樣的想法。對於這個英國人來說，博丹的作品的哲學論證一塌糊塗。他想利用像伽利略和培根這些自然科學家開創的領域，而不再遵守政治和宗教的教條。可是現在情勢顛倒過來了：政治家不再替自然科學家制定遊戲規則，政治哲學自己成了一門自然科學。研究自然界的對象，不再是神的啟示，一切都只是「刺激反應」的自動裝置。至於國家，也不再有什麼神的國家，而只是一部由擁有技術和實務思考的人們設計出來的機器。世界的舞台上演的是由人類導演的戲碼，佈景則是由機械更換，神退到遠處一片陰冷昏暗的天空裡。

據此，霍布斯「以幾何學的方式」的精確性澈底重建典範。無論是在《利維坦》，或花費他畢生精力的《哲學原本》（*Elementa Philosophiae*）三部曲中，他都是從底層搭起他的「建築」。從自然哲學到人類學，他要推進到一個唯一合乎邏輯的國家模型。他認為他的國家哲學會相當理性，就好像是數學家推論出來的。他的理論不應該只是眾多理論中的一個，不，它不順應任何思潮或傳統，也不服從個人偏好。相反地，它應該是唯一合情合理的理論；一個讓人無法抗拒的理性的基礎，沒有人可以推翻它。一句話：霍布斯尋找的是一種不可取代的國家模型。

從自然到國家

在十七世紀，宗教意義下的天堂再也不是人們的行爲準則。神的國家和神的倫理，對於聰明而冷靜的巴洛克思想家們來說，是難以想像的事，或者只能像萊布尼茲一樣疊床架屋地想像它。而物理學的天空也不能像坎帕涅拉所想望的那樣指引人們。以前那種宇宙和國家的合而為一，曾經激勵著柏拉圖和信徒們，現在已經一去不返了。物理學和形上學不再相互呼應；而十七世紀所有政治哲學正是以此為起點。

霍布斯深知這點，所以在他看來，凡是不合邏輯或者不理性的，就是不可信的。相反地，他想要分析人的所有面向，以推論出他要的國家模型，從這個角度來看，他和笛卡兒一樣具有現代意義。難怪就連他在自然哲學方面的思考也和這位法國對手相似。和笛卡兒一樣，他也以力學為導向，在十七世紀，研究什麼都無法迴避力學，所有生理過程都可以用力和反作用力加以解釋。但在兩個問題上，霍布斯與主流觀點有分歧，他認為心靈並沒有什麼特殊的角色，也不存在什麼「先天觀念」，我們所知道的一切，都歸功於我們的感官。外在事物對我們施加一種感官印象，我們內心的反作用力就對這種印象做出反應。霍布斯認為，這種力和反作用力的相互作用形成了我們的認識和思想，這顯然是個不太有說服力的解釋！因為他沒有回答這種反作用力從何而來，到底存在於何處，更沒有說當時我們的大腦內到底發生了什麼事。而且我們對環境的知覺果真如此被動嗎？或者說，我們實際上是不是立即（而不是先通過一個反作用力）對每個感官印象進行分類並且為它們賦予意義，把它們稱作「光」、「馬」、「房子」嗎？我們的意識並不是由沒有名字的印象組成而必須自己為它們命名的。

和笛卡兒不同的是，霍布斯從不質疑我們人類知覺到的外在世界是否真實存在，他相信一種素樸的知識論。然而，更有意思的是他對人類認知能力的見解，尤其是在語言方面。霍布斯認為語言是神賜予人類的禮物，讓人彼此交流，並且為感官印象貼上合適的標籤。沒有語言就沒有人人可以理解的規定和命令。沒有語言「就不會有國家，也不會有社會、契約、和平，而與獅子、熊和狼無異。」60 ❶

人類和其他生物的區別並不在於他們的知性（霍布斯認為許多動物都有知性），而在於他們複雜的語言。他似乎沒有注意到，這樣他就把聾啞人排除在人類社會之外。不過，人類和動物的激情則是他們的共同點。他和動物一樣，都渴望對自己「好」的東西，讓自己的願望得到滿足的東西。霍布斯定義的「善」完全是純自然主義的，就像後來的斯賓諾莎一樣。「善」即我所欲也，「惡」即我所不欲也。霍布斯眼裡的人類完全是以自己為考量的。但是這並不意味著，他就是個無情犧牲他人利益以謀求自己的利益的利己主義者。正好相反，霍布斯很清楚，人類的感情和行為既有社會性的傾向也有反社會的傾向，他們既會欺凌他人也會善待他人。從這點上看，一個人對於他人而言，既可以是惡狼也可以是神。

「人對人是狼」（homo homini lupus）和「人對人是神」（homo homini deus），這兩句話都是出自霍布斯的《論公民》（*De cive*）的獻詞，《論公民》是霍布斯的《哲學原本》三部曲中最早

❶ 引文中譯另見：《利維坦》，頁12，朱敏章譯，臺灣商務，2002。

出版的部分。這兩句話並不是他首創的。羅馬喜劇詩人普勞圖斯（Titus Maccius Plautus, 254-184 BC）就提過關於狼的比喻，而霍布斯則是從培根和威爾斯作家約翰·歐文（John Owen, 1564-1622）那裡讀到的，而歐文以箴言詩聞名於十七世紀的歐洲，他把人形容為狼和神，而霍布斯只是引用他的話而已。

霍布斯沒有說人類天生性惡。正好相反，他認爲「即使是壞人」，也不能說「天性就是壞的」。人是複雜的生物，反覆無常又善變，很少能和自己或他人和平相處；競爭、不信任和追求名利是他們最危險的深淵。這就是霍布斯和亞里斯多德的差別所在。那位希臘大哲學家認為人類天性上可以和他人和睦相處，接近他人，在群體和國家裡找到自己的定位。對於亞里斯多德來說，人是政治的動物（zoon politikon），一種相當適應團體和國家構造的動物。對於處在充滿戰亂和內戰的世紀的霍布斯而言，這麼正面的形象是難以想像的。雖然他也像亞里斯多德一樣，認同人會渴望自我保存，但是人不會因而就主動和他人和睦相處。人可以表現出社會性，也可以有時和他人相處得很好，但是人不會時時刻刻都這麼做！對於我的關注和對於他人的關注不會總是並行不悖，而且往往是相去甚遠的。

但是人如何在這個前提下仍然「自然而然地」共同生活呢？在《利維坦》著名的第十三章裡，霍布斯描繪「人類的自然狀態」（natural condition of mankind），那是個艱難的時期，「所有人和所有人為敵」（Bellum omnium contra omnes，所有人和所有人的戰爭）。但是，這位馬梅斯伯里的哲學家真的相信，這就是史前和上古時代人類的實況嗎？霍布斯的那個年代還沒有古人類學，人們對於早期人類文明一無所知，認為人類歷史始於西元前四〇〇四年，也就是亞當和夏娃的時代，這個確切的年代是由英國聖公會主教詹姆斯．烏雪（James Ussher, 1581-1656）在《利維坦》出版前一年推算出來的。

在這種情況下，霍布斯除了十六和十七世紀描述南美印第安民族的遊記以外，並沒有其他選擇。英國人華特．雷利爵士（Sir Walter Raleigh, 1552-1618）這樣的冒險家描述說，「野蠻人」之間爭鬥不斷。這就是人類的「自然狀態」嗎？霍布斯關於人類的起點的想法在兩極之間搖擺，他「以幾何學的方式」**構想**一種自然狀態，作爲定理的開端；他也爲了更有說服力，而極力證明這種自然狀態確實存在於南美洲。因此，他在《利維坦》裡寫道：「夫謂人之天性好相攻伐如此，一若有不可信者……但即在今日，而似此之狀態，固有存者。試觀美洲之野人，除其小家族有生理之結合外，絕無政府焉。」[61]❷

既然人天生不是性惡，那麼自然狀態爲什麼竟如此惡劣呢？對於霍布斯來說，原因顯而易見。不是侵略性也不是邪惡，而是人與人之間的恐懼和不信任造成惡劣的氛圍。哪裡有（法律上的）不確定性，那裡的人就會不憚以最壞的惡意揣測他人，從而以惡行回應之。因爲如果沒有「上面」規定財產權，每個人都會害怕自己的財產被暴力侵占。就像美洲的印第安人一樣，在自然狀態下，他們會在自己的小團體或家庭內部互相爭鬥，因爲沒有更高的秩序力量訂定遊戲規則。沒有中央集權就沒有規則，沒有規則就沒有秩序力量，沒有秩序力量就沒有和平。

霍布斯所描述的問題，我們現在叫作「囚徒困境」（Prisoner's Dilemma）。一九五〇年代，美

❷ 引文中譯見：《利維坦》，頁60。

[239]

國軍方智庫蘭德公司的員工提出這個理論，描述這種兩難的處境。隨後美國博弈理論家塔克（Albert W. Tucker, 1905-1995）的版本很快就讓這個理論廣爲人知：兩個犯人一起犯了罪，但是檢方無法證明他們有罪，除非一方告發另一方。囚犯們被關在不同的牢房裡分別接受偵訊。檢方向他們每個人提出以下建議：該罪行會被判處六年有期徒刑。如果犯人認罪，他只會被判四年。如果他不認罪，而罪行又無法證明，他只會因非法持有槍枝罪被判兩年。如果他配合檢方，對自己的罪行保持緘默，並指認其他犯人，作為關鍵證人，他只要入獄服刑一年。同時他也知道檢方對另一名囚犯也提出同樣的建議。那麼什麼才是最佳的解決方案？ [240]

就數學而言，兩個犯人最好都保持緘默，然後每個人各被判處兩年徒刑監禁，一共四年。從個人的角度來看，最好的辦法是告發對方（一年監禁），並相信對方不會選擇同樣的方案。但是怎麼能相信對方一定不會做同樣的選擇呢？難道他們不怕同夥也會為自身的利益著想嗎？出於不信任，他們會選擇就數學而言最不利的解決方案。每個人都會告發對方，而且都會被判刑四年，所以一共是八年。

霍布斯的國家理論正是基於這個邏輯。所有共同生活中的不確定性都來自對於他人行爲的不信任，這就是爲什麼人們彼此欺騙撒謊，還會相互偷盜，雖然協議一個和平相處的策略會是更明智的事。這樣的策略在數學上會是合乎邏輯的，因為它創造巨大的利益而減少損害。

霍布斯是西方歷史上第一個以嚴密的「邏輯」思考和證明其國家模型的人。因爲每個人和每個群體都會尋求自我擴張，就必須保護自己不受其他人和團體的侵犯，換句話說：一個人想要充分享受自由，就必須限制自己的自由。對於霍布斯來說，這完全是自然法則推論出來的邏輯。和許多思考道德和社會問題的人不同，霍布斯並不想改變人類。和馬基雅維利一樣，霍布斯並沒有為人類設計出一個烏托邦或者淑世的芻議，他勾勒的是個按部就班的邏輯推論，人們根據自己的天性，出於自身利益的考量，而肯定會贊同的邏輯。

因為人們重視自我保存以及和平，於是會訂立協議或者結盟（covenant）。他們更把自己的主權交付給更高層的、壟斷力量的中央集權。霍布斯對於國家的理解不是道德性的，而是邏輯性的。而這恰恰使霍布斯看到國家性質的源頭：一種理性生物共同訂定而防止相互傷害的原始契約，這個契約讓以前狼群聚居的地方誕生了公民。

[241]

霍布斯也知道，他的國家模型就只是個模型，而不是歷史現實。在十七世紀，所有叫作「國家」的地方，沒有一個是自願的、水到渠成的原始契約的產物。在西元前三世紀，伊比鳩魯認為「契約」是城邦的基礎。而西塞羅也認爲羅馬共和國亦如是。但是事實上，古代大國並不是誕生自這種無條件的社會契約，而是各種社會秩序此起彼落的結果。歐洲大國也是這樣發展起來的。只有瑞士和荷蘭是奠基於盟約和不成文的社會契約，但是就算如此，那也不是自然狀態的產物，而是歸功於神聖羅馬帝國，更確切地說是和西班牙的八十年戰爭。

同樣不符合歷史的，是人類創造中央集權的邏輯。要彼此信任並且建立一個凌駕於自己之上的統治機器，這部機器必須是既有的，否則很難憑空創造出來。但霍布斯對於這種歷史邏輯不感興趣，他的模式並不注重歷史向度，而是著眼於數學的抽象推理。但是在下一步，所有的邏輯就會被拋在腦後。雖然沒有明確指出誰是擁有絕對主權並且不受限制的中央權力，但《利維坦》的讀者都感覺到並且知道，霍布斯心裡想的正是君王！因爲在霍布斯的夢想中，只有一個人可以作爲實現國

[242]

家福祉的代表。只要人生一瞥，這位哲學家應該很快就意識到，國王的個人利益很少會和百姓的公共利益一致。如果說英國君王有什麼值得注意的事，那肯定不會是為了人民自由的自我保存著想的。

我們不能責怪霍布斯沒有為十七世紀的英國夢想過普選權。當時農村的文盲率在百分之九十以上，教育資源遠遠不足，更不要說讓人獲得完整政治資訊的大眾傳播了。有效的民主需要的基礎設施，在十七世紀根本不存在。然而，正如霍布斯當時的人批評的，這位擅長「以幾何學的方式」思考的思想家應該可以想出為人詬病的君主專制更好的東西，但他構想的卻偏偏是英國人剛剛（雖然只是暫時）拋棄的模型。

契約和權利

霍布斯的國家理論的基本思想是自願的協議。而國家的中央權力並不是由神授予或是以自然法（Naturrecht）正當化的，而僅僅是因為它是**實用的**。但是，如果專制君主沒有履行他保障和平與權利的責任呢？霍布斯對這個問題沒有一個好的答案。因為他不想得出顯而易見的結論，也就是如果統治者的治理不符合公共利益，人民就可以罷黜他。在這點上，霍布斯是個死心塌地的保皇派，遠遠不及馬西略。

核心問題相當明顯。人們爲了互利而訂立契約，並推舉出一位君主，而君主本身則不是契約中的任何一方，因爲訂約的兩造並不是人民和中央權力，而是人民之間的協調會。因此，人民和統治者之間的契約根本無從談起。中央權力沒有任何的法定義務，他完全置身於契約協定之外：「凡有

[243]

統治權者」，「人不得而殺之，亦絕不得而罰之。蓋其行為，乃人各個人為之主動，若果罪之，則是已有罪而罪他人也。」62 ❸

因此，霍布斯的「契約理論」其實和在當時在國家以及貿易公司流行訂立的契約沒有什麼關係。薩拉曼卡派（Salmanticenses）和科英布拉派（Conimbricenses）的法學家以哲學深入研究這種契約制度❹，其中最著名的是西班牙神學家蘇瓦雷茲（Francisco Suárez, 1548-1617）。薩拉曼卡的道明會修士和科英布拉的耶穌會修士對當時西班牙和葡萄牙在南美洲的暴行感到震驚，他們提出所有人「天生」都是平等和自由的，這在當時是個勇敢而重大的道德進步。西班牙和葡萄牙的侵略戰爭受到批評，人們致力於建立一個保障每個人的平等和自由的國際法律秩序。

基於這種精神，荷蘭人格老秀斯（Hugo Grotius, 1583-1645）於一六二五年出版了他的開創性著作《戰爭與和平法》（*De jure belli ac pacis*），這部作品為「國際法」奠定了基礎。國際法也是出於自願的協議。歐洲各國應為了彼此的利益遵守某些規則，無論是在承平時期或是戰時。格老秀斯的著作是國際法史的里程碑。以前由蘇瓦雷茲等思想家擬想的「國際法」終於誕生，並且再也不容等閒置之。就在格老秀斯去世的三年後，這位來自德夫特（Delft）的憲法專家的研究就被引用了。在西發里亞和約（Westfälischer Friede, Peace of Westphalia, 1648）開會斡旋並且終結三十年戰爭的人們都知道他的著作。當時一位不知名的荷蘭畫家畫下簽署和平協議的著名場面：協議的文件

❸ 引文中譯見：《利維坦》，頁84。

❹ 索托（Domingo de Soto）和蘇瓦雷茲等自然法和倫理學學者建構以神學和法學為基礎的學派，試圖融合聖多瑪斯和當時的經濟秩序，研究道德、經濟學、法律等現實問題，他們都在西班牙薩拉曼卡大學教書，因而叫作「薩拉曼卡學派」（Escuela de Salamanca）。

是在格老秀斯的大理石棺上簽署的！❺

維護和平意味著承認他人和自己的不同。從格老秀斯開始，這個思想始終貫穿著哲學史和法法史，從康德、費希特到現代國際法一脈相承。即使從當時到現在的人們違背了數百次，例如說，北約在南斯拉夫，美國在伊拉克，以及俄羅斯在克里米亞。但正是因為有國際法，這種違法行為才能被稱為「違約」。

格老秀斯不只是要訂立一種國際性的遊戲規則，也不僅僅是要避免衝突，減少危機和遏止暴行，他想要保障的是一種「自然法」（Naturrecht），它是原則性的，並且永遠適用於全體人類。不同霍布斯知道格老秀斯的著作，但是我們並不清楚這位荷蘭哲學家和法學家對他的影響有多大。不同於格老秀斯，霍布斯只對英國自己的「協定」感興趣，他從來都沒有提及國際和平秩序。這就是他的「合乎幾何學的」模式，他用以作為政治學的基礎的世界，竟是如此地域性而褊狹。

同樣矛盾的還有霍布斯的法律觀念。在他定義的自然狀態下，權利和法律都不存在。因為權利必須是由人「授予」人的，而法律則是由人「制定」的。然而儘管如此，霍布斯認為自然裡也存在著法則。例如，在《利維坦》裡，他列舉二十一條人類必須遵守的「自然法則」，因為這些經過理性思考的法則是用以保障個人和他人的自我保存。在霍布斯看來，這些自然法都是絕對的「真理」。人應當追求並維護和平，而不應懲罰無辜。但是，如果君王發動戰爭或懲罰無辜的人呢？在這種情況下，「真理」就只是個準則，君王可以視不同情況而決定是否要不予理會。因為「法律不

❺ 指《格老秀斯的寓言與西發里亞和約》（*Allegory of Hugo Grotius and the Peace of Westphalia*, c. 1648/1680），現在收藏於閔斯特市立博物館。

是基於真理，而是基於民眾的共識」。[63]

這並不令人滿意，因為它為專橫大開方便之門。當然霍布斯賦予中央權力懲治不當行為的權力是對的。因為「徒言語不足以怖畏人」。[64]但他並沒有把立法權（立法機關）和行政權（行政機關）分開。在霍布斯時代的英國，對於這個主張討論熱烈，而這個主張現在也正遭受到考驗。難怪在我們看來，當時的另一部著作雖然現在被大多數人遺忘了，在政治上卻比《利維坦》進步得多。那就是英國鄉村貴族詹姆斯·哈林頓（James Harrington, 1611-1677）的〈大洋國〉（*The Commonwealth of Oceana*, 1656）。這部作品以一眼就看穿的假名，月旦當時許多政治人物，其中包括霍布斯。但哈林頓不想要打啞謎，他只是想要設計出共和國的最佳制度。

他制定了一部由三十部法律組成的憲法，其中包括建立兩院制和輪流擔任議員的想法。哈林頓是最早公開主張權力和和財產有關的人。擁有很多土地的人就擁有權力，貧無立錐之地的人則沒有權力。如果要平均分配國家的權力，就必須重新分配土地。不是以革命的形式，而是以循序漸進的綱領，讓每個人得到大致相當的財富。該提案大膽而具有現代性。而且包含了大量足以顛覆社會的炸藥；對於現在如此，而在十七世紀則尤有甚者。因而自從這個提案問世之後，它就佔據了民眾的思想。在其後幾十年和若干世紀裡，人們不斷討論它，但是幾乎從未實施，至少不曾有系統地、逐步地實施過。

哈林頓的主旨是**衡平**。對他來說，一個好的國家首先是個衡平的國家。任何人都不應該擁有過多的權力，因為這為專橫和不義打開了方便之門。要衡平社會的各種力量，就要避免過多的不平等。每個公民都應該擁有財產，而每個擁有財產的公民都應該有權投票和競選。哈林頓的理想國家政體是由一大群中產階級支撐的。而且社會不是由個別的人，而是由法律支配的。和亞里斯多德一樣，哈林頓主張建立一個沒有太強大的利益團體的混合型社會。因為要維持穩定，就需要保持平衡的多樣性。因而他才想要立憲。而眾多機構應該分權以相互制衡。

要說誰才是近代資產階級憲法的先驅，那肯定就是哈林頓。他的支持者真的把他的憲法草案提交給議會。但是該提案最終並沒有實行。當時幾乎每個知識份子都有話要說，只有霍布斯沉默不語。與哈林頓相比，他的《利維坦》突然像是另一個時代的產物。

霍布斯想要一勞永逸地規定國家宗教，這也是相當陳舊的主張。除了聖公會以外，他認為其他教會都不合法。這是個「以幾何學方式」的決定嗎？或者只是個機會主義？天主教會、教宗、長老會，對他來說都是「黑暗的王國」。關於霍布斯是否真的信教，甚至是不是為基督徒的問題，研究者的意見不一。一方面，他的作品中充斥著大量的聖經引文。他也把人與人之間的互利契約和大洪水之後神和人的立約劃上等號。而中央政權對他來說同義於「神的國度」。另一方面，他的國家理論其實根本不需要神，不必披上任何宗教的外衣，也都能夠成立。可以肯定的是，他對斯圖亞特（Stuart）的國王查理一世和查理二世的宗教信仰一直抱有質疑，不僅認為他們是「無神論者」。他自己用英語幽默評論道：「您認為，我可以成為一個無神論者而不自知嗎？」[65]

法國王室並不喜歡霍布斯先生。教廷以及神職人員也不願意看到這個在巴黎的英國人譴責教廷是「隕滅的羅馬帝國的幽靈」，還「在它的墳墓上加冕」[66]。一六五六年冬天，霍布斯匆匆返回英國。但是即使在這裡，他也遭到敵視，許多著作對他大加撻伐。梵諦岡在一六五四年禁了霍布斯的《論公民》（*De cive*）。但這位被千夫所指的人，卻因為得到卡文迪許家族的青睞，而安安穩穩地住在德比郡伊莉莎白時代建造的奢華鄉間別墅：哈德威克莊園。在厚重的保護牆和不可動搖的傲慢背後，他完成了《哲學原本》剩下的部分。在《論公民》的前面，他增補了《物體論》（*De Corpore*）和《論人》（*De homine*）兩個部分。他雖然生性多疑，但因為不屈不撓的好辯心理，所以和擁有優勢的數學家們陷入幼稚而剛愎自用的爭執。同樣必須一提的，是他和當時最重要的化學家波以耳（Robert Boyle, 1627-1691）的齟齬。而當時他正在寫作一部關於英國內戰的重要著作。

當霍布斯在德比漸漸變成白髮蒼蒼的長者，繼續創作以及為哲學爭辯時，英格蘭王室復辟，查理二世登基。一六六六年，大瘟疫奪去七萬人的生命，倫敦大部分地區也都遭到祝融肆虐。英國更陷入英荷戰爭。此時，現實中的所有條約協定都顯得一文不值。「這個理由還是那個理由，有什麼關係呢？我們想要的，就是奪得更多荷蘭人的貿易份額。」艦隊司令喬治．蒙克（George Monck）坦承說。國王自己也希望從劫掠戰爭中大肆擄掠，不過鎩羽而歸。整個英格蘭都看到，一個屬血肉的統治者往往是以自然狀態的思考作決策，而不是作為和平、法律和理性的守護者。

霍布斯於一六七九年十二月在哈德威克莊園逝世，可是他把理想契約應用在一切事物上的觀念卻沒有死去。在他過世前半年，一位四十七歲的男士從法國回到倫敦，想要以霍布斯的理念為基礎，撰寫其哲學代表作；這部著作的影響和效應超越了《利維坦》。我們這裡提到的作者，就是約翰．洛克（John Locke）……

啟蒙運動時代的哲學

啟蒙運動時代哲學家年表

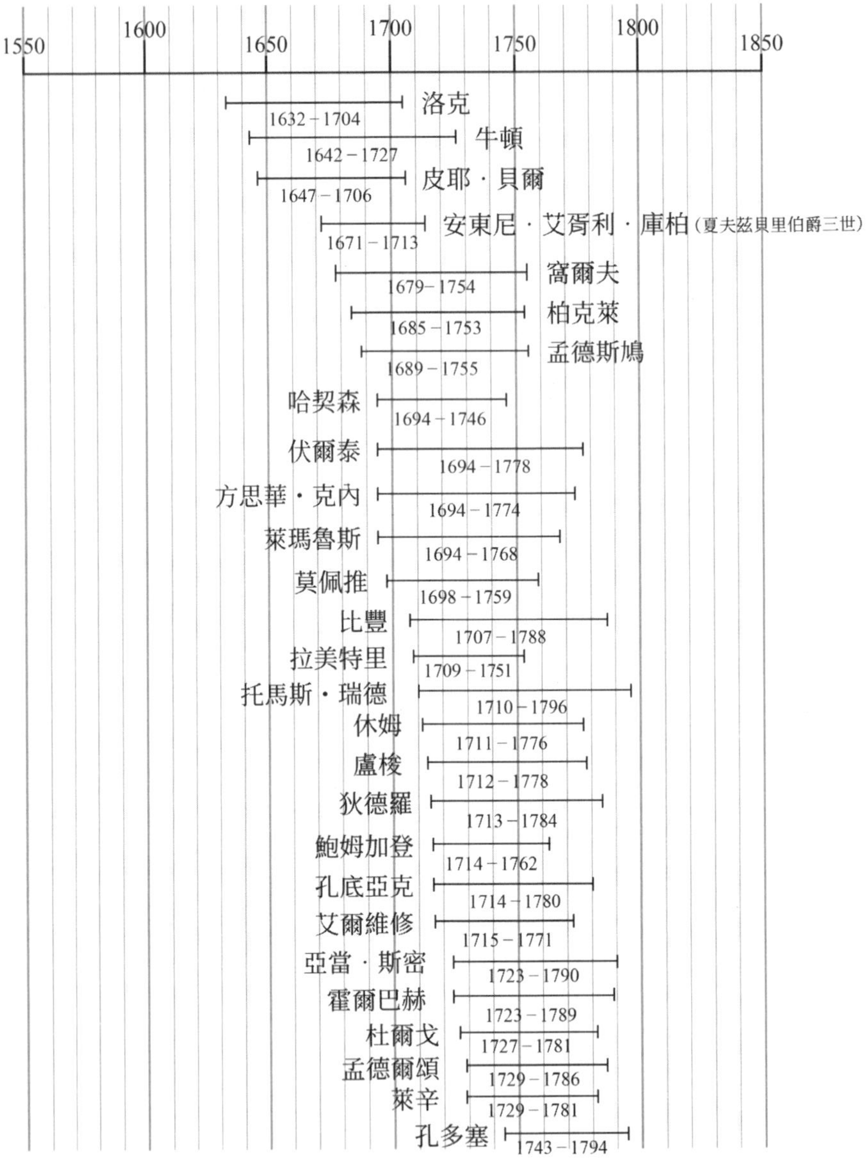
1550
1600
1650
1700
1750
1800
1850
洛克
1632－1704
牛頓
1642－1727
皮耶・貝爾
1647－1706
安東尼・艾胥利・庫柏（夏夫茲貝里伯爵三世）
1671－1713
窩爾夫
1679－1754
柏克萊
1685－1753
孟德斯鳩
1689－1755
哈契森
1694－1746
伏爾泰
1694－1778
方思華・克內
1694－1774
萊瑪魯斯
1694－1768
莫佩推
1698－1759
比豐
1707－1788
拉美特里
1709－1751
托馬斯・瑞德
1710－1796
休姆
1711－1776
盧梭
1712－1778
狄德羅
1713－1784
鮑姆加登
1714－1762
孔底亞克
1714－1780
艾爾維修
1715－1771
亞當・斯密
1723－1790
霍爾巴赫
1723－1789
杜爾戈
1727－1781
孟德爾頌
1729－1786
萊辛
1729－1781
孔多塞
1743－1794

個人及其所有物

- 才華洋溢的洛克先生
- 理想的契約
- 以私有財產為開端
- 勞動的價值
- 洛克的道德雙重標準
- 商人的寬容

才華洋溢的洛克先生

[255] 瑞林頓（Wrington）小鎮這座位於薩莫塞特郡（Somerset）西邊的威斯頓市（Weston）和亞頓市（Yatton）附近的鄉村小鎮，一個男嬰在一六三二年來到這個世上，他特殊的天份在童年時代就引起大人的關注。而事實上，就像同一年出生的斯賓諾莎，約翰・洛克（John Locke, 1632-1704）為整個歐洲的人文和經濟史帶來比當時其他學者更恆久的衝擊；至今我們依舊可以在所有西方社會裡看見它的餘波蕩漾。

洛克的父親只是個名不見經傳的律師，不過他的祖父憑著在市場上販售家庭手工紡織品而致富。勤勞、有志氣而且節儉，這是他所認同的清教徒理念，以工作為中心的生活，以神以及操奇計 [256] 贏為一生職志。正如教會的弟兄們，洛克的祖父也站在批判王室的一方。他輕視君主制度及其墮落的天主教信仰，並且捍衛國會的立場。

而這個瘦弱而長著狐狸一般的面孔、留著一頭長髮的孫子相當早慧。頭腦清楚的年輕人有著犀利的知性和迅捷的領悟力。在國會議員的大力引薦之下，洛克在一六四七年進入倫敦名聞遐爾的西敏公學（Westminster School）就讀。兩年之後，他見證了國王的處刑，緊接著獲得獎學金，進入牛津大學的基督堂學院（Christ Church College）；他讀的是一般學程，包括古典語言學、形上學和經院哲學。一六五八年，他又自學希臘文、修辭學和倫理學。

他的父親在一六六一年過世，洛克成為「地主」，也踏進英國的政治圈。經濟的獨立有助於洛克追求自己的興趣，並展現在牛津裡從未有過的熱情；洛克相當著迷於新興的自然科學世界。他踏入醫學系的課堂，很快就認識相關領域的重要人物，例如霍布斯的死對頭波以耳和西德納姆（Thomas Sydenham, 1624-1689），他們都是當時英國最有名望的醫生。在洛克於一六六八年拿到醫學學士之後，他成為八年前剛成立的皇家學會一員，那可以說是英國自然科學界的「上議院」。他遇見牛頓這位超級明星，並終其一生和與他保持聯繫。但是他人生最大的轉折點，卻是遇上安東尼・艾胥利・庫柏（Anthony Ashley Cooper, 1621-1683），也也就是後來的夏夫茲貝里伯爵一世（1. Earl of Shaftesbury），這位財政大臣是國家未來的主人，而且識才尊賢。他認為才華洋溢的洛克對於自己的事業會有莫大的幫助，因此延聘洛克當他的私人祕書。洛克作為庫柏的個人醫生雖然不是很合格，依舊為他進行肝臟手術並且救了這位大人的命。

在導師的影響之下，洛克開始熱中於政治。艾胥利・庫柏支持鄉村貴族的利益，而且是皇室的反對者。他領導一個政黨，不久就稱作輝格黨（Whigs），是「驅趕畜牲的鄉巴佬」（Whiggamore）的縮寫，是保守派的托利黨（Tories）對他們的戲稱，然而輝格黨不久也驕傲地使用這個名字。黨內人士研發了第一部紡織機，開設工廠，對整個洲出口棉布。據此，他們也向國家爭取人民最大程度的自由，在思想、信仰、行為和貿易上。這些都是屬於未來的東西，他們代表著人們在十九世紀以後稱為「自由主義」（Liberalism）的運動。

然而，情況比聽起來的更為錯綜複雜，因為托利黨也支持擴大貿易，尤其是不列顛東印度公司的海上貿易。公司和王室關係緊密，並且和荷蘭東印度公司一樣，蠶食鯨吞了所有可以想像的特權。公司的執行長和祕書都是政壇上呼風喚雨的人士，也大聲疾呼地捍衛自己的階級利益和貿易自由。可是對於他們的競爭對手輝格黨來說，自由貿易是一把雙面刃：比起富裕的商業菁英，地方鄉紳們從其中獲利不多；因此，當時的自由主義者大多是貿易保護主義者（protectionist）。在他們眼裡，東印度公司的利益並不等於英格蘭的利益，因此，輝格黨致力於協助鄉紳和中小企業爭取政治和經濟權利。一個國家要如何透過法律而保障上層階級和所有人民的自由呢？輝格黨在十七世紀中葉的政策完全談不上什麼合理的哲學論證，而這就是庫柏交付他的門客洛克思考的任務。

自一六七二年起，洛克成為政治圈裡極負聲望的成員，即便在政府裡只是擔任一個雖然有利可圖卻不重要的職位。他認識所有重要的政治人物，經歷過關於政體的激烈辯論，還有保護主義和自由貿易之間的脣槍舌戰。不久之後，他就在副部長辦公室任職，後來更在貿易和墾殖部（Secretary of the Board of Trade and Plantations）擔任要職。但是當時對於自由派的立場和政策並不友善，庫柏在一六七五年逐漸失勢，而洛克為了謹慎起見，也動身前往法國。在他出走期間，庫柏被囚禁在倫敦塔一年之久（1677-78）。直到一六七九年情勢穩定，洛克才返回英格蘭。就在那年，霍布斯過世，洛克則在撰寫他的主要政治學作品《政府論》（*Two Treatises of Converment*）。可是情勢並沒有真的歸於平靜。洛克在伏案寫作時，庫柏再次被捕。當他恢復自由時，他不再夢想著以自由主義改變國王。於是他下定決心密謀推翻查理二世。計畫以失敗告終，而政變者也逃往荷蘭，洛克於一年之後追隨他的腳步；不久之後，庫柏便過世了。

洛克隻身在荷蘭。像學究一般地修改著自己的知識論巨著。後來他又出版了《教育漫話》（*Some Thoughts Concerning Education*），記述他擔任庫柏兒子們的家庭老師的觀點和經驗，這部作品相當成功。不過他真正的野心卻是在其他作品上；洛克想要寫就一部拋開任何臆想的知識論、倫理學和政治學。所以觀點都必須奠基在**經驗**之上。至於在私人生活和國家什麼才是道德的善，洛克只有一個標準：善，就是對每個個人以及團體的幸福**有益處**的事物……

理想的契約

兩千多年以來，整個歐洲的哲學家都是從一個固定模型推論出全部的道德、政權和法律：也就是「自然」或「神的意旨」。那意味著存在著自然的或者出於神的意志的世界秩序。而這兩個概念都適用於專制君主，人類同樣是個自然的或是神授的秩序；可是在十七世紀，這個基礎開始動搖。當時的物理學知識早就不符合人類的常識，而在經歷兩百多年兵燹不斷的宗教戰爭之後，「清楚明白的上帝意志」這種說法顯然已經缺乏說服力。自然秩序和人類秩序之間自此有了難以橫越的鴻溝。[259]

霍布斯也以他的「契約論」朝著這個鴻溝推進：以邏輯和實踐的規則取代形上學的正當性。世上幾乎沒有任何觀念像社會契約論那樣主導著政治哲學。契約論以一個理想化的、假造的、甚至是擬真的（simuliert）存在，取代了不再可信的自然秩序。以往那個據說真實存在的國家秩序模型，現在變成一個關於自然狀態的思想遊戲。社會和國家被視為從自然裡以邏輯方法推論出來的；儘管現代的讀者都知道，歷史裡的現實國家和邏輯推論並不完全一致。

因此，契約論取代了烏托邦。過去的政治思想家把理想國家轉移到虛構的島嶼上，現在的理想國家則是以虛構的協議為基礎定立的。提出契約論的人指出，傳統對他而言只是個配角。實際上，這個新理論的出現，正值中產階級取代貴族成為社會中堅。重點不再是習慣法，而是一個「理性國家」。這個國家不僅要取代舊有的封建國家，它的國家政權應該「更強大」，才可以充分保護公民[260]

及其財產，而免於任何恣意的侵犯。家族和親屬關係也失去了政治意義，每個人都需要遵守同樣理性而無法收買的法律。

現代國家區分政治領域的「邏各斯」（Logos）和私領域的「家政」（Oikos），就像是柏拉圖在他的理想國家「美善之邦」和「馬格尼西亞」裡的構想。公民的生活因此一分為二，落入不同的世界中：「私人生活」和「公共空間」。在第一個世界裡，人們可以活出自由，第二個世界裡，特定的自由遭到閹割——為了所有人的利益。

儘管霍布斯主張守舊的保皇主義，他的國家理論依然是個創舉：政治哲學現在有了科學基礎！它從人類共同生活的天性推論出國家以作為理性的答案。它也擬定種種法律，**實用性**是它們唯一的功能，也就是以所有人的利益為目的。這就是洛克發現的起點，他要從這裡起跑，超越霍布斯。他想要為國家正當化，它固然要保護公民的自由，更要讓他們不必放棄自身不可侵犯的主權。

洛克在一六七九年著手撰寫該著作時，除了霍布斯之外，也出現了其他契約論。斯賓諾莎也在兩部政治學著作的第一部，《神學政治論叢》（*Tractatus Theologico-Politicus*）裡闡述自己的社會契約理論。這部作品於一六〇七匿名出版，它受到霍布斯的強烈影響，雖然也有斯賓諾莎典型的個人風格。他在契約論裡置入每個人類活著的目的：探究真理，找尋智慧。斯賓諾莎的倫理學——我們稱為「無信仰的修士的倫理學」——在這個政治裡才得以完備。國家的意義和目的，是讓它的公民**自由而安然無恙地尋找真理**，並據此實現自我。為了這個目的，就像霍布斯說的，公民理性地決定訂立一個互利的契約。這個契約賦予國家權力以保護秩序，據此保障每個人的自由。

斯賓諾莎想要以這個契約保護人們免於國家的侵犯，讓他們得以不受干擾地進行哲學思考。其中包括（歐洲思想史第一次）無條件的言論自由！任何信仰和哲學信念都必須得到尊重！這也就是為什麼，不同於霍布斯的模型，這裡絕對不容許有個規定人必須相信什麼的國家教會。對於這個被社會放逐的磨鏡片工人來說，宗教只是個權宜之計，是欠缺知性的人們的逃生口。他也沿襲了十二世紀安達魯西亞哲學家亞味羅和中世紀晚期思想家的思想傳統：宗教只是（而且往往是）為那些識見短淺的人們提供的刻意簡化的替代方案；它只是民眾的圖畫書。

生活的一切都要以哲學為中心，不只是在現在看來才看似特別；它無疑是相當深思高舉的。斯賓諾莎也以同樣的觀點審視他祖國的政治。他支持荷蘭經濟學家德拉考特（Pieter de la Court, 1618-1685）關於公民自由和貿易自由的觀點。貿易自由和行為自由是一體兩面的，這是自由主義的核心公式！這也是為什麼斯賓諾莎會如此推崇他的故鄉阿姆斯特丹，以及城市裡最重要的政治家約翰·德威特（Johan de Witt, 1625-1672）的政策。在其中，公民的和平是透過繁榮的貿易而得到保障的，在多樣化的商業網路當中，國家於焉誕生，它會盡可能串聯且實現每個公民的利益。

斯賓諾莎的著作引起路德派、喀爾文教派和天主教的口誅筆伐，其規模前所未見。他更被指控是褻瀆上帝的無神論者。同時，斯賓諾莎讚揚的自由主義國家也動盪不安，荷蘭在對於法國的戰爭中兵敗如山倒。人們情急之下決堤，引起洪水氾濫，雖然阻止路易十四的軍隊，但是代價實是太高了。在阿姆斯特丹，公民起義並動用私行處決了德威特兄弟。崛起的並非理性，而是激情，而且它破壞了煞費經營的公民和平。斯賓諾莎別無選擇，只能提筆寫作《神學政治論叢》（*Tractatus Politicus*）。如今他不得不承認，決定政治的不是理性而是情感，可是根據他的理論，這怎麼會發生呢？如果只有少數人知道要以理性做決策，那麼國家要如何建立在理性的基礎上？

斯賓諾莎刻意與霍布斯保持距離，放棄對於「契約」的信念。在他的新概念裡，他選擇從自然權利出發，即所有人在任何情況下都享有的權利。自然權利無論如何都不可以讓渡給國家：「在政治層面上，我與霍布斯最大的區別，就在我永遠不會改變自然權利……」[67] 斯賓諾莎倡導的是民主。在《神學政治論叢》中，他認為民主是最自然的政府形式。在民主國家中，個體放棄極少的權力，所有人的權力於是集結起來形成國家權力。這樣的國家必須盡可能透明，它由許多獨立的機構組成：各種諮詢，決策和執行的委員會。參與決策者越多，人類情感就越容易平衡。個體的野心會被他人的野心抵銷；個人的恐懼同樣也會因為他人的恐懼而被揚棄。

斯賓諾莎渴望一個「永恆」的國家，它像有機體一樣會不斷自我保存。經過多年的刪訂修改，他的國家模型變得和霍布斯一樣怪異，然而，《神學政治論叢》於一六七四年在荷蘭被列為禁書，並不是因為他那不切實際的模型，而是因為他在書裡把宗教稱作「窮人的哲學」。《神學政治論叢》（一六七七年自費出版）在問世短短一年之後，就和《利維坦》一起被列在禁書目錄之中。

關於他的政治理念，斯賓諾莎走了很長一段路。起初，他想要培養公民的判斷力，俾使國家更加穩定且和平。這點和萊布尼茲並無二致。理性和智慧越是普及，國家政體就越完備。但是最後斯賓諾莎卻意識到，人類的理性並沒有那麼值得信賴。現在，他把希望寄託在由種種機構構成的網路，使種種激情相互抵銷，使決策更加平衡。

那麼，一個好國家應該奠基在理想的契約上嗎？或者是理性的人越多越好，俾使其他的人可以追隨？英國人有強烈的契約觀念，而日耳曼哲學家們寧可是風行草偃；斯賓諾莎則是介於兩者之間。

[263]

他的政治學著作並沒有種在肥沃的土地上，作者默默無聞，而他的作品又一下子就被禁了。就連洛克對於斯賓諾莎也是一知半解，只知道他是日耳曼地區唯一的社會契約理論者。一般來說，契約論在日耳曼地區處境艱難，畢竟，日耳曼民族的神聖羅馬帝國並不是個民族國家。哲學家和法學學者普芬道夫（Samuel von Pufendorf, 1632-1694）則是個重要的例外。這個薩克森人在瑞典服役，和同齡的斯賓諾莎都在孩童時期見證了三十年戰爭。他想要深入探究霍布斯的國家模型，在他的《自然法與國際法》（*Acht Bücher, vom Natur- und Völcker-Rechte*, 1672）以及簡短的版本《人和公民的自然法義務》（*Über die Pflicht des Menschen und des Bürgers nach dem Gesetz der Natur*, 1673）都可窺見一二。就像對他不屑一顧的霍布斯一樣，他也認為國家是公民的安全需求的結果。不過，他也看到霍布斯的「契約論」裡最著名的弱點：統治者不可能成為合作夥伴！為了擴大「契約」的定義，普芬道夫把它一分為二：其一是人與人之間的原始契約，其二是下層階級和中央政府之間的契約。

到此為止，無疑是聰明之舉。然而，他不切實際地要求人們自己選擇想要的政體：君主專制、貴族制或者民主。他本人毫不避諱自己對君主專制的偏愛，因為一個強人做出決定並採取行動的速度，絕對快過曠日費時的民主；這也是至今民主體系的批評者最喜歡的論調。普芬道夫也和霍布斯一樣沒有分權的概念，而只有不受限制的統治權。可是在這裡，他也是採用「**霍布斯之觀點**」！因為如他所說的，統治者至少也要尊重自然法（即便它不是實證法），也就是霍布斯視為基本法的二十一條法律。普芬道夫也明確強調國家的義務在於保護所有人的財產；連國王也不可以任意據為己有。

[264]

普芬道夫的提議就像是為絕症病人進行多次小型整容手術，而蠻橫專制的邪惡終究沒有被馴服。儘管如此，他的一個思想其實極具開創性，也就是**比例原則**（Verhältnismäßigkeitsprinzip）。只有為了位階更高的國家目的下，統治者才可以干預臣民的自由。對法學史來說，這個創新以及普芬道夫對於國際法的詮釋，無疑都是重要的里程碑：這位薩克森的法學教授，比格老秀斯更加強調只有在敵人侵犯且傷害國家的權利或領土的情況下，戰爭才具有正當性。

以私有財產為開端

洛克認識普芬道夫的著作。他說《自然法與國際法》是「該類作品當中的超群之作」。可是他自己沒有空寫出這樣一部扎實的論著。他自己的契約論並不是為了學術研究的而寫，而是在政治論戰文章的框架之下；他的對手是英格蘭的君主專制主義者菲爾默（Robert Filmer, 1588-1653），儘管這位對手去世很久了，不過他為君主政體的辯護就算是在幾十年後仍然相當受到歡迎。菲爾默沒有沿用霍布斯的格式，反而是以《聖經》的荒誕方式論述：亞當成為首位世界統治者，肩負著征服世界的使命，其他受造物，包含夏娃和所有子孫，都必須臣服於他；自那時起，所有國家和所有時代裡都有個所有其他人都必須服從的亞當——也就是一位專制的君主。

為了反駁菲爾默的任意曲解《聖經》，洛克費了好大工夫。夏娃對他來說就不是臣服於亞當，《聖經》哪裡有這麼寫？她不應該說是權利大抵相等的伴侶嗎？例如那種成為像瑪麗．斯圖亞特（Maria Stuart）或伊莉莎白一世等統治者的權利。女人和男人的婚姻的並不是什麼提交仲裁的協議

[265]

（Unterwerfungsvertrag, submission agreement）❶，而是婚姻契約。她在所有物質財產上都有份，也可以訴請離婚，只要丈夫讓她有個不可辯駁的理由。

洛克對女人的看法相當革命性，但是他卻不是女性主義者。因為和當時所有男性一樣，他不僅認為男人是強勢的一方，更認為他們是「比較有能力的」。在有疑慮的時候，他們擁有決定權。於是，家庭的契約模式基礎便顯然不同於國家的契約模式：在有著生物性動機的家庭世界裡，是由力量和能力證明支配的正當性，可是洛克在他的政治契約裡卻否決掉這點。在這個部份，他贊成所有公民都是平等與自由的，而且是不論誰比較強大或能幹；在國家裡，生物、地位或是智能的差異，並不會讓任何統治正當化！

若是審視這個國家契約，那麼它首先會讓人強烈回想起霍布斯；就連洛克也擬出一種從未這麼存在的自然狀態。針對他前輩的批評因此也同樣朝他而來。究竟是誰說人類很久以前是生活在無政府狀態之中，而不是如亞里斯多德所認為的，自始都處於統治關係。有哪個國家是以某個原始契約而誕生呢？洛克也可以反駁說，那並不是他的自然狀態的討論重點。他的探究宛如一位物理學家，而不是什麼歷史學家。他分析當時的社會的複雜狀態，並把它化約成其基本結構，最後他只看到原理性的東西，各種元素在沒有支配性的空間裡的運動。

不過事實上，就連洛克的「自然狀態」也是搖擺不定的。它既非歷史也不屬物理學。它比霍布斯的主張更加倚賴十七世紀的契約慣例。我們想想看商人如何進行他們的合法交易。合意訂定貿易

[266]

❶ 這是霍布斯的說法，見：《利維坦》，頁73。

契約的人，在正常情況下不但會認定另一方是自由的，更是平等的：雙方有同等的權利和同等的法律依據。對於洛克而言，財產權也一樣重要。和霍布斯比起來，洛克的自然狀態還沒有那麼可怕。因為即使是在這種狀態下，大多數人也都會尊重一整系列的「自然法則」：人們都要自我保存，也容許別人同樣這麼做。「友好、互助和保存」[68]是人類的天性。謀殺和殺人因此是例外而不是常態。

互助在多大程度上是一種「自然法則」，至今學者們仍然言人人殊。更重要的是，洛克在乎的重點並不像霍布斯那樣只為身體和生命，而是**財產**的保存！兩者是密不可分的，沒有財產就沒有自我保存！而正因為如此，人們就需要一個契約，俾使每個人都可以獲得並保有他們為了「舒適人生」所需的東西，而不必你爭我奪。

然而，對於一個舒適的人生，什麼東西以及多少東西才是必要的呢？洛克知道兩種在自然狀態下限制財產的界限：**易腐爛性界限**以及**等值界限**。任何人都不准把多於自己實際吃得下的易腐爛財物，也就是食品，據為己有，而且誰都得盡量顧慮到其他人也都可以得到足夠份額；易腐爛物品是如此，它們生長於其上的土壤亦然。土地的分配也必須讓每個人都充分利用。❷

洛克是共產主義者嗎？並不盡然！因為兩種界限都只有在自然狀態下才有效。不斷演進的社會會使得這些界限失效——透過貨幣！貨幣可以輕易踰越過自然的界限，並藉此創造出另一個擁有另一套道德秩序的世界。「而我敢大膽地肯定說，假使不是由於貨幣的出現和人們默許同意賦予土地以一種價值，形成了（基於同意）較大的占有和對土地的權利，則這一所有權的法則，即每個人能

❷ 引文中譯見：《政府論》下篇，頁 27-32，葉啟芳、瞿菊農譯，商務印書館，1982。

利用多少就可以占有多少，會仍然在世界上有效，而不使任何人感受困難，因為世界上尚有足夠的土地供成倍居民的需要。」[69]❸

[268]

貨幣的發明使得自然狀態下的遊戲規則都失效，而洛克似乎不以為意！相反地，他描述了對於金錢的貪欲的正面效應：當人們追求多於自己天生應得的事物，就會推動社會前進。人們不再只看到一個事物的益處，而會把金錢視為工具和目的而渴望它。天然的界限都因此而消失。和自然狀態相比，一種值得注意的富庶誕生了。只不過，天生平等的人類之間的不平等也在擴大。再也沒有任何自然界限，讓個人在追求自己的財產時也必須考慮共同福祉。這個界限永久消失了，而富可敵國的生活也是完全正當的。多賺個幾十億，對於一個億萬富翁的自我保存是不是那麼重要，這個富翁再也不需要回答這個問題了——而且他在現在的時代裡也不必，世界上任何一個資本主義國家都不需要……

這個演進在道德上是好還是壞呢？對洛克來說，答案很簡單。那是好的演進！因為，社會越是富足，最貧窮的人也就可以獲得越多益處。不過洛克並沒有花力氣去證明這個突出的論點。況且那也不是他發明的。大不列顛東印度公司的遊說者早在半個世紀之前就提出同樣的論證。對托馬斯・孟❹、杰拉德・德・馬林斯❺和愛德華・密瑟爾登❻等人來說，商人現代世界的英雄，他們的所作

[269]

❸ 引文中譯見：《政府論》下篇，頁23。

❹ Thomas Mun，1571-1641；英國經濟學作家，經常被認為是重商主義（Merkantilismus）早期代表人物，擔任不列顛東印度公司的董事。

❺ Gerard de Malynes，1586-1641；英國獨立國際貿易商人兼政府貿易事務顧問，支持重商主義。

❻ Edward Misselden，1608-1654；英國商人，也是重商主義之經濟學思想派的主要寫作成員。

所為和他們個人對利潤的汲汲營營，有助於整個國家的富庶。「除了私有財富（private-wealth）之外，還有什麼能造就共有財富（Commen-wealth）呢？」密瑟爾登於一六二三年在關於貿易循環的著作中問道。[70]語言使他輕易把「wealth」裡「福祉」和「財富」這兩個含義畫上等號。大企業的成功終究會造福所有人，這是從那個時候起被複述了上百萬次的說法；然而，它的真偽卻必須取決於現實生活裡的許多條件。

道德、正義和美德——在古代，它們都是好公民的特質。相對地，商人階層在古希臘和中世紀都遭到貶低。他們沒有太多的政治權利，也被認為是不道德的。柏拉圖和亞里斯多德認為商人是一群輕浮的傢伙，而放債人則是罪犯。但是義大利的文藝復興卻扭轉了這個形象。這下子，即使是商人也可以成為一名好國民，也就是說，如果他是有德行的，並且慷慨大方地為城市貢獻己力。相反地，新興英格蘭商人階級的宣傳者們，則是不再考量個別商人的公民情操，每個商人都是道德的、正義的、有德行的，只因為他們是商人。古代的公民德行變成了近代的商人德行。商人甚至不必努力行善。他們對於利潤的追求本質上就是善行，因為那會**自動地**造福所有其他英格蘭人。面對這般厚顏無恥的曲解，柏拉圖和亞里斯多德地下有知，應該會氣得敲打他們的棺材板抗議……

然而，並不只有對於商人的歌頌是前所未有的事。馬林斯、孟以及密瑟爾登更把**私領域**和**政治領域**劃分開來。在古代，人類無論在何時何地都必須是有德行的。但十七世紀的英格蘭人卻拉出一條鮮明的分界線：商人因為獲利，他就是個好國民。相較之下，他們在私人生活中幹什麼，則是他們的事情。無論某人私底下是不是個好人，他私底下身為丈夫或一家之主會不會作出明智的決定，或是他的舉止是否令人厭惡——只要不釀成什麼公共損害，他在道德上就算是正派的。這對道德哲學而言是個全新的觀點！因為決定一個行為之價值的，並不是存心（Gesinnung），而只在於對大眾的實用性（Nützlichkeit）。以契約論為社會秩序辯護的人，便再也沒辦法也不准「說教」。但是他要如何區分誰比較有用和無用呢？答案對洛克來說並不困難：那就是勞動！

勞動的價值

孟、馬林斯和密瑟爾登都不是自由主義者，不過他們卻預備好讓諸如洛克之類的自由主義生長的溫床。古代和中世紀以形上學為基礎的倫理學，現在變成商人倫理：人生是一個市場和一場交易。人類在任何生活處境下都是商人（Homo mercatorius），正如商業冒險者協會（Merchant Adventurers）第一任幹事約翰・惠勒（John Wheeler）在一六〇一年提出的。用現代的話來說，所有社會規範對他而言到頭來都是市場規範——現在某些經濟學家和社會生物學家也沒有兩樣。

這種看法會改變什麼東西呢？現在，「存心」再也不重要了，重要的是以下問題：一個行為、手段或統治形態，對於共同福祉有什麼利弊得失？而且，財產獲得在哲學裡不曾有的重要性。對洛克來說，生命、自由和財產的權利是不可分割地重合的；就這方面而言，他有理由被視為「資本主義」及所有以為基礎的公民社會的先驅。直到今天，諸如德國之類的國家的法律就銀行搶劫案的刑罰一般來說都比人身傷害來得重，洛克甚至把搶劫和竊盜等同於謀殺，並主張處以死刑。[71]

然而，是什麼讓財產變成不可侵犯的所有物呢？是某個人為了得到它而投入的辛勞與汗水，換句話說就是：勞動！相較於霍布斯，這個觀點是全新的，不過到十七世紀後期，它卻掛在每個人的嘴上。工作量越多而勤奮的人，會得到更多財產和金錢，接下來就可以做生意。現在我們會說：績

[271]

效是值得的而且會獲得回報的。但是就連洛克也曉得，為了取得土地的公平競爭在英格蘭早就不復存在，就算以前曾經有過。土地再也不可以圈地開墾，而是早就被極為不平均地分配掉了。這樣的話，那些數以百萬計在田間或工廠裡工作的貧窮日薪工人該怎麼辦呢？他們根本沒有機會以公平競爭證明自己的能力。

洛克的答案充滿破綻。就像當時高枕無憂的有錢人一樣，他懷疑英格蘭農工的積極性和職業道德——現在非洲許多白人農場主人也是這麼說他們的農工的。「存在決定意識」，對他來說並不是主張要改變存在。不過，洛克卻有另一個為現有的資產分配辯護的理由：對他而言，所有人都一度贊同採行貨幣流通，因而代表同意了不平等的遊戲規則。

好一個離奇的理由啊！洛克當然很清楚，並沒有哪個英格蘭的農工曾被詢問是否同意採用貨幣。而就算他不清楚是利底亞人如何在西元前六世紀採用硬幣，可是他一定知道沒有全民表決這回事。就「金錢契約」而言，洛克可以說是走在薄冰上，「財產是勞動賺取的報酬」這個論點也是如此。在十七世紀的英格蘭，已經有相當大比例的財產是繼承所得，而以一個國家的財富和貧窮作為衡量個別能力的可靠指標，這個想法也是天方夜譚，即便是硬派的自由主義者也沒辦法認真地擁護它。

如果說，現有的財產分配不宜用哲學加以證成的話，那麼也許可以用心理學的方法？洛克認為，因為不平等可以讓人積極進取，從而促進競爭以及整體的繁榮。這個思想和他的哲學模式完全脫節，它和任何自然狀態或社會契約無關，但是這個觀察卻仍然可能是正確的——反正只要有個依據公平規則的真正競賽就好了。只不過英格蘭的日薪工人和自己的地主或任何東印度公司的商人之間根本沒有什麼競爭可言，他們的起點預設就已經相差十萬八千里。為了實現真正的競爭，他們需要普及的學校教育以及全方位的教育體系，這在十七世紀的英格蘭可以說是個不切實際的烏托邦。

洛克的哲學有雙重的面貌。一方面，他捍衛所有人類天生的平等與自由；另一方面，他又為在被金錢支配的社會裡的人們的不平等（和不自由）辯護。因為對洛克而言，不平等的金錢及剝削社會怎麼樣都好過平權的自然狀態；舉例來說，他喜歡拿英格蘭和北美洲的殖民地作比較，那邊的人們依然很接近自然狀態，因為有足夠的土地讓所有人佔領，卻談不上英格蘭的富裕。在不文明的美洲的君王，他的生活比英格蘭的日工還要悲慘。

[273]

洛克以冷靜又理智的態度提出論證，一種符合時代精神的態度。這是由一名醫生、哲學家和經濟學家設立的標準：威廉・配第（William Petty, 1623-1687）。他出身寒門，在英國內戰裡大撈一筆並且聲名狼藉。配第為人相當狡猾而難以捉摸，而就連作為一名經濟學家，他也一樣以放言高論著稱。在他的《愛爾蘭政治解剖學》（*Political Anatomy of Ireland*, 1672, 1691）裡，他以一位醫師的清晰理智診斷其社會和經濟問題，最後他建議把所有居民和貴重物品都用船運到英格蘭。這比任何其他措施都更便宜且有效。配第的冷酷思想後來也激勵愛爾蘭作家斯威夫特❼撰寫出他著名的諷刺之作《一個小小的建議》（*A Modest Proposal*）。有鑑於愛爾蘭驚人的貧窮和人口過剩，斯威夫特鼓勵人們採取最有效的經濟決定以脫離困境，也就是將愛爾蘭人的嬰孩都當作糧食賣給英格蘭人。

---

❼ Jonathan Swift，1667-1745：英國兼愛爾蘭作家，為一名諷刺文學大師，常以自身作品嘲諷英國對愛爾蘭的統治，其最為人所知的作品為諷刺小說《格列佛遊記》（*Gulliver's Travels*）。

別人眼裡看到的是人類和命運，配第看到的卻是資源。就連在他的《政治算術》（*Political Arithmetic, ca.* 1676, 1690）當中，他也透過數學的冷靜博得好評；他為管理統計學❽提出根據，只讓數字自己說話。如同後來的查爾斯．戴夫南❾，配第認為統治必須奠基於可靠的數字和統計數據，政府決定的基礎就在於統計學的理性——現在支持這個想法的經濟學家和政治家更勝以往，就算它大幅地限縮了政治的創意。

配第大概是第一個構想出純粹經濟學價值概念的人。根據該概念，一件東西的價值是以土地的價值和和人力計算出來的。洛克很快就被說服了。和當時許多政治經濟學家一樣，他強調勞動在價值創造上的比重：我在製造一項商品上投入越多的時間和人力成本，它的價格就越高。所以，洛克和配第的看法一致，認為要盡可能壓低農工和工廠工人的工資，因為只有這樣才可以創造相對於法國及荷蘭等對手的競爭優勢。

顯然，這為工資傾銷（Lohndumping）❿開啟了任何一扇大門。然而，大概沒有人像荷蘭醫生曼德維爾（Bernard Mandeville, 1670-1733）那樣露骨地描述這種削價競爭的犬儒主義。自一六九三年便住在倫敦的他極其直率地寫道：「在一個禁止蓄奴的自由民族裡，最可靠的財富就在於一大批努力工作的窮人。」[72]當「一個國家的勞動人口一天工作十二小時、一週工作六天，而另一個國家的勞動人口卻每天只工作八個小時而且一周不超過四天」，前者的生產力便廉價得多。一個國家唯

❽ 管理統計學」（Verwaltungsstatistik）是一門用統計學方法和理論研究管理問題、經濟問題的應用性學科。
❾ Charles Davenant，1656-1714；英國重商主義經濟學家、政治家。
❿ 一般係指對專為一工作而引進的外國勞工提供遠低於正常行情的薪資；而這些勞工之所以會接受這樣低薪的典型原因，不外乎就是自身在母國更加貧困、缺乏自我權利意識或者孤立無援。

有當「其糧食和一切生活必需品……都更便宜，或是其勞工比鄰國更加勤奮、工時更長，或者生活更簡樸」，才能取得競爭優勢。73

洛克的道德雙重標準

十七世紀下半葉，道德和合乎倫理的人生的想法漸行漸遠。取代德行倫理（Tugendethik）的是商人倫理，它假定對富人有益處的，到頭來也會讓人人都受益；「增加自己的金錢」，這個在古代和中世紀都遭到譏評的事，現在自成一種美德。但是，這個新興的經濟效益倫理，卻必須付出高昂的代價：實質上，它很快就原形畢露，成為一種雙重標準。因為就自由平等的人民的福祉而言，洛克只關心資產階級，而且僅僅對英格蘭的資產階級感興趣。他對於經濟、金錢、貿易及稅收的大量思想，都只是以自己的國家為著眼點，和英格蘭經濟學家的思考沒有兩樣。英格蘭怎麼樣才能夠賺取更多貴重金屬，特別是白銀，並且盡可能地不要讓貨幣流到國外？英格蘭要如何創造出競爭優勢，而什麼樣的稅收政策才是正確的呢？要怎麼以犧牲其他國家為代價來增強自己的國力呢？

儘管這種思想平易近人，卻和以自然狀態為起點、以**人類**的共同福祉為目標的哲學完全無關。因為就算所有人類天生都是平等自由的，英格蘭人的重要性還是高於外國人。那些後來稱為「啟蒙運動」的基奠的價值，似乎主要都是著眼於自己人——儘管法國議會和聯合國後來都對人權作出解釋，但這種思維卻還是保存下來。在像德國這樣的國家，大抵上保持社會均富，對於大多數德國人而言，遠比援助全世界人們的生活符合人性尊嚴來得重要。

這種雙重標準在另一個問題上就更加露骨了。如果說人人皆平等自由，那為什麼女性就不是

[275]

呢？為什麼就連在思想相對地支持女性的洛克，也不同意婦女擁有選舉權呢？顯然，對他來說，男人和女人在實際上並不像理論上那麼平等。而至於普世的自由，對這位哲學家而言，就僅止於個人私利。洛克本人就是個聰明絕頂的理財專家，他靠著投機交易而賺到很多錢；而只要是資本邏輯盛行的地方，價值便也往往會被忽視。至少，這位自由的哲學家大膽投入投資報酬率極高的生意：奴隸買賣！

從非洲和東南亞取得奴隸並把他們賣到美洲，這是僅次於香料的第二大長途貿易市場。洛克以殖民地大臣[11]的身份掌握供應源頭，並取得成立於一六七二年的皇家非洲公司（Royal African Company〔RAC〕）之股份。該公司固然也從事黃金、象牙、熱帶木材和香料的貿易，但最主要是販賣於甘比亞、獅子山、象牙海岸和奴隸海岸[12]抓到的黑人。城市如利物浦和布里斯托皆以主要轉運地而蓬勃發展，而且毫無例外地，所有歐洲當權者都參與其中；葡萄牙人於十六世紀大撈一筆，就連日耳曼的韋爾瑟家族商行[13]也是。而教宗也批准這門血腥的生意，他的日耳曼對手馬丁・路德（Martin Luther）也不例外。

十七世紀時，除了荷蘭人以外，英格蘭人也大規模涉入。奴隸買賣使得西非整個地區的人口減少，並摧毀掉其經濟以及各部落和民族的共同生活。洛克卻不覺得有什麼大不了的。他和庫柏這個

[11]「殖民地部」（Colonial Office）是負責處理海外領土事務的英國政府部門，建立於一七六八年，歷史上經過多次與其他部門合併、分離，最終於一九六八年併入現今的英國外交部；掌管該部的官員稱為「殖民地大臣」（Colonial Secretary）。

[12]「奴隸海岸」（Sklavenküste）為西非貝寧灣（Bucht von Benin）的歷史稱呼，之所以得此名，是因為此地乃十六世紀初至十九世紀間的非洲黑奴主要出口來源。

[13]「韋爾瑟家族」（Welser）是十五、十六世紀日耳曼著名的大商人貴族家庭，以德國南部的奧格斯堡（Augsburg）作為發跡地而經營對外貿易和銀行業務，商行分號遍布整個西歐乃至美洲，曾對許多歐洲國家的統治者提供貸款以獲取特權。

皇家非洲公司的第三大持有者一起把大筆資金投入該生意，並且出售股份獲利。就連在巴哈馬的奴隸買賣，他也以股東的身分加入。早在一六六〇年代，庫柏就替自己的門徒取得了卡羅萊納州的土地以及相應的祕書職位，洛克擔任仲裁人兼調解者，並以此獲取不同奴隸買賣公司的利益；人們相信，他就是以下特許狀的草擬人：「卡羅萊納州的每個自由人皆享有支配自己黑奴的絕對權力和權威，不論他所屬的政治觀點或宗教信仰為何。」

洛克以自身的觀點認識美洲的情況。他不僅遊歷了卡羅萊納州，足跡還包括西印度群島⓮。那裡的土地和礦產資源遠遠多於擁有比人口稠密且高度備戰的歐洲。然而，當時卻有不少人質疑殖民主義；有些人是因為不認為有利可圖，另一些人則是因為他們早在十七世紀就有了違法從原住民手中奪走土地的道德顧慮。

[277]

人們或許會希望我會說洛克屬於後者。但是實情卻相去甚遠。這個主張平等和自由的哲學家以及狂熱的財產擁護者，並不認為印第安人有權利擁有他們土地。他提出的論證就像清教徒一樣：誰不願意耕作且利用自己的土地，那塊地就不屬於他！因為唯有透過勞動，土地才會真正變成財產。在美洲，洛克看見到處都是未開發的土地，「還有大塊的土地荒廢不治，比居住在上面的人們所能開墾或利用的」還要廣大；因此，那些地「所以還是公有的。」[74]⓯萬一就如洛克提出的論點，印第安人跑到英格蘭並且把那裡未開發的土地占為己有，局面可真令人不堪設想。正如當時的人，洛

⓮「西印度群島」泛指南北美洲之間海域的一連串數量多達約七千的島嶼，該名稱的緣由為哥倫布於此處登陸時誤以為自己到了印度。

⓯引文中譯見：《政府論》下篇，頁29。

克也認為只有歐洲人才懂農業，尤其指英格蘭人；「我試問，在聽其自然從未加以任何改良、栽培或耕種的美洲森林和未開墾的荒地上……，一千英畝土地對於貧窮困苦的居民所提供的生活所需能否像德文郡[16]同樣肥沃而栽培得很好的十英畝土地所出產的同樣都呢？」[75][17]

洛克的論證真是令人髮指，卻直到今天都還不完全過時。不管是不害臊的全球化支持者，或是無政府主義的佔屋者，兩者都喜歡辯稱自己是在開墾未開發的空間，因而是合乎自然權利地取得該空間。更令人難以接受的是他對於奴隸制度的正當化。對洛克來說，只有一種可以想像的情況下才可以蓄奴：在合乎國際法的侵略戰爭裡淪為戰俘的士兵。如今，西非的黑人和美洲的印第安人顯然都不是這種情況，他們也通通沒有對英格蘭發動侵略戰爭；然而，洛克卻極有彈性地擴張「正義戰爭」的原則。因為如果英格蘭人打算依照神的旨意而耕種非洲的土地，使它更肥沃，土著通常會抗拒。他們這麼做是在反對神的旨意及合法的占用原則；所以說，英格蘭人拘捕且奴役反抗者，把他們當作「正義戰爭」的戰利品，是合乎正義的事。

洛克自己知道自己的辯解有多麼薄弱。因為奴隸的下一代並沒有抵抗，因而也不是任何正義戰爭的戰利品。除此之外，洛克也肯定不希望英格蘭人在發動任何侵略戰爭時會被法國或荷蘭當成戰利品而奴役。所以說，他的論證只適用於「無理性的」黑人和印第安人，從他們沒有開墾土地這點可以看出來他們欠缺洞察力。到了二十世紀，理性的概念被大幅限縮成阿多諾（Theodor W. Adorno）和霍克海默（Max Horkheimer）所謂的工具理性（Instrumentelle Vernunft），也就是商人

[16] 即Devonshire，英國西南部的一個郡，普利茅斯（Plymouth）為此處第一大城。

[17] 引文中譯見：《政府論》下篇，頁24。

的效率思考。

洛克的國家代表著所有財產所有人的利益。它並不是古代意義下的德行國家，因為經濟的成就即等於德行。正因為如此，它可以征服其他國家、建立殖民地並且蓄奴。為英格蘭及其商業利益辯護的資本家洛克，和依據自然法而認定全人類都是擁有平等、自由和財產的自由主義者洛克，兩者形成強烈的對比。就連偉大牛頓的想法也並無二致。而百年後美國的開國元勳在《獨立宣言》當中引用洛克的《政府論》下篇時也是這麼想的。「吾等宣佈，人人生而平等自由……。」湯馬斯・傑佛遜（Thomas Jefferson）、詹姆士・麥迪遜（James Madison）和喬治・華盛頓（George Washington）都是奴隸主，對於他們慷慨激昂的宣講內容，他們卻緊閉著雙眼。把道德思維和商業行為分別儲存在意識裡，而讓兩者井水不犯河水的藝術，不僅代表著我們現在享用著由迦納（Ghana）被奴役的兒童採收的可可豆的時代，它其實和自由的資本主義一樣古老。

[279]

商人的寬容

關於《政府論》，現在我們看得更清晰了。洛克想要駁斥保皇主義者菲爾默，而且想要為當時的經濟建構出對應的國家——這也許是歐洲哲學裡的第一次。因為這正是洛克有別於霍布斯和哈林頓的地方：他的國家概念並不保證維護和平或實現所有人的正義。他設計出一個國家，盡可能配合他極力辯護的英國自由資本主義經濟。跡象完全顛倒。經濟沒有必要像古代和中世紀的相關理論所說的為國家及其公民服務；相反地，反倒是國家應當設計來為經濟效勞。根據洛克的商人倫理，繁榮昌盛的經濟必定會造福每個人——而公正的國家卻反而不一定。

[280]

洛克反其道而行。國家必須為所有財產所有人的利益服務，好讓他們自由地做買賣和從事經濟活動；對此，他偏好一種擁有強大議會的君主立憲制。財產所有人為了保護自己，而需要一位國王作為最高代表，洛克或許並不相信這點。它怎麼看都欠缺合乎邏輯的推論。讓國王當國王，其實更符合一六八九年的政治局勢。當洛克發表的《政府論》時，英格蘭剛剛經歷了光榮革命（Glorious Revolution），推翻詹姆士二世。儘管並非公開的天主教徒，斯圖亞特王朝卻和羅馬教廷越走越近；這對聖公會⑱和不斷壯大的輝格黨而言，構成足夠的理由讓他們聯合自己的利益，他們推舉的候選人是信奉新教的荷蘭人：奧蘭治親王威廉。少了貴族地主和商人階級的廣大支持，詹姆士二世無法捍衛自己的立場，並且逃往法國。

自一六八九年開始，一個荷蘭人以「威廉三世」之名統治整個不列顛，這位新國王的權力都是來自當時國內勢力最強大的輝格黨。在這種情況下，洛克十多年來的關於政府分權的思想，就相當符合那個時代。人民也就是一群財產所有人，他們訂定社會契約，並把自己的權力交付最能代表他們利益的機關。像威廉三世這樣的國王，他應該知道自己的權力只是借來的，要是他違背人民的利益，他就可能被推翻。擁有主權的人民擁有霍布斯不打算了解的抵抗權。而國家的真正權力在於立法權，也就是議會。有權收稅的不是國王，而是財產公民的代表。專制君王只剩下行政權。

[281]

在政治理論史裡，洛克和早先的哈林頓一樣，都是「權力分立」之父——儘管日內瓦的喀爾文教派和美洲的清教徒已經行之有年。然而，洛克提出當時最詳盡的心理學解釋：「如果同一批人同

⑱「聖公會」（Die anglikanische Kirche）直譯意思為「盎格魯式教會」，起源自英格蘭宗教改革時國王亨利八世（Henry VIII.）為與第一任妻子離婚、進而和羅馬教廷決裂所領銜成立的基督新教教派，又稱為「英格蘭國教會」。

時擁有制定和執行法律的權力，這就會……是個絕大的誘惑，使它們動輒要攫取權力，借以使他們自己免於服從他們所制定的法律，並且在制定和執行法律時，使法律適合於他們自己的私人利益。」[76] ⑲

最大的權力落在議會，但這並不表示議員們就該不斷地開會。相反地，他們應該每隔一段期間召開會議，並於該期間過完全正常的生活。洛克腦海裡的商人的英格蘭，並不需要常設的議會代表，而是只要臨時議案的立法者；只不過，他認為重要的是定期舉行議會選舉，才不會讓坐在那裡的老是同樣那幾個人，如同一六四〇年至一六六〇年的長期議會（Long Parliament）時期那樣。令人訝異的是，洛克不僅接受下議院（House of Commons，庶民院），還接受上議院（House of Lords，貴族院）；後者是世襲貴族的會議，一度在內戰時短暫中斷，但是對英格蘭的情勢始終作出決定性的共同決定。這種貴族特權，並不是推論自人人生而平等的假定或是用以建立國家的社會契約，就連任何強制的經濟利益都無法從中看出來。

洛克的《政府論》並不是像霍布斯的《利維坦》那樣的基奠，它也不是「以幾何學的方式」（more geometrico）。我們看到的更應該說是個務實的折衷方案。上下兩篇論文彙整了輝格黨的中心訴求，例如：對於暴君的抵抗權、個人及交易的自由，以及經選舉產生的議會的主權。這些原則即使是在光榮革命以後也沒有受到保障。即使議會於一六八九年逼迫威廉三世承認《權利法案》（Bill of Rights），可是其內容，比方說全體議員的言論自由、議會對於稅收和關稅的立法權以及公

⑲ 引文中譯見：《政府論》下篇，頁91。

[282]

民擁有武器的權利，一直都搖搖欲墜。

國王和議會之間長期的爭執因為慘澹的國家財政而雪上加霜。大海老早就變成強國英格蘭、法國與荷蘭的永久戰場和海上劫掠舞台。一六九三年，法國人在拉古什[20]外海殲滅一支由近百艘船組成的荷蘭和英格蘭商船隊，該起事件為英格蘭造成龐大的經濟損失，許多商人和他們的擔保人都破產；沒有資金提供商船隊任何可靠的保護，也沒有錢和法國打那場威廉三世打算發動的戰爭。在這樣的情況下，商人躍上檯面，一個由四十名大商販組成的財團，召集超過一千兩百位債權人，願意把一百二十萬英鎊以百分之八的利率借給國王。作為回報，威廉三世頒發該財團一張銀行牌照。英格蘭銀行（Bank of England）就此成立，而國王是其主要債務人；它是歐洲歷史上第一家被授予發行鈔票權利的銀行，這便是用紙幣進行國際貿易的開端。

國王與商人階層之間的關係已經扭轉了。從前身為統治者的國王，如今是自己人民底下的申請人和債務人。就連他的宗教也被永久規定，從現在起每一任英格蘭國王都是聖公會教徒；問題就只在於，他對其他信仰團體是否寬容。就連這個問題，洛克也反覆研究過，他在年輕時主張信奉天主教的斯圖亞特國王查理二世擁有決定宗教的權利。然而在庫柏的影響下，他於一六六七年首次為宗教寬容辯護。他在一六八五年於荷蘭寫成的《論宗教寬容》（*Letter Concerning Toleration*）四年後在英格蘭引起軒然大波，洛克把宗教私人化：「對於那條通往天國的唯一小路，官長並不比其他人更熟悉，因此我不能放心地讓他來充當我的嚮導。因為對這條道路他可能同我一樣的無知，而且他

[283]

[20]「拉古什」（Lagos）位於葡萄牙南部，濱臨大西洋。

肯定不像我自己那樣關心我的靈魂得救。」77 [21]

洛克與宗教的關係既務實、又符合商人的理智。教會對他來說只是人們為了自身利益而自願加入的社團。從來沒有人把教會定義成人們投資若干程度的虔誠以期自己靈魂獲救的目的性團體。僅從原則上來講，洛克認為重要的是，國家不得干涉不包括在其功能裡的事項；因為在社會契約裡，誰會在乎宗教呢？重點難道不是僅只在於所有權（property）的維護，在於身體、生命和財產而已嗎？而且耶穌自己說過他希望擁有什麼樣的政府嗎？至少在《聖經》裡找不到哪一個段落提到救世主把劍交到哪個當權者手裡，並要他奉基督之名以這把劍讓他人歸信。

在宗教的種種問題上，洛克是個商人而不是道德學家，他詭計多端地於一六六七年的論文裡問道，寬容是否有助於提高勞動生產力。畢竟清教徒為英格蘭的繁榮貢獻極大，正如洛克從他自己的家族得知的。況且，禁止和打壓其他信仰團體，在社會和經濟方面的成本不是反而更加昂貴嗎？

然而，如果他對於信仰自由的辯護不包含若干實用主義的例外，他就不是洛克了。所謂的例外就是輝格黨厭惡的天主教徒。他特別看不順眼的就是流亡中的詹姆士二世。他是自由主義者的頭號公敵。而且一如既往地，洛克會為原本是政治性和且務實的觀點找到合適的哲學理論。具體來說，天主教捍衛國王的君權神授原則，這個原則被洛克惡意以「異端」稱呼之。同樣不被容忍的還有無神論者：那些「否認上帝存在的人，是根本談不上被寬容的。諾言、契約和誓言這些人類社會的約制對無神論者是不可能具有約束力的。雖然他們算只是在頭腦裡擯除了上帝，但卻使一切化為烏

[21] 引文中譯見：《論宗教寬容》，頁21，吳雲貴譯，商務印書館，1996。

有。此外，那些以無神論來破壞和毀滅一切宗教的人，也便不可能以宗教為藉口，來向宗教的特權進行挑戰。」[78][22]

依照洛克的主張，如果國家無權規定其自由公民應該信仰什麼，那麼它倒是顯然有權決定他們得有個信仰，這顯然前後不一致。而即便洛克主張的「自然法」確實是由神訂定的，他的論證就算沒有神其實也說得通，而且無神論者也會覺得有道理。我們又一次必須猜測，洛克難道只是向時代精神妥協罷了？在這點上，他難道不是小心翼翼地考慮到除了要引起的爭論之外不要節外生枝嗎？從後來被稱為「啟蒙」的運動角度來看，洛克在宗教的問題上遠遠不及當時的皮耶爾·貝爾（Pierre Bayle）那麼有膽識。就連這個主張懷疑論的萊布尼茲的對手，也以《福音書》提出論證。他和洛克一樣從裡面找不到任何要求不寬容的說法。可是在他那部和洛克的《論宗教寬容》同時寫成的《歷史批判辭典》當中，貝爾不僅不表態支持任何宗教，也不表態反對任何宗教，甚至不反對無神論。

儘管如此，洛克的《論宗教寬容》仍然是一部暢銷作品，出版之後隨即翻譯成荷蘭文及法文，被視為宗教寬容國家道路的里程碑。這個主題似乎山雨欲來，呼籲寬容的聲音此起彼落。舉例來說，用假的貴族頭銜狄福（Defoe）自稱的作家丹尼爾·福（Daniel Foe, ca. 1660-1731）在創作他的《魯濱遜漂流記》（*Robinson Crusoe*）之前，便以兩篇有關宗教寬容的著作造成轟動：一七〇一年的《道地英國人》（*The True-Born Englishman*）還有一七〇二年的《對付反對者最簡便的方法》

[22] 引文中譯見：《論宗教寬容》，頁41。

（*The Shortest Way with the Dissenters*）；第二部作品極力抨擊英格蘭國教會的不寬容態度，使得丹尼爾．福惹上一小段時期的牢獄之災。

不同於《論宗教寬容》的問世，洛克的《政府論》起初乏人問津。就我們所知，當時只有三個人對深入討論該作品。相較於霍布斯《利維坦》在媒體上造成的轟動，可真是教人失望呀！如果說洛克的政治立場明明就迎合時代精神，那麼問題出在哪裡呢？

他的個人處境是問題的癥結所在。少了庫柏在身邊，洛克缺少強大的導師。他在任何公開辯論會上都不會是個意見領袖。恰恰相反，他對於日常政治異常地漠不關心，就像現在許多對政治感興趣的哲學家一樣。洛克並沒有批評一六八九年的法案，儘管該法案遠遠不及於他在《政府論》提出的訴求，他並不是勇於堅持自己的主張的鬥士。更加明顯的，是他對英格蘭銀行貨幣政策導致的結果沉默不語。在極短的時間內，英格蘭的政治幾乎完全落入少數銀行家和金融把戲玩家的手裡，隨著議會主權的戲劇性結局。十七世紀末的英格蘭突然變成一個投機買賣與貪汙行賄的樂園，就連許多輝格黨員也都憂心忡忡地看待這件事。作為哈林頓社會平衡概念的支持者，他們挺身反抗種種弊端的發展，卻沒有洛克的奧援。

這個哲學家對自己自由主義世界觀內部的撕裂無動於衷：一邊是他的經濟自由的核心，對貨幣經濟和資本經濟的益處沒有任何懷疑；但是另一方面，他卻要和新哈林頓主義者一同為社會和平、自由市場的喪失以及議會主權感到擔憂才對。然而洛克卻逃避了。因為這樣，他作為政治哲學巨擘的星星直到後來才會升起。《政府論》在十八世紀共計印行了二十三版英文本及十一版法文本的。而到了十八世紀中葉，《政府論》下篇是西方世界裡閱讀最多次的政治著作之一，其政治影響無遠

[286]

弗屆。

洛克在世時並沒有以政治哲學家奠定其哲學家名聲。他是憑著知識論裡開風氣之先的起點贏得的……

空白的蠟板

- 知性的活體解剖
- 通往市場與交易所的道路
- 與萊布尼茲的爭論
- 存在即被知覺！
- 什麼是「唯心主義」？
- 理性與感性
- 經驗的動物學

知性的活體解剖

十七世紀的哲學家在書寫人生時，他們會望著窗外。有時確切來說是在偷看，例如一六八四年 [287]
至一六八六年住在東道主艾格伯特．凡恩（Egbert Veen）和彼得．格內朗（Pieter Guenellon）家裡的洛克。擔心遭到告密和背叛的他，目光膽怯又不安地落在阿姆斯特丹夜晚的鋪石路面上，思索著關於那沒有任何先天知識存在跡象的知性的哲學。在他的《人類理解論》（*An Essay Concerning Human Understanding*）裡，人類心智在他看來顯得能力無窮無盡、但不含任何天生本具的內容，他想要讓這個心智擺脫一切錯誤的假設。

與神學家和醫生為伍——接待洛克的凡恩在他於一六八四年一月抵達時解剖了一頭凍死的母獅 [288]
子——讓他回想起自己在醫學上的抱負。然而他現在不是要解剖人體，而是要像外科醫生一樣解剖人類的知性；它是個樣式獨特且天生難以駕馭的器官：「理解❶就同眼睛似的，它一面雖然可以使我們觀察並知覺別的一切事物，可是它卻不注意自己。因此，它如果想得抽身旁觀，把它做成它自己的研究對象，那是需要一些藝術和辛苦的。」[79]❷

早在一六六〇年代，洛克就對人類認知的基本問題產生興趣。然而，現在某些人眼中的特殊學術性消遣，卻不是為藝術而藝術。洛克的知識論有個政治動機，他要把判斷與偏見、道德和社會所根據的許多宗教和形上學假設，都擱置到「不值得繼續研究」的檔案夾裡。

❶ 此譯作知性。
❷ 引文中譯見：《人類理解論》第一卷，第一章，第一節，關文運譯，五南出版社，2020。

他和當時的幾乎每位思想家一樣研究笛卡兒，而且如同多數其他人，他也意圖反駁這位他有很多地方得感謝的法國人；身為庫柏的祕書，他從一六七一年起得以出入一個討論圈。如同他的國家理論，洛克也想在知識論上徹底減肥一番。他這麼做的誘因是個完全基於實際經驗（Empirie）的世界體系，所以它被稱為「經驗主義」（empiristisch）。只有確定且必然的事物才應該保留下來，而一切臆測性事物，洛克都想要擺脫掉。

洛克從經驗推論一切知識的想法並非獨創。許多古代哲學家都嘗試類似的作法，包括留基伯、德謨克利特和伊比鳩魯。就連亞里斯多德也相當重視經驗的意義，只不過不是排他性的。到了中世紀，羅傑·培根、奧坎的威廉和約翰·布里丹等思想家，都幾乎只把他們的知識論建立在經驗的基礎上。同樣的情況也適用於達文西、伽利略、培根和霍布斯。

所以洛克的知識論有什麼別出心裁的地方呢？引人注意的，首先是他的研究涵蓋的廣大範圍。然而，他並不像笛卡兒、斯賓諾莎或萊布尼茲那樣自己動手製作一套嚴謹的知識論體系；相反地，他要滌清其他思想家為了將其倫理學或神學建立於知識論上而留下的世界觀偏見。經院哲學思想家在我們的心智裡釘上的許多界樁，洛克要把它們一一拔除。而如果說契約論是建構出人類的「自然狀態」，以作為其他一切的基礎，那麼洛克同樣也在尋找知性的「自然狀態」。

可是這種自然狀態究竟長什麼樣子呢？研究知識論的人，自從笛卡兒以來，就必須為以下兩個根本問題找個好答案：我怎麼知道自己知道什麼？以及：現實有多麼真實？如前所述，為了找出關於世界我能知道什麼，笛卡兒區分出三種「觀念」。我們的觀念不外乎先天的觀念（idées innées, innate ideas）、習得的（外來的）觀念（idées adventices, adventitious ideas）或是自創的（虛構的）觀念（idées factices, factitious ideas）：先天的觀念包含特定的思考結構，比方說邏輯感，或者「善」與「惡」等根本概念。我們會獲得習得的觀念，是因為我們的感官知覺到事物，並透過反覆知覺而學會分類；當我們讓知覺到的事物獨自相互串連而想像出金山或獨角獸，就會產生自創的觀念。❸

笛卡兒筆下關於習得和自創觀念的內容，對洛克來說也是正確的。關鍵在於先天觀念，這些想法也一點都不新，柏拉圖早就談過先天觀念，他的學生亞里斯多德則是相當不以為然！不過柏拉圖用了極其荒誕的說法以證明他的先天觀念。如果說我們天生就有善惡的觀念或正義感的話，柏拉圖則是認為那是前世的記憶；更準確地說，是回想起我們的靈魂重生之前和中間的期間，這時它會接近絕對者——塵世之外的理型界。

即使是在西元前四世紀，這個理論對當時大多數來說也過於深奧。然而，為什麼儘管經驗世界中根本不存在精確的幾何三角形，每個人卻都還是能想像三角形呢？若不是如同柏拉圖主張的源自我們靈魂曾經接近的絕對者領域，這種觀念怎麼會進入我們腦中呢？對柏拉圖而言，認識三角形是一種「重新認識」。對笛卡兒來說，三角形是個意識產物，是神植入於所有人類心裡。對於他們兩者而言，三角形之類的基本知識結構早就存在，是我們的基本配備。尋求真理的人會擺脫自己的感官印象，並在自己心裡搜尋（如笛卡兒所言）「早已在我心裡」的東西。80❹

這種所有經驗的根源、可以透過「純粹思考」認識到的東西真的存在嗎？萬一不存在，那麼從

❸ 是笛卡兒在「第三沉思」提出來的說法。見《方法導論．沉思錄》，頁189-190。
❹ 引文中譯見：《第一哲學沉思集》，頁68，龐景仁譯，商務印書館，1986。

[290]

笛卡兒到和洛克同時代的著名的萊布尼茲，幾乎所有當時的哲學都誤入了歧途。而英國紳士洛克正是憑著這個論點嶄露頭角。他和霍布斯一樣，都聲稱一切知識僅僅來自經驗。他很早就提到心智是一塊「白板」（tabula rasa），上頭什麼都沒有刻寫。而在《人類理解論》中，他又用更多篇幅把人類心智描寫成「沒有一切標記的白紙」。❺在洛克的主張裡，柏拉圖的理型論以及理性主義的「先天觀念」都在童話書裡才有位置。真的每個人都擁有邏輯感或天生的正義觀念嗎？洛克強烈駁斥這點，對他而言，我們出生時的意識是個「空室」（empty cabinet），要是那裡頭早就擺有家具，那麼每個人都應該有的才對，但是嬰兒、原始人和智能不足者的腦袋裡能發現什麼根本觀念和原則呢？

洛克譏諷道，子宮裡的孩子絕對不會同意「合乎邏輯的命題不得包含矛盾」這個原則。可是笛卡兒真的這麼說過嗎？他只是說邏輯感是我們心裡**與生俱來**的，不是嗎？而且要充分有意識地掌握這個資質是什麼艱難的任務嗎？是大多數人往往會失敗的任務？理性主義是個考古計畫，每個人首先必須刮除附著在自己先天結構的根基上頭的經驗汙泥。

也就是說，洛克在《人類理解論》裡用言語擊斃的笛卡兒，只不過是個稻草人而已❻，和歷史上的笛卡兒以及其觀點完全無關。因為，指望一個嬰兒**同意**「二加二等於四」這個命題，或是這個嬰兒具備有朝一日**能夠**同意此命題的天生**潛能**，兩者有天壤之別。

洛克過度誇大對手的立場，以致於問題沒辦法靠那些方法來解決。先天思想結構的問題還會讓

[291]

❺ 引文中譯參考：《人類理解論》第二卷，第一章，第二節。

❻ 指「稻草人論證」，也就是先曲解對方論點或是把話塞到對方嘴裡，然後再批評他。

哲學家們左思右想一段時間。現在它則是神經生物學家和發展心理學家的範域。舉例來說，腦研究專家在大腦中區分**中間**（intermediary）迴路和**調節**（modulatory）迴路。中間迴路類似大腦的「原廠設定」，不需要多少經驗即可直接喚起行為。就這點來看，它證實了理性主義者的主張。調節迴路則是把我們的感官體驗轉載到另一個迴路，我們若多次進行某些經驗，大腦的開關（**突觸**）就會改變，變得更強或更弱。經驗也就會更改我們原廠設定的微調。硬幣的這一面證實了經驗主義者的主張，卻沒有和理性主義相牴觸；因為，人類在一生中會學到很多事情，這點笛卡兒從未否認過。他的錯誤不在於認為人類具有先天的思想結構，而是在於把具體的內容充填入其中；因為就算我們的大腦出生時再怎麼結構完整，「神」或「善」之類的成熟概念都不在那裡隨時可用。

通往市場與交易所的道路

所以說，真相位於中間某處，而洛克的經驗主義是片面地誇大，我們的大腦並不是空白的蠟板。然而，第二個知識論問題「現實有多麼真實？」該如何解答？身為皇家學會的成員，洛克認識當時許多自然科學家，而他對他們的機械論式自然解釋瞭若指掌。自然裡發生的一切都是由因果法則組成，或者用物理學家的語言來說：是由碰撞和作用組成的。洛克解釋知識的方式並無二致。我們的感覺器官以機械的方式受到刺激，我們感覺到、聞到、聽到、嘗到和看到某物；如此，洛克稱為**觀念**（ideas）的印象就在我們腦中生成。

我們對世界的全部知識，都是由這樣的觀念組成的，但它們有多麼確切呢？我們對世界的觀念是否和客觀世界相符？用洛克的話來問：我們的觀念是否等同於事物「本身」（as it is in itself）的樣貌？我們的觀念是實在界——洛克所謂的「原本」（originals）——的忠實映像，或者只是思考或想像出來的東西呢？也就是我們無法確定是否符合客觀實在界的印象？

這個區分是哲學史上最重要的區分之一，古希臘的巴門尼德可能是第一個於西元前五世紀在拿坡里附近的伊利亞提出這個區分的人。到了中世紀，弗賴貝格的狄特里希或艾克哈特大師等思想家認識到，一切關於世界的知識一直都是我意識裡的知識；就連柳利和庫薩努斯也都是往這個方向思考，而這正是笛卡兒《沉思錄》的出發點。[293]

洛克好不容易才提出答案，因為在他身上那個對自然科學感興趣的醫生，認為自己比較像是個自然研究者，想法也就不同於哲學家。結果是一個影響重大的折衷方案：身為自然研究者，洛克完全沒有要否認客觀實在界的存在；但作為哲學家，他卻知道每個人的腦中都只有觀念而沒有客觀的實在界，那麼準確無誤的知識究竟是從何而來？

洛克草擬出三條通往客觀知識的道路。第一條道路是**直覺性知識**（intuitive knowledge）：每個健康的人都知道他是他自己（無論這詳細意味著什麼），洛克在這點上贊同他的前輩笛卡兒，知道自己的存在對所有正常人類來說是直覺的肯定。另一個可靠的知識來源對洛克而言是**論證式知識**（demonstrative knowledge）：對他來說，數學的真實性可以確定地論證，因為沒有人可以反駁。洛克認為就連神也應該能確定地論證，聖多瑪斯就論證說世界上的一切都必定有個開端，而且是個自身無法追溯到任何先前原因的永恆開端，洛克重述這個宇宙學的上帝存在證明。然而，促使他證明上帝的並不是虔誠之心，而是為了自己對勤奮、勞動及抱負的清教徒式理解而需要祂。如果沒有神，世界上就不會有公正的秩序，也沒辦法保證照著神的意思致富的人行為端正。[294]

但感性的外在世界的存在怎麼辨呢？它既非直覺上完全確定的、也沒辦法以邏輯論證之，那麼什麼東西可以證實它的存在呢？是什麼向我們證實我們不是持續在錯覺裡或作夢呢？這正是洛克在《人類理解論》中自問的問題，他想知道「我們是否可以由此確定斷言外界有任何東西與那個觀念相應」[81] ❼；畢竟人類可以想像出任何絕對不存在的事物，或是我們會回憶起目前根本沒看到、聞到或嘗到的東西、氣味和美味。只不過，洛克繼續說，我們通常都會知道想像的東西根本不存在，而且在實際看到、聞到或嘗到的事物和空想的東西之間，可以感受到細微的差別。於是就有了第三種知識來源：一般來說相當可靠的**感性知識**（sensitive Knowledge）；這條知識之路如此可靠地指引我們的日常生活，使我們能夠滿懷信心。

如果常識告訴我們，我們知覺到的事物實際上存在，那我們就應該信任它。當然我們的感官並不完美，因為人類的視覺、聽覺或嗅覺都有可能被超越，有些動物在某些方面令我們望塵莫及。可是神賜予人類適當的生活技能。舉例來說，要是我們擁有顯微鏡一般的眼睛的話，我們該怎麼找到「通往市場和交易所」的道路呢？❽該例子代表洛克商人理智的典型，換作是別人，他想到的也許是通往酒吧和賽馬的道路……

由此可見，人類知性是有侷限的，並且只有在現實意義下才是最理想的。洛克引用了他的友人和談話對象化學家波以耳的話，相信組成世界物質的微粒（corpuscle）極其細小，就連自然科學研究也永遠無法清楚理解和解密它們；也就是說，即使是自然科學家也只能假定事物的客觀現實「本

❼ 引文中譯見：《人類理解論》第四卷，第二章，第十四節。
❽ 見：《人類理解論》第四卷，第十章，第二十八節。

身」存在，而他有多麼自信地預設「實體」的**存在**，其真實**本質**對他而言就有多麼隱蔽。

要怎麼想像這種真實存在的實體呢？該問題由來已久。而洛克也加入從亞里斯多德、伽利略直到笛卡兒的隊伍，和他們一樣，也區分出事物的**原始**（primary）性質（初性）和**次級**（secondary）性質（次性）。為了知覺物體的初性，我需要**多重感官**。它涉及物體的堅固性、擴延、形狀、數量和可動性。我能看見和感覺到它們，有時也可以用聽的。有了這麼多線索便可想而知，初性實際上就是**事物的屬性**。次性的情況則有所不同，它們是我只能透過**單一感官**知覺到的：溫度、顏色、氣味和味道；它們是**主觀的**，因為我知覺到的是一種感覺。當我距離火源很近，我會覺得它很熱，如果我遠離它，它就冷一點。藍天在另一種光的照射下看起來是灰色的。而氣味可能加重或變淡，視情況而定。就連次性也和事物有某種關聯，可是和初性不一樣的地方是，它們並不是物體的性質。個別事物僅具有在**我心裡**喚起這些性質的**力量**。

洛克確信自己在這個區分上站得住腳，因為他引用了波以耳的論證，後者在一六六六年和一六七一年的兩部著作中探討了這個問題。他的解答如下：次性只是**相對的**，只不過，儘管一個物體對某個人而言臭得難以忍受，對另一個人卻還過得去，卻無法改變該物體散發異味的事實。因為從化學家的角度來看，即便觀察者距離火源太遠而無法感受到熱度，火仍然是熱的。

洛克依據波以耳的答案，略加更動其要點。身為知識論者，他認為重要的是，光、熱、溫度和氣味，只能在觀察者**以感官感受**它們的時候認識到，但物體的數量和擴延則不會被感覺到；相反地，它們在物體那裡以更中性的方式被知覺到，因而是洛克所說的**實體性的**（substantial）。

真的是這樣嗎？就拿物體的運動來說好了，它有多麼實體性呢？滾動的球體以運動為特徵，靜止的球體則否。所以運動到底是不是球的屬性？在我們的經驗裡區分客觀性和主觀性，這種作法幫助非常有限。一方面，這個區分根本沒辦法那麼涇渭分明。另一方面，這樣也無法回答笛卡兒的大哉問：我們要怎麼樣才能確實知道，我們在意識裡想像的事物有個客觀的外在世界相對應？

洛克的回答並沒有讓哲學家們滿意很久。因為，他知道我們所有知識都是由**我們腦中的觀念**組成的，卻又主張有個客觀存在的外在世界**獨立於我們的經驗之外**。對於這個外在世界，我卻僅憑著腦中的觀念而知道些什麼，也就是以我知覺到的初性形式。根據洛克的說法，這些觀念應該和客觀現實對應（correspond）——而且又是依據我腦中的觀念的種種跡象。人們可以任意解讀它：我對世界的一切知識始終是我內心世界裡的觀念。而每個「實體本身」的主張，也永遠僅止於一個主張而已！在這點上，最聰明的洛克批評者在他過世六年後對他大加批判。不過在開始探討之前，我們再次看看洛克思想建築的設計，以及那個在歐洲大陸上的死對頭和他的對照。

與萊布尼茲的爭論

洛克主張清除哲學的廢棄物，如果說經院哲學家和理性主義者用他們一大串瀑布似的概念淹沒心智的話，那麼他的經驗主義就是一場滌清的雷陣雨。洛克為他的知識論穿上的商人語言是全新的。起初，我們的知性是一間空倉庫（store），漸漸屯積經驗的貨物；「倉庫」這個概念在《人類理解論》中出現了六次。貨品可以用兩種不同的方式取得：我們要不是經由感官（sensations）獲得它們，就是透過反省（reflections）得到。為了保持比喻的一致性，第一種方式好比開墾新土地，第二種則是以形形色色的手工處理把材料製成價值不菲的洞見。

當時以及後來的哲學家都指出，這個理論前後不一致。因為，感官的經驗貨品用什麼工具加工處理的？工具從哪裡來？洛克談到普遍的先天能力，但是這些能力有辦法反省自己嗎？是誰在操控這個過程？或者以事後的角度提問：在最深處支撐心智的「我」在哪裡？因為沒有指揮中心，就不會有經驗的加工，而沒有「我」就沒有反省的實體。

不知何故，就連洛克也想到了這個問題。他沒有加上一個「我」，反而突然在《人類理解論》後面補上〈理性〉（*On reason*）一章。細心的讀者可能會這麼想：哎呀！這到底從哪冒出來的呀？[298] 理性就不是源自感官體驗嗎？可是它同樣也不可以是先天的，否則經驗主義者的整座紙牌屋都會應聲倒塌。對洛克來說，理性就像「常識」（common sense）。它由許多經過知性加工的經驗滋養而逐漸成形。就好像亞里斯多德看見「理智」（phronesis）在每一個聰明的城邦公民身上成熟一樣❾，洛克也在每個聰明的英格蘭人身上看到商人理智（reason）。關於這種理性，沒有任何事物是先天的，除了擁有它的潛能之外；但所有內容卻都是從傾聽人生得知的，並透過自我反省而更完美。

對於理性而言如此，洛克認為語言和道德當然也不例外。對他來說，語言如同中世紀的唯名論者所說的，只是一種慣例。文字是文化協議規定的符號，如此而已。與笛卡兒不同的是，洛克並不認為概念是固定在人類腦袋裡的潛能。道德也不是。它沒有任何一點是我們的知性預先建構的。我們透過學習發展出對善惡的感知——而且是每個心理健康的人類都這麼做。即便是孩童也明白，想

---

❾ 見《尼可馬科倫理學》1139a。

要和平相處，大家就必須遵守遊戲規則。在這個意義下，洛克認為道德見解是可以論證的，和數學定理並無二致。只不過，那並不是說，對於要行善為惡，每個人都有相同的判斷。「亡命和盜偷雖然與世絕緣，可是他們自身亦必須遵守信義和公平的規則，否則他們便不能互相維繫。不過你能說，那些以欺騙和搶劫來度日的人們，有他們所承認所同意的信義和公道的天賦法則嗎？」[82]⑩所以道德原則和高尚的意圖是兩個截然不同的東西——這個聰明的認知至今仍然有效。

如此清醒的道德觀，當然會惹來異議。萊布尼茲在漢諾威想要和洛克通信交流，但對方卻興趣缺缺。這位歐洲大陸的哲學巨擘便以《人類理智新論》（*Nouveaux essais sur l'entendement humain,* 1704/05）予以回擊。反對經驗主義的主張崛起於十八世紀初，而當萊布尼茲在伏案寫作時，洛克卻於一七〇四年過世。對於這位理性主義者來說，洛克的哲學有危險的唯物論傾向。他捍衛自己的「先天觀念」，因為他認為感官無法提供一切，而是只提供「實例」。並且「必然的真理，應該有一些原則是不依靠實例來證明，因此也不依靠感覺的見證的，雖然沒有感覺我們永遠不會想到它們。」[83]⑪對萊布尼茲而言，我們的感官活化並訓練豐富的內在潛能；因為，儘管確實「凡是在靈魂中的，沒有不是來自感覺的。但靈魂本身和它的那些惰性應該除外。」[84]⑫萊布尼茲說，知性裡什麼都沒有——除了知性本身！對他來說，就連「道德原則」也是如此：雖然它們沒有強制力（因為還是會有人違反它），可是所有理性生物對它都有同等的義務，因為它是神植入我們心裡的。

⑩ 引文中譯見：《人類理解論》第一卷，第三章，第二節。
⑪ 引文中譯見：《人類理智新論》上冊，頁4，陳修齋譯，商務印書館，2016。
⑫ 引文中譯見：《人類理智新論》上冊，頁84。

如前所述，洛克和萊布尼茲之間的真相位在中間某處。不過，洛克倒是不用認真擔心那個來自薩克森的對手。這個人自從於一六七三年靠著計算器功成名就以來，在英格蘭的名聲江河日下。讓他聲名掃地的，是他和英格蘭的科學界領袖牛頓的激烈論戰，第一顆讓兩個偉大的思想家針鋒相對的金蘋果，是關於空間和時間的爭論。不習慣反對意見、也不樂於接受批評指教的牛頓，認為宇宙是神把所有東西都擺進去的單一大盒子；如此一來，空間對他來說便是「上帝的感官」，它跟上帝一樣永恆又無限，而且是絕對存在的。對他而言，時間也是一樣，它客觀存在於世界上：「時間存在，並且它時時刻刻規律地滴答作響。」

相反地，萊布尼茲則說，這種絕對的空間與絕對的時間根本不存在。關於空間和時間，我們只能說它們是相對的。我們只有透過時間與空間的關係才經驗到何謂空間與時間。當一件事物處於和他物相鄰、相疊、相距等等關係結構中，就產生空間。而時間也是同樣的情況。絕對的時間無法經驗到，萊布尼茲也認為它並不存在。存在的就只有前後相續。或者用圖像表示：當繪製家族樹狀圖時，我們會畫出從祖父到父親、以及從父親到兒子的線條。這些線條表達出真正的親屬關係。可是這並不代表它們以物質的形式存在。現實世界中並沒有親屬關係線，不論它們在圖表裡再怎麼正確。

同理，萊布尼茲認為空間和時間是觀念的東西，一種人類的秩序結構，而不是絕對真實的事物。這個爭議顯然沒有完全獲得解決。拿洛克來說吧，正如他在自然科學家和哲學家之間立場搖擺不定，就空間究竟是絕對擴延的空間或者相對的經驗而言，他的態度也換來換去。而不管自那時起關於時間和空間的問題有多少聰明的思考：對大多數自然科學家來說，它們直到現在仍然是絕對又

[300]

「客觀存在的」，對大多數哲學家而言則不然。

[301] 對萊布尼茲更要命的，是那關於微積分計算的可惡的「混戰」（Zickenkrieg）。第一個提出微積分計算的人是誰？其實是早在一六六五到一六六六年便發現重力理論和流數計算的牛頓，可是直到二十多年後，他才在《自然哲學之數學原理》（*Philosophiæ Naturalis Principia Mathematica*, 1687）裡發表。在這段時間裡，萊布尼茲不依靠牛頓而發展出自己的微分計算——在英格蘭卻幾乎沒有人相信他。牛頓和自己的支持者指控說，萊布尼茲從一六七二年和一六七六年來自牛頓的相關信件中獲知，不過裡頭卻幾乎沒有什麼可用的資訊。一六九九年，瑞士數學家丟勒（Nicolas Fatio de Duillier, 1664-1753）這位熱切的牛頓信徒首先發難指控萊布尼茲剽竊。自此，英格蘭對於萊布尼茲的各種指摘層出不窮。牛頓是物理學界的巨人，性格卻陰險好鬥，他看到機不可失，便煽動一場對付漢諾威對手不折不扣的殲滅戰。一七一二年，皇家學會在會長牛頓的主導下公開譴責萊布尼茲。遭到口誅筆伐的萊布尼茲顯然被倫敦的猛烈砲火搞得心力交瘁。憤怒的他以一份宣傳冊作為答覆。這下子輪到他攻擊牛頓才是抄襲者。英格蘭人勃然大怒，而萊布尼茲任何修好的嘗試都以失敗告終。

微積分計之爭重創萊布尼茲。而他反對英國經驗主義的巧妙論述也無人聞問。就這樣，整個學術界都沒有看到，萊布尼茲這個理性主義者為「無意識」在我們的思考裡找到一個全新的角色。對洛克而言，思考一直都是有意識的思考，但是對萊布尼茲來說，卻也有夜裡和白天的隱約感知的存在。因為正如笛卡兒所說的：我並不一定意識到存在於我心裡的一切思想性潛能。這是個開天闢地 [302] 的見解，影響後來的兩門學科：美學和發展心理學。幾十年後，我們看到鮑姆加登（Alexander

Gottlieb Baumgarten）撰寫一本關於模糊的感性（「美感」）認知的作品。而在兒童的大腦裡，萊布尼茲發現隱約的觀念和模糊的觀念，它們透過全面的學習和辛苦的自我反省才會漸漸清晰。現在發展心理學在談到兒童的自我、語言及道德發展的預定階段時，也有相同的見解。

而經驗主義者洛克偏偏沒有看到意識在生物學和心理學上的預定發展。捍衛自己的先天思想結構以及思想內容的理性主義者萊布尼茲，則完全相反。另外，幾乎沒有人注意到萊布尼茲區分了兩種迥異的論證。如果洛克認為新生兒的知性是空白的話，那麼他提出的論證便是**時間性**的。起初什麼都沒有，只有透過經驗才漸漸增加各式各樣的東西。現在自然科學家、演化心理學家和發展心理學家對於人類的觀點也是如此。相較之下，萊布尼茲則偏好完全不同的論證，他以數學家的角度考察知性：對數學而言，時間上的演進歷程並不重要，「二加二等於四」這個算式不是時間的歷程，而是**邏輯性的**歷程；它不是逐步演進而來，而是在任何經驗和時間觀念之外都有效的。

在同樣的意義下，萊布尼茲問道，哲學裡有什麼東西可以主張**有效性**。當他提到「之前」，不是指時間裡的「之前」，而是邏輯裡的「之前」。一個哲學命題要有效，必須預設什麼？而哪些真理是先於一切經驗而在邏輯裡有效的？如前所述，至少所有數學真理都是如此，而且完全不必理會解數學題目的個人的心理發展狀況。就像萊布尼茲所斷定的，數學定理的有效性獨立於經驗之外。它們是先驗的（a priori），意思是**在邏輯的意義上先於經驗**。但是這種先驗知識是為了哪些領域而存在的呢？它們存在就只是鑒於我的知性的特定認知能力，例如數學定理嗎？**抑或先驗命題的範圍可以擴及於我們的道德行為呢？**這個問題不只是報紙上的解謎遊戲而已。它是十八世紀最重要的知識論問題！而西方最著名的思想家都會在這題上苦思冥想。不過現在我們要回到那個問題：現實有多麼真實？

存在即被知覺！

不只有一所大學，而是整座大學城都以他的名字命名，有哪個哲學家可以如此自況呢？而且他不是什麼泛泛之輩，而是世界上最知名的哲學家之一？猶如田園詩一般，一棟棟莊嚴雄偉的新古典主義建築座落在舊金山灣粼波蕩漾的海邊；就在這個地方，歐本海默（Robert Oppenheimer, 1904-1967）研發出原子彈，後來也爆發了「六八學運」的學生運動。

不過這個加州城市以他命名時，柏克萊（1685-1753）早就不在人世了；就連「帝國西進」（Westward the course of empire takes its way）這句讓柏克萊市更加著名的口號，他的本意也根本不是什麼帝國主義。

柏克萊是愛爾蘭人，出生於基爾肯尼郡（Kilkenny）。洛克在一七〇四年於艾塞克斯郡的艾坪（Epping）森林時，這個年輕人正在都柏林的三一學院（Trinity College）求學。柏克萊的研究相當廣泛：古典語言學、哲學、神學和數學。他自一七〇七年就在大學任教。可是就像洛克一樣，他在大學只待了幾年，就和所有三一學院的畢業生一樣，在一七一〇年晉鐸。都柏林的印刷機裡躺著他的主要哲學著作：《人類知識原理》（*A Treatise Concerning the Principles of Human Knowledge*），是他在二十五歲出版的！這本書的企圖太龐大了。柏克萊打算填補當時哲學和自然科學之間的鴻溝。而且他想讓懷疑論者像無神論者一樣走頭無路。

這個三一學院的年輕教師，從洛克的初性和次性的區分著手。我們還記得：初性是物質本身的屬性，而次性則僅僅是由物質裡的力量在我們身上喚起的主觀現象。不過根據柏克萊的說法，這種區分根本是胡扯。因為對他來說，我們得自物質的**所有**觀念都是**主觀的**，不只是味道、氣味、顏色等等，更包括擴延、大小、形狀和可動性。因為「大小」在客觀上應該是什麼意思呢？在人類眼裡微小的東西，對螞蟻來說卻巨大如山。而事物時動時靜，也讓運動變成相對的。所以，在我們知覺的事物背後，也就沒有什麼定義清楚而不變的隱藏實體。相反地，我們知覺到的一切，都是我們主觀知覺的對象。「**存在即被知覺！**」（Esse est percipi !）

憑著這個著名的定義，柏克萊（不知不覺地）承襲了弗賴貝格的狄特里希、艾克哈特大師、柳利和庫薩努斯的傳統。那些前輩被誤以為是神祕主義者，但是柏克萊卻不認為自己是神祕主義者。他自認為是個對於我們的感官知覺的敏銳觀察者。關於這點，他早在一年前就寫了第一本書。他以觀察者的身分，遍尋不著任何獨立於我們的感受或思考而存在的「實體」。對洛克來說，無論是心靈或物質都是實體性的。我們在自然裡以為是初性的對象的東西，都應該是實體：化學化合物、物理力、石頭、樹木、動物以及我們的大腦都是物質性的實體；而我們的意識則是心靈的實體。只不過洛克心知肚明自己踩在危險的薄冰上。因為，我們的意識不也是以物質的形式產生，正如中世紀晚期的奧特雷庫爾的尼古拉斯（Nicolaus von Autrecourt）和約翰·布里丹（Johannes Buritan）所說的？洛克既不想大聲贊同也不想反駁。他受夠了和教會的爭執，即使是在十七世紀晚期，質疑心靈和靈魂的非物質性的批評也不是完全沒有危險。洛克退而求其次，主張實體的真實本質總是太細微了，以至於人類的科學無法完全解開它的謎。

相較之下，柏克萊更加前後一致。他不僅否認擴延、大小、形狀和運動等初性構成實體，更直接刪掉「實體」的概念以及「物質」的概念！我們對世界的一切知識都是我們腦中的觀念，而我們雖然可以用其他觀念來校正這些觀念，卻永遠沒辦法以實在界「自身」為之。因為這個實在界只是透過我們的感官和知性產生的。無論我們探究的是什麼，我們始終只是改變我們的觀念而已。物質「自身」對我們是不得其門而入的，以致我們只能得到一個結論：它根本不存在！實體和物質都只是我們腦中的觀念！

現在，洛克舉出了一串例子，說明如何才能如實認識事物的真正實體。對此，我們的工具是語言。如果我刪除我認識的所有人的個殊性質，就會抽象化得到「人類」這個觀念，而洛克認為，人類的意思就是實體。三角形也是如此。三角形的個殊性質也會被刪除，因而產生三角型的普遍實體性觀念。這種實體性的三角形「不是單單斜角的、直角的、等角的、等腰的、不等邊的；它是俱是而又俱非的」。[85][13]柏克萊被此言逗得樂不可支。怎麼會有人想出這種東西啊？「人類」或「三角形」等所有抽象物，既不會得到顏色也得不到輪廓：「一句話說，所謂廣袤、形相和運動，離了別的可感的性質，都是不可想像的。因此，這些別的性質是在什麼地方存在的，則原始性質亦一定是在什麼地方存在的，就是說，**它們只是在心中存在的，並不能在別的地方存在**。」[86][14]

柏克萊的這個命題想說什麼？他是否駁斥有任何人類意識以外的世界存在？一直有人主張這個觀點，卻不是柏克萊！他只是說，我們以為認識到的世界的一切，都是**依賴於我們的意識**，因而是**意識質料**。我們永遠沒辦法突破我們心智外殼，跳進世界「自身」。不過事實上，就連柏克萊也假

⓭ 引文中譯見：《人類理解論》第四卷，第七章，第九節。

⓮ 引文中譯見：《人類知識原理》，頁26，關琪桐譯，臺灣商務，1966。

定有個真正的外界，但這個超出我們意識的世界（自然科學家們要抓緊了），並**非物質性的**，**而是觀念性的**。物質的概念確實已經被柏克萊擱置了。畢竟，無法被經驗到「自身」、而只是作為觀念內容的物質，那會是什麼東西呢？

然而，如果我們的整個世界真的只能作為意識質料而被經驗到的話（對於這點誰會想認真提出異議？），那麼誰保證仍然有個連柏克萊都不質疑的客觀世界存在呢？一個沒有被經驗到的世界究竟是什麼東西？畢竟唯有被經驗到的才意味著「存有」。那麼，一個沒有被任何人經驗到的世界，事實上就是不存在，柏克萊這麼說。可是真實的世界完全不是這麼一回事。它的確處處被經驗到，而且不依賴任何人，也就是被上帝經驗到，那個我們有限者永遠無法領會的無限者！整個世界都是精神性的上帝的意識質料，部份再現於我們有限的單獨經驗中。

這下子圖窮匕現了！柏克萊並不想為他猜想的自然科學家當中的激進懷疑論者辯護。反之，他想要修剪正在興起的物理學家行業，對他們嚴厲地耳提面命說，「物質」概念純屬虛構——它永遠只是意識內容，而且永遠解不開世界「自身」的謎。波以耳不是建議把「自然」的概念完全刪除，並且以「機械論」取代嗎？在這種情況下，把機械論專家們的物質性世界觀和激情奪走，便不會有什麼壞處。而即便牛頓在眾人面前一再表現出敬畏神的樣子，對柏克萊而言，神並不從屬於物理學，反倒物理學是從屬於人類的意識，而人類則是從屬於神的意識。

什麼是「唯心主義」？

您是否認識法國作家**尚・考克多**（Jean Cocteau, 1889-1963）執導的《奧菲斯》（*Orphée*）

[307]

呢？這部電影是一部改編自奧菲斯主題的詩情畫意的作品，奧菲斯（Orpheus）是個古代歌伶，為了把自己的愛人攸里狄克（Eurydike）救出來而下降到冥府。在一九五〇年的考克多版本中，一切都有點不一樣。死神是全身黑衣的美麗女子。在電影裡的某個橋段，奧菲斯問死神她的人其實是 [308] 誰。死神先是幾些遲疑，接著說沒有人說得清楚：「有些人覺得祂心裡想著我們，也有些人認為我們只是祂腦子裡的想法罷了。」

誇張一點說，死神就是在複述柏克萊的立場。只有觀念的東西為真，而神是觀念事物的根源。其他一切都是我的意識製造出來的觀念。如果說我因為事物擁有擴延、形狀、靜止、流動抑或飛翔而視之為「物質」，那也是我腦中的觀念，即「物質」觀念。柏克萊認為這是不可辯駁的，除非物理學家、自由思想家和無神論者主張說，這個物質是個「實體」，它外在於我或他人的意識「在己地」存在於世界裡。

柏克萊的思想即便在今天依然會立即引起大多數人的反彈，這在十八世紀初也無二致；在其《人類知識原理》出版三年後，這個年輕的神職人士接著為更多讀者推出一部酣暢淋漓的對話錄時，引發了熱烈的討論。《海拉斯和斐洛努斯的三篇對話》（*Three Dialogues Between Hylas and Philonous*）佔據人心好長一段時間。蘇格蘭作家**詹姆斯・博斯韋爾**（James Boswell, 1740-1795）提到自己有一回和友人，著名的英格蘭作家**山繆・約翰遜**（Samuel Johnson, 1709-1784）在墓園討論柏克萊，約翰遜朝著一顆石頭猛踢一下說：「我**用這個方式**反駁。」

許多讀者看到這個地方，大概會點頭如搗蒜。可是約翰遜根本沒有駁倒柏克萊。因為，約翰遜踢到石頭的疼痛經驗正是他意識中的經驗！柏克萊並沒有宣稱物體不會對我們造成阻力，而是說我 [309]

們永遠無法走出我們意識的內在性。就連現在有人依據常識說：「真是胡說八道，月球上的石頭明明早在第一個人類看見它們之前就在那裡了。」他也得到相同的答案。就連該說法柏克萊也不會全盤否定。他只會駁斥說，這個命題只是**在我的意識裡**的命題而已，它是許多人也會同意的命題，而他們不是**在我的意識裡**，就是被我想像出來的人。

柏克萊看法的難題在於它違反我們的常識。不過這正是它和現代物理學不謀而合的地方。從地球繞行太陽的事實一直到量子力學，我們的直覺都捉襟見肘。在這種情況下，還有另一個對付柏克萊的可能性：我們可能覺得他的論點對於我們的正常生活根本無關緊要（就和量子物理學一樣）。幾年前，我和好友提姆到馬略卡島爬山，正值盛夏，天氣酷熱難耐；他問我能不能對他解釋什麼是哲學。我們走了一段時間了，而對話的用意是要讓我們打起精神。我指著一棵棕櫚樹問道：「對你來說，那邊有一棵棕櫚樹，對不對？」提姆點點頭。「相較之下，對哲學家而言，」我說：「則不能百分之百確定那裡有一棵棕櫚樹。我唯一有把握的是，這棵棕櫚樹現在作為觀念在我的意識裡。可是我憑什麼肯定那是真的？」感到不可思議的提姆說，可是那裡明明長了一棵棕櫚樹呀！我們還可以踢它呢！無論如何，他都可以證明那裡有一棵棕櫚樹。我的答覆和前面說的一樣：不管我們是否踢到棕櫚樹、或者提姆是否同意，那都不是究竟的確定性，因為兩者都只是我的意識裡的事件。

我清楚記得提姆說他有點頭暈，大概是我們水喝得太少了。那時我不確定他是說只有我或是哲學家全都失去了理智。接下來的一個小時，我們默默繼續走，但是過了一會兒，他便問我這個問題真的那麼重要嗎。我大方坦承它在日常生活中完全無關緊要。因為大多數事物至少在我們看來都**彷彿**客觀而且是「在己」存在的，這樣就夠了。相較之下，如果我們研究知識論或是探討科學的範圍

[310]

和有效性的話，事情就有點不一樣了。那就有的扯了。

我們記得柏克萊並不是唯一認為心靈事物才是真實而物質則否的人。就連萊布尼茲在這方面也是個「唯心主義者」（Idealist），這個術語是他共同創造的。對萊布尼茲而言，只有心靈的神性領域才是真實的，柏克萊的看法也是一樣。然而「經驗主義者」柏克萊是以人類如何經驗世界的方式為起點，而「理性主義者」萊布尼茲卻是以邏輯和數學原理為取向。不論是在感官還是在數學裡，物質都沒有任何保障名額！難怪年老的萊布尼茲對於柏克萊相當印象深刻：「很多我在這裡讀到的東西，」他承認：「在我看來似乎都是正確的。」只不過，他覺得完全摒棄物質這點未免矯枉過正。對萊布尼茲來說，否定其真實性就足夠了：「談到物質，只要說它有如彩虹的現象便綽綽有餘了。」[87]

憑著他的哲學轉折，也就是摒棄無法被認識的外在世界「自身」，柏克萊成為一門新哲學的先驅。笛卡兒說過，「我思」應該是所有哲學的起點，而不是世界。但柏克萊更進一步，把所有知識問題都變成關於自己意識的問題：「認識你自己！」德爾菲神諭的古老格言現在得到全新的哲學意義。

當時的人們要怎麼想，隨他們高興，柏克萊對他們的批評不以為意。隨著《海拉斯和斐洛努斯的三篇對話》出版，這件事對他來說就已經結束了，他的大學教職亦然。從現在開始，他全心投入正常生活，他前往倫敦並在法國和義大利羈旅六年之久；隆冬時節可以在阿爾卑斯山上遇見他，而一七一七年六月維蘇威火山爆發時他就在場。回到倫敦後，他融入社交界的生活，結交了作家斯威夫特、亞歷山大・波普（Alexander Pope, 1688-1744）、理察・斯蒂爾（Richard Steele, 1672-1729）

和約瑟夫．艾迪生（Joseph Addison, 1672-1719）等朋友。一七二四年，他被調到北愛爾蘭的德里（Derry）擔任座堂執事。然而柏克萊卻有更宏大的計畫，他於一七二八年橫渡大西洋，抵達美洲東岸的羅德島，計畫在百慕達建立一所讓每個人（白人殖民者和原住民的小孩）一起受教育的學校。柏克萊不僅在哲學意義上是個「唯心主義者」，就連在日常語言意義上也是個「理想主義者」⑮，而就和眾多理想主義者一樣，他野心勃勃的計劃以失敗告終，因為英格蘭承諾的經濟援助並未兌現。經過三年毫無作為的等待，他宣告放棄，只留下那首關於北美洲璀璨未來的詩；那首詩是他在啟程前寫下的，其後激起了柏克萊市創建者熱烈又愛國的情懷。

一七三四年，柏克萊成為愛爾蘭科克郡克羅因（Cloyne）小鎮的主教，他在閒暇時撰寫關於宗教和數學問題的作品。他以一本名為《質問者》（*The Querist*）的作品充實經濟學的內容，而那本書其實僅由問題組成，比方說：「創造繁榮光景的，與其說是大把銀子或大片土地，難道不是人民的勤奮才對嗎？」而身為神學家，他擔心數學家膽大妄為，居然敢計算無限者。出於這種不信任態度，他很機智地批判了萊布尼茲和牛頓的微積分的基礎。一七五二年，他移居牛津，家裡沒有任何長物子，在那裡他只再活了一年；這位現代主體哲學的思想先驅安葬於牛津的主教座堂，那座教堂的時鐘至今都會慢五分鐘……

⑮「唯心主義者」與「理想主義者」的德文皆為「Idealist」。

理性與感性

他大器晚成，而這個成功還是因為無心插柳的一部作品。大衛・休姆（David Hume, 1711-1776）現今被視為十八世紀最著名的英國哲學家。不過當時的人來說，他主要是以《英國史》（*The History of England*, 1754-1762）這部數大冊的國際暢銷書的作者。

休姆成名時已經四十三歲，在那之前都勉強度日。他出身經濟拮据的上流社會家庭，在愛丁堡出生，很早便上大學；洛克在牛津求學時二十歲，柏克萊在都柏林的三一學院註冊時十五歲，而休姆進愛丁堡大學時年僅十二歲（！）。他主修古典語言學和哲學，應家人要求而於三年後學法律，卻中輟學業。正如他於辭世前不久在自傳式的隨筆裡所寫的，他在「自己心裡」發現「對於學習哲學和博物學以外的所有事物難以抑遏地厭惡」。[88]

休姆覺得自己天生是個哲學家，他讀書又多又快，因而廢寢忘食，更忽略了健康。不堪折磨的身體以壞血病及流涎症的形式反彈。休姆回到他的家庭圈子，反而很快就體重過重——這個問題困擾了他一輩子。他心不甘情不願地遵照家人的期望而接受一份「體面」的工作，前往僅次於利物浦的奴隸買賣重鎮布里斯托（Bristol），並在一個富有的奴隸販子底下擔任抄寫員。休姆糾正雇主的拼字錯誤，卻被他臭罵一頓。一個靠骯髒生意發大財的人不需要拼對字！那次屈辱痛澈心扉，使這個博學之士後來寫道，錯誤的讚美是毫無價值的。就像士兵不會因為人家稱讚他善於辭令而感到開心，主教也不想被人說幽默風趣，而且沒有商人會在聽人說自己很有學問時深感榮幸。

在他的自傳式隨筆裡，休姆僅簡短寫下：「在不過短短幾個月內，我便注意到這種人生根本不適合我。」[89]他離開英格蘭並到法國過著貧苦的生活，首先在漢斯（Reims），接著到拉弗萊什（La Flèche），笛卡兒在那裡的耶穌會學院就學。而在這裡，他於一七三七至一七三八年間寫了第一部作品：《人性論》（*A Treatise of Human Nature*）。這部作品也許是英國哲學最重要的經典，卻銷售慘澹，起初幾乎賣不出任何一本，接著又遭到威廉・沃伯頓（William Warburton, 1698-1779）這位英格蘭最受敬畏的評論家的尖刻批評。他把《人性論》從頭到尾批評得一文不值，並無所不用其極地詆毀作者。將近八十年之久，這本書一直沒辦法翻身，初版銷售量不到一千本。要不是休姆後來以暢銷歷史學家的身分出了名，誰曉得《人性論》究竟會不會被載入哲學史冊裡。

這部作品分成三部分，具有不可思議的思想成熟度、令人印象深刻的哲學深度，以及（如同以前柏克萊的思想）清晰、精確而優雅的風格。休姆的哲學以其冷靜理性引人入勝，如果說洛克時而以解剖學家、時而以經濟學家、時或以傳統敬畏神的哲學家眼光審視人類的話，那休姆考察他們的手法就猶如一名動物學家。他把他們當作至今為一知半解的物種來研究，並且熱中於其內部組織構造、反射、調節及物種典型行為方式。另外，用十九世紀的概念來說，他更把他們視為「本能生物」而不是「理性生物」。這一切讓他至今成為許多自然科學家最喜愛的哲學家，當中包括英國演化生物學家湯瑪斯・赫胥黎（Thomas Henry Huxley, 1825-1895）和腦神經研究學者格哈德・羅特（Gerhard Roth, 1942-）。

不同於萊布尼茲的主張以及洛克和柏克萊的一部分哲學，休姆的哲學並不奠基在關於人類天性的形上學假定上。在洛克的主張裡，神無論如何都預定了人類自我發展並且致富的遊戲規則。而在柏克萊這裡，他設置了世界的秩序框架，也就是人類存在於其中的觀念宇宙。可是到了休姆，卻不再有誰規定著人類存在的規則了，沒有神、沒有皇帝也沒有護民官，只有自然才使人生而為人。

決定我們生命的原理，不是什麼永恆的法則，而是我們從自身的物種觀察到的生物學和心理學特點。因為我們對自己的知性、意志或理性的一切知識，都是我們透過對於自我和他者的觀察得到的。哲學家不是要揭開世界的真面目，並且掀開神的魔法披風皺褶，而是觀察人類並為他們找到對應的概念。

休姆是個極為條理分明的思想家，他更創造了以前的思想家從未思考過的秩序。這點在外在世界的問題上特別突出，也就是柏克萊的觀點：我們對事物「自身」一無所知，它們也因此完全不可能存在——除了神以外。休姆的答案令人吃驚，因為與其說是哲學的答案，它更像是極為務實的心理學答案。有別於洛克和柏克萊，休姆並不相信人類知性具有特別厲害的判斷力。我們的思想和行為有哪個部分是歸因於我們的深思熟慮？而這些深思熟慮又有什麼用呢？對於事物的每一種看法都有相對的看法。我們可以這樣總結休姆的意思：如果人生是一場和自己對弈的棋局，那麼獲勝的（如同在柏拉圖那個部分說明過的）不會是白棋，而是黑棋。因為每當我們考慮下一著棋時，總是會馬上想到更好的應對。然而如果這是真的，那麼人類就根本不能遵照他們的理性，洛克所謂機靈的商人理智；換句話說：理性完全不會得出最終的解答或絕對正確的決定。

休姆確信普通人（與哲學家相反）也都料到這點，這也是為什麼他們在日常生活中不怎麼使用理性，或者只在絕對必要時才使用。相較之下，我們絕大多數的想法和行為都是宛如反射性和自發性的。外在世界的問題也是如此。就跟我的朋友提姆一樣，休姆也覺得該問題其實不重要。即多次重申事物「自身」並不存在，比起論證的邏輯，一般意識更信任自己的直覺。用個新潮的術語來說，它是「後真相」導向的，因為我們對世界的觀點更多是源自「我們生物的感覺部分而非思考部分的事件」。而如果所有普通人都認定外在世界確實存在，那麼休姆認為哲學家也不該把它打發掉。就算柏克萊的論證再怎麼正確，它也不是特別重要。

[316]

休姆的心理學實用主義讓人棄械投降。他越是不必糾纏於「現實有多麼真實」這個問題，他就有更多時間分析以下問題：「我怎麼知道我知道某物？」在這點上，他比洛克精確得多，他憑著敏銳的洞察力把他對於我們經驗的劃分檢驗了兩遍，也就是說不僅在他的《人性論》裡，後來也在《人類理解研究》（*An Enquiry Concerning Human Understanding*）中再度檢驗。對洛克來說，有兩個來源，一是感官知覺（sensations）而另一個則是反省（reflections）；感官知覺給我們「馬」、「灰色」、「堅硬」或「寒冷」等觀念，反省則會產生「思想」、「感覺」、「好」、「愛」或「痛苦」等觀念。對休姆而言，這種劃分並不足夠，而且有一點誤導；他認為缺少了感覺和觀念之間的壁壘分明的區分，因此他便測試另一種劃分法。

我所經驗到的所有東西都導致知覺（perceptions），然而它們卻可能擁有相當不一的本質，感覺起來也不同；它們不是印象（impressions）就是觀念（ideas）。在看見一片麥田、一段音樂使我手舞足蹈、一幕景象令我感到震撼的時候，我會得到印象；如果回憶起這類經驗並在我的心裡喚醒它們，那我便會得到關於它們的觀念。印象在這個過程裡生動且強烈地多，觀念則比較微弱而不明確。一般的途徑是從印象延伸到觀念。我經歷一個炎炎夏日或一夜巫山雲雨，並在事後回想它。不過我們也經常從完全不同的印象自行組合出我們的觀念，就這樣讓我們天馬行空的幻想盤旋。要是我們在過程中越來越遠離我們的印象，那麼我們可以假定自己正在前往一個幻象的世界。因為從心

[317]

理學上來看，唯有印象才能保證我們強烈感受到真實。

所以休姆的決定性劃分不再是行經感官知覺和自我知覺中間，因為我可以有外在的（我看到明亮的光）和內在的印象（我對某人感到憎惡）。而我的觀念也是如此。它們可以是經由外在印象喚起（艷陽高照）或是內在印象（我不喜歡某人）。

休姆想要用他的新劃分法表達的是：**我們用感官攫取的一切都只有一個來源：那就是我們的感性**。而且任何有意義的觀念都源自印象，如果不是的話，那就不由得讓人強烈嫌疑是在胡扯。因為我們必須一直追問：這個所謂的觀念源自哪個印象？倘若沒有任何印象可以證明，便證實那是無意義的東西。「我希望這樣清楚地陳述問題，將會消除有關這個問題的一切爭論，並使這個原則在我們的推理中具有比向來較大的作用。」[90][⑯]

休姆的見解是一種全新形式的真理理論。確保某事物真實或有意義的，不是神或邏輯。而唯一的**意義判準**（criterium）是：**這個或那個觀念可以歸因於任何印象嗎**？對休姆來說，語言的層面也是如此。概念只有指涉特定印象時才有意義。在這之前，從來沒有任何西方思想家提出這種主觀的意義判準！對萊布尼茲而言，概念只要符合世界的普遍而神性的結構即為真；相較之下，對休姆來說，指稱詞只要對應到具體的指稱物就足夠了。

他以此對形上學投下的炸彈，在土裡沉睡了近兩百年，直到一九二〇和三〇年代，維也納學圈（Wiener Kreis）的思想家才把它挖出來。他們跟休姆一樣，都在尋找一個定義明確的意義判準，以

[318]

⑯ 引文中譯見：《人性論》，頁19，關文運譯，商務印書館，1996。

區分科學裡清楚的語句以及荒謬或沒有意義的命題。但是和休姆相反的是，邏輯經驗論不僅分析簡單的句子，更深入研究語言邏輯和語法相當複雜的問題，但是從未達到自訂的目標……

經驗的動物學

當休姆談到「印象」和「觀念」時，這些能力並不是神預先賦予我們的；它們的根基僅僅在於我們的神經：「一個印象最先刺激感官，使我們知覺種種冷、熱、饑、渴、苦、樂。這個印象被心中留下一個複本，印象停止以後，複本仍然存在；我們把這個複本稱為觀念。」[91] ⑰

休姆寫下這段話時才不過二十六歲。當然，就連洛克也自詡為人類經驗的解剖學家和生理學家。但是，洛克在《人類理解論》裡囉嗦冗長、拖泥帶水且顧及許多哲學慣例的論述，和休姆言簡意賅的分析相比，兩者真是有淵壤之別。從來沒有人以如此出色的方式探討人類如何經驗並獲得觀點。然而，這種「自然主義」的方法能撐得了多遠呢？感覺和經驗的分析可以回答我們的問題：「**我們為什麼有能力得到關於自己的見解**」？該問題遠遠超過印象和觀念的機制。畢竟僅僅是指出我們的神經系統可以感受到刺激，這樣就足以說明為什麼我們無法駁斥數學定理嗎？而我們的大腦化學會告訴我們真理不容許任何邏輯性矛盾嗎？

此處所涉及的問題就是我們提過的著名問題：先於一切經驗（先驗的）而有效的真理究竟存不存在？它絕對不屬於休姆最愛的問題之列，但是他至少還是把《人類理解研究》其中的一個小章節

⑰ 引文中譯見：《人性論》，頁19。

[319]

獻給它；他在裡面區分出「觀念的關係」及「事實」：「『三乘五等於三十除二』這個命題，便是表達這些數目之間的一種關係。」這種關係合乎邏輯又有說服力，但重要的是它只提到自身，沒有援引世界，因為「這類命題，只憑思想的作用就能發現出來，而不以存在於宇宙中某處的任何事物為依據。縱然在自然中並沒有圓形或三角形，歐幾里德所證明的真理仍然保持著它的可靠性和自明性。」[92][18]

所以問題的答案就是：**是的，先驗的真理的確存在——卻僅只存在於我們的知性自己獨處的地方**。但是在人類依賴於外在世界的刺激、從生活中獲得印象與觀念的地方，它們就不存在！在這點上到處都找不到穩固的立足點。因為世界上沒有任何法則能對我保證明天太陽會升起，只因為至今一直是如此，就連自然法則都不行。太陽升起這件事，並不是嚴格意義下的邏輯推論。假設它是邏輯推論，那麼太陽要是不升起，那就是陷入矛盾。然而，在自然中觀察到的現象卻可能相當規律，以致於我們把它們視為「法則」；可是它們永遠都達不到數學定理一般的嚴格邏輯。不管我是看到、聽到、稱重還是測量出來的，每個自然觀察始終都只是觀察，而「各種事實的反面仍然是可能的」。[93][19]每個觀察因此都是主觀的，就算我能合情合理地說：明天太陽極有可能再次升起，水作為純物質並在相同氣壓下也極可能總是在攝氏零度時結冰。

我們從中學到什麼？很簡單：判斷是透過我們把事物相互連結而產生的。在數學裡，我們擬出公理並使定理彼此串聯，藉此得到（用萊布尼茲的話說）**理性真理**（Vernunftwahrheiten）；相對

⑱ 引文中譯見：《人類理智研究》，頁19，呂大吉譯，商務印書館，1999。

⑲ 引文中譯見：《人類理智研究》，頁19。

地，其他所有判斷都源自觀察，因而是**事實真理**（Tatsachenwahrheiten）。理性真理具有先驗的有效性，事實真理則否。因為當人類觀察自然時，一直都是人類在觀察自然，而所有觀察都被我們人類意識的運作方式染色和建構。我們永遠不會知道事物是不是我們經驗到的那樣，即便這個問題在日常生活中並不重要，只有當我在評價自然科學家與哲學家的工作成果時才重要；因為兩者都永遠不應該自以為認識本性「自身」，更確切地說，不管是外在世界的本性、還是人類的本性。

「連結」是人類這個物種做判斷的一般方式。人類會把觀察到的結果用「因為」連結起來。會這麼亮，那是**因為**陽光的照射；我很餓，**因為**我的肚子感受到飢餓感；這個世界不堪聞問，**因為**有這麼多壞人存在。在這過程中，我每次都會把一個**原因**和一個**結果**連結起來。因為依照人類意識的運作方式，除了把事物因果相連而使世界對自己產生意義之外，我別無他法。這種連結可以是只對我有效的瑣碎日常觀察，也可能主張自己普遍有效。而且它們可能具有高度的客觀性，以致於我把它們稱為自然法則。

但是我怎麼知道這種**因果判斷**，「這個原因有接下來的結果」，是不是正確的？對休姆來說，只有一個源頭可以用來驗證事實陳述：那就是經驗！在這點上，他與萊布尼茲大相逕庭，因為如前所述，那個來自薩克森的理性主義者斷言，許多真理都可以僅憑著邏輯加以推斷和檢驗；而且是不僅數學的領域（如休姆認為的），就連自然科學和哲學也是如此。

然而休姆卻拉出一條壁壘分明的界線。數學真理是永遠有效的，而且在任何時間和經驗之外；相較之下，事實陳述則總是和特定經驗連結在一起。我嘗過上百遍，知道糖是甜的，所以我認定它明天吃起來也會是甜的；根據休姆的說法，這是個合理而正確的假定。可是「糖明天吃起來還會是甜的」並不能以邏輯推論出來。觀察憑什麼不會隨著時間而變化？就算是所謂的自然法則，也只不過是觀察性真理而已。沒有邏輯能向我保證它們會始終維持原樣而不改變。

自然裡是否有任何事物依照法則恆定不變，休姆認為既沒有證實也無法證明。能量如何從一個物體轉移到另一個物體，或者是什麼在內部凝聚物質的，那都是完全恆定不變的過程決定的，現在大多數人都視為理所當然的事。光速或基本電荷等常數在宇宙中的任何地方都有效而不容懷疑。然而，休姆對於所謂的自然常數事實上是否恆定不變的質疑，現在再度成為熱門話題。根據目前的研究，可以想像這些自然常數在歷經天文數字的時間後會有極微的誤差。比方說，電磁輻射的傳播在幾十億年前可能比今天慢一點點——這個話題在近年來不斷在物理學家之間點燃戰火。

休姆應該會點頭表示贊同，可是他並不在乎物理學的細節；他在乎的是，面對所有事實真理時，**原則上**總是**可以設想**它們並不完全精確。而這正是它們和數學的理性真理的差別所在。

經驗不保證恆定性。而每當我從過去的觀察推斷未來時，我都處於沒有邏輯保證的領域。這個見解在歷史上稱為「**休姆問題**」（Hume's problem）或「**歸納法問題**」（problem of induction）。以在牛頓下一代的英國人來說，它是個大膽的命題，即使它相當正確。人類不再以無畏的探索精神來揭露自然的原理，而是依據他們身為人類物種的既定思考方式正確地詮釋自然。和萊布尼茲一樣，休姆也不喜歡牛頓的無限時空。因為這樣的空間及時間無法被經驗到。該觀念並不是起源於任何印象，所以是空泛的。那我怎麼能聲稱它存在呢？我們對空間和時間的一切知識，都只是由於我們察覺到某種並列和先後的關係，但兩者皆受限於人類的視角，並且在那裡擁有自己的位置，別無他處。

重大的哲學問題是如此，對休姆而言，日常生活中也不例外。就連在這裡，我們也從早到晚都把事物連結在一起，而且不管這些連結是否有意義或者可以檢驗。在他們的日常思考和行為當中，人類這種生物滿足於盡可能迅速而自動的判斷。短暫的感受、反射性地連結到以前的經驗，然後判斷就完成了。

哲學史上沒有任何其他哲學家如此解剖心理學的思考模式。休姆比斯賓諾莎更激進地在思想上把人類剖開，到處發現思考捷徑，而幾乎看不到冗長的理性叉路。人類不是理性機器，而主要是雜亂無章的一束束感覺和多少不明確的觀念。支配著我們的也不是知性，而是感覺。我們的判斷不是心智的深思熟慮，而是情感性的例行公事產物，我們在心智裡重複一個連結的頻率越高，它對於我們就越必然。腦神經科學家達馬西歐（António Damásio, 1944-）關於「軀體標記」（somatic marker）的理論證明休姆一語中的，我們在探討斯賓諾莎的部份提過這個理論。新的經驗和以前的情感的連結程序大抵上是完全自動化的，審酌權衡的理性沒有任何機會重新澈底思考經驗。

休姆花大量的時間和空間來描述我們大腦的許多自動裝置。除了斯賓諾莎以外，他是當時人類情感最澈底的解剖學家。他觀察入微地描寫我們情感生活的各個面向，並把它歸因於我們的神經系統。任何情感衝動都有對應的生物過程，那就是笛卡兒比英國經濟學家凱因斯（John Maynard Keynes）早了三百年提到的「動物本能」（animal spirits〔spiritus animales〕）。

讓休姆忍俊不住的是，以前有這麼多哲學家和自然研究者以為自己發現了自然裡的「必然性」，卻完全忽略了我們心裡是什麼必然性在支配我們：那是一種要我們遵循自己的感覺、觀念和思考機制的衝動，遵循一種因果關係的鎖鏈！於是他也和柏克萊一樣主張：「認識你自己！」而不是「認識世界！」只是，休姆主張的自我認識所要揭露的不是觀念性的心智，而是由刺激和反射構成的複雜機制；它也導致一個顯著的後果：如果我所有的感覺和思想都是因果秩序決定的，那麼哪裡會有「自由意志」的地位呢……？

[324]

所有人的幸福

- 生命經驗
- 論擁有不自由的意志的幸福
- 道德情感
- 道德感
- 公正的旁觀者
- 從道德到經濟
- 由天生的自由而產生的財富
- 看不見的手

生命經驗

你是否認識威廉・克萊格霍恩（William Cleghorn, 1718-1754）或至少認識詹姆斯・克洛[325]（James Clow, 1790-1861）？如果不認識也不要緊。前者是愛丁堡大學倫理學和屬靈哲學（pneumatic philosophy）教授，而他唯一留下的，是四卷未出版的講義，收藏在愛丁堡大學圖書[326]館裡，幾乎無人問津。後者是格拉斯哥邏輯學教授，他沒有留下任何作品，我們甚至對他的生活也是一無所知。

他們的名字今天仍然為人所知，那是因為他們擋了一位偉人的路。休姆沒有申請到的教授職位，正是落到了克萊格霍恩和克洛手中。這些當時的勝利者今天仍然在歷史裡陰魂不散，那是因為休姆不同於霍布斯、洛克、斯賓諾莎、萊布尼茲或者柏克萊，他汲汲於正式的教授職位。為了教授職位，他甚至連尊嚴也可以不顧，他在一封信裡極其哀婉動人地大談特談自己對神的敬畏，儘管他是個堅定的無神論者。

《人性論》出版之後，休姆在經濟上並沒有變得寬裕。他期待的讚賞並沒有應聲而至，他也沒有獲得可以維持生計的學術職位。其實當時的環境條件並不算差，蘇格蘭有四所大學，在十八世紀上半葉超越了英格蘭。到處都有哲學教職開缺，學術上也洋溢著樂觀主義精神。但是即使哲學在院系制度上和神學以及自然科學區分開來，一個稱職的蘇格蘭哲學家仍然應當敬畏上帝，至少應該偽裝得巧妙一點。思想卓絕的人很少能獲得正式的教授職位，這點現在也沒有什麼不同。

休姆於一七四四年在愛丁堡申請的教職關乎生計。一七五二年，他在格拉斯哥（Glasgow）還想著要成為世界主流的一部分，懷有同樣想法的還有亞當．斯密（Adam Smith），他的朋友詹姆斯．瓦特（James Watt, 1736-1819）也是一樣。這位當時最重要的哲學家，本來應該和其他重要的經濟學家和發明家一起授課。然而他卻到倫敦附近的聖奧爾斯本（St. Albans），擔任有精神問題的安南戴爾侯爵（Marquis von Annandale）的家庭教師，他與其說是去當教師，不如說是當看護。然而他既與管家不和，又被僕人告狀，終於在責罵和羞辱當中離開了那裡；因此，休姆絕不是個不知民間疾苦的哲學家。為了洗雪在聖奧爾斯本的恥辱，休姆提起了索取薪酬的訴訟，官司打了十一年。接下來，他陪同聖辛克萊將軍（James St. Sinclair, 1688-1762）遠征，擔任他的私人祕書，聖辛克萊計畫用一支六千人的遠征團進軍加拿大魁北克的法國屬地。但是，天氣對聖辛克萊開了個玩笑，他去不成加拿大，而是在一七四六年九月率領兩千援軍前往布列塔尼。聖辛克萊要攻打一六六四年成立的法國東印度公司的總部洛里昂（L'Orient）。休姆寫道，辛克萊既沒有「打算」也沒有「計畫」、更沒有「批准」這次遠征，他也「不相信遠征會成功」。

這次行動變成一場災難，法國軍隊比鹵莽的侵略者多上五倍。火藥短缺，沒有馬匹，英國士兵只能在沙灘上拖著大炮前進。而當時休姆擔任軍事法庭法官，必須片言折獄，當下做出道德和法律的裁決，有時還要判生判死。遠征失敗之後，他退居到蘇格蘭和英國邊境的丘恩賽德（Chirnside）附近的尼尼威爾莊園（Niniwells）。在那裡，他修改自己的《人類理解研究》（*An Enquiry Concerning Human Understanding*, 1748），並且寫了多篇文章。然而不久之後，聖辛克萊的另一次遠征吸引他離開了書桌。這次是到維也納執行外交任務，一七四八年大部分時間裡，休姆都客居日耳曼地區和奧地利。他回到英國之後，提筆寫下第二部代表作《道德原則研究》（*An Enquiry*

[327]

Concerning the Principles of Morals）。休姆認為這本書是自己最重要且優秀的作品。

論擁有不自由的意志的幸福

要理解休姆的道德思想，首先要知道他怎麼回答「我們是否擁有自由意志」這個問題。他的回答是：**沒有！而且這是件好事！**很多人多少會對這個答案感到吃驚，因為大多數人認為自己擁有自由的意志，其次，他們不會贊同他們的意志不應該是自由的。那麼休姆為什麼會堅持這兩個觀點呢？

[328]

我們先來回顧一下休姆對於因果法則的看法。不同於絕大多數的自然科學家，他不認為事物之間的因果關係是我們在自然界裡發現到的規律。相反地，他認為那是人類理解世界的典型方式。在休姆看來，世界上找不到任何一個堅實的立足點，相反地，堅實的基礎只存在於人們心裡。這是一種心理語法，「因果法則」也是它的一部分，它讓我們以自己的方式觀看世界。當鐵屑被磁鐵吸住，我們認為磁鐵裡存在一種吸引鐵屑的「力」，而這種力只是我們把對於人類世界的觀察套用到磁鐵上，因為我們看不到這種力，只是覺得**有必要**認定有這種力。而且我們**不得不**相信，磁鐵下一次也會吸住鐵，因為磁鐵顯然總是這樣。

我們之所以會把磁鐵看作原因，把吸住鐵屑視為結果，那是因為我們的心靈**需要**我們這麼做。因為因果關係是我們思考裡的範疇，所以我們才會認為原因和結果之間存在著不可分割的聯繫，這就是人的知性的理解方式。而我們對於磁鐵和鐵屑所做的，也正是我們不斷對其他人類所做的。我們用「因為」解釋他人的行為，某人進食，**因為**他肚子餓了，某人沒有回應，**因為**他情緒不佳，諸

[329]

如此類。我們以這種方式為所有行為賦予**動機**，而超越這種動機的思想和行為，我們則視為瘋狂。如果沒有一個可以理解的動機，沒有一個明顯的原因而去做一件事，那就是**精神失常**。

在這點上，休姆有個細膩的看法。當他人做出瘋狂的行為時，我們不是會認為他們是精神病患嗎？我們是否認為精神病患，這些可憐的人，不知道自己在做什麼，因為他們受到內心力量的驅使而身不由己？這種力量使精神病患者沒有自由，他的所作所為完全是受到**強迫**，他們也因此不能為自己的行為負責。

在這點上，大多數人可能都會同意——但休姆不會！因為他從完全相反的角度看這件事。我們覺得精神病患者看似失常，不是因為他們的行為不由自主，而是他們的行為**無法預料**。也就是說，我們無法套用「原因和結果」或者「動機和行為」的範疇去理解他們。可是這意味著，只有當你可以說「這個人之所以這麼做，是出於某種理由、動機、意圖」，他才是「正常」的。但如果這麼想是正確的，那麼所謂的正常人不就是正在受到強迫，也就是說被迫要遵守他們的動機和行為的心理語法。但動機和意圖由不得我們，我們看到可口的食物就會感到飢餓；我們感到疲憊，就會想要睡覺；我們感到妒嫉，就會說他人的壞話。

如果我們心理的基本語法是由因果構成的，那麼就不存在意志的自由。我們的理智無法不摻雜感情地做出評價或決定，它就像某種行銷部門，它會在事後證明我們的感情剛才所作的決定是正確的。現在的腦神經科學家在這方面有許多發現：他們試圖證明，理性無法掌握我們意志的衝動。一九七九年，腦神經科學家利貝特（我們在論述彭波那齊上下文裡提過他）進行一系列的實驗，為他們的砲彈充填了許多火藥。受測者要盯著類似時鐘指針之類的東西，他們要自己選擇一個時間點舉

[330]

起手指來。而大腦做出決定的時間點也會被測量到。值得注意的是：手指的運動比大腦的決定早了大約半秒鐘。利貝特由此證實他的兩位德國同儕科恩胡伯（Hans Helmut Kornhuber, 1928-2009）和德克（Lüder Deecke, 1938-）在一九六〇年代的發現：大腦的無意識活動在時間上先於我們有意識的決定。不過利貝特並不認為他的實驗可以證明人類沒有自由意志。對他來說，半秒鐘的時間足以讓我們選擇遵循或拒絕大腦的無意識指令。由此說來，人類雖然並不擁有自由的意欲志，卻擁有自由的「不意欲」，也就是對我們的無意識衝動的否決權。

利貝特的實驗引來熱議。然而在哲學上，它們卻遠遠低於休姆的層次。自由的不意欲從何而來？它是不是也有個我們無法控制的無意識的誘因？如果人類想要捍衛意志的自由，那肯定不是以利貝特的方式。在**當下**不受控制的意志衝動，和隨之而來的**順應或抗拒**的反應，這兩者之間的因果關係，都是無法迴避的。但這並不意味我們的意志不是我們由經驗和觀念組成的人生的一部分。我們的意志並不是我們體內不知名的野獸，而是內部不斷相互影響的完整系統的一部分，從我們自身的知覺角度來說，這個系統就是「我」。這些問題以及類似的問題，我們會在當代哲學的部分詳細討論。

直到今天，我們對於自由或不自由的意志在大腦裡的機制仍舊所知不多。而且許多最新研究成果都相互矛盾。而休姆一直是更精確且先進地證明了彭波那齊的猜想：在因果法則的世界裡不存在自由。只不過，彭波那齊把因果關係視為物理學的定律，而不是如休姆那樣看作心理物理學的定律。正像十六世紀的彭波那齊，十八世紀的休姆轉移了對於意志自由的討論。如果說其他人都在思考，既然全知全能的神預定了世界的命運，人怎麼能自由地思考和行動，那麼彭波那齊和休姆心裡的問題便不再是神而是因果關係。

讓人困惑的是，休姆明確讚美不自由的意志！因為這正好使我們的行為可以預期。如果我們無法確定自己或他人行為的原因，我們一定會發瘋，如果每個人都有自己的自由意志，人的思想和行為就無跡可尋。只有假設人們的思維都會遵循一定的路線或軌跡，我們才能以科學的方式研究人類的心理。科學需要可觀測的反射、慣例和規律性，而這正是休姆致力研究的計畫：對心靈的實證研究，在德語中稱為「經驗心理學」（Erfahrungsseelenkunde）或「心理學」（Psychologia）。而這門心理科學裡最重要的領域，就是對人類社會行為的精確研究，也就是這個英國人所說的**道德**……

道德情感

人類為什麼有這樣或那樣的行為？休姆以這個問題開始他的道德研究。這和萊布尼茲形成鮮明的對比。休姆對於道德原則、學說或規範不感興趣，只在意它們是**如何產生**的。雖然看似冷漠，對他來說卻是一種倫理學的計畫。這就是他想使社會變得更好的方式——哲學家不是要告訴人們應該做什麼，而是要幫助他們更理解自己的行為！

三十八歲的休姆開始寫作他的第二部重要作品。那個局勢動盪的年代，也讓他對人性有了更深的認識。而且他也把自己關於道德的許多想法寫成了文章。有一點是他在《人性論》裡相當確定的：當涉及到「**應然**」的問題時，「實然」在邏輯上起不到什麼幫助。證明一個事實和對於一個道德行為的主張，是兩個涇渭分明的世界。從「三分之一的德國人經常使用牙刷」這句話中，我們並不能推論出德國人**應該要**經常使用牙刷。而「三分之一的德國人每四年就會買一輛新車」這句話，也不能說明更多或更少的德國人應該購買新車。而人類的祖先是生活在陽光充足的森林邊緣的樹居靈長類，這個事實並不意味著人類也應當生活在樹上或森林邊緣。（即便建築師認為人們在較高的公寓比在地下室或一樓更舒適，即便大多數中歐人都喜歡家中光線充足。）

這種把**事實和規範**嚴格分開的做法，現在已經是舉世皆知的事。用休姆自己的話來說，就是：「在我所遇到的每一個道德學體系中，我一向注意到，作者在一個時期中是照平常的推理方式進行的，確定了上帝的存在，或是對人事作了一番議論；可是突然之間，我卻大吃一驚地發現，我所遇到的不再是命題中通常的『是』與『不是』等連繫詞，而是沒有一個命題不是由一個『應該』或一個『不應該』聯繫起來的。這個變化雖是不知不覺的，卻是有極其重大的關係的。因為這個**應該**或**不應該**既然表示一種新的關係或肯定，所以就必需加以順論述和說明；同時對於這種似乎完全不可思議的事情，即這個新關係如何能由完全不同的另一些關係推出來的，也應當舉出理由加以說明。……不過我相信，這樣一點點的注意就會推翻一切通俗的道德學體系，並使我們看到，惡和德的區別不是單單建立在對象物的關係上，也不是被理性所察知的。」[94]❶

對事實（實然命題）和規範（應然命題）的嚴格區分，人們稱為「**休姆規則**」。這是個相當有分量的發現，即便近幾十年來的語言哲學家一直質疑這個規則，演化心理學等學科也沒有在理會它。無論如何，休姆堅持自己的原則，他只把人類的社會行為當作事實來研究，而不想推論出任何規範。他並不是唯一這麼做的蘇格蘭人，格拉斯哥大學的哲學教授哈契森（Francis Hutcheson,

❶ 引文中譯見：《人性論》下冊，頁 505-506，關文運譯，商務，2016。

[333]

1694-1746）也有和休姆類似的觀點。哈契森比休姆年長十七歲，是站在蘇格蘭教會的對立面道德討論的核心人物。他後來被冠以「蘇格蘭啟蒙運動之父」的稱號，可是這並不是因為他的著作比其他人重要，而是因為他是他們的導師，而且使哲學思想在這樣的環境中脫離神學蓬勃發展。他近乎佈道一般地宣揚自己的啟蒙思想，並且吸引了來自全歐洲的學生。在十八世紀中期，大約在二十年間，愛丁堡和格拉斯哥併列為西方世界的知識中心，領先倫敦和巴黎。

休姆出版《人性論》時，哈契森是極少數欣賞該作品的人。即使他是格拉斯哥大學的哲學教授，卻沒有把自己的倫理學建立在神學原則或者普遍法則之上。和休姆一樣，他認為道德的根基是人而不是神，而且道德載體並非理性真理而是情感。不過哈契森也毫不掩飾地表示，他覺得休姆的理論有點過頭；休姆在一七四二年到一七四三年的冬天寄給哈契森一篇自己關於道德的小品，兩人的差別更顯而易見。哈契森認為，每個人都有與生俱來的正義感，就像塊莖裡蘊藏著植物的生命一樣，只要環境合適，這種正義感就會自發性地從善心裡長出來。因為成熟且擴展的善心必然會發展成正義感，並最終變成「常理」（Gemeinsinn，共感），一個自霍布斯（他的道德和政治觀中不存在上帝）以來，每個哲學家都關注的概念。

哈契森並不是唯一相信人有「內在感受」（internal sense）的人，第一個在自己的作品裡開創性地提到這個問題的人是安東尼．庫柏（Anthony Ashley Cooper, 1671-1713），他是夏夫茲貝里伯爵三世，他的祖父是洛克的摯友。他在《論德性或價值》（*Inquiry Concerning Virtue, or Merit*）認為人是不斷尋找內心平衡的動物，這點無論是在和他人或自己的相處中都會體現出來。對內在和諧和外在和諧的追尋，是人與生俱來的，是人天性的一部分。夏夫茲貝里的文章很有影響力也無疑包

[334]

含著真理的內核。人類無法長期忍受自身內在不和諧的狀態，這是現在社會心理學的一致觀點。一 [335] 九五〇年代，兩位美國人費斯汀格（Leon Festinger, 1919-1989）和沙克特（Stanley Schachter, 1922-1997）研究當我們的自我形象和別人對我們的印象不一致時會發生什麼事。如果我們的期望、想法和意見和別人出於充分的理由認定的「真相」不一致，我們就會出現「認知失調」（cognitive dissonance）。如果我們內心的和諧被打亂，就必須馬上恢復，要麼我們必須糾正自己的看法，要麼就逐一駁斥外界對我們的看法。

哈契森也認為，當人藉著由同情和善心孕育出來的內在感受以區分德行和惡行時，就代表所有人都在追尋內在的平衡。休姆對此的看法則不同。對他而言，正義感並不會自發性地從善心裡產生，因為善心是非常主觀的東西。我們愛誰，重視誰，就會他們友好。對於不喜歡或者根本不認識的人，我們就不會對他們那麼好，甚至冷漠以對。所以善心和正義感之間並沒有直接的聯繫，它們甚至可以完全相悖。

休姆的批評擊中哈契森的要害。這位道德教授的哲學大綱的主要根基就在於，美、榮譽和道德等等價值，並不是神賜予的，而是來自我們的「內在感受」。在他看來，人並非如他憎惡的霍布斯所說的，是狼群中的狼，而是高度社會化的動物，有著對應的內在稟賦。如果我們可以描繪從同情到善心乃至於渴望正義的軌跡，那麼理想的道路就會豁然開朗。那麼我們不需要神就可以證明：不論公共道德或國家，都只是人類在共同履行他們先天的程式而已。道德，就是把同情心和善心擴大 [336] 到極致。而一個好的國家，就是讓「**最多的人獲得最大的幸福**」成為可能。這個公式正是後來被載入史冊的**功利主義**（Utilitarianism），直到今天仍影響著英美國家的政治思想。

道德感

休姆對功利主義沒有什麼意見，他自己就是早期的奠基者之一，但他眼中的軌跡並不是從同情到善心，經過正義到共同利益。對休姆而言，正義並不是與生俱來的美德，而是「化性起偽的美德」。它只是和同情心和善心間接相關。儘管同情心確實是個重要前提，但並不是所有同情心都會產生正義，有時候甚至會讓我們變得不義。

休姆的這個論點真可謂一針見血。靈長類動物學和行為經濟學等學科四十年來對這個問題的看法和休姆基本相仿。荷蘭靈長類動物學家德瓦爾（Frans de Waal, 1948-）發現，我們的道德具有和其他動物（尤其是靈長類）共同的情緒和直覺基礎。在我們的天性中，情緒反射就是最基本的核心，當它發展至下一個階段，就是嬰兒和猿類「認知同理心」（cognitive empathy）之類的東西。我們學會評估他人的情緒，並為他們的行為尋找原因。休姆大概會說，人在嬰兒時期就已經形成關於因果法則的意識。相反地，大腦研究人員則在尋找同情心的神經學基礎，從一九九〇年代開始，他們認為是所謂的「鏡像神經元」（mirror neuron）主司這方面的功能。道德發展的最後階段，就是能夠完全採納他人的觀點，德瓦爾認為，只有在這點上，人類是獨一無二的。

奧地利經濟心理學家恩斯特．費爾（Ernst Fehr, 1956-）也證明了類似的發展過程。和德瓦爾一樣，他認為對於即將發生在自己身上的不公平（unfairness），人會有種天生的感覺。但是這種感覺之所以會推己及人，部分原因是同情心的逐漸成形；而另一個重要的因素則是我們的社會環境。如果別人的行為公正，而這種行為得到了回報，我們也就會想要行為公正。但是如果不公正的行為凌駕於遊戲規則之上，我們則會隨機應變。所以我們往往會聽到這樣的至理名言：人不要太講求道德，免得吃虧上當。再說得尖銳的：寧可當壞蛋也不要當笨蛋。一九五〇年代的社會心理學家也發現，人的原則顯然並非一成不變，人反而很善於變通。美國心理學家強納森・海特（Jonathan Haidt, 1963-）強調說，我們的道德感在必要時會容許以理性加以調整，因為它自己並不可靠。這種情況我們會在康德那裡進一步探討。

所以結論是什麼？我們的道德在大抵上是建立在感情之上，也就是自動的反射和同情的能力。但是我們的感情如何提升到更高的道德觀，卻沒有嚴格規定的渠道，這是個主流和支流都可以匯流的三角洲。然而這點在十七世紀卻是個大問題。不只是哈契森，包括他的同行和後繼者如亞當・斯密、托馬斯・里德（Thomas Reid, 1710-1796）和詹姆斯・畢以迪（James Beattie, 1735-1807）都宣稱說道德的發展有個明確流程。他們認為道德感（moral sense）是我們「共感」（commen sense）的一部分，也就是說道德感相當於人類學上的出廠配備。自從霍布斯和洛克談到「常識」之後，英國哲學就再也無法迴避它。對於神創造美好世界秩序的信仰隕歿之後遺留下來的巨大空虛，就需要道德感來彌補。人因此成了善的唯一源泉，但如果這源泉並沒有沿著預定的路徑湧流呢？

休姆說正義是一種「人為的」美德，是一種衍生的東西，而不是源頭本身，這麼說是正確的。但是為什麼我們平時要遵守社會規範、道德遊戲規則和社會律法呢？在《人性論》裡，休姆回答了這個問題：因為我們愛惜自己，所以會避免一切不必要的衝突。這個回答對哈契森來說不夠有說服力，因為它沒有解釋為什麼人在做「好人」的時候會自我感覺良好，它也沒有解釋為什麼會有道德規則。休姆曾回答他說，自己是像一個解剖學家一樣看待道德的，而不是個表現人類美好的畫家。

這種「審美的」思考，休姆也他的《人類理解研究》裡加以補述。

他的起點如下：幾乎所有人都愛自己（即便他們會有很多自我批評，但他們這麼做也只是因為愛自己）。我們在親近的人身上看到自己，也是自愛（self-love）的一種。通過這種方式，我們構建了情緒和道德的親疏遠近。我們不僅愛惜和關注我們自身，更置身於由家庭、家族和宗族構成的情感網之中。我們對於其他人也會有愛有恨。他們評判我們，從而反映了我們。所有這些都是道德感的一部分，這種道德感讓我們整個來說重視他人的好感而不是反感。我們喜歡受到他人慷慨、友善和無私的對待，因而在文明發展進程中（每個人的發展過程也是如此）的某個時間，我們開始**概括性地**讚賞這樣的行為。所以我們會讚揚或譴責那些素昧平生的人的行為。是的，我們會讚美和譴責特定行為「本身」：愛、勇敢、仁慈、忠誠都是善，它們的反面則是惡。如果別人以他們的反應向我們反映說，我們有很多善的特質，我們就會自我感覺良好，對生活感到滿足。

在這方面，休姆認為所有人和文明都很相似。全世界都有類似的美德，沒有一個國家會讚美卑鄙、背叛、心狠手辣或仇恨。因為所有具有「常識」的人都走類似的路，一開始都是出於「自愛」而追尋對他有益的特質，一直到美德和共感。休姆用一幅美麗的圖畫概括了這一觀點：「萊茵河北流，隆河南奔；然而兩者發源於同一座山脈，……也是為同一條重力原則所驅動。它們奔流於其上的不同傾斜造成它們流程的一切差異。」[95]❷

因為世上的道德直覺都差不多，所以休姆認為「道德感」是人類常識的一部分。但他所說的道

[339]

❷引文中譯見：《道德原則研究》，頁185，曾曉平譯，商務印書館，2001。

德感並不是人天生的程式，而是人們在「自愛」以及他人的共同體驗裡孕育出來的。「要想像在每一個特出殊例子中，這些情緒（苦樂的情緒）都是由一種原始的性質和最初的結構所產生的，那是荒謬的。因為我們的義務既然可以說是無數的，所以我們的原始本能就不可能擴及每一種義務。」❸
96 道德不是天性而是習俗，只有自愛才是天生的。為此，我們必須不斷培養自己的道德感，要努力做個善良正直的人。我們還必須學會謹慎思考道德問題，俾使我們的道德感在做出情感上的決定有個堅實的基礎。在這點上，休姆和哈契森是一致地：任何人，甚至任何法官，只能憑著理性瞭解狀況。一旦條分縷析，道德感就粉墨登場，並且依據最強烈的感覺做決定。相反地，單憑理性本身是無法做任何決定的。因為「人如果寧願毀滅世界而不肯傷害自己一個指頭，那並不是違反理性。」❹ 97

休姆以這些觀點樹立的里程碑迄今屹立不倒。最後做決定的是感情而不是理智，許多大腦研究學者都證實了這點。而道德情操其實天生是有親疏遠近的，這點今天也鮮有爭議。美國行為經濟學家包爾斯（Samuel Bowles, 1939-）說，我們的感情只及於我們私人「教區」的邊界。在我們的「教區」（字源是「Parochus」）內部，我們會關心他人的生活，出了「教區」，我們就基本上漠不關心了。而且即使人們關心非洲的兒童，也改變不了他們私下的「本位主義」（Parochialism）。相較於素不相識的孩子，我們自己的孩子對我們來說更親近，我們居住地或居住環境裡發生的事件，也比烏茲別克的事件更加重要。

❸ 引文中譯見：《人性論》，頁509。
❹ 引文中譯見：《人性論》，頁450。

公正的旁觀者

休姆在道德哲學方面成就相當有限。比他更有影響力是托馬斯．里德（Thomas Reid, 1710-1796），他是當時英國最著名的哲學家。與休姆相比，里德的觀點很質樸，這也是它們受歡迎的原因。這位對手認為，哲學應當和生活一樣，最好永遠遵守常識。他是大受歡迎的常識哲學家。如果我們的常識告訴我們，在我們的經驗之外還有個外部世界，那麼我們應該也這樣認為。洛克認為「次性」（secondary qualities）是「主觀的」，就像柏克萊對物質存在的批判一樣，里德都認為無法理解。我們的常識不是告訴我們，在我們看來是紅色的東西就是紅色的，即使它在不同的光線下可能會有所改變？

經驗主義者為抬高經驗而貶低甚至質疑外在世界，里德認為那是「癡人說夢」[98]。對他來說，外在世界和我們的心靈一樣真實。如果我們感覺到我們內心的道德，那麼這個機制就真的存在於我們身上，而且是完備的，是神放置的。里德對於休姆的《人性論》大加撻伐。在兩位思想家你來我往之後，休姆在里德的《按常識原理探究人類心靈》（*Inquiry into the Human Mind on the Principles of Common Sense*, 1764）中讀到了自己，里德說《人性論》是「現代懷疑論的怪物」。里德當時擔任格拉斯哥的哲學教授（就是十二年前拒絕休姆的大學），這個淵源並沒有讓兩人的關係好到哪裡去。

休姆從不回應批評，因為批評總是令他非常憤怒。然而，當里德和他後來的學生畢以迪攻擊他的時候，他卻處之泰然。因為他已經脫離職業的困境。這個轉機是他擔任愛丁堡法律學院的圖書館

[341]

員；在一個了不起的圖書館裡的閒差事。在充裕的空閒時間裡，他撰寫了數大冊的《英國史》（*The History of England*, 1754-1762）的前兩部。這部著作暢銷國際，使休姆一夕成名。他突然被所有人掛在嘴上，不是作為哲學家，而是個科普作家。蘇格蘭人艾倫·雷姆塞（Allan Ramsay, 1713-1784）就是在這個時候為休姆畫了那幅著名的肖像畫：一個眼神自在的男人，穿著華麗襯衫，神情溫和，戴著時髦的天鵝絨帽。

有了成功，就有了社會的讚譽。休姆結識了一時俊彥，例如新興的保守派政治家艾德蒙·柏克（Edmund Burke, 1729-1797）、歷史學家愛德華·吉朋（Edward Gibbon, 1737-1794）（他後來寫了關於羅馬帝國的偉大經典），以及博學多聞的美國人富蘭克林（Benjamin Franklin, 1706-1790）。作為英國大使的私人祕書，他前往法國，兩年後短暫擔任駐巴黎大使。他和狄德羅成為朋友。他陪著相當自我中心的盧梭（Jean-Jacques Rousseau）來到英國，休姆很快就被他的魅力折服，到英國後，卻很快地和其他人一樣討厭他。

一七六七年，休姆出任倫敦外交部副部長。回到愛丁堡後，他仔細修改自己的著作，並且寫了《自然宗教對話錄》（*Dialogues Concerning Natural Religion*）。這部作品以三個朋友的對話的古代形式寫就，字挾風霜而鏗鏘有力。三個對話者之一的斐洛（Philo），被休姆用於他關於上帝證明的哲學：「宇宙論的上帝存在證明」認為上帝的存在是個事實，如果這個事實不存在，那麼世界就不存在；而休姆則重申，從事實並不能推論出必然性。如果說我們為世界的起源尋找一個原因，那只是因為我們人類只能以因果範疇去思考。而且即使順著這個遊戲去思考，假設世界有個原初的原因，那還是無法說明有個「仁慈的神」，而只能說明世界的存在有個物理基礎。

文中還檢證了「目的論的上帝存在證明」，這點也被斐洛駁倒了。萊布尼茲和巴洛克神學認為，世界是有周延設計而且經過精心思考的，而這個主張根本無法成立。我們認為的「智慧設計」（intelligent design），只是宇宙的一小部分，而我們是以典型的人類模型去理解的。我們所謂的計畫，有沒有可能只是物質的自然程式？對斐洛來說，人實在是太渺小了，沒辦法對這種問題提出可 [343] 信的答案。例如說，完美的神怎麼可能既是全能的又是至善的，萊布尼茲也為這個問題傷透腦筋。於是，斐洛推論說，對於關心信仰問題的人來說，只剩下一種可行的態度：懷疑論！

休姆的《自然宗教對話錄》是他在身患重病時寫就的重要宗教批判著作，他沒能活著看到它的出版。在他最後的歲月裡，他患了肝癌，身體日漸消瘦。在他去世前不久，他在倫敦安排和好友的告別晚宴，那天是一七七六年七月四日，就是在同一天，距離他六千公里之外，美利堅合眾國的國父們在費城簽署了《獨立宣言》。八月二十五日，休姆死了。他把自己的歷史暢銷書收入和擔任政府官員的職務所得的可觀財產贈予他的兄弟、好朋友、僕人以及蘇格蘭、英國和法國的幾位哲學家。其中一位也是他的最後訪客，休姆的朋友亞當．斯密（Adam Smith, 1723-1790）。

亞當．斯密來自愛丁堡附近的柯科迪（Kirkcaldy），除了他之外，柯科迪還出了足球和飛鏢運動員。十四歲時，他來到格拉斯哥師事哈契森。接著他進入牛津大學。回到愛丁堡後，儘管他有社交恐懼症，但是作為外聘講師，他卻吸引了眾多的追隨者。他結識了休姆，對他非常欽佩。斯密是個友善和藹的人，而且興趣非常廣泛。無論哲學、文學或經濟學，他都遊刃有餘。一七五一年，年僅二十七歲的他成為格拉斯哥的邏輯學教授。一年後，他接下哈契森的道德哲學教席，以便讓休姆申請邏輯學教授職位（可惜仍舊未獲聘）。在格拉斯哥，斯密也展現自己的博學，更把哲學和經濟 [344]

學鎔於一爐。他的人生計畫是創作一部文明史：從個人感情到道德、法律、政治再到完美的經濟形式。而貫穿一切的概念就是「公共利益」，在他之前，哈林頓、哈契森和休姆都非常重視這個概念。

社群和社會應當如何組織，俾使身為社會和道德動物的人類能夠在其中適性發展——而且是每個人？亞當·斯密想要依據當時的哲學知識，並且實事求是地參照十八世紀下半葉的英國經濟來回答這個亞里斯多德的古老問題。

一七五九年，亞當·斯密的第一部重要著作出版，旨在釐清人類學的前提。什麼叫作「社會和道德的生物」？這部包羅萬象的著作不是散文、討論或專論，而是《道德情感論》（*The Theory of Moral Sentiments*）。亞當·斯密在其中對休姆做了友善的批評。在他看來，休姆忽視了許多道德情感的細微感動。總的來說，他提出兩個錯誤和一個重要補充的問題。第一個錯誤是，休姆（就像斯賓諾莎一樣）只知道兩種**基本的感情**，即快樂和痛苦。但是，在道德方面不是遠遠不止於此嗎？當有人向喪慟中的我們表達慰問時，我們的感覺並不是這兩種感情之一，而是感激。當我們讚美一個熟人大量捐款給慈善機構時，我們並不只是感到歡喜，而是感到敬重和認同。休姆所說的同情心其實有許多面向，而不僅僅是兩個方面。亞當·斯密證明了他是個真正的大師，他善於描述心靈裡最細微的感動，而它們都和道德有關。

亞當·斯密還指出休姆的第二個錯誤。對休姆來說，人對朋友的道德情感都是基於虛偽的目的——也就是**實用性**。我們的美德之所以被認可，那是因為社會認為它有用。有用的意思，就是對團體有好處，也正因為如此，別人才會稱讚它。但是事實上，讓人們感到快樂的，主要是行為的**動**

[345]

機，而不只是**結果**。當有人嘗試行善，即使失敗了，我們也會感動。而我們對美德的欣賞，甚至超過它的效果。我們不會僅僅因為某件事情有個好結果就說它是善，相反地，我們更看重的是他做事是否「正直」。但實用性和正直絕對是兩回事。

休姆或許可以反駁說，我們的美德之所以是美德，那是因為我們**原則上**認為它們有用。但這並不適用於所有的情況。亞當．斯密對生活中的許多不同情況以及引導我們做選擇的內在羅盤相當感興趣。基於這點，他提出一個至今一直和他相提並論的新概念：「公正的旁觀者」（impartial spectator）。這個概念的基本思想來自休姆，他認為我們永遠只能從外部視角認知我們的道德。一個人是好是壞，不是他自己的感覺說了算。

然而，亞當．斯密卻超越了休姆，在我們心裡放了一個旁觀者作為**評判者**。一般人的意識都是分裂的。因為它們不斷在自言自語，或者更準確地說：我們腦海中有個看似中立的評判者在評價我們的衝動和需求。我「我顯然……把我自己彷彿分割成兩個人：其中作為審判者的那個『我』所扮演的角色，不同於另外那一個行為被審判的『我』。第一個『我』是某個假想的旁觀者，他對於我的行為的感覺，是我努力想要體會的感覺；為了得到這種體會，我努力設想自己處在他的位置，並且努力思索，當我從他那個觀點來看待我自己的行為時，我會有什麼樣的感覺。第二個『我』是某個行為人，是我可以正當稱之為『我自己』的那個人，而我正努力以旁觀者的角色，想要對該人的行為做出某種審判意見。第一個『我』是審判者，第二個『我』是被審判者。」[99] ❺

❺ 引文中譯見：《道德情感論》，頁 167-168，謝宗林譯，五南，2009。

所以，「我」不僅包括我自己，還包括我自己設想來評斷我自己的一個「你」。亞當·斯密的「公正的旁觀者」是自我哲學中最有影響力的形象之一。相當類似的還有美國心理學先驅威廉·詹姆士（William James, 1842-1910）區分「能知的我」和（self as knower, I, pure ego）「所知的我」（self as known, me, empirical ego）。到了佛洛伊德那裡，旁觀者變成了「超我」（Über-Ich）。美國哲學家和心理學家米德（George Herbert Mead, 1863-1931）則提出「概括化的他者」（generalized other）。而在現在的心理學裡，亞當·斯密的「公正旁觀者」就是我們所說的自我注意（self-attention）❻，而被觀察的自我就是「自我概念」（self-concept）❼。

公正的旁觀者回答了亞當·斯密的一個重要問題：為什麼人們的同情心各有不同，卻有個社會的公分母，儘管它完全無涉於實用性？答案是：因為我們會考量自己腦海裡那位中立的旁觀者對我們在特定情況下的感受作何感想。社會慣例總是影響著我們的言行。公正的旁觀者會對我們的意圖進行審查和糾正，檢驗我們思想是否正直和正義。即使他有時不能阻止我們的不當行為，但他為社會創造了共同道德立場的空間。這種立場是我們的腦海中預先演練過的規則：你希望怎麼被對待，就怎麼對待他人！

亞當·斯密對這個「金科玉律」的論證真是太有創意了。它不再是指神的遊戲規則，而是一種心理觀察。然而，這一切都要在有利的社會條件下才能發揮作用。就連休姆也認為，美德的實用性會因為社會的衡平程度不同而大幅搖擺。如果物資太過匱乏，那麼對大家來說，最實用的就是回到

❻ 客觀的自我意識。
❼ 自我形象的總和。

[347]

野蠻。布萊希特（Bertolt Brecht）在戲劇《三便士》（*Dreigroschenoper*）裡鞭辟入裡地指出：「有得吃才有道德！」然而按照休姆的說法，物資過剩也是如此。因為那些什麼都有、什麼都不需要的人，更容易成為反社會的人，因為他們不需要關心他人或公共利益。基於相同的觀點，亞當・斯密提出他的公正的旁觀者的概念。他的前提是，我對別人並不是完全無動於衷，否則公正的旁觀者就會喪失道德評判者的功能。這於是推論出亞當・斯密的文明史的下一步：什麼樣的政治和經濟前提，可以使我們高貴的道德情操恰如其分地發揮作用？

從道德到經濟

十八世紀英國的大多數哲學家都有個共識：道德哲學也是社會理論！這種觀點很了不起，因為今天的自由資本主義社會並不這麼看。我們不相信道德，而是相信法律、程序和制度（這也是為什麼哲學家對我們來說不重要的原因）。這就看得出當時人們普遍存在的思考方式：當人們遵循自己充分理解之下的自身利益時，就會形成和社會和諧一致的美德。而這些美德又構成好的國家和繁榮的經濟的基礎。

哈契森和休姆都相信十七世紀經濟領域的美德概念：對於充分理解之下的個人利益（包括對於利潤的追求）有好處的，也會對所有人都有好處！道德感、美德和資本主義是分不開的。而資本主義經濟無非是人類天性在社會裡的體現。然而休姆並不像洛克那樣，認為在自然狀態裡就已經有私有財產了。對休姆來說，財產的獲得是個重要的文明進步。資本主義經濟使人類的美德開花結果：它可見於辛勤的勞動，對於進步的追求以及富足生活的舒適方便。

在休姆看來，一切美德都是「社會美德」（social virtues）。道德的善不外乎在社會觀點下的善。休姆在一生中得到的認可越多，他所生活的社會在他看來也就越好；這種現象在今天的很多人身上仍然可以看到。成功人士通常比窮途潦倒的人比較不會怨天尤人。休姆在《人性論》中否認道德感必然會產生正義感，可是他在《人類理解研究》裡卻收回這點，認為眾多個體的德性會使得社會繁榮昌盛。像他這樣的自由主義無神論者，絲毫不認為自己的看法和格洛斯特教務長（Dean of Gloucester）塔克（Josiah Tucker, 1713-1799）這樣的保守教士有什麼衝突：「每個人的自愛和自私……會在關心自己的同時促進公共利益。」[100]主教、公民和銀行站在同一陣線，應該會有相當廣大的群眾基礎。

但是我們現在說的是什麼樣的公共利益呢？休姆在十八世紀中葉寫了關於英國經濟的文章，塔克的《旅行者須知》（*Instructions for Travellers*）也出版於一七五八年。當時英國正經歷巨大的經濟繁榮。喬治二世在位時，蘇格蘭的雅各布派（Jacobtism）叛亂被鎮壓，而在歐洲，英國人繼續擴張勢力。一七六一年，英格蘭有六百七十萬人口，加上約一百萬蘇格蘭人。其時英國人口只有現在的八分之一，但人口過多已然成為問題。那是因為鄉村生活和大城市不同，大多是路有餓莩。所謂的圈地運動（Enclosures），兩個世紀以來一直從農民手中奪走共同耕種的公地。而過去村莊的糧食和蔬菜都是自給自足的，而現在他們放牧的羊是為了國際羊毛貿易，放牧的牛是為了供貨給國家肉類市場。

休姆意識到這個發展趨勢，並且在他的《英國史》（*History of England*）裡描述這個境況。他相當同情十六世紀小農的起義，但是對於當時農工的苦難卻隻字不提。圈地運動的影響和今天發展中國家各地的情況如出一轍。

生產力提高了，大地主富有了，而以前的農民卻變成了窮苦的日薪工人。俯首貼耳的自由主義在十八世紀下半葉更是推波助瀾。在哈契森、休姆和亞當・斯密的故鄉蘇格蘭，小農戶遭到高地清洗（Highland Clearances），原本的土地變成了準工業化的牧羊業。整個村莊都被驅逐到美洲殖民地，後來又被驅逐到美國，其居民也被迫逃離；威廉・配第（William Petty, 1623-1687）的陰影一直籠罩著他們[8]。

這和洛克的人人享有土地權的崇高理論相去甚遠。而這種「內部殖民」也並不是人人受益。自一七〇〇年以來，「濟貧法」（Poor Law）變得越來越嚴苛。[9]當倫敦的商人自視為羅馬帝國的繼承人，到處樹立新古典主義的紀念碑，從聖保羅大教堂到證券交易所和英格蘭銀行，工廠裡的日工和工人卻在挨餓受凍。十個英國人中就有八個人被排除在經濟的繁榮之外，沒有任何一種美德或奮鬥能使他們擺脫這種命運。

對於這種情況，學者們並不陌生。愛丁堡神職人員華萊士（Robert Wallace, 1697-1771）寫了《人類、自然和天意的各種前景》（*Various Prospects of Mankind, Nature and Providence*, 1761）。他對人類進步的論斷相當悲觀。他說，英國和世界上其他地方的道德狀況都相當不堪的，醫學的成就也是同樣地邪惡。這難道不是因為特權階層只關心自己，不關心公共利益嗎？華萊士認為，原則上，引進一種類似「自然狀態」下的共產主義才是符合邏輯的。無論如何，目前的經濟形式沒有帶

[8] 英國古典經濟學之父，統計學創始人。主張社會財富的真正來源是勞動和土地。

[9] 英國自一六〇一年的一連串社會救助法案，是世界上最早的社會保障法。

來任何進步，反而助長貧窮、「過勞」、愚昧和道德敗壞的行為。當然，權貴們會抵制這種公平的共產主義，這種共產主義也很難推行。但他認為，這不是共產主義不可能的原因。更大的問題在於，英國人的繁殖速度實在太快了，即使是共產主義也不能長期滿足他們的需求。而人口過剩會不可避免地引爆一場所有人對所有人的戰爭。這個想法後來啟發了英國牧師和經濟學家馬爾薩斯（Thomas Robert Malthus, 1766-1834），他對於人口過剩的危險提出重大警告。

在愛丁堡百花齊放的學界，華萊士並非無名小卒。他的朋友們稱他為「那位哲學家」，華萊士是少數支持休姆申請大學教職的人之一。然而在一七六一年，華萊士仍然是單槍匹馬地鼓吹共產主義。直到一七七五年，英國作家湯瑪斯・史賓斯（Thomas Spence, 1750-1814）才追隨他的腳步，呼籲所有土地社會主義化和男女平權。

華萊士和休姆兩人可以說相知相惜。兩人都譴責蓄奴，並對人口過多的問題慷慨陳詞。英國社會有沒有可能因為出生率過高而不可避免地陷入貧困？時至今日，人們對人口過剩的問題的看法仍然有分歧。即使在二十一世紀，也有不少人認為這是人類面臨的最大問題——當然不是在英國，而是在全球。經濟發展能否跟得上人口成長的步伐？在今天的政治辯論中，人口過剩的問題和十八世紀一樣重要。認為人口過剩是人類最大的罪惡的人，心中充滿了淺薄的悲觀，而這種悲觀使得他們面對所有道德樂觀主義者都冷眼相待而沒有興趣。

然而在十八世紀，樂觀主義者遠多於悲觀主義者。這些樂觀主義者當中最著名的，就是亞當・斯密。他對我們心中作對道德權威的公正的旁觀者的信任，就像這位和藹可親的哲學家本人一樣讓人感到如沐春風。如果說他是追隨哈契森和休姆的腳步，他卻也在理論中融入古代斯多噶學派的倫理學。和他們一樣，他也敦促人們以美德陶冶自我。他說，我們的天性註定了要追求完美！這種樂觀的態度卻是古代斯多噶學派絕不能認同的。但是相信追求完美、不斷進步、至善至美，卻是符合當時的時代精神。不管是遵守神的意旨，或者是完全沒有天意指引，基督新教相信對於神會賞報勤勞能幹的人，而處處反映在道德、政治和經濟的哲學中。這種觀念會讓任何一個古代斯多噶學派相當反感，因為沒有一個自由的希臘人是通過「工作」使自己完美的！

理智支配我們的內心而不是「我們感情的奴隸」，休姆年輕時曾經懷疑過這個論斷。亞當・斯密則歌頌「克己」（self-command）的高貴能力。我越是自由地克己，越是自決且獨立地自我管理，他的德行就越有施展的空間。亞當・斯密就這樣否定了百分之八十的英國人開展其美德的基本條件。但是這似乎並沒有讓他困擾。他所說的「人」，是指他的讀者。為了讓自己的德行完美，我必須擁有經濟上的「自由」。而要想在經濟上自我完美，我必須要擁有德行。而對於從德行、能力到成功想當然爾的過渡的這個觀點的反證，其實處處可見，而且至今仍然有效：不自由的農夫或工廠工人應該以什麼為基礎，在哪裡開展他的職業道德？而反過來說，每個成功的企業家是否都是德行的成果？

亞當・斯密的《道德情操論》在歐洲各地相當成功。但是他的道德樂觀主義看起來一直很怪誕。他也意識到自己的道德理論的缺陷。十七年後，他在撰寫最著名的作品時，因人生閱歷更加豐富，看法便有些不同。他不再把社會的善歸因於同情心以及追求美德。即使是在工作中，德行也不會自動實現。而是「工作」（數百萬個分工和加總）本身就會產生巨大的善！是否每個工作都是有德行的，或許值得商榷。然而，一個社會的工作總和等於它的德行，則是毋庸置疑的。

[352]

由天生的自由而產生的財富

[353]

影響西方世界最大的作品，誕生於法國的土魯斯（Toulouse）和巴黎：《國富論》（*An Inquiry into the Nature and Causes of the Wealth of Nations*）。它於一七七六年在英國出版，歐洲各國因而增加了一部最重要的作品。它和牛頓的《自然哲學的數學原理》（*Philosophiæ Naturalis Principia Mathematica*, 1687）、康德的「三大批判」（《純粹理性批判》、《實踐理性批判》、《判斷力批判》）、達爾文的《物種起源》（*On the Origin of Species*）、馬克思的《資本論》（*Das Kapital*）一樣，都具有超越時代的意義。

十三年前，亞當・斯密辭去格拉斯哥的教授職務。查理斯・湯森德（Charles Townshend, 1725-1767）是除了英國政府的強人威廉・皮特之外（William Pitt, 1708-1778），第二位要亞當・斯密陪同其繼子到歐洲大陸壯遊（Grand Tour）的人。從哲學到政治的路徑是如此之短。這份工作的薪水很高，為此第一年他就去了土魯斯。四十歲的亞當・斯密不是伴遊的最佳選擇。這個內向的哲學家覺得法語很難學，他在城市沙龍裡也沒有什麼娛樂價值。於是他逃遁到工作裡，開始寫作他的經濟學巨著。他的第三本書終於談到國家。亞當・斯密構想著一種自然演進的哲學。和休姆不同，他堅決反對洛克的契約論。他要說明人如何在勞動社會中實現其天性，而順理成章地出現合適的國家。他的基本思想是有機的發展，即是人性中預設的機制。契約論是以合意為基礎，自然史的發展模式則不然。人性和文明的自然演化不需要人的認同，就算沒有人批准，它還是會演化。

[354]

整個寫作進展很快，因為亞當・斯密時間很充裕。在日內瓦訪問伏爾泰並沒有影響進度，在會面中兩個天差地遠的人一見如故。在巴黎，亞當・斯密又遇到在那裡的大使館工作的朋友休姆。休姆試圖把害羞的亞當・斯密介紹到巴黎的社交圈卻沒有成功。但這樣的嘗試至少讓這位政治經濟學新秀家遇到法國著名的經濟學家方斯華・克內（François Quesnay, 1694-1774）和杜爾哥（Anne Robert Jacques Turgot, 1727-1781）。一七六六年，亞當・斯密陪同壯遊的弟子患了重病而中止旅行，但是新書架構已經完成。不過，如果亞當・斯密沒有再花十年時間推敲斟酌，他就不是亞當・斯密了。《國富論》和百年後達爾文的《物種起源》的寫作同樣漫長。在家鄉柯科迪，亞當・斯密埋頭群書，寫就政治經濟學的奠基性著作。

對亞當・斯密、洛克以及當時的人來說，人類天生就是商人（Homo mercatorius）。這點早在一六〇一年就由約翰・惠勒（John Wheeler）提出來。而整個社會就是個商人協會，也就是亞當・斯密在新書裡所說的商業社會（commercial society）。它以「生產勞動」增加其價值，也就是通過加工和處理材料。另一方面，在亞當・斯密看來，農業的作用不大。而服務業完全沒有增加價值。只有製造業的工作才會創造新價值。對於像洛克這樣的思想家來說，只有勞動才會使人有權擁有財產。然而，對於亞當・斯密來說，勞動的意義遠不止於此。它是一切生產力的基礎，因而也是一切財富的基礎。

和洛克一樣，亞當斯密也主張財產權不可侵犯。史賓斯和蘇格蘭的博物學家威廉・奧吉維（William Ogilvie, 1736-1819）主張每個人都應該有平等的土地所有權，亞當・斯密則不認同。在《國富論》出版五年之後，奧吉維在他的《土地財產權論》（*Essay on the Right of Property in Land*）中論斷說，正如嬰兒有權佔有母親乳汁，每個人對於自然母親也都擁有同等的占有權。但是亞當．斯密不想改變現行的財產制度。對他來說，凡是要攫取財富的人都會危害社會秩序。儘管他痛心疾首地譴責貴族的財產特權是「不具生產力的」，但是對他來說，資產階級社會的財產秩序是合理的，因為它是具備生產力的，是促進進步的——在總體結果上是使每個人受益的。

亞當．斯密關於財產的論證是其哲學中最薄弱的部分。說到貴族，他不明白為什麼他們要有特權。把特權建立在血統基礎上，是和功利主義以及一切理性背道而馳的。但是談到同樣無所事事的富商子弟的特權，亞當．斯密卻認為窮人和有錢人都是自然秩序的一部分，而謹慎和美德則退居其次。亞當．斯密的意思是，當涉及到原則上正確的經濟和社會秩序時，道德必須服從於它，因為這樣對整體是有益處的。但是如果對社會整體不好，例如貴族統治制度，道德和理性就會介入，以公共利益的名義，要求結束特權。換句話說，在一個好的社會制度下，不平等也是有益而正當的；而在一個不好的社會制度下，不平等就不是有益的。

在這種觀點下，亞當．斯密不再像《道德情操論》中那樣從個人的角度看道德，而是從整體著眼。而他的整個體系是否站得住腳，就看巨大的整體是否真的對每個人都有利。十七世紀的修道士和哲學家們多少次斷言，個人的私利到頭來會對所有人都有利。但是沒有人可以天衣無縫地證明這點。而這正是亞當．斯密想做的事，他想要俯瞰方興未艾的整個資本主義系統。

視角的變化使得亞當，斯密看待一些事情的態度不再和《道德情操論》相同。在那裡，他看到建立在同情心和美德上的社會。但是衡諸全體，亞當．斯密發現，一個討人厭的大商人對英國的貢獻遠比一個平易近人的牧師大得多。難道國家公民的道德水準的高低對於國家繁榮與否並不是那麼重要？亞當．斯密的疑問並不新鮮。他當然熟悉荷蘭政治經濟學家曼德維爾（Bernard Mandeville,

1670-1733）的鮮明觀點，我們在論及洛克時已經提到過。在曼德維爾惡名昭彰的《蜜蜂的寓言》（*The Fable of the Bees*）裡，他早在十八世紀初就提出這樣的觀點：推動經濟生生不息的周期運行的，不是美德而是惡行。

亞當．斯密起初和他的老師哈契森一樣不同意曼德維爾的觀點。但是他年紀越大，曼德維爾的觀點在他看來就越可信。道德為社會提供了重要的社會黏著劑，但從純粹的經濟角度來說，它本身是沒有任何產出的。推動社會進步的不是福利而是投資，它使國家可以為所有人修建道路、下水道、中學和大學。所以，追求自身利益，到頭來還是有利於公共利益。

「我們所以能夠得到飲食，這不是由於屠宰者、造酒者以及製麵包者的恩惠；這是得力於他們對其本身利益的尊重。我們並非訴諸他們的人道主義，而是訴諸他們的利己心；所以對於他們，並不說我們自己的需要，而只說他們自己利益。」[101] ❿

當亞當．斯密回顧十七世紀以及更久之前的年代，他可以說，這種經營方式增加很多人的收入。而從長遠來看，為什麼不是所有人都應該採用這種方式呢？只要保障「自然的」自由體系（natural system of liberty），就會有企業家開闢新市場，獲得出口盈餘，並且支付更高的工資。

看不見的手

當亞當．斯密寫到自由市場時，其實它不存在於歐洲大陸的任何一隅。在英國也僅僅存在保護

❿ 引文中譯見：《國富論》上冊，頁15，周憲文譯，台灣銀行經濟研究室，1968。

[357]

主義和自由貿易的混合形式，除此之外，對經濟影響深遠的，還有沒落的貴族和崛起的資產階級之間的持續對立。其實財富的主要來源不是生產而是貿易，這點和現在並不相同。而亞當．斯密的世界卻是個屬於製造業而不是大企業的世界。大多數人都是在農業人口，而那些在新興商業領域裡投資的企業家，往往會遭受異樣眼光。地主貴族察覺到中產階級的創業精神正在破壞他們的優越地位。而這個階級對立的裂痕正好貫穿了輝格黨，輝格黨原本代表地主貴族，現在卻漸漸轉向蓬勃發展的工業生產。

如果亞當．斯密要捍衛新的企業家精神，他就必須證明，企業家時常為人詬病的自私，其實是值得敬佩的。他必須解釋如何為眾多新商品訂定出公平的價錢；他還必須證明，「資產階級」經濟無疑會促進經濟增長，最後他必須指出這對所有人都有好處。

亞當斯密是第一個徹底思考完善的分工的好處的理論家。分工的影響有兩個方面。一方面，整天只生產一種特定產品的人，他生產的產品會超過自己的需要。因此，他可以提供商品進行交換。而另一方面，他又缺乏其他的商品。因此他必須換得這些商品。亞當．斯密認為，如此一來，人就開展了自己天生的商人本性，開始一系列商業活動，從而增強了經濟活力。除此以外，專業化的勞動易於提高效益，所以整個產業的形成也會更加有活力。有個著名的例子至今都和他的名字相提並論，那就是別針的生產。亞當．斯密在法國百科全書裡[11]找到這個例子。一個製針工廠，十個工人一天最多能生產四萬八千枚針。同等的工作量，一個正常人在家工作需要多長時間？他可能連一枚

[11] *Encyclopédie*, tom. v. 1755。

針都做不出來！這種「在施政完善的社會，其人民，直至最下級的，一般都是富裕的；這不外乎分工的結果，使各種技術的生產大為增加。」[102][12]

亞當・斯密不知道，在十九世紀的「曼徹斯特資本主義」（Manchester-capitalism），同樣的生產方式會導致大規模的貧窮化。他當然知道，一個社會只有在「大多數成員不貧窮、不痛苦」的情況下，才能「繁榮幸福」。[103]他想到在以分工為基礎的工廠裡工人死氣沉沉，因而大聲疾呼，主張更體面的工資。他看到那裡的工人的身體疲勞、屢見不鮮的傷害以及心靈的凋敝：「據我所常聽到的，在蘇格蘭高地，有二十個孩子的母親，其中頂多只有兩個可以長大。據富有經驗的許多軍官講給我聽，一連隊內的士兵所生的孩子，固然不能補充這一連隊，就連供給號兵鼓手，亦屬不夠。」[104][13]但是，亞當・斯密為貧困和嬰兒早夭開出的「藥方」，充其量只是慈善事業式的。他一再強調要讓普通勞動人民多受一些教育，用思想豐富他們的生活。但是，如果人們把短暫而可憐的一生都用來做針，那麼教育又有什麼用呢？而如果受過教育的工人階級的孩子不在工廠裡工作，那麼誰要來做這種積累社會財富的工作呢？

亞當・斯密在工人代表、工會和共同決定方面沒有興趣花費心思。直到後來興起的工人運動，才能對抗大規模貧窮化的江河日下。亞當・斯密並不瞭解這種匡正的方法。他甚至批評工人集會。對他來說，只有市場才能調節一切，包括工作和工資。亞當・斯密的任何說法都不如他的市場上的「看不見的手」（invisible hand）那麼頻繁被引用。這句話不是他原創的。在十八世紀，這是相當

⓬ 引文中譯見：《國富論》上冊，頁12。
⓭ 引文中譯見：《國富論》上冊，頁80。

流行的一句話。而亞當．斯密在他的所有論著裡，也只提到三次，包括《國富論》裡的一次。此外，這句話出現的文脈也相當耐人尋味，因為該書第四章的相關段落是在講英國為了保護本國市場不受更便宜的進口商品的影響，而對某些商品規定貿易限制。

亞當．斯密無疑是自由貿易早期公認的倡議者，當時真正的自由貿易還是個烏托邦空想：「有時，在某些特別商品的生產上，某國對他國所占的自然優勢非常之大，以致全世界都承認與之競爭是毫無益處的。借助玻璃、溫室及溫壁，在蘇格蘭也能栽培極好的葡萄，用此也能釀造極好的葡萄酒，但比較舶來品，出費約達三十倍，而品質至多不過一樣。那麼，只為了獎勵蘇格蘭釀造克拉雷和白貢地酒，而禁止一切外國葡萄酒的輸入，是合理的法律嗎？」[105]⓮但是即使是亞當．斯密也知道必須有正當的例外，因為自由貿易嚴重損害了英格蘭的特定經濟領域。而他所說的「看不見的手」，就在這種情況下登場。商人希望自己在英國國內市場得到保護，那是出於自身利益的考慮，因為他只有在貿易保護下才能提高其生產力。然而，到頭來，這種私人利益卻讓所有英國人都受益，因為商人「在這場合，像在其他場合一樣，他們為一隻看不見的手所引導，促進了他們毫不意圖的一個目的」[106]⓯——即所有英國人的利益。

人類社會行為中存在「看不見的手」，社會心理學對此並沒有異議。德國行為生物學家克勞瑟（Jens Krause, 1965-）的實驗就是個很好的例子。他要求幾百人在交易會大廳裡連續行走，和他人保持一肘距離。不一會兒，人群就形成兩個圓圈：一個是向右轉的外圈，一個是向左走動的內圈。

⓮ 引文中譯見：《國富論》下冊，頁440。
⓯ 引文中譯見：《國富論》下冊，頁437。

此後一次又一次重複實驗，也都形成完全相同的模式。如果要充分描述這種自發性，就不得不這麼說人類的群居行為：它們的行動就像有一隻「看不見的手」在引導。

但亞當・斯密的「看不見的手」不是來自社會心理學，而是來自神學。正如「公正的旁觀者」無非是神對我們的凝視，「看不見的手」也是如此，它是出自神的仁慈。和哈契森或者一部分的休姆一樣，亞當・斯密把神學思想轉移到他的道德體系中，使得它即使沒有神也說得通。但是就算一般群體行為是如此，經濟循環中所有生產者的群體也是這樣嗎？

[361]

現在的經濟學已經知道，自由市場只有在關鍵的理想條件下才能合理運作。而這些都需要「調控政策」的不斷監督和糾正。即使是亞當・斯密也目睹令人印象深刻的異常情況。對他來說，一個產品有兩個價格：自然價格（商品生產和銷售的成本）和市場價格，也就是人們願意支付的價格。在大多數情況下，供需關係決定的價格遲早會接近自然價格，因為在這種情況下，一切都會回歸平衡。但是亞當・斯密知道其實沒有企業家會對於這種平衡感興趣。於是，企業家會和他人協議開始操控自由市場：「同業者即使為了娛樂與解悶而集會，而其談話往往變成對社會的一種陰謀，或為提高價格的企圖。」[107] ⓰

亞當・斯密深知企業家的脾氣。企業家都不喜歡自由市場，頂多只喜歡他在其中的強勢地位。這正是哲學家亞當・斯密呼籲「公平競爭」的原因，正如他在板球比賽中瞭解到的。但是這仍然只是個呼籲，亞當・斯密不會訴諸反壟斷法等法律手段。他理想中的經濟狀態依舊是個理想主義的模

⓰ 引文中譯見：《國富論》上冊，頁132。

型。他欠缺彌補不良發展的工具。對重大變化的事態，他也視而不見。

亞當・斯密對於股份公司的排斥是可以理解的，因為他想到的是英國東印度公司；這是一家壟斷英國市場的公司，並且還由沒有良心的商人經營，德行一詞絕對不存在他們的字典中。對於董事會管理別人的錢，而且對於財政狀態毫無責任感，對此，亞當・斯密也感到不安：「所以，在股份有限公司的業務經營上，疏忽和浪費是一定多多少少難免的。」108[17]股東們自己對此也很難有明確的看法，因為「股東對公司業務，多不想了解任何事情，若黨派色彩不見濃厚，他們就不欲為此勞神，寧願安然接受董事會每半年或一年決定給他們的分紅。」109[18]因此，亞當・斯密要解決的是個跨越時代的問題，這個問題在今天和在當時一樣具有現實意義。但是他沒有看到，未來仍舊被掌握在他所譴責的企業模式手中。

凡是不符合理想模式的就不應該存在，這是亞當・斯密的模型中的破綻。相較於貿易，他過分低估了當時開始的工業革命。搖擺不定的人口數字沒能進入亞當・斯密的視野，面對工人的遷徙，他也只是三言兩語就打發掉。服務業的前景和技術創新對於社會的改造一樣被低估。亞當・斯密把經濟推論到他所描繪的一個最終狀態。在那裡，改變顯然被排除了。塔克看到土地所有者和金融經濟之間就要爆發衝突，而亞當・斯密儘管對於對於投機者表示憂慮，卻沒有意識到問題的嚴重性。

亞當・斯密在《國富論》出版之後，心滿意足地在柯科迪度過接下來的十四年。他的兩本暢銷書使他在國際享有盛名，引起整個歐洲的關注，但是這並不意味著他會被更廣闊的世界吸引而離開

[17] 引文中譯見：《國富論》下冊，頁 682。
[18] 引文中譯見：《國富論》下冊，頁 682。

家鄉。這位不為已甚、與世無爭、戴著寬邊帽的教授，他的故事還有很多。他雖然博學多聞，但是他的第三部作品，一部關於國家的書，卻永遠不會完成了；未發表的手稿應他的要求燒掉了。在他的其他著作中，亞當・斯密把以下的任務分配給了國家：提供合適的基本制度、基礎設施和教育以及國防。但他打算如何把勞動社會和教育結合起來，我們不得而知。亞當・斯密於一七九〇年去世，享壽六十七歲，他在生前就把自己絕大多數的財富捐贈給需要幫助的人。

亞當・斯密為我們留下的遺產，是他前無古人後無來者地把「同情心」、個人利益和公共利益都融入一個龐大的系統。而從這裡開始，一個現代的、具有英國特色的經濟傳統，開始全球的遠征：尤其是以經濟學的角度思考個人和社會的關係！第一個全面性處理這個問題的國家，是英國最大的政敵和對手——法國！

[363]

瓦解中的老屋

- 「世界大事」
- 國王、他的宮廷哲學家以及不快樂的快樂科學家
- 人類：猴子或機器？
- 感官的語法
- 物種的可變性
- 自然主義的道德

「世界大事」

在一七五五年深秋一個風和日麗的早晨，連茲堡（Rendsburg）主教堂的三個枝型燈架搖擺了近一個鐘頭。裡面的牧師震驚於難以解釋的現象，於是停止講道；許多的聽道者嚇得逃出教堂。同樣地事情也發生在夫倫斯堡（Flensburg）、隆登（Lunden）、格呂克斯塔特（Glückstadt）、威爾斯特（Wilster）、開林胡森（Kellinghusen）、梅爾多夫（Meldorf）和艾姆斯杭（Elmshorn）。在胡蘇姆（Husum）、休伯爾（Schobüll）、依策荷（Itzehoe）和呂貝克（Lübeck），海水在退潮期間「奔湧、咆哮」，並且極具威脅性地竄升。連康德也描述說，布蘭登堡公國、挪威和瑞典的海洋都變得「波濤洶湧」。船隻從停泊的位置漂走，這個情況在荷蘭最為嚴重。在蘇格蘭和瑞士，甚至連內陸湖的水位都上升了。在盧森堡，許多士兵被軍營倒塌的岩石砸死。塞維亞大教堂的高塔晃動，威尼斯總督府的鉛皮屋頂也在顫抖。

[364]

然而，這些都無法和地震震央的浩劫相提並論，那是歷史上獨一無二的。一七七五年十一月一日，「所有可能世界中最好的」那個世界消失了。早上九點四十分，在距離葡萄牙西海岸兩百公里的大西洋底下，地球猛烈震動，隨後又發生兩次餘震。海浪不斷堆高，形成二十公尺高的海嘯，撲向葡萄牙南部和摩洛哥。它也往另一個方向咆哮穿越亞述群島和維德角，直達西印度群島。

[365]

這是個極具象徵意義的日子。基督宗教在慶祝萬聖節，所以信徒都聚集在教堂裡祈禱。里斯本的二十七萬五千位居民也一樣……接著強震來襲，地面晃動了十分鐘。教堂裡成千上萬根為了聖人靈魂而點的蠟燭倒下，燒毀了這座城市。三分之二的房屋倒塌或燒毀，五十四個修道院，三十五座教堂和三十三座宮殿淪為廢墟，包括國王的建築和宗教裁判所。大路上堆滿碎石；硫磺的蒸汽和灰黑的濃煙竄升到六十公里外都看得到的天空；城市裡到處都覆蓋著幾公尺厚的灰燼。極端恐慌的人們跳到塔霍河（Tejo）的船上逃往大海。這時海嘯趕到了，地震發生之後半個小時，海嘯襲擊了里斯本，把葡萄牙海岸徹底摧毀。

沒有人知道在這場災難確切的傷亡人數。在里斯本和葡萄牙南部，這個數字推測為三萬至十萬人。當時人們聽到的數字則是六萬，這個消息很快就傳遍歐洲大陸。同情和團結的浪潮席捲大陸上的人們，外國政府致贈救濟物資，例如食物、工具和金錢。儘管救援是以船隻和馬車緩慢運送，這在歐洲歷史上仍是頭一遭。歐洲大陸在長年交戰中關係破裂的各個民族，似乎出於同情而短暫團結起來。一場「非凡的世界大事」為他們上演了。至少歌德是這樣詮釋他童年記憶中的這件事。然而，縱使那個六歲的男孩受到的波及可能沒有他在《歌德自傳》（*Dichtung und Wahrheit*）裡所寫的那麼大，地震應該真的使得「巨大的恐懼」到處蔓延。[110]

里斯本的災難至少在學界裡成為一件驚天動地的世界大事，那是因為一個人的關係：方思華馬里·阿魯葉（François-Marie Arouet, 1694-1778），自稱「伏爾泰」（Voltaire）。伏爾泰是個國際明星作家，這個男人除了優雅的法語之外，更通曉義大利語和英語。儘管他其實是個文學家、歷史學家和評論家，卻也被視為「哲學家」。伏爾泰沒有知識論、沒有倫理學，也沒有任何政治哲學體系。但是在法國，哲學家（philosophe）的概念範圍卻比英格蘭或德國更大。對於十八世紀的法國人來說，哲學家是指公共知識份子，至今也仍然是。而比起敏銳、風流倜儻、長袖善舞、完美偽裝己、驕矜自大而且總是出言誹謗的伏爾泰，還有誰更適合這種對於哲學家的理解呢？

[366]

為了使法國人把十八世紀叫作「伏爾泰世紀」，這個巴黎的律師的兒子做了很多事。他是巴黎社會中的職業坐探（provocateur，破壞份子）、文藝沙龍裡的驚世駭俗之人（enfant terrible）。不管他出現在什麼地方，總是會爆發爭吵。在他的青少年時期，這個城裡少年得志的傢伙被惱羞成怒的貴族找打手當街痛毆。理由是：他自己捏造了一個貴族頭銜。始終衣著優雅的伏爾泰因為自吹自擂和冒犯君主罪，在巴士底監獄坐牢兩次。於是他被迫流亡、先後到了英格蘭和洛林省的錫雷（Cirey），熱情而孜孜不倦地撰寫批判教會和君主專制的誹謗作品、敘事詩和散文。

一七五五年里斯本大地震，伏爾泰剛搬進鄰近日內瓦的費內（Ferney）的莊園。就名聲和金錢而言，他終於躋身上流社會。他是法國演出次數最多的劇作家，他也擁有難以想像的精明商業頭腦。里斯本大地震的戲劇性，他很快便意識到了：「由此可見自然可真是殘酷無情呀！……人生的遊戲可是場多麼悲慘的賭博呀！」他如是向一位筆友敘述自己的想法，接著才提到：「他們將很難弄清楚運動定律是如何在所有可能世界中最好的那個世界裡造成如此可怕的災難。」[111]伏爾泰意識到，里斯本大地震證明萊布尼茲關於「所有可能世界中最好的世界」的哲學是假的。人類之間存在著惡，萊布尼茲或許還可以和神的美善創世調和。但是，像里斯本大地震那樣的大自然殘酷無情的事實，卻沒辦法和辯神論一致。因為，如果地震沒有讓這麼多人都陷入不幸，難道不會比較好嗎？而且還偏偏是發生在萬聖節？

伏爾泰寫了一首詩《詠里斯本災難詩》（*Poème sur le désastre de Lisbonne*），並附上副標題：《哲學公理「一切皆好」之檢驗》（*Untersuchung des philosophischen Axioms ›Alles ist gut‹*）。該作品宛如野火一般傳遍歐洲，一年之內印刷了二十版。萊布尼茲的樂觀主義，「這個世界是所有**可能**

[367]

世界當中最好的」，被伏爾泰以那場災難加以糾正：這個世界才不是所有可能世界當中**最好的那一個**呢！伏爾泰的批評也殃及他以前很欣賞的英格蘭人亞歷山大・波普（1688-1744）。波普在《人論》（*Essay on Man*, 1733）當中不也像萊布尼茲那樣宣誓世界的和諧，並且認為一切都是好的嗎？

對萊布尼茲的哲學而言，伏爾泰的詩是致命一擊。而且這個文學家樂此不疲，甚至還在自己的小說《憨第德》（*Candide, ou l'Optimisme*）裡嘲弄一番。天真爛漫的憨第德從極為和平的西發利亞跌跌撞撞進入了花花世界。他花了好大的功夫才認識到自己的樂觀主義在難以駕馭的世界裡一再起不了作用。該作品早在一七五九年出版之前，就在歐洲的十七個不同地點付印，徹底動搖了理性主義。幾十年來，布列斯勞（Breslau）的博學者克里斯提安・窩爾夫（Christian Wolff, 1679-1754）檢驗了他偉大老師萊布尼茲的思想，並且把它們整理成一種體系。身為哈勒（Halle）大學的教授，這個德國啟蒙運動者注重以「論證的」（demonstrativisch）方式把一切事物體系化。在這麼做時，他除了萊布尼茲之外，更把其他思想也融入體系裡，像是笛卡兒和經院哲學。窩爾夫書寫的語言包括了德語，那是萊布尼茲幾乎沒用過的。他用新創的德文單字翻譯許多拉丁文概念：把笛卡兒和萊布尼茲著名的「Conscientia」（意識）譯為「Bewusstsein」、「Aufmerksamkeit」（注意力）和「Bedeutung」（意義）等術語也透過他而進入哲學語彙裡。當哲學家們在對世界或物「自身」爭論不休時，他們用的就是窩爾夫的詞彙。

窩爾夫並沒有在所有方面都跟隨萊布尼茲，特別是後者的單子論讓他相當不以為然。儘管如此，十八世紀的人們無處不在談論的仍然是「萊布尼茲和窩爾夫體系」。身為呼風喚雨的大學教授兼法學家，窩爾夫名聞遐邇，尤其是在德語文化圈以及義大利的耶穌會和本篤會。萊布尼茲和窩爾

[368]

夫體系是十八世紀的德國大學最廣泛傳授的哲學學說，至少和當時英格蘭的洛克哲學一樣重要。更加雪上加霜的是，隨著里斯本大地震，這門哲學的核心彷彿被動搖了。因為災難過後，幾乎再也沒有人願意相信任何神性的「世界理性」。

[369]

窩爾夫沒有親眼目睹對他體系的沉重打擊。這最後一位偉大的理性主義者在里斯本大地震一年半前便於哈勒逝世。哲史學家多半以他的辭世為「巴洛克時期」畫下句點，儘管他時常命名為「關於……的理性思想」的作品蘊含著許多啟蒙思想。然而，自從里斯本的震災之後，英格蘭哲學和自然科學也跟著席捲歐洲大陸。以前人們以「理性思想」揭開理性的世界體系，現在人們打量世界的眼光越來越像洛克及休姆那樣以經驗為依據。關於世界我們能說的一切，都可以從人類出發，而不再是從更高的實體，這給了懷疑論和唯物論一樣多的思考空間。萬物的尺度不再是神聖的理性而是個人，正如普羅塔哥拉（Protagoras）主張的。而且如同古代的雅典，以下問題出現了：如果沒有神訂定遊戲規則，君主也沒有資格這麼做，那麼人類該如何自行建立他們的社會和國家呢？

這個空白正是身為「啟蒙者」伏爾泰的活動空間，正如他自稱的「啟蒙哲學家」（philosophe des Lumières）。他的啟發來自英格蘭，也就是他於一七二六年至一七二八年間居留兩年半的地方。他閱讀被他譽為人類第一位啟蒙運動者的洛克，並讚揚牛頓這位偉大的天體啟蒙者。伏爾泰這個諷刺教會的評論家，就和自己的榜樣一樣，並沒有完全和信仰決裂。洛克不是也談到無神論如何敗壞德行嗎？伏爾泰的說法也沒有兩樣。就算神不存在，也有必要杜撰一個神——這是他無數妙語之一。並且他沿襲牛頓的說法，把世界比喻為時鐘，後面藏著一個聰明的鐘錶匠的機械奇蹟。

[370]

伏爾泰讚賞信仰是德行的源頭賞，那是出自他在一七六四年的袖珍本《哲學辭典》（*Dictionnaire*

philosophique portatif）。他是個滿腔熱情的思想家，無暇理會什麼矛盾和自相矛盾。因為要是神引起或容許像里斯本那樣的災難的話，那麼祂怎麼會是德行的源頭呢？也就是說，聰明的鐘錶匠並沒有聰明到讓時鐘照著他的計畫走；伏爾泰在一七五五年看清的事情，後來又被他宣告無效。然而，暫且讓我們停留在災難那一年。這個啟蒙運動者不僅打算打開世人的眼睛，好看清楚神對於人類命運缺乏憐憫，他更在乎的其實是自己。因為他的里斯本詩作的副標題——《哲學公理「一切皆好」之檢驗》和柏林普魯士科學院的一個有獎徵文有關，而監督科學院的贊助人是伏爾泰的一個好朋友……

國王、他的宮廷哲學家以及不快樂的快樂科學家

起初一切似無傷大雅。在距離柏林不遠的恬靜而封閉的萊茵斯堡（Rheinsberg），令人生畏的「士兵國王」（Soldatenkönig）腓特烈．威廉一世（Friedrich Wilhelm I.）二十四歲的兒子腓特烈百無聊賴。被自己的父親當成懦夫看不起、頻繁毒打，並遭受更多嚴厲懲罰折磨，例如自己的藏書被銷毀，腓特烈夢想著建立一個施普雷河畔的太陽王政權，一個以路易十四為典範的宮廷。

王儲聰明得很，不會只是作作夢；他頭腦靈活得很，很清楚未來的機會在哪裡。想成為大人物，就得趁早把自己塑造成偉人，這點腓特烈頗得箇中三昧。至少在普魯士，時代精神把高級教士免職了，只剩下文學家和哲學家，而他父親領導的死氣沉沉的軍營國家裡幾乎找不到幾個。

尋找合適人選的搜索於一七三六年不可避免地延伸到法國。在這個地方，當時大膽的自由思想家們書寫、閒談並辯論著關於新的人性觀和未來社會的話題。法蘭西科學院的七十九歲大師豐特奈

爾（Bernard Le Bovier de Fontenelle, 1657-1757）尤為其中翹楚。腓特烈提議和他通信，可是他不世出的真知灼見卻也相當苛刻：「如此推崇哲學家的諸侯，他們會因成為更加偉大的君王，可是要擔心的是，哲學家們也因而變成更加卑微的哲學家。」

在法國社會裡真算得上什麼的人，都會被勸告最好和普魯士王儲保持距離。和外國王儲魚雁往返談論天下大事，這個政治糾葛顯得太尷尬了。腓特烈要的是個局外人，聰明又善於辭令、盡可能聲名顯赫，而又在法國宮廷不被重用。然而最重要的是：他要愛慕虛榮，願意向世人公開和普魯士王儲的私通！

這位王位繼承人認為伏爾泰是他要找的人。他是可以勝任該角色的明星。腓特烈對於這個法國特務的人物描寫是：一個放浪形骸而敏感的人，好交際卻沒有朋友，「過於自命不凡，但比起自己的聲譽，他更加關心自己利益，願意為錢而推磨。他渴望金錢，他想要致富。」他無疑是適合的人選，而且相當正確：年輕王子在寫給人在錫雷的四十一歲流亡者的信裡說要當他的「學生」，讓他心下飄飄然。這個被放逐的詩人已經自詡為未來國王的導師了，在法國，那是只有最為傑出的教長才可以擔任的。對於自己看似和王儲平起平坐而感到自信滿滿，這位文學家稱讚他「胸襟寬大」以及「仁民愛物」。一場貨真價實的相互吹捧慶典上演了。對腓特烈而言，伏爾泰的思想是「我生命中的魔法」，他充滿敬畏地推崇這位「最偉大的法國人」。相對的，伏爾泰則是讓「北方的年輕所羅門」搏扶搖而直上，躋身奧林帕斯諸神之列：「蘇格拉底對我來說算什麼，腓特烈才是我的所愛。一個是來自阿提卡的話匣子連同他的母老虎，一個是眾望所歸、有朝一日要澄清天下的王子，兩者之間可是天差地遠……。我的雙眼何時才會看見我的救主呢？」[112]

[372]

在伏爾泰於二十四年後撰寫的回憶錄裡，這段男人之間如詩如畫的友誼，讀起會平淡得多：

「由於他的父親很少讓他與聞國事——這個國家確實沒什麼國事，因為最多只有閱兵儀式而已——他便利用閒暇寫信給享譽全世界的法國作家。主要的擔子就落到我身上，我收到了用詩寫成的信，或是形上學、歷史和政治的論文。他把我當成神人；我把他當成所羅門。那些稱號不費我們一分一文。」[113]

在通信之初，這位啟蒙運動者一點都沒有他後來寫的那麼超然。他寄望著普魯士王儲會提拔自己。他到處炫耀腓特烈的信、向報社兜售他們的故事，逢人自稱王子的密友。王位繼承人的算計收效，很快地整個中歐都在談論這對風義師友。腓特烈追封伏爾泰自己捏造的貴族頭銜，這名法國人也投桃報李，很早就創造「腓特烈大帝」（Friedrich der Große）的說法，這個別名並不是出自任何世界史評委會、也不是後代對他的稱呼，而是來自一個逢迎諂媚的文人。

事實上，國王和伏爾泰大多數時間裡的相處並不融洽。在兩人的論戰當中認輸的幾乎總是哲學家。這位啟蒙運動者多疑又善妒地試圖詆毀腓特烈的極西樂土（Elysium）上的次神，尤其國王最寵愛的哲學家窩爾夫（伏爾泰對他的形上學了解甚少）遭到他心胸狹窄的批評。因為就算是這個文學家兼史學家一知半解的哲學方面，他也自稱是權威。然而國王卻很清楚怎麼分辨，他堅定支持窩爾夫，並且讓伏爾泰的冤家，法國數學家莫佩推（Pierre Louis Moreau de Maupertuis, 1698-1759）獲得柏林科學院主席的最高榮譽。

敏事慎行的莫佩推是伏爾泰的勁敵。伏爾泰總是放言高論，而科學院主席卻是三思而後行。而且他的知識儘管被當時許多人嘲笑，卻也不容小覷。在他的《宇宙論》（*Essai de cosmologie*）裡，他想為牛頓物理學找到新的基礎，並且調和物理學和形上學。他注意到自然總是會走最短路徑，也就是說，它總是以最簡單的方式作用。所有運動定律因此都遵循著「最小作用量原理」（principle of least action）；這個聰明的認知後來以愛爾蘭數學家兼物理學家威廉·哈密頓（William Hamilton, 1805-1865）之名稱為「哈密頓原理」（Hamilton principle），它對量子力學極為重要。

莫佩推得到一個影響深遠的結論。自然的運作方式和我們思考一樣的理性而有效，這真的只是偶然嗎？就連聰明的理智也總是在尋找最簡單又有效的解決方案。但是如果自然理性和人類理性兩者都照著相同原理運作的話，那麼一定藏著某個真正的世界法則，而且不外乎神的大能。憑著這個方法，莫佩推讓物理學和萊布尼茲重新和解了。

莫佩推在「生物學」方面的聰明程度也不亞於他的物理學。一七三四年，一個來自蘇利南（Surinam）的「白色女黑人」出現在巴黎，使得學界傷透腦筋——這怎麼可能？當時人們都確信，神不是在卵子、就是在精子裡預先形塑了人的整個器官。反之，亞里斯多德否認這種「先成說」（preformation theory），而提出了個體逐步發展的「漸成說」（epigenesis theory）。如果一名黑人女性有可能生出八個膚色不同的小孩，包含一個和巴黎「女黑人」一樣皮膚白皙的孩子，那使得莫佩推對於先成說心生疑竇。人類顯然有別於花的鱗莖，後者被認定其整套植物發展的程序都細緻入微地預先策劃好了。

莫佩推匿名撰寫一本批評「先成說」的書，在第二版時加上美麗的標題《物理金星》（*Vénus physique*）。他知道和自己一樣抱持批判意見的大有人在，就連哈維（Harvey）和笛卡兒也都反對「先成說」。可是他們並沒有找到決定個體發展的關鍵。他們（就像笛卡兒）談到的反而是「動物本能」（*esprits animaux*）這些曖昧可疑的「生魂」。個別生物不知怎的誕生自卵子或精子這樣沒有靈魂的東西，這似乎是個難解的問題；是神每次都對他們吹入新的生命氣息，還是說祂只有在創世之初這麼做，一舉使得後來的所有生物都有了靈魂？

就跟當時英格蘭自然研究者約翰・尼達姆（John Turberville Needham, 1713-1781）一樣，莫佩推也找不到任何讓人完全滿意的解答。尼達姆談到他在顯微鏡下發現的、據說構成生命的「最小的活原子」。莫佩推讓狗、母雞和鸚鵡雜交，以便找出遺傳的法則。他推測在生殖過程中，雙方的「最小部件」會因為吸引而相會，從而為後來的器官形成基礎。要是這些大量的細部結合出了差錯，那就會導致功能障礙及異常。莫佩推在《自然系統》（*Système de la nature*）進一步提到，在生殖活動中透過最小粒子結合而形成的不只有體質，更有欲望、厭惡感或記憶力等心理素質。因此，任何微小部件也都「有生氣」，這是萊布尼茲「單子」的近代變體。

[375]

莫佩推的推斷影響重大。因為它們激勵他的學生，柏林的青年吳爾夫（Caspar Friedrich Wolff, 1734-1794）以實驗證明「漸成說」。在大量使用母雞試驗過後，他在一七五九年的《發生論》（*Theoria generationis*）在駁斥「先成論」上是個重要的里程碑。莫佩推和吳爾夫的見解是對於神學的重擊。因為生殖不再是神照自己喜好預先形塑每個人，反而成了買樂透。在這個意義下，莫佩推和吳爾夫是遺傳學的早期先驅，特別是荷蘭人德弗里斯（Hugo de Vries, 1848-1935）於二十世紀初發展的**突變論**（mutation theory）。

莫佩推鑽研的第三個領域是道德哲學，他的《道德哲學論》（*Essai de philosophie morale*）是相當不落俗套的作品。身為數學家，莫佩推只對於他認為道德可以計算的部份感興趣。如同自伊比鳩魯以來的眾多思想家，他也把幸福沿著快樂和痛苦的軸線加以劃分：快樂多便是善，痛苦多便是惡。幸福的數學從這個公理開始。把所有幸福時刻相加並乘以持續時間和強度，然後和痛苦的時刻做比較。莫佩推就是用這個方法計算出個別的快樂——這個想法再現於現在蔚為風潮的所謂快樂經濟學（*Happiness Economics*）的怪誕科學。只不過，莫佩推比現在的幸福研究學者更明白，人生並不是一場夢寐以求的演唱會，幸福也無法以公式提升。因此，他建議讀者別把（伊比鳩魯式的）獲得快樂當作人生的方向，而是要以（斯多噶主義式的）避免痛苦為準則。

消除痛苦的藝術，在莫佩推自己的人生裡到了不堪負荷的地步。外界對於自己著作的回響，讓這個相當敏感的數學家一點都高興不起來。他的快樂經濟學遭到法國女作家瑪德琳·皮西厄（Madeleine de Puisieux, 1720-1798）譏笑；他的遺傳學說懷疑是無神論，而且除了吳爾夫之外，就只有狄德羅重視它。他的「最小作用量原理」物理學捲入伏爾泰的嘲諷石磨裡，被他毫不留情地碾碎，以致於腓特烈大帝把這個宮廷哲學家趕出波茲坦，並且命令劊子手公開燒掉其反駁論著。伏爾泰以一篇匿名的作品批判他：《針對普魯士國王為人、生活方式及宮廷之感想》（*Gedanken zur Person, zur Lebensweise und zum Hof des Königs von Preußen*）。直到他耆耄之年，國王才和這個哲學家重修舊好。相反地，莫佩推則再也經歷不到和解。在遭到伏爾泰詆毀之後，他於一七五三年離開鉤心鬥角的普魯士宮廷，搬到寧靜的巴塞爾朋友白努利（Johann II. Bernoulli, 1710-1790）那裡，他是瑞士最知名的數學家家族成員。

[376]

人類：猴子或機器？

莫佩推得以自由自在地思辨「生物學」問題，這是多虧腓特烈大帝時期柏林科學院的自由思想風氣。其他以放大鏡仔細檢視人類的自然研究學者的寬容風氣，就只有在荷蘭、英格蘭、義大利及瑞士才存在。相較之下，在天主教的法國，自路易十四以來，教會和國家聯手監控著整個思想生活。唯有這樣，普魯士科學院才能在當時又小又不重要的柏林號召這麼多德國以外的法國思想家。他們當中最挑釁的一個，是醫生兼哲學家拉美特里（Julien Offray de La Mettrie, 1709-1751）。

拉美特里來自布列塔尼的聖馬洛（Saint-Malo），和莫佩推一樣。一七四八年，他是在法國受到唾棄並被迫害的作家，於是科學院主席提供他在柏林的庇護。這個啟蒙運動當中驚世駭俗的傢伙在法國研讀醫學，後來卻前往荷蘭的萊頓，並在那裡和歐洲大陸最知名的醫生布爾哈夫（Herman Boerhaave, 1668-1738）共事。在途中暫住家鄉聖馬洛之後，他於一七四二年在巴黎執業當醫生。他是當時最進步主義的醫學家之一，大肆批評守舊落後而目光短淺的法國同行。接下來的兩年，他在格拉蒙公爵（Louis de Gramont）底下擔任軍醫，並在閒暇時間把他的哲學思想寫成《心靈的自然史》（*Histoire naturelle de l'âme*, 1745），並且在海牙匿名出版。

拉美特里以自我觀察為起點。有一回發燒時，他注意到自己的精神狀態和身體狀態密不可分。照這麼說來，每一次的心理反應都是生理過程導致的。以嘲諷揶揄的口氣，這位從事哲學思考的醫生對哲學家說，如果他們想要了解人類心靈，就必須成為生理學家和解剖學家。因為我所感覺及思考的一切，都是感官刺激的結果。而如果我想發展心靈，除了訓練感官別無他法。

[377]

身體和心靈是一體兩面的，這點斯賓諾莎早就說過了。但是拉美特里卻更進一步，並且完全脫離形上學窠臼。對於斯賓諾莎來說，至少還存在一個名為上帝的動力因，而且物質性事物就只是精神性事物的變種之一而已；相較之下，拉美特里的主張裡則是根本不再存在任何心靈事物了，唯有運動中的物質、機械式的刺激以及血液的化學反應。由於把神解釋成一個多餘的假定，以及嘲弄當時的醫生，他不得不於一七四七年趕緊離開法國。就跟他對醫生的批判一樣，他那本關於靈魂的書也被公開焚毀。

再度來到荷蘭的拉美特里證明自己對關於個人的漂泊不定絲毫不以為意。因為他這時才真正開始大顯身手，也就是撰寫他那本狂熱的《人是機器》（*L'homme machine*）。笛卡兒把動物解釋為機器，萊布尼茲則是把「預定和諧」比喻為鐘錶機械，但是兩人都相信有個有別於此的不朽的心靈或靈魂。可是拉美特里卻不為所動地把機器比喻應用在人類身上。如果說一切心靈事物都只是身體的問題，那麼人類機器和別的動物機器之間會有什麼了不起的差別呢？

拉美特里的靈感來自關於猿猴、尤其是類人猿地位的活躍討論。十七世紀末，英格蘭醫師托馬斯・威利斯（Thomas Willis, 1621-1675）和愛德華・泰森（Edward Tyson, 1650-1708）拚命想找到人類和黑猩猩之間的明確區別。兩者的差別並不在大腦，是的，根本不在於有生命的物質。如果這時和拉美特里一起拒絕一切心靈事物而只承認有生命的物質，那麼人類和人猿便從頭到腳都是從同一個模子裡刻出來的，或者都是被自然打造得一模一樣的機器：「從動物轉變成人類並不是什麼粗暴的過程……人類在發明語詞和擁有語言知識之前是什麼？是一種自成一類的動物，這種動物……和猿猴及其他動物的差別並不多過猿猴本身和這些的差別……」[114]也就是說，人類和猿猴的區分不是

[378] [379]

靈魂，而只是他們的語言。因為如果猴子會說話，那牠就「既不是『未開化的人類』，也不是不成功的人類」，牠正確來說會是「一個完整的人類、一介小小市民」。[115]

拉美特里以這個說法不僅駁斥人類和（其他）猿猴在心靈上的差別，更否定兩者之間有性格的差異。既然所有動物都是自我保存的自動裝置，並且被設定要維持自己的內部運動，那又怎麼會有差異呢？就算這些機器之間存在著性格差異，它們也不是在於靈魂的高等或低等。差異取決於氣候和空氣，溫度決定性情。此外還有各自有些微差別的體液混合物（我們今天說是神經傳遞物質）以及不同的新陳代謝，體內燃燒快速的人，比起代謝緩慢的機器更加生氣勃勃。最重要的是，食物的攝取也決定著特質。「人吃什麼，他就是什麼！」這段妙語雖然直到百年之後才會由費爾巴哈（Ludwig Feuerbach）提出來，可是拉美特里早就想到了。

藉著這一切，這個大膽的唯物主義者自認為站在醫學研究的制高點。偉大的瑞士人哈勒（Albrecht von Haller, 1708-1777）不是才提到我們的神經是如何「激發」或「刺激」我們的肌肉纖維嗎？他不是提到生理學和心理學如何密不可分地相互影響嗎？拉美特里甚至大膽開玩笑說要把自己的書獻給身為著名醫生以及保守又虔誠政治家的哈勒……

拉美特里的異端觀點並非憑空而來，其中有不少東西在今天都是生理學或神經科學的標準說法。然而，他的理論卻只能牽強解釋學習如何運作，以及教養怎麼對人類機器產生影響。拉美特里承認自己在這個地方舉步維艱。他也根本不認為自己是偉大的體系思想家。他更認為自己是個為人類研究指出正確道路的謙卑人物——也就是經驗和實踐，而不是臆測和理論。如果想要了解人類，便必須解剖他們並研究他們的身體器官。要不然就應該讓他們帶著所有感官欲望和追求娛樂的傾向過活。

這本書引起的反彈更勝於前作。就連自由寬容的荷蘭人都被惹惱了。拉美特里經由莫佩推的牽線逃往普魯士。腓特烈二世提供他庇護、一筆終身年金以及柏林科學院的席位。才剛抵達沒多久，國王的這個風趣的「宮廷無神論者」（伏爾泰語）便寫了他的下一本書《論幸福》（*Discours sur le bonheur*），這本書隨即使他成為眾矢之的。腓特烈大帝相當重視的這個門客使詐騙過了普魯士的審查機關，而除了普魯士國王外，當時幾乎所有法國啟蒙運動者都憤憤不平地群起攻之。他把它偽裝成關於西尼加（Seneca）《論幸福人生》（*De vita beata*）的導論。拉美特里大膽地以完全非道德的眼光思考快樂。追求快樂其實沒什麼大不了的。所有高等生物都會這麼做，以滿足自己需求和渴望。這和道德無關，因為任何需求或欲望原則上並沒有優劣之分，我們所謂的德行，例如重視心靈的享受甚於肉欲，完全是武斷又不自然的。原理很簡單：服從天性的事物對我而言就是善，無論是什麼都一樣。

把人類解釋為生理學機器的這個拉美特里，同時也宣告他們擁有自由和自決權：也就是說有辦法做任何讓機器發揮最大效能的事。所以，人類唯有相對於他們的功能機制才有所謂的不自由。他們沒有自由意志。反之，他們在社會裡則是完全自由的，他們可以做有益於自己的事，因為行動自由是他們確實擁有的。這使得拉美特里在雙重意義上成為無政府主義者：他將人類機器視為無視於任何社會秩序或信仰的單純自然生物，而且他賦予這部機器為所欲為的自由。如果說人類會對自己的行為感到良心不安，那只是因為社會偏見使然。相反地，人類的天性並沒有罪惡可言，它唯獨屬於自然，而不屬於道德。

所有社會慣例、規範、價值和德行，都違背人類天性，這點在普魯士國王的宴會上成為津津樂道的話題。然而，當這個看法付印成書，卻引起一樁醜聞。拉美特里猛烈批判讓當時所有啟蒙運動者團結起來的社會秩序，以致於不再有人願意跟隨他。恰恰相反，這個布列塔尼的醫生到處都惹得人厭惡又驚恐，好似人人喊打的過街老鼠。拉美特里對啟蒙運動者說，任何以人類天性當作論點反對社會秩序的，最終都是敗壞道德的。他這樣做，基本上是在照一面哈哈鏡，那會危及整個啟蒙運動的計畫！啟蒙運動不就正是因為**在道德上優於**老舊封建制度而自認為有理嗎？

難怪同行們對他既憤怒又厭惡了。當拉美特里於一七五一年意外去世時（不論是吃了腐壞的酥皮餡餅、還是遭下毒而死），伏爾泰相當幸災樂禍：那討人厭的競爭對手「又腫又脹，活像個圓桶似的」，「不管他願不願意，他都被下葬在天主教堂旁」了，好個妙不可言的笑話呀！就連狄德羅也不想和拉美特里據理力爭了。與其反駁說也許確實有個使人類擁有道德能力的先天程式存在，他寧願對於這個嘲弄和諷刺啟蒙運動的傢伙保持緘默三十年之久。而他到了晚年才對他喝倒采說：「拉美特里，缺德又無恥，一個小丑兼馬屁精，彷彿是為了宮廷生活和大人物的寵愛而塑造的。他死得罪有應得：作為自己極端和瘋狂的受害者；他因為在自己專業上的無能而害死了自己。這段評語嚴厲卻公正，而人也很難善待這個惡習的擁護者和美德的汙衊者。」[116]一個「在品德和觀念上如此墮落的人」算不上是哲學家，因為他既沒有尋求過真理，也不曾表現過美德。

一旦到了緊要關頭，像狄德羅這樣開明的自由思想家，也和被他批評得體無完膚的老舊封建秩序的信仰守護者一樣，表現出不退讓又傲慢的一面……

感官的語法

在十八世紀中葉的法國，到處都有早期的老舊建築物搖搖欲墜。十九世紀的歷史學家把這個時期稱為舊制度（ancien régime）時期，他們描述的正是當時的時代精神。幾乎每個人都似乎感覺到，自一五八九年來便統治著國家的波旁王朝（Die Bourbonen）來日不長。天主教會的權力也是如此。自從樞機主教黎希留（Richelieu）上台以來，教會權力就一直和世俗政權如影隨形地掛鉤，但是還能持續多久呢？

知識論的地下室拱頂已經遭到黴菌侵害。因為在短短幾十年內，作為世界體系和社會秩序之基奠的「本質」是什麼，已變得不清不楚。自一七三〇年起，法國有越來越多思想家研究牛頓和洛克，以及英格蘭和荷蘭醫師的知識，而使得思想大樓的牆壁搖晃不穩。儘管有笛卡兒，但到目前為止，知識論在法國哲學中並沒有扮演主要角色。好比在藝術裡，靜物畫是最低階的類型，其次是肖像畫，而最高形式則是戰場的描繪，就連哲學也是如此分級：從作為靜物畫的知識論到相當於肖像畫的道德，直到猶如戰場描繪的政治哲學。然而，經驗主義越是沖刷下水道，對於僵化的法國社會秩序就越危險。

在法國，知識論和自然研究的連結尤甚於在英格蘭，「自然」從一個哲學概念變成「生物學」概念，即使「生物學」一詞還不存在。而正如物理學於十六、七世紀用新世界觀挑起教會的神經，法國的醫生、生理學家及基於實驗的自然研究學者也在十八世紀做著一樣的事。

生命如果不是神創造的，為什麼會存在？若不是預先形塑的，那麼個體如何形成個人性格？如果理性不是從天上掉下來、而是從感官發展而來的，那人類怎麼獲得智慧和見解？在十八世紀的法國，探求自然之天然規畫和生命的祕密機制的各種臆測盛行著。繁殖——是中樂透嗎？人類——是一種機器嗎？理性——除了環境影響和教育之外什麼都不是嗎？當時許多建構和檢驗的想法都被證實相當發人深省。但是，當時只有一個法國哲學家撰寫一部體系著作，一舉讓知識論超越洛克。

正如法國的哲學傳統，這個沉默寡言又小心謹慎的思想家，在哲學史裡只是個跑龍套的角色，我們說的就是孔底亞克（Étienne Bonnot de Condillac, 1714-1780）。他年輕時就飽受嚴重眼疾之苦，後來症狀逐漸減輕，卻於該期間強烈妨礙他工作；儘管如此，他仍然創造出一整套內容豐富的作品。他出生於格罕諾布（Grenoble），從小就被培養及教育成神職人員，於一七四〇年代初期在巴黎認識了狄德羅和盧梭。他們計畫共同創辦文學評論期刊，但是發行了第一期之後就停刊了。

這三人當中，孔底亞克是最有系統頭腦的，也是思考最深入縝密的。在他之前，沒有任何法國人如此仔細研究和檢驗英國的經驗主義。其研究結晶就成了一七四六年的《人類知識起源論》（*Essai sur l'origine des connaissances humaines*），出版於拉美特里的《靈魂的自然史》不久之後。然而，那個布列塔尼人古怪又跳躍式的思想和孔底亞克小心謹慎的論文可以說有淵壤之別。他和牛頓一樣，想要以分析的方法、擯除成見地研究自然，並且和洛克一樣否認「先天觀念」這種概念；我們所知道的一切，都是由感官、神經的「應激性」（irritability）得知的。

可是洛克清楚解釋感官刺激如何變成「觀念」了嗎？據他所言，人類的概念就像是個盒子，我們的理智把感官刺激分類放進那些盒子裡。然而根據孔底亞克的說法，這種「標籤理論」違背了實際經驗。至少在成年人類身上，那些概念在經驗事物的時候一直都在。我們生活在一個持續經驗

[384]

（*expérience constante*）的世界中，一個相續不斷的意識流（Bewusstseinsstrom）（正如胡賽爾〔Edmund Husserl〕在二十世紀所說的）。與此同時，人類在他們的歷史進程中學會了把音調、聲響和手語等「自然符號」塑造成「人造而有限定的」符號，即口說語言和書寫語言。沒有其他生物有辦法把無意義的聲音變成有意義的語詞，而這種藝術緊緊伴隨著我們的生活，以致於思維的「工具」變得獨立而不用依賴自己的「材料」：直接的感官刺激。我們可以讓回憶歷歷在目、把事物抽象化或者進行比較。我們所有的「觀念」都是**語言的**觀念——而這就是孔底亞克與洛克之間的差別所在。我們如果感到疼痛，那麼不僅感受到某種刺激，還會一直意識到自己正感到「疼痛」；也就是說，感官知覺和語詞的解釋如影隨形地一起發生。

對孔底亞克來說，只有這樣才可以解釋為什麼語言會形塑我們的世界觀。自然氣候和社會氣候對我們產生深刻影響，並提供我們概念，從冷熱到社會冷暖。語言如何和我們各種感官能力合作，他則是在《感覺論》（*Traité des sensations*, 1754）裡加以描述。不同於洛克，孔底亞克不認為有什麼「內在知覺」或內在「反省」；對這個法國人而言，他的英格蘭前輩並沒有認清感官和語言有多麼密不可分，以致於根本沒辦法把它們區分為「外部」和「內部」。

孔底亞克把人類的感官一一拿到放大鏡底下檢視。他認為嗅覺、味覺和聽覺在辨別事物時相當束手無策，在孤立無援的情況下，它們便產生不了任何對世界的觀念。唯有觸覺才有助於獲得對於外界的複雜觀念，它給予我們一種關於世界及自我的基本感覺，如果說我能確定我是「我」，那就是因為我**感覺到**我自己（不是因為我聽到、聞到或嘗到自己）。「我感覺到我自己，是故我存在，」孔底亞克大致是這樣反駁他的對手笛卡兒。另外，他主張不可能有比「凡是我**碰觸到**的東西

[385] [386]

都存在」這點更確定的，並以此反駁柏克萊對於外在世界的懷疑。

人類的感官世界宛如洋蔥一般層層包覆，而越到外層，直觀知識就會越少，語言作為額外的認知感官也就越加重要。孔底亞克寫道，理智所見更勝於雙眼。藉著這套理論，他超越了洛克一大步，並標出一個現在的認知心理學無法劃定得更謹慎的領域。對於感官和語言之間反覆出現密不可分的相互作用，現在的認知科學家的看法和孔底亞克幾乎無二致。所有「自我確定性」中最原始的是「軀體自我」，而不是關於我自己的反省知識。二十一世紀的發展心理學家和神經科學家在這點上會樂於證實這位十八世紀前輩的看法。

孔底亞克向學術界展示人類的認知能力如何逐步產生。在這過程中，他的思考不是「邏輯性的」，而是「遺傳學式的」。笛卡兒描繪刪除一切、直到挺進自己思想和存在的邏輯核心的思想家。相較之下，孔底亞克則勾勒出一座雕像，它最初沒有生命，接著一點一滴地加上感官，直到成為完整的人為止。對於笛卡兒來說，真理在於刪除一切感官事物之後，在邏輯裡剩下的東西。對孔底亞克而言，它則是在逐漸的感官發展當中無中生有的東西。

笛卡兒的進路在數個世紀之後仍舊是哲學的進路；反之，孔底亞克的進路則是作為自然科學而通往**心理學**。而就算今天的心理學認為有先天的結構，也不會從感官知覺推論出所有認知，孔底亞克仍是個重要的先驅。只不過，儘管他使用心理學方法，卻不是唯物論者；他的**感覺主義**（sensualism, sensationalism）絕不擅自說明無生命的物質如何變成感覺敏銳的生命。敏感性一直沒有被探究，孔底亞克的狂熱擁護者，瑞士自然研究學者兼哲學家波內（Charles Bonnet,1720-1793）對它做了大量生物學研究，他探討植物的葉子、昆蟲還有人類的心理學。

孔底亞克自己在《感覺論》發表之後便拋下知識論滿長一段時間。身為王子教師的他前往義大利，並在那裡教導後來的帕爾馬公爵費迪南（Ferdinand）。九年後他才返回巴黎，成為法蘭西科學院院士，主要研究經濟學問題。直到搬回鄉下的晚年，他才重拾自己的知識論研究。倒數第二本書出版於他辭世的一七八〇年，最後一本於他死後的一七九八年。在這兩本書裡，他再次致力於自己最喜愛的問題：語言如何使我們思考？他明確重申自己以前說過的：口說語言源自手語，也就是源自動作。早期文化的人類把這些動作拆解成各個部份，以便容易傳達。就這樣漸漸產生獨立的概念。而概念越是獨立自主，思考就越進步。語言和思考因此密不可分。它們是構成我們知識的「材料」，如同他在一七四六年所寫的。

當孔底亞克提及語言時，他不只是談到口說語言，更包括臉部表情和手勢。他的朋友狄德羅對此同樣感興趣，但是不同於孔底亞克，他並不滿足於哲學的知識論。視覺藝術、舞蹈及音樂裡的符號和語言富有感情和美感的層面令他沉醉。而他想要在孔底亞克停下來的地方繼續鑽研下去：關於構成我們的生命或即材料的問題。孔底亞克並沒有解釋這個材料，他既不想將它簡化成「單純的物質」，也不想把這個物質理解成「有生命的」。剛好後者在狄德羅看來卻是解答，而且是正如莫佩推所寫的：物質本身、其最小的粒子、分子都高度敏感且充滿生命力……

物種的可變性

狄德羅（Denis Diderot, 1713-1784）留名史冊的身分並不是自然研究學者，作為知識論者也只是配角而已。反之，這個來自香檳區朗格勒（Langres）的刀匠之子是法國啟蒙運動的領袖。他以

《宿命論者雅克和他的主人》（*Jacques le fataliste et son maître*）這部小說聞名於世，該作品是歐洲文學史上的里程碑之一。深刻和正直程度更勝伏爾泰、智慧和交際能力更勝盧梭的他，可謂真正的發電廠。他反省當時代近乎全部的知識，宛如磁鐵吸附鐵屑一般。

如同孔底亞克，就連狄德羅也被指定要擔任神職人員。他就讀一所耶穌會學校，為了學業而前往巴黎。但是他卻在三年後中輟神學學業。他寧可短期擔任律師助理、臨時家庭教師、宣道文撰寫者，以及把英語翻譯成法語的譯者。這個年輕人對任何事物都充滿熱情——除了神學以外。在戲院裡以及數學和醫學課裡都看得到他的身影。他想成為作家或哲學家，兩者都是沒有培訓、有薪職位或固定人生道路的職業。這位隨和而友善的年輕人翻譯了夏夫茲貝里的《德性論》（*Inquiry concerning Virtue or Merit*），並且埋首研讀蒙田的《隨筆》（*Essais*）。英國伯爵的人文主義和亞奎丹貴族子弟的懷疑論同樣令他心醉神迷。他在街上和咖啡館裡遇見志同道合的年輕人，例如孔底亞克、盧梭、薩克森男爵格林（Friedrich Melchior Grimm, 1723-1807）以及巴黎數學家達朗貝（Jean-Baptiste le Rond d'Alembert, 1717-1783）。 [389]

狄德羅於一七四三年打算和身無分文的女織工安妮（Anne-Antoinette Champion, 1710-1796）結婚，他的父親暴跳如雷，把他關到特華（Troyes）附近的加爾默羅會修院裡。狄德羅痛苦不堪，於是脫離修院，並且不顧父親反對而和愛人結為連理。儘管他的婚姻維持一輩子，狄德羅依舊和長年的女性友人過從甚密，極善於交際、言詞有力並且野心勃勃的他，成為霍爾巴赫知名文藝沙龍的知識份子焦點人物。在此期間，他憑藉自己的論著嶄露頭角，尤其是對於神學和教會的批判性作品。

一七四九年，他的《論盲人書信集》（*Lettre sur les aveugles à l'usage de ceux qui voient*）在倫敦出版後，他便遇到應得的麻煩。其論點讓人強烈聯想到拉美特里，因而啟人疑竇，正如他出於慎重而未提及的那個布列塔尼人，狄德羅認為人類器官的狀態，以及我們的感受和思考、乃至於我們的道德和形上學觀念，兩者有密不可分的關聯。而且他和孔底亞克一樣描述一切知覺由感性產生的經過。

狄德羅以一個具體例子解釋他的看法，一個來自皮索（Puiseaux）的天生盲人；該名盲人以有力的方式生動解釋孔底亞克關於觸覺的說法。他靠著自己高度敏感的指尖摸索事物，並創造自己的世界。他就像每個明眼人那樣了解空間和時間，對物體的形狀也同樣擁有精確的印象。他欠缺的是對美的感受力。這個盲人的道德判斷也經常有別於明眼人。他對於竊盜義憤填膺，因為遺失東西會破壞他的方向感。此外，盲人自己也根本沒有辦法偷竊，這種無能為力更讓他的憤怒火上加油。相較之下，羞恥感在該盲人身上倒是所剩無幾，特別是在服裝方面。還有另一個在明眼人身上觀察到的現象，也不適用於這名盲人：對看得見的人類來說，「眼不見為淨」往往在道德問題上有效。道德上的不公不義離我們越遙遠，我們就越是不以為意。相反地，這種等級分別對該名盲人而言則不存在——這更加證明了我們的感性決定我們道德感。

道德的問題如此，狄德羅來說，形上學也不例外。他認為盲人在抽象化方面技高一籌；他以眼盲的英格蘭數學家尼古拉斯．桑德森（Nicholas Saunderson, 1682-1739）為例。他的邏輯相當清晰，因而對超自然事物的臆測則比較保留。

這種對於所有人類思考和行為的冷靜解釋，包括風俗、高等的道德和神學，讓法國國防部長怒

[390]

不可遏。狄德羅必須被送進文森（Vincennes）的國家監獄，從一七四九年七月底坐牢至十一月初。當他重獲自由時，他左思右想很久要讓何種內容以什麼樣的措辭印行。除此之外，狄德羅也屬於在和自己思想對弈時總是黑棋獲勝的懷疑論思想家，針對每個論點，他總會想到更好的反論。難怪他沒有完成任何一部體系作品，而是只留下片簡、隨筆、對話、書信、論文以及小說。

在我們這個不再相信有個封閉的世界體系的時代裡，人們喜歡把狄德羅頌揚為一個刻意不建立體系的思想家。但這麼褒揚他卻是有失公允。如同他周遭的其他啟蒙運動者，他也試圖探究自然的真實秩序，對其存在深信不疑。而且這種秩序也應該是找得到的，按照牛頓的典範，經由觀察、實驗和反思的聰明協同合作，揭開它的真面目。

狄德羅想要揭露敏感性如何進入物質的這個天大祕密。因為任何感覺主義都是基於「人類感覺敏銳」這個事實。然而當時的他卻無法解釋這種敏感性的起源。是什麼使無生命的物質轉為有生命，並且在每個生物身上延續該轉變過程呢？對和基督教及其造物主決裂的思想家（這類人在狄德羅的周邊比比皆是），這個問題相當棘手。針對該問題，除了許多短篇的隨筆，狄德羅一口氣寫了三本大部頭的著作：《對詮釋自然的思考》（*Pensées sur l'interprétation de la nature*, 1754）、《達朗貝的夢》（*Le rêve de d'Alembert*, 1769）以及《生理學原理》（*Élements de physiologie*, 1774）。

第一部作品探討生物學、化學和生理學的問題，並在五十四篇簡短的章節裡概述它們的知識。就敏感性方面而言，狄德羅贊同莫佩推，在分子的最底層就存在著感性，因而就有自我開展的衝動；這是種拾級而上、越來越複雜的追求。狄德羅概述的就是現在所謂的湧現（emergence，突現）：從本身不具備那些特質的組件發展出該特質。根據狄德羅的說法，有生命的物質就是這樣由

[391]

無生命的物質產生的，而複雜的有生命物質則是由簡單的有生命物質產生。他的這個想法是受到醫生博杜（Théophilede Bordeu, 1722-1776）的啟發。這個過程既發生在各個生物的發展中，也可見於物種的誕生。狄德羅和他的對談人自然研究學者比豐（Georges-Louis Leclerc de Buffon, 1707- [392] 1788）都是最早把自然史想像成物種逐步向上發展過程的人，我們現在對於動植物認識的一切，都可能是沿著一條無止盡的生物鏈，從「原型」（prototype）發展而來的。

新物種的誕生是由於遺傳時在分子階層上發生「錯誤」，至少莫佩推是這麼推斷的。演化史因此不再是連續不斷的相互關聯。莫佩推認為，儘管我們的心智喜歡連續性，但這不代表它讓自然滿意。當莫佩推高度讚賞的萊布尼茲提到無止盡的因果關係時，他可沒有說裡頭不包含錯誤或混亂。

狄德羅進一步思考該想法，並且勾勒出物種隨著時間推移而逐漸誕生的整體形象：「有誰認識出現在我們之前的動物種類，又有誰認識在我們之而來的動物種類？萬物都會改變，一切都會消逝，只有宇宙繼續存在。」[117]然而，這裡提及的是多長的演化史呢？自一七三九年起便擔任巴黎皇家植物園管理員的比豐，進行了一系列實驗並且推斷為大約七萬五千年；不過，要是他研究沉積物的形成速度，那麼他的推斷應該還會更久以前，甚或有三百萬年。霍布斯當時的主教烏雪（Ussher）推算說地球誕生於西元前四〇〇四年，他不假辭色地加以糾正。

莫佩推、狄德羅和比豐，都是早期的演化論先驅，即便對他們來說仍舊有許多滯礙難解之處。比豐談論到處於無限運動中的不朽的有機分子；狄德羅讓達朗貝作夢，他的有機體彷彿成群結隊的蜜蜂，以自由地互相組合的部份組成。他們兩人都看到牛頓物理學的侷限，「生命」顯然不只是運 [393] 動中的物質，組織自身的能力存在於生命的原理中：「器官創造出需求，反之亦然：需求創造出器官。」[118]藉著這個聰明的見解，狄德羅和比豐等思想家自認為身處萊布尼茲與著名的蒙佩利爾（Montpellier）醫學院之間真空地帶的某處。他們和萊布尼茲一樣，都認識到一種讓所有單子自我保存的「能量」。但是這種能量不可能像萊布尼茲主張的那樣是單純物理的；而就如蒙佩利爾醫學院，狄德羅和比豐也把能量視為一種生命力——只不過，是無法被圈限和定位的那種。

狄德羅和比豐都確信，自然研究將會在未來解決「生命」的問題——但這樣的話，哲學家還剩下何種角色可以扮演呢？自然科學是否會讓哲學變得不必要？無論如何，哲學家必須一直全然處於生物學研究的高度，就如狄德羅所寫的：「若不身兼解剖學家、博物學家、生理學家和醫師，很難成為一位好的形上學家或道德哲學家。」[119]只不過，為了這樣的顧慮而傷腦筋的，就只有像狄德羅這個懷疑論者，那兩部以「唯物主義」之名而認為差不多解決了所有問題的作品人則沒有那些顧忌……

自然主義的道德

同時遭到議會、巴黎大學、巴黎大主教區、教宗及國王的譴責和禁止，有哪本書可以這麼介紹自己的？被視為危害宗教和國家的這本書，一七五八年甫出版便馬上遭到公開焚毀。我們說的是《論精神》（*De l'esprit*），作者是貴族兼宮廷大臣克勞德．史懷哲（Claude Adrien Schweitzer, 1715-1771），自稱為艾爾維修（Helvétius）。

由於艾爾維修是巴黎上流社會的人，這樁醜聞便越發重大。出身醫生世家的他，年僅二十三歲就在經濟上高枕無虞。他的父親為他買了有利可圖的總包稅員職位，那是為女王陛下效勞的私人討稅員。不過，這個年輕人並沒有花很多時間在自己的工作上。這個紈褲子弟是巴黎文藝沙龍中的明星和天才舞者，可以說是十八世紀的魯道夫・紐瑞耶夫（Rudolf Nureyev, 1938-1993）❶的他集眾多目光於一身。他在三十六歲時辭去職務，致力於美好人生和他的思想性研究。他的妻子安妮・凱特琳（Anne-Catherine de Ligniville, 1722-1800）的文藝沙龍成為巴黎的觀光景點，尤其是因為兩位主人傾國傾城的美麗。凡是在艾爾維修文藝沙龍出入的都是功成名就之士，並且身處該城市前五百名之列。

艾爾維修一定是低估了自己的風險，沒有其他說法可以解釋他為什麼要那樣撰寫《論精神》。它是唯物主義哲學的經典之作，充滿了對於神學與宗教的控訴，也是一篇性自由的宣言。它和亞當・斯密的《道德情操論》同時出版，兩位作者都是要建立一門客觀的新道德科學。但是，亞當・斯密樂觀主義的社會演化和和艾爾維修對於整個形上學的革命性清算，兩者可真是判若雲泥啊！一個是想支援自己國家的社會秩序，另一個則是要推翻自己祖國的社會秩序。英國和法國的社會統治情況當然有別，許多法國啟蒙運動者嚮往的事，在英國至少已經部份實現——可是這並不足以解釋亞當・斯密和艾爾維修之間的天差地遠。前面那位和藹可親的蘇格蘭人是個開明的人，卻也是個虔誠信徒，對於爭論避之唯恐不及。而擁有薩克森血統的法國人則是個文藝沙龍紈褲子弟、享樂主義者及強硬的無神論者，面對自己引發的醜聞，他沒什麼好反對的——只要那使他更有名，而且不會危害他的生命與財富。

❶ 蘇聯著名韃靼芭蕾舞者，其卓越舞技為舞蹈界開拓新領域，並扭轉男舞者在芭蕾舞中僅作陪襯的現象，提升了其地位。

在言之有物的英國哲學和不著邊際的法國哲學之間的差異，至今依然如此。難怪英國的哲學史家幾乎不關心艾爾維修等人。光是《論精神》這部作品涉世未深的狂妄，就已經顯得莫名其妙。它打算打造一個從天體物理學一直到道德和政治的世界體系，這種大膽態度更是令人吃驚。但這套規畫正是法國啟蒙運動的核心，他們正是要用它取代宗教專制的舊秩序。「唯物論者」的思考天花亂墜（至今仍舊經常如此）。他們狂熱的野心並不遜於以前從中世紀到舊制度時期的神學家。

我們難以想像十八世紀的人們有多麼著迷於牛頓，而當艾爾維修等人相信可以用自然科學解釋所有生命現象時，他們究竟看見了何等美麗的破曉晨曦。在灼粲陽光的照射下，他認為教會遮蔽事實兩千年的陰影，終究會不敵而消散。神的意志變成物理運動，而祂對人類吹入的氣息則是變成神經刺激的電力。

如同經常到他的文藝沙龍作客的孔底亞克和狄德羅，艾爾維修也遵循牛頓和洛克的典範，他的那本書有意成為擯棄種種臆測的精確科學。何謂人類，他們又有什麼樣的行為？別人努力建立種種準則，艾爾維修則是希望展現行為科學家的堅定不移。在過程中，他看見牛頓物理學的鑰匙，並且過度使用它。正如運動的物理法則支配著宇宙，人類的感性同樣統治著他們的道德宇宙，真是一個直接跳過生物學所有問題的突兀結論！它顛簸地繼續推論說：所有道德都是被經驗到並儲存於記憶中的感性，而我們所謂的「心智」，只是在我們的感覺之間、抑或介於感覺和引起它們的物體之間的物理游標。

這個游標受我們情感操控，畢竟光是渴望就會引起我們對事物的「興趣」。一切的道德若非利益和實用性的權衡，還能是什麼呢？生命的目標是自我保存，由電化學（electrochemical）的自愛供應所需。而可以增長我的利益的就是道德上的善，和我的利益背道而馳則為惡，就連斯賓諾莎和休姆也都這麼看。只是他們兩人都要求聰明而有智慧地檢驗自身的利益，看看它對於公共利益的利弊得失。艾爾維修也遵循相同路線，他和休姆一樣，依據社會實用性來校準德行。然而，在有如現代生活一般看不清的世界裡，怎麼知道什麼東西對所有人都有用呢？道德的問題只以實用性為標準就足夠了嗎？為了德行本身而擁有德行，難道不是更好嗎？亞當·斯密為這個爭論提出一個機靈的解決辦法，而把「公正的旁觀者」輸入每個人的腦袋裡，大腦中的善良小矮人以奇特的方式，把所有人的福祉和追求自身幸福的個人連結在一起。

艾爾維修手邊並沒有這種心理學解決方法；相反地，他完全信任讓個人利益以共同福祉為依歸的教育。許多英國人認為的「個人的私利有益於整個社會」是他無法領會的。如同我們還會看到的，他的這種想法屬於典型的法國思維。要是人人都只想著自己，那麼他的「共同福祉」並不會憑著魔法出現。它是必須由教育灌輸到每個人心裡的**理想**。而按照艾爾維修的說法，由於所有健康人類生來都具有同等天賦，便肯定也能對應地塑造自我。

當時並沒有人指責他在自己著作裡違反休姆定律。從牛頓的物理學（關於「實然」的描述）無法推論出所有人都要對共同福祉負責的「應然」。一個人當然可以沉溺於狡猾的投機主義以及奸巧的自私自利。況且究竟誰有權力決定什麼對社會「有用」？舊制度時期的代表人物們對此並沒什麼反感，反而是艾爾維修認為道德善惡並非天性，這點讓他們怫恚不已。只要不對大眾造成任何具體傷害，想要做什麼都可以。如此一來，只要當事人都表示同意，那麼滿足各種個人快感的作法也都是正當的。就連「人人平等並擁有相同天賦」這段也讓教會和國王的人讀起來老大不是滋味。但最讓他們憤怒的，還是充斥在著作裡對於基督教的輕蔑詆毀。

費了一番努力，艾爾維修才從事件全身而退。他不得不公開撤銷自己的意見，在接下來幾年內收斂一點，不發表偏激言論。與此同時，霍爾巴赫（Paul Henri Thiry Baron d'Holbach, 1723-1789）成為他偏愛的對談人，這個人的文藝沙龍在知識份子圈裡艾爾維修的還有名，但是魅力程度則有不及。就連霍爾巴赫也堅持要勇敢推動唯物主義的總體計劃：那就是《自然的體系》（*Système de la nature ou des loix du monde physique & du monde moral*）。當該著作於一七七〇年出版時，作者為求謹慎而以假名「米哈博」（Jean Baptiste de Mirabaud）隱藏身分，那是借用一個十年前就過世的哲學家的名字。

[398]

霍爾巴赫出身自蘭道（Landau）附近的埃德斯海姆（Edesheim）一個日耳曼釀酒商家庭。他在八歲時由舅舅照顧他，這個長輩是個富有的理財經紀人。弗朗茲・亞當・霍爾巴赫（Franz Adam Holbach）對於巴黎皇家銀行的創建貢獻很大，並且很早就投資一六六四年依照英國先例成立的法國西印度公司的買賣。該公司於一七一九年和法國東印度公司合併。他以這個巨額利潤在維也納買了個貴族頭銜，並資助他的外甥的事業。年輕的霍爾巴赫在萊登（Leiden）學習法律和自然科學，那裡也是英國輝格黨讓子女受教育的地方。霍爾巴赫證明自己在社交方面的天賦，結識許多後來成為政治要角的朋友。驕傲的舅舅收養了他，兩人都取得法國國籍。舅舅於一七五三年去世，並且留下大筆遺產，霍爾巴赫便成為有錢人。他和遠親表妹的婚姻為他帶來額外的聲望，芭席爾（Basile Geneviève Suzanne d'Aîne）為他打開通往巴黎城市貴族的大門，自此以後，他便理所當然地穿梭在這個圈子裡。

霍爾巴赫的文藝沙龍不久便成為啟蒙運動的思想中心。男爵在這裡和他的第二任妻子（他第一任夫人的妹妹）招待賓客，並接待狄德羅、達朗貝、孔底亞克、格林、艾爾維修以及盧梭等友人。城裡到處都在議論「霍爾巴赫議論圈」（coterie holbachique），大量的外國賓客把名聲遠播至法國以外的地方，該沙龍也以「歐洲咖啡館」（café de l'europe）之名成為人們津津樂道的傳奇。在和當時的思想人物為伍時，霍爾巴赫是礦物學和化學的專家，此外他也按照在朋友圈裡的習慣撰寫批判教會的著作。他讓那些作品在荷蘭以匿名或假名印行，然後鋌而走險地把它們私運到法國。

霍爾巴赫在四十六歲時出版關於自然的哲學主要作品。如同十二年前的艾爾維修，他描繪一套從物理學接軌到社會物理學的哲學體系。兩部作品極為相似，讓人訝異霍爾巴赫為什麼過了這麼久以後還要寫一本如此類似的作品。該著作包含了早已熟知的元素：牛頓的物理學、拉美特里的機械唯物論、孔底亞克的感覺主義，以及主張個人利益有助於共同福祉的道德。此外，霍爾巴赫還深入研究斯賓諾莎，也同樣主張「一元論」而反對心物「二元論」。艾爾維修和狄德羅畢竟都主張這個概念。閱讀斯賓諾莎促使霍爾巴赫質疑意志自由。正如斯賓諾莎以及年輕的休姆，他同樣不認為有自由意志的存在。如果說世上一切都由因果關係決定，那麼人類的意志也不例外。不過，這種立場卻立刻導致一個霍爾巴赫沒看到的問題：如果一個人連自由意志都沒有，那他該如何透過教育來說服自己重視共同福祉呢？

霍爾巴赫的書強調一種它根本就沒有的系統學。它囉嗦冗長、東拉西扯，處處都是重覆語句及關於化學漫無邊際的描寫，看不出來要說什麼。有時候，它讀起來就像是若干沙龍講座未經編輯的筆記。它涉及範圍大到能讓霍爾巴赫把所有唯物主義的矛盾都安置於其中而渾然不覺。其物理學正如艾爾維修的一樣過度延伸，他的生物學晦澀難懂，他的感覺主義只是拾孔底亞克的牙慧，而道德的結論和主張則存而不論。因為，從「自然可以用物理學解釋，而人類經驗取決於感官」這個事實，並不能得出「人類因此**不應該**信仰神」。

無論如何，霍爾巴赫至少有個絕技是成功的，那就是他的《自然的體系》被公然燒毀，儘管他的仇敵早已炒夠了這盤冷飯。反之，這位作者在自己的書裡也不放過任何一次把基督教羞辱成蓄意扭曲真理的機會，也就是一套由詐欺的神職人員想出來的體系，目的是為了謀得利益和矇騙他人。然而，不僅那套有關教會起源的陰謀論引起不滿；在波茲坦，腓特烈大帝也嘲笑說這個似乎相信體系甚於經驗的作者太過天真，他鼓勵自己的宮廷數學家約翰．卡斯蒂隆（Johann Castillon, 1708-1791）寫一部範圍一樣廣的作品駁斥他。相較之下，年輕的歌德才讀到一半便覺得興味索然。休姆在英國翻來翻去瀏覽內容，覺得這本書「寫得拖泥帶水」又「大膽」。這陣短暫而喧鬧的騷動就像肥皂泡泡一般破滅。法國再不到二十年就要面臨大革命，而那廝殺的戰場再也不是知識論，而是政治哲學……

[400]

公共理性

百科全書

[401] 想要摧毀一個宗教信仰，我們該怎麼做？只要完全就字面意義去理解這個宗教就可以了！以這個問題為例：如果我們依照字面的意思去理解《聖經．創世記》裡的數字，那麼挪亞的方舟會是什麼樣子呢？可以肯定的是它（方舟）會非常巨大；依照今日的度量衡，方舟長一百三十三公尺，寬二十二公尺，高三十公尺。挪亞的船確實有足夠的空間可以容納大量動物。那麼被選中的先知和他的兩個兒子，又花費了多長的時間建造它呢？據推測大概在五十二到一百年之間。然而方舟內到底有多少動物？以十八世紀人類已知的哺乳類動物來計算，大概需要三十六個馬廄，另外還必須有三[402] 十六個鳥舍；它們都必須平均地配置在方舟內部，也要有足夠的空間可以通風。接著還需要三十六個儲物室以存放動物的糧食：四萬七千立方公尺的乾草，以及為肉食動物準備的一百隻綿羊。除此之外，還需要三萬六千噸的水。挪亞的四位家族成員也需要四個供他們起居的艙房。然而就算這些全部可以容納在船艙裡，從動物的棚廄中清理出來的排泄物該怎麼辦呢？挪亞和他的家人在洪水形成的海洋上度過四十天，除了必須照料動物，還要把數量龐大的糞便和穢物鏟到海中。而且這項工作必須由三個男人完成，因為諾亞家中的女性正忙著清掃他們的艙房和炊事。

這些推算是來自於馬利（Abbe Edmé-François Mallet, 1713-1755），它屬於一部長篇鉅作的第一卷，它的作者們稱之作《百科全書或科學、藝術、工藝詳解辭典》（*Encyclopédie, ou Dictionnaire raisonné des sciences, des arts et des métiers*）。它是當時僅次於比豐的《博物誌》（*Histoire naturelle*）的宏偉計畫。事實上，在一七四九年，當時默默無聞而且一文不名的狄德羅，原本是要把一套於一七二八年出版的《錢伯斯百科全書》（*Ephraim Chambers' Cyclopaedia, or Universal Dictionary of Arts and Sciences*）上下冊英文辭典譯成法文，但是後來因為合約問題而沒有問世。然而這位機靈的文學家立刻察覺，眼前有個千載難逢的機會。他計劃和他的朋友達朗貝共同完成一部四大冊的著作；關於當時代所有相關知識的彙編。狄德羅並不打算只是傳遞資訊：在他的計畫中，除了實用資訊之外，還應該兼顧所有的思想流派、信仰傾向以及哲學。他還把所有內容依照字母編排，這個想法在當時代也極具顛覆性，因為這讓不同的知識原則上具有相同的價值，而且可以互相比較。

貝爾（Bayles）的成功著作《歷史和批判辭典》是當時《百科全書》的作者的範本；然而狄德羅和達朗貝的《百科全書》的規模不可同日而語。一百四十四位作者，其中不乏法國權威的啟蒙運動學者，一起創作並為《百科全書》撰寫數量龐大的文章。前面提及的馬利在一七五一年出版的版本裡，他一個人就貢獻了超過五百條詞條。這項計畫在一七八〇年才終於告一段落，而它擴充至三十五冊。在啟蒙運動時代所有的著作中，這套著作或許是最完整、而且對啟蒙運動的推展最有影響力的作品。從這本著作裡和書名同名的詞條裡，我們得以窺見狄德羅想要透過這部著作達成的目標：「讓我們的子孫不只得到更好的教育，並且使他們更有德行、更幸福；在對人類完成這個貢獻之前，我們不能死去。」

對狄德羅來說，所謂「對人類的貢獻」是指讓大眾都有辦法接觸到所有理論和應用的知識。同時，那也代表收錄具有特定傾向的文章的勇氣；換句話說，儘管《百科全書》是依照字母排列，讓所有的內容都有機會進入讀者的視野，但是其中依照內容卻有不同的處理方式。宗教信理、道德和

[403]

傳統習俗，都以採取距離的方式加以檢視，因此，如同上述的挪亞方舟，它們立即顯得相當可笑。如同在查閱聖餐禮的同時，可以在相關的檢索裡找到食人族的詞條。

儘管如此，狄德羅依舊很難對於他們的成就感到滿意。《百科全書》遇到和現在的「維基百科」一樣的問題。根據作者的興趣和知識，某些詞條會不成比例地冗長，有些則相當簡短。同時也無法要求所有的文章有個統一的筆調：「此處我們看起來太浮誇而且殘缺不全，另一處則薄弱、簡短、瑣碎又無力。某些文章味如嚼蠟，另一篇文章則如患水腫一般的臃腫。我們既是侏儒又是巨人，既像巨人族又像是矮人族。這一刻，我們彷若完美而均衡地生長著，下一刻，我們卻立刻成了佝僂而了無生氣的庸才。」[120]

在一七五二年，霍爾巴赫（Paul-Henri Thiry, Baron d'Holbach, 1723-1789）加入了計畫，增添了全新的氣象。他的沙龍為給這部龐然大物一個學術討論的中心。霍爾巴赫以他浩瀚的學識涵養和沙龍的客人聊天，而狄德羅則展現他的人格魅力和才華洋溢的靈魂。當然這段時期並不完全是那樣純潔無瑕。嫉妒和羨慕在思想交流的同時也在孳生。封建的舊制度（Ancien Régime）❶依舊在幕後虎視眈眈，當然也會對狄德羅等人的工作大肆批評和騷擾。一七五九年《百科全書》的工作被禁了一段時間，而且某些作者也遭到警察機關的迫害。主編們最後不得不（部分是掩人耳目）轉到瑞士境內的日內瓦、洛桑，紐沙特（Neuchâtel）和伯恩等地付印。

計畫的成功，皇室高級審查員的馬勒歇伯（Chrétien-Guillaume de Lamoignon de Malesherbes,

❶ 舊制度指的是法國十五至十八世紀，也就是文藝復興末期直到法國大革命為止的政治制度，具體來說是封建君主制。

1721-1794）功不可沒。這個位高權重的法學家和政治家對於百科全書編撰者的善意，明顯超過他代表的執政階級。他一直都試圖斡旋於國王的利益和甫崛起的市民階級之間。睿智而有遠見的他不讓貴族接管他的法院職位。然而儘管如此，他在耆耄之年因為在國民公會為法王路易十六辯護（總得要有人這麼做）而死在斷頭臺上。

一七九五年，因為爭執和抱怨而不堪其擾的達朗貝告別了這項龐大的計畫，轉而和腓特烈大帝往來，這顯然要激怒狄德羅；自一七五六年七年戰爭爆發之後，狄德羅就對這個開民君主極為輕視。腓特烈年輕時曾經因為其所著的《反馬基維利主義》（*Antimachiavell*）而被法國啟蒙運動家們讚不絕口，然而現他在的政策卻是最凶狠殘暴的馬基維利主義。這位普魯士國王不再用文字爭取他在歐洲的地位，而是以大砲。而他發起的戰爭更是連累了全歐洲的人民。這個第一次「世界大戰」以數不盡的戰役到處肆虐，而狄德羅則是奮力以道德的看守人和審查機構自居，又為那象徵自由的付印計畫抗爭：「這部作品到頭來絕對會成就一場思想革命，而且我希望，暴君、壓迫者、宗教狂熱份子、反對異議者，都可以受到檢視。我們會為世人承擔這份職責，而在人們知道要感謝之前，我們應該都早就化作塵土。」[121]

對狄德羅與他的同事們而言，休姆造訪霍爾巴赫位於皇家街上的沙龍時間是整個運動的高潮。這個優秀的思想家於一七六三年來到巴黎，沙龍仕女都渴望他的青睞，而知識份子則想要他聽聽他們的想法。對休姆而言，這些都是多餘的阿諛奉承。在十八世紀中葉，這座法國首都在知識領域長久沉睡之後，終於成為學術重鎮（place to be），只不過不是在大學裡，而是在社交場所；休姆高大、肥胖、笨拙的模樣，當然讓某些社交名媛感到失望。然而休姆雖天生並不是非常健談，卻是個

[405]

敏銳的觀察者。他在沙龍裡對霍爾巴赫開了個大玩笑，聲稱自己不相信真的有無神論者存在，遭到霍爾巴赫毫無幽默感的指教：「先生，請你數數在座的人數……如果幸運的話，當中十五個人會很樂意看見我揍你一拳，而剩下的三個人則會對此不予置評。」[122]

無神論是個極佳的宗教替代品；因為除了它以外，沒有什麼可以讓狄德羅和霍爾巴赫的小團體宛如和他們敵對的教會一般團結一致。而深思熟慮的休姆卻讓激情的無神論者主人們感到厭煩：他既不欣賞一搭一唱的宗教笑話的自以為是，也不像霍爾巴赫、狄德羅或者艾爾維修一樣相信自然科學是無所不能的。在政治上，他也無法苟同這些法國同志們的樂觀主義。對休姆而言，所謂全體福祉是人類行為的總和；每個人的行為在德行和自私之間取得平衡，就可以成為社會的助力。而對於「皇家街上的酋長們」（休姆如此稱呼他的主人們）而言，全體福祉是人們應該服從的更高權威。對這些虔誠的無神論者來說，他看得出來，全體福祉之於這些死腦筋的無神論者，正如神之於有神論者的角色。休姆並沒有活著見到羅伯斯比（Maximilien Robespierre）的道德恐怖統治，但是相較於那些不自覺成為羅伯斯比的思想先驅、不知寬容為何物的狂熱者，休姆比他們自己都清楚得多。

孟德斯鳩

十八世紀的法國人在追求什麼政治理想呢？一七五一年，《百科全書》第一冊問世的那年，天主教會也把一本書列入禁書目錄，它在歐洲一半以上的地區發行了十二版：《論法的精神》（*De l'esprit des loix*）。它的作者是來自加斯科尼（Gascony）的貴族，他是法學家，也是法國科學院的榮譽成員。我們談的是孟德斯鳩男爵（Charles-Louis de Secondat, Baron de la Brède et de

Montesquieu, 1689-1755）。他於一七二一年以《波斯人信札》（*Lettres persanes*）在政治作家中聲名鵲起。儘管這部著作是以匿名在阿姆斯特丹印刷，但是作者的名字很快就傳開來。孟德斯鳩把當時流行的書信體小說發揮得淋漓盡致。兩位波斯領主，其中一位比另一位更聰明睿智，他們討論阿拉伯世界的風俗，並和巴黎風俗做比較。他們對於法國巴黎婦女可以在社會中自由活動，以及比較自由的性倫理讚譽有加，而基督徒的陌生信仰讓他們愈發驚奇：基督徒崇拜像教宗這種「古老的、因為傳統而被過度吹捧的偶像」；就像信仰號稱可以把餅酒變成基督血肉的「魔法師」一樣落後。他們也不了解這個所謂愛的宗教為什麼讓各地基督徒兵戎相見，西班牙人和葡萄牙人為什麼會把不同信仰的人「像稻草一樣」燒掉。

孟德斯鳩的早期著作不僅猛烈批判宗教，他還特地虛構一個民族「穴居人」，以他們為例，討論國家哲學。波斯賢者向讀者訴說穴居人如何在自然狀態下被粗魯的洞穴暴君統治。依據霍布斯的理路可以推斷，推翻霸權之後之而來的並不是自由，而是野蠻和肆無忌憚的利己主義。因此，穴居人當中的智者決定，他們需要一個含淚接受職位的國王。可是不同於霍布斯的國家掌權者，穴居人國王知道那並沒有解決問題，因為每個統治者遲早都會成為社會的禍患。

孟德斯鳩的《波斯人信札》是對於路易十五時代法國社會的婉轉批評和諷刺，卻沒有為錯誤的政體進退維谷的困境找到出路。為了在思想上推進，這本書的作者還需要新的靈感和更多的生活經驗。他賣掉自己的法務辦公室，在波爾多附近的拉布雷德（La Brède）自家城堡和巴黎之間通勤。一七二八年，他踏上漫長的求學之旅，客居德國、義大利和荷蘭。他在英國住了兩年，在那裡結識許多學界和政界的朋友；英國的政治經歷對他影響深遠。回到法國後，他寫了一本關於羅馬帝國興衰的著作，那是一個國家成敗的藍本。

在孟德斯鳩看來，有個「事物的本性」，一個規律性，所有國家都是據此開展的。佔領土地通常是過程的開端，耕地公平分配，公民認為自己是社會的一部分，並且隨時準備抵禦外患。但是漸漸的，不平等現象逐漸蔓延，貧富差距擴大；德行、道德以及對團體的責任感也因為同樣的理由而消失。最後，道德敗壞的上層階級和貧困的大眾站在對立面。以前國家以內部的團結精神凝聚在一起，現在有權者和無權者卻互相對抗。手握大權的皇帝在遠離「暴民」的地方生活，義務役被傭兵團取代，麵包與遊戲❷分散了受惠者的注意力，使其感到滿足而安撫他們；最後，整個結構都腐爛了。

孟德斯鳩談的是羅馬，也是影射英法等國。不過，人們要怎麼做才能改變國家興亡的自然法則呢？難道沒有任何擺脫困境的方法嗎？這個問題便是他的名作《論法的精神》的主題，經過二十多年的寫作，這本著作於一七四八年在日內瓦出版。孟德斯鳩以前就明白表示嚮往一個有如早期羅馬那樣有德行而且知足（frugalité）的國家。可是這樣的國家要如何杜絕不當的野心和極端貪婪的危害呢？我們又該如何防止風雨飄搖的國家擺向另一端，使過度的平等轉變成殘忍的暴民統治？一言以蔽之：我們如何正確而有效地約束國家？就像孟德斯鳩仔細研究過的哈林頓與洛克一樣，他也認為「分權」是答案。而他的後世名聲也正是因為他在立法權和行政權之外劃分出第三種權力：「司法權」。在他看來，立法、行政和司法機關構成執政的三個方面，並確保了國家的完善。因為孟德

[408]

❷ 麵包與遊戲，在政治上用於比喻一種膚淺的綏靖手段和愚民政策。

斯鳩認為，唯有一個只對法律負責的獨立法官才可以指出國家秩序中的錯誤。

到目前為止，都相當務實，而且對於歐洲和美國歷史也至關重要。但是它並沒有指出什麼才是正確的法律。孟德斯鳩不想敷衍了事地回答這個問題。他提醒我們要考慮到，不管世界哪個地方，氣候都會決定人的性格；天氣越溫暖，人就越懶散；古代醫生早就知道這點。就連博丹也認為法國人適合君主專制，才可以解決他們的性格問題。如果說君主專制絕不是孟德斯鳩的答案，那理想的憲法就必須考慮到性格問題，天性、道德和守法精神，三者缺一不可。

與洛克相同，孟德斯鳩也遵循平等、自由和宗教寬容的基本理念，不過他的想法中也有不一致的地方。他不信任人民，所以只認可代議制，而除了人民代表之外，他還設置了貴族代表。而政權，也就是執行機關的權力，他甚至把它保留給君主，且當君主行為失當的時候，人民和貴族代表也無法起訴他。由此可見，理論上的平等和實踐上的平等是兩碼子事。孟德斯鳩特別喜歡恥笑以偏見為蓄奴辯護的人，但是他也沒辦法下定決心主張全面廢除奴隸制度，而只是批評奴隸主對待自己的奴隸的方式。不過，對於不關心蓄奴問題的狄德羅及其同儕而言，孟德斯鳩仍然是為他們寫作《百科全書》「民主」和「專制主義」詞條的不二人選。

[409]

但是他們終究沒有合作無間。一七五五年二月，孟德斯鳩在巴黎感染病毒，不久就與世長辭。他沒來得及看到科西嘉自由鬥士保利（Pasquale Paoli, 1725-1807）同年在科西嘉島推行了三權分立的原則。在短短的十三年裡，直到法國佔領該島為止，是這個理論第一次的實際應用。一七八七年的美國憲法的成就則讓人眼睛更加為之一亮。另一方面，法國過了很久才真正實行三權分立。法國革命者的精神和孟德斯鳩審慎思考的平衡及其中庸的品德完全不同。它的理想是普遍理性，以及不

[410]

考慮習俗、慣例和心態的合理的國家理論。也難怪艾爾維修在《論精神》裡修正了孟德斯鳩的《論法的精神》，因為任何把普遍理性相對化的東西，百分之百是錯誤的！

全體利益

十八世紀中葉，巴黎不再是歐洲最大的城市，雖然它在過去數個世紀裡一直獨占鰲頭。它有大約五十七萬五千個居民，比倫敦少十萬。英格蘭的首都正在蓬勃發展，到了十八世紀末，其人口已經成長一倍，超過一百萬，而巴黎卻停滯不前。只有少數人住在華麗的大理石建築物裡，那裡有奢華的沙龍，貴族在此舉辦宴會，進行**哲學**論辯。而在前面路口一個拐彎，就會看到骯髒而昏暗的巷弄、垃圾山和滿是排泄物的街道，一座充斥著叫鬧聲、為了生計的生存戰爭、犯罪和陋習的城市。這裡住著首都中大多數的人口，國家在財政上已經土崩瓦解，投機者操控糧食以囤積居奇。一個個農業危機接踵而來。

在這種情況下，渴望橫越海峽的不僅是哲學家。古爾奈（Vincent de Gournay, 1712-1759）等經濟學家們也對英格蘭刮目相看。身為貿易商，這位來自布列塔尼的男人身處權力中心。因為洛克的思想，他也強調自由的個人主義和勤奮的英國商人的理想，但法國的情況並不是這樣。在該世紀中葉，農業佔了法國五分之四的經濟產值，每個經濟周期都由政府嚴格監管。古爾奈和他的同事呼籲廢除行會和手工業同業公會，讓每個人都可以自由選擇工作內容和地點，並要求保護製造商和商品，取代對貿易的管制。古爾奈以英國為例，指出只有經濟自由才能徹底提高生產力。

在君主專制的法國，這種言論太過標新立異了。王室不是很喜歡這種論調。這個專制國家的君主仍然掌握著一切，經濟中過多的個人主義會立即引起不滿。難怪古爾奈不像當時另一位經濟學家克內（François Quesnay, 1694-1774）那樣名重當時。這位來自巴黎洪布耶區（Rambouillet）的御醫是達朗貝的朋友，他為百科全書撰寫了許多詞條。不過，他更喜歡撰寫和經濟有關的文章，尤其是農業。農業就像血液一樣，有自己的循環系統。克內關注的其實不僅僅是經濟問題。就像蘇格蘭的亞當・斯密一樣，他夢想著一個包含個人、社會和經濟的系統。

克內還加上經驗主義和感覺主義：所有知識都來自我們可以「明證性地」感受到的事物。可是人類眼前不只有「事物本性」，還有它的「自然秩序」。克內不必像契約論者那樣設想一個**理想的**自然狀態。從十八世紀流行的古代哲學家伊比鳩魯那裡，他找到一個**天然的**自然狀態。這個狀態可以成為任何社會秩序的模範。

這個自然狀態是什麼模樣呢？根據克內的說法，人類最初是依靠農作物維持生計。生而為人，意味著當個農夫並且在土地上生活。幸運的是，人們生產的作物超出生活所需。這種「生產剩餘」（produit net）就是經濟的基礎。創造它的是唯一可以稱為「生產階級」的農民，而國家的財富完全奠基於此。在這個定義之下，克內創立了「重農主義者」（physiocratie）的學派或「教派」；不同於亞當・斯密的「勞動」，只有農業才會產生剩餘價值。所以，這個大師要求他的信徒要以農業為重。人們必須改善農業結構，讓土地所有者自己決定想要種植什麼作物。

工業和貿易是英國普遍繁榮的泉源，而克內卻很少考慮到它們。當他想到貿易時，這位來自巴黎附近農村的男人就會想到港口城市的國際商人階級，他們在糧食和其他商品上投機，而絲毫不關心法國農民的需求。在克內看來，這些商人並非「貿易」的樑柱；相反地，他們的利益牴觸了絕大

[412]

多數法國人的商業利益。英國經濟學家看到了泡沫經濟、價格飆升和糧食危機是投機性交易的副作用，因此，重農主義者鄙視所有操奇計贏的人。對克內而言，只有交易本身才有必要性，商人對利益的追求則不是。

為了產生唯一貨真價實的「剩餘價值」，即農業的「生產剩餘」，就必須保護土地所有者的財 [413] 產。克內寫道：只有擁有土地的人才可以得到自由。這和洛克的看法剛好相反！英國自由主義者認為，每個（白）人都是自由的，並因此有權購買財產。克內的看法則是，「當」人有擁有私人財產，他才擁有自由（百姓和貴族都一樣），自由並不是身為人類的基本屬性，而是社會秩序和分配的結果，這就是法國人想要指出的重點！這個定義影響深遠。因為，如果自由是個所有權，那就沒有人可就他的自由主張擁有所有權！克內的社會模型不只進步，更讓有資產的公民階級和有資產的貴族平起平坐。可是它也是保守的，因為沒有人有權以自由之名主張任何權利或要求。可是有八成左右的法國人在十八世紀中葉根本沒有土地；這些貴族、神職人員和公民以外的所謂「第四階級」（the fourth estate）的全體當事人，克內完全視若無睹。

克內的思想為資產階級開了方便之門，但是它也壓抑了經濟和社會真正的革命性改變。許多英國人因為勞動的美德及其豐碩成果而洋溢著樂觀主義，大部分的法國人卻沒有辦法分享這份樂觀。霍爾巴赫便認為，人類天生懶惰而沒有野心。個體是不可靠的；只有優秀且公正的法律可以讓社會進步；社會也不會因為個人的德行而更美好，而是需要可靠的法律以及對於「全體利益」（intérêt général）的不斷追尋。在這點上，克內和霍爾巴赫以及艾爾維修的觀點相同。儘管對於個人的悲觀看法使他們沮喪，他們卻也樂觀地信仰著普遍理性造福人群的力量。亞當·斯密則剛好相反，誇張 [414]

一點說，對他而言，就算是一群壞蛋，也可以組成一個好的國家。而克內等唯物論者則覺得，只有把理性變成法律，才可能成就一個好的國家。

法國人對國家理性的誇張信仰其來有自：不同於英國人，對於議會制度沒有現實經驗的人，對於全體利益在現實資產階級政治裡的地位依舊有著天真的想法；許多法國啟蒙運動家都是這麼天真的。而這種對於普遍理性過度吹捧的拜物信仰，也可見於一個人的作品裡，我們現在只要談到法國啟蒙運動哲學家，第一個就會想到他：盧梭！

盧梭

他是個令人難以忍受的偽君子和登徒子，一個脾氣暴躁的傢伙，霍爾巴赫的沙龍裡的自由思想家（Freigeist）當中歇斯底里的娘娘腔。然而，他卻為世界留下十八世紀影響最深遠的理論。

當盧梭（Jean-Jacques Rousseau, 1712-1778）於一七四二年在巴黎初試啼聲，這個日內瓦的鐘錶匠的兒子已經漂泊一段時間。他是個藝術家、欺騙成性的托缽僧、拿著假證照的音樂老師和教育家，地籍局的文書，他還是一種新樂譜的發明者和二流的演奏家。他在三十歲時認識了小他一歲的狄德羅，很快就成為朋友。他們會每週一次，和孔底亞克在花籃飯店（Hôtel du Panier fleuri）共進晚餐。盧梭是《百科全書》早期的作者之一。身為音樂家，至少他自己這麼覺得，他寫了一些讓當時著名的演奏家和音樂理論家哈莫（Jean-Philippe Rameau, 1683-1764）感到非常惱火的文章。

盧梭的重大突破是在一七四九年第戎學院（Dijon）的有獎論文競賽，題目是：「科學和藝術的進步是否敗壞或改善風俗」。盧梭當時剛讀過拉美特里關於幸福的爭議作品，作者認為德行不會導致幸福，唯有在激情裡才可以找到幸福。❸這本書在盧梭心中掀起波瀾。拉美特里是對的嗎？社會道德只是一場騙局嗎？當時狄德羅被關在文森的監獄裡，盧梭定期會去探望他。不用說，這對朋友會談到論文競賽的題目和拉美特里的文章。可想而知，聰明的狄德羅鼓勵盧梭以令人驚訝的答案激怒第戎的學院。因為唯有故意批其逆鱗，聲稱科學進步無法促進道德反而會敗壞道德，才有辦法脫穎而出。

於是盧梭動筆寫作，狄德羅參與論文的每個階段，並提出修改的建議。他的動機我們不得而知。畢竟，主張藝術和科學的發展會敗壞人類，這和百科全書的計畫背道而馳。狄德羅是否想激起大眾對盧梭的反感呢？還有，他是不是想要指出皇室和教會統治者應該匡正的弊端，俾使藝術和科學真正有益於人民？

狄德羅計畫背後的真相，現在已經石沉海底了。我們只知道，盧梭在該事件之後用力搖擺的提爐：在他的自傳中，盧梭提到自己在熱氣蒸騰的夏日拜訪狄德羅的經歷。碰巧，他身上剛好有《風雅信使》（*Mercure de France*，**《法蘭西信史報》**）❹，讀到了論文競賽：「在看到這個題目的那一剎那，我看到了另外一個世界，我變成了另外一個人。」[123]❺在寫給馬勒歇伯的一封信中，他的語氣更加多愁善感：「如果有什麼，哪怕一次也好，可以和靈感的閃現一樣快的話，就是我在讀到那個問題時心裡的悸動。突然間，我感覺到自己的心靈被一千盞燈炫惑，大量鮮明的思緒猛烈而毫

❸ 指《論幸福，或反西尼加》（*Discours sur le bonheur ou Anti-Sénèque*, 1748）。
❹ 《風雅信使》是世界上最早的文化娛樂期刊，也是法國歷史上最負盛名的文學刊物之一。
❺ 引文中譯見：《懺悔錄》，頁470，李平漚譯，五南，2018。

[416]

無章法地在我眼前出現，使我陷入無法言喻的混亂之中；我的頭腦像醉酒般暈眩，一陣強烈的心悸襲向我，我的心臟彷彿要自胸膛迸出；由於我漸漸無法呼吸，只好任由自己倒臥在小徑旁的樹下……」[124]真是典型的「盧梭」，而狄德羅只是故事中不重要的配角。透過策略性的計畫，盧梭宛如經歷了基督聖徒的醒覺過程，就像使徒保羅在大馬士革路上，或者是奧古斯丁在米蘭花園的經歷。哀愴、眼淚和被揀選，讓傳說變成了歷史。而終於有個蒙福者：「我的情感也以難以想像的速度昇華起來，與我的思想同步前進。我所有一切其他的欲望，都被我對真理、自由和美德的積極追求打消了。而更令人驚訝的是，這種狂熱的狀態在我心中一連持續了四、五年之久，其高昂的程度也許在別人心中還從來沒有過。」[125] ❻

沒有哲學家會像盧梭那樣賤賣自我。他在論文競賽提出的回答，使他得到夢寐以求的第一名，也讓他一夜成名，成為在法國境內外遠近馳名的人物。在他的論文各處都在探討學術和藝術如何摧毀人類在斯巴達和古羅馬時代擁有的道德，還有，不同於孟德斯鳩，文明的進步也擴大了不平等，而終究會導致墮落。

不平等的起源

儘管他的想法早就不稀奇了，盧梭還是成了文化批評的明星。在第戎學院的論文比賽裡奪魁幾年後，他又參加同一個比賽。這次的題目是：人類不平等的起源是什麼？自然法是否容許這件事發

❻ 引文中譯見：《懺悔錄》，頁471。

[417]

生？

盧梭的應徵論文《論人類不平等的起源與基礎》（*Discours sur l'origene et les fondements de l'inégalité parmi les hommes*）在一七五五年於阿姆斯特丹出版。這個總是有如風捲雲殘的思想家，這次卻沒有得到任何第戎陪審團的青睞。可是這篇文章如此扣人心弦，更勝於上次競賽的論文。盧梭在其中以一種全新的方式講述人類文明的歷史：就像霍布斯和洛克一樣，他也以一個自然狀態為起點。我們應該要上溯多久的歲月，才是人類真正的自然狀態，這個問題沒有人知道答案，所以盧梭選擇了「假設性的思考」。在這點上，他和英國的範本非常類似，不過他也有個完全相反的看法：他認為人類的的進步並不是往更好的方向邁進，而是一種墮落，人類的歷史就是道德的墮落史！

一開始，盧梭認為人類根本不是「人」而是動物。當狄德羅在思考物種的出現和滅絕時，盧梭已經把進化思想應用在人類身上。在「動物性狀態」（condition animale）中，人類根本沒有私有財產、法律、語言、理性、道德和政權之類的觀念。人類也不會爭吵或發動戰爭。另一方面，洛克則認為，自從神創造世界，人類就是交易商品和管理個人財產的商人。這些在盧梭眼中都是後來才出現的文明病症。他相信人類只擁有動物的本能，例如自愛，或者像孔底亞克描繪的那種自我存在感。

人類的演化是從他的動物性狀態開始，早在沒有語言的原始人類（homme sauvage）就相當聰明而且有洞察力。但是說也奇怪，盧梭卻說人是非社會性的生物，只需要自己就夠了。在這裡，哲學家總算貫徹了自己的理想：人在自然中完全自由而不需要任何人！儘管如此，我們還是不難在大自然中看見，許多哺乳動物或鳥類天生都有社交行為。而且如果這和人的本性相矛盾，為什麼他會變得善於交際呢？促成這個轉變的原因是什麼？盧梭的獨行俠理想，使他遠遠落後於亞里斯多德和洛克，甚至落後於霍布斯，卻又斷然宣稱他個人的想像就是人類的真實天性。

可是他的另一個想法則是既有趣又有遠見：使人變成現代人的，並不是交易和擁有財產，盧梭開展了一套相反的心理模型而和英國人的「商人模型」（homo mercatorius）分庭抗禮。整個資產階級社會的發展源自一個感覺或者傾向：一種偏愛某事物或偏愛自己的欲望。從欲望中生出了愛和家庭，但是也產生了嫉妒、羨慕和恨。透過情感的交織，人類開始彼此交往，而情感生活也越來越複雜。人們不斷和其他人比較，失去自信，變得依賴外在的目光。人們自負虛榮，貪慕他人的關注和認可，誰得到的更多，就優於那些兩手空空的人：這就是一切不平等的開始！

盧梭解釋道，不平等主要是社會化的人們的心理畸形的結果，也包括他們的「文化」。因此，他反對那些主張人類「天生」不平等的英國傳統。換言之，不平等是文化性和病理性的，因為一個健全而自給自足的人，不會汲汲於財產的增值。洛克認為人類會想要征服地球，盧梭卻說拜託饒了它吧！但是他也知道，沒有人類會自願回到自然狀態。獨行者成了「牛群」，他們組織家庭，後來又建立國家。透過農業和冶金，他們不只耕作土地也分割它，從而造成財產的不平等。盧梭沾沾自喜地指著洛克說：你瞧，所有的不平等都是從破壞財產規則開始的。因為洛克完全沒有批評盧梭眼中的那種墮落：「誰第一個把一塊土地圈起來並想到說：『這是我的。』而且找到一些頭腦十分簡單的人居然相信了他的話，誰就是文明社會的真正奠基者。」[126] [7]

[7] 引文中譯見：《論人類不平等的起源和基礎》，頁97，李常山譯，唐山，1986。

財產破壞了人格，無邪的自愛變成了邪惡的自私。少數富人崛起，窮人卻不可勝數。這就是盧梭在十八世紀的法國看見的「文明狀態」，如果想讓它變得更公平、更美好，就需要以法律秩序恢復獨行者的原始平等，因為想要自主回歸原始自由的道路已經被封鎖了。既然人必須在文明狀態的枷鎖中不自由地生活，那麼至少要考慮以法律秩序來跨越貧富之間的間隙。盧梭的思考模式裡經常有這樣的雄辯：人需要社會秩序才能恢復以前的平等——儘管社會就是不平等的根源！

法律秩序的意義，是另闢蹊徑以恢復人類的平等，不過這個法律的細節是什麼呢？盧梭花了很長一段時間寫作一本名為《論政府制度》（*Institutions politiques*）的大作，但是從未出版，他反而逐漸變得內向孤癖。他成了家鄉日內瓦的榮譽公民，可是隨著他的名氣大增，他也變得越來越自戀。短短幾年之內，他陷入了數百場和朋友的小衝突和小爭吵中，幾乎失去了全部的朋友。他不停漫遊和寫作，絕望著、歡呼著、在世界上凱旋高歌、隱退、爭執和裝模作樣。

當他附和喀爾文教派主張說，不准許任何戲劇在日內瓦演出時，他終於和朋友們決裂了。希望看到自己的作品演出的伏爾泰怒不可遏。但是自己早前也寫過劇本的盧梭卻完全否定劇場藝術，認為它傷害職業道德，損害創造力，並以放蕩的女演員們敗壞風俗。

社會契約論

盧梭為自己找到一個新角色，他不再是個浮浪者，而是個正經八百的改革家。他將自己一七六一年的政治著作獻給日內瓦市民：《論社會契約或國家法律的原則》（*Du contrat social, ou principes du droit politique*）。但是，日內瓦政府並沒有感到受寵若驚，反而極度憤怒。在法國，這本書從出版到查禁只花了一個禮拜的時間。

審查員們究竟為什麼如此生氣？最讓他們困擾的，是盧梭對宗教的態度。不同於霍爾巴赫和狄德羅的圈子，這位日內瓦人並非無神論者。但是瑞士的基督新教徒和法國的天主教徒都不喜歡書中主張的宗教在國家裡扮演的角色。盧梭寫道，國家需要宗教來維持社會統一。確保宗教存在的，並不是真理或神啟，而是它的文明實用性。對於一個基於策略性的理由而兩次改宗的人來說，會有這種想法是很自然的。

不過社會契約論在哲學上如此重要，多半是因為它的政治觀點而是神學觀點的關係。和霍布斯和洛克一樣，盧梭也提出一套契約論。契約的目的是為在公民社會中盡量保護和支持個體的自由。一個政權只有充分保護自己的人民，才有其正當性：「要尋找出一種結合的方式，使它能以全部共同的力量來衛護和保障每個結合者的人身和財富，並且由於這一結合而使每一個與全體相聯合的個人又只不過是在服從自己本人，並且仍然像以往一樣地自由。」[127]❽

盧梭口中自由、平等的人類並沒有算到女人，也不樂意把它們賜予殖民地的黑奴（百科全書派的若庫爾〔Louis »Chevalier« de Jaucourt, 1704-1779〕也這麼想）。他說的公民是白人男性，他們的公民自由包括財產權，但是除了以勞動獲得之外別無他法。另外還要注意所有權關係是否符合比例，因為「就財富而言，則沒有一個公民可以富得足以購買另一個人，也沒有一個公民窮得不得不出賣自身。」[128]❾這個優雅的說法不只歷久彌新，更讓盧梭和英國主流哲學家涇渭分明。在洛克的

[421]

❽ 引文中譯見：《社會契約論》，頁24，何兆武譯，唐山，1987。
❾ 引文中譯見：《社會契約論》，頁81。

理論裡，社會契約的要件正是原則上要保護無限制的財產。反之，對於盧梭而言，契約論是要保障主張擁有財產的權利。另一個洛克不同的地方則是，盧梭的理論下的公民並沒有把自己主權完全讓渡給負責起草和刪除法律的議會，而是每個公民都是而且一直都可以行使主權。但是這種直接民主要怎麼在現實中實踐呢？

眾所皆知，全體意志（volonté de tous）還不是公共意志（volonté générale）。因為每個人首先想到的一定會是自己，如果每個人都為自己著想，就不可能得出公共意志。和他的法國同志們一樣，盧梭也不買單亞當．斯密的信念：個人私利的總和到頭來會成就一個美善的社會。接著，他故意拋棄孟德斯鳩的三權分立原則，將「普遍理性」等同於「公共意志」，並且有如拜物一般地瘋狂擁戴它。這個「公共意志」會由「立法者」（législateur）貫徹，他們是理性的化身，由民眾選出，而且絕對不可以只由一人擔任。

要讓成千上萬不理智的選民組成一個政府而實踐普遍理性，這無疑是整個系統的巨大弱點。盧梭的進步思想更要廢除社會階級，剝奪貴族的權力，並實行直接民主制——對普遍理性的嚴格信仰會使得他的烏托邦不切實際。而這也打開了極權統治的大門。因為盧梭認為，任何傷害社會契約的人都應該被剝奪生命權！儘管他在另一封信中寫道，個人的鮮血比起整個人類群體的自由更有價值，但是這依舊是他理論中眾多未解決的矛盾之一……

生命既寂寞又自由！

盧梭無疑是個熱情洋溢的人，有時風趣又迷人，有時候蠻橫而惹人厭。他成為當今文學和哲學史的一部分，就因為他把這種內心衝突、他本身和世界的痛苦，充滿活力和激情地表現在自己的文字裡而無人堪與比擬。他的作品不只在哲學方面，在文學上也造成強烈的影響，在教育學上也有其成就。

在一段不幸的愛情之後，盧梭寫下整個世紀最暢銷的《新愛洛伊絲》（*Julie ou la nouvelle Héloïse*）。在此之前，人們只在英格蘭的文學中看過如此多愁善感，在激情與道德指責之間深深分裂的愛情故事。不過盧梭添加了許多自己的元素：瑞士的田園詩、英式景觀花園、對謙卑的生活態度、純真、死亡的歌頌，對所有階級意識的批判，一篇沒有宗教信理的靈性的詩歌，以及宛如凌駕一切的嚴峻法官的完全無暇的德行。這些天性雷同的香料沒有喪失作用：這本書迎合時代的口味，並在下個世紀前出版了七十版。十三年以後，歌德和他的維特也來到同一池水邊釣魚，而且滿載而歸。

對一個大半生都肆無忌憚地對利用女性感情的男人來說，這著實是令人驚豔的書。就像後來的丹麥詩人安徒生（Hans Christian Andersen, 1805-1875）一樣，作者逃入和他個人的缺陷完全相反的完美幻想世界裡。而他在現實中表現得越冷酷、自我中心，他在自己創造的世界中就顯得越柔軟、有同情心。他第二部暢銷著作，一七六二年的教育小說《愛彌兒》（*Émile*）也是這樣。盧梭一方面強迫自己的妻子泰勒莎・勒瓦瑟（Thérèse Levasseur）把兩人的孩子剛出生時就送往孤兒院（他不想為任何人承擔任何責任），卻又寫了一部關於教育兒童和青少年的劃時代著作。年輕的愛彌兒擺脫了所有負面的文化影響，成為一個有自信的男人。他的老師讓他像樹木一樣自然生長，只不過時而創造各種可以讓愛彌兒成熟的機會；愛彌兒不只是要成長為一個有正當職業的公民，他還要成為一個「人」。為此，他需要極大的自由。他必須從經驗中學習，而不是讀死書，法定監護人不應該懲罰孩子，那會對於個人行為導致不可避免的負面影響。

在十八世紀的《愛彌兒》是一種挑釁，是一枚震撼彈！幾乎沒有人會讓孩子像愛彌兒那樣自由成長，也幾乎沒有人會願意相信孩子天生具有道德感，像盧梭一樣，讓孩子擺脫社會而自由綻放。這部作品對於教育學的影響無遠弗屆。其中的定理是：不要教育孩子，而是讓他們自我陶冶和成長，因為人類所有的善都是與生俱來的。其中部分見解聽起來如此睿智，更像是二十一世紀的聲音。例如說，我們「不僅不應當爭取時間，而且還必須任時間白白流逝」⑩，講求效率的時代裡的教改人士應該把這句話銘記在心。而部分的看法對於今天的我們來說太過天馬行空。因為盧梭筆下的被監護人被社會不經意地排拒在外。而且書裡對於「天性」的基本思想也太浪漫而不切實際。

無論如何，盧梭把全新的教育理念引進這個世界，並且吹皺一池春水。愛彌兒激發了無數思想家的靈感，從康德、赫德和裴斯塔洛齊（Johann Heinrich Pestalozzi, 1746-1827）到蒙特梭利（Maria Montessori, 1870-1952），也促成了教學法的改革。例如：孩子不想「像木桶一樣被塞滿，而是像燈一樣被點燃」——人文學者拉貝萊（François Rabelais, ca. 1494-1553）的智慧箴言——也被盧梭剪裁成教育界的永恆格言。

《新愛洛伊絲》和《愛彌兒》成為國際暢銷書。但是《愛彌兒》也和《社會契約論》一樣遭到查禁，作者也被警察通緝。盧梭在瑞士漫無目的地流浪，並在紐沙特湖畔避難了兩年，然後和休姆

⑩ 這是盧梭消極教育理論的一部分，認為施教者應該要給予孩子耐心，等孩子慢慢成長。在孩子理性尚未發展的時期就強末孩子使用精神的力量，是枉然的舉動。

一起前往了英格蘭。他在那裡也沒有久留，一七六七年便返回法國，繼續居無定所。儘管群眾對他的興趣逐漸消退，盧梭還是感覺自己受到迫害。他寫下自己的《懺悔錄》（*Les Confessions*, 1770），並承諾會無情地披露自己。他一開頭便悲哀地說，書裡的個人行為是史無前例的。這部作品在德國詩人和哲學家之間激起了感傷主義和浪漫主義的風潮，同時，作者本人則沉迷於對植物學的熱情。另一本仍舊不斷在為自我辯護的書，《對話錄：作為讓．賈克的審判者的盧梭》（*Rousseau juge de Jean-Jacques*），使他在一七七六年前往巴黎把它放在聖母院的祭壇上，卻因為聖壇所關閉而無功而返。兩年之後，這位從不停歇的麻煩製造者因中風去世。他的墳墓像田園詩裡的畫面，不過卻沒有長留在埃默農維爾（Ermenonville）的帕佩島上。一七九四年十月，國民議會決議把盧梭從大自然的懷抱中接走，備極哀榮地安葬在萬神殿中，旁邊便是他死敵伏爾泰。

沒有國家的理想

和《愛彌兒》不同，《社會契約論》在發行之初並沒有受到廣泛關注。在一七六〇年代初期，盧梭在法國啟蒙運動者之間被孤立。而以民主為基礎的烏托邦也不符合他們的口味。盧梭知道他的社會契約論並不適用當時的法國。這個國家太過龐大，以致無法實行直接民主；像古代雅典城邦那樣自治的城市國家，是最理想的規模。這就是為什麼他把這本書獻給日內瓦。但是法國人該怎麼辦呢？應該把這個國家分成幾個小州嗎？在教育普及的日內瓦城市國有積極參與政治的公民文化，但是只有極少數的法國城市中才看得到這種氛圍。試想一下，伏爾泰輕視「暴民」的傲慢，而且狄德羅和霍爾巴赫雖然奮力對抗封建專制和教會，卻不是民主主義者。我們為什麼要賦予貧困而完全沒有教養的法國農民選舉權呢？

雖然在狄德羅的思想中也有「社會契約」和「公共意志」之類的概念，但是和盧梭不同，它們不會推論出一個以普遍理性謹慎統治人民的國家秩序。狄德羅理解裡的國家相當鬆散，他希望天生自由的公民可以實現他們的公共意志；換句話說：人類依據其物種需求找到適當的生活方式。他在《百科全書》的「自然法」的詞條談到公共意志：「公共意志存在於每個個體當中，**它是知性的單純行為**（un acte pur de l'entendement），當激情悄無聲息時，它在思索著，人可以從同類身上要求什麼，他的同類又有資格向他索求什麼。」

可惜的是，狄德羅沒有提出對應的政體。因為他在這裡定義的內容不僅適用於特定的國家結構，也可以套用到人類這個整體。碰巧他也參與《兩個印度的歷史》（*Histoire philosophique et politique des établissements et du commerce des Européens dans les deux Indes*）的出版。這本關於印度和南美洲的書，作者是雷納爾神父（Guillaume-Thomas François Raynal, 1713-1796）。書裡的人權並非歐洲人獨有，而是一種普世價值，這絕對是個了不起的里程碑。然而，反對殖民主義、奴隸制或君主專制，並不等於知道理想的政府形式。

在這片窘境中，狄德羅有一段時間和普魯士開明專制頻送秋波。但在七年戰爭時期，他便看穿開明專制的假象，也鄙視腓特烈大帝。但是他仍然想不出公民和統治者如何才能訂定盡可能實現「公共意志」的社會契約。當盧梭在一七七〇年代漸漸隱遁到純潔的植物世界時，狄德羅接連寫了許多反對暴政的文章，並預言未來會充滿苦難。不過，因為他和戰友們都拒絕孟德斯鳩的三權分立理論，而沒能開展出封建制度的可行替代品。

[427]

霍爾巴赫也沒有什麼不同。他即便年事已高，仍繼續匿名創作許多政治文章，並且和狄德羅一樣贊成開明專制。如果統治者克制自己的激情和惡習，並且視人民幸福為己任，那麼會是最好的政府形式。在任何情況下，都不應該以暴力推翻政府，因為這樣的政變會導致不可避免的混亂。

[428] 反之，艾爾維修則始終如一。他不僅主張每個人都有生命、自由和幸福的權利，以及「公共福祉」的理想。他甚至提出相當務實的建議，例如限制繼承法以防止貧富差距太大；他對性別平等的呼籲也是「驚世駭俗」。可是他以感性經驗理論尋求正確的共同生活方式，卻停留在斷簡殘篇。使道德理論和政治哲學像科學一樣精確的夢想破滅。在他過世兩年以後，《論人、他的知性能力和他的教育》（*De l'homme, de ses facultés intellectuelles, et de son éducation*）出版，卻沒有對於道德理論或國家理論產生任何漣漪。因為不管如何，人類的共同生活不會像作者所想的依照科學嚴謹地加以規範。所以儘管艾爾維修的哲學相當前瞻性，可是關於統治關係的新秩序，他卻沒有提出任何具體的想法。

法國哲學家們被兩面夾攻。他們一方面想要保護每個人的財產，另一方面，他們又追求讓所有人過著富裕的生活。他們想要維護個人的自由，又想幫助所有人獲得權利。然而，最重要的是，他們夢想的生活，對法國百分之九十五的人來說，在現況下根本無法想像。他們宛如十八世紀的嬉皮運動，為未來生活創造一個模範，但是要在什麼樣的經濟基礎上，才可能為現實？法國還需要什麼，才能讓啟蒙運動不再是對於富可敵國的時髦貴族以及沙龍裡收入越來越高的時事評論員的民俗研究而已？

[429] 雖然里斯本地震摧毀了封建專制的基礎，英國的自由主義也質疑「舊制度」的經濟秩序；不過

像克內這樣的著名經濟學家卻拒絕完全自由化的經濟，就像**法國哲學家**刻意疏遠三權分立一樣。換言之，一七七〇年的所有人都受到「公共利益」的召喚——重農派、盧梭、霍爾巴赫、艾爾維修和狄德羅——但是每個人的認知都有些許不同。就獨裁國家權力的理念而言，保守的改革派克內和自由思想家盧梭意見一致。但是，盧梭也主張「主權在民」，而重農派卻追求開明專制（despotisme légal），以它取代任何專制主義（despotisme arbitraire）。

狄德羅（他一直擁護重農派）卻不相信任何專制統治。從加利里亞尼（Abbé Ferdinando Galiani, 1728-1787）的文章中，他發現無限制的國家權力和不受控的經濟權力都有專制主義的存在。狄德羅未雨綢繆地認知到，一個完全自由的市場遲早都會導致壟斷和寡頭現象，而不會自動平衡利益，他也因此反對糧食的自由貿易——也就是說，他反對懷疑自由市場的重農派旗幟鮮明的中心思想。國家獨裁或者市場獨裁？狄德羅兩個都不想要。在霍爾巴赫的「歐洲咖啡館」沙龍裡，他和克內唇槍舌劍，就像和休姆最好的朋友亞當．斯密於一七六五年來此作客時一樣。但是「第三條路」真的存在嗎？

當一位來自法國哲學圈的男人擔任兩年的財務長，找到第三條路的機會終於出現了。這個職位相當於當時法國的財政部長。這個男人就是杜爾哥（Anne Robert Jacques Turgot, 1727-1781）。這位諾曼貴族陪同古爾奈遊歷法國各省，他和艾爾維修夫人過從甚密，也參與百科全書的撰寫，在事業上也是平步青雲。一七六一年，他擔任法國中央高原西北部利摩日（Limoges）行省的省長，這裡是法國最貧窮的地區之一。杜爾哥改革稅制，只對淨利潤課稅，免除農民賦稅的重擔，他在自己權限範圍內實施自由主義的經濟政策，並且把照顧窮人列為地主的義務。一七七四年，路易十六把

[430]

他提拔到政府中更高的職位。

杜爾哥撤銷貴族和地主的特權經濟，起用更有能力的國家官員，為法國減少了超高的財政赤字。雖然想要讓國家更有道德，但是由於個人太過清廉的想像，所以他對德行的定義很難貼近現實。杜爾哥充分認知到，個人的德行和要在國家裡實現的公共利益還是有一段差距。然而，他既不相信一大群有德行的人就可以提升國家的道德，也不像盧梭或狄德羅那樣信仰公共意志。換言之，他一直搖擺不定，沒有辦法下定決心。他認為人類和財產的不平等是很自然的事，而且對美國獨立宣言裡人人平等的理念相當不以為然。因為美國沒有貴族，也沒有神職人員，還有大面積的土地沒有確定所有權，所以很多在他們看來輕而易舉的事，卻是杜爾哥每天傷腦筋的問題。到底要怎麼既不觸碰封建社會中效率低下、不道德的土地分配，又要讓社會更有效率、更合乎道德？

杜爾哥想要當個改革者而不是革命者。如果現在掌權者是狄德羅或霍爾巴赫，情況也不會有什麼改變：為了實踐理想，他們別無選擇，必須擱置自由和平等的燙手山芋。而如果要讓各個階級之間利益平衡，那麼就只有一句話：沒有革命的行動就不可能實現。當杜爾哥終於同意實施重農派渴望已久的糧食自由貿易時，他的計畫剛好遇上了一七七四年至一七七五年冬天的大饑荒。這場法國大革命的前奏，所謂「麵粉戰爭」的暴動，扼殺了他的改革計畫。杜爾哥想要對所有階級（不再只是市民、工匠和農民）課稅的嘗試也沒有比較好運，國王把教士排除在課稅範圍之外。杜爾哥一直反對分權制度以及議會，依舊非常依賴國王和王室大臣的善意。當路易十六在一七七六年迫於外在壓力而把他撤換下來時，所有卓越的計畫也無疾而終：一套選舉系統，所有地主，不管其出身自貴族或者市民階級，都有同樣的投票權；還有他為貧窮人國民設立的教育和救濟金系統。唯一有機會實現理想的法國啟蒙運動家，被封建制度不知反省的堅硬結構擊敗了。但是至少他還是在自己的床上終老，而不像他最重要的弟子，哲學家當中最偉大的樂觀主義者……

孔多塞的福音

請想像一個男人，他正藏匿在地窖中躲避追捕者，那些人認為絕對必須殺死他，只因為這個男人的新思想太怪異了；想像一個男人，即便斷頭台近在眼前，他依舊瘋狂寫作，這本書為人類道德的持續進步做出承諾。孔多塞侯爵（Marie Jean Antoine Nicolas de Caritat, Marquis de Condorcet, 1743-1794）就是這樣的一個男人。

就像西班牙冒險家塞萬提斯（Miguel de Cervantes, 1547-1616）在塞維亞（Sevilla）的監獄高牆裡面寫作他那異想天開的《唐吉訶德》（*Don Quixote*）；道明會的修士坎帕涅拉也在拿坡里新堡（Castel Nuovo）遭受酷刑期間寫下《太陽城》的烏托邦；孔多塞也是在斷頭台的陰影下創作為人類準備的救贖計畫。從一七九三年九月起，孔多塞一直躲在巴黎。他廢寢忘食地撰寫福音的手稿：人類的發展是持續往更高、更美好的狀態上升的直線。科學、真理和道德攜手並進，引導人類從原始的起點出發，歷經數以百計的爭吵，終於來到一個理想的社會。窮人和富人都一樣，所有人都足夠富裕；一個幾乎沒有極限的知識型社會使得國際社會民主化，團結在一個由每個人都會說的語言維繫的和平文明裡。人類的歷史就是一則幸福不斷增長的歷史。

一七九四年三月二十四日，就在孔多塞完成手稿的那一刻，劊子手找到了他的藏身處。這位哲學家倉皇逃離，但是只逃到鄰近的克拉瑪（Clamart），三天後，他在那裡的一間酒館被捕，並被押到拉萊恩堡（Bourg-la-Reine），而其餘的真相就消失在黑暗之中。孔多塞到底是遭到逮捕者毒殺，或是刑求致死，甚或是選擇自殺，依舊眾說紛紜。

儘管如此，他的著作《人類精神進步史表綱要》（*Esquisse d'un tableau historique des progrès de l'esprit humain*）還是出版了。在眾多法國啟蒙運動者中，孔多塞被人冷落已久。但他是當時最重要的偉人，是博古通今的顯赫人物。孔多塞於一七四三年出生在法國北部的里貝蒙（Ribemont），就讀漢斯（Reims）的基督學院。接著，他前往巴黎，進入為國家培養天主教知識份子的馬薩林學院（Collège Mazarin）；可是，孔多塞沒有成為優秀的天主教徒，他的熱情不在信仰，而在邏輯和微積分。二十二歲時，他便發表了第一篇關於積分的數學論文。這個年輕的數學家在接二連三地發表論文之後，興趣很快就擴及於數學之外，積分和微分的世界再也無法滿足他。數學難道不應該滲透到社會的每個角落中嗎？人類難道不能把政治和社交生活套上數學公式並且以概率解釋其規則嗎？

他在一七七〇年拜訪伏爾泰時第一次有了這個想法，他們在伏爾泰位於日內瓦附近的費內宮（Schloss Ferney）見面。兩人談到法國的農業危機，當時整個國家再次遭遇到嚴重歉收，數百萬計的農民和農工有陷入饑荒的危險，這是因為國家的失職嗎？還是應該怪罪地主？將來又要如何預防這種災難？

孔多塞相當震驚。國家和經濟需要一個整體性的規畫，一個涵蓋經濟、政治、社會和道德的完備理論。在這位數學家的思維中，這個理論只可能是一種**社會數學**，它可以通過計算找出一個系統，有辦法計算出人類共同生活的未來。孔多塞一生都懷抱著這樣的理想：數學偏偏可以做出決定性的貢獻，讓人類生活更理性也更美好。兩年之後，他遇見了杜爾哥。這位財政部長任命年輕的社

[433]

會數學家為國家造幣廠的總督察，他們想要一起清理宮廷無處不在的裙帶關係，俾使自由市場重獲新生。可是如前所述，阻力實在太大了。國王在一七七六年把杜爾哥趕下台，阻止這個病入膏肓的國家接受任何改革，又聾又瞎的君主專制也跌入萬劫不復的深淵。

不過孔多塞早就未雨綢繆了。他從一七七六年起，擔任著名科學院的常任祕書，六年後更被提拔為法蘭西科學院的院士。他有著野心勃勃的理想，也非常激進：為什麼每個國家裡都有自己的法律，而不是全世界共有一個司法機關？既然黑人也是人類，人們有什麼權利可以奴役和壓迫他們？為什麼全世界的婦女不只沒有平等的權利，還被剝奪投票權？

不過，孔多塞最喜歡主題，就是根據概率法則來解釋人類的行為。出發點很簡單：每個人都必須在不同的選項中為自己的生活做抉擇。什麼事情會說服我們，什麼不會？什麼對我有好處，什麼對我則有壞處？如今在如無數的研究中，幾乎每天都會被經濟心理學和行為經濟學者反覆探討和驗證的問題，在當時的時空可是說是橫空出世：我是根據什麼樣的判準，為自己的人生做決定？

孔多塞的想法相當創新。理論上來說，他原本可以成為近代早期最重要的心理學家——理論上！詭異的是，這位數學家自始就犯下戲劇化的失誤：他從一個錯誤的公理開展他的理論；這個公理說，決定我們生活最重要的標準，那就是**真理**！我們日復一日、時時刻刻，努力在生活中區分客觀的對與錯。哲學家們對人性很少有這麼嚴重的誤解，因為像真理這種模糊而遙遠的的事物，對人們的日常生活並不重要。而且它絕對不可以和許多人對於正當化的迫切需求混為一談。

然而，孔多塞仍舊堅信真理對於人類生活的巨大重要性。第一公理：每個人都在追求生命中的幸福。第二公理：人可以藉由追求真理和正義以獲得幸福。人對真理了解越多，就越容易為自己的

[434] [435]

生活做出明智、正確的決定，並且擁有幸福。而且人們越幸福，對大眾就更有益處。如果這個前提是正確的，那麼國家最重要的工作，便是為它的公民盡可能地提供資訊和良好的教育，因為教育程度越好，真理就越清晰明瞭；而真理越清晰，國內的道德和政治就越好。這便是孔多塞的計畫：每個人都應該盡可能充分接受教育，應該認識並且珍惜人權，更必須了解社會科學的普遍原則，並依此規畫自己的生活。而且他們還要有能力洞察國家經濟，好處理自己的人力和金錢。

然而，孔多塞仍堅信真相對人類生活的巨大重要性不可動搖。第一公理，是每個人都在追求生命中的幸福。第二公理，則是人可以通過追求真理和正義來獲得幸福。人對真理了解得越多，就越容易為自己的生活做出明智、正確的決定，並且擁有幸福。而且人們越幸福，對公眾就更有益處。如果這個前提是正確的，那國家最重要的工作，便是為它的公民盡可能地提供資訊和良好的教育，因為受過越多教育，真理就越明瞭；而真理越清晰，國內的道德和政治就越好。這便是孔多塞的計畫：每個人都應該接受盡可能多的教育，應該認識並且珍惜人權，還必須了解社會科學的普遍原則，並依此規劃自己的生活。而且他們還要有能力洞察國家經濟，好處理自己的人力和金錢。

一七八九年給了孔多塞一記重拳，路易十六召開三級會議，宣布國家破產。六月，革命者在巴黎的宴會廳宣誓開始實行新憲法。七月十四日，五千多位市民衝進巴黎巴士底監獄，八月二十六日，新成立的國民議會通過《人權和公民權利宣言》（*Déclaration des Droits de l'Homme et du Citoyen*）：「在權利方面，人類是與生俱來而且始終是自由與平等的。社會的差異只能基於共同的福祉而存在……」

當路易十六被迫從凡爾賽宮搬到巴黎時，孔多塞看見機會，他想把自己全新的道德科學引進大

[435]

眾視野。他和志同道合者共同創立「一七八九社」（Société de 1789）並且創辦雜誌。從這時起，他成了法國大革命中最重要的思想領袖。難怪他在一七九一年被徵召為起草新憲法的九人委員會。孔多塞是個有著崇高使命感的戰士，這個新憲法要表現社會數學的結論：自由、理性和法律會達成一致。作為國民議會的主席，他認為自己催生了一個沒有偏見的理性世界，一個知識普及的社會。「好人孔多塞」（他的朋友和同事因為他為人正直而這麼稱呼他）此時如魚得水：一個全民教育計畫就要實現：讓所有公民都接受教育，是這個社會的**義務**。

在一七九三年的春天，時移勢易，雅各賓黨（Jakobine）[11]在巴黎崛起，孔多塞引以為傲的新憲法被扔進了廢紙簍。這時「公共安全委員會」被激進法學家羅伯斯比（Maximilian Robespierre, 1758-1794）操控，他是個狂熱的盧梭信徒。上一秒還坐擁大權的孔多塞，發現自己坐上被告席。因為他大聲疾呼為他的憲法辯解，嘲笑雅各賓黨所謂的「憲法」是一張廢紙：它卻成了他的死刑判決。理想世界的美好、真實和善良，和現實世界的革命不再相合，孔多塞這時五十九歲，而他只剩下九個月的時間可活。

但是這幾個月是那麼不可思議！這位失敗的革命家藏匿在巴黎的祕密基地，孜孜不倦地寫出他的代表作，為人類不可阻止的進步而努力。從上古史到近代史，一切都在不斷變好，他以最溫暖的顏色描繪出人性，好讓數學得以精準預測人類邁向完美的進步。

這部作品是他的聖經，是希望的福音。當他周遭的城市在雅各賓黨的恐怖統治之下遭到蹂躪，

⓫ 法國大革命期間最具影響力的團體。法國大革命推翻君主制度後，羅伯斯比成為雅各賓黨的領導人，並迅速在國民會議中掌權，實行恐怖統治。他們的格言是：不自由，毋寧死。

[437] 上千名無辜的人被誹謗、搜捕和斬首，當劊子手在革命廣場上（Place de la Révolution）等候他，孔多塞仍以熾熱的靈魂寫下更多福音。就和所有熱情的無神論者一樣，他也是一名信徒，以宣道者自居：不管歷史上的種種災難，人類的進步不可阻止也不可逆，天堂就在未來。科學和科技的勝利讓生活更容易，國家更公正，世界通用的語言會使人們團結而和解。戰爭變得多餘、商品會平均分配，全民教育會為催生創造力的爆發。

沒有人像這個進步主義的社會數學家一樣，以如此合乎邏輯而環環相扣的方式，把真理和道德緊緊結合在一起。人對真理的愛，以及對善的愛，都以相同的源頭活水滋養，就像自然科學為科技提供工具，道德也應該是建造美好社會的工具。然而，個人的利益在未來很可能會牴觸大多數人的利益——孔多塞卻完全不擔心，因為如果在十八世紀存在著階級對立和利益衝突的話，那也只是社會的不成熟而沒有教養導致的。未來立法者的藝術，便是以公正而博取眾議的社會秩序，消滅個人和大眾之間「表面上」的利益衝突。所謂的善，是對人類有益，而惡則是會招致壞處；因為「真理、倫理和幸福」是「以一條扯不斷的紐帶綁在一起的」。

那天終將到來，孔多塞以顫抖的手指闔上他的書，那天，歷史會兌現一七八九年法國大革命的諾言……

理性的聖殿

[438] 一七九三年十月十一日，巴黎的革命者在巴黎聖母院裡向「理性和自由」宣誓——這裡不再是神的居所，而是「理性的聖殿」。十三天之後，城市裡所有基督教教堂都被重新封為理性的聖殿。

曾經為牛頓設計一個巨大的球體作為紀念碑的建築師布雷（Étienne-Louis Boullée, 1728-1799），甚至計畫建造一間全新的幾何型禮拜堂作為「理性聖殿」：地面下是個半圓形的岩洞，古老的多產女神矗立在空洞的巨大圓拱下方。

然而，人們應該在這個聖殿裡面為哪一個理性集會呢？這個理性看起來是什麼模樣？它是什麼形狀？真的有人可以清楚掌握它的定義嗎？誰又能保證凡是思考的就是善？赫拉克利特、柏拉圖、普羅丁和許多其他古希臘思想家都認為「邏各斯」（Logos），理性，是源自於神。而人們只能透過沉思和冥想接近邏各斯並且「分受」它，中世紀早期的阿拉伯哲學所說的理性也相去不遠。理性存在於人類之外，有著絕對性，而人只能夠依靠著思考漸漸靠近它。這些理性都是「自然神論的」（deistisch，理神論）。它是神性的、是絕對的作用力，卻不是「位格」。雖然人類可以透過理解而分受理性，可是理性本身卻對於人類的命運漠不關心。

這種自然神論式的理性和古猶太信仰自然是水火不容，畢竟他們相信的是擁有人類屬性的神，創世的工匠和以色列的天父。這正好是最傑出的基督教哲學家們要努力的任務：怎麼才能把古希臘人漠不關心而冰冷的「邏各斯」和基督教洋溢著人性溫暖的神的形象結合在一起？艾克哈特、柳利和庫薩努斯在心裡的神找到答案，祂在默觀自我的靈性當中對我們說話。在柳利的新邏輯（Logica nova）裡，理性比知性更加睿智，而庫薩努斯則發現在人類的靈魂根基當中可以消弭種種對立，所以，在他們的哲學中，自然神論和有神論（Theismus）得以和解。

神祕主義者的理性儘管是睿智的，儘管為理性的擁護者提供了諸如寬容、和平、自由、在神面前的平等以及博愛之類的指引，但是它卻沒有任何政治上的行為規範。我們可能像馬西略一樣從理性沉淪為祕教，也有可能像彭波那齊的哲學一樣只是把理性用來批評教會。在基督新教倫理的早期資本主義裡，理性也只是被用於成本效益的計算，那是商人的理性。從惠勒到亞當・斯密的傳統路線裡，理性到頭來會為造福整個社會：「看不見的手」會導正個人的聰明算計，公共利益便由此而生。

另一方面，法國哲學家們並不相信市場。對他們來說，理性主要是和封建專制主義的信仰體系對抗的概念。以前的善、世界裡先天的秩序，以及普世的正義，都是歸於神，現在則歸於理性。埃貝爾（Jacques-René Hébert, 1757-1794）或修梅特（Pierre-Gaspard Chaumette, 1763-1794）等革命家，都是出於這個觀點，在沸騰的道德恐怖統治的那個冬季，在巴黎聖母院以及其他地方，人們歌頌名為理性的異端。在盧梭的瘋狂信徒羅伯斯比的統治下，「公共意志」成了新的「邏各斯」：它是每個人都必須無條件服從、超越個體存在的神聖權威。

理性聖殿就像布雷的建築藍圖一樣冰冷而空蕩蕩的；在狹窄如葉脈的環形柱廊間裡，塵世和天國的風光被鐵窗隔開。對於法國的理性概念的「形上學抽象物」，保守派的柏克既冷嘲熱諷又惴惴不安。劊子手的斷頭台美學（Fallbeil-Ästhetik）已經成了它的象徵：作為公理的理性，是由三個幾何的基礎圖形組成的：行刑台的框架是四邊形、斷頭台落下的刀片是三角形、圓形則是犯人的身體和頭顱分家的切口。法國建築師勒杜（Claude-Nicolas Ledoux, 1736-1806）的作品「輪胎匠之屋」也讓人有類似的感覺，好像在等待著自己的脖子被放置在那圓形缺口上。新法蘭西的規畫者們把歷史悠久的行政區切割成三十個面積大小一致的四方形。

祕教、抽象物和形式主義，取代了人類共同生活所欠缺的具體設計理念。盧梭的城邦國家模型對於法國的國家領土來說相當不切實際。霍爾巴赫的開明的等級制國家（Ständestaat）沒有憲法，也和他的自然系統沒有可信的連結。艾爾維修的理念也懸而未決。狄德羅很清楚自己要反對什麼，卻完全不知道要如何實踐。孟德斯鳩的三權分立理念也太過英國化，和法國思想太搭不在一起調，所以幾乎沒有受到重視。

進步的法則

法國啟蒙運動中有什麼是不變的呢？百科全書學派為這個世界除魅了，揭露了它的「機制」。自然得到解釋，關於宇宙的所有幻想都被清除乾淨。到底哪個機制可以告訴人類應該做什麼，又應該如何共同生活？劃時代著作轉瞬之間紛至沓來，掩蓋了社會和政治的茫然失措。拉美特里的《人是機器》（*L'Homme Machine*, 1747）、莫佩推的《道德哲學論》（*Essai de philosophie morale*, 1749）、孟德斯鳩的《論法的精神》（*De l'esprit des loix*, 1748）、孔底亞克的《感覺論》（*Traité des sensations*, 1754）、狄德羅的《對詮釋自然的思考》（*Pensées sur l'interprétation de la nature*, 1751），以及艾爾維修的《論精神》（*De l'esprit*, 1758）都在十年間問世。人類被描述為刺激和反射的生理性機制，他對於幸福的渴望被數學公式化，他所謂的思考被解釋成感覺經驗，他在演化裡的位置被固定下來，而他的存在只是整個物理界的一環。

然而舊的世界結構瓦解的速度太快了，而來不及產生新結構。不同於宗教，理性在社會、制度和人類的身體裡並沒有下層結構：同時，革命也絕對不代表安穩，現實和想像的敵人四面環伺。難怪羅伯斯比會那樣對待盧梭，就像後來的列寧（Lenin）看待馬克思一樣；根據其理念，普遍理性的統治適用於所有人類和社會，剛剛宣告的「人權」也是如此。可是它們的勝利並不在孔多塞的邏輯裡。

理解人類的全部，和建立一個完全理性的社會，那是兩碼子事。同理，我們也可以懷疑，人們是否期望或者應該期望一個完全理性的世界。或許大多數人直到今天也不期望一個完全理性的生活，和一個在所有細節上都完全理性的社會。不理性、熱情洋溢的風流韻事，在這個社會裡沒有容身之處，體育賽事、嬉戲、占星等等也一樣。我們的「閒暇」觀念的定義，正是指那些不會強迫我們必須「理性」的友善領域。

即使理性對孔多塞來說已經不堪負荷了，他的樂觀主義還有道理的嗎？相較於十八世紀，我們的社會是否更睿智、更美好？如果有人觀察到醫學的歷史、化學的進步、財富的增加、還有職場上的社會成就；如果有人看到「一般」民眾的休閒活動，看到公共衛生、生活型態的自由、兒童教育的進步、男性和女性的性別角色，那麼他大抵上會承認孔多塞是正確的。科技進步的歷史、全民教育、社會救濟立法、經濟世界、司法系統和政治民主化，這些都是成功的故事——至少在西方世界的國家中是如此。如果孔多塞走進一間現代醫院，他一定會非常激動；社會補助、失業救濟金也被勾上「滿意」、工廠工人和農民對他來說已經是富人、我們的民生物資會讓他感到震驚、我們的學校和高等教育專校會讓他歡呼不已，甚至是那個在夢想裡讓所有國界消失的「世界語言」，也早就成為現實。這位啟蒙運動家唯一感到心下慊慊的，就是這個語言是英文而非法文。

在很多方面，我們已經超越了孔多塞當初的預測，而且知識的爆炸真的改善了我們文化裡大多數人的生活條件。那麼又是什麼原因，讓孔多塞的福音直到今天仍然顯得那麼陌生呢？我們有一段

[442]

有趣的經驗：科技的進步和心靈的演進並不是攜手偕行的。現代西方世界一般人關於世界的資訊比任何其他時代都要豐富。數百萬人會看報紙、看電視或者上網獲得資訊。我們的現代資訊科技可能會讓十八世紀的啟蒙運動家們欣羨不已。但是如果他們知道我們大部分的時候是如何使用這些魔法的，可能會更失望。我們每次使用有如未來主義一般的手機時，難道都是為了增廣見聞或相互幫助嗎？或者我們每天的行為舉止，其實和兩百年前的人們一樣，都是無關緊要的小事？我們的衛星以秒為單位為我們發送來自全世界的圖片，是為了讓我們從中學習，並且改善世界嗎？有時候或許是的，但是更多的時刻，我們花費百萬倍的時間在觀看晚間脫口秀、「YouTube」影片，裡面充斥著在生活中早就一直包圍著我們的癡愚。我們的文化雖然容許人們思考，但是人們也同樣有權利不想傷腦筋。

儘管很多期待都被滿足了，許多預言都兌現了，我們卻不能誤以為身處於可以想像的最理智或最美好的世界裡。我們的行為既不是最完美或最有智慧的，也不是完全理性的。現在的我們反而選擇用暴力解決問題，孔多塞可能完全沒有預料到這點。每次的進步也會伴隨著新的擔憂：人類夢想已久的宰制自然，同時也代表著對它的掠奪和摧殘。而和知識社會一起出現的，並不只有大學、發電廠、電腦和機器人，更有核彈和化學武器，這點也超越了十八世紀人們的想像。

孔多塞當時另一位作者梅西耶（Louis-Sébastien Mercier, 1740-1814）在其著作《西元二四四〇年》（*L'an deux mille quatre cent quarante*）裡指出徘徊在我們心中的不安。梅西耶也遭到雅各賓黨的迫害，差一點就沒躲過斷頭台。他筆下那個遙遠未來的巴黎，是個美善而正義的世界，和孔多塞的預言沒有不同。這座城市的基礎建設非常先進，塞納河的橋樑都修復了。象徵著國王權力的杜樂

[443]

[444] 麗宮（Tulierien）現在屬於大眾。臭氣薰天的療養院變成了現代化的醫院。而在大學殿堂上，所有課程都以法文而不是難懂的拉丁文進行。海關的廢除創造了繁榮的內需市場。軍隊裁減為最低限度的需求。公民的生活美好又愜意，而且再也不存在不美滿的婚姻：當德行伸展溫柔的羽翼在哪裡駐足，那裡的倫理和禮儀就會漪歟盛哉。就連人們甚至會心甘情願地納稅。

不同於孔多塞，梅西埃在一七七一年的巴黎看見到若干嚴重的新問題，可是他認為可以輕易清除：例如大城市的「有毒氣體」和街道混亂的交通。但是事實上，這些以前無關緊要的問題，到了我們的時代卻雪上加霜。對自然的持續剝削，會導致環境不可逆的破壞，這點並沒有被預料到。而構成富裕的資源又要從何而來呢？

要評估歷史是很難的；沒有任何十八世紀的先知可以預見全球的環境破壞和氣候災難。進步主義的歷史和幸福的歷史，是兩個截然不同的歷史。他們不斷彼此牽扯，但是並不會並肩前行。在七十年的和平期間，「自由」充斥著西歐，時間之久是史無前例的。但是世界上仍舊存在著無數的戰爭，鄰國之間互相侵犯，想要得到對方的資源和原物料。真正橫跨文化的團結仍舊不存在；成千上萬的人仍舊死於統治者的妄想和對於權力金錢的渴望；就連富裕的國家都仍舊夢想著從貧窮的國家巧取豪奪。

[445] 如果有人想要反抗現狀，他就無法單獨依據普遍理性行動。除了平等和自由之外，他還必須賦予人的生命不可侵犯性。或者以米蘭多拉的話來說：人的「自尊」。當然，如果他像艾爾維修和霍爾巴赫那樣只憑著物理，那是沒辦法保障人類的自尊和價值的。在這裡，人們需要物理和形上學的重新和解；而這個浩大的工程就是康德的工作。

德國觀念論的哲學

德國觀念論哲學家年表

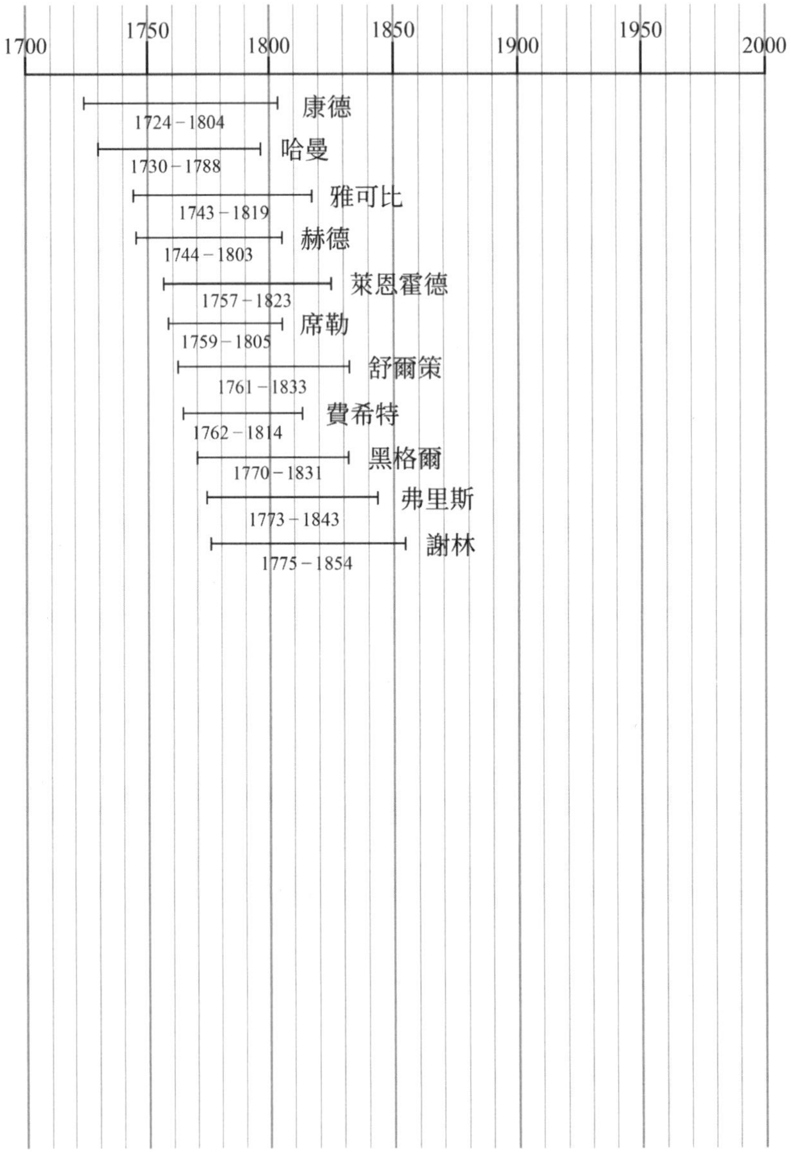
1700
1750
1800
1850
1900
1950
2000
康德
1724－1804
哈曼
1730－1788
雅可比
1743－1819
赫德
1744－1803
萊恩霍德
1757－1823
席勒
1759－1805
舒爾策
1761－1833
費希特
1762－1814
黑格爾
1770－1831
弗里斯
1773－1843
謝林
1775－1854

在精神的寰宇中

- 在世界之島上
- 揮別獨斷
- 通往靈魂國度的橋樑
- 大覺醒
- 哥白尼轉向
- 意識的語法
- 沒有關於自我、宇宙或神的知識
- 自由的王國

在世界之島上

一七五六年四月八日，一位年輕學者在科尼斯堡（Königsberg）申請開缺的教授職位。這個邏 [451]
輯和形上學兼任教授職位已經懸缺五年，而這位三十一歲的男士自認是理想的人選；幾乎沒有任何領域是他沒有接觸過的，他撰文探討「活力」（Lebenskraft）、火焰和天體力學❶，而他對於形上學的理解也和物理學一樣透徹。

這封信指名的收件人是腓特烈大帝，不過國王除了處理學術聘任之外，還有其他的憂煩：普魯士正在七年戰爭的邊緣。這個「最強大的君王」腦袋中滿滿都是加農炮、榴彈砲和迫擊砲，根本沒有時間思考哲學。科尼斯堡學者的請求甚至連拒絕都沒有等到，康德（Immanuel Kant, 1724-1804） [452]
的情況也和休姆一樣：他希望獲得教授職位，俾使他心無旁騖地研究，卻始終未能如願。

康德於一七二四年出生於科尼斯堡，父親是個皮匠，專門為馬匹、拖車、馬車和雪橇裝備皮帶。這個瘦弱的少年和他的母親比較親密。她把男孩帶到大自然中，告訴他各種動植物和滿天星斗，讓男孩對於自然有了深深的敬畏。母親去世時，康德十三歲；二十二歲時，他更是孑然一身。父親的去世激發了當時在科尼斯堡大學（Albertus Universität Königsberg, Albertina）就讀的康德，寫出生平第一篇學術論文，即《關於活力的正確估測》（*Gedanken von der wahren Schätzung der*

❶ 指《關於活力的正確估測》（1746）、康德的碩士論文：《簡述幾個關於火的思考》以及《地球之自轉是否有所改變》（1754）、《關於地球是否老化的問題》（1754）；另見：曼弗烈．孔恩（Manfred Kuehn），《康德：一個哲學家的傳記》（*Kant: A Biography*），頁 108, 116-125, 128，黃添盛譯，商周，2005。

lebendigen Kräfte, 1749）。

這位年輕人的才華早就被發現，曾經擔任戰地牧師的舒爾茲（Franz Albert Schultz）讓他進入腓特烈中學，接著又到科尼斯堡大學，使他有機會更加認識窩爾夫的理性主義哲學。他的第二位導師是大學的邏輯和形上學教授克奴撐（Martin Knutzen, 1713-1751），他啟發了康德對於自然科學、尤其是天文學的濃厚興趣。❷學生時代的康德閱讀了牛頓的《自然哲學的數學原理》以及英國哲學家撒母耳・克拉克（Samuel Clarke, 1675-1729）和萊布尼茲的往來書簡集。一個重要的問題從此伴隨著康德終身：時間與空間是絕對的或是相對的？它們真的存在，或者只是讓人類心靈的秩序圖式（Ordnungsschemata）？康德認為兩者在某種程度上都是正確的，而且值得思考。另一個類似的衝突，是牛頓和萊布尼茲對於使萬物運動的「力」的解釋：牛頓認為「力」（和笛卡兒一樣）是質量乘以加速度；萊布尼茲則認為「力」是質量乘以速度的平方。牛頓認為這個平方完全沒有意義，但萊布尼茲卻需要它來解釋活著的物體如何獲得能量。

康德很快便意識到，牛頓的公式實際上只適用於物理性的物體，對解釋生物體內的運作毫無用處。而且萊布尼茲更以一個有爭議的數學公式反擊，而轉移了問題的焦點。生命事件可以用數學加以解釋嗎？對康德來說：不行。在他看來，必須讓「生命的力量完全不受到數學的管轄」[129]，因為靈魂的法則不會是數學定理，它們只服從自己的遊戲規則。康德終生守護著這個信念。他相信萊布尼茲所謂的「活力」（vis viva）是沒辦法以數學解釋的。

❷見：《康德：一個哲學家的傳記》，頁109-116。

[453]

萊布尼茲的新學說讓時年二十二歲的康德相當震懾，他也為了沒有人願意相信它而感到失落。萊布尼茲的發現難道不是既新潮又正確嗎？身體的運作無法用簡單的「質量乘以加速度」理論來解釋，因為心靈完全沒有質量啊！身體會影響心靈，心靈難道就不會影響身體嗎？當我們身陷嚴峻的困境中時，我們的身體會感到痛苦，也更容易生病；而這些都沒辦法用力學或數學解釋。實際上，康德提出的問題，孔底亞克正努力嘗試回答，可是法國人終究也敗下陣來，只好說那是個難解的謎。

年輕的康德之所以失敗，那是因為雖然他正確地認識到物理學的界限，卻始終只是個臆測。在沒有公開的回應之下，康德只能暫時放下學術生涯，懷才不遇的他被迫在東普魯士地區擔任家教維生。但是他並沒有被現實嚇阻，反而以同樣的拚勁研究另一個更大的主題：宇宙的起源！而這次，他再次拿一個站不住腳卻又相當流行的理論做對比；就像他關於「活力」的作品一樣，康德再次拿牛頓開刀。當然，這位來自英國的偉大物理學家讓康德有如醍醐灌頂，但是他比艾爾維修或霍爾巴赫都更清楚意識到，牛頓無法用他的物理學解決每個人的問題。就算在自然科學領域，也存在著許多難解的謎團，萬有引力固然解釋很多事，但誰又有辦法解釋萬有引力？在物理學世界裡，萬物不是相吸就是相斥，可是這並沒有解釋為什麼如此。

不同於關於「活力」的那篇論文，康德這次分外謹慎小心，他想詳細描述天空的自然史，卻不想要引用任何他無法證明的力。他研讀莫佩推的〈論宇宙學〉（*Essay über Kosmologie*）並且理解到，自然總是以經濟原則運用著自身的力量，一直在尋求最短距離。如果說，現有的宇宙是它現在的模樣，那也會只有一**個**原因，不會更多。另一個主張單一原因的比豐，他的《自然史》（*Histoire*

Naturelle, 1750）也在德文譯本出版當年就到了康德手裡。不過即使如此，他依舊不滿意牛頓把一切都歸因於重力的理論，因為僅憑著重力並不能解釋為什麼宇宙中有多個星系。雖然藉著科尼斯堡唯一的望遠鏡，年輕的博物學家並不能確定這點，但是他從托馬斯・萊特（Thomas Wright, 1711-1786）的《宇宙的起源理論或新假設》（*An Original Theory or New Hypothesis of the Universe*, 1750）獲得這個資訊。這位英國天文學家描繪的銀河系，是個由多個個別天體組成的系統；這種圓盤狀的系統在宇宙中有無數個。所以說，宇宙是由星系組成的，如同康德所說，是由「世界之島」（Welteninseln）組成的。

布魯諾的臆測在萊特那裡得到證實。在宇宙的迷霧背後有個無垠的世界！但它是依據什麼法則生成的呢？康德眼中的世界之島呈現圓形或者（從另一個角度來看）橢圓形，就是莫佩推所說的「橢圓形的小圓盤」，它們是源自基本粒子湍急的吸力和斥力的漩渦。宇宙中處處都存在這樣的系統，他們也都是系統的一部分，並且構成龐大到難以想像的整體系統。

那麼又是誰讓這個整體運動起來的呢？牛頓回答說是神，笛卡兒也有相同的答案。是神的手指移動了物質——在每一次，每一個運動當中！康德對於這種說法並不滿意。有沒有可能，在這個空蕩蕩的空間裡（牛頓的世界框架）裡面，以前充滿了各種混亂的物質呢？「我假設整個世界的物質都處在一個普遍的散布狀態，」康德在《自然通史與天體理論》（*Allgemeine Naturgeschichte und Theorie des Himmels*, 1755）裡寫道，「而且也是從同樣的完全混沌中而生，我看到物質依據明確的引力法則而聚合，又在斥力的作用下修正它們的運動軌跡，在沒有任何虛構理論的輔助下，只依靠這個明確的運動法則，我饒富興味地看到這個井然有序的整體產生了。」[130]

[455]

「是什麼使物質運動？」對於這個問題，康德的回答相當簡單：物質一直都在運動著，並一點一點構成我們現在看到的宇宙。如此一來，神便出局了——但是並不全然。那麼為什麼物質會運動呢？康德不需要神來解釋世界的動力，可他仍舊需要祂來解釋為什麼宇宙森羅萬象而不是一片空無。康德雜揉了牛頓、莫佩推和萊特的說法，是宇宙學歷史上的一大里程碑，不過這不代表他成功了。天文學和物理學需要的是觀測、計算和證明，而不是書桌前的臆測。他的小書被遺忘了。瑞典的博物學者斯威登堡（Emanuel Swedenborg, 1688-1722）也面臨與康德相同的困境，在他一七三四年出版的《論自然事物的原理》（*Principia rerum naturalium*）中提出和後來的康德相似的結論。直到斯威登堡著作出版六十年，康德的論文問世四十年之後，「星雲假說」（Nebularhypothese）❸才被學界認可。不過那不是歸功於德國人或瑞典人，而是法國博物學家拉普拉斯（Pierre-Simon Laplace, 1749-1827）。

揮別獨斷

康德剛滿三十歲時，他開始向哲學中最大的問題進發：「生命是什麼？」以及「宇宙是什麼？」在十八世紀中葉，這兩個問題依舊屬於神學的範疇，不管在德國或法國都是如此。如果有人在不考慮神的情況下解釋生命與宇宙，立刻就會招惹懷疑，康德也毫無意外地立刻遭到這樣的質問：你對宗教抱持什麼樣的態度？那麼，對於這位在無垠宇宙某處的巨大星系中、龐大太陽系裡小

❸ 一六四四年由笛卡兒提出，主張恆星、彗星和行星都源自一團巨大渦流運動中的物質。太陽系所有天體都來自同一個原始星雲，由星雲物質集聚形成的。

小地球上的神，渺小的康德有什麼看法呢？

康德的成長環境充滿對神的敬畏，他的母親非常虔誠；他的兩位導師，舒爾茲與克奴撐皆信奉基督教，但康德的神並不是基督教的神。和萊布尼茲一樣，康德的神是第一因，是造物主，祂使物質運動，並且以永恆的法則和原理支配它們。所謂的體驗神，並不是到教堂禱告。如果有人想要理解神的原理，就應該仰望天空，沉浸在浩瀚的宇宙裡。康德曾多次詳述他對滿天星辰的敬畏，其中《實踐理性批判》（*Kritik der praktischen Vernunft*）裡的描述更是千古絕唱，它也被鐫刻在科尼斯堡城的康德紀念碑：「有兩種東西，我們愈是時常而不斷地反省它們，它們便以總是新的而且加深的仰慕與恐懼來充滿心靈，此兩種東西便是在我之上的天體與我之內的道德法則。」131 ❹

康德哲學中的宗教性源於一種美感的魅力：人在面對無限大的事物時感受的渺小：「關於一『無數的世界之乘疊』之前一觀點好像是把我的重要性消滅為只是一動物，此動物在其一短暫時間中被供給一生力以後，必須把『它所由以形成』的那物質重給回『它所居住』的星球（只是宇宙中之一粟）。」132 ❺ 在如此巨大的時間和空間尺度下，地球是不是宇宙的中心，對康德來說根本無關緊要。和許多前輩與當時的人一樣，他也認為其他星球有人居住：「我認為，不論在所有人或者至少在大眾眼中，是否要接受這件事依舊沒有定見，主張所有星球都可能有人居住，根本是不必要的。」133 布魯諾、豐特奈爾、惠更斯、亞歷山大．波普、窩爾夫和斯威登堡也都相信外星生命。唯一創新的是，康德為外星生物的思考能力注入他的特有思考。星球距離太陽越近，上面的居民就思

[457]

❹ 引文中譯見：《康德的道德哲學》，頁433，牟宗三譯，學生書局，1982。
❺ 引文中譯見：《康德的道德哲學》，頁433-434。

想越懶散。他們距離其他生命越遠，思想就會越發輕盈和自由；地球則大概位在兩者中間，其上的居民在感官強烈的衝動和輕盈、敏捷的精神之間來回擺盪在「危險的中途」上。

不過康德還是很清楚，他對「星際居民」的想法都僅止於臆測。在這種問題上，人們只能依據可能性而很難站得住腳。「物理神學」（Physikotheologie）在十八世紀上半葉也境遇相仿，這個學科想要從神在自然裡魔法一般的作工證明祂的存在。康德在〈唯一可能的上帝存在證明〉（*Der einzig mögliche Beweisgrund zu einer Demonstration des Daseyns Gottes*, 1763）裡也認為我們可以在自然裡感受到神。可是，他並不認為這個觀點可以作為數學意義下的證明。所有的上帝存在證明，對康德來說都不算是證明。我們不是因為可以用邏輯證明神的存在才相信祂的；我們只是出於道德考量，才會需要神登場。神在康德看來（就和他後來所寫的一樣），「不過理性之統制的原理（ein **regulatives Prinzip**，**規約性原則**），此種原理導使吾人視世界中之一切聯結，**一若**皆自一『一切充足之必然的原因』所產生」，而不是「主張其自身必然的存在。」[134]❻如果說神必定存在，那不會是基於邏輯的理由，而是為了讓人的行為有所依據並且合乎道德。

康德的神是個虛擬語氣（Konjunktiv）的存在，我們應該如此認定祂，**宛如**我們確定祂存在一般。他的這種謹慎態度使他跟上了潮流。在日耳曼地區，在漢堡、柏林和沃芬彼特（Wolfenbüttel），都會有自由思想家對教會提出批評。不過當時的日耳曼地區既沒有知識中心，也找不到太多鋒芒畢露的無神論者。日耳曼地區的宗教批評比巴黎溫和得多，而且並不質疑上帝存

[458]

❻ 引文中譯見：《純粹理性批判》，頁460，藍公武譯，仰哲，1987。

在，而只是針對虛假的獨斷論（Dogmatismus）。在易北河，東方語言學的高等學院主任萊瑪魯斯（Hermann Samuel Reimarus, 1694-1768）於一七五四年出版《論自然宗教的至高真理》（*Vornehmsten Wahrheiten der natürlichen Religion*）。他和萊布尼茲一樣，想要證明世界是「被某個獨立的存在者變成現實、創造或者生產出來，而這個存在者就好像一個作用因。」[135]如果無生命的自然沒有一個目的或目標，那麼人類生命的目標或目的是打哪裡來的？人類渴望自己的行為是有意義的，但是那恐怕不會成真。不過人類並沒有那麼孤立。因為動物的行為舉止也都是目的取向的。萊瑪魯斯一七六〇年的《對動物本能的普遍觀察》（*Allgemeine Betrachtungen über die Triebe der* [459] *Thiere*）刻意建立在萊布尼茲「最好的世界」的論調之上。萊瑪魯斯讀了比豐的著作，瞭解到動物們擁有豐富的想像力。牠們可以記憶，也會表現出意志。動物也使用著「先天觀念」（innate idea）。牠們天生知道許多事物，而且不是習得的。在這個龐大的造物計畫中，動物和我們人類屬於同一個陣營，而不屬於沒有靈魂的自然世界——然而康德並不贊成這個劃時代的想法。

萊瑪魯斯是個自然神論者，並且認為以字面意義解釋聖經完全不合理。他懷疑耶穌的神性以及對於奇蹟和死後復活的信仰。可是他最嚴厲的批評，《為神的理性信徒的申辯或保護令》（*Apologie oder Schutzschrift für die vernünftigen Verehrer Gottes*），卻一直藏在抽屜深處。該書最後由萊辛（Gotthold Ephraim Lessing, 1729-1781）出版，他自一七七〇年起便一直在沃芬彼特的奧古斯特公爵圖書館（Herzog August Bibliothek）擔任館員。儘管這些文章以「片簡」的形式匿名出版，卻引起了所謂「片簡論戰（Fragmentenstreit）」的醜聞。共有超過五十部著作抨擊這部《無名氏片簡》（*Fragmente eines Ungenannten*）。

這讓萊辛陷入窘境，因為他只是部分支持萊瑪魯斯的觀點而已。萊辛崇拜斯賓諾莎，並且認為聖經是人的作品。但是他也坦承，基督教讓天真又沒有教養的人們的行為合乎道德。在他看來，宗教只是人類教育的一個「階段」，正如他後來的《人類之教育》（*Erziehung des Menschengeschlechts, 1780*）所說的。可是萊辛並不是自然神論者。萊瑪魯斯主張要求以理性的「自然宗教」取代基督教，他認為這種說法太過份了。所以，這個理性的普世宗教應該是什麼模樣？難道理性思考和宗教信念不是兩個截然不同的東西嗎？前者回答的是「如何」的問題，後者是要回答「為什麼」。理性真理尋找的是「可以從自然事物推論出來的、清楚具體的證明……」，反之，宗教信仰則在「自我認知的迷宮裡」[136]尋求「見證和經驗性命題」[137]。這在對於聖經裡的「神蹟」的詮釋尤其可見一斑。對萊瑪魯斯這樣的自然神論者來說，神蹟在科學上完全是胡扯。萊辛則認為神蹟是對於顯然相當有說服力的過去時代的見證，不是零星的，而是大量的見證。萊瑪魯斯嘲諷神蹟是「販夫走卒」、「盲目的暴民」和「牧師」的信仰，萊辛卻非常尊重它。萊瑪魯斯主張以理性的高度對於所有信仰都完全寬容，萊辛則是補充說：宗教寬容本來就是基督宗教的誡命。

萊辛並沒有因為宗教的錯誤而批評它。因為每個人都會犯錯！對他來說，最大的惡不在於無知，而是不寬容：「我內心深處厭棄所有想要建立教派的人，因為造成人們不幸的，並不是謬誤，而是教派的謬誤、甚至是教派的真理；或者說，當教派想要把真理據為己有的時候。」[138]讓宗教啟人疑竇的，不是其信仰內容，而是它的自以為是，就連自然神論者和無神論者的信仰團體或者無信仰團體，他們都誤以為自己擁有真理。這些話語至今仍舊相當寫實！

萊辛關於宗教寬容的代表著作並不是什麼專論，而是戲劇《智者拿單》（*Nathan der Weise,*

1778）。萊辛以拿單這個角色影射他的朋友摩西・孟德爾頌（Moses Mendelssohn, 1729-1786）。孟德爾頌出生於德掃（Dessau），他因為熟諳中世紀的猶太哲學家邁門尼德（Moses Maimonides）的著作，所以在柏林的哲學家圈子裡成了明星。他的作品《費多》（*Phädon, oder Über die Unsterblichkeit der Seele*）讓他在一七六七年一夕成名。孟德爾頌非常重視洛克、夏夫茲貝里、窩爾夫、萊布尼茲和盧梭的思想，而反對獨斷的無神論者霍爾巴赫，甚至認為霍爾巴赫的《自然的體系》是「膚淺的無稽之談」。另外，孟德爾頌也感覺受到兩個方面的威脅：一再要他「歸信」的狂熱基督教徒，以及固執的無神論者。他在《費多》裡證明靈魂不滅，因為自然中的一切都會過渡為其他東西，可是「存有」絕對不會變成「非有」；至於信理、神蹟、聖三一之類的宗教內容，他則認為一無是處。孟德爾頌的宗教是心靈和生活智慧的宗教，他認為，身為猶太人就應該信奉摩西的律法，而不是相信什麼斬釘截鐵的事物。

[461]

通往靈魂國度的橋樑

一七六六年，孟德爾頌剛剛完成《費多》，就受到匿名作者的一本書，還附了一封信。包裹來自科尼斯堡，寄件者是康德，書名有些怪異：《通靈者之夢》（*Träume eines Geistersehers, erläutert durch Träume der Metaphysik*）。康德和這位當時著名的學者辯論，時或感同身受，時或鹵莽無禮，有時候針鋒相對，而且不斷在找尋自己的立足點。

除了斯威登堡以外，康德從來沒有如此詳盡而公開地探討當時其他的思想家，這個比康德早二十年撰寫星系成因的瑞典作家。瑞典的諾貝爾化學獎得主阿瑞尼斯（Svante Arrhenius, 1859-1927）

甚至認為康德的理論是抄襲自斯威登堡。

斯威登堡出生於一六八八年，父親是路德教派的主教。他在英國念書的日子喚起了對於自然科學的熱情。他也是少數被偉大天文學家弗蘭斯提德（John Flamsteed, 1646-1719）容許在格林威治（Greenwich）的天文台工作的人。他不到二十五歲就躋身博學深思的倫敦上流社會。他致力研究 [462] 化學、光學、數學和生理學，並催生了無數的科技發明計畫。斯威登堡也擔任礦業學院（瑞典最重要的工業機構）的特別評委，就像萊布尼茲在哈茨山（Herz）的漢諾威礦場測試自己的發明，斯威登堡也進行物理和化學研究，自己動手製作科技發明，建造新的機械模型。他還在卡爾斯克羅納（Karlskrona）建造船塢，讓哥塔河（Göta）不會因為塔羅海坦瀑布（Trollhättan）而無法航行。

斯威登堡敲碎礦井和溝壕中的石塊，山谷中的巨岩、河川裡的鵝卵石，比較各種含有不同礦物質的岩石的金屬含量，測量潮汐和洪水，還計算行星的運動。在短短兩年內，他就發明了相當實用的礦石冶煉法，編寫了一套十冊的代數教科書，提交了四百頁四開本的數學與天文學研究手稿，以詳盡的解剖學觀察支持笛卡兒神經和薄膜的「顫動理論」，並發表他在英國設計的經緯度測定方法。

斯威登堡把他所有的知識全部寫成文章。學術雜誌相當敬重他，各個學院為他敞開大門。但是就在功成名就的門檻前，斯威登堡的人生發生驚人的轉折。在他剛剛進入天命之年時，他正在撰寫《動物王國》（*Regnum animale*），內容是斯威登堡對於生物自然的獨到觀察，還包括大腦解剖學領域。他年輕時的「機械主義式的思考」早就無法滿足他，他進而澈底懷疑自己以前的知識。斯威登堡以數不盡的實驗、沉思，殘忍折磨自己的大腦，使自己幾近耗竭。在夜裡不安的夢境之後，隨 [463]

之而來的是白天下的顫抖和抽搐。這個學者在日記裡談到所有自我觀察的細節，任何感覺衝動和夢境。不久之後，他的生活發生了變化。

一七四四年，他記錄了第一個「基督的異象」。這位自然科學家此時的聲譽日正當中，可是被揀選者卻聽見來自更高處的呼喚，他從此把自己的自然科學研究束諸高閣，所有的興趣都放在彼岸世界。斯威登堡搬進斯德哥爾摩附近的一棟小屋，戶外有漂亮的花園，日復一日地經歷著異象和聲音，不斷地書寫，一卷又一卷。他的新作品獻給一切存有的起源、心物問題、事物的本質及其現象，他知道語言的力有未殆，為了找到更精確的符號，他必須為自己的解釋另闢蹊徑。正如人類的面孔遮掩著他們真正的本質，事物的真實也同樣隱藏在語言之下。

在斯威登堡的世界中，身體和心靈之間並不存在明顯的分野，死亡也不是什麼巨大的障礙；當一個人死去，斯威登堡如是說，他首先意識到的不會是自己的死亡。周遭一切依舊。死者會在精神世界再次找到自我。斯威登堡以生動的筆調詳述靈魂的生活。在那裡，一切都更加栩栩如生，遮掩著關於世界的清楚知識和經驗的帷幕也被揭開。難以理解的東西變得清晰而具體，所有矛盾都在靈魂世界裡一點一滴消融。在俗世裡糾纏不清的善惡力量，現在卻各自以純粹的形式出現。神的秩序法則掌管地獄和天堂的審判，可是人類的自由並沒有因此受到損害。在斯威登堡的理解裡，神讓每個人各依所好選擇自己在彼岸世界的去處。

斯威登堡也廢除賞善罰惡。他的天國不是一座享樂的花園，而比較像是啟蒙的伊甸園。人類的所有需求在那裡都可以被滿足：意志是自由的，它可以為自己做決定。在天國有宣道的聖殿，有讓人辯論的美麗涼亭，有授課用的天國講堂，有舉辦講座的天國學院，有從事判決的天國法院和供學者書寫著作的研究室。斯威登堡就像個旅行作家，記錄所有他在「靈魂王國」、天國和地獄裡看到的一切。他用兩萬多頁的篇幅詳細記述了對於彼岸世界的靈視。

康德為什麼會對斯威登堡感興趣？人們或許可以認為，康德利用斯威登堡進行自我療癒，和瑞典人一樣，康德想從物理學手裡把「靈魂」救出來。難道在我們裡面不存在一個非物質的靈魂，對應著我們的身體嗎？這再次回到康德年輕時就感興趣的主題：是什麼東西在心靈把人凝聚在一起，而且是物理學的工具不得其門而入的？那些存在於我們頭腦和心裡的靈魂衝動的本質是什麼？哲學家們對「心靈」有著不同的解讀，卻只是為了證明他們自己的存在；也就是說，那不只是為了物理學的證明，也是在為「形上學」辯護！

為了拯救形上學，康德利用斯威登堡，把他當成自己的陪練人員；康德知道自己的瑞典對手是個討人喜歡而正直的人，儘管他的知識不足以理解自己的靈視。為了拯救作為一個客觀事物的「靈魂」，康德認為不應該把它放置到對他人來說難以理解的內在世界裡。因為如果「不同的人都擁有自己的內在世界，那麼我們可以假設說他們都是在做夢」。[139]人們也就不能說：即便你們都不知道，這些還是我經歷過的事！心靈領域並不能被主觀論斷，而必須以相互主體性（intersubjektiv）的方式證實。「形上學的蝴蝶翅膀」（Schmetterlingsflügel der Metaphysik）[140]必須適當剪裁，才不會漫無止境。處理形上學問題，首先要做的就是找到它界限。

回到康德關注斯威登堡的時間點，他對於形上學的定義相對消極：形上學是個矯正工具，為的是對物理學證明它不是全能的。形上學和物理學完全不同，人們只能肯定地說，心靈和靈魂存在著，而且它們會影響身體。康德深愛這個世界，他想保護、拯救、守護世界的美、真和善。但是他不想付出像斯威登堡一樣的代價，讓世界隨著臆測和想像落入地獄。作為對抗這些「胡扯」的理性維護者，他仍舊直覺自己是正確的，而儘管形上學「很少青睞他」，他依然「命中註定一般愛上」[141]，而它也很快就為了康德出了一個難題，害得他差一點墮入深淵。一七七一年，他讀到剛剛出版的《人性論》……

大覺醒

意志是不自由的，精神只是激情的奴隸，天性只是我們大腦裡的因果機制的摹本；康德的學生和朋友哈曼（Johann Georg Hamann, 1730-1788）到底把怎麼樣的一本書譯成德文啊？[7]

自一七六六年，康德擔任宮廷圖書館的館員，他拒絕了兩個來自埃朗根（Erlangen）和耶拿的教授職位，只因為他想要留在科尼斯堡，並且終於在一七七〇年當上了那裡的邏輯和形上學教授。在他四十六歲這一年終於實現自己一直以來的夢想。他寫了一篇教授資格論文，在其中小心翼翼地區分了感性世界和知性世界，就像以前所有的理性主義者（從笛卡兒到窩爾夫）一樣。他從萊布尼茲那裡認識到，空間和時間在心靈裡只是相對的秩序圖式，用以理解和掌握感性世界。而且他也已經準備好撰寫自己關於知識和倫理的形上學，但是很快事情就失控了。接著又是這本書帶來的打擊！

康德早就知道休姆，儘管主要是一七四八年的《哲學論文集》（*Philosophical Essays*）裡的內

❼ 關於哈曼和康德的關係，見：《康德：一個哲學家的傳記》，頁160-169。

容而已。他對早期思想激進的休姆認識不深。因此，當他在《科尼斯堡學術政治報》（*Königsbergische gelehrte und politische Zeitungen*）上讀到哈曼翻譯的《人性論》第一卷最後一章時，他感到格外震驚。哈曼稱之為「**懷疑主義者的夜思**」，它讓康德感到不安。❽康德覺得腳下的地面坍塌了，就像他後來所寫的，休姆「打斷了我獨斷的瞌睡」。❾休姆所寫的不都是真的嗎？形上學根本不存在，而康德擔任教授講授這門學科一年了。形上學的一切，不都是由不可靠的推測以及心靈無法解決的矛盾組成的嗎？所有認知不都是感官認知嗎？知性並不是自由的，而只是一個無情的因果圖式的下屬而已？人的每個道德舉措都是由某個我們無法支配的情感決定的嗎？在近兩年的時間裡，這個強烈的懷疑折磨著康德的靈魂。在那之後，才終於出現希望的微芒。康德對休姆的論證進行剖析、驗證、重新閱讀、反覆思索、推敲斟酌，然後再次剖析它們。一七七二年二月，他為自己的學生馬庫斯．赫茲（Marcus Herz, 1747-1803）勾勒出一條出路：「純粹理性批判會包括一切（就其屬於單純知性而言）理論和實踐知識的本質」[142]。但是這本書，或者其他任何一本書，都沒有出版。康德不斷修改、潤飾、完稿又刪除、埋怨、猶豫不決。這個艱苦的過程歷時十二年，他的朋友法學家希伯兒（Theodor Gottlieb von Hippel, 1741-1796）形容當時的他是個困惑的老爺爺，困在形上學種種絕望的矛盾中。康德周遭幾乎沒有人相信他有辦法完成《純粹理性批判》（*Kritik der reinen Vernunft*）。❿

[467]

❽ 是哈曼刊登在該報時的標題。見：《康德：一個哲學家的傳記》，頁 259-261。
❾ 見《一切能作為學問而出現的未來形上學之序論》，頁 8，李明輝譯，聯經，2016。
❿ 關於《純粹理性批判》的難產以及倉促整理成書，見：《康德：一個哲學家的傳記》，頁 293-297, 310-312。

當這部作品的手稿在一七八〇年完成時，以前的出版社已經易手，而且拒絕康德的出版請求。來自里加的出版商哈特克諾赫（Johann Friedrich Hartknoch）為康德伸出援手，讓《純粹理性批判》得以於一七八一年五月問世。但是反應慘不忍睹。康德朋友的希伯兒抱怨說他一個字也讀不懂。孟德爾頌不耐煩地把書扔掉。蓋弗（Christian Garve, 1742-1798）則在《哥廷根學術報》（*Göttinger Gelehrten Anzeigen*）為它寫書評，他是當時除了孟德爾頌之外德語區最有名的哲學家。

蓋弗抱怨康德的寫作風格：「我要向你坦白，這世界上沒有一本書，在閱讀上要讓我花費更多的精神。」[143]康德非常重視蓋弗，因而感到受傷。另外，該評論還遭人斷章取義，為此蓋弗也向康德道歉。儘管如此，康德的批評者還是認為《純粹理性批判》應該可以寫得更淺顯易懂。康德感到左右為難，他辯解道，「要讓研究往高處發展」，就不能以通俗的方式寫作。不過他也承認不應該寫得那麼晦澀：「他們指責我的作品不夠大眾化，這個指教是公正的。因為事實上，任何哲學文章都必須有這樣的能力，否則就只是以看似洞見的迷霧掩蓋他的胡扯而已。」[144]這真是個永恆的真理，至今每個哲學家仍舊要銘記在心的真理。

就連著作的標題，在今天也很容易引起誤會：「純粹理性批判」，那到底是什麼意思？是誰要批判誰？是理性要進行批判，還是要批判理性？對康德當時的人來說，這並不難理解：他們了解，「批判」不意味著「控訴」，而是「探照」或「檢證性研究」。是理性自身的認識自身，理性問自己：「形上學是可能的嗎？」就像窩爾夫著作的標題所說的，人有辦法「理性地思索上帝、世界和人類的靈魂」（*Vernünftige Gedancken von Gott, der Welt und der Seele des Menschen*）嗎？還是說，人們必須向休姆看齊，認同我們的知性無法客觀認知它們，接著整個終止哲學計畫？

康德的答案自始就很明確，人們可以辦到，但不是以現有的方式！獨斷論者（Dogmatiker）總是刻舟求劍，主張那些他們自己都無法證明的事情。康德指的是柏拉圖和亞里斯多德，還有斯多噶學派到笛卡兒、斯賓諾莎、萊布尼茲和窩爾夫的漫長傳統，早在和斯威登堡的論戰中，他就說窩爾夫是「空中樓閣的大師」，因為他的思想構築「很少與經驗有關」，而是以「偽造的概念建造出來」的。

反之，懷疑主義者，從犬儒學派（Kyniker, Cynicism）、皮羅、阿克西拉烏斯（Arkesilaos）一直到洛克、柏克萊和休姆，他們自己都在爭執不休，從形上學的觀點到底可以證明什麼。康德追求的，是從理性主義和經驗主義當中得出一個巨大的「綜合」（Synthese）；一個新系統，它可以清楚闡明，我們先天的認識結構和我們的經驗知識如何合作。那也證明了我們如何在真、美和善的形上學問題當中找到究竟的洞見。

康德從獨斷論者（尤其是窩爾夫）的哲學出發，可以任意採擷其理論，卻不支持他們的臆測。他最犀利的對手一直都是休姆。他必須想辦法駁倒休姆，或至少削弱他最激進的懷疑論。休姆認為，我們的所有經驗都是一個相續不斷的因果鎖鏈的一部分。但是我們不會因為客觀世界是那個樣子就對其一無所知；我們生活在因果法則裡，因為我們的大腦在世界裡自我定位時除此之外沒辦法思考。就這點來說，因果關係是客觀的，因為我們別無選擇。可是這並不適用於最終目的（Endzwecke）、目標，或者我們生命中任何有意義的事物。因為在無限的因果鎖鏈裡，沒有任何**必然的**事物。沒有任何事物都不會必然得自另一個事物。這條鎖鏈既沒有終點，也沒有目標，更不會生成意義。那些都是形上學的東西，是在世界裡沒有任何依據的心理需求。不論是真或者善，在世界中都沒有它們的位置；他們只作為主觀想像而存在。**沒有任何「實然」可以推論出「應然」**！

休姆後來也為這種直言不諱的立場披上和解的外衣，認為道德感具有許多對於社會有益的特質。但康德還是為了年輕時的休姆傷透腦筋，他無疑說了太多令人不悅的聰明話。休姆的「攻擊」是否葬送形上學的「命運」，並且把它一勞永逸地終結了呢？145

哥白尼轉向

康德把自己的哲學稱作「先驗哲學」（Transzendentalphilosophie），一門探究人類如何獲得知識的學問。如果要認識我們自身和這個世界，有什麼普遍且必然的條件？我們對於存有的知識是怎麼產生的？我們的知性可以做什麼判斷，又是以於什麼為基礎？我們必須使用哪些概念？那位在科尼斯堡研究室裡的男人認為自己肩負重任，他想要「給這艘船一名駕駛，而他依照航海術底可靠原則（這些原則得自關於地球的知識），備有一份完整的航海圖和一個羅盤，能將船安全地駛往他想去的地方。」146 ⓫

要想了解康德的批判形上學，就必須看看他在哪裡找到牢靠的落腳處。不是在宇宙中，不是在自然中，也不是神；他在「思考著的人類自身」找到。「認識世界」因此始終都意味著「認識你自己」。就像哥白尼把視角從地球轉向太陽系，康德也想要改變形上學的視角：從仰望著天上的宇宙轉而凝睇心靈的宇宙。康德從在休姆那裡認識到整個世界都是在我們的意識裡發生的。它是我們的

⓫ 引文中譯見：《一切能作為學問而出現的未來形上學之序論》，頁Ⅱ。

精神想像出來的。不同於笛卡兒、斯賓諾莎、萊布尼茲和窩爾夫所相信的，世界本身並不是理性的，而是我們的意識以理性的方式為它分門別類。然而，這雖然是個令人驚嘆的工作，卻遠遠超出那位英國經驗主義者原本的想像。

康德自況為文藝復興時期的天文學家，並稱自己的哲學為「哥白尼轉向」（kopernikanische Wende）。當然，對人類來說，這個轉向並不像從世界的中心點被趕出來那麼當頭棒喝。正好相反，當我們終於認知到，整個世界其實就在我們心中、整個合理性都是我們自己的財富、所有因果關係都是完全屬於我們自己的心理機制，那麼我們會踏上一段醉人的旅途，在我們的精神的璀璨寰宇裡。

人就是自己的世界天生理性的造物主，這個「思考方式的大翻轉」[147]是康德的偉大成就。它激勵康德產出無數全新的概念，以前無古人的方式研究理性的運作方式。每個個人的精神（也就是宇宙新的中心點），現在要就感官經驗和知識的相互作用來研究。強調概念在感官理解上的作用，孔底亞克在這個方面是否影響了康德，至今依舊很難解釋清楚。康德把人類的「思考工具」區分為各種不同的思考和判斷能力，然後鑽探它們的功能。他為意識描繪一張「完備的航海圖」，比當時任何的航海圖更加包羅萬象。

但是在對人類的意識能力進行細部分析以前，康德還必須解決一個大麻煩，形上學是否可能，完全取決於它。這些問題都是由萊布尼茲提出的，而他也立刻給了肯定的答案：從**邏輯的角度**來說，是否有先於一切經驗的判斷？判斷是先天（a priori）的嗎？如果是的話，我們可以把這些判斷擴及於道德之類的人類問題嗎？

我們想起邏輯命題和有時間性的事件之間的區別：邏輯命題是無時間性的，因為不論在今天、明天或昨天，二加二都等於四。另一方面，時間性事件則有時間上的先後順序。當我們問道：「我們如何獲得知識？」那麼就有時間性的和邏輯性的答案。康德在《純粹理性批判》導論一開始所寫的，就可以說是就時間角度加以考察的：「吾人所有一切知識始於經驗，此不容疑者也；蓋若無對象激動吾人之感官，一方由感官自身產生表象，一方則促使吾人悟性之活動，以比較此類表象，聯結之或離析之，使感性印象之質料成為『關於對象之知識』，即名為經驗者，則吾人之知識能力，何能覺醒而活動？」[148] [12]

經驗預設人具有認識能力，這些認識能力首先會把感官印象轉換成經驗。就像休姆所說的，在經驗世界裡面並沒有任何「必然」的東西，只有種種不同的觀察。如果說，儘管如此，在人的意識中仍舊有普遍和必然的東西，那麼就像康德假設的，它們一定是在感性經驗之外。那必定是我們的知性自身本具的一種能力。關於這種普遍而必然的判斷，有個簡單的例子：一個球體是圓形的，這句話不管在現實驗證之前或之後都有效。這是個先天判斷。因為依據球體的定義，它就是圓形的。如果不是圓形的，它就不會是球體。如果某個判斷因為符合其定義而是普遍或必然的，那它就是「先天分析判斷」（analytisches Urteil a priori）。

源自我們的經驗世界的一切判斷則正好相反。例如以下的命題：「這個球體是黑色的。」我們完全沒辦法就其自身證明，而取決於我的色彩知覺。這樣的判斷並不是分析的（analytisch），而是

⓬ 引文中譯見：《純粹理性批判》，頁27。

[472]

綜合的（synthetisch），也就是由我的經驗知識**組成的**。綜合判斷不是先於或外在於經驗的。它們毋寧是後天的（a posteriori），也就是根據經驗（在經驗之後）形成的。不過它們往往沒有普遍有效，也不是必然的。⓭

為什麼這個課題在康德看來這麼重要呢？因為任何形上學不僅需要先天分析判斷，更取決於「先天綜合判斷」（synthetische Urteile a priori）是否存在。比起單純的定義，普遍有效性和必然的存在，和人類的生活更加息息相關。而康德對這個問題給了肯定的答案！對他而言，數學判斷是「先天綜合判斷」。「一加一等於二」是個自明性（selbstevident）的定義。但是，「26742乘以95558」的算式就不是這麼自明了，因為我必須進行計算，所以會運用到自己的直觀（Anschauung）。這樣的計算問題是一種組合，卻仍然是先天的。康德也在自然科學領域中看到這類先天綜合判斷。那麼，難道不應該有個以科學為基礎的形上學嗎？《純粹理性批判》的任務正是要證明這點。

意識的語法

直到今天，它仍舊是一本讓人坐立難安的書。哲學系學生都會記得直到學期末都沒有辦法把它的導論討論完的研討課。作品的文字風格也是惡名昭彰（由於康德對於拉丁文法的執著），讓人完

⓭ 作者以上說法不完全正確。所謂先天或後天判斷，是指判斷是否涉及經驗。後天判斷是經驗性的，先天判斷是不待經驗的。而分析判斷和綜合判斷則是指判斷的述詞是否包含在主詞的定義當中。見：黃振華，《康德哲學論文集》，頁7-12。另見：李澤厚，《批判哲學的批判》，頁74-101。

全提不起勁來閱讀它。實際上，這裡就是在斯賓諾莎的世界系統以及萊布尼茲的原理之後、第三座必須攻頂的八千英尺高山。作品的結構就像教科書，第一部分是「先驗原理論」（Transzendentale Elementarlehre，先驗要素論），以兩個大章節研究人類的感性與思考；第二部分「先驗方法論」（Transzendentale Methodenlehre）則在兩個篇幅較小的章節裡闡明知性（Verstand）和理性（Vernunft）。

讓我們瞧瞧這幢龐大建築物的細節。原理論的第一部分是先驗感性論（transzendentale Ästhetik）。這裡的「Ästhetik」一詞和美感或藝術無關，而是指古希臘人所謂的「aisthesis」，也就是「知覺」。我們的知覺是由了我們的感官對我們傳送的感覺構成的，但是不僅止於此，因為我們所有的印象很快就會柵格化（gerastert），也就是經過空間和時間的掃描。在我們人類意識的運作當中，一切都具有空間與時間的相互關係。當我想到「大象」，牠就在空間裡有擴延性，並且存在於某處。此時他可能在那裡，或者昨天牠在那裡。一個非擴延性的大象，不處在任何地方，那是人不能想像的。我們的直觀永遠是空間性和時間性的——那是因為我們的大腦只會這一種思考方式。和萊布尼茲一樣，康德經過數載的沉思，到頭來也認為不論「時間」或「空間」都不具有絕對的存在。如果沒有人類的意識以空間和時間的方式為事物排序，空間與時間就不存在。空間性與時間性是人與動物的典型特徵，但它們絕對只存在於意識中。總之，在所有人類的健全意識中，絕對有它們在工作。因此，在康德看來，空間和時間都是「普遍」且「必然」的。因為如果沒有空間和時間的柵格，我們就無法經驗或認識任何事。就此而論，康德說，空間是屬於我們「外感」的「**先天直觀形式**」，而時間則是我們「內感」的**先天直觀形式**。

[474]

當牛頓之類的物理學家或是依據「常識」思考的人們認為時空即便沒有人類也會存在、時空是「在己」存在，康德對此只會淡淡微笑。人們當然可以這樣宣稱，可是這種說法卻是經不起考驗！它只是個（或許相當明顯的）臆測。而那正是康德再也不想觸碰的。關於時空「存在於我們心中」，數學為他提供了另一個證明。因為只有當它們作為直觀形式在我們心裡作用時，我們才有辦法理解數學：空間的數學（幾何）和時間的數學（算術）。於是我們來到原理論的第二部分，也就是先驗邏輯（transzendentalen Logik）。我們對某物的認識，總是和感官經驗以及知性的互相配合有關。當我們的感性把感官經驗的原料依據時間和空間加以柵格化，我們的知性就會為原料配對概念。沒有知性，感官就不會形成認識。而沒有感官，知性就沒有材料可以處理。於是：「沒有內容的思考是空洞的，沒有概念的直觀則是盲目的。」[149]

然而，我們的思考裝置如何找到配對的概念呢？它是依據什麼分類和區別進行的？亞里斯多德早就回答過這個問題了。他注意到我們可以就四個範疇（Kategorie）描述判斷：量（Quantität）、質（Qualität）、關係（Relation）和樣態（Modalität）。康德也沿襲這兩千多年來的邏輯區分。不過他繼續為每個範疇細分三個特徵。量的問題可以分為單一性（Einheit）、雜多性（Vielheit）、全體性（Allheit）；質則由實在性（Realität）、否定性（Negation）和限制性（Limitation）加以定義；兩物的關係可以表現為實體和偶性（Inhärenz und Subsistenz, substantia et accidens）、原因和結果（Kausalität und Dependenz, Ursache und Wirkung），或者交互作用（Gemeinschaft, Wechselwirkung zwischen dem Handelnden und Leidenden）；而樣態則提供了可能性和不可能性（Möglichkeit--Unmöglichkeit）、存在和不存在（Dasein--Nichtsein）、必然性和偶然性

（Notwendigkeit--Zufälligkeit）的資訊。於是我們有了**十二種不同的判斷形式**，康德也因此談到十二種不同的範疇。它們就像我們腦海裡的抽屜，裡頭放著配對的概念：四個櫃子，裡頭各有三個隔層。

當我在看、聽、感覺等等，我的知性立刻會檢查配對的抽屜，找到適當的概念，然後做出對應的判斷。如此便產生邏輯的連結，也就是判斷。這一切會可行，都是因為人天生擁有這個抽屜系統，也就是**擁有判斷力**（**Urteilskraft**）。在這點上，康德是一位理性主義者。洛克說：「知性中沒有任何先前不存在於感官中的東西……」萊布尼茲則反駁道：「除了知性本身！」對此，康德選擇站在萊布尼茲這邊。我們天生擁有**理性的基本配備**，沒有它的話，我們的感官會無所適從，除了感受之外一無是處。但是談到因果定律，康德就沒有追隨萊布尼茲，而是選擇了休姆。因果關係並非自然的原則，而是人類心靈的圖式論（Schematismus）；它是我們的知性據以整理感官印象的原則。因此，在我們看來，一切事物都有因果關係。一般普通人認為的現實，其實是我們人類感官和知性裝置創造出來的現實。

我們有意識和無意識的經驗，都和我們的感官以及知性裝置有關，這點在現代幾乎不會有人認真質疑它。因為所有認知科學都是依據這個前提在做研究。它處理的不再是世界的結構，而是我們在腦海中創造的世界的結構。如果有人擁有像魚類的側線系統（lateral line system）[14]或眼盲，卻可以像蝙蝠一樣利用迴聲定位，像蛇一樣感應熱源，他們在腦中模擬出來的世界必定和其他人類有

[14] 魚類身體外側的感受器官，可以偵測水的流向與壓力。

[476]

些許不同。任何意義（Sinn）都取決於知覺（Wahrnehmung）的感官性。這樣看來，康德以他的「先驗」思想，成了研究人類認識之可能性條件的先驅。至於現代認知科學難以在我們的意識裡定位那十二個範疇來，也不喜歡「純粹理性」的概念，這又是另一回事了。針對這點，我們將會以現代哲學的觀點詳細解說。

沒有關於自我、宇宙或神的知識

到目前為止，康德都在研究人類的意識究竟具有哪些能力。在《純粹理性批判》的第二部分「先驗辯證論」（transzendentalen Dialektik）中，他想知道人類能力的範圍。為此，他首先區分知性和理性，我們必須注意不要混淆康德在書裡使用的兩種「理性」的概念，首先，有一種和書名的「純粹理性」；它是**所有人類精神和情感力量的總體概念**。還有第二種理性，它是除了感性和知性以外的一種**特殊能力**。感性是經驗事物並且借助時空形成直觀的能力。知性則會把這個直觀安置在適切的概念之下。而現在理性作為「總結的能力」也開始運作。它是更高層的判定能力，可以建立種種上層關係。理性就像是主管機關，規定種種「規則」和「觀念」。它要尋找全面的整體、上層意義和無條件者。

遺憾的是，理性的夢想往往超越知性的能力範圍。理性追尋關於我的靈魂、宇宙和神的正確知識，可以想見，它是多麼眼高手低，對於無法判斷的事物做出判斷！它難道不應該對心理學和宇宙論的確定性抱持懷疑嗎？只要仔細觀察，很快就會發現那些都是假象。即便偉大如牛頓，也在這裡粗心大意地宣稱，除了非物質的人類靈魂之外，更存在一個實體的世界以及至高的神。可是，康德問道，牛頓怎麼知道這三者的存在呢？當我們使用諸如「我」之類的概念時，難道不應該格外小心嗎？因為無論這個「我」指的是什麼，都絕對不會是固定的、普遍的、獨特的實體。

休姆說過，笛卡兒哲學中那個清晰明確的「我」只是虛有其表。因為「我們所謂心靈的東西」，只是「被某些關係所結合的一堆不同知覺或其集合體，並錯誤地被假設為賦有一種完全的單純性和同一性。」[150]⑮而康德相當重視的盧梭也在《愛彌兒》裡以薩瓦（Savoy）的牧師之口說道：「我們不瞭解我們自己，我們不懂我們的天性和我們的能動的本源。」[151]⑯牛頓和孟德爾頌認為每個人都擁有獨一無二的靈魂實體，這是康德無法認同的。理性仍可以長時間自我反思，可是它在其中會有一種感覺，認為我的想法就是我的想法。在這點上，康德的看法比更接近孔底亞克而不是笛卡兒。我們無疑都某種自我感覺，一種「隨著我們的概念的意識」[152]。但是認為這個「我」不應該只是一種感覺，認為那是個穩固定支點，這個說法只是無法證實的臆測；或以康德的話來說，「一種完全空洞的想法。」[153]

醫生索默林（Samuel Thomas Soemmerring, 1755-1830）後來才發現他對這個看法有多麼認真。這位來自梅因茲的解剖學家以他的著作《論靈魂的器官》（*Über das Organ der Seele*, 1798）為傲，甚至送了一本給康德，請他他寫一篇後記。在看到索默林的研究之後，這位哲學家簡直不敢相信自己的眼睛。這個膽大包天的醫生，竟然想要以「先驗生理學」填補實驗性研究和哲學論證之間的巨大空白。索默林認為，他在人類大腦裡找到靈魂棲息的地方，就像康德在《純粹理性批判》裡

⑮引文中譯見：《人性論》上冊，頁230，關文運譯，商務印書館，2016。
⑯引文中譯見：《愛彌兒》下冊，頁404，李平漚譯，五南，2012。

所說的，靈魂在我們裡面思考著，並以思考證實世界的存在。康德為這篇後記耗費許多心思。最後，他重述了和《純粹理性批判》相近的內容：任何被我們稱作靈魂或自我的東西，都不是物質性的存在者，而是我們的「內感」虛構出來的。因此，它不可能被「外感」意識到，也絕不可能被確認為實體。

休姆、拉美特里和康德，都是對於不變的「自我」最早的懷疑者。很多人都追隨他們的腳步，例如奧地利物理學家馬赫（Ernst Mach, 1838-1916）在二十世紀初就曾經說：「自我是不可挽救的。」[154]這個問題涉及我們在哲學史第三冊中要處理的範圍，其中除了哲學之外，這個複雜的命題還摻雜了心理學和腦神經科學等等。

相較於我們的自我和靈魂，康德更深入探討我們對於宇宙的知識。牛頓覺得自己的《自然哲學的數學原理》已經說明了關於宇宙的最終知識。但是它真的做到了嗎？在這裡，我們不就遇到了康德稱為二律背反（Antinomien）的四個無法解決的矛盾嗎？第一個矛盾是：世界有起點，而且在空間上有極限嗎？或是說它一直都是無窮無盡的？第二個矛盾是：世界上的一切都是由單純的部分構成的嗎？或者世界可以無限分割，根本不存在單純的事物？第三個矛盾是：世上一切事都受到因果律支配嗎？或者除此之外，還存在一個自由的王國呢？第四個矛盾：世界是否必然屬於某個存在者，而我們必須接受其為世界的原因？或者這樣的存在者並不必然存在？

自古以來，幾乎每個大哲學家都就這些問題選擇了特定的立場。但是康德認為那都是錯誤的。因為對於這四組矛盾命題，不可能有一翻兩瞪眼的抉擇。「不論是正論還是反論，都能以同樣顯而易見而不可反駁的證明加以證實。」[155] [17]但是這裡必須有個解答，因為宇宙要麼是永恆而無限，要麼不是，其他矛盾也是同理。不過或許（這也是康德的解答）謬誤是出在問題本身。對他來說，那是因為對於「世界」這個概念的誤解。

我所說的「世界」指的是什麼？我是指一個可以用感官意識到的經驗世界嗎？或者是說我的知性以其思想理解的「世界」概念？康德把它視為理性主義者和經驗主義者之間的論戰，也就是說，主要是視角的問題。比如說，我僅僅以經驗的角度來看第一個矛盾，那麼雙方的命題都是胡說八道。如果一切都受到因果律的支配，那世界就不可能會有起點。因為在每個起點之前都必須有另一個起點，而不可能無中生有。可是如果說有某物是完全永恆、無限，而且沒有起點的，那卻違背我們的經驗。在經驗論者的角度看來，兩者皆非。即便我可以在知性當中想像「無中生有」和「無限性」兩種觀念，我的知性也告訴我，兩者之一必定是正確的，因此，經驗主義的經驗和知性得出互相矛盾的結論，而我們也失去了堅實的立足點。第二個矛盾也差不多。[18]

第三與第四個矛盾在康德看來則有所不同。[19]我們以第四個命題為例：上帝必定存在。或者是，上帝不必然存在。在這個問題上，我們的經驗毫無用處，因為神和世界的創造並不是我以感官經驗到的，或者在原則上可以用感官經驗到的。也就是說，上帝是無法證明的。宣稱「上帝存在」，就像宣稱「上帝不存在」一樣，都只是臆測。前兩個二律背反，不管正反論**就經驗而言**都是錯誤的，

[17] 引文中譯見：《一切能作為學問而出現的未來形上學之序論》，頁120。
[18] 康德稱前兩者為「數學的二律背反」，正反兩論在邏輯上不可能兩立，因為它們都涉及整體經驗世界。
[19] 康德稱第三、四個二律背反是「力學的二律背反」，正反兩論可以兩立，因為它們涉及不同的世界。

而第四個矛盾則是**理論上**正反論都可能正確。然而，我們永遠不可能知道正確答案。

自由的王國

康德解決第三個二律背反（因果律和自由之間的矛盾）的方法相當著名。這點對他來說也比其他背反來得重要。因為沒有自由，人就不需要為行為負責，也就不存在道德。對康德來說，許多方面都證明休姆的想法是對的：我們的知性會依據因果法則掃描世界，然後意識到原因和結果、條件和有條件者無所不在，這是個我們無法擺脫的圖式。另一方面，我們寧可相信有一種類似自由的東西存在，也相信有個東西是「以自身為起點的」，例如世界。那麼什麼才是正確的？

康德在這點上提到一條非常重要的線索。他同意休姆所說的，對我們的經驗而言，一切**看似**有因果律的存在。因為我們的知性「為自然規定了法則」。這句話很有名，雖然它實際上只是重複了休姆說過的話：把一切視為原因和結果，是我們的知性為自己把世界結構化的方式。但在康德的話裡，「法則的規定」聽起來更重要，有些自然科學家聽了會不由自主地大吃一驚。自然法則會是人類的知性建構出來的嗎？他們不是存在於人類知性之外嗎？即便沒有人類的心靈指使，蘋果還是會掉到地上吧。

我們又回到休姆和柏克萊深入鑽研的問題：「真實到底有多麼真實？」而且他們還提出相同的答案：就像在**顯現**我眼前的那樣真實。不過柏克萊同時也主張說，在我們人類的經驗世界之外還有個客觀的領域：一個我們在生活當中無法直接相遇的，神的理想世界。休姆並不承認這個「神的世界」是真正的世界。世界就只是我的感官經驗到的那個。再多的我什麼都不可以說。

康德深深同意這兩個英國的經驗主義者。就像柏克萊和休姆一樣，他知道全世界就在我的腦海中，而且這個世界是以休姆所描述的因果律加以掃描的。在這個世界裡，沒有自由可言。然而康德並不想完全放棄自由。如果自由不存在於現象世界裡，那麼會不會在它之外？柏克萊認為那是在神的理想世界，而康德則認為是個人類意識無法企及的外在世界。在那裡存在著「物自身」（Ding an sich），它作為「表象」在我的腦海中閃耀光芒。這個「物自身」是實在的原型，由此我認定它就是讓事物顯現在我腦海裡的理由。不同我腦海中的表象世界，那是我無法以知性掃描的「原型」世界。因此，它並不臣服於把一切都解釋作因果法則的心理機制。在「物自身」的世界裡沒有因果律、範疇，也沒有時間或空間。我們對於那個世界一無所知，它完全超出我們的經驗之外。我們的知性並沒有為它規定任何法則，那裡是**自由的王國**（das Reich der Freiheit）！

《純粹理性批判》出版之時，休姆已經過世五年。康德知道，這位偉大的英國哲學家一定在大聲敲擊他的棺木：我的感官一無所知的那個自由王國到底是什麼東西呀？這樣一個國度，充其量只是個臆測。康德沒有自相矛盾，自由的王國確實只是個猜想，但是我們必然會如此假設。我們必須**設定**（**postulieren**）它存在，如此一來，我們才能自由地行動。康德以前也用同樣的方式設定神的存在；我們必須如此假設，才能確定善的意志和行為是正確的。不論是神或是自由，在康德的哲學裡都是以**「彷彿」**（**als ob**）**的虛擬式**表現。對於一個形上學而言，這是極不尋常的論證。通常，形上學會以某個超越人類而更穩固而確定的東西為起點，就像斯賓諾莎的「神即自然」或是萊布尼茲的「理性的神」。可是，康德口中「摯愛」的形上學，並不住在這個世界，而是在人類的腦海中。而這個形上學最令人神魂顛倒的能力，就像天上繁星一般莊嚴的，就是道德……

[482]

我心裡的道德法則

- 啟蒙或監護？
- 善的意志
- 定言令式
- 善良的猴子
- 神的合目的性世界
- 論永久和平
- 「沒什麼特別的」

啟蒙或監護？

康德從一七六八年至一七八〇年花了整整二十年寫作《純粹理性批判》。他每天早上五點起 [483] 床，七點到九點間講課，然後就會回到自己的研究室。在那個期間，英國的詹姆斯·庫克船長（James Cook）發現了澳大利亞，而饑荒正肆虐日耳曼地區，馬鈴薯的栽種拯救了許多生命。俄國和普魯士第一次瓜分波蘭領土；在法國則爆發「麵粉戰爭」，杜爾哥也經歷了他的崛起和衰敗，有 [484] 個叫作歌德的傢伙寫了《鐵手騎士格策》（*Götz von Berlichingen mit der eisernen Hand, 1774*）和《少年維特的煩惱》（*Die Leiden des jungen Werthers, 1774*）；克內、休姆、盧梭、伏爾泰相繼去世，亞當·斯密的《國富論》出版；蒸汽機發明，美國開國元勳上呈獨立宣言，並開始對英格蘭的獨立戰爭；奧地利女王瑪麗亞·德瑞莎（Maria Theresa）過世。而康德以日復一日相同的步調在科尼斯堡生活。他會在午餐時接待客人（現在他不再到小酒館用餐），而他下午的散步時間太規律了，人們甚至可以用他來調整時鐘，最後，他會一路工作到晚上，十點準時上床睡覺。

當《純粹理性批判》問世時，啟蒙運動已經在日耳曼地區的一些城市興起，尤其是柏林。可是那裡的啟蒙運動家卻對康德的著作大失所望：它太模糊、太繁瑣，太難以理解了。熱情奔放的好友哈曼（他在科尼斯堡當一名包裝工廠的領班）尤其感到憤怒。康德在這本著作裡是不是把嬰兒連同洗澡水一起倒掉了嗎？我們怎麼可能清除理性中的所有人類習俗和信仰？理性不應該是歷史性和文化性的概念嗎？它難道不是透過教育傳遞的，或者藉著感官經驗烙印上去的嗎？在哈曼眼裡，康德是個溫和的獨裁者。因為「理性的健全是最廉價、最恣意妄為、也最無恥的自負，憑著這種自負，要被證明的東西都可以拿來當作前提，據此以比羅馬天主教的教宗無謬論更加粗暴的方式，把所有自由的真理探究都排除在外。」156

哈曼對於永恆和立法的理性的批判，無疑是對著後來法國大革命的道德恐怖而流血的傷口上撒鹽。這個憤怒的包裝工廠領班錯估了文化和歷史，而布萊斯勞（Breslau）的蓋弗則是抱怨康德書裡欠缺了心理學。我們在使用理性時需要仰賴的情感、感官動力和所有日常實用狀態，這些經驗性的動機到哪裡去了？說理性不是在有血有肉的個人裡面作用，而是屬於沒血沒淚的主管機關，這不是很奇怪嗎？

儘管有許多人對康德這種怪異而違反歷史的理性觀點感到失望（哈曼說它是「哲學的淨化」），還是有其他啟蒙學者向康德尋求建議和幫助。尤其是以孟德爾頌為首、由柏林人組成的「啟蒙運動之友社」（Gesellschaft der Freunde der Aufklärung, Berliner Mittwochsgesellschaft），還有出版商腓特烈·尼古拉（Friedrich Nicolai）都挺身支持康德。一七八三年，他們發行《柏林月刊》（*Berlinische Monatsschrift*）的創刊號，其宗旨是讓啟蒙運動更加大眾化。一七八四年十二月號刊，他們真的邀請到康德為他們撰稿。

[485]

康德非常認真思考說他的曠世鉅作難以理解的那些批評。可是他為《純粹理性批判》撰寫的大眾化摘要，標題是相當冗長的《一切能作為學問而出現的未來形上學之序論》（*Prolegomena zu einer jeden künftigen Metaphysik, die als Wissenschaft wird auftreten können*），也以失敗收場。現在這個六十歲的老人同意為月刊寫一點重要的想法。我們從清楚明瞭的標題就可以看見一個改頭換面的康德：〈在世界公民底觀點下的普遍歷史之理念〉（*Idee zu einer allgemeinen Geschichte in weltbürgerlicher Absicht*）。就連論文的內容也讓人著實撟舌不下：康德在這裡談論的，其實都是完全真實的人們以及相當真實的弱點。就像他從盧梭那裡理解到人類的「非社會性的社會性」（ungesellige Geselligkeit）❶；他在與人交往時會遇到問題，但是沒有他們卻又過得不好。另外，他也持續和自我角力，因為他的感情和理性很難互相調和。造就人的是「曲木」，最好的木匠也無法造出完全平整的東西。難怪人類的歷史「由愚蠢、幼稚的虛榮，甚至往往由幼稚的惡意和毀滅欲交織而成」。[157]❷然而，康德看見了某種漸進式的進步。因為首先必須有公民社會存在，在一個依法律而治的共和國中，人才能找到自我，然後培養自己的道德。最後，所有公民國家都會加入一個「國際聯盟」（Völkerbund），最終和平共存。

在腓特烈大帝過世兩年前，康德就已經宣告共和國才是適用於人類這個物種的政體。而他所宣揚的歷史樂觀主義，其革命性遠遠超出所有他膽敢寫作的內容。但比他的歷史政治論文更出名的，是他為月刊撰寫的第二篇文章；文章標題簡短，就好像康德在嘲笑自己一直以來的寫作題目一樣：〈答「何謂啟蒙？」之問題〉（*Beantwortung der Frage: Was ist Aufklärung?*）。這是他最著名的論文，也是哲學界引用次數最多的一篇文章。其開頭尤為經典：「啟蒙是人之超脫於他自己招致的未成年狀態。未成年狀態是無他人的指導即無法使用自己的知性的那種無能。如果未成年狀態底原因不在於缺乏知性，而在於缺乏不靠他人底指導去使用知性的決心和勇氣，這種未成年狀態便是自己

❶ 見《康德歷史哲學論文集》，頁9-11，李明輝譯，聯經，2013。
❷ 引文中譯見：《康德歷史哲學論文集》，頁6。

招致的。勇於求知吧！（Sapere aude!）[3]鼓起勇氣去使用自己的知性吧！這便是啟蒙底格言。」[158][4]

[487]

相較於他的〈在世界公民底觀點下的普遍歷史之理念〉，這篇文章更接近康德的《純粹理性批判》，因為「啟蒙」被描述成一個過程，個體要在其中自我啟蒙而變得自律。有勇氣這麼做的人，才有資格成年。這項宣言低估了歷史、權力、教育、宗教家父長主義和普魯士當局——它過度吹捧個體自決的力量。他認為我們要面對的並不是社會問題，而只是心理問題：人們會發現「很難掙脫幾乎已成為其本性的未成年狀態，他甚至喜歡上這種狀態」[159][5]，而那是由於人的「懶惰和怯弱」。與盧梭一樣，康德眼中的人也必須抖落種種文化習慣，因為它們是不自由的源頭。人甚至必須持續不懈的自我修鍊，挖掘出自己真實的理性本能，才能獲得自由！

自我修鍊會使人自約束當中解放，這是康德贈予法學家、醫生、專業人士、教育家、神學家、公務員和藥學家等《柏林月刊》讀者的訊息。同時，康德當然也批評任何為個體追求自由設限的官方阻礙，可是勇敢的人不會就此止步。康德是在說誰呢？是在說像托馬修斯（Christian Thomasius, 1655-1728）和窩爾夫之類的啟蒙運動思想家？這些專任教授，對他們而言，沒有什麼事比暫時被禁止教書更可怕的了。或者是那些生活、個人自由和地位都無慮的人們呢？康德並不否認，每個普魯士國民都必須堅守崗位，老老實實地維持國家的運作；但是他把公共領域的職場人士和私領域的世界公民作個對比，世界公民有權利和內在的義務去自我培養其成年狀態。如果他在公共領域還是

❸ 是依據拉丁語格言，也可譯為「敢於獨立思考」或「要敢於認識」。在被康德引用之後，漸漸變得有名。

❹ 引文中譯見：《康德歷史哲學論文集》，頁27。

❺ 引文中譯見：《康德歷史哲學論文集》，頁28。

一位學者，那麼在公共領域和私領域都會使用到理性。

為了自身的完美而永不停止努力，這個古代斯多噶學派的概念，在康德那裡獲得迎合時代的新生：思考造就自由！它把人自宗教的監護中拯救出來。而自由的人會以理性為基礎，創造一個穩定而公正的社會秩序。但問題仍然存在：誰才是康德號召要「使用自己的理性」的當事人呢？至少不會是那些「無思想的大眾」，也就是康德眼中當時的多數人，還有伏爾泰所說的「暴民」。康德當然也希望看到這些臨時工、農人、工人有朝一日可以被「啟蒙」。但在一七八五年，他仍然完全無法想像理性的自由運用。反之，他效忠他的國王，表示他「應當贏得知恩的世界及後世之稱許，因為他首先使人類從未成年狀態（至少在政府方面）中解脫出來……」[160] ❻對康德來說，啟蒙的時代不是伏爾泰、盧梭、休姆或狄德羅的世紀，而是「腓特烈的世紀」。

普魯士政府這種庸俗的軍事獨裁者要作為世界的榜樣？看見康德如此阿諛奉承，哈曼忍不住問道：他到底在想什麼？那是因為他把政治的專制主義原封不動地轉移到哲學了嗎？就好像普魯士王國為人們的公共領域強加了遊戲規則，理性之於個人也是如此嗎？在他朋友來說，康德對理性的崇拜再次獨裁化了，那是一種「咎由自取的監護」（selbstverschuldete Vormundschaft）。更讓他難過的是，這位享有特權的教授「躲在爐子後面，藏在睡帽之中」指責未成年狀態者的過錯，卻不譴責那些把他們困在未成年狀態的人。這不就像是自幼被騷擾的受害者把自己當成加害人嗎？

哈曼以尖銳的口吻攻擊他，而且說法一針見血。他認為康德在歷史上站錯了邊，就像一隻「嘴

❻ 引文中譯見：《康德歷史哲學論文集》，頁34。

猴」❼，對窮人和受壓迫者的苦難視而不見；是個假冒的監護人。而他熱情洋溢的呼籲，和「冰冷而無生氣的月色有什麼不同？既沒有啟蒙怯懦的知性，也沒有溫暖膽小的意志；他對於問題的所有回答，不都是為在正午裡遊蕩的未成年者的盲目照明嗎？」161

善的意志

哈曼對康德的批評引起了啟蒙運動的共鳴。他認為以下概念是矛盾的：讓別人要求我自由思考！理性，或以它為名的哲學，逼迫我要服從它。我屈服於這個要我自決的命令。這種說法顯然並不特別令人信服。可是，如果這條理性行動的命令根本不是來自外在世界呢？如果它是每個人心裡本具的呢？而哲學家就如蘇格拉底所說，只是個「助產士」，幫助人們產生自己的思想？康德心想，人應該使用理性，不是因為我自己這麼說，而是因為每個人心裡的理性要求人去使用它！

有所謂的理性的「律令」（Imperativ）嗎？是否有什麼東西在我心裡說話，要我慎思、審慮、考量，甚至要行善？絕對有！我的人生智慧告訴我，如果我小心使用這些工具，就可以輕易達成特定目的。當我權衡自己的行為，當我未雨綢繆，當我擬定策略以達成某個目標，當我評估自己行為可能的後果並計算得失，而且在大多數時候對他人友好，考慮他人的感受和心理狀態，這些不都是明智之舉嗎？休姆和亞當．斯密都在他們的倫理學裡解釋過：如果人想要達成自己的目的，就必須（大多數時候）待人以善；自己的行為絕不能侵犯到他人，而必須在廣義上被視為正當而有意義

[489]

❼「Maulaffe」，最早是一種照明道具，在猴子張大的嘴巴中塞入松木點火。到了十五或十六世紀，其意義轉成描述人張大嘴站著的樣子。

的。因此，思考自己行為的後果並且謹慎衡量，這是**有益處的**事。就像亞當・斯密所說，我們心裡一直都有個「公正的旁觀者」，恰如其分地看待他人。他同時也告訴我們，基於實用考量，我們（在大多數時候）應該要行「善」。

這種英國實用主義的道德論調在康德看來相當可憎。因為那樣一來，驅使我們行動的就不會是「善」，而僅僅是「有用」。在休姆和亞當・斯密的倫理學說，行善不是目的而只是手段。行善的要求是有目的的，休姆和亞當・斯密所證明的，在康德眼中只是**假言令式**（hypothetischer Imperativ）：行善的要求會成立，是因為情勢所需。康德想要對抗這些實用主義者，從他們手裡救回善，因為善是人自己想要追求的東西。不過，人真的有這種行為目的嗎？我們真的可以在學術上找到善的意志，並由此推論出人們的行為準則嗎？

一七八五年，康德寫了一本小書以回答這個問題。六十一歲的他出版了自己的第一部探討道德的作品：《道德底形上學之基本原則》（*Grundlegung zur Metaphysik der Sitten*）。這本書野心很大：康德想要開展一套倫理學，它不必考慮到情緒驅力、外在情況、實用考量或者文化烙印。他當然很清楚，這些因素強烈左右著我們的日常行為，但是我們卻不可能由此建立科學的倫理學。畢竟，休姆鞭辟入裡地說過：我們不能從**實然**推論出**應然**。所以，在康德看來，休姆並沒有證明任何倫理學，而只是提出建議，說明人憑著自己的同情心和常理對社會可以有什麼貢獻。這對康德來說遠遠不夠。他在尋找某種普遍而必然的東西，它先於所有的實用考量而催促著我們行善。

康德的倫理學必須是「無條件」且「自主」的，它應該建立在（每個人自身本具的）理性原則之上。不過，善的源頭在哪裡？我們可以肯定它不在於聰明與否，因為聰明人在道德上不一定比不

[490]

聰明的人高尚。它也不是教育的問題，因為顯然有教養的人不一定比較善良。那麼行善的動力是氣質問題嗎？顯然也不是，因為不論人熱情或者慵懶，在這方面的差異並不大。那這是性格問題囉？很難說，因為性格是什麼呢？無論如何，它不會是人們可以永久擁有而不變的東西。那麼，善和追尋幸福有關嗎？這種看法是可想而知的，畢竟古代倫理學幾乎都以這種主張為基礎。柏拉圖把追求幸福等同於善。只有意欲善且行善的人，才有可能真正幸福。難道還有比行善更幸福的事嗎？

但是，康德正是想要脫離這派傳統。他完全不在意「幸福」這個概念。這難道不是「不幸，幸福底概念是如此之不確定，以至於雖然每個人皆欲達到它，但他卻從不能確定地而且一貫地說出他實在所欲並所意的究竟是什麼。」[162]❽幸福是個搖擺不定的語詞，可以任人自行想像其意義：權力、財富、名聲、健康等等。可是沒有任何要素會必然使你幸福。康德要把他所謂「真正的道德」完全刪去這些需求。對他來說，行善不應該「獲得報酬」，而是即便沒有感謝，真正有道德的人也會行善。就像他後來所寫，在這其中體現了德性的特殊性。它「是有如此多之價值只因為它值如此多而然，並不因為它帶來什麼利益而然」。[163]❾

善就是渴望善自身。其來源既不是實用性，也不是運氣、性格或氣質，而僅僅只是「善的意志」！「在世界之內，或甚至其外，除一善的意志外，沒有什麼可能被思議的東西它能被稱為善而無限制。」[164]❿善意就是只意欲著善，而不以**對我而言**的善為先。這樣一個意志，不管是在休姆或

[491]

❽ 引文中譯見：《康德的道德哲學》，頁50，牟宗三譯注，學生書局，1982。
❾ 引文中譯見：《康德的道德哲學》，頁424。
❿ 引文中譯見：《康德的道德哲學》，頁15。

者亞當．斯密那裡都找不到，但是康德相信每個平凡而且健全的人都擁有這個意志。

康德的倫理學是**存心倫理學**（Gesinnungsethik），唯一的重點就是善念：「善的意志之為善，並不是因為它所作成的或所致生的而為善，亦不是由於它的適宜於達成某種擬議的目的而為善，而乃單是因著決意之故而為善，那就是說，它是其自身即是善的。」[165][11]當人心地純潔地做事時，他就是行善，即便他立意良善的行為招致負面效果。無論如何，對康德來說，那是罕見的狀態，因為善的意志一般都會推動意欲著善的目標的行為。善的意志不是盲目的，反而自始至終都是理性的。而善的意志也明白：我應該做的，就是別人（相對於我）也應該做的。

定言令式

這個人生智慧有著歷史悠久的傳統。我們稱為**金科玉律**（Goldene Regel），所有高度文明裡都有它的蹤跡：儒家、印度教、佛教、耆那教、波斯的瑣羅亞斯德宗教、柏拉圖的《法律篇》（*Nomoi*）（談到財產）、詭辯學派（Sophisten，智者學派）、西尼加（Seneca）、愛比克泰德（Epiktet），在猶太教、基督教以及伊斯蘭也都可以見到它。

康德所說的難道不是個普世智慧嗎？不完全是，因為他的論證是自出機杼的：金科玉律的舊有說法都不外乎處世哲學。可是康德並不只看到規則，更看到理性的「法則」。在《道德底形上學之基本原則》裡，他把這個法則以不同側面反覆寫了五遍。其中最簡單的一種是：「你應當只依那種

⓫ 引文中譯見：《康德的道德哲學》，頁16。

格準，即由之你能同時意願『它必應成為一普遍法則』這樣的格準，而行動。」166 ⑫

康德把這個理性的法則稱為**定言令式**，是個永久有效的要求，而不是視情況而定的。善的意志是**無條件的**，它的天性並不會因為個別生活情況差異而受到妨礙。康德的定言令式和感性世界無關，它的故鄉是康德在《純粹理性批判》中所說的**自由王國**。一般人的一生會在兩個世界不停來回擺盪：作為理性的存在者，人可以停留於自由的知性世界中，在那裡，定言令式會交付他行善的義務；另一方面，作為感性存在者，人也生活在被因果法則、相依相待、被外在情況左右的世界中，為了不要迷失方向，聽從理性的洞見會是明智之舉。人最好以理性行為規則為指引，而康德稱之為**格律**（Maxime，箴規）。

這個「法則」就是理性的科學法則嗎？康德本人對此深信不疑。他的計畫是讓《實踐理性批判》（*Kritik der praktischen Vernunft,*）證明這點，該書於一七八八年出版，在《道德底形上學之基本原則》三年之後。這本書的架構和他的理論代表作很類似。康德再度以「原理論」（Elementarlehre）開頭。他把人類區分為認識的存有者和行為的存有者。我們在認識事物時，會使用理論理性，而當他行動，則會使用實踐理性。每個行動的人都必須有所依據。因為沒有任何正常人會無緣無故地做任何事情。是誰規定這些原因？對於休姆和亞當・斯密而言，原因在於環境，即「我們之外」的事物。行動意味著在感官世界自我定位，並以實用性為準則或是聽從「公正的旁觀者」的建議。

⑫ 引文中譯見：《康德的道德哲學》，頁54-55。

[493]

康德認為這種說法還不夠，因為這樣的倫理學並非科學。它無法告訴人們什麼是必然的或普遍有效的。康德認為，如果道德法則存在，它必然存在於「我們心裡」。而他也真的相信理性世界裡存在著這個法則。可是法則並不會（像自然律一樣）告訴我們**必定會**（müssen）做什麼，而只會告[494]訴我們**應該**做什麼。這個「應該」不會在自然裡出現，除了在人類的世界中。作為「內在的應然」（inneres Sollen），它在我們心裡，「外在的應然」（äußeres Sollen），則是由法律的形式來灌注。所以，康德毫不懷疑它就在「那裡」。人類是唯一會**良心不安**的動物，他會對自己的所作所為感到絕望，甚至會流淚或後悔。而人類可以這麼做，完全是因為他心裡感覺到「他想做什麼」以及「應該做什麼」這兩者的差異。

當然，亞當．斯密也知道他們的差別，那位「公正的旁觀者」，我們的「超我」（Über-Ich），不就一直在告訴我們應該怎麼做嗎？但是這位旁觀者只是我們教育的產物，而不是康德所說的立法者；他來自感官世界及其因果關係。可是康德的「應然」誡命，他的定言令式，卻和那個世界沒有任何關係。定言令式是「單純的形式」，和教育、文化、氣質或環境無關。它是人內心的聲音，對我們說著：「你應該這樣行動，即：你的意志之格準總能同時當作一普遍立法底原則而有效。」[167] ⓭

由定言令式得到的一個推論對康德來說也一樣重要：我絕對不可以為了自己的意圖而「利用」他人。凡是會使用理性的人，對康德而言都擁有「內在價值」。它不屬於擁有「價格」的事物的世

⓭ 引文中譯見：《康德的道德哲學》，頁167。

界，而是屬於擁有「價值」的事物的世界。在《道德底形上學之基本原則》裡，康德破天荒把這種「內在價值」叫作**尊嚴**（Würde）。擁有尊嚴的人都是「目的自身」（Zweck an sich），而且絕對不可以被當作他人用來達成目標的單純工具。「人性尊嚴」（Menschenwürde）這個語詞不是康德發明的，如前所述，它的現代形式早在文藝復興就由米蘭多拉提出來了。

康德對於人類何以是「道德自律」而不可以「被利用」的解釋，對於司法審判以及自由民主社會的自我認知都影響深遠。我們現在理所當然地預設要尊重別人，預設每個人都有無條件的生命權，每個人（作為現實的或者潛在的理性存有者）就都是等價的，這個「理所當然」必須歸功於康德。因為沒有任何其他啟蒙思想家如此清楚指出，擁有理性的存在者原則上是不可侵犯的。對於許多法國的革命者家來說，至高善並不是人，而是普遍而超越人類的理性。在這方面，康德的「人性尊嚴」在道德上跨越了一大步。儘管如此，他的概念現在卻飽受爭議。為什麼一個生命的價值和尊嚴偏偏是由難以辨別的理性賦予的呢？我們不是也可以用普遍的意識能力或者感受力作為判準，那或許會更好，因為很多其他動物都會加入這個具有倫理意義的生命的俱樂部。

在十八世紀，康德的「人性尊嚴」概念絕對是劃時代的。而且他的定言令式也比亞當・斯密的「公正的旁觀者」更有約束力。它具有法律的嚴謹性，只要我的神智沒有錯亂，就應該簽署。而這個必然性也讓康德付出慘痛的代價。他的倫理學並不考慮行為情境的實踐上的複雜性。他把我們道德的源頭放到我們內心深處，以至於他必須發明一個完全獨立的領域：「自由的王國」。當然康德會說，他並沒有**發明**這個自由的領域，而是在我們心裡**發現**了它。不過，並不是所有人都接受他的另一個論點，即每個人都是「兩個世界的公民」，有條件的感官世界和自由的知性世界。康德不是

[495]

拖了一個老舊的理性主義遺產在身邊嗎？從赫拉克利特到柏拉圖，哲學家們一直都在虛構「純粹者」的領域，它超越我們人類的感知世界，並為宇宙賦予某種更高的意義。當康德為人類精神的宇宙賦予了自主權，並且在我們心裡挖掘出「純粹的道德法則」和善的世界時，他也是站在他們的肩膀上。

善良的猴子

和虔誠的母親在美麗星空下的美好時光，康德是不是只想以大量概念證明它而已？他是不是把滿天星空的崇高和母親的純潔聯想在一起，然後放在所有人心中？一言以蔽之，他不就是把外在世界的崇高宇宙轉換成內在世界的崇高宇宙了嗎？至少在《實踐理性批判》讓人起雞皮疙瘩的結語裡，我們可以讀到這層意思，它的第一句話我們已經引用過了：「有兩種東西，我們愈是時常而不斷地反省它們，它們便以總是新的而且加深的仰慕與恐懼來充滿心靈，**此兩種東西便是在我之上的天體與我之內的道德法則**。我並不須要去尋求它們而且去猜測它們好像它們被隱蔽在黑暗中或是被隱蔽在超越我的視線之外的『超絕區域』中；我眼見它們在我的面前，並且我直接地把它們與『我的存在』之意識相連繫。此兩種東西底前者（天體）從我在外部的感取世界中所佔有的地方開始，並從此把我的連繫擴大到一『具著世界上的世界以及系統底系統』的無界限的廣漠，進而且把我的連繫擴大到這些世界與系統（天體系統）底周期運動（運動之開始與延續）之無限制的時間中。而後者（道德法則）則從我的不可見的自我，我的人格性，開始，並把我展示於一個『有真正無限性』的世界中，但是此有真正無限性的世界是只因著知性而為可追尋的，而且與同著此世界，我辨

[496]

識到我不是存在於一純然地偶然的連繫中，但卻是存在於一普遍而必然的連繫中，因為我亦因此而存在於與『一切那些可見的世界』相連繫中。關於一『無數的世界之乘疊』之前一觀點好像是把我的重要性消滅為只是一**動物**，此動物在其一短暫時間中被供給一生力以後，必須把『它所由以形成』的那物質重給回『它所居住』的星球（只是宇宙中之一粟），這是一個人不知如何必須如此的。而後一觀點，正相反，它因著我的人格性把我的價值無限地升舉為一**睿智體**之價值。在此睿智體之價值中，道德法則把一個『獨立不依於動物性，甚至獨立不依於全部感觸世界』的生命顯示給我……」168 ⓮

毫無疑問地，康德擷取了柏拉圖的善的宇宙，把它放到我們內心深處：形成一個純粹而高貴的自由王國。而感官世界和自由的領域及其「物自身」，這兩個世界的區分使得康德的哲學有了個弱點。即使是當時的人也覺得難以理解。但康德至少說對了一點：所有人或多或少都覺得內心有良知之類的東西，不是嗎？而這種良知，只要它不墮落，不是會渴望善嗎？

直到今天，這個問題依舊沒有喪失時效性。諸如法蘭斯・德瓦爾（Frans de Waal, 1948-）之類的靈長類學家，認為人類就像一隻「善良的猴子」，而和其他人猿沒有什麼區別。以天性上來說，靈長類相當樂於和他者和好相處。而同時，後悔、絕望和慚愧，這些情緒也不是人類特有的。二〇〇五年，德國行為科學家瓦內肯（Felix Warneken）和美國人托瑪塞羅（Michael Tomasello），在萊比錫的馬克斯普朗克演化人類學研究所，做了令人印象深刻的嘗試，指出人類的道德是「天性使

[497]

⓮ 引文中譯見：《康德的道德哲學》，頁433-434。

然」。在實驗中，許多明顯需要幫助的人，不管是因為無法打開櫃子，或是不小心掉了螢光筆以及海綿，一、兩歲的孩子身上看到了那一幕，都會自動自發的、在沒有被要求的情況下提供幫助。而同樣給予他們幫助的，還有黑猩猩，而且不論是幼童或黑猩猩，都沒有從幫助他人的行為中獲得任何獎勵。（相反地，如果人因為受到幫助而獎勵了孩子或者黑猩猩，他們從此就只會為了獎勵才幫助他人。）169

人類的善的意志和其他猿類並沒有區別，差別或許在於我們可以找到所有行為的理由，而且在被懷疑的情況下為自己的所作所為辯護。我們的道德行為領域是以理由構成的。由此看來，康德無疑確立了某些正確的東西——唯一的問題是，他提出的道德法則，這種行善的自我承諾，在我們的日常生活中有什麼意義？從演化心理學的角度來看，嬰幼兒時期的印記就決定了我們的道德行為。而對於社會心理學家以及行為經濟學者來說，我們的行為則是依當下環境而定。人類作為社會性動物，我們經常會過度在意他人想法，而且不願意太過與眾不同——即便我們所做的**真正**牴觸了我們**的道德信念**。

康德並不打算否認這些。在對於生活的匆匆一瞥當中，康德也清楚認識到，大多數的人的行為都是跟隨著自己的「愛好」（Neigung）而不是依據「義務」。在《實踐理性批判》第二部分「辯證論」（Dialektik）中，他大範圍探討了感官欲望和德性義務之間的日常對立。欲望絕對不會促成德性的行為，而我們的義務感則會有懲忿窒欲的作用。柏拉圖把我們的心理比擬為「靈魂馬車」，車伕必須拉緊轡繩，也是差不多的意思。可是到頭來康德還是以這種方式把備受爭議的幸福偷渡到他的倫理學裡。即使人不應該追求幸福而要追求善，但善的人生畢竟會讓人「值得擁有幸福」。而

[498]

且誰又知道，或許幸福真的（加上一點點運氣）會出現——無論如何，都比我以不道德的方式生活 [499] 要好。

康德在此處所理解的幸福，主要是避苦而不是趨樂。這點和斯多噶學派以及許多其他古代哲學家沒有太大不同。但不就正是因為缺乏熱情，才使康德的倫理學顯得乏味又陳腐嗎？對年輕人來說，它往往顯得情感僵化又缺乏魅力。這不就像是以沖泡奶粉混充真正的牛奶嗎？而這杯幸福的酒難道不是無酒精的啤酒嗎？至少在康德看來，法國香頌歌手艾迪特·琵雅芙（Edith Piaf）泛泛而談的那句話似乎是對的：「道德，是一種生無可戀的生活方式。」

康德自己的一生好像只是為了成為自己哲學的楷模而活著。他的生活裡沒有粗鄙、仇恨、激情、也沒有不理性的人生決定。相反地，他完全以忠於格準的方式生活著。但是人們也可以換一種角度來看，因為康德是個很難面對自己的熱情而乾脆壓抑它的人，所以才會以自己為標準。他所描述的理性，以及心裡感受到的無條件的善的意志，都是對他自己而言重要的東西。過去幾十年來，一直有人認為康德患有亞斯伯格症，一種輕度的自閉症，患者在理解和表達情感活動方面會有障礙。亞斯伯格症患者必須以理性的方式詮釋他在情感上無法理解的東西，他們往往在邏輯和結構方面很聰明。根據當時的說法，康德確實格外有條理，有時還會變成諷刺漫畫的素材。但是也有人認識的康德，是一位會在晚宴上因為自己和他人的笑話或幽默而捧腹大笑的人；這以亞斯伯格症的案例來說很不典型。

但是，即使康德沒有亞斯伯格症，他的倫理學難道不是為了那些符合亞斯伯格症行為的人設立 [500] 的嗎？壓抑自己的情緒，傾聽我們內在的法則邏輯？在生活中盡可能地遵守格準，而不是依據情況行動？壓抑所有道德情境裡的衝動，行為舉止始終保持理性嗎？在任何情況下，**應然**都必須高於**意欲**？所有這些都僅僅是避免痛苦的規則嗎，或者實際上是普遍有效且必然的？

康德倫理學裡的科學性至今仍然有待討論。但是它的影響無疑依然縈迴不去，在二十世紀啟發了無數重要的道德哲學理論，也不乏反對者的批評。哈曼在讀到《道德底形上學之基本原則》之後大搖其頭，康德再次虛構一個用來支配人類的魅影，但它在現實中卻不存在：「這裡談的不是**純粹理性**，而是另一個幻象和偶像：**善的意志**。」[170]對康德相當心儀的席勒（Friedrich Schiller, 1759-1805）也無法理解大師為什麼要嚴格區分人類的愛好和他的義務。我們難道不會因為心中感到欣慰而樂於履行義務嗎？難道履行義務不是我們心裡眾多愛好之一嗎？簡而言之：如果欲望和理性兩個世界的哲學區分在心理學上沒有說服力，那麼它是正確的嗎？

神的合目的性世界

康德知道自己還有個大問題要解決：情感扮演什麼樣的角色？如果感性與知性在我們的日常判斷中相互配合，那情感就絕對也參與其中。我們總是因為某事物引起「快樂」或「不悅」的情緒，而以非道德的角度評斷它的好壞。我所感受到的，要麼是善、愜意或者沒問題，要麼是痛苦、緊張、煩躁、困惑或氣憤。

為什麼會這樣，而我們的判斷又是依據什麼規律性，這就是第三「批判」：《判斷力批判》（*Kritik der Urteilskraft*）的課題。這個批判是要填補前兩者之間的空隙。什麼是判斷，康德在《純粹理性批判》裡說明過了；判斷力的意思，是把我的感官經驗，憑著我的知性整理成概念。康德的意思就是：「判斷力一般是把特殊包涵在普遍之下來思維的機能。」[171]⑮人在判斷時，會把經驗到的事物歸類在既有的概念之下。他會尋找可以幫助自己把世界分門別類的規則、原理或者法則。康德認為，人在這個過程當中會感到滿足。當人們的感官體驗得到適當的處理，他們的**規定性的**（bestimmend）判斷就達到目的了。

不過這是如何可能的？我們的知性怎麼有辦法理解這個世界？康德的回答令人吃驚：那是因為我們假設說，世界存在的目的，就是被我們理解！知性在自然裡處處都看得到「合目的性」（Zweckmäßigkeit），也就是知性可以掌握和理解的結構。對一個以自然科學方式思考的人來說，這已經是第三個無理的要求了。第一個是，時空只存在於人類的意識中；第二個是，我們的知性為自然規定了法則。第三個就是自然本身存在的目的是為了被人類理解。

這些都只有以康德的視角來看才會合理。他要問的，其實並不是自然「自身」（an sich）如何，因為我們對此一無所知。所以他真正問的是：自然如何一如我們所經驗的那樣呈現在我們的意識裡？就連最冷靜的數學家和最精確的自然科學家，也沒辦法走出他的這個意識世界，即使他尋找是關於世界的客觀知識，也認為他測量到的就是它本身。當康德說自然是「合目的性的」，他並不是說它「自身」對某些東西而言是有用的，因為那是絕對不可能的事。他的意思是，我們的意識把自然想成是「合目的性」的，因為它必須這麼做。如果自然不合目的，我們就沒辦法理解任何事物，鎮日處於精神超載和混亂狀態裡，也就是「不快樂」。基於這種理由，我們才會把自然視為合

⑮引文中譯見：《判斷力批判》上卷，頁15，宗白華、韋卓民譯，滄浪，1986。

目的性的，而且彷彿是真的。我們以自己的規定性判斷力來把握它，從而熟悉這個世界。我們很少會沒辦法為經驗到的事物找到任何對應的概念。我們的判斷力在感性體驗和概念之間來回搖擺。在這種情況下，我們的判斷力大多不是規定性的，而是**反思性的**（reflektierend）。

使用反思性判斷力的經典例子，就是美的體驗。這點我們稍後會回來詳細說明。另一個例子則是：我們認為自然萬物都有目的，也就是都有意義的。人們習慣於把我們的經歷嵌入某個巨大的意義脈絡。一切都應該有目標或有個意義。正如康德在《純粹理性批判》中所寫的，我們的理性追求無條件者。感官世界到處都是由因果法則構成的，但是在理性世界裡卻根本不是那樣。如果我們為世界指定一個目的，賦予世界意義和目標，那麼我們看待它的方式，就**彷彿**它具有這些目似的。事實上，它只是個渴望，是個「規制性理念」（regulative Idee），那是對我們的理性有必要的東西。

因為我們的理性是這個模樣，自然才會對我們看似合目的性；特別是因為這個生氣蓬勃的自然是個唯一的意義脈絡。當我們以科學的方式觀察植物和動物，我們看到一個合目的性的整體。萊布尼茲以類似的方式認識到並且說自然是盡善盡美的。只是對康德來說，合乎計畫和目標導向都不是神的傑作，而是我們理性投射到自然的，我們才可以理解自然。我們在自然界中認識不到目的，而是如此**判斷**它，**彷彿**它有目的似的。當自然科學家意圖理解這個世界，他會假設世界裡有可以被理解的東西；他相信這個世界具有有意義的結構。可是我們其實是把人類的需求轉嫁到自然之上。也難怪會有人，例如萊布尼茲，會想像有個存有者創造世界並且有意義地安排它。我們的理性不得不想像這麼一個絕對必然的存有者，就算我們永遠無法認識祂或者證明祂。

康德眼裡的神是源自理性的需求，祂是個不可或缺的理念。這個想法不能說特別敬畏神，也絕對不符合傳統的基督教教義。當《判斷力批判》於一七九〇年出版時，康德就知道可能是在挖坑讓自己跳。隨著腓特烈大帝於一七八六年去世，普魯士境內的風向丕變。繼任者威廉二世（Friedrich Wilhelm II）性格軟弱而任由強勢的宗教團體擺佈。國王依舊重視康德，甚至選擇在科尼斯堡加冕，但是精神的自由已經結束了。國家頒佈了兩條〈審查敕令〉（Censur-Edikte），疑神疑鬼地監視著不符合國家宗教政策的出版物。

康德以自己的方式回應。他已經六十七歲，在德意志境內境外名聲遠播。一七九一年，他在《柏林月刊》上發表一篇宗教批評論文：〈論一切辯神論之哲學嘗試失敗〉（*Über das Misslingen aller philosophischen Versuche in der Theodizee*）。他以約伯為例，闡明所有的宗教都奠基於深層的道德。也就是說，並不是宗教造就道德，而是有道德的人以自己的宗教表達他內在的信念。比宗教信念更重要的是「善的生活方式」，其他都只是次要的點綴。緊接著的第二篇論文是《論人性中的根本惡》（*Über das radikal Böse in der menschlichen Natur*），它探討基督宗教中的「原罪」，還加上康德的創新想法。一直以來，他都看到人在本能衝動和純粹理性之間的掙扎。只追隨欲望的人是惡的，追隨理性的人則是善的。可是在自己的文章裡，康德認為人也會經過深思熟慮而依然選擇為惡。善惡並不只是意志力薄弱的問題。因為在道德的意義下，人是什麼或者應該成為什麼樣的人，都是他自己決定的。也就是說，理性不再是必然的善。不管人做好事或壞事，我們無法知道他是不是經過反省才做的。

康德無法在《柏林月刊》發表他的下一篇文章，審查局受夠了這個科尼斯堡的自由思想家。可是康德另闢蹊徑，把他的思想發表在在薩克森印刷的一部作品裡：《單純理性限度內的宗教》

（*Die Religion innerhalb der Grenzen der bloßen Vernunft*），出版者：以馬內利・康德。他在一七九三年至一七九四年的計畫是個挑釁。因為康德整個翻轉了人們在神學裡認識到的主從關係。權威不在聖經，而在**《實踐理性批判》**。聖經必須和它比較對觀。和《實踐理性批判》一致或相容的東西，就是善和正確的。反之則是惡和錯誤的。聖經所說的「原罪」，是指人類有選擇惡的自由。基督徒眼中的「救恩」，則是德性戰勝惡習的勝利。教會？它只是個把德性當成義務的人類團體，真正的教會既不是教堂也不是什麼權力機構，它是「看不見的」。主日崇拜的禮儀？只要它有益於德性的生活，就是善和正確的，因為那是唯一的標準。「除了善的生活方式之外，人還想做什麼以得到神的悅納，都只是宗教狂熱和『虛假的事神之道』（Afterdinest Gottes）。」

真是一語中的！唯有善的生活才算數——西元四至五世紀的聖奧古斯丁就是因為這個見解才會迫害並屠殺不列顛人伯拉糾（Pelagius）的信徒。信仰基督新教的普魯士的審查局也對這篇文章相當不悅。康德和當局真正撕破臉，是不屈不撓的他一七九四年於《柏林月刊》發表的論文：〈萬物之終結〉（*Das Ende aller Dinge*）。在這篇文章裡，他抨擊所有自詡代表教會和宗教訓斥他人的人。做這些事的人（康德心裡想到的就是柏林的審查員）正在為「敵基督者」的世代鋪路。國王終於忍無可忍，他禁止康德繼續發表任何與宗教有關的文章。被告對這個判決極為憤慨，但是仍然表示遵守禁令。他想說的話已經說得夠清楚的了。⑯

⑯ 關於康德和普魯士王室及教會的衝突，見：《康德：一個哲學家的傳記》，頁448-469。

論永久和平

對於普魯士審查局來說，康德是個冥頑不靈的老頭，他顯然不知道自己在做什麼。宮廷對思想解放的觀點越來越敏感，其實有原因的。自一七九二年起，普魯士和法國就一直處於交戰狀態，歐洲的舊勢力想要阻止隨著法國大革命而登上歷史舞台的新世代。當康德在寫作《判斷力批判》時，法國的「第三階級」（資產階級）宣佈成立國民議會。他們衝進當時作為國家監獄的巴士底監獄，並宣告人權和公民權是「天生、不可侵犯和神聖的」。

在遠離革命暴風圈的科尼斯堡，普魯士的邏輯與形上學教授康德為革命舉起酒杯。他心焦如焚地等待來自巴黎的新消息，並在餐桌上和同伴熱烈討論。「這件大事深深觸動他的靈魂，以至於他在社交場合裡中總是三句不離這個事件，或至少是回到政治主題。」[172]在《判斷力批判》的註腳裡，康德將法國大革命（「例如近來曾企圖作出一個偉大民族的改變為一個國家。」）[173][17]和自然進行比較。正如我們的理性把生機盎然的自然想像成「目的」才有辦法思考它，法國的革命也讓社會的每個成員都成為目的而不是工具。當然，康德慷慨激昂的比較只是個隱喻而已。因為社會在運作時的目的連結，遠遠沒有我們對於自然的假設那樣緊密。康德並不是要從自然裡解讀出人類共存的遊戲法則的社會學家，但是他卻不得不找了一個嚴格說來不適合的地方來宣洩他對於革命的熱情。

[506]

⑰ 這段上下文是：「我們可以利用上述的直接自然目的的一種類比來使人更明白某一種結合，可是這種結合往往是在觀念上而不是在事實上碰見的。例如近來曾企圖作出一個偉大民族的改變為一個國家。」引文中譯見：《判斷力批判》下卷，頁262。

康德的朋友們覺得幾乎不認識他了。他覺得雅各賓黨的恐怖統治和建立在斷頭台上的勝利，都只是過渡期和令人遺憾的附帶損失。任何來自巴黎的壞消息都沒讓他清醒過來，他早先是那麼不信任群眾，那些「無思想的大眾」，因為他們沒有什麼教養，而此時他卻用哈曼當時的批評來反駁自己：首先是自由，接著才是理性！因為「如果人以前沒有處於自由之中，就沒辦法**成熟到**可以擁有自由（人必須是自由的，才可能依據自己的目的自由地運用他的力量）。」174[18]

至今為止，康德的《實踐理性批判》僅僅是劃定哲學可以對於道德和社會提出命題的範圍。而受到法國大革命的激勵，康德現在想要建立一套積極的倫理學：關於德性和正義，我們可以說些什麼？什麼才是對人民和國家來說理性的法律？美德的生活的具體意義是什麼？康德的《道德形上學》（*Metaphysik der Sitten*）是一部比《實踐理性批判》更全面、更側重生活實用的著作。書中討論日常和政治生活的每個道德問題，並且以理性為標準做出決斷。

一七九五年，康德從他對於憲法的思考裡摘了一段文章並且單獨發表。這篇短文成了暢銷作品：《論永久和平》（*Zum ewigen Frieden*）。就康德的標準而言，標題本身就相當幽默了。一家位於墓園對面的酒館店名讓康德想到這個題目。因為「永久和平」是人類的古老夢想，但其實只有在死後才能真正得到。雖然如此，康德接著說，我們還是應該盡人類的一切可能，朝著這個理想邁進。他筆鋒一轉，突然我們看到一份合約，區分為「臨時條款」（Präliminarartikel）和「確定條款」（Definitivartikel）。康德為世上的民族提出一套普世性的國際憲法，規定他們在未來應該如何

[18] 引文中譯另見：《單純理性限度內的宗教》，李秋零譯，商周出版，2005。

彼此尊重。

而哲學家則是人類的立法者，柏拉圖的幽靈在康德那裡被喚醒了；不再有「批判」，而是清楚、直接而理性的指南。首要目標是永久確保和平：不應該在和平協議當中思考未來的戰爭，沒有人想要改變自己的國界，常備軍應該要廢除；不應該趁機武力干涉他國。戰爭不應該作為「現實政治」的工具。康德希望確保（至少歐洲）政治地形保持不變，不過這裡指的僅僅是邊境和領土。因為他在「確定條款」裡提出一項要求，那會讓歐洲各個國家元首坐立難安：唯一理性且可接受的國家體制是共和制。原因非常簡單：如果由所有士兵和其他戰爭受害者一起討論決定是否要發動戰爭，和平的心聲會得到最佳保障。（每個國家元首在宣戰時，也都必須身先士卒到第一線作戰，現 [508] 在也是一樣。）康德還定義說聯邦制是由完全自由的國家組成的，並再次提及他的「世界公民權」（Weltbürgerrecht）概念，其中包括，世界任何國家，都無權為了殖民而入侵他國。以前康德遭人譏評說他在其他作品裡相信且接受當時關於「非洲黑人」的陳腐思想。儘管如此，他還是期望看到「黑人國家、香料群島、維德角群島等」不受歐洲殖民主義者的侵害。

這樣的論調在十八世紀已經極其進步，很多主張直到我們現在也還在翹首期盼著。《道德形上學》裡「法權論」（Rechtslehre）也格外具有現代性，康德把法律定義為「個人恣意與他人恣意依據自由的普遍法則而得以團結在一起的條件總和」。[175]在康德看來，國家是透過法律維繫的，所有公民的自由與平等都以孟德斯鳩的三權分立加以保護，他在《論永久和平》裡定義的國際法則是保障國家之間的往來。而國際法會由「國際聯盟」（Völkerbund）以聯邦（Genossenschaft, Föderation）的形式執行和審查。

「法權論」是為了社會和民族而寫的，而「德行論」（Tugendlehre）則是為了個人。它探討了每個人對自己和他人的義務。作為動物，人類有義務要**自我保存**（Selbsterhaltung）；作為道德的存有者，他則是有義務要**自重**（Selbstachtung）。一個有道德的人會堅持真理，他的行為舉止也不會違背自己的良知。他會努力追求知識和自我認知。康德在《實踐理性批判》裡就畫出輪廓了，在這裡則是細部描繪。在和他人相處時，人也有愛的義務，例如仁慈、關心和感激。至於尊重的義務，則是包括不把他人看成目的，而是康德在《道德形上學底基本原則》裡定義的那種「尊嚴」（Würde）。遺憾的是，康德認為只有人類才是我們的義務的對象，對於動物則沒有義務，而只有是「人對於他自己的義務」[176]。不過，「考慮到動物」，人的行為不應該太殘忍，以避免傷害或者失去自重。

「沒什麼特別的」

《道德形上學》是康德的最後一部大作，不過他還有其他計畫，經過一七七〇年代漫長的成熟過程，他的計畫也隨著年齡增長而不斷擴大。批判三部曲在年老的康德眼裡只是一座思想大廈的地基，這棟大廈落成後，會讓所有哥德式教堂都相形失色。這棟大廈的中殿越建越高，建造計畫也不斷擴大，康德要讓自己的朋友們知道，他的代表作現在才要出現！這本著作要把形上學和物理學熔於一爐，也就是康德在休姆的洗禮之後便嚴格劃分的那兩個世界。可是在自由的內在世界和因果律的外在世界中間，康德沉思道，必須有個「過渡」（Übergang）。如果理性是透過行為在世界裡實現自己，它就會從自由淪落到因果法則裡。所以，雖然可以把兩個世界分開思考，它們在現實裡也

[509]

必須連結在一起。

以康德當時的思想來說，這個宏偉的計畫看起來相當突兀。因為他的哲學一直把這種「過渡」[510] 排除在外。不過老人開始改變了。理性在他眼中已失去魅力，而對「物體」則越來越感興趣。他尤其對醫學暢銷書《延長人類生命的藝術》（*Die Kunst das menschliche Leben zu verlängern*）印象深刻，作者是交友廣闊的威瑪宮廷醫師胡佛蘭（Christoph Wilhelm Hufeland, 1762-1836），康德對他甚有好感，甚至寄了詳述自己的養生法和飲食習慣的文件讓他出版。胡佛蘭的「生命力」的概念深得康德之心，它讓年科尼斯堡的老先生想起自己年輕時同樣主題的著作。不過就像五十年前的康德一樣，胡佛蘭也沒辦法解釋「生命力」是什麼，只能間接證明它。對這兩人來說，這個力量就像某種電池，正確的生活則意味著節省能量和減少不必要的消耗。一個在道德上心安理得的人，會比偽君子和騙子消耗更少能量。善和健康會為電池充電。對康德來說，那就像是養鳥之類的嗜好，或者最重要的是：哲學思考！

二十多年來，這位教授對他的學生再三囑咐這些生活智慧。一七九八年，他出版了《實用觀點下的人類學》（*Anthropologie in pragmatischer Hinsicht*）。當時的「人類學」是研究作為自然生物的人類的科學，也就是自然史、醫學和「心理學」，而康德感興趣的，只有人類「作為行為自由的存在，會成就什麼，或者可以或應該成就什麼？」[177]人可以或應該如何自我修鍊？答案並不是那麼驚奇：透過理性的運用，還有盡量不要馳騁於感官的反射行為以及欲望。整個生活就是在對抗「非理性的東西」，也就是激情！因為幾乎所有感官享受都會伴隨著厭惡，除了「辛勤勞動之後的休息 [511] 狀態」。康德對於婚姻的見解也不具什麼啟發性，畢竟他對婚姻的認識僅止於道聽塗說。他討論女性的專橫霸道，說她們想要支配男性讓他們失去自由。科學和偏見混雜在長輩口吻裡，讓當時的人也感到不悅。歌德擺明了說，他只能「小劑量地」忍受這部作品，「因為整體來說，如你所見，它並不讓人心情愉快。從這個觀點出發，人會認為自己很病態，而正如這位老者保證的，到六十歲以前都不可能恢復理性，那就像宣布自己人生其他歲月都是個傻子，這根本是個糟糕的笑話。」[178]

與胡佛蘭不同，康德可以肯定，人在年老時不應該捨不得消耗自己的全部力量，至少不是心靈的力量。他以這種態度繼續進行他自稱的代表作，在一篇讓人疑惑的文稿上註記著，這部作品要探討「神、世界，以及世界上善盡其義務的人」。但是他所期待的這座應該「從自然科學的形上學基礎知識過渡到物理學」、從先驗世界過渡到現實世界的橋樑，終究沒有搭起來。頭痛不時侵襲他，一次又一次地讓疲憊而虛弱。康德區分了作為其（思想）世界起源的「我」，以及人們想像中的那個「我」。當我們對「我」說話，就是**先驗的我**創造了一個**個人的我**。我作為個人的「我」（我以為是我自己的那個我）只是眾多觀念之一，安居於神和事物世界之間的某處。從這個「至高觀點」出發，先驗哲學要成為一個巨大系統。但是和以前不同，康德希望以這個系統為自然科學奠定基礎。那個創造他的世界和他的自我的「我」究竟是什麼？它是由什麼物質組成的嗎？當在德國和法國自然學者創造出「生物學」（Biologie）一詞，康德卻是在追蹤實質構成我們的思想和表象世界的「以太」（Äther）和「燃素」（Wärmestoff）。

當康德在醫學文獻裡尋找思想的材料時，它卻和他漸行漸遠。電池耗盡了，老者衰弱得像一具骷髏，只有幽默讓他時或可以呼吸：「老化是個巨大的罪惡，」他在寫給胡佛蘭的信裡說：「可是人們也必須為此遭到死亡的懲罰而不得赦免。」[179]清醒的時刻越來越少，失智症腐蝕了康德聰明的

[512]

大腦。當被問到他對未來有什麼期待時，康德意味深長地說：「沒什麼特別的。」一八〇四年二月，生命力拋棄了他的身體，醫生別無選擇，只能證實他「死亡的事實」。

至高的觀點

- 從烏爾姆到蘇黎世
- 質問康德
- 我與非我
- 萬事萬物的專家

從烏爾姆到蘇黎世

那裡的風光有如田園詩一般。聖彼得主教座堂位在利馬特河（Limmat）左岸，在它巨大的鐘面 [513] 不遠處，是蘇黎世城區裡的一個寧靜角落。東道主拉瓦特（Johann Caspar Lavater, 1741-1801）是鄰近教堂的牧師，他因聲稱能以面相學（Physiognomie）看出一個人的性格而聞名，他為一個大眼睛、鷹鉤鼻、尖下巴的熱情薩克森人提供了公開講座的機會。因此，費希特（Johann Gottlieb Fichte, 1762-1814）才會於一七九三年至一七九四年冬天在拉瓦特的客廳裡，初次開展他的哲學基 [514] 礎思想。我們可以從費希特朋友們的描述裡一窺其場景。他的孫子仍舊記得那些朋友告訴他說：「費希特那時會長時間持續沉思哲學的最高原理，他站在溫暖的火爐旁邊，突然有個震懾他的證據，在思想上擄獲他：只有『我』（Ich），這個純粹的主體性和客體性的概念，才會是最高的原理。」180

這個景象似曾相識？「最高的哲學原理」，冬天火爐邊的「震懾的證據」，以及「把一切都回溯到『我』」的結論？費希特會是十八世紀下半葉的笛卡兒嗎？他是否發現了包括康德（他就差那臨門一腳）在內的若干世代的哲學家都沒有看清楚的東西？自烏爾姆啟程的哲學是否會在蘇黎士迎來完美的結局？拉瓦特的座上賓對此深信不疑，他認為他比康德自己更懂康德。哲學作為一門嚴謹的學科，其道路如此寬闊。先驗哲學歷經改革，弱點被補救，哲學的最高原理第一次如此清晰可辨。而這個原理就是「我」：那個被笛卡兒視為不證自明的睿智而閃閃發光的我，在費希特這裡得到它真正的地位：它是我們整個世界的立法者！

費希特的「我」在西方歷史上只是個中繼站，是從笛卡兒到佛洛伊德再到現代神經生物學的漫長道路上可憐的插曲。對這個時年三十一歲、盛氣凌人的哲學家而言，「我」既是所有哲學的頂點也是終點。

費希特是誰？他有什麼資格可以批評康德？他以「我」為最高原理是什麼意思？作為當時為數不多的哲學家之一，費希特出身寒微，甚至比盧梭更窮。他和七個兄弟姐妹一起在上勞西茨（Oberlausitz, Upper Lusatia）的拉莫瑙（Rammenau）長大。他的聰明才智很早就被發掘，在他八歲時，就可以一字不差地背誦牧師主日講道內容。一位地主因此資助他受教育，一開始是在耶拿學習神學，不過他卻沒能實現自己被寄予的厚望。

[515]

這位年輕人自大學休學，以短期家教維生。他在萊比錫研讀康德的著作時，他在蘇黎世認識的未婚妻有兩年時間完全沒有他的音訊。他不安分的靈魂經歷了一段「最幸福的時光」。在康德裡，費希特找到一個地基，並認為可以據此重建這個敗壞腐朽的社會。他的職志自此豁然開朗：成為一個哲學家。他想要讓康德的哲學擺脫一切模稜兩可，並且把康德大眾化，俾使他的哲學更加流行。此時，他再次寫信給新娘，對她解釋自己對康德的著迷。科尼斯堡的哲學家有兩個見解特別激勵費希特：一、意志是自由的。二、生活不是為了最大的幸福，而是要證明生活值得擁有幸福。

現在最要緊的是儘快親炙這位人人尊敬的康德先生。一七九一年七月，費希特來到科尼斯堡，但是這次拜訪和計畫中的不盡相同。他們兩人的氣質大相逕庭，費希特也沒能證明他是夠格的哲學家。他立即開始寫作，短短幾週之後，《一切啟示之批判試論》（*Versucht einer Kritik aller Offenbarung*）出版了，這是普魯士文化戰爭期間的宗教批評文章，費希特大剌剌地陳述康德對於宗教的想法。如果神有個意義的話，那麼不會是在關於世界的知識，而是在於道德。當信徒說到「啟示」時，那只是意味著對我們來說，神是我們內心道德法則的立法者。所有其他公開宣稱可以直接獲得真理的啟示，對費希特來說都只是鬼扯，所有無益於道德而只是為宗教本身辯護的教條和誡命也在此列。

這篇文章達成了預期的效果。科尼斯堡的老人相當欣喜，更安排它匿名出版，但是當費希特提到金錢上的資助時，卻被節儉的康德拒絕了；儘管如此，這部作品仍然相當成功。許多人都以為是康德的作品而到處討論；當人們終於意識到真正的作者是誰時，費希特的名字突然成了話題。他隨後就推出另一部作品，這次的主題是費希特相當熱中的法國大革命。在這點上，他比康德更加夸夸其談，因為年長的大師雖然深受革命感動，但作為實事求是的哲學家，他一般還是呼籲改革而非革命。而費希特卻是熱情擁護萊茵河對岸的變動，不管是人權或是盧梭式的「公民契約」。可是，如果現在還有歷史學者拿起這本書來看，那也是因為裡面有著最惡劣的反猶太主義玩笑，而那也不是費希特怪誕的情感和思想裡唯一的矛盾……

質問康德

十八世紀的德國哲學都站在康德的肩膀上。整個世代的年輕哲學家都在研究康德哲學，駸駸然感覺自己搏扶搖而直上。以德國人的觀點來看，它喚起了哲學的第二高峰，是哲學自古代雅典之後最絢麗斑斕的開花期。盎格魯撒克遜的哲學家大多對此有不同的看法：雖然康德本身還是有和休姆齊名的重要性，他們卻認為康德後輩的觀念論者都誤入懷疑主義無稽的灌木叢中。

[516]

[517] 不論如何，費希特的批評並不孤單，和許多其他年輕思想家一樣，他認為讓哲學成為一門科學是他的一生任務。從康德開始的東西，將由費希特的世代透過必要的修正和改造而完成。而哲學體系的完工就是他們的報酬！

康德的接班人到底完成哪些工程呢？首先讓他們感到困擾的，是康德在其體系裡把世界一分為二，無法企及的自然以及人類意識。兩者之間完全不存在橋樑。自然中的一切事物（物理力的作用、生物的法則）以及人類經驗（他們的文化和歷史），兩者井水不犯河水。統一只存在於意識**當中**，而不是在世界和意識之間。如前所述，康德到了老年對這點也有痛徹心肺的體悟。可是他原本計畫要把一切都貫穿起來的代表作卻沒有出版，一直只是草稿而已。

第二個批評則是和感覺有關。感覺在康德的體系裡只是個負面的角色，是人們必須克服的東西，因為激情造成痛苦。康德把感官激情和純粹理性完全分割是合理的嗎？哈曼就對此提出過批判，認為康德顯然沒有體會到**語言的角色**；對哈曼來說，語言並不是康德口中索然無味的知性工具，而是生命的感性表現。而且，難道不會是感性的語言在決定我們的想法，而不是思考決定語言嗎？

哈曼的異議相當前瞻性，如今它被認為是對於康德最重要的批評之一。而他的學生，東普魯士詩人和文化哲學家赫德（Johann Gottfried Herder, 1774-1803）也認為語言才是思考的中心，而非純粹理性。被康德稱作「理性」的東西，是人類從經驗中習得並且用語言形塑出來的東西。而人一直依附著他的感覺世界，因為沒有感覺的純粹思考，或沒有感性的理性，赫德都認為是胡說八道。如果想要理解人類，就不應該探尋理性的語法，而要研究人類的文化歷史演進當中的語言和思想。他 [518]

在《人類歷史的哲學理念》（*Ideen zur Philosophie der Geschichte der Menschheit*, 1784-1791）中闡明各式各樣的人生智慧以及人類的表現形式。像萊辛一樣，赫德也相信藉由理性拾級而上的漸進式演進，不過這個理性並不是純粹的東西，而是社會衝突以及學習經驗的產物。

純粹理性和實踐理性的結構讓康德處境艱難。當時許多人並沒有被他說服。如前所述，席勒也批評過理性概念的索然無味。義務和愛好、德行和欲望，為什麼一定要對立？「美麗靈魂」難道不是熱切地渴望德行嗎？對於善的熱情難道不就是善嗎？難道只有枯燥乏味的理性命令才有辦法讓我們變得更好，熾熱的內心願望不行嗎？席勒的批評無異於在傷口上灑鹽。因為在康德眼裡的對立項並不只有義務和愛好而已，他的整個哲學就是由無數對立構成的：純粹理性和實踐理性（以判斷力串接），感性和知性、經驗事物和純粹事物、物質和形式、作為現象和「物自身」的事物，先驗和後驗。整個世界就是由左右各一的抽屜組成的櫃子，裡面分別存放著對立的事物。但到底是誰說任何地方都必須存在著二元論呢？為什麼總是有兩個，而不是三個、四個或是五個可能性？這個世界真的是由對立項組成的，或者只是康德的偏執？而在這個對耦的系統裡難道不存在一個固定點，從那裡人們可以掌握整個秩序嗎？

對於康德的接班人而言，探尋這個起點，這個最高的基本原理，具有極大的吸引力。他們都想要據此重新建構康德混亂的系統。來自奧地利的萊恩霍德（Carl Leonhard Reinhold, 1757-1823）尤其熱中於此，在一七八六年刊登於《德意志水星報》（*Teutsche Merkur*）的「康德哲學書信集」（*Briefen über die Kantische Philosophie*），他顯然想要讓康德更大眾化。在萊恩霍德眼中，這位科尼斯堡哲學家的思想包含了可以使社會更美好所需的一切。因此，他鼓吹著一場「思考方式的革

[519]

命」。不過語言需要淨化，才可以簡潔易懂地表達康德的思想。萊恩霍德則在他的《哲學知識的基礎》（*Über das Fundament des philosophischen Wissens*, 1791）中闡述其方法。康德的許多命題都不是嚴謹的或合乎邏輯的結論，就像物質和形式這類的對立，看起來就像是空中閣樓。而且，如果有人把康德哲學繪製成圖表，也會很快發現各個部分之間各自脫節。康德本身也很清楚這點。他後來想要探討先驗哲學的至高點的作品，不就是想要填補這個漏洞嗎？

萊恩霍德當然不會知道康德在後期作品中的意圖，因為他在一七九一年就主張要在堅實基礎上重新建構哲學，並且推論出一個沒有漏洞的體系。他更不知道他引介了一個康德最聰明的批評者粉墨登場，他把康德體系的結構錯誤無限放大，使得它根本無從修補。這個人便是舒爾策（Gottlob Ernst Schulze, 1761-1833）。

一七九二年，這位年輕的教授在赫姆斯提特（Helmstedt）寫了一部題目很冗長的作品：《埃奈西德穆斯》（*Aenesidemus oder über die Fundamente der von dem Herrn Professor Reinhold in Jena gelieferten Elementar-Philosophie. Nebst einer Vertheidigung des Skeptizismus gegen die Anmassungen der Vernunftkritik*）。舒爾策問道：理論理性和實踐理性存在於其中的「心智」（Gemüt）到底是什麼？這個深藏在人類內心深處的奇怪領域相當曖昧不清。它是像「物自身」那樣的絕對者嗎？人們或許會假設，就像舒爾策言之有據的釐清一樣，「物自身」根本就不存在！康德不是（和休姆一樣）宣稱因果法則只存在於感官世界的觀念裡嗎？但是，我如何從事物以感性方式對我顯現的這個事實推論說在我們的經驗世界之外真的有個事物「自身」存在呢？康德認為，「物自身」的世界裡沒有因果法則——也沒有時間和空間。我們如何依據因果法則推論說，「物自身」就是原因，而我的現象世界就是它在我的意識裡的作用？？

可是康德的整個道德哲學都取決於「物自身」的世界——自由的王國——到底存不存在！在這點上，他正好和休姆相反，休姆只承認因果法則的世界的存在，而且完全不想知道意識和道德裡的自由。舒爾策認為，康德哲學的整個結構都因為「必然的」知識和「必然的」設準而崩潰，因為它們包含著自我矛盾：居然以因果法則推論出自由的王國！因為依據因果法則推論出來的，一定是**會受到這個推論的條件限制（bedingt）而絕對不會是無條件的（unbedingt）**。只有臆測才是無條件的，而這正是康德想要克服的。舒爾策認為，康德的哲學計畫是失敗的。哲學可以安心回歸到休姆的懷疑論中，任何想要談論道德的人，都應該從心理學著手，而不應該繼續幻想什麼「內在法則」或「必然性」。

舒爾策的批評正中康德哲學的核心，而想要拯救先驗哲學，就必須反駁舒爾策。或者他就必須思考，如何和一個沒有「物自身」的未來共處。杜塞道夫的哲學家雅可比（Friedrich Heinrich Jacobi, 1743-1819）在一七八七年就搶先舒爾策一步提出這個建議。

而這位住在彭佩爾福德（Pempelfort）的私人教師自己卻越來越遠離自己建議的路。一七八五年，他寫了一部批判斯賓諾莎的作品，因為他認為斯賓諾莎的「泛神論」的神太理性、斧鑿太深、而且謹小慎微。這部著作引起正反雙方激烈的辯論，康德、歌德、孟德爾頌和許多年輕的哲學家加入論戰。斯賓諾莎突然成了所有人的話題——這就是雅可比的最終目的！

兩年後，雅可比建議放棄「物自身」時，同樣引起軒然大波。他原本只是玩笑才召喚的幽靈，現在卻不再受他支配。他自己認為外在世界的客觀性是沒有爭議的，因為我們的直覺可以確定這點。但是如果要留在康德的體系裡，那麼就必須放棄「物自身」。在這個意義下，雅可比要求康德主義者「要堅持有史以來最強而有力的觀念論，不要害怕被指責是個投機的利己主義」。[181]因為放棄「物自身」之後，必然會採取柏克萊之類的立場。一切都變成主觀的，什麼都無法保持客觀（或許除了神以外）。雅可比認為這是朝向荒謬的遠行——但是事實上「德國觀念論」正是在這裡真正萌芽，而第一個觀念論者就是費希特！

我與非我

讀到舒爾策的作品，費希特感到震撼莫名，因為這些批評無不言之有理。這本書讓他「對康德產生懷疑」——他如此敬重的康德！即便如此，費希特仍然相信先驗哲學是真理，但是就像他說的，他被迫要「重建」康德[182]。同時，他必須適應「物自身」不存在的事實，因為「認為有個物自身獨立於任何想像力而擁有存在和若干屬性，這個想法本身就是一種怪念頭，一場夢和空想。」[183]

拉瓦特的門客想出一種新方法。費希特為自己的哲學選擇的名字很容易造成誤解，意義上也很貧乏。康德稱為先驗哲學，費希特則叫作知識學（Wissenschaftslehre）。兩者意義完全相同：一個作為嚴謹知識的哲學，為其他所有知識提供基礎。費希特和康德一樣，都認為哲學是關於知識的知識。在數學家建立方程式之前，在物理學家進行測量之前，在化學家理解實驗之前，那裡基本上就是知識學要探究的地方。它告訴我們要用什麼方式經驗和認識事物。它對我們描述知識的條件、可能性和界限，相當類似亞里斯多德在他的「第一哲學」以及笛卡兒在《方法導論》裡所嘗試的。費希特的志向和康德的野心不遑多讓。他自認為是哲學的完成者。然而，他卻沒有時間完成這個工作。一七九四年春天，他從蘇黎世趕往耶拿任教，由於他沒有考過大學結業考試，所以必須在耶拿盡快被提名為文學碩士，他的**《知識學》**漸漸成形，費希特把一頁頁未完成編輯的文本交給自己的學生。在接下來的幾年中，他反覆修改草稿，重新編排，改變表達方式。**《知識學》正**在如火如荼地**進行中**，既自信又專制。

想要了解費希特的起點，最好是自他一七九七年的講演錄說起，這份講演錄在一九三七年才第一次出版。❶其中令人難以忘懷的語句不應被任何哲學史遺漏，當時卻沒有任何人知道，甚至被整個後世遺忘。❷費希特認為，真正一以貫之的哲學體系只有兩個：「獨斷論」和「觀念論」。獨斷論的體系是以「物自身」為起點。當我們產生經驗時，那是因為「物自身」刺激我們的感官，因而引起體驗和認識歷程。這就是大多數古代哲學家的看法，或許巴門尼德和懷疑論者除外。在費希特眼中，斯賓諾莎就是獨斷論的典型。獨斷論者預設世界存在，接著才又問我們該如何完整理解它。現在幾乎所有自然科學家都會點頭稱是。

獨斷論者的反面就是「觀念論者」（Idealist）：他對於獨立於人類之外的世界一無所知，因爲我所理解的世界，就是一個**自我**對世界的理解。因此，我的經驗來源並不是「物自身」的外在世界，而是我自己。而且即便我主張說世界上的事物其實獨立於我的經驗之外，那也只是**我的意識裡**的一個主張。這個是我們在柏克萊那裡就看過的論證。

❶ 原本是費希特的第二部體系著作《新方法的知識學》（Wissenschaftslehre nova methoda），是1797-99年於耶拿大學的演講。大部分手稿都散佚。只有導論和第一篇存世，後來以《知識學新說》（*Versuch einer neuen Darstellung der Wissenschaftslehre*）為題出版。

❷ 就是指下文的引文：「人會選擇什麼哲學……」

那麼這兩種立場到底何者在邏輯上是正確的而在哲學上前後一致的？最初，費希特對於這個問題興致盎然：「人會選擇什麼哲學，端看他是怎麼樣的一個人：因為一個哲學體系並不像沒有生命的居家用品，人可以隨自己的喜好決定要拋棄或者接受；它因為擁有人類的靈魂，所以充滿生命力。」184❸但是費希特只是假裝表現得不慍不火，實際上他明確認為「觀念論」才是正確的那一方。因為「獨斷論完全無法解釋對它必須解釋的東西，而這也決定了它一無是處。」185正如舒爾策令人信服的解釋，一個屬於「物自身」的外在世界不依賴任何經驗，那就不可能影響到我們的意識；因為存在於我們的意識裡一直是意識質料（Bewusstseinstoff），沒有任何事物是「在己的」，一切都在**我們之中**。獨斷論者在其基本假設就犯了錯誤，也就是認為世界上有個獨立於人類意識的「在己」存在。

費希特和萊恩霍德一樣都相信一切哲學都必須從某個最高原理開展出來。因為唯有這樣，它們才有辦法是嚴謹的知識。從所有對於「物自身」的批評可以看出，這個最高原理不存在於世界，而只存在於我們的意識中。那就是「自我」。我所經驗和認識的一切，都是由我的「自我」經驗和認識到的。在這個「自我」之外沒有世界。沒有任何「在己的」存在，一切都在「自我」之中，包括樹木、聲音和其他人等等被我和我自己區分開來的東西。

可是這個「自我」到底是什麼？每個人不都有另一個「自我」嗎？是也不是，費希特回答道。從經驗的角度來說，每個人多少都和他人不同，並且有自己的想法。不過在擁有「自我」這點上，

❸ 語出費希特《知識學新說》（*Versuch einer neuen Darstellung der Wissenschaftslehre*, 1797, in: Fichtes Werke, Band I, S. 434）。

[524]

所有人都是一樣的。從此之後，這種超越個人的普遍自我便成了費希特的哲學核心。費希德的「自我」（作為一種超越個體的睿智）是一種哲學傳統的最新版本，它可以上溯到赫拉克利特和柏拉圖，是把邏各斯、睿智界、理性或是費希特所謂的「自我」理解成絕對存在的世界智性。費希特的「自我」範圍大於個人，「只有理性是……永恆的；個體性則會不斷凋零。」[186]費希特所說的「自我」，並不是經驗性的我，並不是一個三十出頭、叫作「費希特」的我，他說的是那個獨立於任何環境或特質之外、對自己說「我」的那個自我，認知自己的絕對存在，是經驗可能性的必要條件。

如今，要說這種「自我性」（Ichheit）代表世界的理性，絕大多數人都不會相信。就連現在嘗試以費希特為基礎的人，例如以迪特．亨利希（Dieter Henrich, 1927-）為主的「海德堡學派」（Heidelberger Schule），都不認為理性是什麼神聖的力量。❹毫無疑問，費希特要辯護的，是一個瀕臨絕種的概念，他想要把離言絕慮的東西解釋成實實在在的實體。而這種想法在哲學中基本上已經消失殆盡。理性**完全**不復存在。我們今天會討論數學的「合理性」和個體的智能，卻不再談論理性。儘管如此，費希特的思路仍舊值得參考。因為即使人們不再把概括而普遍的「自我」當作實體，而認為它只是個**哲學和心理學的歷程**，他的哲學還是充滿啟發性。

費希特所說的「自我」和笛卡兒的說法很相似，它是一切知識的基礎。他也和笛卡兒一樣，希望從「自我」邏輯而嚴謹地推論出其他一切事物，然後創造一個顛撲不破的體系。這個體系統是相當動態的。人們從康德那裡或許有個印象，以為萬物都事先在我們的意識裡分門別類地存在著，而

❹ 另見：迪特．亨利希，《康德與黑格爾之間》（*Bewteen Kand and Hegel*），彭文本譯，商周出版，2006。

在費希特眼裡，我們的世界，包括我們所有的認識能力，都是透過**行動**（Tun）產生的。「自我」就是一個「事行」（Tathandlung）。在費希特之前，沒有任何哲學如此一貫地主張說，一切存有都是行動：**行動就是存在**（To do is to be）！「行動並不是從存有推論出來的……相反地，存有才是從行動推論出來的。」[187]二十世紀沙特的存在主義也重拾這個刁鑽大膽的模式。行動是最重要的，因為在哲學裡唯一不容爭辯的確定性，就是我在做某件事。

根據費希特的說法，「自我」在行動中造就了自己的**自由**。自由完全不像康德所說的，是我在「物自身」領域裡**發現到的**。它是由我意識的力量**產生的**東西。因為在費希特看來，每個人裡頭的「自我」都在做同樣的事：區分作為其經驗主體的「自我」以及他所經驗的客體。以費希特的話來說，就是區分「我」和所有的「非我」（Nicht-Ich）。每個健全的人都會不斷地做這種區別，每分每秒，我們把自己當作主體而和客體做區分，而這些客體又會作為主體而和我們做區分。我們不斷地進行這種「交互規定」（Wechselbestimmungen）。只有在行動當中，在「非我」的持續定立（Setzen）當中，「我」才能經驗自身並且建構其周遭環境。

我們的意識依據自己的遊戲規則創造自己的世界！這個想法不只在哲學上令人振奮，更啟發了今天所謂的建構論（Konstruktivismus）。世上一切都是意識質料！費希特以此為起點，想要拆解人類整個認識工具。不過，他並不是像生物學家那樣尋找物質性的原因，而是作為觀念論者，揭露種種觀念上的原因，也就是前提、理由、必然性的假設、推論等等。大腦的「系統」是由神經網路組成的，但我們意識的系統則是由有邏輯的、必然的連結組成的：「如果行為裡沒有自我意識的智性直觀，我便寸步難行，無所措其手足。」[188]而人可以區分出「我」與「非我」的不同，那是因為人擁有「想像力」（Einbildungskraft）。創造我們世界的，不是康德所說的感官感覺，而是想像力。想像力「飄蕩」於我們的內心，在「我」與「非我」之間，它來來回回地擺盪，「在那漂浮擺盪間，並且藉由它擺盪的過程」[189]，產生了我們的表象世界（Vorstellungswelt）。

遺憾的是，這些懸浮的想像力並非萬能，我們想像的一切都僅止於「直觀」，也就是被知性「固定下來」的世界片段。和康德一樣，費希特也認為時空屬於直觀，因為沒有它們，我們就無法區分事物的毗鄰關係或先後順序。時間與空間使我們自由地排列、形塑和概觀我們的世界。我們不是**處在時間與空間中**，而是我們**創造了**它們。然而，費希特還是得承認，我們在這方面並非完全自由。因為那些有別於我們自身的「非我」，同時也限制了我們的自由。時空以及世上其他許多事物，都為我們的種種追求（Streben）定立了限制。即便我們定立「自我」是全能的，我們的具體主體性（Subjektivität）仍舊只在實踐性的自我裡相對地自我開展。我們的日常生活都發生在**被定立的自我**（das gesetzte Ich）的界限內，而不是在**定立的「自我」**（das setzende Ich）裡。因為定立的「自我」只有在哲學反思中才能意識到，而不是在日常生活之中。

費希特作為觀念論者，他用來描述實踐性自我的概念，其實很有生物學的意味。我們的「自我」不斷在「追求」更自由的發展，自我是由「感覺」規定的，而且擁有一種「衝動」，這是費希特從萊恩霍德那裡承接的概念。對費希特來說，就連「定言令式」也是一種「衝動」，也就是人依據理性而擁有的對於道德的渴望。感覺和衝動，以前被康德擱在道德的暗室裡，在費希特眼中，卻是人類主體性裡不可分割或捨棄的部分：「想擺脫欲望的人，也會想要擺脫意識。」[190]這句話直到現在都很有道理。畢竟沒有情感的驅使，我們的理智也不知道該怎麼做。對於費希特而言，**所有感**

情、思想、行為都是「定立」，也就是活動，而且是世界裡的**實踐性**活動。我們的行為永遠有某個**意圖**；我們也一再追求著種種目標。如果說我們把一把椅子區分為有別於我們的「椅子」，那是因為我們想要把它當作椅子。動詞和形容詞也是一樣，更不用說諸如烏雲和鳴鳥之類的**非實用性**事物。為某個東西找到可以表達的語詞，那意味著我們把它的目的（也就是「意義」）語言化了。

萬事萬物的專家

這到底算是什麼哲學？費希特經常被拿來和斯賓諾莎做比較，雖然這個東普魯士的觀念論者其實把阿姆斯特丹的磨鏡片工人視為對手，也就是說把他當成「獨斷論者」。然而他們的相似之處著實讓人驚訝；他們兩者的世界都是從至高的基本原則開展出來的，而且也都是「一元論者」。也就是說，意識與世界是同一的（identisch），只不過在斯賓諾莎眼中，真實存在的是**世界**，而對費希特來說則是**意識**。再者，對斯賓諾莎而言，世界是由物理力量所決定的，費希特則是引用生物的生長本能。

費希特想要以「我」為起點解釋整個世界，這是個從未全部完成的偉大嘗試。他終其一生不斷修改他的《**知識學**》，在諸如道德理論和自然法等領域，他都寫了獨立的著作以表達自己的想法。和斯賓諾莎以及康德一樣，道德也是費希特最在意的問題。哲學就是倫理教育。而哲學學者們「應該是當代最有德行的人」和「真理的牧師」。[191]

這種要求也太超過了！這聽起來讓人過勞的理論，保證讓人疲於奔命。可是費希特卻不這麼認為：善且正確的生活根本不難，因為康德批評者認為激情和理性並不是那麼水火不容的。它們心照

[528]

不宣地往同一個方向進軍。我們一切的奮鬥都是為了自由。而人們唯有時刻注意定言令式規範的道德規則，並且以尊重自己的方式尊重他人，人生才會是自由的。在這裡，費希特把理論理性當作實踐理性的一部分，所以不需要在兩者之間架起任何橋樑，純粹理性和實踐意志也就不需要中介。費希特不像康德那樣，他沒有提出任何讓意志臣服於理性的「箴規」，他的道德就在於「自我性」本身。這個道德也不需要不可知的外在世界裡的「自由王國」就可以存在。只要人真正了解自己以及個人的自由，其行為就必定會是道德的！

費希特所說的道德行為的「衝動」，就哲學而言，比康德的思想更加簡潔，這無疑是他極大的優勢。可是，這種「道德衝動」又是從何而來呢？和年輕或年老的康德一樣：費希特選擇尋找生物學作為盟友，它以生物化學解釋這位哲學家推論出來的東西。哥廷根大學動物學家和人類學家布魯門巴赫（Johann Friedrich Blumenbach, 1752-1840）的學說有他要找的東西。他的《生長本能和生育》（*Bildungstrieb und das Zeugungsgeschäfte*, 1781）啟發且激勵了當時許多人。他相信，在每個生物體裡都存在一個目的導向的、形成性的（formgebend, formative）的內在驅力。費希特興奮莫名！於是他大剌剌地把「生長本能」轉移到精神上，認為那是「人們唯一不可分割的基本力（Grundkraft）」。[192] 在費希特的理論中，布魯門巴赫認為「生長本能」是一種「生命力」，而到了費希特這裡，它就變成了隱藏的、無意識的「精神對於完美的追求」。生長本能依據固定的法則形塑了生物，而這個生長本能到了精神裡就變成了自由的創造力。

沒有創造力，就沒有道德的自我實現。奮鬥的本能和對於克盡義務的渴望，都漸漸消融在生物化學理論和理性哲學的獨特混合體之中。它解釋了我們對於善的意志為什麼總是讓我們自我感覺良好。如果「被定立的我」做了「定立的我」認為正確的事，那麼我們就會衷心歡喜。「這種感覺是真實不妄的，因為它……只有在我們的經驗性自我和純粹自我完全一致時才會出現，而後者則是我們唯一真實的存有，也是一切可能的存有或一切可能的真理。」[193]如果說人即便如此還是會為惡，那也是因為具體的我個性太軟弱，以致沒辦法跟隨我們的**良知**，那個總是隱身幕後的純粹自我。

費希特列舉了許多義務，其中有些只是迎合當時的認知，而且很難想像是從「純粹自我」推演出來。真正別具一格的也只有「言說的義務」（Pflicht zum Diskurs）。人只有在檢視自己在他人談話時提出的意見，才有辦法超脫自己的立場。為此，人們必須尊重他人。這種思想後來成了德國哲學家阿培爾（Karl-Otto Apel, 1922-2017）的哲學核心。

[530]

而費希特在他的體系裡許多所謂的推論，其實根本不是什麼推論。費希特的邏輯和推論，不管是當時或是今天，都讓邏輯學家頭暈目眩。在費希特的〈自然法基礎〉（*Grundlage des Naturrechts, 1796/1797*）中尤其明顯，它寫在《道德學系統》（*System der Sittenlehre*）出版前不久。和康德一樣，費希特把道德和法律區分開來。法律的存在是為了讓每個人都可以既擁有自由而又不損及他人的自由。然而，法律絕不是取決於人們基於內在信念而行善或作惡。法律領域並不是從道德衍生出來的，它的誕生是因為人擁有一具身體，而和其他也有身體的存有者共存。為此，「原權」（Urrecht，自然權或固有權）必須得到保障：對於人身完整性、自我保存和財產權的權利，也就是洛克說過的基本權。侵害原權的人都必須接受強制權（Zwangsrecht）的懲罰。正如從洛克到霍布斯的主流說法，人們為此訂定了契約，限制個人自由以實現上述權利。

到目前為止，都還算中規中矩。然而費希特接著列舉了所謂依據嚴謹的邏輯推論出來的法律規定，卻不由自主地變成了笑話。數以百計的個別規定規範個人的行為，那是由時代精神、偏見、深思熟慮的法律和謬論結合的荒誕大雜燴。從道路建設到健康檢查，民法的任何領域都被規定了。推論的想像天馬行空而漫無邊際。根據「自我」對大自然的支配，推論出狩獵權，規定人有權消滅所有「無用」的動物，比如說麻雀。費希特成為萬事萬物的專家，他規定了婚姻法，規範貿易和企業，還定義了最好的護照剪裁方式。而他也排除女性的選舉權，因為既然女性在生育上是被動的、合意的，那麼她們在政治上也應該如此。這一切都是從「自我」裡合乎邏輯地、必然地推論出來的嗎？費希特自己就是他的主觀觀念論最大的諷刺。可是費希特其實沒有為他的進路設定任何限制，他企圖為整個世界配備種種「必然的」規定。

沒有任何世界的解說員，或許除了阿爾巴尼亞的獨裁者恩維爾．霍查（Enver Hodscha）以外，會如此誤解柏拉圖式的立法者。費希特居然還夢想著三權分立的代議制民主，這更讓人驚訝。但如果哲學家們已經決定了所有細節，不會留下任何問題，那麼還需要人民代表決定什麼呢？萬能哲學的幻想和人民的意志之間完全兜不在一起，而費希特顯然不以為意。作為不知界限為何物的理論家，他對於政治實務本來就很陌生，就像他對經濟學的理解一樣。可是沒什麼能夠阻止他用無數的「演繹」來征服這些領域。

費希特沒有讀過亞當．斯密或任何當時主流經濟學家的著作。儘管如此，他還是規畫了一個「封閉貿易國家」的模型，他的理想是要建造一個福利國家，在那裡，所有人都可以「依靠勞動所得謀生」[194]。這是個值得尊敬又先進的模型。但是費希特接著卻推論出一個「理性」國家，它幾乎放棄與他國的一切貿易往來，所有經濟決策也都要嚴格管制。這種孤立的經濟模型，就像霍查統治

[531]

下的阿爾巴尼亞或是金氏政權下的北韓。他讓保證每個人都有行動自由的國家變成了家父長式的獨裁政體。

費希特過分膨脹的「自我」大到足以容納更多矛盾。在一七八九年到一七九九年間，他在耶拿的課堂講稿引起著名的「無神論論戰」（Atheismusstreit）。費希特和康德一樣，不厭其煩地把神趕出感性世界。基督徒信仰的一切幾乎都是「胡扯」。神唯一的正當性，就是我們的道德行為都必須以祂為前提，才能相信是善的勝利；對於虔誠的基督徒來說，這個假想的神根本令人難以忍受。費希特則是以更強勁的力道反擊。暴跳如雷的大學教師在激烈的衝突中揚言要辭職，他的戲言卻正中校方的下懷。好鬥成性的費希特匆匆爬上十字架，為他自己的大膽主張辯解說：他不是那個意思！他把不信神的人痛斥為「無異於牲畜」[195]。可是為時已晚。他後續的作品都是以私人教師的身分出版，一八〇〇年的《人類之天職》（*Die Bestimmung des Menschen*）對於推廣他的知識學沒有多少幫助。此外，他還想要洗清自己無神論者的嫌疑，因而以一大堆神學煙霧吹捧他的「絕對自我」，使得我們搞不清楚他到底是在談什麼**靈性的東西**或者是**觀念論的起點**。

在一八〇六年的《當代的基礎》（*Die Grundzüge des gegenwärtigen Zeitalters*）中，費希特提出一個目標導向的人類史觀，就像以前的萊辛和赫德一樣。這是一條從天真的非理性經過罪而走到自信的神聖理性之路。遺憾的是，十九世紀初的世界正處於罪惡的淵藪。啟蒙運動摧毀了以往的天真，然而在神聖理性還沒辦法理解費希特的知識學之前，這個時代是無法成熟的。費希特把所有哲學家對手都歸類到「過時的井蛙之見」而只有他揚清激濁，「憤世嫉俗」和「自以為是」這些語詞真的還不足以形容他。

[532]

同時，在費希特的居住地到處可見罪惡的年代，那正是拿破崙的軍隊形象。普魯士被法國打得潰不成軍，柏林也被佔領。歌德和黑格爾尊敬且憧憬的東西，費希特卻是恨之入骨。他對於法國大革命的狂熱已經一去不返。現在對他來說，那是他在《告德意志民族演說》（*Reden an die deutsche Nation*）裡被妖魔化的幢幢黑影。對保守的民族主義者來說，「全民教育」才是通往神聖理性之路。如果說許多人不理解或者抗拒費希特的知識學，那麼這個學說就必須以適當的教育學說傳達給青年人；德國青年要以費希特哲學的本質重新振作。這令我們又想到霍查，他親手為阿爾巴尼亞的學校們編寫課程。出於荒誕的妄想，費希特認為德意志人是被揀選的民族，要「開啟一個新時代，並作為其他民族的領袖和典範」。[196]而他們的優勢就在於德文，因為除了德文之外，有哪個語言適合從事哲學思辨呢？費希特對於杌隉不安的年代裡的「德意志性」（Deutschsein）的痴迷可以說沒有極限。這個狂熱甚至讓他宣稱「德意志性的表現以及擁有品格，無疑是同樣一回事。」[197]

費希特的愛國主義獲得了回報，一八一〇年秋季，柏林大學成立，他被任命為哲學系系主任，不久更升格為校長。但他在一八一二年就因為和學生會陷入激烈衝突而離職。一年後，他申請入伍成為對抗法國的「戰時後備軍人」。費希特的妻子是個護士，她染上傷寒並傳染給了費希特，他隨後於一八一四年一月過世，享年五十一歲。

靈魂世界或者世界靈魂？

- 豐富的遺產
- 自然或即精神
- 陰影下的男人
- 黑格爾的辯證法
- 精神的道路

豐富的遺產

[534] 德國沒有大革命，但有「德國觀念論」和「浪漫主義」。「思考方式的革命」要為政治革命鋪路，必要時甚至取而代之。這些三言兩語描寫的東西，現在的我們根本無法理解。追隨康德的德國哲學家們，要如何才能像費希特一樣登高望遠呢？觀念論要如何才能開花結果，激勵其他思想家打造他們自己眼花瞭亂程度不亞於費希特的思想堡壘？

從哲學的角度來看，以「自我」為起點去解釋萬事萬物的想法，依舊是值得考慮的重要概念。[535] 我們有充分的理由選擇採取和費希特相同的進路，這個進路是以理解自己的意識為起點而不是「物自身」。費希特以這個進路證成了特定類型的思考：關於世界的一切知識，都要透過「關於這個知識的知識」去解釋。而以這種方式（它也是唯一的方式），哲學家才能明白生命是什麼。一百五十年過後，到了二十世紀中期，大部分的德國哲學家都還屬於這個哲學學派，至今仍舊有若干信徒。

不過，我在意識裡找到的一切，都必然歸屬於一個最高原理嗎？人們真的必須主張說這個絕對而純粹的「自我」是個實體，甚或是作為世間裡的神性存有者而存在？再者，想要從這個至高原理犀利地推論出一切（真的是一切），從婦女選舉權身分證格式，會不會太誇張了？費希特甚至想要從「自我」推論出「空氣」和「光」，認為它們是讓我們知覺到其他個體的介質。也就是說，空氣和光「必須」存在，相互主體性才可能成立。如今這種論調幾乎無法說服任何人，它們只是以莫測高深的意義火力掩護的鬼話連篇。

當費希特在種種規定的叢林裡迷失自我的時候，他的故鄉普魯士在世界舞台上還只是個配角。

面對拿破崙的軍隊，它完全無力招架。國家還是落後的君主專制，資產階級菁英屈指可數，柏林也只是個中型城市，人口不超過十五萬，其中還包括兩萬五千名士兵。大學城耶拿居民甚至不到五千人，著名的威瑪也沒有比較大，一位當時的見證人形容它是「死氣沉沉、建設相當貧乏、讓人反感的小鎮。」[198]衛生條件差勁，鄉村小徑通行困難。儘管如此，幾乎所有第一流的德國知識分子都游走在這三地：歌德、席勒、赫德、韋蘭德（Christoph Martin Wieland, 1733-1813）、席列格、諾瓦里斯（Novalis, Georg Philipp Friedrich Freiherr von Hardenberg, 1772-1801）和威廉·提克（Wilhelm Tieck, 1773-1853）等等。其中還有費希特和他兩位偉大的繼任者和對手：謝林和黑格爾。

這種在思想上近親繁殖的氛圍，激勵了作家和行動家在文學和哲學上表現卓越。不過也造成了爭執、嫉妒和荒誕的自命不凡。巴斯卡的羅亞爾港（Port Royal）的微風吹進了普魯士薩克森地區。從法國大革命的動盪時代直至拿破崙的垮台，都在這裡被討論——以及被頌讚。非民族國家的小鎮居民們渴望看見革命發生，同時也批判和拒絕革命。世界秩序看似支離破碎，先驗的（das Transzendentale）世界以及超越的（das Transzendente）世界也是如此。在牛隻牧場和污水池之間，在惡臭狹窄的街道，在燃燒著魚脂肪的油燈散發的光芒中，人們討論著這些問題：什麼是世界邏輯？是什麼樣的作用力在支撐所有的弔詭？在物性和不朽之間，人處在什麼位置？人的精神比較接近希臘或是德意志？新的雅典會建立在柏林的斯普雷河畔（Spree）嗎？唯一可能的絕對真理，到底會在哪一個日耳曼人的腦袋裡想出來呢？就在這種氛圍中，「絕對者」誕生了，它是當時最沛然莫可禦的哲學概念。

一七九八年，德國文化哲學家和作家席列格（Friedrich Schlegel, 1772-1829）在《雅典娜神殿片

[536]

簡》（*Athenäums-Fragment*）第二一六期中寫道：「法國大革命、費希特的知識學，還有歌德大師，是這個時代最重要的趨勢。如果有人會因為這個組合感到冒犯，他就還沒有意識到無聲且非物質的革命的重要性，他也無法前進到人類下一個更高的歷史觀。」[199] 席列格在耶拿的姿態相當高掌遠蹠，以至於把在圖林根上演的事和法國大革命相提並論，認為那是這個「時代」的趨勢。但是與康德不同，一出了日耳曼地區，幾乎沒有人知道費希特是何許人也，如果有的話，也只知道他的政治著作。

就算如此，在十八世紀末，費希特在德國的地位仍像個傳教士，這位康德的改革者也是哲學的偉大改革者，他的知識學也是自我的福音。一七九三年六月和一七九四年五月，他兩度來到杜賓根，在那裡的教會學校有三個神學學生，他們都以各自的方式對費希特著迷不已：賀德林（Friedrich Hölderlin, 1770-1843）和黑格爾在一七九三年就中輟學業，只有年輕的謝林（Friedrich Wilhelm Joseph Schelling, 1775-1854）仍然掙扎於枯燥的課程和守舊陳腐的學校之間。

這位來自符騰堡邦李昂堡（württembergische Leonberg）的神童十五歲就進入杜賓根的教會學校就讀，一開始就便名列前茅。年輕的謝林讀了柏拉圖、萊布尼茲、康德、盧梭、斯賓諾莎和赫德的作品，也和許多同學一樣，相當憧憬法國大革命。當他接觸到費希特（他們也可能有見到面）時，內心激動不已：「哲學，」他寫信給黑格爾說：「還沒有結束。康德提出了結論，但前提是什麼仍不明確……費希特把哲學提高到一個會讓大多數的康德派學者都頭暈目眩的高度。」[200] 這個自信滿滿的青年立刻寫了關於費希特的康德批判的摘述，寄給耶拿的大師們。他的第二本書也接踵而至：《論以自我作為哲學原理或人類知識裡的無條件者》（*Vom Ich als Prinzip der Philosophie oder über das Unbedingte im menschlichen Wissen*）。謝林年僅二十歲，內心也充斥著同樣讓杜賓根教會學校朋友們感動的東西：自由而不是壓迫；追求真正的知識而不是教條；渴慕絕對者而不是具體的基督教的神。在費希特的「自我」裡，謝林再次認知到自己「對自由的追求」。如果一切都在「自我」裡，那麼世俗權威也都是相對的。

不過這個「自我」又在世界的何處呢？在「世界」或者斯賓諾莎所說的「神或即自然」這樣的無條件者，以及費希特的「自我」的無條件者之間，謝林被來回拉扯著。「一即一切」（Ein und Alles）的存在究竟在什麼地方，**在我裡面**或是在**我之外**的某個絕對者那裡？就像許多修道院學校的孩子，謝林受到虔誠的雅可比強烈的影響。雅可比同樣欣賞康德和費希特，但他認為他們的思想體系只是知性可以把握到的東西。可是誰說真理只**在人類的思想裡面**，而不會是在**思考的彼岸**，**在隱約的感知**、**默觀和沉思裡**？真理真的只是沒有矛盾的命題的結論而已嗎？又或者存在於我在大自然裡漫步時的頓悟呢？

謝林提出和雅可比一樣的疑問：把絕對的自我作為最高機關，真的是自由的救恩嗎？又或是個侷限性的詛咒呢？費希特的答案絕對會是前者，而雅可比則會說是後者。因為費希特的「自我」當中沒出任空間給超感官的東西，更不用說是神祕主義式的體驗了。懷抱著這些想法、懷疑和憂慮，謝林於一七九五年在杜賓根參加他的傳教士畢業考，他的下一步不可避免地就是踏進俗世；他如果不想在教堂主持禮拜，而又沒有什麼資源，那唯一的選擇就是當個家教老師。就是盧梭、康德以及謝林的同窗黑格爾和賀德林都走過的路。

[538]

自然或即精神

為了家教的新工作，謝林前往萊比錫。他在擔任瑞德瑟家族（Riedesel）兩個沒有比他年輕幾歲的男爵的老師時，還不忘抽時間到大學上了一些自然科學課程，撰寫書評，修改自己的自然哲學著作。他仍舊在探究實在性的問題：人類的精神和客觀的自然怎麼會如此相稱，而讓我們得以充分掌握自然呢？謝林採取了費希特的假設，認為自然中的一切都是我們意識的產物。但是它並非偶然或恣意的產物，我們的精神把自己和客觀的自然對立（entgegensetzen）起來，正如我們**必須**自己和自己對立一樣。然而，我們怎麼保證對於自然的看法是客觀的而不是妄想？

謝林以讓人嘆為觀止的速度鑽研自然科學，除了大學課程之外，他還瘋狂閱讀所有落入手中的自然歷史、物理學和化學著作。這個二十歲出頭的年輕人，他對於每個枝微末節都感興趣，但不是為了研究而研究。就像費希特把民法和國際法的每個問題都置入知識學，謝林也嘗試要把自然融入其體系。其成果就是一七九七年的《自然哲學觀念》（*Ideen zu einer Philosophie der Natur*）。它引人注目的導論很快就揭開實在論（Realismus）問題的面紗。它說明了一個客觀世界「如何成為對於我們而言真實的，那些系統和現象的關係如何進入我們的精神，它們如何在我們的表象裡獲致我們在思考它們時不可或缺的必然性。」[201] 關鍵就在於，自然和精神以一種奇妙的方式和諧一致：「自然應該是可見的精神，而精神則是不可見的自然。」[202]

這個年輕的哲學家，以光學、電力、磁力、牛頓的引力和斥力、數學、特別是化學，來證實他的理論。就自然科學的角度來說，除了幸運地找出磁力和電力的關聯性之外，他的研究沒有什麼價值。不過，謝林不怎麼關心科學的精確性，而更在意其他比較原則性的東西。在自然的各個角落，他都可以察覺到和人類精神裡一樣相互對抗的力量。人們在精神和物質、「我」與「非我」之間搖擺思考，因為這種對立性是自然的基本法則。就這方面來看，自然的精神和精神的自然是不可分的，它們是二而一的：「不會有客觀存有者，如果沒有一個認識它的精神的話，反之亦然：精神也不會存在，如果沒有一個為它而存在的世界的話。」203

謝林的這個說法讓席列格和諾瓦里斯等浪漫主義者興奮莫名。《自然哲學觀念》才剛出版，這位青年才俊的哲學家就著往他的下一部自然哲學著作：《論世界靈魂》（*Von der Weltseele*）。這次輪到生物學，他的「關於動物生命的理論」。無數的自然學者早就在這個領域深耕，可以想到的就有康德的早期著作、莫佩推、生理學家卡斯柏・吳爾夫（Caspar Friedrich Wolff, 1733-1794）、狄德羅、比豐、瑞士解剖學家馮・哈勒（Albrecht von Haller, 1708-1777）、布魯門巴赫和其他許多學者。謝林研究科學實驗和理論，並且提出「自然的第一力量」，在無止盡的相互作用當中的生命動力就是源自於它。其他專家們以前就強調過相同的概念，談到生命力或生長本能之類的東西；它是生物學的基本能量，人們只能假定它的存在，卻無法證明它。

謝林同樣沒有提出任何證據。相反地，他更認為生命力充斥在宇宙當中，是由「兩極性」（Polarität）的「世界法則」建構起來的。它從無生命的自然被置入到有生命的自然。整個世界就是個「普遍生命體」（allgemeiner Organismus）204。謝林把這個生命體稱為「世界靈魂」（Weltseele），以影射柏拉圖的《蒂邁歐篇》（*Timaios*）。在十九世紀之交，在德國浪漫主義的時代裡，「世界靈魂」這個美麗的語詞還未喪失它的魔力。席列格兄弟以及詩人諾瓦里斯再次感到震

[540]

[541] 撼。這本書不可思議地成功，連偉大的歌德也心醉神馳，對於當時的「神祕學」風潮而言，謝林在無意間成了最重要的偶像。它為自然學者提供了上層結構，讓詩人靈感泉湧，並且激勵了各式各樣的知識份子。在十九世紀初期，幾乎整個德國生物學界都受到謝林的強烈影響。自然學者和他一樣，相信有個最高的世界法則，它建構了有生命和無生命的一切。這個世界法則「自身」卻不在自然當中，而是開顯在人類的精神裡（它是自然發展的極致）。

謝林就是新的斯賓諾莎嗎？兩者的一致性相當顯著。因為精神和物質只是同一個「實體」的不同形式，這是這兩位重要的一元論哲學家的思想根基。他們也都認為人類理性和自然律完全一致。然而，儘管謝林身邊的每個人都興奮至極，他卻馬不停蹄地推進他的思索。在他出版的下一本著作裡，他又修改了這個體系。二十三歲的他在費希特和歌德的積極協助下獲聘為耶拿大學教授。他在那裡寫下《自然哲學體系初稿》（*Ersten Entwurf eines Systems der Naturphilosophie*）。謝林越是深入探究自然科學世界，越是承認大自然的固有權利。化學、物理和生物學是否真的可以整合在一個完全由人類意識推論出來的體系裡？謝林對這個問題的懷疑與日俱增，這也讓他的導師費希特相當不悅。到目前為止，他都很高興這位年輕的同事以他為榜樣，把自然整合在一個先驗體系之下。然而謝林在耶拿大學的講演錄卻和費希特分道揚鑣。這時候的他承認兩個**平等**的體系：先驗哲學和自然哲學。這兩門學科應該要澈底區分開來。

[542] 可是不久之後，這個哲學二分法又被扔進垃圾桶。當費希特因為「無神論論戰」而遭人譏議而從耶拿搬到柏林，謝林開始了他至今為止最包羅萬象的哲學計畫：《先驗觀念論體系》（*System des transzendentalen Idealismus*）。這本書於一八〇〇年問世時，謝林已經和費希特齊名，而且他們

的共同點仍舊不勝枚舉。可是年長的大師無法規避謝林成為他的勁敵的事實。

就像他最早的研究一樣，他再次把自然哲學擺在先驗哲學底下。截至目前為止，都和費希特一致。但是謝林賦予自然哲學更大的空間。他把「真理」定義為主觀事物和客觀事物的一致。對他而言，兩者之間是**雙向道**，從主觀到客觀，或從客觀到主觀，而後者顯然完全背棄了費希特的思想體系。另外，謝林為費希特的「絕對自我」加上一個**生物和史學意義下的演化史**。而我們作為絕對的自我意識、洞察自然的「自我」，並非一開始就存在於世界。相反地，它是三個演化「時期」的結果。意識從原始的「感覺」，演化為「生產的直觀」，接著又演變成「反思」（Reflexion）。在第三個時期，反思演化成行動，也就是自由的意志行為。這種意識的漸次開展的終點，是以「智性直觀」（intellektuelle Anschauung）獲得全部的知識。無意識的生命體，「自然」，經過無數次失敗嘗試之後，創造出一個生命，而這個生命讓自然成為「自身完整的客體」並且可以被理解。把意識世界中區分為「我」和「非我」、主體和客體的那個**絕對者**，會被我完全認識，而它也會回到自身，成為「一即一切」。這個過程的終點就是「和解」（Versöhnung），它和神的統治是同義的。

自然打開了人類的雙眼，讓他們意識到自然就在那裡。儘管謝林從未這麼說，他卻一再重申那是其自然哲學的核心。截至目前為止，都是充滿激情而易懂的。不過，「絕對」到底是什麼？他的下一本書揭曉了問題的答案：《我的哲學體系的論述》（*Darstellung meines Systems der Philosophie, 1801*）。這本書完全是為了「絕對者」而寫，在其中，謝林相當篤定且輕率地認定「絕對者」的存在。如果有人想要理解「絕對者」，就必須拋開所有思考的矛盾和自然的矛盾。在事物本質不斷還原（Reduktion）的盡頭，就看到了謝林所謂的「絕對同一性」（die absolute Identität），它是精神

[543]

和自然、主觀事物和客觀事物的輻輳點。對於斯賓諾莎而言，對於「絕對者」的觀照是他的倫理學的最終目標：思考中的人們要擺脫世界的種種矛盾。然而，謝林卻反其道而行，他以絕對者作為自己哲學的開端。它就是知識論的基礎！「絕對者」是存在的，而且它超越一切，甚至凌駕於我或者世界之上。

身處柏林的費希特對此感到無比失望。費希特很清楚謝林的《我的哲學體系的論述》要說的是什麼。雅可比不是指責過費希特說他的知識學固然使人自由，卻也使世界陷入空虛嗎？現在謝林提出一個全新的解答：「自我」並不只是意識的宇宙，也是絕對者所管轄的宇宙的一部分。無限制者（das Unbeschränkte）凌駕一切人類的侷限性之上。斯賓諾莎的精神取代了費希特的觀念論。而費希特純粹主觀設想的知識學，變成了一種充滿宗教意味的精神和自然的**同一性哲學**（Identitätsphilosophie）。

眼看他最才華洋溢的追隨者和他漸行漸遠，費希特趕緊給謝林寫信。可是在思想的穹蒼上，年輕的新星卻任由年邁的恆星熄滅。在謝林眼裡，費希特引以為傲的知識學坍縮成一個「反思體系」。而他自己的哲學則是「更客觀」，因為是它把精神世界錨定在自然世界裡，反之亦然：自然也存在於人的精神之中。世界的任何角落裡，不論是思維或者存有，謝林認為都具有相同的理性結構。

費希特感覺自己被嚴重冒犯（他的自尊心至少和他的「自我」一般大）。自一八〇二年起，兩個哲學家就割席絕交。費希特的重要性隨著出走到柏林而削減，謝林成了新的哲學皇帝，但是他終究是在位短暫的攝政王。在這位年輕英才的下風處，潛伏著一個巨人，他氣勢雄偉的哲學很快就會

[544]

把謝林遠遠拋在身後……

陰影下的男人

謝林有什麼成就呢？他賦予自然和人類精神相等價值，把費希特的哲學相對化了。費希特認為自然只是人類感受的結果，這個定義無疑太過狹窄。反之，謝林認為自然和人類精神都是由同一個智性的精神賦予生命，而這個高於一切存在的精神就是「絕對者」。謝林在德國對於自然科學的影響力是筆墨難以形容。他的許多學生和追隨者都成了自然科學家和自然哲學家。他們也都認為關於自然的智性精神結構的知識和方法以及實驗可以並駕齊驅，甚至在它們之上。幸災樂禍地說，謝林使德國的自然研究退到培根和伽利略之前，讓法國人和英國人佔有更大的舞台。而友善一點地說，我們不妨把謝林視為一個聰明的提醒者，他提醒各種精確科學說，它們所謂的客觀知識有多麼依賴人類的思維。

他的如意算盤肯定不僅止於此——最少要有一套完整的世界解釋！然而，他如日中天的盛名巔峰卻也是個急轉直下的轉折點。仰之彌高的明星迅速沉淪。一八〇三年，謝林和奧古斯特．席列格（August Wilhelm Schlegel）的前妻結婚，比他大十二歲的卡洛琳（Caroline Schlegel, 1763-1809）。六年後，她的離世使他陷入深不見底而漫長的危機。他在一八〇三年和浪漫主義主流派的論爭使得他離開耶拿到了符茲堡（Würzburg），不久後又搬到慕尼黑。他一路走來的人生宛若天才西洋棋手的一生，例如拉脫維亞的米哈伊爾．塔爾（Michail Tal, 1936-1992）或美國的鮑比．菲舍爾（Bobby Fischer, 1943-2008），他們的整個聲望名氣都在三十歲以前成就極致，儘管他們繼續追求自己的夢想。謝林關於人類自由及歷史的作品再也不若早期著作那麼舉足輕重。愁雲慘霧籠罩著他的作品。「人類可以認識絕對者」，這個年輕時的樂觀主義已經消失得無影無蹤。世界的始基（Urgrund）不僅有規律而理性，同時也是不規則而混亂的。而在一個惡比神本身更強大的世界裡，那點永遠沒辦法完全克服，只能憑著對神的愛多過於恣意而刻意否認它。

謝林對斯威登堡懷抱熱烈興趣，那個以前康德和他的理性哲學要反對的人。他墮入神學的深淵以及啟示錄和各民族神話的祕境。他在埃朗根待了一陣子，又回到慕尼黑，並且在六十七歲時到柏林。在這段期間變得非常虔誠的謝林，他的任務是要平息革命情緒高漲的學生。但是四年過後，這位老先生便撒手放棄。他於一八五四年（達爾文演化論問世的五年前）在瑞士巴特拉加茨（Bad Ragaz）逝世，年紀較大的或許還會緬懷他，對於年輕一代的哲學家來說，他則是個幾乎被遺忘的人。

有個男人，不像他的同窗好友謝林那樣少年得志，卻成為哲學界的新星。這個人就是黑格爾（Georg Wilhelm Friedrich, 1770-1831）。他出身斯圖加特的一個敬虔派（pietism）家庭，父親是一個公爵的帳房。他和賀德林、謝林是杜賓根教會學校的同學。他在一七九〇年拿到哲學碩士，並於三年後取得神學碩士學位。

黑格爾也在教會學校裡就對於正統神職人員感到厭惡。他和謝林一樣汲取一切用以反駁保守派神學家的事物。他和幾個同學都對於法國大革命懷抱熱情，尤其心儀盧梭，特別是《愛彌兒》。唯有以「心中的正直」感受到的事物才會是真理，這點在他看來真是至理名言。神學院的僵化規定並不在那些事物之列，盧梭對信仰的虔誠無關乎信理和誡命，這樣的信仰為黑格爾的想像力提供了他所渴望的避難所。康德談到「看不見的教會」、並且把看得見的教會批評得體無完膚時，就是從那得到靈感的。黑格爾遇見康德的時候，似乎找到了另一個對抗正統派的老師的精神盟友。當他讀到海因利希・保羅（Heinrich Eberhard Gottlob Paulus, 1761-1851）的報刊《大事記》（*Memorabilien*）時，全身燃起鬥志，這個新教神學家為基督教信仰清除了不符合其道德核心的種種。黑格爾和謝林都認為，這個核心就是康德的理性道德（Vernunftmoral）。謝林並在黑格爾的讚美下主張說：如果耶穌的用語和比喻和康德不一樣，那只是因為他要應付的是一群沒有受教育的聽眾……。

在狂熱的康德主義者迪茲（Immanuel Carl Diez, 1766-1796）那裡，兩人找到對抗神學院教義的額外彈藥。身為杜賓根教會學校的年輕講師，他漸漸明目張膽地認為基督教是一場騙局，耶穌是騙子。正如康德一樣，他只保留一個東西，那就是我們設想神的存在是為了證明行善是正確的事。

然而，運用修辭技巧徹底殲滅基督教，這麼做不僅讓黑格爾悄悄戰勝他那些虔誠的老師，更留下一處空白！無疑的，這個神學學生渴望自由，可是在擺脫了所有錯覺後，他卻感覺自己腳下的地面在搖晃。如果聖經批判和康德主義除魅了一切，那麼還有**世界的統一性**嗎？當「心中的正直」感覺到這個統一存在於某個地方時，它究竟是不是在騙人？為了真正地使精神得到**自由**，難道不需要有個整體的基底，也就是某種確定的新事物嗎？

焦躁又不滿的黑格爾於一七九三年為了擔任家教而搬到伯恩，雇主大量的私人藏書對他的求知欲來說是取之不盡、用之不竭的資源。他閱讀的作者包含馬基維利、霍布斯、格老秀斯、洛克、斯賓諾莎、萊布尼茲、休姆、孟德斯鳩和伏爾泰。宗教批判者萊辛和夏夫茲貝里，則是在杜賓根就連

[547]

同盧梭和康德一起詳讀過了。

賀德林介紹一個在法蘭克福的家教職位給他，黑格爾終於可以再次潛心於思想交流。他花費大量時間閱讀，研究英國經濟學家和歷史學家，並且閱讀英文報紙。但是，法蘭克福之所以成為他的轉捩點，卻是由於其他因素。賀德林於一七九四年在耶拿聽了第一年任職的費希特的講演課！而正如他的友人作家辛克萊（Isaac von Sinclair, 1775-1815），他也反對激進的主體哲學！在他的短篇作品《判斷與存在》（*Urteil und Sein*）裡，賀德林說費希特的「絕對自我」是個幻想。每個「自我」的觀念都只有當我把這個作為主體的「自我」從客體區分開來時才會形成。但是正因為這樣，它永遠是相對的而絕非「絕對的」——意即脫離所有關係。

在從自己朋友的批判性文字認識費希特時，黑格爾的精神立即被點燃。他的思考朝著新方向推進，費希特哲學範圍以外的某個地方。使自我和世界、主體和客體「合而為一」的那個點，也必定存在於某處。一九一三年出現在一場拍賣會上的《德國觀念論最古老的體系綱領》（*Das älteste Systemprogramm des deutschen Idealismus*）那篇著名的文章是黑格爾寫的嗎？如果屬實，那麼早在一七九七年，他就提到一個有創造性的自我的「綱領」，這個自我出於自我意識而和自然對立。然而，這個自我卻不像費希特認為的那麼絕對的，而是和自然一樣源自「虛無」。他著眼於自我和世界的偉大統一，反對經驗的自然科學而偏好思辨性的自然哲學。就連康德區分理論理性和實踐理性的作法，他也和費希特一樣不以為然。他要反抗任何限縮自由的事物。國家是一部應該消失殆盡的「機器」；沉溺在自身的「迷信」裡的「神職」則是下一個。「神和永生」存於每個自由的人心裡。所需要的是作為「所有理念的完整體系」的倫理，人類、神、自由和永生都屬於那些理念，所

[548]

有理念都被統一在「美的理念」裡。因為，他要追求的是以老嫗能解的方式把理性感性化的「新神話」。它要完全取代基督教，「新神話」要讓思想和信仰產生革命，並且開闢一條通往真善美的合乎時代的道路。

好大的口氣呀！然而和謝林不同的是，黑格爾很快就放棄了這個「新神話」。他的友人和浪漫主義者寄予厚望的美和藝術，對他來說卻迅速失去重要性。父親的去世和一筆微薄的遺產，讓他得以在一八〇一年前到耶拿找謝林，並且寫了《費希特和謝林哲學體系的差異》（*Differenz des Fichte'schen und Schelling'schen Systems der Philosophie*），袒護謝林而反對費希特。黑格爾和他的年輕天才朋友更共同發行《哲學批判期刊》（*Kritische Journal der Philosophie*），不過沒多久就撐不下去。他還因為謝林自然哲學的啟發，而成為在大學教授行星運動的兼任講師，被當作一則軼聞而載入歷史，因為黑格爾其實對於天文學一竅不通。

就連在耶拿的學生之間，他也並不特別獲得好評。只有十一個年輕人誤打誤撞地上了他的第一堂邏輯和形上學的課。黑格爾讀過的典籍汗牛充棟，現在也照樣大量閱讀。他埋首研讀所有想得到的知識領域，從古代史到數學、直到當時的自然科學。然而，身為講師並自一八〇五年起擔任教授的他，對許多人來說卻一直印象模糊而難以捉摸。黑格爾的哲學核心是什麼？這位博古通今的學者有什麼自己的見解？他的學生推測他正在撰寫一部大作，並期待是什麼教科書之類的。但黑格爾心裡盤算的卻是其他更大的計畫。

[549]

如果說，謝林試著以晦澀難懂的方式把雅可比認為在人類理智以外的事物（無條件的絕對者）嵌入他的哲學裡，那麼黑格爾就是想要完成這個工作。**存在**（事物的實體性）和**意識**（事物以主觀方式對我們顯現），兩者應該是**一致的**。對黑格爾而言，哲學要到達真理，就要證明我們意識掌握的也是事物的客觀存在，**也就是我們對事物的觀念和這些事物的原本存在融為一體**。謝林用長篇大論說明他打算如何為先驗哲學和自然哲學找到公分母，但是因為他的「絕對者」是無法想像的東西，因而沒辦法創建令人信服的體系。而黑格爾則是打算以新的體系和思考來消除這個不明確性。

黑格爾的辯證法

該部作品在具有世界歷史意義的一刻於耶拿問世。一八〇六年十月八日和十日，黑格爾把最後的手稿寄給班堡（Bamberg）的出版商，預計尚有最後一次寄送。十月十三日上午，正如黑格爾在那天的信裡所寫的，法國軍隊的神槍手「法國狙擊兵」進入耶拿，「而一個小時之後則是正規部隊；這個小時令人惶惶不安，特別是因為人民不清楚，依照法國皇帝的旨意，任何人皆有反抗這些輕型部隊的權利……。我見到皇帝，這個世界靈魂（diese Weltseele），騎在馬背上巡城；目睹這個人真是絕妙的感受，他全神貫注地騎在馬上，席捲整個世界並且掌控它。」[205]

自己的大作才剛剛大功告成，黑格爾就看到拿破崙並且深受感動。後來的傳聞變成了黑格爾宣稱在拿破崙身上看見「馬背上的世界精神」（Weltgeist zu Pferde）。事實上，他對謝林提到的是「世界靈魂」。隔天，凱旋的法國人闖入他的寓所大肆破壞，即便他試圖用好酒安撫他們。儘管如此，作品的最後幾頁還是在十月二十日從耶拿寄達班堡而沒有受到戰亂的摧殘。

在這本書出版之前，黑格爾便和他的情人以及私生子於一八〇七年二月逃到班堡。他的公寓被佔用。而在席勒、謝林、提克和席列格一家人倉皇逃走之後，耶拿瞬間變成思想荒原。黑格爾在

《班堡日報》（*Bamberger Zeitung*）找到差事。那是一段持續了一年半了無成果的插曲。他講話和寫作速度緩慢且拖泥帶水，是個既仔細又囉嗦的人。可想而知，這個充滿思想的哲學巨擘一定不喜歡報紙編輯部的工作。黑格爾所謂的「報紙奴工船」❶和那本在這個時期出版的書，兩者形成多麼強烈的對比呀！該書名為《精神現象學》（*Phänomenologie des Geistes*），儘管規模不小，原本卻只是《知識體系》（*System der Wissenschaft*）的作品導論；該作是個浩大工程，分成「邏輯」、「形上學」和「自然哲學」三大部。

僅僅所謂的「導論」就已經是哲學的龐大作品之一了。黑格爾笨拙的語言是其中並非無足輕重的因素。如果說，康德冗長的拉丁教學語法引起當時人們的反感，在讀謝林時則必須在不足和過度的理性中間尋找作者詩意說法的意圖，那麼閱讀黑格爾就是難上好幾倍！

我們試著了解黑格爾的起點。康德把形上學這個感官無法認識卻依然真實的世界限縮到最低限度。如同謝林，黑格爾也想要重新擴大形上學的範圍，他想要鼓舞人們以思考探究世界全體，而不僅僅是康德留下來的小角落。因為我們的**理性**（在這點上，謝林和黑格爾的看法則和柳利以及庫薩努斯一致）比我們的**知性**知道得更多，它不只能像康德所說的構想出「規制性理念」，更因為它**超越知性**而可以認識世界。在哲學史上，謝林和黑格爾因此被歸類為新的「神祕主義者」。但是和謝林相反的是，黑格爾還想另外用知性的燈籠照亮神祕主義的道路。因為就連**思辨**（Spekulation）這種「非理性的」探索之旅也都有其邏輯。

[551]

❶「Zeitungs-Galeere」直譯「報紙槳帆船」，槳帆船為中世紀及近代以人力划船來作為主要動力的船種，船上人力通常來自被奴役的罪犯和奴隸。

謝林在宣告存在著無法以理性證明的真理時，就引用了「智性直觀」（Intellektuelle Anschauung）為證。但那是什麼東西？對黑格爾來說，那只是「單純反思的暗夜」，神祕主義式的喃喃自語，不配稱為真正的哲學。即使超越知性的界限，哲學家仍然必須用理性的方法捕捉這種「超越」並且證明它。哲學思辨可以是天馬行空的，卻必須始終合乎邏輯。這個計畫使得黑格爾有別於謝林，並且讓昔日好友瞠乎其後而很不是滋味。

黑格爾是怎麼想到他那超越知性的邏輯的？事實上其來有自，特別是在賀德林的哲學思考裡。他和盧梭以及夏夫茲貝里一樣，認為「愛」是人與人之間最重要的紐帶。然而愛是極其複雜且矛盾的形象，它是由自我性（Selbstheit）和奉獻（Hingabe）構成的。唯有和另一個人交融，我才能以最高的角度經驗我自己。沒有對立（Eentgegensetzung）就不會有團結（Vereinigung），而沒有團結的願望，就不存在對立。如前所述，對賀德林來說，這個存在的遊戲沒辦法以費希特的「自我」為起點去解釋。它更加深沉，屬於我的自我之外的某個領域。

黑格爾為此深深著迷。是愛向我們證明存在著一個超越費希特的「自我」的世界嗎？無獨有偶的，年輕時的斯賓諾莎也認為愛是融合自我和世界的關鍵。然而，隨著思考的時間越長，黑格爾也就漸漸偏離了愛，和賀德林以及自己青年時代的夢想決裂。反之，他轉而專注於「生命」。生命不就是關於存有的**辯證**（Dialektik）的有力例證嗎？生命僅以有生命的主體形式存在：個別的植物、動物以及人類。「生命」也不只是活著的生物的總和，更是使生物存活的根本原因。然而眾生終有一死，就這點而言，它們便包含了生命的**規定性的否定**（bestimmte Negation）。因此，「生命」指的是生物和它的對立面，以及生命的全體脈絡。生命在生物裡是和自身既同一（identisch）又不

同一（nicht-identisch），而這正是構成生命全體的要素。 [553]

從邏輯的角度來看，全體分為三個步驟。有個生命（命題）在生物之內（因為生物包含著死亡而）被否定（反命題）；儘管如此，生命終究還是被包含在生物之內，也就是規定性的否定。從生物裡的生命及其否定，產生了作為真理的「生命」的全體脈絡。命題和反命題整合成更高的綜合命題，並於其中「被揚棄」（aufgehoben）。會聯想到基督教三分法和全體的三位一體以及神性真理的啟示的人，並不是什麼惡棍。正如中世紀許多明智的思想家，黑格爾這個考試及格的神學家認為基督教是哲學真理的象徵性外衣，這個哲學真理（如果我們把基督教自己的思想方法用在它身上）會以規定性的否定繼續存在於它裡面。

黑格爾憑著他在《邏輯學》（*Wissenschaft der Logik*, 1812/13）體系化的「辯證法」，構想出以合乎邏輯的方式為世界分門別類的思考方法。在《精神現象學》裡，黑格爾把對於「生命」概念的證明應用到「精神」上。該書探討精神如何意識到自己是精神——但不只是（如費希特主張的）自我意識，更是精神和存有的同一！因為他和謝林一樣，都認為有個在我們意識之外、卻仍然可以因為超越知性而認識到它的存有。而如同昔日好友，黑格爾也把這種存有稱為「絕對者」。只是他不很喜歡謝林的「絕對者」，他在前言裡嘲笑它是「黑夜，就像人們通常所說的一切牛在黑夜裡都是黑的那個黑夜一樣，……是知識空虛的一種幼稚表現」。[206] ❷

謝林的絕對者作為沖漠無朕的「一」而凌駕於萬物之上，而不僅僅是其部分的總和。反之，黑

❷ 引文中譯見：《精神現象學》上卷，頁10，賀麟、王玖興譯，商務印書館，1981。

格爾則應用他的辯證法思考方法：「絕對者」只有在涵攝一切時才是絕對的，但是涵攝一切的意思是，既是獨立的「一」，也是其各部分的總和。因為否則總是會有可以用來和絕對者對立的東西，它不是絕對者，或者不是一，或者不是多。可是如此便牴觸了涵攝一切的絕對性（Absolutheit）的理念。因此，如黑格爾所見，絕對者是個弔詭，它是個具體的統一體，既是一又是多。正如黑格爾早就寫過的，它是「同一和非同一的同一」（Identität der Identität und Nichtidentität）。[207]

精神的道路

黑格爾對於「絕對者」的定義比謝林精確得多，即使沒辦法一下子就明白。因為「絕對者」沒辦法被想像，只能靠邏輯思維加以思索。可是要怎麼辦得到呢？唯有真實知道的事物，我們才可以承認它是科學，黑格爾很清楚康德的告誡也認真看待，想要進入「真理的青天」的人就必須避開「錯誤的烏雲」。[208]❸但是對他來說，康德的形上學界限太狹窄了。如果說康德批評形上學家「太獨斷了」，那麼黑格爾也會如是指控康德。任何像康德那樣質疑形上學的人，都會認為精神是用以理解絕對者的工具。大家都知道，該工具到頭來還是不足以超越意識而得到絕對的真理。黑格爾把他的**內在批評**（immanente Kritik）炮口轉向這點。把精神和絕對者**對立起來**是正確的嗎？意識和世界究竟是不是兩個分開的世界，如同自笛卡兒以來許多人似乎都相信的？**精神只是個工具而已嗎**？我們對於精神能力的不信任又是打哪裡來的？我們不必懷疑這種不信任嗎？因為「害怕犯錯誤的顧

❸引文中譯見：《精神現象學》上卷，頁51。

慮本身不已經就是一種錯誤」？[209][4]

康德的「上層認知能力」（obere Erkenntnisvermögen）、「知性」（Verstand）、「判斷力」（Urteilskraft）和「理性」（Vernunft）並沒有悠久的傳統和歷史。它們只是為了窮本溯源地理解世界。笛卡兒的主張便已無二致。相較之下，黑格爾則和謝林一致認為，精神經歷一段從遲鈍的無知到「感覺確定性」、最後到「絕對知識」的漫長旅程；而這個過程既發生在自然以及人類歷史的世界舞台上，也在每個人努力從直接精神走向絕對精神的「漫長道路」上。

這個歷程是如何進行的？它是否在於我們的意識會認識到越來越多的世界「自身」？當然不是，因為這麼想就會退到康德以前；反之，黑格爾現在把他的基本方法應用在意識上。我們所知道的一切，都是我們在我們的意識裡知道的，就算我們作為自我而有別於世界，那也發生**在我們的意識裡面**。儘管我們主張說，只有不受我們的意識影響而有效的事物為真。但是就連這個命題都是我們在自身的意識裡做出來的。也就是說，我們的意識並不是和世界**對立**，它其實是**由意識和與之對立的世界組成的全面統一體**；用黑格爾的話說，它是「同一和非同一的同一」。而這就意味著：我的意識之外不存在任何真理。黑格爾在這方面跟隨費希特的足跡。以前的人認為精神工具不足以發掘真理寶藏，現在這個觀念已經失去它的意義。精神**不是工具**，用現代的語言來說，它其實是一切事物（因而包括所有真理）都在其中向我們顯現的那個**母體**（matrix）。

所有真理因此都在我們的意識裡，我們只要去發掘並且意識到它就行了。對黑格爾來說，這個

[555]

❹ 引文中譯見：《精神現象學》上卷，頁52。

過程是一長串的辯證法工夫，我們對世界的認知逐步透過規定性的否定而產生。**主奴辯證**（Dialektik von Herrschaft und Knechtschaft）是個著名的比喻。主人強迫奴僕工作並因此漸漸依賴其勞動力，僕人勞動並且改變事物，他在過程中意識到自己的創造力，也就是他身為形塑者的自由。這個比喻經過多次詮釋，特別是被馬克思（1818-1883）當作他的階級鬥爭理論的典範。（我們會在卷三回頭探討。）然而黑格爾的用意卻完全不一樣。我們的精神（主人）必須以奴僕的形態窮究世界上的事物和人類。這個持續的埋頭苦思人在思考當中對立起來的事物，是一件苦差事。其中有很多不順從的情況。但僕人唯有為了事物和人類費盡心力，他才可以塑造他的世界並且獲得自由，他經驗到自己是他的精神世界的創造者，他不僅僅是思考對象的思考者，更是自身自由的根源。所以重點來了：為了回到自我，精神必須對世界竭盡心力，因為如果沒有這個努力，它便始終無法認識自我。正因為我們的意識「不快樂」，它才能獲致「理性」的層次，也就是意識和自我意識一致並且形成統一體的那個狀態。

然而，人類的精神卻不僅止於獲得理性的意識。因為不同於康德，黑格爾認為我們的意識以理性認識的事物也是**唯一的**現實。也就是說，「精神」一詞不僅包含**我的**精神，更包含**真實存在於**我的周遭世界裡的事物。只不過，存在的意思卻不是指鬼魂或聖靈的活動，真正存在的精神是所有意識內容的總和。在這個意義下，黑格爾可以說：「精神乃是一個民族的**倫理**生活。」也就是思考、行為、實施、履踐的成果以及認為正確的事物的總和。一言以蔽之：黑格爾的「精神」同時是我生

[556]

[557]

活於其中的**文化**。「意識的種種形態」是「一個世界的種種形態」。[5] 210

因為黑格爾認為精神是客觀又真實的，所以他也可以書寫其歷史。如同謝林，他也設計了精神逐步回到自我的模式。但是謝林是在概述精神的**自然史**，黑格爾卻是在勾勒一段**文化史**。意識歷史和現實的歷史無法分割，它們是一種「**思維**與**存在**的**統一**」[6]，並且共同構成「絕對精神的墓地」。[7]

這條漫漫長路的起點是古希臘時期，黑格爾依照當時略嫌庸俗的古代崇拜，把它和「倫理生活」畫上等號；然而，這種倫理生活卻蘊含了黑格爾在希臘悲劇裡讀到的內在矛盾，尤其是索福克勒斯（Sophokles）的《安蒂岡妮》（*Antigone*）。希臘人的倫理為了更加穩定性而合乎邏輯地過渡到羅馬法。但是一旦成了律法，倫理的東西便不再是倫理了，它和自己**異化**（entfremdet）。在希臘文化裡中被統一的世界，現在分裂成具體和抽象、感性和知性、此岸世界和彼岸世界的對立。

於是，世界被撕裂，而人類也被異化。可是這個情形也會繼續演進。黑格爾認為他的時代是「教養」（Bildung）的時代。當前的人類必須自我教育並且以啟蒙破除迷信。這個歷程少不了強烈的震撼。法國大革命歷歷在目，黑格爾刻劃了「絕對自由」的「恐怖」。然而這個過渡狀態也同樣會被超越。人類的戲劇、精神的自我發展以及自我解放的盡頭，就是「和解」（Versöhnung），「絕對知識」的時代就要來臨，而且為期不遠……

[5] 引文中譯見：《精神現象學》下卷，頁4。
[6] 引文中譯見：《精神現象學》下卷，頁269。
[7] 引文中譯見：《精神現象學》下卷，頁275。

真是個眼花瞭亂的畫面呀！在世界舞台上，精神在一場艱辛的角力當中回到自身，並在絕對知識裡盛大地達陣，這就是作為自我開顯的歷史！黑格爾的作品是費希特的意識哲學、沒有神的神學以及充滿激情的時代診斷的誇大混合體！而且我們還會看到它對於西方文明的歷史影響相當巨大。儘管如此，要有把握地辨明「真正的」黑格爾，一直不是容易的事。因為他的創作本身就是一場持續不斷的角力。如果說康德讀起來像是一部完成的法律條文，那麼黑格爾的哲學就是動態的大步向前邁進，是在抗議和反抗議的叢林裡徘徊。

然而下一本書，上下兩冊的《邏輯學》就偏離了《精神現象學》裡草擬的理想軌跡。黑格爾在紐倫堡（Nürnberg）擔任中學校長期間寫了《邏輯學》，他從一八〇八年秋天到一八一六年都住在那裡。而這部作品取代了《精神現象學》成為作品全集的新的導論。但是在我們更詳細地打量黑格爾其後的體系以前，先來看看一個角色，黑格爾在《精神現象學》裡就打算思考至今的哲學史一直忽視的現象：藝術！因為對黑格爾而言，藝術是一種**知識的中介**；那是以前的歷史裡幾乎沒有人相信它能勝任的角色……

[558]

美的存有和顯象

・仲夏
・真理的顯象
・規則或品味？
・「美學」的發明
・審美判斷
・藝術的真理

仲夏

[559] 「何謂一年？——不過就是三百六十五天。」一七九八年，這個年輕的教授無暇寫信。自從謝林來到德勒斯登（Dresden），便感覺到自己身處於瘋狂的仲夏，身邊簇擁著浪漫主義早期熠熠明星，例如席列格兄弟，以及他未來的妻子卡洛琳。謝林的朋友，自然哲學家海因利希·史蒂芬斯（Henrich Stefens, 1773-1845）也在那裡，後來改姓瓦恩哈根（Varnhagen）的柏林沙龍女士拉荷爾·列文（Rahel Levin, 1771-1833）也一樣。粉彩畫家朵拉·斯托克（Dora Stock, 1759-1832）任職 [560] 於德勒斯登畫廊，而就連諾瓦里斯和費希特也會順道拜訪。整整六個禮拜的時間，他們每天上午都在畫廊裡拉斐爾（Raffael）的《西斯廷聖母》（*Sixtinische Madonna*）等畫作前碰面，並且對於藝術放言高論。奧古斯特·席列格把這些對話都記錄他的《論繪畫》（*Die Gemälde*）。對話者的目光游移到易北河的彼岸，在那自身就是一幅畫的情景裡：「我想，我們就在此地安頓下來，再也找不到更舒適而優雅的所在了。在我們眼前有平靜流淌的河水；彼岸隆起的平原在青翠河岸後面宛若柔和的波浪；底下的河面倒映著城市和聖母堂的圓頂；上頭的葡萄藤丘陵貼著曲線而綿延不絕，點綴著一間間鄉村小屋，上頭還覆蓋著針葉樹林。」[211]

謝林相當懷念他在德勒斯登那幾個禮拜的時光。和他人共享的仲夏藝術狂熱在他的《先驗觀念論體系》裡第一次得到體現，因為該書的結尾出人意料地談到藝術哲學。謝林賦予藝術在他的體系裡的一個要角。

為此，讓我們再來看看謝林的核心思想。有別於費希特，謝林認為自然擁有自己的權利，它並非單純的意識材料。反之，他把人類稱為「主觀存有」，而自然則是「客觀存有」，兩種存有形式都錨定在「絕對存有」這個世界基礎上。主觀者與客觀者在這裡統一起來，精神和自然為一體。然而，自然史的歷程卻把精神和自然分開，即便預定的目標是在自我認識的行動裡再度使它們合而為一。最後，人類的精神洞察了自己的本質，並使自己意識到絕對者。在這個意義下，謝林於他的《先驗觀念論體系》裡寫道：「自然只有通過最高和最後的反映，才達到完全變其自身為客體的最高目標，這種反映不是別的，而就是人，或者說得更概括一點，就是我們稱之為理性的東西，通過理性自然才破天荒第一次完全回復到自身，從而表明自然同我們之內認作是理智與意識的東西本來就是同一的。」212❶

現在人們會以為，這個成為自我意識的歷程是透過人類的哲學反思才發生的。例如像謝林這樣的人，以「智性直觀」和「天才直覺」獲取他的知識。但是再怎麼驕傲而自負，謝林似乎也質疑哲學性的認知究竟是不是通往絕對者的康莊大道。自從在德勒斯登的經歷，他承認了藝術的崇高價值。畫家或詩人難道不也認識到絕對者嗎？他們在自己的創作裡難道沒有隱約感覺到它嗎？就算藝術家不是哲學意義下的認知者，他們卻像謝林所寫的「以其本能」（instinktmäßig）掌握真理。這個語詞在當時主要是因為萊瑪魯斯關於動物能力的研究才為人所知的。謝林把它用在藝術家的無意識靈感上，他們（幾乎渾然不覺地）成為在主觀和客觀存有之間、意識和無意識的存有之間的中介：「藝術作品」，謝林於一八〇七年在他的慕尼黑美術學院演講《論視覺藝術與自然之關係》

❶ 引文中譯見：《先驗唯心論體系》，頁8，梁志學、石泉譯，商務印書館，1983。

[561]

（*Über das Verhältnis der bildenden Künste zu der Natur*）中解釋說：「向我們反映出有意識活動與無意識活動的同一性。」[213]❷

人們讚美藝術是知識的源全，並且歌頌藝術家是天才，那是因為那個時代的精神。歌德和席勒以及耶拿早期浪漫主義者，對此看法並無二致，他們習慣熱情地表限自己的舉止而獨領風騷。然而，謝林與眾不同的地方則是在於他的科學主張。他和康德以及費希特一樣，認為自己的思辨性體系是一門嚴謹的科學，而就連藝術的角色也應該以有意義又合乎邏輯的方式嵌入其中。這也就難怪謝林被德勒斯登的同儕捧上了天，他們盛讚他是「新神話學家」。

那是什麼意思呢？杜林根和薩克森的德國觀念論者以及浪漫主義者莫不心儀希臘人的世界。自從出身施滕達爾（Stendal）的藝術作家溫克爾曼（Johann Joachim Winckelmann, 1717-1768）經由哈勒和耶拿抵達羅馬之後，一股普世的古典熱潮便隨之開始。古典的流風遺韻及其藝術成為人們嚮往的所在，席列格兄弟甚至把他們浪漫主義早期的期刊命名為《雅典娜神殿》（*Athenaeum*）。韋蘭德、歌德、席勒、賀德林和克萊斯特（Heinrich von Kleist, 1777-1811）則是讓他們的故事主角身著古代的衣袍在古代場景裡登場。

這種懷古的創新部分，主要是神話扮演的角色。柏拉圖雖然也在對話錄裡加上神話，但是那都是他自己虛構的。相較之下，世界的古老神話解釋則被他鄙視為「幼稚的廢話」，他的信徒們也都認為自己的哲學解說使神話變得可有可無。然而，赫德、哈曼以及莫里茨（Karl Philipp Moritz,

❷ 引文中譯見：《先驗唯心論體系》，頁269。

1756-1793）等作家的看法卻不一樣，而且大為提高希臘神話的價值：它成為獨樹一格的知識來源！謝林現在正是沿襲這個基礎，對他而言，「神話本身包含著表示一切思想的無窮寓意和象徵」，是「無可否認」的。214 ❸在古代哲人眼裡看來天真幼稚的事物，其實是一部開顯絕對者的「啟示錄」。

為此，浪漫主義者把謝林譽為「新神話學家」。因為現在神話的狂熱在世界體系裡有個正當的位置：它是對於絕對者的隱約感知！依照溫克爾曼的說法，正如希臘人認為他們在藝術裡把「高貴的單純和靜穆的偉大」連結起來，現在的藝術仍把「靜謐的表現」和絕對者的「靜穆的偉大」連結在一起。藝術因而承接了神話的角色：它以自己和諧的美緩和了世界的對立。作為精神和自然的新統一，它不知不覺地見證了絕對意識。

只不過，若要達成這個目標，藝術就必須考慮某些事情。首先，它沒辦法像科學和科學哲學那麼**明確**，它的世界並不是清晰的概念，而是無限的想像力。藝術一定要「能作無限的解釋」，「不過在這裡我們絕不能陳述這種無限性是存在於藝術家本身還是僅僅存在於藝術作品中」。215 ❹其次，藝術**不能以自然為導向**。正如我們馬上就會看到的，謝林以此否定了悠久的傳統。對他來說，自然並不美，或者只有極少的偶然情況下才是美的。美主要來自無拘無束地隨意形塑材料的藝術家的想像力。這種力量當然只有少數人才具備，使得謝林也和當時許多人一樣稱之為「天才」。夏夫茲貝里讓該概念於十八世紀初期流行起來，康德則使它在德語文化圈裡廣為流傳。在德國東部省

❸ 引文中譯見：《先驗唯心論體系》，頁269。

❹ 引文中譯見：《先驗唯心論體系》，頁269。

[563]

分，十八世紀末的人們會相互稱讚對方是天才。對謝林而言，靈魂接近絕對者而在自己的藝術裡表現它的人才是天才。優秀藝術的第三個條件，是**不能有實踐目的**。如同我們會看到的，該想法源自康德，可是康德沒有像謝林那樣著迷於藝術的「神聖性與純潔性」❺，也沒有收回對於藝術的任何道德要求。「藝術本身是超越道德的」，這是影響重大的思想，其後尼采（1844-1900）也沿襲了它。

以現在的角度來看，謝林的藝術哲學是他最重要的成就。「藝術應該有多重涵義，也許甚至要能作無限的解釋」，是屬於每個藝術作品的不成文憲法義務，「藝術品不得帶有實踐目的」大抵上也是如此。而「藝術家不該模仿自然」，自十九世紀末開始就是理所當然的事。然而，這個深植於謝林的思辨哲學裡的思想，「絕對者在藝術裡的開顯」，對於黑格爾、尼采、布洛赫（Ernst Bloch，1885-1977）和阿多諾（Theodor Adorno, 1903-1969）都影響深遠。

歸根究柢，是不是就像謝林的思辨，最接近真理的是藝術家而非哲學家？真理並不是在科學界裡映現嗎？它是打動人心的藝術的特質嗎？到頭來，它其實是顯現於就像一七九八年德勒斯登那樣的美好仲夏，而不是在合乎邏輯的命題裡嗎？

在我們隨著這部哲學史的進展而探究這些問題之前，我們要先回顧自古代以來關於藝術的思想和著作。藝術作為個人世界認知源泉，這個想法是如何產生的呢？

❺引文中譯見：《先驗唯心論體系》，頁271。

真理的顯象

西方文明自十八世紀以來所說的「藝術」，在古希臘仍然是很陌生的。就那個時代而言，只有所謂的「技藝」，即詩歌、戲劇、舞蹈、音樂、雕塑、建築和繪畫。每一門技藝都是獨立的工藝，有對應的精進技藝的指導。彩繪花瓶、製作神像或墓碑、建造廟宇、朗誦史詩、撰寫劇作、彈奏里拉琴（Lyra）❻或琪塔拉琴（Kithara）❼，抑或是表演圓圈舞（Reigentanz）❽。這些都是依照規則的「手工藝」（*poiesis*）的問題。此外，德語裡的「藝術」（Kunst）在中古高地德語用詞是「*kunnen*」，其字源也都有「製造」、「生產」或「創作」的意思。在這個意義下，「醫術」或「生活藝術」也和美術一樣屬於藝術的範疇。

古代哲人在思考技藝時，並沒有問「藝術」為何物。他們考慮的是工匠該遵循哪些規則從事自己的專業。而且他們想知道他的專業對於社會有哪些貢獻。幾乎所有藝術性作品都是受委託生產的藝術。工匠為了客戶或一般是神話主題的廟宇而彩繪一只花瓶；作曲家為私人或公共慶典而譜寫歌曲。對此，優良技藝的準則自始就確定了，它們根源於希臘人大多覺得「美」的東西：和諧以及平衡的比例、舒適而悅耳的秩序。在這個意義下，赫拉克利特（Heraclitus, ca. 554-483 B.C.）把技藝定

❻ 現今大多已絕跡的古代弦樂器，一開始為三到四條弦，後來弦數轉變成七至八條；在古希臘被視為荷米斯的發明，傳統上適合搭配故事或吟唱使用，在希臘化時代被認為是詩人與思想家的象徵，進而衍生出「Lyrik」（抒情詩）一詞。

❼ 一種與里拉琴相似、但體積較大也多了琴腳的古希臘樂器，在古代為最高貴的樂器之一，多演奏於慶典場合，特別是在崇拜光明之神阿波羅時。

❽ 在古希臘是一種伴有歌唱的圓舞，荷馬（Homer）在他的史詩《伊利亞德》（*Ilias*）中提到了這種舞蹈。

[565]

義為「對立的統一」，正好就是後來在謝林那裡重生的思想。

沒有任何古代哲學家的任何著作和「技藝應有和諧效果」這個共識背道而馳的。如果有什麼爭執，那肯定不是關於藝術品依照哪些準則而覺得「美」。人們只可能會爭論物體（和人）的「美」從何而來，它的起源是塵世還是神聖？在古希臘詩人荷馬和赫西奧德的作品裡，美是眾神的作為。就連畢達哥拉斯以及他在西西里島和南義大利的希臘殖民地信徒，也都認為技藝（特別是音樂）是天上的力量和規律性的作用。然而不管起源是天上或是塵世，美或技藝到哪裡都不是任何哲學體系的基礎。只不過，關於藝術欣賞會對於城邦群體產生正面或負面的影響，各方看法倒是大相逕庭。

在這個背景下，尤其以柏拉圖對於技藝的批判最著名。對於美，這位哲學巨擘絕對具有鑑賞力，特別是幾何圖形、人類以及埃及神廟。但是他並不因此此就歌頌技藝。對柏拉圖而言，美和善息息相關，並且從屬於善。因為真正的美在於「靈魂之美」。柏拉圖在他的創作中期發展出「理型論」並且於對話中檢驗之後，技藝的重要性便消失得無影無蹤。除了建築以外，一切手工藝都是在於摹仿自然。但是這個自然根本不是原本的或真實的，而只不過是天上的「理型」的模仿品。因此，照著自然而塑造自己作品的藝術家，僅僅是在摹仿的模仿品——沒有什麼價值的活動，而且往往也相當有害。悲劇和喜劇的詩人在戲劇裡上演人的憂愁和危難時，都是在「撒謊」。他們既沒有切中真理，並操弄著觀眾的原始情感。在柏拉圖於《理想國》想像的理想國家「美善之邦」裡，技藝並沒有什麼價值，負責指出世界導向的是哲學家而不是藝術家，而所有藝術都必須有利於國家，對它予以讚美和頌揚。

柏拉圖主張只有美才屬於精神和天上的範疇，產生美的的手工藝卻不是。然而這個看法在古代並非主流共識。更具有代表性的可能是亞里斯多德為技藝（尤其是史詩與悲劇）描繪的形象，他不只在（不幸只有斷簡殘篇的）《詩學》（*Poetik*）裡反對柏拉圖的「理型論」。詩人既不是在複製自然，也不是在追求天上的原型。相反地，他是在致力形塑事物的本質以及人類行為中的根源。詩人設計理想典型的情節，變換著「作為人類是什麼樣子」的各種可能性。戲劇的真理並不在於**正確地描摹**某種層次更高的東西，只要能**以遊戲的方式表現**普遍人性，真理便躍然於舞台上。和柏拉圖以及當時的人一樣，亞里斯多德認為藝術家有個道德任務。比方說，悲劇旨在喚起悲慟（*éleos*）和顫慄（phóbos），以滌清觀眾的靈魂。亞里斯多德使用滌清作用（kátharsis）一詞，在當時有宗教祭禮和醫學的意思，而悲劇的作用正是這種身心的洗滌。

亞里斯多德的戲劇規則有相當深遠的歷史影響，只不過中斷了大約兩千年。因為近古時期和中世紀遵循一種完全不同的美的詮釋，也就是普羅丁的解釋。在一群貴族信徒的小圈子裡，這個柏拉圖的擁護者開展了一套靈性學說，並且把它詮釋為柏拉圖的本意。我們都記得他是新柏拉圖主義者，使得柳利、庫薩努斯和文藝復興時期許多哲學家都深受啟發。根據普羅丁的說法，存在的萬物都是從涵攝一切的「太一」流出來的，最高的是睿智，接著是靈魂，而物質事物則在最低等級。這種流出現象同時意味著從本質到非本質、從純粹到卑下、從真實到不真實的逐級下降。普羅丁認為美是本質和真實的東西的「顯象」（Schein），美、真、善是一體的。

觀賞美的事物，我們便會隱約感知到那個其他一切皆從中流出的更高者。在這個意義下，美具有認知功能，因為它讓我們以感官的方式略加感受到「太一」。如果說所有手工藝對柏拉圖而言都只是在反映不真實的東西，那麼依照普羅丁的意思，我們在美裡可以感知到真實者。難怪他並不同

[567]

意柏拉圖對技藝的批評。救贖之路固然是由哲學沉思通往對於「太一」的認識，但是以自身有限的手段顯現原本而真實的東西，技藝是可以有所貢獻的。[568]

對於正在發展當中的基督教，普羅丁的重要性難以估量。古代東方對於死後世界的希望和新柏拉圖主義的救贖哲學，在普羅丁身上水乳交融。如前所述，六世紀初一名自稱亞流巴古的狄奧尼修斯（Dionysius von Areopagita）的男人在這件事上有決定性作用，新柏拉圖主義的思想主要是透過他而滲透到基督教裡。而且如同普羅丁，中世紀的基督徒也認為美的顯象是神既善且真的作工；為此，繪畫也作為教堂內的裝飾而受到重視，並承擔讓文盲熟悉聖經故事的教育使命。整個中世紀的神職人員都重視這類畫作的神啟之美。新建的巴黎聖但尼修道院的業主聖但尼的絮熱（Suger von St. Denis, 1081-1151）以大片的教堂玻璃窗讓內部空間沐浴在和諧的光線裡。奧思定會修士聖維克托的理察（Richard von St. Viktor, ca. 1110-1173）認為沉浸在基督教藝術裡是人類最高的知識形式。道明會修士史特拉斯堡的烏爾里希（Ulrich von Straßburg, ca. 1220-1277）則在他的著作《論美》（*De pulchro*）裡描寫說世界就其最深本質而言是美的。美和圓滿不僅是神的特徵，更是神的受造物的特性。然而依照某些教會達官貴人的觀點，讚賞塵世事物之美的人卻有忽略死後世界的危險。在這個意義下，中世紀的基督教藝術可以說是處於美的感官經驗和謙遜紀律之間的持續緊張關係當中。

規則或品味？

對藝術的理解在文藝復興時期有所改變，這個事實在介紹阿貝提時就提過了。這時在義大利的[569]

商人城鎮，中產階級的客戶漸漸和教會形成競爭關係。暴發戶對豪華宮殿、浮誇壁畫和高級畫像的需求，使得建築師、畫家和雕塑家的職業變成吸引人的商業模式。不論是建築師或是雕塑家，都競相以古代比例為取向，而畫家的「真理」再也不是神的光影，而是獨一無二的：以藝術作品本身突顯的真理！一千年來僅僅為宗教服務的東西，現在從中解放出來。如阿貝提所見，藝術家榮耀的並不是神而是人。他們顯示人類的各種可能性，探測其靈魂並表現其情感波動。而建築師設計的理想城市，則是要使市民擁有更美好的生活，雖然卑微的工匠和農民被排除在外。

文藝復興時期的藝術體系按照新規則而運作，即便現實中的藝術家並不如阿貝提所希望的那麼自由。只有少數幾個接近這個崇高目標，例如杜勒（Albrecht Dürer, 1471-1528）和米開朗基羅（Michelangelo, 1475-1564）。這類的藝術家不再認為美是神的特徵，而是自然的性質。像是達文西就在自然的型態和現象裡尋找美的「法則」。產生美的不是神的光照，而是理想的比例和光線；至少畫家是以「創造力」（*invenzione*）讓美顯現的。儘管如此，對於「美為何物，是自然的產物或是神的顯象？」這個問題，一直是言人人殊。我們看看馬西略如何歌頌美：身為狂熱的新柏拉圖主義者，他認為天上的神是美的根源，而不是事物本身。這個見解也打動了藝術理論家貝洛里（Giovanni Pietro Bellori, 1613-1696），他認為對於自然的真實直觀是靈性的而不是自然研究和測量的結果。

從古代到十八世紀，任何論述藝術的人，都設法要斷定美的原屬地。這種對於和藝術的理解是存有學的（ontologisch）。美「存在」，可是它來自何處？為了使它顯現，工匠必須做什麼？認為美「自身」存在的人，他們眼裡的畫家、雕塑家、建築師、音樂家或詩人，都只是助產士。就算阿貝提和文藝復興時期的畫家都讚揚藝術家的想像力和創造力，但畫家、建築師等人並不**生產**美，而只是**顯現**它。

難怪所有關於藝術的著作，都是要讓工匠熟悉**規則**。照這麼說來，就連文藝復興時期的論著和巴洛克時期的規則手冊，也都是「詩學」：關於如何顯現美的說明書。製造美的方法應該訂定為規範，從古代的慣例一直到十八世紀，而這些規則基本上是不變的：想創造美麗事物，就必須找到理想的比例，並把作品塑造得和諧，詩歌藝術如此，建築和繪畫亦然。就連聖母院的合唱團員也都依照數學預定值和固定規則演唱，大師萊奧南（Léonin, ca. 1150-1201）和佩羅坦（Pérotin, ca. 1160-1220）賦予他們的多聲部讚美詩一定的節奏。文藝復興和巴洛克時期也是一樣。亞里斯多德的模仿論在此定了調。優美的音樂就是和自然一致，並且可以轉換成對應的聲調語言、音樂的歌詞描繪（Sinnbilder）以及音型學說（Figurenlehre）和情感學說（Affektenlehre）的事物。

讀者能從斯卡利格（Julius Caesar Scaliger, 1484-1558）的《論詩藝七書》（*Poetices libri septem*）知道，就連詩歌和修辭法也是以模仿而顯現美的。這個義大利人文主義者彙集了古代和當時所知道的一切，並建立了具有約束力的規範。相較於滌清作用理論，他更支持賀拉斯（Horace, 65-8B.C.）的想法：詩歌創作旨在使人愉悅和變化氣質。他認為史詩的地位高於悲劇，也以韻文格式來定義每一篇文學作品。受到斯卡利格影響，西里西亞人馬丁・奧皮茨（Martin Opitz）和普魯士人約翰・戈切德（Johann Christoph Gottsched, 1700-1766）也撰寫了日耳曼詩歌創作守則。

然而到了十七、十八世紀之交，嚴格的守則不再那麼沒有爭議，「新舊之爭」（Querelle des Anciens et des Modernes）這場文學論戰引起第一次騷動。在一首獻給路易十四的讚美詩（「路易

[571]

大帝之時代」〔Le Siècle de Louis le Grand〕）裡，作家夏爾・佩羅（Charles Perrault, 1628-1703）把他比喻為羅馬皇帝奧古斯都（Augustus）。他的同行個個憤憤不平，新時代真的可以和古代相提並論嗎？敵友陣線犬牙交錯，因為處於危險境地的不只是單純的藝術理解。有些人因為保守心態而捍衛古代。也有些人則是醉心於希臘神廟、雕像和文學作品的美，因為他們認為它高於基督教藝術。如此一來，天主教會及其擁護者反而支持新時代陣營，把異教徒的藝術奉為理想，在他們看來確實太超過了。論戰迅即延燒到其他國家，特別是英格蘭，它在該地史稱「書籍之戰」（Battle of the Books），是沿用斯威夫特的說法。十八世紀尚未結束時，萊辛、赫德、席勒和腓特烈・席列格都在這場論戰當中表達了立場。

另一起騷動的後果比「新舊之爭」更嚴重。在法國，神父杜博（Jean-Baptiste Dubos, 1670-1742）不再贊同由理論學家決定何謂美術。他呼籲讓藝術家自己去判斷，把品味這件事留給他們的觀眾。這個要求有極大的爆炸威力。杜博於一七一九年抨擊各種守則時，法國正處於君主專制的鼎盛時期，而藝術是這個統治形態的感官表現方式。在井然有序的巴洛克式花園裡、形式化的音樂和建築裡、以及以各種類型嚴密控管的繪畫裡。「詩歌藝術和繪畫應首先『使人中意』和『動人心弦』」這是顛覆性的思想，因為對執政者而言，它們的功能只是要控制自己的臣民以彰顯普遍秩序。

感受、敏銳度和品味，是確定技藝之美的新準則。在英格蘭，承認美的感受擁有優先地位的人是夏夫茲貝里。對他來說，獻身於美的義務是個道德誡命。因為使我們行為合乎道德的並不是神而是美，對於美感受敏銳的人，會想要擁有對應的美麗靈魂。受新柏拉圖主義的鼓舞，夏夫茲貝里認為善和美是自同一個源頭流出的。傾聽自己內心聲音的人，也會感受到對於道德和美的深刻渴望。敏感的人類以藝術家的身分塑造自己的生活、安排並按比例分配之。生活的藝術除了我們陶冶之外還會是什麼呢？因此，每個人亟需感覺更敏銳，才能對美開放自己。因為對這位英國紈褲子弟而言，唯有美和德行裡的「和諧」生活，才是值得追求的目標。

夏夫茲貝里把對美的崇拜說成德行的表現，讓全歐洲的男男女女都為之著迷。在法國，孟德斯鳩為了人類能夠以古代為模範去感受美而興奮不已。他為《百科全書》撰寫有關「品味」的詞條。孟德斯鳩把品味視為對理性的重要校正。理性為世界整頓秩序，而品味則是讓我們為某個事物**如痴如醉**。對比和驚喜可以在文學和繪畫裡喚起愉悅的陶醉感。這樣也是好事，如果在內容豐富的藝術品裡一切都經過精確的計算的話。簡言之：沒有品味的理性是單調乏味的；沒有理性的品味是站不住腳的。

同樣受到夏夫茲貝里影響的還有狄德羅。因為他也確信技藝擁有完全自成一格的「真理」之路。只不過，這個法國人卻不怎麼需要英國人的新柏拉圖主義臆測。藝術的真理是取決於它**有多麼貼近生活**，而不是多麼接近天國。狄德羅關於好的繪畫和戲劇的概念，完全為他的啟蒙運動使命而服務。好的畫作和戲劇是以日常生活為導向，讓感官印象深刻，因而傳達存在性和社會性的東西。他以這種眼光評論大型藝術展覽、羅浮宮的沙龍，並且創作戲劇劇本。作為「中產階級悲劇」（*drame bourgeois*），那些劇本創造出一種介於悲劇和喜劇的新類型。貴族文化的矯揉造作和刻意的風格化，應該以盡量講求現實的畫作和戲劇取代之。中產階級的日常和職業生活透過狄德羅而登上舞台，就算遠不如後來萊辛那麼精湛。如果說他的戲劇革命有什麼長遠的成就，那麼應該是因為他的戲劇理論而不是他的劇本。

「美學」的發明

狄德羅在巴黎撰寫他的頭幾部哲學著作，起初仍然是關於自然研究和知覺，而在一千公里外的奧得河畔（Oder）的法蘭克福，卻真實上演一場哲學革命。善於交際而捉摸不定的狄德羅，以及安靜內向、在柏林孤兒院長大的鮑姆加登（Gottlieb Alexander Baumgarten, 1714-1762），很難想像有任何更大的差別了。然而，兩人卻都以各自的方式視自己為革命家。前者從事戲劇改革；後者則是改革哲學思考方式。因為如果我們現在論及「美學」（Ästhetik）並用以指涉美的感知，那麼都是拜鮑姆加登所賜。直到他才從美感產生出一門獨立的哲學學科。

這個年輕人是窩爾夫的學生。但是他很早就發現其體系的一個漏洞。感性的、也就是非理性的知識，難道不也存在嗎？他在一七三五年的博士論文裡對此追根究柢。萊布尼茲不是在談論動物時提到了「類理性」（analogon rationis），一種類似理性的知識嗎？然而，這種感性知識為什麼只會出現在動物身上呢？我們不能也在人類身上遇到它嗎？

在奧得河畔的法蘭克福擔任教授的鮑姆加登於一七五〇年發表一本書的第一部份，題為《美學》（*Aesthetica*），那是關於人類感官認知能力的作品。在古希臘，「aisthesis」的意思是「感知」，所以說，康德對於「先驗感性」（transzendentale Ästhetik）的理解無非我們以感官掌握事物的條件。然而，鮑姆加登卻擴充「感性」（Ästhetik）這個概念。和後來康德的看法不同的是，他認為就連感官認知也擁有直接的真理之路，它不僅僅是任何認知的先決條件，而是會產生它**自己**

[574]

的認知。笛卡兒、萊布尼茲和窩爾夫都不是很信任這種「下層的認知能力」，感官所傳達的東西是很容易欺騙人的。鮑姆加登並不想完全否定這點，可是我們的感官難道不具有自己的「法則性」和認知潛力嗎？

鮑姆加登很有企圖心。他要建立一門完整的感官知識科學。對他來說，最高的真理是**形上學的**真理，那是涵攝一切的知識。人類如果要接近它，那就有**兩種**方法：第一種是**邏輯性**真理的世界、概念的世界。而第二種是**感性的**真理、感官知覺的世界。根據笛卡兒的說法，邏輯的道路明明應該是唯一的真理之路，鮑姆加登為什麼覺得還不夠呢？因為邏輯只處理「普遍概念」，而每個概念都是一種抽象化、「忽視」事物的所有特點。概念越是普遍，讓現實豐滿的脂肪結構就越少。理性知識是瘦得皮包骨的知識，欠缺生命的飽滿和「無法忽視的豐富性」。這就是為什麼鮑姆加登要在《美學》裡研究感受力和敏銳度、想像力和記憶力、精神和品味。而除了技藝以外，這一切感官認知能力可以在哪裡更充分地發揮呢？任何作詩、繪畫或擅長修辭的人，都需要豐富的想像力、強大的記憶力以及優雅品味的天賦。正如他並不認識的夏夫茲貝里，鮑姆加登想要透過學習和實作，以感性的方法陶冶人類。

如果一個人把自己的感官認知能力訓練到完美無缺的程度，那麼他就達到擁有「美」的境界。這個概念的定義是全新的！如果說兩千多年來的西方思想家絞盡腦汁要把把美固定在神裡面或事物自身，那麼鮑姆加登則是要把美搬到人類的意識裡。當我的內在狀態以感性的極致完美掌握事物時，它就被經驗為美。美不是現象的性質，而是我的靈魂的**性質**（Beschaffenheit）。對於從對應的靈魂性質創造事物的藝術家而言如此，而藉著藝術品察覺自己內在美的讀者或觀賞者也不例外。

好的文學作品和繪畫會摩挲我們的靈魂，並且訓練我們的感官認知能力。正如鮑姆加登寫道，它們實現一種「美的思考」。藝術（鮑姆加登主要談論的是文學創作）為此要做的事情一如既往，它必須是和諧又平衡的，讓一切「完美」地串聯而加以「構成」。符號（語詞、顏色、音調）必須依照秩序排列成它們在世界裡的模型，而已必須相互協調。只有這樣，它們才創造出「豐富性」、「偉大」、「真理」、「清晰」和「確定性」。在這方面，鮑姆加登和他的前輩們幾乎沒有什麼不同。不過令人耳目一新的倒是，他主張自己並不是為特定的技藝，文學創作、繪畫或音樂，而提出這些規則；他的「法則」旨在「於所有自由技藝當中」發揮「宛如北極星一般的作用」。216

鮑姆加登的「法則」並不會變成他所期望的普遍守則。然而，靠著他那本第二部分於一七五八年出版的《美學》，「美學」便在近代哲學體系裡獲得固定的位置。當這個作者於一七六二年因肺結核而逝世於奧得河畔法蘭克福時，早在五年前，當時二十八歲的埃德蒙·柏克（Edmund Burke）就在倫敦出版了《論崇高與美麗概念起源的哲學探究》（*A Philosophical Enquiry into the Origin of our Ideas of the Sublime and Beautiful*）。柏克想要知道，在美感經驗裡有哪些感覺會產生。他筆下關於美的內容十分傳統，它鮮明而優雅、讓人愉悅，並和愛以及同情的感覺有關。但是，「此外還有完全不同的美感經驗存在」，這個事實卻讓柏克感興趣及不知所措，因為就連恐怖和驚懼，也能以美感的方式吸引我們並且使我們著迷。隨著柏克，一個近乎被忘卻的古老語詞再度進入美學裡：「崇高」（the sublime）。這個偉大、粗暴、黑暗的龐然大物吸引著我們，它使我們的經驗爆炸、超過我們理解力的範圍，並且震懾我們的感官。儘管如此，它卻仍然讓平安無事地目擊閃電、暴風雨或令人頭暈目眩的深谷的我們感到愉悅。

[576]

崇高和古典文藝及古典學者的美學格格不入。因為讓我們愉悅而毛骨悚然的不是和諧的秩序，而恰恰是短暫地喪失秩序。對柏克來說，「崇高」使我們無法招架，因為它挑戰我們的自我保存；它迫使我們面對身為自然生物的我們自己。崇高的感受是一種存在性的經驗——因而是我們最強烈的感覺。[577]

審美判斷

在科尼斯堡，這個想法令四十歲的康德深感著迷。他是從孟德爾頌的一段簡述認識到柏克的想法。一七六四年，他在位於摩迪騰（Moditten）的一間林務員小屋內寫下他的《美感與崇高感的觀察》（*Beobachtungen über das Gefühl des Schönen und Erhabenen*）。康德對自然裡「崇高」感覺的感受力是眾所熟知的，只是當時他還沒有找到對應的語詞。當他於一七九〇年以遐齡發表《判斷力批判》時，他便回過頭來處理這點。在他對於「審美判斷力」的思考裡，他和柏克一樣區分出對於美以及崇高的研究。

如前所述，《判斷力批判》的主題是我們如何以思考的方式在世界上判別方向。我們會把向我們顯現的事物化為概念。與此同時，我們會想像世界是適合被我們理解的。我們的「指導方針」是把它想像成**合目的性**的。面對某些篩選過的對象時，也就是當它們「和諧」又「比例均衡」時，這特別容易。在這種情況下，它們的「合目的性」經由感官傳達，並在我們心裡激起愉悅的感覺。我們因此把自然或藝術裡的這類對象稱為「美」。所以說，美無非是感官上的合目的性，只不過是一種不具實踐目的的合目的性。畢竟，「有一幕景色很美」這件事該有什麼實踐目的呢？而就連有意[578]

製造出來的美，比方說一首交響曲或一幅畫，其目的也只是「成為美」而已。照這麼說來，康德便把美定義為「無目的的合目的性」（Zweckmäßigkeit ohne Zweck）。

如同我們在此間認識的康德，這當然並不意味著風景或藝術作品的美是「客觀的」。與鮑姆加登相似，「美」對康德來說是某種不在對象內、而是我們藉助對象而在我們心裡感受到的東西。若我們經驗到某個事物為美，我們的想像力和知性便處於「自由遊戲」（freies Spiel）中。我們的想像力對於該對象起不了作用而困惑地轉向知性求助，而不是明確地判斷對象。而知性則反過來把想像力送上路。因為美的東西身上的美無法化為概念。如果我說：「桌子是圓的。」那麼判斷就完成了；如果我說：「桌子很美。」那麼美並沒有因此被理解及確定。恰恰相反，被我感受為美的事物引人流連、讓人愉悅地和它逗留在「自由遊戲」裡，而沒有最終的結果。照這麼說來，美在我們心裡喚起一種「沒有利害關係的愉悅感」（interesseloses Wohlgefallen）。它之所以沒有利害關係，那是因為我們沒有任何實踐意圖。在這個意義下，藝術是**自律的**（autonom），而我之所以感受到愉悅，那是因為我的認知能力（想像力和知性）在自由遊戲當中愉悅地意識到自己。

康德並沒有提出完備的藝術理論。他個人對藝術品的感受力也非常有限，可以說是個反狄德羅者。自然美比藝術美更加打動這個科尼斯堡的思想家，後者不就只是唯妙唯肖地仿造自然預定的事物嗎？如果要提到關於人造美的例子，康德不會想到交響曲或文學作品，而是壁紙圖案和裝飾品！雖然如此，他在美學史上的重要性依舊不容小覷。康德比從前其他人都更深入而精確地描述了他認為構成審美判斷的**結構：在鑑賞力判斷中，想像力與知性會在自由遊戲中產生愉悅的自我認識**。現在只需要一個合目的性的對象，其性質啟動了我們的反思判斷力。

[579]

不過康德在探討崇高時也是面臨了類似柏克的困難。因為他也認為崇高絕非和諧又比例均衡。所以我們為什麼有愉悅的經驗呢？康德的解釋超越了自己，他和柏克一樣區分出兩種類型的崇高，即**力學的**崇高（das dynamisch Erhabene）和**數學的**崇高（das mathematisch Erhabene）。第一種包括「高聳而下垂威脅著人的斷岩，天邊層層堆疊的烏雲裡面挾著閃電與雷鳴，火山在狂暴肆虐之中，颶風帶著它摧毀了的荒墟，無邊無界的海洋，怒濤狂嘯著，一個洪流的高瀑，諸如此類的景象」。217[9]屬於第二種的有龐大的規模，例如令人頭暈目眩的深谷或遙遠的距離。所有這類事件和景象都超過人類想像力的極限。我們沒辦法理解它們，它們超出我們能力所及，而我們原本不該有愉悅的經驗，而是強烈厭惡才對。因為雷雨和深谷再怎麼說都不合乎被我們適當地理解和品味的目的。

所以問題又回來了：為什麼我們會以震驚的愉悅感而簽字承認「恐怖」[10]，至少在沒有因而受到人身和生命威脅的情況下？康德是如此構思的：因為力學的崇高的跨極限性和數學的崇高的無限性，使得**我們心裡的某種東西叮噹作響**，也就是我們的理性。我們還記得康德把理性描寫成一種追求無條件者的能力，是獲致自由和接近超越者的能力。因此，理性便擬出從現實的堅實地面隆起而進入絕對者的「規制性理念」。當自然奇觀和龐大規模讓我們隱約感知到不可思議和無限時，我們經驗到的不就是一樣的東西嗎？我們面對到的並不是規制性理念，而是**審美的理念**（ästhetische Ideen）。這種理念「生起許多思想而沒有任何一特定的思想，即一個概念能和它相切合，因此沒

[9] 引文中譯見：《判斷力批判》上卷，頁101，宗白華譯，商務印書館，1985。
[10] 引文中譯見：《判斷力批判》上卷，頁110。

[580]

有言語能夠完全企及它，把它表達出來」。218[11]我們的理性思考感官無法把握的理念，而我們的想像力則是構想出知性沒辦法理解的理念。

這兩種理念類型的巨大共通點在於它們都超越知性。我們遇到崇高時，不會把自然想成合目的性的，而且會用它來摩挲想像力和知性，正如我們遇到美的時候。我們把自然想像成「**諸觀念之表現**」219[12]並以此推動我們的理性。自然的感官無度性（Maßlosigkeit）在我們理性追求的無度性當中找到它的對應物，而正因為如此，它便以愉悅的方式撼動我們。無度和無限，既在自然裡也在我們心裡！在這裡，康德發現他對星空和道德法則的敬畏的巨大共同點。

康德對於美以及崇高的闡述，在席勒身上找到一個熱情支持者，在《美育書簡》（*Über die ästhetische Erziehung des Menschen in einer Reihe von Briefen*, 1795）和《論崇高》（*Über das Erhabene*, 1801）當中，康德冷靜的分析變成關於人身為其世界有如遊戲一般的創造者的韻律散文和激情狂想。因為「人只有在遊戲時才是人」，意即「在自由藝術中」形塑和創造時。然而，席勒對於崇高的熱忱卻阻止不了該概念的漸漸殞落，直到法國哲學家李歐塔（Jean-François Lyotard，1924-1998）才於一九八〇年代末期把它從歷史裡重新找出來。所有現代藝術不都是在追求崇高的精神而不是美嗎？而挑撥、使人心煩意亂和震撼人心的義務，不就是用現代的手法對於崇高的舊瓶新裝嗎？

[581]

[11] 引文中譯見：《判斷力批判》上卷，頁160。
[12] 引文中譯見：《判斷力批判》上卷，頁108。

藝術的真理

康德歌頌被我們感受為美和崇高的事物，這類對象或事件推動我們的情緒、激起愉悅，並且幫助我們體驗自己的精神能力。不過他對自然的偏好卻甚於人類的藝術品。而且不同於鮑姆加登，他也不認為藝術是什麼特別的「真理」之路。

無論他的思考有多麼深遠的影響，在這點上也只有少數幾個人想跟隨他。對席勒來說，藝術美的重要性比自然美大得多了，因為人類於其中以美感和倫理實現了自我。就連赫德也覺得「沒有利害關係的愉悅感」太貧乏了，他認為人類在藝術裡追尋得還要更多，也就是那構成原本人性的東西。相較之下，康德的美學對他而言則是一種迷戀裝飾的形式主義（Formalismus），可是重點其實是每個優秀的藝術裡所表現的深刻感受、捉摸不定的心靈以及社會背景。

謝林也提出恰恰相同的批評。他同樣也認為藝術美的意義比自然美重大得多。美藝之所以是美的，那是因為它給予我們一種我們的心靈只能隱約感知而無法完整理解的事物的感官想像。席勒認為的倫理以及赫德認為的根本人性，對謝林而言就是絕對者，「這種終於被表現出來的無限事物就是美，」在他《先驗觀念論體系》裡的那句名言是這麼說的。[13]謝林藉此復活了直到中世紀晚期都把藝術當作神聖者的媒介的新柏拉圖主義傳統。他和康德之間幾乎想像不出更大的反差了，因為對那位老先生來說，藝術充其量就是讓人愉悅，卻不會向我們透顯關於絕對真理的任何資訊。但謝林

[13] 引文中譯見：《先驗唯心論體系》，頁270。

[582]

的藝術哲學卻和十九世紀早期使德國學生活躍的浪漫主義精神非常契合，無論是一八〇二年在耶拿、一八〇三年在符茲堡，還是一八〇七年在慕尼黑，這位美學真理的宣告者總是受到興奮的盛讚。

就連黑格爾也對於謝林印象深刻。雖然兩人很快就分道揚鑣，但他們在各自的藝術哲學上卻是相似的。兩者都不僅是鮑姆加登所想的那種感官知識理論而已。他們也不只是想像康德那樣解釋特定的判斷，即鑑賞力判斷。黑格爾和謝林一樣認為藝術是「絕對者」的顯現，而兩人以此觀點提出關於藝術的社會意義的想法。回想一下《德國觀念論最古老的體系綱領》，該綱領歌頌美的理想是所有其他理想的統一，而且據揣測出自黑格爾之手，但是或許也來自謝林或賀德林。

康德認為藝術在社會上無足輕重。但是對謝林來說，它的每個細膩的筆觸處處都充滿激情。而對黑格爾而言何謂藝術呢？它在他的哲學體系中有什麼樣的基本地位？在十九世紀早期的社會中，他又賦予它何種具體意義？

就基本面而言，黑格爾的想法與謝林類似。藝術讓精神只能隱約感知到的事物以感性方式顯現出來。正如宗教勾勒出絕對者的感性模糊形象，藝術也是一樣。兩者都可以用科學出現以前的方式經驗到某種原本是哲學獨有的東西：挺進至世界的絕對知識！所以，藝術就在精神成為自我意識的偉大戲劇裡取得固定的角色。只要精神還處於休眠狀態，藝術就要幫助人類以感官想像他們的存有的真理。它接近宗教的作用，使人類有機會獲得對於絕對者的前概念式（vorbegrifflich）的理解。但是這種絕對者還不是概念事物。它只是想像物，是人類以雕塑、廟宇或神祇的形式自行建構和描繪的東西。人類的意識和絕對精神還不是同一的，而是彼此對立的。一邊是人類，另一邊則是藝術

[583]

品或讓人隱約感知絕對者的神的觀念。在這個意義下，黑格爾可以說，**概念**（Begriff）對應於哲學、**表象**（Vorstellung）對應於宗教而**直觀**（Anschauung）則對應於藝術。

黑格爾在一八一七年和一八二九年間的講演錄，也就是《美學》（*Vorlesungen über die Ästhetik*），從來沒有出版。我們主要是從內容豐富的上課筆記而獲知的，他的學生霍托（Heinrich Gustav Hotho, 1802-1873）把它彙編成影響力巨大的著作。如同康德的看法，黑格爾認為藝術品是「合目的性的」，卻不為具體的實踐目的服務。因此，它並不是達成某事物的工具，而僅僅是為了自身而存在。不會有一幅特定的畫作存在，又同時有個適合它的概念，構成畫作的感官元素和它的意義是一體的。如果感官現象和概念直接一致，黑格爾說那便是**理念**（Idee）。

這種「理念」的觀念是黑格爾獨創的。對柏拉圖而言，「理型」是所有感官現象的天上原型，即某種超越性的事物。它們客觀，卻無法接近。對康德來說，「理念」就是理性渴望那超越感官現象而進入自由和無條件者的事物。它們是純粹主觀的，而且既不處在任何超越性的領域裡，也不在世界上，而是唯獨在我的意識中。相較之下，**當我的思考和物「自身」相符一致**，黑格爾就把「理念」稱為「概念和客觀性的統一」。[220][14]黑格爾藉此以新的方式融合了柏拉圖和康德。如同康德的看法，「理念」對黑格爾來說源自理性；儘管如此，他仍然像柏拉圖一樣認為它們都是客觀的。我們理性的認知渴望要讓我們的意識內容和絕對存有一致。而由於這種一致只在我們的意識中而不在外面，所以我們的意識便是一切客觀性的源頭。

[14] 引文中譯見：《邏輯學》，頁449，楊一之譯，商務印書館，1982。

[584]

這些《邏輯學》的思考和藝術有什麼關係？很簡單：由於美本身就是合目的性的且不為任何實踐目的服務，所以它是「概念和客觀性的統一」。照這麼說來，黑格爾可以說，「美本身應該理解為理念，而且應該理解為一種確定形式的理念，即理想」。221⓯存有與意識、實在與思考、普遍與個殊，都融合在一件美麗的藝術品中。可是它們並不是在概念上做到的，而是只在感官上。它們要是會在概念上作為反思過程的結果而一致，那麼我們面對的便不會是藝術，而是哲學。我們經驗到的也不會是美，而是真理。但是事實上，根據黑格爾的說法，美只是對真理模糊的感性隱約感知。或者用黑格爾關於藝術的著名說法：「美因此可以下這樣的定義：美就是理念的感性**顯現**。」222⓰

因此，對黑格爾來說，藝術具有相當特定的功能。如果說，亞里斯多德認為它旨在「滌清」人類，對席勒來說，它旨在於道德上提升他們，而從藝術家角度來看，它是要贏得「名譽與光榮」；那麼對黑格爾而言，它首先旨在「中介」，使個體和普遍者、主觀和客觀一致。正如宗教追求讓人接近神的狀態一樣，人也應該在藝術裡接近「絕對者」、以感性的方式感受它。

黑格爾心裡想的是哪種藝術呢？反正不是當時的繪畫、文學作品、建築和音樂！對他來說，接近絕對者的不是莫札特（Wolfgang Amadeus Mozart）和貝多芬（Ludwig van Beethoven）、不是歌德的《浮士德》（*Faust*），也不是卡斯帕．腓特烈（Caspar David Friedrich）浪漫主義式的沉浸時刻，而是古代的藝術！在他看來，古代的雕刻再怎麼說都比（舉例來說）當時的肖像畫「更精神化」（vergeistigt）。當時的藝術比任何以前的藝術都更加重視反思，卻也失去了力量。「當代事

⓯ 引文中譯見：《美學》第一卷，頁135，朱光潛譯，商務印書館，1996。
⓰ 引文中譯見：《美學》第一卷，頁142。

物不管怎麼樣都劣於美好昔日的藝術」，這個意見大概就跟藝術史一樣古老，只是現今有些憂鬱的有教養的市民剛好在歌德、席勒、莫札特和貝多芬身上發現藝術的高峰——也就是被當時的黑格爾貶多於褒地形容成沒落的時代的英雄們……

只不過，如果說黑格爾不把「浪漫型」藝術視為巔峰，那並不是因為品味的關係。他的重點不是藝術作為藝術，而是藝術和哲學的關係，尤其是藝術和絕對者的關係。黑格爾勾勒出藝術從早期高雅文化一直到當時的發展歷程的恢宏畫面。他做出除了他以外只有腓特烈・席列格才敢做的事：他把自己的美的形上學和藝術的漸次演進連結在一起，他不僅提出一套**體系**，更包括其**歷史**。

三個不同的時期向我們訴說，「理念」（對於絕對者的追求）如何以各自相同的方式和它在自然裡找到的「材料」連結。一開始是**象徵型**藝術（symbolische Kunst），黑格爾的一個獨特概念；他想到的是埃及和美索不達米亞的東方文明的神廟和遺跡。「理念」在這裡依然極為黯淡，人類也還陷在「人的生活瑣事」當中。因此，藝術滿足的主要是實踐目的，它應該看起來「崇高」並為宗教祭禮和「神話」效勞。然而，凡是以動物型態想像諸神的人，離絕對者的真實本質都還有好幾光年遠。該時期的藝術，例如金字塔，儘管在質料上碩大無朋，卻沒有什麼精神。二十世紀的黑格爾主義者布洛赫《希望的原則》（*Das Prinzip Hoffnung*）裡反駁了這個觀點。

第二個時期是**古典型**藝術（klassische Kunst）。黑格爾也和當時人們一樣心儀的古典，把希臘人的技藝理想化，特別是他們的雕塑：「沒有什麼比它更美，現在沒有，將來也不會有。」[223] [17] 比起雕塑動物，希臘人更喜歡雕塑人類，這真是精神上的獲利呀！理念和材料這時於完美的和諧中相會，

⑰ 引文中譯見：《美學》第二卷，頁274。

在雕塑（以及戲劇化的雕塑，也就是悲劇）的理想比例中，絕對者在感性上得到最好的表現。精神和感性融合成完美的統一體。絕對者顯現於「純粹的主體性」中，任何藝術的成就都無法更上層樓！

從哲學家的角度來看，古典型藝術相當優秀地實現它的目的。因為要是它有更多的打算（想更加充分地描繪絕對者），那它就會失去它的感性美。它在古希臘人面前多提升一分「內心生活」，就會在美的形態上損失一分。而那正是黑格爾心中自中世紀以來的藝術，作為**浪漫型**藝術（**romantische Kunst**）而和哲學分庭抗禮，變得更加偏向內心和精神。其最重要的表現形式為繪畫、音樂和詩歌，以升序排列。面對建築和雕塑，物質性越來越退居次要，以前的材料現在則在顏色、音調和文字當中被精神化。藝術變得不那麼顯而易見，它開始反思自身以及自己的表現形式。我們也可以說：藝術變得越來越具有哲學性，卻讓它與哲學進入競爭關係。與早期浪漫主義者諾瓦里斯和席列格兄弟不同的是，黑格爾不打算把藝術和哲學融合成「浪漫主義集諸學大成之詩」（romantische Universalpoesie）。他也不想像謝林那樣承認藝術擁有同等的真理之路。對他來說，絕對者唯一合適的認知之路，是哲學所提供的。唯有在哲學裡，精神才能意識到自身，並且清楚明確地開顯絕對者。要是在十九世紀的高度反思時代裡，就只有「概念的工作」才可以解開世界之謎，聲音、石頭、顏色和隱喻有什麼用呢？

黑格爾在談論哲學時其實是在說他自己。他想到的不只是費希特和謝林的互別苗頭的計畫，更想到當時法國和英格蘭的大思想家，我們在這部哲學史的下一卷開頭討論他們。尤其是有鑒於自己的哲學，他甚至論及「藝術的終結」。藝術失去了宗教深度，就如黑格爾所說的，我們不再對它屈膝。而在一個被哲學家完全概念化的世界裡，它也變得可有可無。當然，畫家不會停止作畫，詩人

[587]

也不會停止寫詩。只是，這一切努力全都不再是必要了。藝術可以達成的成就早就完成了。藝術在東方「追求」那個成就、在古代「實現」之，並且自中世紀晚期以來就一直在「超越」它。反思的藝術比不上反思的哲學。照這樣說來，就算現在它的成就再高，還是要漸漸沒落。

黑格爾深入研究和評論當時的繪畫、建築和文學作品。他相當欣賞歌德的《威廉．麥斯特的學徒歲月》（*Wilhelm Meisters Lehrjahre*），卻不斷表現出對畫家的失望。對他而言，基督教藝術的缺陷在於不能描繪神。他只會在受難的聖子或馬利亞的題材裡目睹最高成就，例如藏於德勒斯登畫廊的科雷吉歐（Antonio da Correggio,1489-1534）令人讚歎的《聖方濟的聖母》（*Die Madonna des heiligen Franziskus*）。或者是荷蘭大師以及以柯內留斯（Peter von Cornelius, 1783-1867）和沙道（Friedrich Wilhelm von Schadow, 1788-1862）為中心的杜塞道夫繪畫學院的拿撒勒畫派的作品。

總的來說，黑格爾感嘆藝術家們「瓦解理想」，他們的藝術更讓超越者漸漸隱沒。太多詼諧和幽默的趨勢也令他反感：可鄙的「主觀化」取代了深刻的渴望！當時的巴伐利亞詩人讓．保羅（Jean Paul, 1763-1825）則是強烈駁斥：幽默作家難道不是最偉大的形上學家嗎？又難道有比詼諧包含了更多的深度和無限性嗎？讓．保羅的《美學入門》（*Vorschule der Ästhetik*）歌頌「倒轉的崇高」，即對激情的否定。如果有人擁有關於絕對者的知識，那絕對不會是哲學家，而是憂鬱的幽默作家。真理不是哲學命題的特性——它埋藏在幽默的深淵！

黑格爾對此的看法當然不一樣。貫穿他那套（藝術於其中只是眾多現象之一）全體體系的不是幽默，而是最深沉的嚴肅。對他來說，比畫家和詩人、雕塑家、音樂家以及建築師更重要的是「客觀精神」（objektiver Geist）——它會實現於國家之中！

歷史的終結

- 奇妙的時代
- 在他人裡面實現自我
- 市民家庭
- 市民社會
- 黑格爾的國家
- 世界精神的變化無常：理性的詭計？
- 曾經的真實，現在的混亂

奇妙的時代

在一棟該名哲學家從未居住過的房子外面，現在掛著這麼一幅紀念牌：

格奧爾格·威廉·腓特烈·黑格爾

生於一七七〇年八月二十七日，卒於一八三一年十一月十四日

德國觀念論主要代表人物

自一八一八年起以哲學教授一職

任教於柏林大學

[589]

但是黑格爾其實是住在隔壁，不是銅渠街五號（Am Kupfengraben 5），而是4a號。第二次世界大戰期間某一夜的猛烈轟炸摧毀了它。然而對黑格爾而言，世界歷史不就是「各民族福利、各國家智慧，和各個人德性橫遭宰割的屠場」嗎？[224]❶所以這下子在歐洲最後一場大型戰爭裡，就連黑格爾的柏林住宅也慘遭犧牲了！而如今，德國聯邦總理（而不是遺產看守員）自她位於銅渠街六號的私人公寓看出去，很久後來才興建的帕加馬博物館（Pergamonmuseum），這座充滿古典嚮往、掠奪來的藝術品以及憂鬱氣息的雄偉建築看起來宛若遺世獨立。

[590]

❶ 引文中譯見：《歷史哲學》，頁34，王造時、謝詒徵譯，里仁書局，1981。

黑格爾於一八一七年和一八一八年的冬季意外來到柏林。儘管柏林大學的高層早在兩年前就在籠絡他了。但是在一八一六年，這位班堡日報奴役船上的划船手兼紐倫堡中學校長，終於成為海德堡的正式教授。他當時已經四十六歲，以前科尼斯堡的康德也是在這個歲數得到期待已久的教授職位。柏林有前程似錦的未來在等著他，但是起初卻被黑格爾低估了。對於這個施瓦本人來說，普魯士是個「皮製的、欠缺精神的」國家，撇開腓特烈大帝「曇花一現的活力」不談，那早就熄滅了。黑格爾一八〇六年在耶拿就從普魯士國家的軟弱軍隊看出了它的「不堅定」，並且大加讚賞得勝的拿破崙，就連反拿破崙的解放戰爭也沒有打動遠在紐倫堡的他。對於施泰因男爵（Freiherr vom Stein）、哈登堡（Karl August von Hardenberg）和洪堡（Wilhelm von Humboldt）的改革，他也不怎麼關注。黑格爾看不見新的普魯士，而只看到拿破崙的敗北。只不過在一八一三年，他倒是對此感到喜不自勝，「自由的思想王國」又可以翱翔天際了！

在他關於一七九九年至一八〇三年的帝國憲法的想法中，黑格爾很早就研究過未來的德意志國家組織。那是他的重要議題之一。反正不是民族國家的神聖羅馬帝國在眾人注視下分崩離析。而位在雷根斯堡（Regensburg）的帝國議會，對黑格爾來說也只是一棟「搖搖欲墜的建築物」。然而，黑格爾的國家認知唯一不變的，就是它永遠都在變來變去。他一下子視國家高於「精神的思想王國」，一下子並駕齊驅，一下又認為它在下面。端看動盪時期有什麼樣的走向，他打算賦予教會和宗教或多或少的影響力。趁勝追擊的法國軍隊席捲大半個歐洲，黑格爾甚至認為國家已經被拿破崙和德國觀念論（！）聯手擊敗。他也承認蒙福的基督新教的重要性，並憎惡他過去讚揚的信仰天主教的奧地利。

如果說黑格爾在一七九九年到一八一八年間關於國家的所有思想存在著共同點，那就是這個意識閾限的問題：為了協助黑格爾的哲學達到最大的效果，國家可以扮演什麼樣的角色？國家是否可以「實現」該哲學、為它預備有利的氣候呢？至少它不應該阻撓其計畫中的大獲全勝。首先我們會需要一個強大的國家，其次才是個中等強度的，第三則是比較弱的國家。就連宗教的角色也有賴於此，條件對黑格爾的哲學越有利，就越不需要宗教的支援。只有在積弱不振的國家，哲學家才需要教會作為必要盟友，以幫助「精神性事物」顯示自己的價值。

黑格爾的思想在那段時期裡徘徊不定，一直在尋找適當的舞台。因為，他的哲學依照其自我理解並不是**他自己的**哲學，而是**唯一的**哲學。就連康德也主張過，自己的體系應該取代所有其他體系。費希特和謝林更是有過之無不及。然而有別於康德和費希特，黑格爾認為自己的哲學是思想和現實的完全一致。他的知識主張和謝林的一樣是絕對的。黑格爾以哲學思考挖掘現實並且揭露真理。人類的理性思想和現實事物首次和諧一致！不只這樣：由於那是個**歷程**，所以直到黑格爾思考並為其他人示範思考，現實才會因而完整出現。自然中既有的物質變成了「精神」，那是因為進行反思和思辨的哲學家深入研究它。如果沒有率先完成這個工作的黑格爾，人們便可以反過來推論說，現實會無法回到自身，「精神」無法完全佔領世界。黑格爾既是太陽、也是行星和占星家。他既照亮又反射他自己，為他人解釋這個歷程。

早在耶拿的陰影時期、班堡日報編輯部以及紐倫堡的學校工作期間，他的驕傲和激昂情緒就一直潛伏著。然而直到在普魯士，理性的「薔薇」才得以「在現在的十字架中」盛開。[2]黑格爾清楚

[2] 引文中譯見：《法哲學原理》，頁13，范揚、張企泰譯，商務印書館，1961。

意識到，成立不到幾年的柏林大學是日耳曼地區未來的思想中心；「中心」就在這裡，而唯有費希特出缺的教席上，他的哲學才能成為它自認為的事物：「被把握在思想中的它的時代」。[225] ❸理性的哲學家不僅描述自己的時代，同時也會透過自己的精神性洞察來塑造它；因為「凡是合乎理性的東西都是現實的；凡是現實的東西都是合乎理性的」。[226] ❹一個迄今飽受低估和虧待的人，此時在他的大學就職演說中閃現多麼難以抑遏的激情！柏林——「宇宙的中心」；普魯士國家——「建築在理智上」❺；教育和科學——「國家生活中一個主要的環節」。[227] ❻

隨著黑格爾的到來，柏林一夜之間變成了什麼樣呀！那「皮製的、欠缺精神的」國家，蛻變成一個學者共和國。但這種誇大說法並沒有遭到訕笑或懷疑，在威瑪觀察黑格爾事業的歌德，甚至明確表示對他的贊同：「在這個美妙的時代，當然必須有一套學說從某個中心的某處流傳開來，讓一個生命在理論和實踐上都得到增長。」[228]

也就是說，對於像黑格爾這樣的人而言，「美妙的時代」已經成熟。因為當他受到激情感動時，這個在柏林的施瓦本人指的幾乎不是他的同行：備受讚譽的法學家薩維尼（Friedrich Carl von Savigny, 1779-1861）、聰明的神學家詩萊瑪赫（Friedrich Schleiermacher, 1768-1834）或敏銳的美學家索爾格（Karl Wilhelm Ferdinand Solger, 1780-1819）。無庸置疑地，他指的主要是他自己。難怪激烈論戰很快就出現了，因為「美妙的時代」主要包含了激烈的政治辯論。一八一九年三月，耶拿

❸ 引文中譯見：《法哲學原理》，頁12。
❹ 引文中譯見：《法哲學原理》，頁11。
❺ 引文中譯見：《哲學史講演錄》第一卷，頁2，賀麟、王太慶譯，商務印書館，1961。
❻ 引文中譯見：《小邏輯》，頁32，賀麟譯，商務印書館，1996。

學生兄弟會成員桑德（Karl Ludwig Sand）殺死保守派劇作家、出版商兼俄羅斯總領事科策布（August von Kotzebue），此舉使得全體學生和教授各執己見、莫衷一是。自由派和愛國派固然不認同該行為，卻大概贊同桑德的自由主義思想。柏林神學教授德維特（Wilhelm Martin Leberecht de Wette）寫了一封充滿諒解的慰問信給桑德的母親，信裡沒有把桑德視為普通的殺人犯。他隨即遭到普魯士國家免職。黑格爾則是站在國家這一邊，即便他接濟被炒魷魚的同事。

就在黑格爾開始任教時，柏林的教授們注意到普魯士的風向變了。大學並不是無條件的思想自由的庇護所。一八一九年八月，普魯士和奧地利頒布卡爾斯巴德決議（Karlsbader Beschlüsse），兩大國以此打擊追求自由的公眾、日耳曼地區的民族心聲以及參與決策和民主的要求。

讓黑格爾滿意的是，這場「復辟」的怒火也延燒到耶拿的同行雅各・弗里斯（Jakob Friedrich Fries, 1773-1843）。謝林的名氣衰退之後，弗里斯便成為日耳曼地區哲學家當中最重要的競爭對手。他是在費希特底下取得博士學位以及教授資格的少數人之一（不幸也繼承了其猶太迫害思想）。他是哲學家、神學家和法學家，也教授數學和物理學。他很早便對萊恩霍德、費希特和謝林提出明智的批評。弗里斯質疑從最高點或第一原理拆解一切的思辨體系是「科學」，因為就如弗里斯在批評康德時所說的，哲學的最終確定性並不是依據邏輯的一致性而產生，而是透過「理性的自信」，也就是直觀。我們認為有說服力的事物往往只是「直覺」，即審美感受和知覺。

對於他那些觀念論的對手，尤其是對黑格爾來說，那就是「心理主義」（Psychologismus）。黑格爾認為他的體系合乎邏輯、客觀又真實，而不是只憑直覺就讓他明白的東西。從二十和二十一世紀的角度來看，「心理主義」的指控不是什麼威脅。談到確定性，我們現在還是會傾向於弗里斯的觀點：確定性從來都不是客觀的，沒有錯，他往往不是取決於**唯一的**真理。當時的哲學家都喜歡把他們思考的事物侷限為「看似合理的」（plausibel）。而一提到感覺和行為動機的真實性，現在主要是心理學的事。

然而，當黑格爾於一八二〇年十月發表他的柏林巨著《法哲學原理》（*Grundlinien der Philosophie des Rechts oder Naturrecht und Staatswissenschaft im Grundrisse*）時，他並沒有放棄機會在前言裡斥責弗里斯是「膚淺人物的頭目」。[7]在這個時間點，挨罵的弗里斯可以說是四面楚歌：他倡導建立一個具有自由民主憲法的德意志聯邦，也在一八一七年的瓦爾特堡慶典（Wartburgfest）上露面，根據卡爾斯巴德決議，這些已經足夠解聘在耶拿的弗里斯。而恰好在這個時間點，黑格爾在自己著作的序言裡說他是真正國家的敵人。受到那將數千年的理性功夫「都歸屬於**感情**」[8]的「心情、友誼和靈感的麵糊」[9]驅使，弗里斯和他的一丘之貉失去了對法律的尊重。

在他人裡面實現自我

黑格爾知道，他的前言在柏林讓許多人「怒形於色」，特別是薩維尼和詩萊瑪赫。可是他打算把硬碟徹底清理一番，以便把他的作品放到正確的位置——就是關於道德、法律和國家一槌定音的

[7] 引文中譯見：《法哲學原理》，頁5。
[8] 引文中譯見：《法哲學原理》，頁6。
[9] 引文中譯見：《法哲學原理》，頁6。

著作！對他的前輩而言，那些完全是互不相干的事。我們記得，康德和費希特把法律和道德區分得一清二楚：道德是人類和自己協議出來的東西，法律則是國家的秩序框架，它限制個體自由，俾使人人都得以擁有自由。法律並不是基於個人的道德，如同亞當．斯密的經濟不是以道德「善良」的麵包師和商人為基礎；而亞當．斯密眼中市場裡的那隻看不見的手，對康德和費希特來說，就是法律看得見的鐵腕。

黑格爾的看法則截然不同。對他來說，道德個體、法律及倫理國家密不可分地交織在一起。他的關於精神在世界史裡逐步大獲全勝的體系，為他提供這方面的上層結構，在《法哲學原理》末尾一段概述以及後來的《歷史哲學》（*Vorlesungen über die Philosophie der Geschichte*）裡，讀者可以窺見一斑。

基督教和後來的基督教日耳曼文化，接續了散發道德美卻質樸的希臘文化時代，以協助精神回到自我。精神首先作為**主觀精神**（subjektiver Geist）出現，作為每個人的「意識」。這個意識被精神擾動，但是並沒有充滿它。用黑格爾的語言來說，我們的主觀精神僅具備精神性的「形式」（Form）。我們可以憑靈感來感覺、想像和思考，但是我們還無法分辨對錯，因而摸索著過一生。然而，若我們的意志在世界史歷程當中越來越有智慧，那麼也會影響他們，一個文化和歷史開始形成。以黑格爾的話來說，**客觀精神**（objektiver Geist）藉此登場，即我們自我之外的人造世界。純粹的心理學變成了充滿精神的文化，主觀精神裡的單純「形式」在這裡就是單純的「內容」（Inhalt）。在文化中，一切都是確定的、有序的、固定的、制度化的……等等。作為相對於自我內在空間的「外在者」，客觀精神是主觀精神的反命題。最終的目標仍然是綜合命題——**絕對精神**

（absoluter Geist）的實現。藝術已經感性化了絕對精神，基督教則是隱約感知到它——但是直到黑格爾的哲學才真正釋放它。

在二十一世紀，黑格爾關於精神之獲勝的理論，以及他主觀精神、客觀精神和絕對精神的思考方法，只有寥寥無幾的人會相信。其中一個原因是當代史，比方說黑格爾覺得有必要指出一種基督教的日耳曼「民族精神」（Volksgeist）；其次則是一貫地用辯證法來解釋整個人類情感、思想及文化世界，這是個野心太大的計畫。然而，黑格爾的《法哲學原理》仍然有許多值得思考的東西、許多聰明又新穎的事物，它們穿透穿得太緊的概念世界的束腹馬甲而閃閃發光。

黑格爾的起點是「自由意志」。那是什麼東西？對康德和費希特而言，如果不被草率的感覺和傾向驅動和擾亂，也就是如果我們以**反思做決定**，意志就是自由的。唯一的問題是，究竟是誰在我們以反思做決定時告訴我們哪個選擇比較好？如前所述，休姆回答這個問題的方法是，他認為**每個**意志決定都是情感的問題，黑格爾不會覺得這個回答令人滿意。所有意志衝動原則上都相等嗎？在我心裡難道不會有個衝動，想要可以給我**認可**以及正向的「自我感覺」（Selbstgefühl）的東西嗎？當我明白這點，那麼我們的自由意志就在於有意識地意欲有助於我們自我感覺的東西。

為了找出那些東西，我需要其他人。我渴望他們的承認（Anerkennung），為此我則必須同樣承認他們。不被我承認的人對我的承認，那是毫無價值可言的，因為它無法增進我的自我感覺。所以我的意志的目的是經由他人來經驗自我，認清這點而有意識地意欲它，是我的意志中天生的傾向。根據黑格爾的說法，使我的意志自由的不是真正意義下的決定的可能性，而是**在他人裡面完成我自己的自我實現的那個傾向**。自由並不只是隨心所欲，而是經由他人而回到自己。因為我們的意志不是在面對無限可能性時，而是在相互承認的框架下，找到它可以希望追尋和發生的目的和目標。所以說，這不僅關乎知性對我的傾向的控制，關鍵是要在自己心裡感受一種傾向，覺得道德的東西和自己契合而意欲它。

我們的「主觀精神」因此傾向於受到限制——更確切地說就是受限於**承認**！這個概念在康德和尤其費希特那裡便已經扮演著一個角色，但是直到黑格爾，它才以一種如此現代又具有心理洞察力的方式，成為道德理論的焦點。自由意志並不是在思想家額頭裡孤獨地斟酌種種可能性，而是每天都在我們的社會關係當中證明自己。因此，自由的交流和對話便形成所有倫理生活的基本領域。而實現、保護和促進它們，則是國家最重要的任務。黑格爾並不是在柏林才這麼想的，而是在他腦子裡早想了很久。他在普魯士把它化為文字，卻不去抗議宣佈箝制言論的卡爾斯巴德決議，這又是另一回事了。

現在讓我們審視黑格爾認為意志必須踏上並且克服的障礙跑道，以便從**我的**意志轉變成**國家意志**。第一階段是**抽象法**（Das abstrakte Recht）。自啟蒙運動以來，人們便很清楚，人擁有不可剝奪的權利；而對黑格爾來說（有別於洛克），那是指**所有人**。每個人都是「個人」（Person），他們以此身分而應該擁有自由權和財產權。如同他大量研究過的英國經濟學家，他也認為其中任何一樣都不可或缺。黑格爾把人的自由略為單調地詮釋成基督教的功勞（法國啟蒙運動者肯定會大力抗議）。財產自由被他視為資本主義和施泰因和哈登堡（Stein-Hardenberg）的改革的成就，即一八〇七年十月農民解放敕令的結果。如同我們會看到的，這件事也可以從不同的角度去看。無論如何，他並不認為，唯有當人人都有機會獲得財產時，財產自由才會變成真正的權利。

黑格爾不想就這樣停在抽象法，因為對他來說，承認自由及財產權只是第一個階段。相信憑著這類權利就已經實現了倫理的人，黑格爾認為他們什麼都沒有弄懂。因為只知道要堅持自己的權利的人，不會因此就是有道德的人！他們還必須能夠適當地處理它們。享有權利和合乎道德地使用它們，那是兩碼子事。而這正是黑格爾在《法哲學原理》中的重點：權利無法抽象地理解，而是它們總是處於具體的社會脈絡裡。

權利的內容如此，下一個階段，**道德**（Moralität），也不例外。當我可以自由決定什麼對我好或壞時，我在道德上就是自律的。這無疑也是一種價值，但是正如黑格爾在導論裡斷定的，自由的決定總是受限於目的和目標。為了知道什麼對我是好的，我必須在具體的行為可能性之間做選擇。我的意志於是以會為我預定的目的和目標為依歸。因為一切道德行為都是社會行為，而社會並不是我所挑選的，它是一直都存在的背景以及我行動的框架。難怪黑格爾因而反對從霍布斯到康德的所有「契約論」。因為，為了所有人福祉的協議的原始模式，不僅在歷史上是錯誤的（這點所有契約論家都曉得），而是完全無法想像的。每個契約都有一大堆先決條件和觀念，關於國家應該是什麼，現實的國家又一直是什麼樣子。

黑格爾說的沒錯。沒有脈絡，就沒有道德！沒有社會影響、規定和「形成過程」，就不會有偏好、價值觀和行為準則。然而黑格爾還有多更多的想法。當他重挫了道德自律的銳氣時，同時也把自己視為那個時代裡的警鐘。他想到耶拿早期浪漫主義者極端的愛和自由概念，這些概念已經讓他感到厭煩很久了。他想到瓦爾特堡慶典上自由鬥士們的激情，在他看來顯然是無政府主義。他想到接受啟蒙洗禮卻極度不安的知識份子，他們經歷了舊秩序、法國大革命和拿破崙以及現在的復辟，

[599]

而問道：「什麼是我的權利？」在不斷更替的社會秩序框架中，我在何處找得到我的位置？他也想到那些最近托庇於天主教的人，他們想在那裡找到古老的、完好的、專制的世界。在描述他的時代時，黑格爾診斷出「孤獨」、「空虛」、「困境」以及「無規定性之苦」。

他認為這一切都是徒有權利而沒有責任文化、侈言道德自律而沒有指引的結果。也就是說，權利和道德不會是最終階段。對一個真正的**倫理**（Sittlichkeit）盛行的社會、一個讓我的意志和普遍意志融為一體的國家來說，它們反而只是初步階段。或者用黑格爾的話說，是一個讓我的主觀精神和客觀精神和諧一致的國家。

市民家庭

在談到客觀精神時，黑格爾所說的「倫理」並不是指行為動機或個人見解，而是**體制**（Institution）。如果這些受國家保護的體制有考慮到黑格爾的兩個重要基本認知並且實現之，那麼它們就是正當的：人擁有經由**他人的自由承認**而實現的自由意志，而且這種自我實現總是在對它而言最理想的**社會領域**中。因為，國家和法律不應該像盧梭、康德和費希特所主張的那樣，是許多非理性的個人利益的仲裁員和校正器。反之，黑格爾認為每個人天生的理性要在國家裡實現自我。黑格爾並不談個人意志，而是讓國家有如普遍意志一般有組織地由個人意志生成，該普遍意志表示：「**成為一個人，並尊敬他人為人。**」229 [10]

對黑格爾來說，**家庭**是第一種體制。它是私密性的領域，也是基本的自我發展的前意識

[10] 引文中譯見：《法哲學原理》，頁46。

[600]

（vorbewusst）場所。抑或如黑格爾所言：它是「具有自然形式的倫理」。[230][11]在家庭的內部空間，本能得到充分發揮、日常生活井然有序，且孩子們的需求也漸漸成形。自由意志在相互承認當中找到它的第一個活動場域。這樣看起來，家庭就是國家的生殖細胞。這個說法和康德的婚姻觀念天差地遠。那個科尼斯堡的單身漢絕對不會為了國家而需要婚姻和家庭。康德認為婚姻只是對於男人來說代價高得不成比例的契約。相反地，黑格爾則是願意把婚姻和家庭視為在社會上得到滿足的、人們互相照顧的活動場所。我們很難說這位哲學家在這裡是否想到他自己的婚姻和家庭。一八一一年，四十一歲的黑格爾和二十歲的瑪麗（Marie von Tucher）成婚，讓他專注在自己的作品上而無後顧之憂，並且與他育有兩子。不過在此之前，他就有個私生子路德維希（Ludwig），被他當作繼子對待，沒有跟著他姓，並且於一八三一年在印度尼西亞巴達維亞（Batavia）[12]因瘧疾而早自己的父親幾個月殞命。

在他的《法哲學原理》裡以及私底下，黑格爾都認為由國家認定合法的才是家庭。部分的客觀精神只能是受國家規定和保護的事物。因此，沒有婚姻，就沒有「獨特、現實的」家庭。而當黑格爾說「家庭」時，他指的是典型男女角色分配的市民核心家庭（Kleinfamilie）。他認為家庭是適合開展原始情感及需求而和天性相稱的環境。巴爾門（Barmen）工廠主人之子、革命家兼社會哲學家恩格斯（Friedrich Engels, 1820-1895）在《家庭、私有制和國家的起源》（*Der Ursprung der Familie, des Privateigenthums und des Staats*, 1884）裡檢驗了這個命題。對他而言，市民核心家庭並不是擁有

[11] 引文中譯見：《法哲學原理》，頁175。

[12] 即今雅加達。

[601]

歷史真實性的親密關係內部空間，大家庭和宗族才是。相較之下，核心家庭則是十九世紀的市民社會發展出來的萎縮形式。真相其實很複雜。因為一方面，在工業化之前的歐洲人確實不是生活在基於戀愛婚姻的核心家庭中。但是另一方面，由於死亡者年齡偏低，多代家庭也相當罕見。

由於黑格爾的僵化概念，認為只有市民核心家庭才是自由意志的私密空間，因而經常遭受批評。遺憾的是，就連黑格爾以前熱烈歌頌的友誼，也隨之從家庭的檯面上被遺忘。然而，友誼無法被國家體制化，它並沒有諸如繼承權之類的社會問題。黑格爾無視於羅馬法傳統而反對遺囑。一個人賺得的一切財產都應該且必須留在家庭中。黑格爾認為如此可以保護、穩定且造福社會。這個看法和法國早期社會主義者聖西門（Claude-Henri de Saint-Simon, 1760-1825）及其學生巴札爾（Saint-Amand Bazard, 1791-1832）完全相反。他們認為把遺產留給親屬的原則，正好是對於共同福祉最大的打擊。把自己的財產和土地傳下去的人，使得勤奮和才幹的遊戲規則失效，並造成社會日益嚴重的失衡。巴札爾因此提議徵收百分之百的遺產稅，讓最有能力和勤奮的人得到報酬，而不是受之有愧的特權階級。這個主意至今天吸引著若干社會評論家，就算實際上幾乎不可能實現。

[602]

市民社會

相反地，黑格爾則不把財產固定在個人身上，而是固定在家庭裡。只有這樣，它才能作為倫理單位而延續下去，從而成為內部團結的「命題」。他忠於辯證法模式，在**市民社會**中找到「反命題」。該概念自一七六八年以來在德國就很有名。當時蓋弗（Garve）把蘇格蘭社會倫理學家亞當・福格森（Adam Ferguson, 1723-1816）的《文明社會史論》（*An Essay on the History of Civil*

[603]

Society）翻譯成德文版的《市民社會史論》（*Versuch über die Geschichte der bürgerlichen Gesellschaft*）。黑格爾依據福格森的說法，認為人類一直都生活在團體和社會群體中。倫理的主體不是個人而是集體，倫理是競爭和相互愛慕之間複雜的交互作用的結果。

市民社會意味著競爭，這對黑格爾來說也是顯而易見的；英國經濟學家亞當．斯密和李嘉圖（David Ricardo, 1772-1823）的透徹研究讓他認識到這點。法國人賽伊（Jean-Baptiste Say, 1767-1832）的研究也一樣。作為利己主義的戰場，市民社會是家庭的「反命題」。男人（而不是女人）走出前意識的愛的聯繫的親密環境，踏入一個非個人的生意關係的冷漠世界。以前是由愛慕和理解主導的，現在則是由「資本」和「技能」在支配。算數的不是私人，而是職業人。每個人都自私地追求相同的目標：滿足自己的物質需求。而社會則用法律、警察和行政部門確保他們的安全，藉此幫助他們達成該目標。

黑格爾對於市民社會理論的貢獻相當重要。對古希臘人柏拉圖和亞里斯多德而言，社會分成兩極：家計（oikos）的世界以及國家（polis）的公共世界。黑格爾現在導入市民社會介於兩者之間並調解的附加層級，但是他這樣做並不容易。他認為社會是什麼東西？是通往國家道路上的**頑固的反命題**？或者是在家庭之後的**倫理的第二初步階段**？按照他的體系，市民社會應該兼而有之。可是冷酷的競爭和倫理真的能搭配在一起嗎？亞當．斯密、李嘉圖和賽伊認為可以。黑格爾講解道，「主觀的利己心」提供「對其他一切人的需要得到滿足是有幫助的東西」，而「一切人相互依賴全面交織」創造出「普遍財富」。[231] ⑬

⑬ 引文中譯見：《法哲學原理》，頁210-211。

[604]

在這點上，就連黑格爾也是自由主義者，並且遵循古典經濟學的見解和承諾。可是普魯士不是英格蘭，黑格爾的世界是農民、政府官員和商人的世界。英格蘭長久以來的第四階級，工業無產階級，在這裡完全不存在。黑格爾的階級秩度只有三個階級。但往英格蘭一望，見多識廣的他很清楚將來普魯士可能也會面臨的事。市場「看不見的手」並不只會創造出公平的利益平衡及普遍的富足，更會造成大規模的貧困：「當廣大群眾的生活降到一定水平——作為社會成員所必需的自然而然得到調整的水平——之下，從而喪失了自食其力的這種正義、正直和自尊的感情時，就會產生**賤民**，而賤民之產生同時使不平均的財富更容易集中在少數人手上。」[232][14]

也就是說，「賤民」的貧困化是個未解的問題，但是應該由此得出什麼結論呢？在英格蘭，作家、記者兼社會哲學家威廉·戈德溫（William Godwin, 1756-1836）於一七九三年寫了上下兩冊的《政治正義論》（*Enquiry Concerning Political Justice and its Influence on Morals and Happiness*）。如同黑格爾，戈德溫也相信理性站在他那邊。它驅使人類追求美德、正義和倫理行為。而且他也認為，人類的歷史是追求完美的任務：理性必須被協助取得勝利！因此，一切妨礙理性和道德自由發展的體制，都必須被排除：不必要的私人財產的擁有、自由貿易和金融投機活動，還有處處干涉個人事務乃至以婚姻制度介入感情生活的國家權力！作為社會主義以及無政府主義之父，戈德溫認為對於黑格爾極力辯護的市民社會和國家的非暴力反抗才是救贖之路。而當黑格爾於一八〇五年在耶拿為君主制度辯護、把統治者稱為「直接、自然者」時，英國醫生兼社會改革家查爾斯·霍爾

[14] 引文中譯見：《法哲學原理》，頁244。

（Charles Hall, 1745-1825）則在《文明對歐洲國家人民的影響》（*The Effects of Civilization on the People in European States*）裡提到勞資雙方無法彌補的對立：窮人的損失是富人的收益。

類似於當今許多「左派」的想法，霍爾認為救贖在於過去。在於公有化的土地，以手工匠取代工廠工人，而簡樸的人們也不再渴望財富和奢侈。即便黑格爾經常為了挽救舊時的美好而緬懷過去，但是不同於霍爾，他並不相信有另一種可能性。他很確定自由派經濟學家所講的：不可以伸手去緊抓造福社會的資本主義齒輪的輻條！就算是以溫和的方式、用社會福利國家的平衡之手去抓都不可以。他不信任憑藉稅賦的重新分配，而相信資本主義的內在辯證：現有貧窮化命題的反命題在於開拓新市場。一部份的賤民為何不到海外殖民地當農民呢？這條解決途徑的有限性，在十九世紀初的黑格爾看來顯得還很遙遠。還有很多土地可以佔領、有新的成長市場可以開闢，這些是直到二十一世紀才徹底消失的選擇。

然而，黑格爾的敬虔派心裡卻住著兩種不同的精神。一方面，他信賴資本主義經濟制度的冷酷邏輯。但是另一方面，他又跟當時許多人一樣，夢想著以中世紀為典範的友善而有序的經濟結構。當黑格爾希望有「同業公會」（Korporation）時，他想的是行會、個人於其中「得到承認」的行業協會，因為「他屬於一個整體，而這種整體本身是普遍社會的一個環節，又他有志並致力於這種整體的無私目的……。因此，他在他的等級中具有他應有的尊嚴」。[233][15]自私自利的資本主義難道會需要無私的綠洲、甚至階級的尊嚴嗎？

[15] 引文中譯見：《法哲學原理》，頁249-250。

[606]

黑格爾並不是唯一這麼想的人。在德勒斯登，柏林哲學家亞當．米勒（Adam Müller von Nitterdorf, 1779-1829）於一八〇八到一八〇九年間開設關於國家的講演課。他和黑格爾一樣，不認為國家是了企業成功的目的聯盟：國家「並非單純的製造廠、乳牛場、保險機構或重商主義集團；它把一個民族的全數身心需求、全體身心財富、全部內在與外在生活都緊密連結成一個龐大、充滿活力、具有無限動力與生命力的的整體。」[234]在他的一八一六年於萊比錫寫成的《新貨幣理論》（*Versuche einer neuen Theorie des Geldes*）中，米勒沒有把貨幣的功能解釋成交換媒介，而是一種把私人財產有組織地和社會連接起來的媒介。創造出金錢的不是卑劣的獲利行為，而是「團結的需求」，因此也不必把它約束在金本位上。[16]因為貨幣具有的唯一價值——他一八〇九年便已經寫道——那就是和「市民社會相關」的「交際價值」。[235]現今所謂的區域貨幣也受到同樣精神的助長，例如著名的「基姆高幣」（Chiemgauer）[17]，它們維持該地區的購買力，並有意識地限制任何國際貨幣市場政策和金融市場投機活動。

就像對於對中世紀行會的讚揚一樣，黑格爾和米勒對於國家理解也很相近。對黑格爾來說，市場所破壞的東西，「同業公會」就應當予以保障：個人與倫理。勞資雙方唯有在公開透明的聯盟中協定他們的利益，市民社會裡才有倫理的空間，這可以說是社會民主主義思想，也預示了二十世紀勞資協商。而黑格爾也見識到由於勞動「機械化」，也就是因為機器而產生的巨大經濟變革。這位哲學家知道，那些變革將會擴大「束縛於這種勞動的階級的依賴性和匱乏」，勞工將會「細分和心

[607]

⓰ 十九世紀開始盛行的一種貴金屬貨幣制度。在金本位制度裡，每單位的貨幣價值等同於貨幣含金量。

⓱ 二〇〇三年起在德國巴伐利亞邦南端基姆湖畔普林（Prien am Chiemsee）流通的區域貨幣，幣值與歐元相等。

理局限」自我。236[18]如果說後來的馬克思提出勞工的「異化」（Entfremdung），那麼黑格爾早就一針見血地指出來了。

但是他卻來回搖擺不定：黑格爾一會兒是無情的自由派，認為當前和未來的大規模貧困化是不能挽回而必須接受；一會兒他又是反動的保守派，在原始的、私人的和倫理的群體中尋求經濟救贖。這讓他的體系產生一個矛盾：市民社會一方面顯得是家庭的反命題，另一方面則是倫理的初步階段。它只有在不被「同業公會」倫理化時才是反命題；而唯有在反命題的競賽緩解的情況下，它才能是倫理的初步階段。

黑格爾的國家

作為完美的「意志共同體」（Willensgemeinschaft）的國家必須是什麼樣子？它是一套權力與約束的體系，卻又是每個體自由的最高體現嗎？黑格爾獨自把他有關國家、制度及其「憲法」的想法反覆思考了二十年，猶如一顆越滾越大的雪球。而每加上一層新的雪，它便改變一點自己的形狀。

那又是什麼樣的二十年？當法國大革命許諾著一個新世界時，黑格爾十九歲；當拿破崙在耶拿凱旋騎馬經過他的窗邊、新時代隨之而來時，他三十六歲。他目睹德意志諸侯國在改革精神和復辟之間來回拉扯，舊時的貴族政治到處都在失勢。可是來自法國的新事物真的令人信服嗎？市民社會

[18] 引文中譯見：《法哲學原理》，頁244。

的藍圖由英格蘭提供，但英國卻是自成一體的帝國，不是像德意志中小型諸國那般拼湊而成的地毯。黑格爾的時代是一個歐洲、兩套速度：在英格蘭，攪煉爐的煙囪燻黑空氣，勞動和資本無情地分開，自由主義、社會主義及無政府主義成為世界觀。一八二〇年，黑格爾仍然生活在普魯士的等級制國家，沒有憲法也沒有全國人民代表。而且，從銅渠街的窗戶望出去看不到磚製煙囪，而會瞧見柏林烘焙同業公會整齊的麵粉倉庫，大門上方有揹著麵粉袋的小天使石像在那兒嬉戲。

此景當前，黑格爾在一八二〇年以關於國家的最後一章完成他的《法哲學原理》。他把自己的著作寫成一節節條文，彷彿國王腓特烈・威廉三世（Friedrich Wilhelm III.）親自授命他這麼做似的（此人從未有過如此打算）。好比一名柏拉圖式的立法者、一個哲人王，他訂定出國家的理念：其憲法、哲學意義、制度的職能、各自的職權以及等級的含義，直至眾多細節問題。光是第一句話就透露了他的高唱入雲：「國家是倫理理念的現實——是作為**顯示出來的**、自知的實體性意志的倫理精神，這種倫理精神思考自身和知道自身，並完成一切它所知道的，而且只是完成它所知道的。」237 ⑲

比起其他一切，國家才是黑格爾書寫的重點，他寫的不是倫理學，而是一套法律哲學。如前所述，黑格爾不認識任何不實現於社會框架中的倫理學。國家框架和倫理意志自始便密不可分地交織在一起。對黑格爾來說缺一不可。**君主**（Souverän）因此也不是個別的人，既不是統治者也非被支配者，而是國家本身！黑格爾談到的不是像盧梭主張的人民主權（Volkssouveränität），而是「國家主權」（Staatssouveränität）。如果說國家作為綜合命題而「揚棄」（也就是**限制**並透過限制而

[609]

⑲ 引文中譯見：《法哲學原理》，頁253。

實現）所有人的自由意志，那麼它就是實際上的君主。這個定義是新的，因為自從博丹（Bodin）以來，君主就是一個人，而在盧梭的主張裡一樣也是人，即全體市民。當政治學者談及「國家主權」時，他們指的國家相對於其他國家的自由；反之，對黑格爾而言，「國家主權」不是什麼國際法概念，而是哲學概念，並且它不僅適用於外部，更尤其適用於內部。

黑格爾的國家是個自由又有生命力的有機體，由倫理、理性和精神構成，而不是透過契約。就是因為這樣，只會有一種國家理解和一套國家模式存在，而不是若干相異的形式。藉著他對於國家的見解，黑格爾擁護絕對而普遍的主張。國家可能、應該且可以成為的樣子就是如此，也唯有如此，也就是黑格爾擬定的那樣。如果有所不同，那麼它便不會是絕對者作為客觀精神而實現於生命的感性和物質條件裡的真理。

柏拉圖、馬基維利、洛克甚至盧梭，都沒有這樣要求自己以及他們的國家理解。然而，黑格爾的國家模式其實沒有其他替代方案。如果他的國家是基於每個人的自我意識，並從那裡以辯證的方式變成客觀倫理，那麼它就只能是黑格爾所描繪的那樣而別無選擇。而就邏輯上而言，他的國民（該概念直到黑格爾之後才興起）都是愛國者。他們對國家感到歡欣鼓舞，因為它是他們共同實現的意志。這位德國哲學家年輕時從盧梭汲取這個激情思想，並且一直放在心裡。當黑格爾談到**愛國主義**（Patriotismus）時，他想到的不是普魯士優於別的國家，也不是那些醞釀著德國統一、對抗拿破崙的自由鬥士的民族怒火；他想到的是滿腔熱忱的市民，如同盧梭的主張的，他們堅定不移地認同自己的國家。

只不過現在，這個理想國家卻在許多方面都顯然在和一八二〇年的普魯士一搭一唱。難怪早在

[610]

十九世紀，黑格爾就被斥為「普魯士的國家哲學家」。黑格爾專家通常會反對這個說法。許多關於國家的想法難道不是從耶拿時期就蟄伏在黑格爾心裡了嗎？而普魯士和黑格爾的國家之間難道不存在大量差異嗎？況且，即使課堂上的聽眾除了學生以外還有許多普魯士官員、公職人員和軍官，卻沒有聽說政府要求他撰寫《法哲學原理》。

儘管如此，「普魯士的國家哲學家」的譏評卻非憑空而來。當黑格爾在寫有關軍隊秩序、城市自治、等級以及作為國家中流砥柱的公務員的內容時，他心裡想的是當時的普魯士。黑格爾視自己為市民階層的亞里斯多德，但同時也是未獲世俗受命的普魯士立法者，權力不是國王授予他的，而是哲學本身。不過，黑格爾的經濟思想卻領先當時的普魯士，並且期望未來可以迎頭趕上英國。他甚至主張陪審團制度而引起不滿，因為腓特烈・威廉三世和奧地利的梅特涅（Klemens Wenzel von Metternich）正是要以卡爾斯巴德決議遏止這種弊病。然而，若是說黑格爾反對以孟德斯鳩為典範的權力分立，如果他甚至把「王權」定義為理性國家唯一想像得到的頂點，那麼他順服且支持國家的程度，就是普魯士國王求之不得的。

當時和現今的讀者都會感到奇怪的是，一個作為全體意志的國家怎麼會合理地推論出君主專制。當黑格爾稱讚中產階級是國家的中流砥柱時，他很接近亞里斯多德和作為社會平衡的中庸之道（*mésoi*），只是亞里斯多德心裡想著的不是普魯士公務員。然而，亞里斯多德認為君主制度是所有政體中最危險的，因為它最容易被濫用。而他的中庸之道也沒有使他受到國王和政府任命或位居要津。「基於每個人意志的國家在其頂點再度需要一個單獨個體」，這個理由或許說服了他，但「它應該是世襲君主制」這個觀點就不行了。

對黑格爾而言，體現國家裡每個人意志的是統治者的「人格」（Persönlichkeit）。但是這樣的話，站在國家頂點的，不就必須是那個被認為最有能力那麼做的人格嗎？如此一來，像王室繼承那樣選擇偶然的人物的作法，便會被排除。有黑格爾專家猜想，這個哲學家一點也不打算得罪審查機關。另一些人認為，他在柏林大學的卓越地位讓他感到志得意滿，使得他在面對讓他有這般成就的國家時態度變得非常欠缺批判性。更有人指出，黑格爾對君權時強時弱的尊敬早就出沒在他早期的政治著作裡。

無論如何，黑格爾的君主專制至少不是「君主」，後者是指國家本身。站在頂點僅只意味著站 [612]
在一條由強大行政部門（黑格爾所謂的政權）預定的道路盡頭。只不過，據說腓特烈・威廉三世曾問：他要是否決行政部門的決議的話，又會怎麼樣？就連黑格爾早期擁護的等級代表的理想，在普魯士也只是在下等的行政級別才有重要性。他一般來說不太信任人民，他們是國家裡「**不知道自己需要什麼的那一部分人**」 238 [20]，而他卻指望等級代表大會創造出普遍的利益平衡。貴族與教會、公職人員、經商人士以及農業領域的經驗豐富代表若會晤，據稱他們便會以溫和的方式調解人民和國家權力。

相較之下，黑格爾反對進步思想家於德國各地要求的普遍選舉權。面對新聞自由，他也抱持謹慎態度。黑格爾認為大學是個自由的思考空間而應該受到保護，然而這位暫時的報紙編輯卻並不怎麼看重自己從前的職業。為什麼市民該擁有「要說就說，要寫就寫的自由」[21]呢？人們又不能要做

[20] 引文中譯見：《法哲學原理》，頁319。
[21] 引文中譯見：《法哲學原理》，頁335。

什麼就做什麼。239在理想國家裡，新聞界反正沒有多少東西可以批評的。這位教授認為和大眾相關的辯論空間是在大學內，他既沒想到也不期望大眾媒體作為商業模式和「第四權」。

世界精神的變化無常：理性的詭計？

對黑格爾來說，他的國家模式是一種永恆的國家，是客觀精神的實現。然而他卻也看見世界歷史繼續在轉動。當他的國家實現時，到處都會存在這樣的模式嗎？而它們會停留在一八二〇年的既有界限內、歷史會迎來終結嗎？關於領土的方面，黑格爾的態度則是猶豫不決得不可思議，幾乎到了漠不關心的地步。康德的「永久和平」理想，他不曉得有何用處。他一輩子都相信戰爭是現實政治的手段。世界歷史的進程，即作為所有人類和文化總和的「世界精神」，顯然需要戰爭，才能從東方世界、希臘和羅馬世界、基督教和基督教日耳曼（指「歐洲」）世界而前進至終點。由於基督教日耳曼世界分裂成各種民族性格（「民族精神」），所以戰爭就連在當時也不可避免。只不過**不應該**以惡意計畫和進行。康德認為說什麼都「不行」，黑格爾則是說「最好不要」。對黑格爾而言，康德認為神聖的國際法並非法律基礎，而是一份意向書，和現在世界大國的看法大同小異。

和康德相反，黑格爾不是世界公民，也不是「聯邦」或「國際聯盟」的支持者。他很早就反對許多啟蒙運動者的世界主義。比起黑格爾，歐盟和聯合國都更多是拜康德所賜。對普魯士秩序的看守哲學家來說，不存在也不應該存在任何凌駕於民族國家之上的合法威權，就算是為了維護和平也不行。除了他的「不應該」之外，黑格爾還看到戰爭作為滌清一切的雷陣雨的正面：好比湖水被防止腐臭的風吹動翻攪一樣，戰爭也淨化了「各國民族的倫理健康」。[22]這些無疑都是駭人聽聞的說法，這不是在正當化侵略戰爭嗎？而且這不就意味著，國家（甚至黑格爾的理想國）少了戰爭就會逐漸腐化，因為它們被設計得過於靜態？使社會生生不息的遷徙的動態影響、社會利益的競爭以及文化和科技對生活世界的改變，它們都在哪裡？只有在理想國裡中止這一切的人，才可能需要戰爭來重振國家精神。

至少，黑格爾因而不抱以下幻想：如康德所認為，共和國的人民永遠不會同意發動侵略或干預戰爭。該想法激勵了霍爾的社會主義烏托邦，對他來說，一個沒有資本主義經濟的社會，原則上就是和平主義的了。不斷進步的世界精神讓今天的我們明白了：民主社會和社會主義的社會一樣都會決議發動戰爭，即便不是通過公投決定。

[614]

所以世界歷史就是、也永遠會是「屠宰場」，只不過是在不斷上升當中。因為所有的盛衰興廢，都不會掩蓋掉精神越來越靠近自己的事實。歷史上有些事物看起來雜亂無章、甚至荒謬又怪誕，但是它們卻循著一套朝著絕對者努力邁進的邏輯。所以說，就連黑格爾無法完全否認的偶發事件，也都有一套方法。因為，短期看來往往相當荒唐的、長期看來卻是好的「理性的詭計」（List der Vernunft），到頭來總是會獲勝。這種理性屬於基督教而不是希臘或羅馬，而它的首次實現是在歐洲，更確切地說，是在普魯士。基督徒的救贖史和世界歷史都遵循相同的模範，即那條通往世界裡的精神現實的道路。打從一開始，黑格爾敬虔派的內心就在尋找讓基督教救贖事蹟和世界歷程和

㉒ 引文中譯見：《法哲學原理》，頁341。

解的一個括弧。終於他在普魯士國家裡找到了，它讓教會作為教會，畢竟後者在精神上與國家相似。就算黑格爾毫不掩飾自己終究只把基督新教視為真正的宗教，他卻仍然支持面對所有信仰不同者的宗教寬容。要對猶太人做到這件事，對他來說是輕而易舉，他必須強迫自己的，就只有他內心深深看不起的天主教。

如果說黑格爾在他的年輕歲月裡依然相信絕對者的時代還很遙遠，那麼他現在就見識到它的來臨。隨著《法哲學原理》的完成，以及他的《哲學史講演錄》（*Vorlesungen über die Geschichte der Philosophie*），普魯士官僚制國家對他來說就是「歷史的終結」。希臘或羅馬時代都沒有辦到，直到基督教理性時代才解放了精神並且引導它回到自我，一切圓滿完成於普魯士。精神的體制內長征宣告結束，客觀精神得到實現。一八三〇年春季，隨著他對於《哲學全書》（*Enzyklopädie der philosophischen Wissenschaften*）進行了最後修訂，以下囑咐就此拍板定案，彷彿銘刻在岩石上頭：介於奧得河與梅梅爾（Memel）[23]、波羅的海與尼薩河之間，在布蘭登堡梅爾基施地區的馬鈴薯田上，以及普魯士模範官員的辦公室裡的世界精神，它最終退役了。現在，其他歐洲國家的「民族精神」只要仿效普魯士的典範就行了。

它們並沒有這麼做！一八三〇年七月，《哲學全書》完成的幾個星期之後，巴黎的法國人再度上街抗爭。黑格爾以為的歷史的終結——基於行政部門和官僚機構的君主制度以及歐洲保守勢力的「神聖同盟」（Heilige Allianz）——讓法國的自由派覺得難以忍受又站不住腳。黑格爾既震驚又擔

[23] 今立陶宛克萊佩達（Klaipeda），「梅梅爾」乃其德語舊名。

憂。他只有在三年前去過巴黎一次，而在印象深刻之餘，活躍多彩的大都會，他不得不承認的「文明世界的首都」，令他接應不暇。他自吹自擂的柏林頓時顯得多麼褊狹，其大學與公共建築是多麼矮小，其節奏多麼遲緩，有教養的公眾多麼容易操弄啊！然而，無論客觀精神在哪獲得了實現，不管是在巴黎還是柏林，有一件事對黑格爾來說怎麼樣都很重要：不要再發生革命了！

讓他那麼想的，是在擔憂自己的生命、一度遭到拿破崙士兵代表的世界精神驅趕而逃離耶拿的他嗎？還是他對自己那套「不能發生之事為此便不准發生」的哲學的憂慮呢？在法國人再次重新探討整體的情況下，歷史要如何終結呢？黑格爾目睹了比利時迅速建國，以及波蘭發生對抗沙皇的起義。他在安撫自己和眾多學生時，只是敷衍了事地說，世界歷史上的一切顯然都會發生兩次：凱撒（Gaius Julius Cäsar）和後來的奧古斯都在羅馬推行君主專制，拿破崙兩次垮台，而現在波旁國王也兩度被驅逐。（後來，馬克思在寫他有關拿破崙三世〔Napoleon III.〕奪權的著作時，想必是開玩笑地提到這點而寫道：「黑格爾在某個地方說過，一切偉大的世界歷史事變和人物，可以說都出現兩次。他忘記補充一點：第一次是作為悲劇出現，第二次是作為笑劇出現。」[240][24]

[616]

黑格爾在「英國改革法案」中看見對他世界體系的下一波打擊。受到巴黎革命的鼓舞，英國人於一八三一年下定決心要改變他們長久以來的選舉權。法律修正案確實不是什麼驚天動地之舉，而只是適度的改革。然而，認為附帶財產條款之英國選舉權過於資本主義的黑格爾，同樣也反對這項革新。他又一次見到革命爆發的危險正在醞釀。最後，國王腓特烈．威廉三世禁止自己的「國家哲

㉔ 引文中譯見：《馬克思恩格斯全集》第八卷，頁117，中共中央編譯局譯，人民出版社，2016。

學家」在國家報紙上發表意見。無論黑格爾再怎麼大力誇讚普魯士國家，與英格蘭的有利和平更為重要，現實政治優先於信念政治，但是兩者不是原本應該於歷史的終結融為一體了嗎？

年屆六十時的黑格爾終於感到時不我與，對這個「世界精神的書記」來說，是讓他相當驚慌失措的狀況！他搞錯了嗎？他的國家哲學難道並不是真理和現實，而只是用來維持非永久性狀態的一套規則集而已？就某方面來說，黑格爾一直都很老謀深算，少年老成的情況也不少見，可是現在他也感覺自己是顆「老邁的心」。「當哲學把它的灰色繪成灰色的時候，這一生活型態就變老了。對灰色繪成灰色，不能使生活型態變得年輕，而只能作為認識的對象。密納發（Minerva）的貓頭鷹要等黃昏到來，才會起飛。」241[25]藉著這段著名的詩意話語，他在《法哲學原理》的序言中歌頌年紀的成熟是認知的時期。但是此時，在他人生逐漸低垂的暮色中，密納發的貓頭鷹卻看似迷失了方向。一八三一年十一月十四日，黑格爾因染上由波蘭擴散的霍亂而逝世，然而可能也死於某種慢性胃病。

曾經的真實，現在的混亂

黑格爾認為，隨著他的寫作完成，歷史也就到了終點。他和自己以及世界的長期角力，新的個人主義和新的國家理性（Staatsraison）之間的緊張關係，當時歐洲許多人都努力想解決的問題，隨著黑格爾的哲學體系走進了死胡同。在黑格爾眼裡推動世界的「理性」主張說，凡現實的就是理性

[617]

[617]

[25] 引文中譯見：《法哲學原理》，頁14。

的，而不是混亂；理性需要一個作為「客觀精神」的國家，儘管國家源自個人自由，但這些自由最後卻不只被國家「揚棄」，甚至被吞噬了。

無論如何，黑格爾的批評者是這麼看的。這位著名的哲學家自一八二九年起一直是大學校長，並且在教育部長馮斯坦（Karl vom Stein zum Altenstein, 1770-1840）的保護之下，成為一個桃李滿天下的時代巨人。他會不會其實一直沉溺在封閉而遺世獨立的概念世界裡，對於任何批評都不為所動呢？不過許多學子並沒有那麼忠誠地跟隨著他，競相自成一家之言，擁有自己的「世界觀」。而且，無論批評者是保守派或自由派，他們都指責說黑格爾的強大國家剝削了人們的自由。保守派抱怨說，在黑格爾的專制國家裡，許多傳統和環境都消失了。而「左派黑格爾」也有相似的看法。只不過他們比較少哀悼傳統，而更在意黑格爾的國家機器裡具體自由的喪失。而一點也不民主的普魯士官僚國家居然會是歷史的終點，批評者認為那是黑格爾的哲學體系的致命傷甚至是愚蠢的。如果歷史真的有終點，批評者認為它（其實年輕的黑格爾也是一樣的想法）還在遙遠的未來。在某個意義下，黑格爾的學生費爾巴哈（Ludwig Feuerbach, 1804-1872）和史提納（Max Stirner, 1806-1856），以及後來的馬克思和拉薩爾（Ferdinand Lassalle, 1825-1864）都是這樣想的。

黑格爾的歷史樂觀主義是錯的嗎？或那僅是把對普魯士國的偶像崇拜當作一切的終點？英國自由主義者早就堅信，歷史正馬不停蹄往更好的未來奔去。政治經濟學的古典學者大抵上都抱持樂觀主義：即便資本主義有時舉止粗魯殘暴，卻仍舊帶領人類獲得自由，促進個人主義，並讓越來越多人得到物質幸福。

就像後來的黑格爾一樣，輝格黨認為人類的歷史一直遵循某個更高階的法則。決定世界走向的

[618]

從來不是巧合、心理學的或難以捉摸的社會的結構，而是某種邏輯模型。歷史規律不取決於個人，而是高於人類的。如果有人洞察且正確預測或揭露歷史的規律性，他所理解的就不只是歷史的過去與現在，而是成為預言未來的先知。

準確預測未來，是十八世紀的夢想，可以像天文學家計算出行星的運行、宇宙星群和碰撞那樣，計算出明確的未來，這是多麼美妙的理想。未來曾經是教會的事，而輝格黨卻把應許和天堂擺在人間。天堂的預兆便是自由貿易、所有公民階級的共治、投票權、議會制民主和法治國家。

但是黑格爾覺得這樣的想法太膚淺了，因為現實告訴我們，個人的自由權利並不會直接走向國家理性，而必須以辯證的方式前進。個人利益要等於他人的利益，這預設了理性國家的存在。孔多塞對此也有一樣的見解，只不過他的家是自動而順理成章地源自理性，因而幾乎不必思考什麼實務上的問題。而梅西耶更想像法國人在西元二四四〇年可能會樂意納稅（這在西元二〇一七年仍舊是個高尚的目標，不過我們還有四百二十三年可以可以期待。在那之前，塞納河與萊茵河依舊會有湍流河水）。

經濟成就在長期來看，會自動導致理性國家的產生，這顯然是個我們不應該信賴的說法；我們難道沒有看到，現在世界各地都有經濟繁榮的國家，他們的政治模式既不理性也不民主，更遑論公益或自由？我們可以想想沙烏地阿拉伯等海灣國家。他們的社會模型仍舊是宗教性的、封建的、威權的，可是他們的資本主義式的效率思維卻是相當現代化的。黑格爾早在十九世紀就有此預感。國家才是倫理的領域，而不是公民社會（經濟之所在）。看看英國的社會關係，就知道「經濟可以創造道德」的論調有多麼荒謬。理性國家是否表現所有人的意志，需要視情況而定，經濟不會是唯一的促成因素。

因此，當美國政治和哲學家法蘭西斯・福山（Francis Fukuyama, 1952-）在一九九二年宣告「歷 [620] 史的終結」時，就更加顯得荒誕。福山說，當國家社會主義（Staatssozialismus）被擊垮，勝利的不只是資本主義，更是一個究竟正義時代的開端。但是不到幾年，這個「歷史終結」的大膽主張就崩潰了。福山就和他的偶像黑格爾一樣，無法繼續堅持自己的樂觀主義，柏林圍牆的倒塌和蘇聯的解體並沒有讓世界長久安寧，也沒有為重大的政治問題提供解答。

如果現在的哲學家想要延續黑格爾的《法哲學原理》，就不能沒有像加拿大人查爾斯・泰勒（Charles Taylor, 1931-）或蘇格蘭人阿拉斯戴爾・麥金太爾（Alasdair MacIntyre, 1929-）那樣精密的解剖刀。他們現在想要搞清楚的，是思想、道德和社會是否可以正確地銜接在一起。批判理論（die Kritische Theorie）學者哈伯瑪斯（Jürgen Habermas, 1929-）和霍耐特（Axel Honneth, 1949-），他們剝開了覆蓋在黑格爾身上的精神哲學厚繭。突破這層厚繭而展現在他們面前的，是一種「相互承認」（wechselseitige Anerkennung）的基本思想：「在你裡面的我」（Ich im Du），它不只值得被保留，對我們時代的重要性更是歷久彌新；這個黑格爾解讀是出自俄裔法國哲學家亞歷山大・科耶夫（Alexandre Kojève, 1902-1968）。

然而黑格爾最終在《精神現象學》和《小邏輯》的助跑之後接著要建立的偉大體系（但是還沒有完成），至今卻仍是風景畫裡空蕩蕩的樓房。這座精神的廢墟，告訴所有人說，偉大哲學的時代已然過去。在黑格爾之後，沒有任何的偉大哲學家可以說自己的哲學就是唯一的哲學，更不會說是真理或真實。一切真理都在每個人的精神裡，而且只要人們跟隨那個最偉大的哲學家的足跡，就可 [621]

以逐步揭露真理，這樣的主張，現在看來宛如來自另一個時代、另一個思想世界。和我們現在的想法相左的另一個矛盾的是，基督教信仰和理性哲學到頭來不僅下場一樣，更為了相同的目標而互相咆哮。

以前在哲學裡被視為真實的事物，現在看來，則只是眾多世界觀其中之一。對這位大師來說，是「罪大惡極」的觀點和最痛澈心肺的羞辱！但是他還必須親眼見證，那位年紀輕輕就充滿野心的男人在柏林大學刻意開了一門和他自己衝堂的講演課，侃侃談論這個世界之不理性，甚至是荒謬。真是厚顏無恥的傢伙！黑格爾眼裡永恆的、超越時間的理性，對這位年輕人來說，只是人類的施設造作，只是動物的小聰明，是「意志與表象」。於是，他以及其他激進的黑格爾批評者開啟了現代哲學，這個年輕人的名字是：亞瑟．叔本華（Arthur Schopenhauer, 1788-1860）……

附錄

引用文獻

1. Smith: *Wohlstand der Nationen*, S. 17 f.
2. 另見：Kenny: *Geschichte der abendländischen Philosophie*, 3. Bd., S. 119-121.
3. Manetti: *Über die Würde und Erhabenheit des Menschen*, S. 79.
4. 同前揭：S. 80 f.
5. Alberti: *Zehn Bücher über die Baukunst*, S. 13.
6. Pico della Mirandola: *De hominis dignitate*, S. 6 f.
7. Erasmus: *Das Lob der Torheit*, S. 44. http://www.welckeronline.de/Texte/Erasmus/ torheit.pdf.
8. Erasmus: *Julius vor der verschlossenen Himmelstür*, 引自：Wikipedia.
9. 引自：Chadwick:*The Reformation*, S. 402.
10. Morus: *Utopia*, S. 69.
11. Morus: *Utopia*, S. 130.
12. Roßmann: *Commentariolus*, S. 66.
13. 引自：Blumenberg: *Die Genesis der kopernikanischen Welt*, Bd. 2, S. 375.
14. 引自：Ingensiep: *Die Geschichte der Planzenseele*, S. 195.
15. 引自：Blumenberg: *Die Genesis der kopernikanischen Welt*, Bd. 2, S. 428.
16. 同前揭：S. 429.
17. 同前揭：S. 432.
18. 同前揭：S. 437.
19. 引自：Grefrath: *Montaigne heute*, S. 225.
20. 同前揭：S. 225 f.
21. 同前揭：S. 216.
22. 引自：Ingensiep: *Geschichte der Planzenseele*, S. 206.

23. Descartes: *Discours*, S. 27.
24. Descartes: *Œuvres* I, S. 70.
25. Demokrit: 68 A 49, in: Capelle: *Die Vorsokratiker*, S. 328.
26. Descartes: *Œuvres* II, S. 440.
27. Descartes: *Discours*, S. 63.
28. 另見：Putnam: *Vernunft, Wahrheit und Geschichte*; Stroud: *The Significance of Philosophical Scepticism.*
29. Descartes: *Œuvres* VII, S. 175.
30. Descartes: *Œuvres* VII, S. 422.
31. 另見：Peirce: *Some Consequences of Four Incapacities*.
32. Descartes: *Œuvres* VIII-2, S 358.
33. 另見：Newberg: *Der gedachte Gott.*
34. Descartes: *Œuvres* VII, S. 81.
35. Descartes: *Die Leidenschaften der Seele*, S. 51.
36. 引自：Damásio: *Der Spinoza-Efekt*, S. 293.
37. Spinoza: *Abhandlung*, § 1,S. 7.
38. Spinoza: *Ethik* I, Def. 6.
39. Spinoza: *Ethik* II, 7.
40. 另見：Damásio: *Der Spinoza-Effekt.*
41. Spinoza: *Ethik* II, 48s.
42. Spinoza: *Ethik* II, 18s.
43. Spinoza: *Ethik* V, 27.
44. Spinoza: *Ethik* III, praef.
45. Spinoza: *Ethik* III, 7.
46. Spinoza: *Ethik* III, 9.

47. Leibniz: A VI.4.1358.
48. Leibniz: A VI.4.2799.
49. Leibniz: A VI.4.1537.
50. Leibniz: *Monadologie* § 66.
51. Leibniz: A IV.2.187.
52. Leibniz: A VI.4.918f.
53. Pascal: *Pensées* IV, S. 277.
54. Pascal: *Pensées* VII, S. 443.
55. Pascal: *Pensées* II, S. 129.
56. Pascal: *Pensées* XIV, S. 871.
57. Leibniz: A VI.4.1522.
58. Bürger: *Sämtliche Werke*, Bd. 4, S. 3 f.
59. Hobbes: *Opera* I, S. 86.
60. Hobbes: *Leviathan* (1970), 4. Kap., S. 28.
61. 同前揭：13. Kap., S. 116 f.
62. 同前揭：18. Kap., S. 160.
63. 同前揭：26. Kap., S. 234 f.
64. 同前揭：17. Kap., S. 151.
65. Hobbes: *Works* VII, S. 350.
66. Hobbes: *Leviathan* (2005), S. 586.
67. Spinoza: *Sämtliche Werke*, 6. Bd. *Briefwechsel*, 50. Brief, S. 209.
68. Locke: *Zwei Abhandlungen*, II. § 19, S. 211.
69. 同前揭：§ 36, S. 222.
70. Misselden: *The Circle of Commerce*, S. 17.
71. 另見：Locke: *Zwei Abhandlungen*, II. § 11 und § 18 f.

72. Mandeville: *Die Bienenfabel*, S. 319.
73. 同前揭：S. 344 f.
74. Locke: *Zwei Abhandlungen*, II. § 45, S. 228.
75. 同前揭： § 37, S. 223.
76. 同前揭： § 143, S. 291.
77. Locke: *Ein Brief über Toleranz*, S. 49.
78. 同前揭：S. 95-96.
79. Locke: *Versuch über den menschlichen Verstand*, S. 22.
80. Descartes: *Meditationen*, V. Med., 4, S. 84.
81. Locke: *Versuch über den menschlichen Verstand*, S. 183.
82. 同前揭：S. 56.
83. Leibniz: A VI.6.49f.
84. Leibniz: *Neue Abhandlungenüber den menschlichen Verstand*, 2. Bd., S.101/103.
85. Locke: *Versuch über den menschlichen Verstand*, S. 263.
86. Berkeley: *Eine Abhandlungüber die Prinzipien* § 10, S. 30 (Hervorhebung R. D. P.).
87. Notiz in Leibniz' Kopie der *Prinzipien.* 引自：*Brown*: Leibniz, S. 42.
88. 引自：Kulenkampf: *Hume*, S. 9.
89. 同前揭：S. 10.
90. Hume: *Traktat über die menschliche Natur*, S. 24.
91. 同前揭
92. Hume: *Eine Untersuchung über den menschlichen Verstand*, S. 41.
93. 同前揭
94. Hume: T*raktat über die menschliche Natur*, S. 467 f.
95. Hume: *Eine Untersuchung der Grundlagen der Moral*, S. 221.

96. Hume: *Traktat über die menschliche Natur*, S. 470.
97. 同前揭：S. 419.
98. Reid: *Essays on the Power ofthe Human Mind*, S. 31.
99. Smith: *Theorie der ethischenGefühle*, S. 181.
100. Tucker: *Instructions for Travellers*, S. 31-32.(Übersetzung R. D. P.)
101. Smith: *Wohlstand der Nationen*, I. Buch, 2. Kap., S. 21.
102. 同前揭：I. Buch, 1. Kap., S. 18.
103. 同前揭：I. Buch, 8. Kap., S. 85.
104. 同前揭：I. Buch, 8. Kap., S. 85 f.
105. 同前揭：IV. Buch, 2. Kap.,S. 454.
106. 同前揭：IV. Buch, 2. Kap.,S. 451.
107. 同前揭：I. Buch, 10. Kap., S. 138.
108. 同前揭：V. Buch, 1/3 Kap., S. 760.
109. 同前揭：V. Buch, 1/3 Kap., S. 759.
110. 引自：Weinrich: *Literaturfür Leser*, S. 74.
111. 同前揭：S. 75 f.
112. 同前揭：S. 41.
113. http://www.welcker-online.de/Texte/Voltaire/Aufenthalt/Aufenthalt.pdf, S. 8.
114. La Mettrie: *L'homme machine –Die Maschine Mensch*, S. 53.
115. 同前揭：S. 77.
116. 引自：http://www.lsrprojekt.de/lm2.html.
117. Denis Diderot: *D'AlembertsTraum, in: ders.: Philosophische Schriften*, Bd. I., S. 532 f.
118. 同前揭：S. 537.
119. 引自：Wilson: *Diderot*, S. 660.

120. 引自：Selg/Wieland(Hrsg.): *Die Welt der Encyclopédie*, S. 76.

121. Diderot: *Brief vom 26. September 1762*, in: *Briefe an Sophie Volland*, S. 218 f.

122. Diderot: *Brief vom 6. Oktober1765*, 同前揭：S. 251 f.

123. Rousseau: *Bekenntnisse*, S. 493.

124. Rousseau: *Schriften*, Bd. I., S. 83.

125. Rousseau: *Bekenntnisse*, S. 494.

126. Rousseau: *Diskurs über die Ungleichheit*, S. 173.

127. Rousseau: *Der Gesellschaftsvertrag*, 1. Bd., S. 33.

128. 同前揭：S. 58.

129. Kant: I, S. 175. 130.

130. 同前揭：S. 232.

131. Kant: IV, S. 300.

132. 同前揭

133. Kant: I, S. 378.

134. Kant: IV, S. 547.

135. Reimarus: *Die vornehmsten Wahrheiten der natürlichen Religion*, S. 177.

136. Lessing: *Gesammelte Werke*, Bd. 7, S. 821.

137. 同前揭：Bd. 1, S. 201.

138. 同前揭：Bd. 9, S. 606.

139. Kant: II, S. 952.

140. Kant: II, S. 983.

141. Kant: II, S. 982.

142. Kant: *Briefe*, S. 103.

143. Kant: *Briefe*, S. 221.

144. Kant: *Briefe*, S. 205.

145. Kant: V, S. 115.
146. Kant: V, S. 121.
147. Kant: *Briefe*, S. 195.
148. Kant: III, S. 45.
149. Kant: III, S. 98.
150. Hume: *Ein Traktat von der menschlichen Natur*, S. 30-31.
151. Rousseau: *Émile*, S. 549/552.
152. Kant: IV, S. 344.
153. 同前揭
154. Mach: *Analyse der Empindungen*, S. 20.
155. Kant: V, S. 212.
156. Hamann: *Sämtliche Werke*, Bd. 3., S. 189.
157. Kant: XI, S. 34.
158. Kant: XI, S. 53.
159. Kant: XI, S. 54.
160. Kant: XI, S. 60.
161. Hamann: *Metakritik über den Purismus der Vernunft*, in: ders.: Schriften, S. 191.
162. Kant: VII, S. 47.
163. Kant: VII, S. 293.
164. Kant: VII, S. 18.
165. Kant: VII, S. 19.
166. Kant: VII, S. 51.
167. Kant: VII, S. 140.
168. Kant: VII, S. 300.
169. 另見：Warneken/Tomasello 的研究。

170. Hamann: *Briefwechsel* V, S. 418.
171. Kant: X, S. 87.
172. Jachmann: *Immanuel Kant*, S. 158.
173. Kant: X, S. 487.
174. Kant: VIII, S. 862 f.
175. Kant: VIII, S. 337.
176. Kant: VIII, S. 579.
177. Kant: XII, S. 399.
178. http://www.friedrich-schiller-archiv.de/briefwechsel-von-schiller-und-goethe/1798/552-an-schiller-19-dezember-1798/.
179. Kant: *Briefe*, S. 767.
180. Fichte: GA II, Bd. 3, S. 11.
181. Jacobi: David Hume, S. 229.
182. Fichte: GA III, Bd. 2, S. 28.
183. Fichte: GA I, Bd. 2, S. 57.
184. Fichte: GA I, Bd. 4, S. 195.
185. Fichte: GA I, Bd. 4, S. 195.
186. Fichte: GA I, Bd. 4, S. 257 f.
187. Fichte: GA I, Bd. 5, S. 65.
188. Fichte: GA I, Bd. 4, S. 217.
189. Fichte: GA I, Bd. 2, S. 360.
190. Fichte: GA IV, Bd. 3, S. 441.
191. Fichte: GA I, Bd. 3, S. 58.
192. Fichte: GA II, Bd. 3, S. 307.
193. Fichte: GA I, Bd. 5, S. 158.

194. Fichte: GA I, Bd. 4, S. 22.
195. Fichte: GA I, Bd. 5, S. 416.
196. Fichte: GA I, Bd. 10, S. 138.
197. Fichte: GA I, Bd. 10, S. 255.
198. http://www.gah.vs.bw.schule.de/leb1800/weimar1.htm.
199. http://www.zbk-online.de/texte/A0060.htm.
200. Plitt: *Aus Schellings Leben* I, S. 73 f.
201. Schelling: SW II, S. 29 f.
202. Schelling: SW II, S. 65.
203. Schelling: SW II, S. 222.
204. Schelling: SW II, S. 569.
205. Hegel: *Briefe*, Bd. II, S. 120.
206. Hegel: SW II, S. 22.
207. Hegel: SW II, S. 96.
208. Hegel: SW III, S. 68.
209. Hegel: SW III, S. 69.
210. Hegel: SW III, S. 326.
211. Schlegel: *Athenaeum*, Bd. II, 1. St., S. 54.
212. Schelling: *System* §1, S. 10.
213. Schelling: *Texte zur Philosophie der Kunst*, S. 112.
214. 同前揭
215. 同前揭
216. Baumgarten: *Theoretische Ästhetik* § 71.
217. Kant: X, S. 185.
218. Kant: X, S. 249 f.

219. Kant: X, S. 193.
220. Hegel: GW, Bd. 6, S. 464.
221. Hegel: GW, Bd. 13, S. 145.
222. Hegel: GW, Bd. 13, S. 151.
223. Hegel: *Vorlesungen über die Ästhetik*, 2. Bd., S. 128.
224. Hegel: *Vorlesungen über die Philosophie der Geschichte*, Einleitung, Abschnitt b).
225. Hegel: *Rechtsphilosophie*, Vorrede.
226. 同前揭
227. Hegel: GW, Bd. 18, S. 4, Anm. und GW, Bd. 18, S. 12 f.
228. Goethe an Hegel: 7. Oktober 1820, in: *Briefe*, Bd. 2, S. 236.
229. Hegel: *Rechtsphilosophie* § 36.
230. 同前揭：§ 158.
231. 同前揭：§ 199.
232. 同前揭：§ 244.
233. 同前揭：§ 253.
234. Müller: *Die Elemente der Staatskunst*, Bd. 1, S. 85.
235. Müller: 同前揭：Bd. 2, S. 200.
236. Hegel: *Rechtsphilosophie* § 243.
237. 同前揭：§ 257.
238. 同前揭：§ 301.
239. 同前揭：§ 319.
240. http://gutenberg.spiegel.de/buch/der-achtzehnte-brumaire-des-louis-napoleon-4983/1.
241. Hegel: *Rechtsphilosophie*,Vorrede.

參考書目

以下書目包含這部哲學史中每個章節的選文。對於笛卡兒、洛克、休姆、康德、費希特、謝林和黑格爾等重要哲學家，大多只會列出著名的或易於理解的導論和文獻。近一步的參考文獻有請讀者，就自己的觀點更詳細地研究和深入。

哲學史

自無以計數的哲學史陳述中，僅列出以下幾本：Bertrand Russell: *Philosophie des Abendlandes* (1945)（爆炸性的經典）, Anaconda 2012; François Châteletu.: *Geschichte der Philosophie*, 8 Bände, Ullstein 1975; Rüdiger Bubner (Hrsg.): *Geschichte der Philosophie in Text und Darstellung*, 9 Bände, Reclam 2004, 2. Aufl.; Franz Schupp: *Geschichte der Philosophie im Überblick*, 3 Bände, Meiner 2005; Anthony Kenny: *Geschichte der abendländischen Philosophie. Antike-Mittelalter-Neuzeit-Moderne*, 4 Bände, Wissenschaftliche Buchgesellschaft 2014, 2. Aufl.

Wolfgang Röd: *Geschichte der Philosophie*, Bd. 1-14（內容極為豐富又詳盡由多位作者共同撰寫）,C. H. Beck 1976-2015 f. Bde. 7- 9/2（涉及本書所討論的時期）.

Grundriss der Geschichte der Philosophie, bisher 14 von 30 Bänden, Schwabe 1983- 2015 f.（內容更加包羅萬象的浩大工程）

博士們的隨從

戈佐利其生平及其作品，見：Diane Cole Ahl: *Benozzo Gozzoli*, Yale University Press 1996; Marion Opitz: *Gozzoli*, Könemann 1998; Anna Padoa Rizzi: *Benozzo Gozzoli. Un pittore insigne, »practico de grandissima invenzione«*, Silvana Editoriale

2003.

關於「博士們的隊伍」，見：Rab Hatield: *The Compagnia de Magi*, in: Journal of the Warburg and Courtauld Institutes, 33, 1970, S. 107-161; Christina Acidini Luchinat: *The Chapel of the Magi*, Thames & Hudson 1994; Roger Crum: *Roberto Martelli, the Council of Florence, and the Medici Palace Chapel*, in: Zeitschrift für Kunstgeschichte, 59, 1996, S. 403-417; Eleftheria Wollny-Popota: *Die Fresken von Benozzo Gozzoli in der Kapelle des Palazzo Medici-Ricardi in Florenz, das Florentiner Konzil von 1438/39 und der Humanismus der Byzantiner*, in: Evangelos Konstantinou (Hrsg.): *Der Beitrag der byzantinischen Gelehrten zur abendländischen Renaissance des 14. und 15. Jahrhunderts*, Peter Lang 2006, S. 177-188; Michael Bringmann: *Das Unionskonzil von 1439, die Medici und die zeitgenössische Kunst in Florenz*, in: Evangelos Konstantinou (Hrsg.): *Der Beitrag der byzantinischen Gelehrten zur abendländischen Renaissance des 14. und 15. Jahrhunderts*, Peter Lang 2006, S. 35-46; Franco Cardini: *Die Heiligen Drei Könige im Palazzo Medici*, Mandragora 2004; Tobias Leuker: *Bausteine eines Mythos. Die Medici in Dichtung und Kunst des 15. Jahrhunderts*, Böhlau 2007. Das Zitat von Gianozzo Manetti stammt aus August Buck (Hrsg.): Giannozzo Manetti: *Über die Würde und Erhabenheit des Menschen*, Meiner 1990.

文藝復興的哲學

我們心中的世界

庫薩努斯德譯本，見：Nikolaus von Kues: *Philosophisch-theologische Schriften. Studien- und Jubiläumsausgabe*, hrsg. von Leo Gabriel u. a., 3 Bände, Herder 1964-

1967; ders.: *Philosophisch-theologische Werke*, hrsg. von Karl Bormann, 4 Bände, Meiner 2002.。全集見：Heidelberger Akademie der Wissenschaften: *Schriften des Nikolaus von Kues in deutscher Übersetzung*, Meiner 1943 f. (bisher 19 Bände erschienen).

庫薩努斯其人及其作品，見：Anton Lübke: *Nikolaus von Kues. Kirchenfürst zwischen Mittelalter und Neuzeit*, Callwey 1968; Klaus Jacobi (Hrsg.): *Nikolaus von Kues. Einführung in sein philosophisches Denken*, Alber 1979; Kurt Flasch: *Nikolaus von Kues. Geschichte einer Entwicklung*, Klostermann 2008, 3. Aufl.; ders.: *Nikolaus von Kues in seiner Zeit. Ein Essay*, Reclam 2004; ders.: *Nicolaus Cusanus*, C. H. Beck 2007, 3. Aufl.; Norbert Winkler: *Nikolaus von Kues zur Einführung*, Junius 2009, 2. Aufl.。

關於柳利，見：Ramon Llull: *Die neue Logik.* (Latein-Deutsch), übers. von Vittorio Hösle und Walburga Büchel, hrsg. von Charles Lohr, Meiner 1985; ders.: *Das Buch vom Freunde und vom Geliebten (Libre de Amic e Amat)*, übers. und hrsg. von Erika Lorenz, Herder 1992; ders.: *Die Kunst, sich in Gott zu verlieben*, hrsg. von Erika Lorenz, Herder 1992; ders.: *Das Buch vom Heiden und den drei Weisen*, übers. und hrsg. von Theodor Pindl, Reclam 1998; ders.: *Ars brevis* (Latein-Deutsch), übers. und hrsg. von Alexander Fidora, Meiner 2001; ders.: *Das Buch über die heilige Maria (Libre de sancta Maria)*, (Katalanisch-Deutsch), hrsg. von Fernando Domínguez Reboiras, übers. von Elisenda Padrós Wolf, Frommann-Holzboog 2005; ders.: *Felix oder Das Buch der Wunder (Llibre de Meravelles)*, übers. von Gret Schib Torra, Schwabe 2007; ders.: *Doctrina pueril. Was Kinder wissen müssen, eingeleitet von Joan Santanach i Sunõl*, übers. von Elisenda Padrós Wolf, Lit Verlag 2010; ders.: *Der Baum der Liebesphilosophie*, hrsg. von Alexander Fidora, übers. von Gret Schib Torra, Lit Verlag

2016.

柳利其生平及其哲學，見：Erhard-Wolfram Platzeck: *Raimund Llull. Sein Leben-seine Werke-die Grundlagen seines Denkens*, 2 Bände, Patmos 1962-1964; Robert Pring-Mill: *Der Mikrokosmos Ramon Llulls. Eine Einführung in das mittelalterliche Weltbild*, Frommann-Holzboog 2000.

柳利對庫薩努斯的影響，見：Ermenegildo Bidese, Alexander Fidora, Paul Renner (Hrsg.): *Ramon Llull und Nikolaus von Kues. Eine Begegnung im Zeichen der Toleranz*, Brepols 2005.

新視角

文藝復興時期的貨幣和匯票的重要性，見：Christina von Braun: *Der Preis des Geldes. Eine Kulturgeschichte*, Aufbau 2012; Jochen Hörisch: *Kopf oder Zahl. Die Poesie des Geldes*, Suhrkamp 1996.

文藝復興時期的政治光景概況，見：Volker Reinhardt*: Die Renaissance in Italien. Geschichte und Kultur*, C. H. Beck 2012,3. Aufl.; Peter Burke: *Die europäische Renaissance. Zentrum und Peripherien*, C. H. Beck 2011.

文藝復興時期的哲學，見：Paul Oskar Kristeller: *Der italienische Humanismus und seine Bedeutung*, Helbing & Lichtenhahn 1969; ders.: *Humanismus und Renaissance*, Fink 1980; ders. (Hrsg.): *The Renaissance Philosophy of Man. Petrarca, Valla, Ficino, Pico, Pomponazzi, Vives*, University of Chicago Press 1996.

另見：Paul Richard Blum (Hrsg.): *Philosophen der Renaissance*, Primus 1999; Enno Rudolph (Hrsg.): *Die Renaissance und ihre Antike. Die Renaissance als erste Aufklärung*, 3 Bände, Mohr Siebeck 1998.

阿貝提的建築學作品，見：Leon Battista Alberti: *Zehn Bücher über die*

Baukunst, Wissenschaftliche Buchgesellschaft 1975。其生平，見：ders.: Vita (Latein-Deutsch), hrsg. von Christine Tauber, Stroemfeld 2004.

阿貝提的藝術哲學，見：Anthony Grafton: *Leon Battista Alberti. Baumeister der Renaissance*, Berlin Verlag 2002; Günther Fischer: *Leon Battista Alberti. Sein Leben und seine Architekturtheorie*, Wissenschaftliche Buchgesellschaft 2012.

關於文藝復興早期的柏拉圖主義，見：Evangelos Konstantinou (Hrsg.): *Der Beitrag der byzantinischen Gelehrten zur abendländischen Renaissance des 14. und 15. Jahrhunderts*, Peter Lang 2006.

馬西略德譯本，見：Elisabeth Blum, Paul Richard Blum, Thomas Leinkauf (Hrsg.): *Marsilio Ficino. Traktate zur Platonischen Philosophie*, Akademie Verlag 1993; Paul Richard Blum (Hrsg.): *Marsilio Ficino. Über die Liebe oder Platons Gastmahl*, Meiner 2004.

關於馬西略，見：Paul Oskar Kristeller: *Die Philosophie des Marsilio Ficino*, Klostermann 1972. 晚近的研究論集，見：James Hankins (Hrsg.): *Humanism and Platonism in the Italian Renaissance*, 2 Bände, Band 2: Platonism, Edizioni di Storia e Letteratura 2013, 2. Aufl. Von Picoliegen auf Deutsch vor: Giovanni Pico della Mirandola: *De hominis dignitate. Über die Würde des Menschen* (Latein-Deutsch), hrsg. von August Buck, Meiner 1990; ders.: *Über die Vorstellung. De imaginatione*, hrsg. von Eckhard Keßler, Fink 1997; ders.: *Kommentar zu einem Lied der Liebe* (Italienisch-Deutsch), hrsg. von Thorsten Bürklin, Meiner 2001; *Über das Seiende und das Eine. De ente et uno* (Latein-Deutsch), hrsg. Paul Richard Blum u. a., Meiner 2006; ders.: *Ausgewählte Schriften*, hrsg. von Arthur Liebert, Boer 2017; ders.: *Neunhundert Thesen* (Latein-Deutsch), hrsg. von Nikolaus Engel, Meiner 2017.

關於米蘭多拉的哲學，見：Heinrich Reinhardt: *Freiheit zu Gott. Der*

Grundgedanke des Systematikers Giovanni Pico della Mirandola (1463-1494); VCH 1989; Walter Andreas Euler: *»Pia philosophia« et »docta religio«. Theologie und Religion bei Marsilio Ficino und Giovanni Pico della Mirandola*, Fink 1998. 彭波那齊的作品，見： Pietro Pomponazzi: *Abhandlung über die Unsterblichkeit der Seele* (Latein-Deutsch), hrsg. von Burkhard Mojsisch, Meiner 1990.

關於彭波那齊，見：Jürgen Wonde: *Subjekt und Unsterblichkeit bei Pietro Pomponazzi*, De Gruyter 1994; Paolo Rubini: *Pietro Pomponazzis Erkenntnistheorie. Naturalisierung des menschlichen Geistes im Spätaristotelismus*, Brill 2015.

塵世與天堂

伊拉斯謨斯《愚人頌》，見：http:// www.welcker-online.de/Texte/Erasmus/torheit.pdf; Anton J. Gail, Reclam 1986.

伊拉斯謨斯選集，見：Werner Welzig (Hrsg.): *Erasmus von Rotterdam. Ausgewählte Schriften*, 8 Bände, Wissenschaftliche Buchgesellschaft 1995.

關於伊拉斯謨斯，見：Léon E. Halkin: *Erasmus von Rotterdam. Eine Biographie*, Benziger 1989; Erika Rummel: *Erasmus*, Continuum 2004; Wilhelm Ribhegge: *Erasmus von Rotterdam*, Primus 2009.

關於宗教改革，見：Owen Chadwick: *The Reformation*, Penguin 1964; Horst Rabe: *Deutsche Geschichte 1500-1600. Das Jahrhundert der Glaubensspaltung*, C. H. Beck 1991; Diarmaid MacCulloch: *Die Reformation 1490-1700*, DVA 2008; Thomas Kaufmann: *Geschichte der Reformation*, Suhrkamp 2009; ders.: *Erlöste und Verdammte. Eine Geschichte der Reformation*, C. H. Beck 2016; Martin H. Jung: *Reformation und Konfessionelles Zeitalter (1517-1648)*, Vandenhoeck & Ruprecht 2012; Luise Schorn-Schütte: *Die Reformation. Vorgeschichte, Verlauf, Wirkung*, C. H.

Beck 2016.

馬丁・路德的著作（除了120冊的全集版），見：Kurt Aland (Hrsg.): *Luther Deutsch. Die Werke Martin Luthers in neuer Auswahl für die Gegenwart*, 12 Bände, Vandenhoeck & Ruprecht 1997, 3. Aufl.

關於路德生平，見：Thomas Kaufmann: *Martin Luther*, C. H. Beck 2017, 3. Aufl.; Heinz Schilling: *Martin Luther. Rebell in einer Zeit des Umbruchs. Eine Biographie*, H. C. Beck 2017, 4. Aufl.; Lyndal Roper: *Der Mensch Martin Luther. Eine Biographie*, Fischer 2016, 4. Aufl.

摩爾的《烏托邦》，見：*Utopia*, übers. von Gerhard Ritter, Reclam 2003, 3. Aufl.

關於摩爾，見：Hans Peter Heinrich: *Thomas Morus. Mit Selbstzeugnissen und Bilddokumenten*, Rowohlt 1991, 3. Aufl.; William Roper: *Das Leben des Thomas Morus*, Lambert Schneider 1986; Richard Marius: *Thomas Morus. Eine Biographie*, Benziger 1987.

全新的天國

哥白尼的著作，見：*Nicolaus Copernicus Gesamtausgabe*, Gerstenberg beziehungsweise Akademie Verlag, seit 1974（目前出版九冊）.

引文見：Fritz Roßmann (Hrsg.): *Der Commentariolus von Nikolaus Kopernikus*, in: *Naturwissenschaften*, Band 34, Nr. 3, 1947, S. 65-69.

關於哥白尼，見：Martin Carrier: *Nikolaus Kopernikus*, C. H. Beck 2001; John Freely: *Kopernikus. Revolutionär des Himmels*, Klett-Cotta 2015.

關於哥白尼的世界觀的範圍和重要性，見：Thomas S. Kuhn: *Die kopernikanische Revolution*, Vieweg 1981;Hans Blumenberg: *Die Genesis der kopernikanischen Welt*, 3 Bände, Suhrkamp 1996, 3. Aufl.（完整而卓越的分析。）

關於卡爾達諾，見：Markus Fierz: *Girolamo Cardano (1501-1576), Arzt, Naturphilosoph, Mathematiker, Astronom und Traumdeuter*, Birkhäuser 1977; Eckhard Keßler (Hrsg.): *Girolamo Cardano. Philosoph, Naturforscher, Arzt*, Harrassowitz 1994; Ingo Schütze: *Die Naturphilosophie in Girolamo Cardanos De subtilitate*, Fink 2000; Thomas Sören Hofmann: *Philosophie in Italien. Eine Einführung in 20 Porträts*, Marix 2007.

關於特勒修，見：Martin Mulsow: *Frühneuzeitliche Selbsterhaltung. Telesio und die Naturphilosophie der Renaissance*, Niemeyer 1998.

坎帕涅拉的政治烏托邦，見：Tommaso Campanella: *Der Sonnenstaat*, übers. von Ignaz Emanuel Wessely, Holzinger 2016, 4. Aufl.

關於坎帕涅拉，見：Gisela Bock: *Thomas Campanella. Politisches Interesse und philosophische Spekulation*, Niemeyer 1974; Thomas Sören Hofmann: *Philosophie in Italien*, a. a. O.

關於義大利自然哲學，另見：Hans Werner Ingensiep: *Geschichte der Pflanzenseele*, Kröner 2001.

蒙田的散文，見：*Essais. Erste moderne Gesamtübersetzung von Hans Stilett*, Eichborn 1998; 另見：Mathias Grefrath: *Montaigne heute. Leben in Zwischenzeiten*, Diogenes 1998.

關於蒙田，見：*Jean Starobinski: Montaigne. Denken und Existenz*, Fischer 1989; Hans Stilett: *Von der Lust, auf dieser Erde zu leben. Wanderungen durch Montaignes Welten*, Eichborn 2008; Hans Peter Balmer: *Neuzeitliche Sokratik. Michel de Montaignes essayistisches Philosophieren*, Monsenstein & Vannerdat 2016.

伽利略著作，見：Hans Blumenberg (Hrsg.): *Galileo Galilei. Sidereus Nuncius.*

Nachrichten von neuen Sternen, Suhrkamp 1980; Anna Mudry (Hrsg.): *Galileo Galilei. Schriften, Briefe, Dokumente*, VMA 1987; Heinz-Joachim Fischer: *Galileo Galilei. Dialog über die beiden hauptsächlichsten Weltsysteme*, Marix 2014; Ed Dellian (Hrsg.): *Galileo Galilei. Discorsi. Unterredungen und mathematische Beweisführung zu zwei neuen Wissensgebieten*, Meiner 2015.

關於伽利略，見：John L. Heilbron: *Galileo*, Oxford University Press 2010; Horst Bredekamp: *Galileis denkende Hand. Form und Forschung um 1600*, De Gruyter 2015.

培根著作，見：Wolfgang Krohn (Hrsg.): *Francis Bacon. Neues Organon* (Latein-Deutsch), 2 Bände, Meiner 1990; Jürgen Klein (Hrsg.): *Neu-Atlantis*, Reclam 2003; Levin L. Schücking (Hrsg.): *Essays oder praktische und moralische Ratschläge*, Reclam 2005.

關於培根，見：Jürgen Klein: *Francis Bacon oder die Modernisierung Englands*, Olms 1987; Wolfgang Krohn: *Francis Bacon*,C. H. Beck 2006, 2. Aufl.

巴洛克時期哲學

我思故我在

笛卡兒全集，見：Charles Adam und Paul Tannery (Hrsg.): *Œuvres de Descartes*, 11 Bände, Paris 1982-1991.《方法導論》引自：René Descartes: *Discours de la Méthode. Bericht über die Methode* (Französisch-Deutsch), übers. und hrsg. von Holger Ostwald, Reclam 2001. 德語版另見：ders.: *Meditationen über die Grundlagen der Philosophie mit den sämtlichen Einwänden und Erwiderungen*, übers. und hrsg. von Artur Buchenau, Meiner 1994; ders.: *Die Prinzipien der Philosophie*, übers. von Christian Wohlers, Meiner 2005; ders.: *Die Leidenschaften der Seele* (Französisch-

Deutsch), übers. und hrsg. von Klaus Hammacher, Meiner 1996.

笛卡兒其生平及其作品，見：Dominik Perler: *René Descartes*, C. H. Beck 2006, 2. Aufl.; Hans Poser: *René Descartes. Eine Einführung*, Reclam 2003; Wolfgang Röd: *Die Genese des Cartesianischen Rationalismus*, C. H. Beck 1995; Bernard Williams: *Descartes. Das Vorhaben der reinen philosophischen Untersuchung*, Beltz Athenäum 1996; Andreas Kemmerling: *Ideen des Ichs. Studien zu Descartes' Philosophie*, Klostermann 2005, 2. Aufl. 德謨克利特引文，見：Wilhelm Capelle: *Die Vorsokratiker*, Kröner 2008, 9. Aufl.

關於「桶中之腦」的問題，見：Hilary Putnam: *Vernunft, Wahrheit und Geschichte*, Suhrkamp 1982; Barry Stroud: *The Significance of Philosophical Scepticism*, Oxford University Press 1984.

關於「我思」的批評，見：Charles Sanders Pierce: *Some Consequences of Four Incapacities*, in: *Journal of Speculative Philosophy* (2) 1868, S. 140-157.

關於腦神經科學的上帝存在證明，見：Andrew Newberg: *Der gedachte Gott. Wie Glaube im Gehirn entsteht*, Piper 2008, 3. Aufl.

清晰事物的神

斯賓諾莎的著作，見：Baruch de Spinoza: *Sämtliche Werke*, 8 Bände, Meiner 1982-2005. 引用之著作，見：ders.: *Abhandlung über die Verbesserung des Verstandes. Tractatus de intellectus emendatione* (Latein-Deutsch), hrsg. von Wolfgang Bartuschat, Meiner 2003, 2. Aufl.; ders.: *Die Ethik* (Latein- Deutsch), Reclam 2007.

關於斯賓諾莎，見：Don Garrett (Hrsg.): *The Cambridge Companion to Spinoza*, Cambridge University Press 1996; Wolfgang Röd: *Benedictus de Spinoza. Eine Einführung*, Reclam 2002; Wolfgang Bartuschat: *Baruch de Spinoza*,C. H. Beck 2006;

Helmut Seidel: *Spinoza zur Einführung*, Junius 2007, 2. Aufl.; Michael Della Rocca: *Spinoza*, Routledge 2008.

關於斯賓諾莎在腦神經科學的現實意義，見：António Damásio: *Der Spinoza-Effekt. Wie Gefühle unser Leben bestimmen*, List 2014, 8. Aufl. 萊布尼茲的著作（1920年代開始編輯），見：*Gottfried Wilhelm Leibniz. Sämtliche Schriften und Briefe*, hrsg. von der Preußischen (jetzt Deutschen) Akademie der Wissenschaften 1923 f.

《單子論》見：G. W. Leibniz: *Monadologie*, Reclam 1963.

《人類理智新論》引自：ders.: *Neue Abhandlungen über den menschlichen Verstand*, 2 Bände, Insel 1961.

關於萊布尼茲的生平，見：Eric J. Aiton: *Gottfried Wilhelm Leibniz. Eine Biographie*, Insel 1991; Eike Christian Hirsch: *Der berühmte Herr Leibniz. Eine Biographie*, C. H. Beck 2000.

關於萊布尼茲的哲學，見：Stewart C. Brown: *Leibniz*, University of Minnesota Press 1985; Donald Rutherford: *Leibniz and the Rational Order of Nature*, Cambridge University Press 1995; Nicholas Jolley (Hrsg.): *The Cambridge Companion to Leibniz*, Cambridge University Press 1995; Hubertus Busche: *Leibniz' Weg ins perspektivische Universum. Eine Harmonie im Zeitalter der Berechnung*, Meiner 1997; Michael-Thomas Liske: *Gottfried Wilhelm Leibniz*, C. H. Beck 2000; Horst Bredekamp: *Die Fenster der Monade. Gottfried Wilhelm Leibniz' Theater der Natur und Kunst*, Akademie Verlag 2004; Hans Poser: *Gottfried Wilhelm Leibniz*, Junius 2005; Maria Rosa Antognazza: *Leibniz: An Intellectual Biography*, Cambridge University Press 2009.

被馴服的暴力

布格的引文，見：*Gottfried August Bürgers sämtliche Werke in vier Bänden*, Dieterich 1844, hier Band 4: *Die Republik England.*

霍布斯的著作，見：*Thomas Hobbes Malmesburiensis Opera philosophica quae latine scripsit omnia*, Scientia 1961 f. 《利維坦》德語版，見：Thomas Hobbes: *Leviathan*, Reclam 1970; Thomas Hobbes: *Leviathan*, Meiner 2005.

關於霍布斯，見：*Reinhart Koselleck: Kritik und Krise. Eine Studie zur Pathogenese der bürgerlichen Welt*, Suhrkamp 1976, 2. Aufl.; Herfried Münkler: T*homas Hobbes*, Campus 2001; Dieter Hüning (Hrsg.): *Der lange Schatten des Leviathan. Hobbes' politische Philosophie nach 350 Jahren*, Duncker & Humblot 2005; Philip Pettit: *Made with Words. Hobbes on Language, Mind, and Politics*, Princeton University Press 2008; Wolfgang Kersting: *Thomas Hobbes zur Einführung*, Junius 2009, 4. Aufl.; Otfried Höfe: *Thomas Hobbes*,C. H. Beck 2010.

哈林頓的《大洋國》見： ders.: *»The Commonwealth of Oceana« and »A System of Politics«*, hrsg. von John Greville Agard Pocock, Cambridge University Press 1992.

關於哈林頓，見：Michael Downs: *James Harrington*, Twayne Publishers 1977; Alois Riklin: *Die Republik von James Harrington 1656*, Wallstein 2003.

啟蒙運動時代的哲學

個人及其所有物

洛克《政府論》引自：ders.: *Zwei Abhandlungen über die Regierung*, Suhrkamp 1977. 《論宗教寬容》見：John Locke: *Ein Brief über Toleranz*, Meiner 1957.

關於洛克，見：Walter Euchner: *Naturrecht und Politik bei John Locke*, Suhrkamp 1979, ders.: *John Locke zur Einführung*, Junius 2011, 3. Aufl.; James Tully: *A Discourse on Property: John Locke and His Adversaries*, Cambridge University Press 1982; Crawford B. Macpherson: *Die politische Theorie des Besitzindividualismus. Von Hobbes zu Locke*, Suhrkamp 1990; Peter R. Anstey (Hrsg.): *The Philosophy of John Locke: New Perspectives*, Routledge 2003; Roger Woolhouse: *Locke: A Biography*, Cambridge University Press 2009.

關於洛克在政治哲學裡的地位，另見：Leo Strauss: *Naturrecht und Geschichte,* Suhrkamp 1989.

斯賓諾莎的政治著作，見：*Politischer Traktat* (Latein-Deutsch), Meiner 2010, 2. Aufl.

普芬道夫的著作，見：ders.: *Acht Bücher, vom Natur- und Völcker-Rechte* (Neudruck), Olms 2001.

關於普芬道夫，見：Leonard Krieger: *The Politics of Discretion: Pufendorf and the Acceptance of Natural Law*, Chicago University Press 1965; Dieter Hüning (Hrsg.): *Naturrecht und Staatstheorie bei Samuel Pufendorf,* Nomos 2009.

密瑟爾登引文見：ders.: *The Circle of Commerce* (Neudruck), Da Capo 1969.

關於威廉・配第，見：Heino Klingen: *Politische Ökonomie der Präklassik. Die Beiträge Pettys, Cantillons und Quesnays zur Entstehung der klassischen politischen Ökonomie*, Metropolis 1992.

關於曼德維爾的蜜蜂喻，見：ders.: *Die Bienenfabel oder Private Laster, öfentliche Vorteile*, Suhrkamp 1980, 2. Aufl.

關於曼德維爾，見：Thomas Rommel: Das Selbstinteressevon Mandeville bis Smith, Winter 2006.

關於洛克對於蓄奴的立場及其個人利益，見：James Farr: *»So Vile and Miserable an Estate«: The Problem of Slavery in Locke's Political Thought*, in: *Political Theory*, Band 14, 2, 1986, S. 263-290; Wayne Glausser: *Three Approaches to Locke and the Slave Trade*, in: *Journal of the History of Ideas*, Band 51, 2, 1990, S. 199-216; Barbara Arneil: *The Wild Indian's Version: Locke's Theory of Property and English Colonialism in America*, in: *Political Studies* 4, 1996, S. 591-609. 另見：Matthias Glötzner: John Locke und die Sklaverei, Hausarbeit 2005, http://www.grin.com/de/e-book/110775/john-locke-und-die-sklaverei.

空白的蠟板

洛克的引文見：ders.: Versuch über den menschlichen Verstand, Meiner 2006.

關於洛克的知識論，見：John W. Yolton: *John Locke and the Way of Ideas*, Clarendon Press 1968, 2. Aufl.; ders.: *Locke and the Com pass of Human Understanding*, Cambridge University Press 2010, 2. Aufl.; Lorenz Krüger: *Der Begriff des Empirismus. Erkenntnistheoretische Studien am Beispiel John Lockes*, De Gruyter 1973; Ram A. Mall: *Der operative Begrif des Geistes. Locke, Berkeley, Hume*, Alber 1984.

關於萊布尼茲和牛頓的論戰，見：A. Rupert Hall: *Philosophers at War. The Quarrel between Newton and Leibniz*, Cambridge University Press 2002; Thomas Sonar: *Die Geschichte des Prioritätsstreits zwischen Leibniz und Newton*, Springer 2016.

關於巴斯卡的思想，見：ders.: *Pensées/Gedanken*, hrsg. von Philippe Sellier, Wissenschaftliche Buchgesellschaft 2016, 2. Aufl.

柏克萊的著作，見：ders.: *Eine Abhandlung über die Prinzipien der*

menschlichen Erkenntnis, Meiner 1957.

關於柏克萊，見：Arend Kulenkampf: *George Berkeley*, C. H. Beck 1987; Wolfgang Breidert: *George Berkeley 1685-1753*, Birkhäu ser 1989; Katia Saporiti: *Die Wirklichkeit der Dinge. Eine Untersuchung des Begriffs der Idee in der Philosophie George Berkeleys*, Klostermann 2006.

休姆引文，見：ders.: *Traktat von der menschlichen Natur,* Xenomoi 2004. Hume: *Eine Untersuchung über den menschlichen Verstand*, Reclam 1982.

關於休姆，見：Barry Stroud: *Hume*, Routledge 1977; Edward Craig: *David Hume. Eine Einführung in seine Philosophie*, Klostermann 1979; Gerhard Streminger: *David Hume. Mit Selbstzeugnissen und Bilddokumenten*, Rowohlt 2003; ders.: *David Hume. Der Philosoph und sein Zeitalter. Eine Biographie*, C. H. Beck 2011; Jens Kulenkampf: *Hume*, C. H. Beck 1989, 2. Aufl.; David F. Norton (Hrsg.): *The Cambridge Companion to Hume*, Cambridge University Press 2005; Heiner F. Klemme: *David Hume zur Einführung*, Junius 2007; James A. Harris: *Hume. An Intellectual Biography*, Cambridge University Press 2015.

所有人的幸福

休姆的《道德原則研究》，見：ders.: *Eine Untersuchung der Grundlagen der Moral,* Meiner 2003.

關於意志自由的腦神經科學，見：Hans H. Kornhuber, Lüder Deecke: *Hirnpotentialänderungen bei Willkürbewegungen und passiven Bewegungen des Menschen. Bereitschaftspotential und reaferente Potentiale*, in: *Plügers Archiv für Physiologie* 281, (1965), S. 1-17; Benjamin Libet: *Mind Time. Wie das Gehirn Bewusstsein produziert*, Suhrkamp 2005; ders.: *Haben wir einen freien Willen?*, in:

Christian Geyer (Hrsg.): *Hirnforschung und Willensfreiheit. Zur Deutung der neuesten Experimente*, Suhrkamp 2004.

哈契森的道德哲學著作，見：ders.: *Eine Untersuchung über den Ursprung unserer Ideen von Schönheit und Tugend. Über moralisch Gutes und Schlechtes*, hrsg. und übers. von Wolfgang Leidhold, Meiner 1986.

關於「道德感」，見：Helke Panknin-Schappert: *Innerer Sinn und moralisches Gefühl. Zur Bedeutung eines Begriffspaares bei Shaftesbury und Hutcheson sowie in Kants vorkritischen Schriften*, Olms 2007.

關於夏夫茲貝里，另見：Barbara Schmidt-Haberkamp: *Die Kunst der Kritik. Zum Zusammenhang von Ethik und Ästhetik bei Shaftesbury*, Fink 2000.

關於「認知失調」，見：Leon Festinger: *Theorie der kognitiven Dissonanz*, Huber 2012.

關於德瓦爾的道德發展理論，見：ders.: P*rimaten und Philosophen. Wie die Evolution die Moral hervorbrachte*, Hanser 2008.

關於費爾對於道德的行為經濟學研究，見：ders. und Simon Gächter: *Cooperation and Punishment in Public Goods Experiments*, in: *The American Economic Review*, Band 90, Nr. 4, 2000, S. 980-994; dies.: *Fairness and Retaliation: The Economics of Reciprocity*, in: *Journal of Economic Perspectives*, Band 14, Nr. 3, 2000, S. 159-181.

關於海特的道德心理學，見：ders.: *The Emotional Dog and its Rational Tail: A Social Intuitionist Approach to Moral Judgment*, in: *Psychological Review*. 108, 2001, S. 814-834.

里德的道德哲學著作，見：ders.: *An Inquiry into the Human Mind. On the Principles of Common Sense* (Nachdruck), Edinburgh University Press

亞當・斯密的理論引自：ders.: *Theorie der ethischen Gefühle*, Meiner 2010.

亞當・斯密的《國富論》，見：Adam Smith: *Wohlstand der Nationen*, Anaconda 2009. 關於亞當・斯密，見： Karl Graf Ballestrem: *Adam Smith,* C. H. Beck 2001; Michael S. Aßländer: *Adam Smith zur Einführung*, Junius 2007; Nicholas Phillipson: *Adam Smith. An Enlightened Life*, Yale University Press 2010; Gerhard Streminger: *Adam Smith. Wohlstand und Moral. Eine Biographie*, C. H. Beck 2017.

關於其背景，另見：Horst Düppel: *Individuum und Gesellschaft. Soziales Denken zwischen Tradition und Revolution: Smith-Condorcet-Franklin*, Vandenhoek & Ruprecht 1981; Thomas Rommel: *Das Selbstinteresse von Mandeville bis Smith. Ökonomisches Denken in ausgewählten Schriften des 18. Jahrhunderts*, Winter 2006. 塔克引文，見：ders.: *Instructions for Travellers*, William Watson 1758.

瓦解中的老屋

里斯本大地震的引用文獻，見：Harald Weinrich: *Literaturgeschichte eines Weltereignisses. Das Erdbeben von Lissabon*, in: ders.: *Literatur für Leser*, DTV 1986. 關於北日耳曼事件，見：https://site/ahnensuc-heimamteutin/erdbeben-in-schleswig-holstein-und-hamburg.

伏爾泰著作，見：ders.: *Über die Toleranz*, Suhrkamp 2015; ders.: *Candid. Oder die beste der Welten,* Reclam 1986; ders.: *Der Fanatismus oder Mohammed*, Verlag das Kulturelle Gedächtnis 2017.

關於伏爾泰，見：Joachim G. Leithäuser: *Voltaire. Leben und Briefe*, Cotta 1961; Alfred J. Ayer: *Voltaire, eine intellektuelle Biographie*, Athenäum 1987; Jürgen von Stackelberg: *Voltaire*, C. H. Beck 2006; Nicholas Cronk (Hrsg.): *The Cambridge Companion to Voltaire*, Cambridge University Press 2009.

王儲和哲學家的通信，見：Hans Pleschinski (Hrsg.): *Voltaire. Friedrich der Große. Briefwechsel*, DTV 2012, 2. Aufl.

窩爾夫的通信，見：*Gesammelte Werke*, hrsg. und bearb. von Jean École u. a., Olms 1962 f.

關於窩爾夫，見：Werner Schneiders (Hrsg.): *Christian Wolf 1679-1754. Interpretationen zu seiner Philosophie und deren Wirkung. Mit einer Bibliographie der Wolf-Literatur*, Meiner 1986, 2. Aufl.

莫佩推的著作，見：*Sprachphilosophische Schriften*, Meiner 2013.

關於莫佩推，見：David Beeson: *Maupertuis. An Intellectual Biography*, Voltaire Foundation 1992; Hartmut Hecht (Hrsg.): *Pierre Louis Moreau de Maupertuis. Eine Bilanz nach 300 Jahren*, Nomos 1999; Mary Terrall: *The Man who Flattened the Earth; Maupertuis and the Science of the Enlightenment,* University of Chicago Press 2006.

拉美特里的著作，見：Bernd A. Laska (Hrsg.), 4 Bände, LSR- Verlag 1985-1987; Julien Ofray de La Mettrie: *L'homme machine. Die Maschine Mensch*, Meiner 1990. 關於拉美特里，見：Kathleen Wellman: *La Mettrie. Medicine, Philosophy, and Enlightenment*, Duke University Press 1992; Birgit Christensen: *Ironie und Skepsis. Das ofene Wissenschafts- und Weltverständnis von Julien Ofray de La Mettrie*, Königshausen & Neumann 1996; Ursula Pia Jauch: J*enseits der Maschine, Philosophie, Ironie und Ästhetik bei Julien Ofray de La Mettrie (1709-1751)*, Hanser 1998.

孔多塞的著作，見：ders.: *Versuch über den Ursprung der menschlichen Erkenntnis*, Königshausen & Neumann 2006; ders.: *Abhandlung über die Empindungen*, Meiner 1983.

關於孔多塞的語言理論，見：Markus Edler: *Der spektakuläre Sprachursprung*, Fink 2001; Dae Kweon Kim: *Sprachtheorie im 18. Jahrhundert. Herder, Condillac,*

Süssmilch, Röhrig 2002; Anneke Meyer: *Zeichensprache: Modelle der Sprachphilosophie bei Descartes, Condillac und Rousseau*, Königshausen & Neumann 2008.

狄德羅的著作德譯版，見：ders.: *Philosophische Schriften*, hrsg. von Alexander Becker, Suhrkamp 2013. 致蘇菲的信引自：Denis Diderot: *Briefe an Sophie Volland*, Reclam 1986.

關於狄德羅，見：Arthur M. Wilson: *Diderot*, Oxford University Press 1972; Jochen Schlobach (Hrsg.): *Denis Diderot,* Wissenschaftliche Buchgesellschaft 1992; Ralph-Rainer Wuthenow: *Diderot zur Einführung*, Junius 1994; Johanna Borek: *Denis Diderot*, Rowohlt 2000; Daniel Brewer: T*he Discourse of Enlightenment in Eighteenth-Century France: Diderot and the Art of Philosophizing*, Cambridge University Press 2008; Thomas Knapp, Christopher Pieberl (Hrsg.): *Denis Diderot. Aufklärer, Schriftsteller, Philosoph*, Löcker 2016.

艾爾維修的著作，見：ders.: *Philosophische Schriften*, hrsg. von Werner Krauss, Aufbau 1973.

關於艾爾維修，見：Mordecai Grossman: *The Philosophy of Helvetius with Special Emphasis on the Educational Implications of Sensationalism*, AMS Press 1972.

霍爾巴赫的著作德語版，見：*System der Natur oder von den Gesetzen der physischen und der moralischen Welt*, Suhrkamp 1978.

關於霍爾巴赫，見：Pierre Naville: *Paul Thiry d'Holbach et la philosophie scientiique au XVIIIème siècle*, Gallimard 1943; Virgil M. Topazio: *D'Holbach's Moral Philosophy: Its Backgrounds and Development*, Institut et Musée Voltaire 1956.

公共理性

關於百科全書學派，見：Robert Darnton: *The Business of Enlightenment. A Publishing History of the Encyclopédie*. 1775-1800, Belknap Press of Harvard University Press 1979; Anette Selg, Rainer Wieland (Hrsg.): *Die Welt der Encyclopédie*, Eichborn 2001; dies.: *Diderots Enzyklopädie. Mit Kupferstichen aus den Tafelbänden*, Die Andere Bibliothek 2013; Philipp Blom: *Das vernünftige Ungeheuer. Diderot, d'Alembert, de Jaucourt und die Große Enzyklopädie*, Eichborn 2005; ders.: *Böse Philosophen. Ein Salon in Paris und das vergessene Erbe der Aufklärung*, Hanser 2011.

孟德斯鳩的《波斯人信札》德語版，見：ders.: *Persische Briefe*, Reclam 1991.《論法的精神》，見：ders.: *Vom Geist der Gesetze*, Reclam 1994.

關於孟德斯鳩，見：Helmut Stubbeda Luz: *Montesquieu*, Rowohlt 1998; Ef Böhlke, Etienne François (Hrsg.): *Montesquieu. Franzose-Europäer-Weltbürger*, Akademie Verlag 2005; Michael Hereth: *Montesquieu zur Einführung*, Panorama 2005.

關於古爾奈，見：Gustave Schelle: *Vincent de Gournay*, Slatkine Reprints 1984.

克內關於重農主義的文本，見：Marguerite Kuczynski (Hrsg.): *François Quesnay. Ökonomische Schriften,* 2 Bände, Akademie Verlag 1971/1976.

關於克內，見：Gianni Vaggi: *The Economics of François Quesnay*, Duke University Press 1987.

盧梭的文本引自：*Jean-Jacques Rousseau: Schriften*, hrsg. von Henning Ritter, Fischer 1988.

另見：ders.: *Abhandlung über den Ursprung und die Grundlagen der Ungleichheit unter den Menschen,* Reclam 1998; ders.: *Émile*, UTB 2003, 13. Aufl.; ders.: *Der Gesellschaftsvertrag*, Reclam 2010; ders.: *Bekenntnisse*, Insel 2010.

關於盧梭，見：Béatrice Durand: *Rousseau*, Reclam 2007; Michael Soëtard: *Jean-Jacques Rousseau. Leben und Werk*, H. C. Beck 2012; Robert Spaemann: *Rousseau-Bürger ohne Vaterland. Von der Polis zur Natur*, Piper 1980; ders.: *Rousseau. Mensch oder Bürger. Das Dilemma der Moderne*, Klett-Cotta 2008; Jean Starobinski: *Rousseau. Eine Welt von Widerständen*, Fischer 1988; Ernst Cassirer, Jean Starobinski, Robert Darnton: *Drei Vorschläge, Rousseau zu lesen*, Fischer 1989; Iring Fetscher: *Rousseaus politische Philosophie. Zur Geschichte des demokratischen Freiheitsbegrifs*, Suhrkamp 1993, 7. Aufl.

關於艾爾維修和霍爾巴赫的政治觀，見：Wolfgang Förster: *Die Gesellschaftstheorie Helvétius'*, in: ders. (Hrsg.): *Bürgerliche Revolution und Sozialtheorie*, Akademie Verlag 1982; Katharina Lübbe: *Natur und Polis. Die Idee einer »natürlichen Gesellschaft« bei den französischen Materialisten im Vorfeld der Revolution*, Steiner 1989.

關於杜爾哥，見：Jean-Pierre Poirier: *Turgot. Laissez-faire et progrès social*, Perrin 1999.

孔多塞選集，見：Daniel Schulz (Hrsg.): *Marquis de Condorcet. Freiheit, Revolution, Verfassung. Kleine politische Schriften*, Akademie Verlag 2010

關於孔多塞，見：Stephan Lüchinger: *Das politische Denken von Condorcet (1743-1794)*, Haupt 2002; David Williams: *Condorcet and Modernity*, Cambridge University Press 2004.

梅西耶的烏托邦，見：Louis Sébastian Mercier: *Das Jahr 2440. Ein Traum aller Träume,* hrsg. von Herbert Jaumann, Insel 1982.

德國觀念論的哲學

在精神的寰宇中

康德著作引自：Immanuel Kant: *Werkausgabe in zwölf Bänden*, hrsg. von Wilhelm Weischedel, Suhrkamp 1977. 書信集，見：ders.: *Briefwechsel*, hrsg. von Otto Schöndörfer und Rudolf Malter, Meiner 2014, 3. Aufl.

關於康德汗牛充棟的研究文獻，見：Ernst Cassirer: *Kants Leben und Lehre*, Meiner 2001 (Klassiker von 1921); Wolfgang Ritzel: *Immanuel Kant. Eine Biographie*, De Gruyter 1985; Manfred Geier: *Kants Welt. Eine Biographie*, Rowohlt 2003; Jean Grondin: *Kant zur Einführung*, Junius 2004, 3. Aufl.; Otfried Höfe: *Immanuel Kant*, C. H. Beck 2007, 7. Aufl.; Stefan Gerlach: *Immanuel Kant*, UTB 2011.

關於《純粹理性批判》，另見：Gernot Böhme: *Philosophieren mit Kant. Zur Rekonstruktion der Kantischen Erkenntnis- und Wissenschaftstheorie*, Suhrkamp 1986; ders. und Hartmut Böhme: *Das Andere der Vernunft. Zur Entwicklung von Rationalitätsstrukturen am Beispiel Kants,* Suhrkamp 1983; Forum für Philosophie, Bad Homburg (Hrsg.): *Kants transzendentale Deduktion und die Möglichkeit von Transzendentalphilosophie*, Suhrkamp 1988; Günther Patzig: *Wie sind synthetische Urteile a priori möglich?*, in: Josef Speck (Hrsg.): *Grundprobleme der großen Philosophen. Philosophie der Neuzeit II*, Vandenhoeck & Ruprecht 1998; Otfried Höfe: *Kants Kritik der reinen Vernunft. Die Grundlegung der modernen Philosophie,* C. H. Beck 2003.

關於萊瑪魯斯，見：Dietrich Klein: *Hermann Samuel Reimarus (1694-1768). Das theologische Werk*, Mohr Siebeck 2009; Ulrich Groetsch: *Hermann Samuel*

Reimarus (1694-1768): Classicist, Hebraist, Enlightenment Radical in Disguise, Brill 2015. 萊辛的文本引自：ders.: *Gesammelte Werke*, hrsg. von Paul Rilla, Aufbau 1954.

關於斯威登堡，見：Ernst Benz: *Emanuel Swedenborg. Naturforscher und Seher*, Swedenborg-Verlag, 2. Aufl. 1969; Eberhard Zwink (Hrsg.): *Swedenborg in der Württembergischen Landesbibliothek*, Württembergische Landesbibliothek 1988; Olof Lagercrantz: *Vom Leben auf der anderen Seite*, Suhrkamp 1997.

哈曼的著作，見：Hamann's *Schriften*, 8 Bände, hrsg. von Friedrich von Roth, Reimer 1821-1843 (verfügbar auf Digitalisat); ders.: *Sämtliche Werke*, hrsg. von Josef Nadler, Herder 1999 (Nachdruck).

其書信引自：Johann Georg Hamann: *Briefwechsel*, 7 Bände, Insel 1955-1979.

關於哈曼，見：Isaiah Berlin: *Der Magus in Norden. Johann Georg Hamann und der Ursprung des modernen Irrationalismus*, Berlin Verlag 2001, 2. Aufl.; Oswald Bayer: *Zeitgenosse im Widerspruch. Johann Georg Hamann als radikaler Aufklärer*, Piper 1988.

馬赫的文本引自：ders.: *Die Analyse der Empindungen und das Verhältnis des Physischen zum Psychischen*, Wissenschaftliche Buchgesellschaft 1991 (Nachdruck).

我心裡的道德法則

關於康德的道德哲學，見：Julius Ebbinghaus: *Gesammelte Aufsätze, Vorträge und Reden,* Wissenschaftliche Buchgesellschaft 1968; Volker Gerhardt: I*mmanuel Kant. Vernunft und Leben,* Reclam 2002; Dieter Sturma, Karl Ameriks (Hrsg.): *Kants Ethik*, Mentis 2004.

關於兒童和黑猩猩的利他行為的研究，見：Felix Warneken, Michael Tomasello: *Altruistic Helping in Humans and Young Chimpanzees*, in: Science, 311 (3),

2006, S. 1301-1303. 相關影片，見：http://email.eva.mpg/-warnekenVideo.htm.

關於康德對於法國大革命的立場的引文，見：Reinhold Bernhard Jachmann: *Immanuel Kant geschildert in den Briefen an seinen Freund (1804)*, in: Felix Groß (Hrsg.): *Immanuel Kant. Sein Leben in Darstellungen von Zeitgenossen*, Wissenschaftliche Buchgesellschaft 1993, S. 103-187.

關於康德的政治哲學，見：Otfried Höfe: *Königliche Völker. Zu Kants kosmopolitischer Rechts- und Friedenstheorie,* Suhrkamp 2001; Dieter Hüning, Burkhard Tuschling (Hrsg.): *Recht, Staat und Völkerrecht bei Immanuel Kant. Marburger Tagung zu Kants »Metaphysischen Anfangsgründen der Rechtslehre«*, Duncker & Humblot 1998; Wolfgang Kersting: *Wohlgeordnete Freiheit. Immanuel Kants Rechts- und Staatsphilosophie*, Mentis 2007, 3. Aufl.

至高的觀點

費希特的著作引自：Reinhard Lauth, Hans Jacob: *J. G. Fichte. Gesamtausgabe der Bayerischen Akademie der Wissenschaften*, Friedrich Frommann 1981.

關於費希特，見：Peter Baumanns: *J. G. Fichte. Kritische Gesamtdarstellung seiner Philosophie*, Alber 1990; Peter Rohs: *Johann Gottlieb Fichte*, C. H. Beck 1991; Helmut Seidel: *Johann Gottlieb Fichte zur Einführung*, Junius 1997; Anthony J. La Vopa: Fichte. *The Self and the Calling of Philosophy*, 1762-1799, Cambridge University Press 2001; Wilhelm G. Jacobs: *Johann Gottlieb Fichte. Eine Biographie,* Insel 2012; Manfred Kühn: *Johann Gottlieb Fichte. Ein deutscher Philosoph*, C. H. Beck 2012; Karsten Schröder-Amtrup: *J. G. Fichte. Leben und Lehre. Ein Beitrag zur Aktualisierung seines Denkens und Glaubens,* Duncker & Humblot 2012.

關於赫德對康德的批評，見：Marion Heinz (Hrsg.): *Herders »Metakritik«.*

Analysen und Interpretationen, Frommann-Holzboog, 2013.

萊恩霍德關於康德哲學的書信，見：https://archive.org/details/briefeberdieka00reinuoft.

關於他的哲學，見：Martin Bondeli: *Das Anfangsproblem bei Karl Leonhard Reinhold. Eine systematische und entwicklungsgeschichtliche Untersuchung zur Philosophie Reinholds in der Zeit von 1789 bis 1803*, Klostermann 1995; ders. und Alessandro Lazzari (Hrsg.): *Philosophie ohne Beynamen. System, Freiheit und Geschichte im Denken Karl Leonhard Reinholds*, Schwabe 2004.

關於舒爾策對康德的批評，見：Luis Eduardo Hoyos Jaramillo: *Der Skeptizismus und die Transzendentalphilosophie. Deutsche Philosophie am Ende des 18. Jahrhunderts*, Alber 2008.

雅可比的作品，見：ders.: *Werke. Gesamtausgabe*; Hrsg. von Klaus Hammacher, Walter Jaeschke, Meiner/Frommann-Holzboog 1998 ff.

雅可比關於斯賓諾莎的文本，見：ders.: *Über die Lehre des Spinoza in Briefen an den Herrn Moses Mendelssohn*, Meiner 2000.

雅可比關於「有史以來最強而有力的觀念論」的引文，見：ders.: *David Hume über den Glauben oder Idealismus und Realismus. Ein Gespräch (1787)*, online unter https:// books.google.de/books/about/David_Hume_über_den_Glauben_oder_Ideali.html.

關於雅可比，見：Dirk Fetzer: *Jacobis Philosophie des Unbedingten*, Schöningh 2007.

靈魂世界或世界靈魂？

謝林的作品引自：Friedrich Joseph Schelling: *Sämtliche Werke*, hrsg. von Fritz

Schelling, 14 Bände, Cotta 1856-1861, auf CD-ROM hrsg. von Elke Hahn, Total-Verlag 1998 (SW).

謝林的書信，見：Gustav Leopold Plitt: *Aus Schellings Leben. In Briefen,* 3 Bände, Hirzel 1869-1870, Olms 2003 (Nachdruck).

關於謝林，見：Manfred Frank: *Eine Einführung in Schellings Philosophie,* Suhrkamp 1985; Wolfram Hogrebe: *Prädikation und Genesis*, Suhrkamp 1989; Franz Josef Wetz: *Friedrich W. J. Schelling zur Einführung,* Junius 1996; Hans Michael Baumgartner, Harald Korten: *Friedrich Wilhelm Joseph Schelling,* C. H. Beck 1996; Xavier Tilliette: *Schelling. Biographie*, Klett-Cotta 2004, 2. Aufl.; Reinhard Hiltscher, Stefan Klingner (Hrsg.): *Friedrich Wilhelm Joseph Schelling*, Wissenschaftliche Buchgesellschaft 2012.

黑格爾的作品引自：G. W. Friedrich Hegel: *Werke in zwanzig Bänden*, hrsg. von Eva Moldenhauer, Karl Markus Michel, Suhrkamp 1970.

書信引自：*Briefe von und an Hegel*, hrsg. von Johannes Hofmeister, 4 Bände, Meiner 1969.

關於黑格爾，見：Charles Taylor: *Hegel,* Suhrkamp 1983; Herbert Schnädelbach: *Georg Wilhelm Friedrich Hegel zur Einführung*, Junius 2011, 4. Aufl.; Walter Jaeschke: *Hegel-Handbuch. Leben-Werk-Schule*, Metzler 2003; Hans Friedrich Fulda: *Georg Wilhelm Friedrich Hegel*, C. H. Beck 2003; Thomas Sören Hofmann: *Georg Wilhelm Friedrich Hegel. Eine Propädeutik*, Marix 2004; Nicholas Boyle, Liz Disley, Karl Ameriks, Christoph Jamme: *The Impact of Idealism*, 4 Bände, Cambridge University Press 2013; Dieter Henrich: *Hegel im Kontext,* Suhrkamp 2015, 3. Aufl. (Neuaulage).

關於青年黑格爾，見：Christoph Jamme, Helmut Schneider: *Der Weg zum*

System. Materialien zum jungen Hegel, Suhrkamp 1990.

關於賀德林對黑格爾的影響，見：Christoph Jamme: *Ein ungelehrtes Buch. Die philosophische Gemeinschaft zwischen Hölderlin und Hegel in Frankfurt 1797-1800,* Meiner 2017.

關於《德國觀念論最古老的體系綱領》，見：Christoph Jamme, Helmut Schneider (Hrsg.): *Mythologie der Vernunft. Hegels ältestes Systemprogramm des deutschen Idealismus*, Suhrkamp 1984.

美的存有和顯象

《論繪畫》引自：August Wilhelm Schlegel, Friedrich von Schlegel: *Athenaeum*, Bertelsmann 1971, 2. Aufl.

謝林關於藝術的重要文本，見：*F. W. J. Schelling. Texte zur Philosophie der Kunst*, hrsg. Werner Beierwaltes, Reclam 2004.

關於謝林的藝術觀，見：Dieter Jähnig: *Der Weltbezug der Künste. Schelling, Nietzsche, Kant,* Alber 2011; Thomas Glöckner: *Ästhetische und intellektuelle Anschauung. Die Funktion der Kunst in Schellings transzendentalem Idealismus,* AVM 2011.

關於《美學》的理論和歷史，見：Władysław Tatarkiewicz: *Geschichte der Ästhetik,* 3 Bände, Schwabe 1979; Anne Sheppard: *Aesthetics: An Introduction to the Philosophy of Art,* Oxford University Press 1987; Annemarie Gethmann-Siefert: *Einführung in die Ästhetik,* UTB 1995; Konrad Paul Liessmann: *Philosophie der modernen Kunst. Eine Einführung*, UTB 1999; Maria E. Reicher: *Einführung in die philosophische Ästhetik*, Wissenschaftliche Buchgesellschaft 2005; Godo Lieberg: *Ästhetische Theorien der Antike, des Mittelalters und der Neuzeit*, Brockmeyer 2010;

Norbert Schneider: *Geschichte der Ästhetik von der Aufklärung bis zur Postmoderne*, Reclam 2010, 5. Aufl.; Stefan Majetschak: *Ästhetik zur Einführung*, Junius 2012, 3. Aufl.

鮑姆加登的《美學》引自：Alexander Gottlieb Baumgarten: *Theoretische Ästhetik. Die grundlegenden Abschnitte aus der »Aesthetica«* (1750/1758), hrsg. von Hans Rudolf Schweizer, Meiner 2013, 3. Aufl.

黑格爾的《美學》引自：G. W. Friedrich Hegel. *Vorlesungen über die Ästhetik*, 2 Bände, hrsg. von Friedrich Bassenge, Aufbau 1965.

歷史的終結

黑格爾的《法哲學原理》，見：G. W. F. Hegel. *Grundlinien der Philosophie des Rechts*, Reclam 1986.

關於黑格爾的政治哲學，見：Franz Rosenzweig: *Hegel und der Staat*, Suhrkamp 2010 (Nachdruck); Joachim Ritter: *Hegel und die französische Revolution*, Suhrkamp 2015, 4. Aufl.; Manfred Riedel (Hrsg.): *Materialien zu Hegels Rechtsphilosophie*, 2 Bände, Suhrkamp 1975; Shlomo Avineri: *Hegels Theorie des modernen Staates,* Suhrkamp 1976; Charles Taylor: *Hegel and Modern Society*, Cambridge University Press 1979; Dieter Henrich, Rolf Peter Horstmann (Hrsg.): *Hegels Philosophie des Rechts*, Klett-Cotta 1982; Axel Honneth: *Kampf um Anerkennung. Zur moralischen Grammatik sozialer Konflikte,* Suhrkamp 1994; ders.: *Leiden an Unbestimmtheit*, Reclam 2001; Ludwig Siep: *Aktualität und Grenzen der praktischen Philosophie Hegels. Aufsätze 1997-2009*, Fink 2010; Andreas Arndt, Jure Zovko (Hrsg.): *Staat und Kultur bei Hegel*, De Gruyter 2010; Sven Ellmers, Stefen Herrmann (Hrsg.): *Korporation und Sittlichkeit. Zur Aktualität von Hegels Theorie der bürgerlichen Gesellschaft*, Fink 2016.

關於弗里斯，見：Gerald Hubmann: *Ethische Überzeugung und politisches Handeln. Jakob Friedrich Fries und die deutsche Tradition der Gesinnungsethik*, Winter 1997; Kay Herrmann, Wolfram Hogrebe (Hrsg.): *Jakob Friedrich Fries-Philosoph, Naturwissenschaftler und Mathematiker*, Lang 1999.

戈德溫的主要作品，見：*Politische Gerechtigkeit*, Haufe 2004.

霍爾的作品，見：ders.: *Effects of Civilization on the People in European States, with Observations on the Principal Conclusions in Mr. Malthus's Essay on Population,* Routledge/Thoemmes Press 1994.

亞當・米勒的文本引自：ders.: *Die Elemente der Staatskunst*, 3 Bände, Sander 1809. 關於「歷史的終結」的隱喻，見：Barry Cooper: *The End of History: An Essay of Modern Hegelianism*, University of Toronto Press 1984; Henk de Berg: *Das Ende der Geschichte und der bürgerliche Rechtsstaat: Hegel-Kojève-Fukuyama*, A. Francke 2007.

感謝

我謹此再次感謝所有為了這部西洋哲學史第二卷的成功做出貢獻的人，尤其是最早為我閱讀手稿的漢斯尤爾根・布雷希特（Hans-Jürgen Precht）和提姆・艾許（Timm Eich）。我還想特別感謝克里斯多夫・雅美（Christoph Jamme），他親切的意見、腦力激盪和評論，一直讓我受益良多。

人名索引

國家圖書館出版品預行編目資料

認識自己：西洋哲學史. 卷二, 從文藝復興到德國觀念論 / 理察・大衛・普列希特（Richard David Precht）著；周予安, 劉恙冷 譯. -- 初版. -- 臺北市：商周出版：英屬蓋曼群島商家庭傳媒股份有限公司城邦分公司發行, 2021.06
面： 公分. --
譯自：Erkenne dich selbst : eine geschichte der philosophie. 2.
ISBN 978-986-0734-22-5（精裝）

140.9　　110006550

認識自己：西洋哲學史卷二

從文藝復興到德國觀念論

原著書名／Erkenne dich selbst: Eine Geschichte der Philosophie 2
作者／理察・大衛・普列希特（Richard David Precht）
譯者／周予安、劉恙冷
企劃選書／林宏濤
責任編輯／張詠翔、林宏濤

版權／吳亭儀、林易萱
行銷業務／周丹蘋、賴正祐、周佑潔
總編輯／楊如玉
總經理／彭之琬
事業群總經理／黃淑貞
發行人／何飛鵬
法律顧問／元禾法律事務所　王子文律師
出版／商周出版
城邦文化事業股份有限公司
臺北市中山區民生東路二段141號9樓
電話：(02) 2500-7008 傳眞：(02) 2500-7759
E-mail：bwp.service@cite.com.tw
Blog：http://bwp25007008.pixnet.net/blog
發行／英屬蓋曼群島商家庭傳媒股份有限公司城邦分公司
臺北市中山區民生東路二段141號11樓
書虫客服服務專線：(02) 2500-7718・(02) 2500-7719
24小時傳眞服務：(02) 2500-1990・(02) 2500-1991
服務時間：週一至週五09:30-12:00・13:30-17:00
郵撥帳號：19863813　戶名：書虫股份有限公司
讀者服務信箱E-mail：service@readingclub.com.tw
歡迎光臨城邦讀書花園 網址：www.cite.com.tw
香港發行所／城邦（香港）出版集團有限公司
香港九龍九龍城土瓜灣道86號順聯工業大廈6樓A室
電話：(852) 2508-6231　傳眞：(852) 2578-9337
E-mail：hkcite@biznetvigator.com
馬新發行所／城邦(馬新)出版集團 Cité (M) Sdn. Bhd.
41, Jalan Radin Anum, Bandar Baru Sri Petaling,
57000 Kuala Lumpur, Malaysia
電話：(603) 9057-8822　傳眞：(603) 9057-6622
Email：cite@cite.com.my

封面設計／兒日設計
地圖繪製／柯欽耀
排版／新鑫電腦排版工作室
印刷／韋懋實業有限公司
經銷商／聯合發行股份有限公司
電話：(02) 2917-8022　傳眞：(02) 2911-0053
地址：新北市231新店區寶橋路235巷6弄6號2樓

■2021年06月初版
■2024年01月初版1.8刷
定價 990 元

Printed in Taiwan
城邦讀書花園
www.cite.com.tw

ISBN 978-986-0734-22-5

商周出版

廣告回函
北區郵政管理登記證
台北廣字第000791號
郵資已付，免貼郵票

104台北市民生東路二段141號2樓

英屬蓋曼群島商家庭傳媒股份有限公司　城邦分公司

請沿虛線對摺，謝謝！

商周出版

書號：BP6035C　**書名：**認識自己：西洋哲學史卷二　**編碼：**

請於此處用膠水黏貼

商周出版

讀者回函卡

感謝您購買我們出版的書籍！請費心填寫此回函卡，我們將不定期寄上城邦集團最新的出版訊息。

不定期好禮相贈！
立即加入：商周出版
Facebook 粉絲團

姓名：＿＿＿＿＿＿＿＿＿＿ 性別：□男 □女

生日：西元＿＿＿＿年＿＿＿＿月＿＿＿＿日

地址：＿＿＿＿＿＿＿＿＿＿

聯絡電話：＿＿＿＿＿＿＿＿ 傳真：＿＿＿＿＿＿＿＿

E-mail ：

學歷：□ 1. 小學 □ 2. 國中 □ 3. 高中 □ 4. 大學 □ 5. 研究所以上

職業：□ 1. 學生 □ 2. 軍公教 □ 3. 服務 □ 4. 金融 □ 5. 製造 □ 6. 資訊
□ 7. 傳播 □ 8. 自由業 □ 9. 農漁牧 □ 10. 家管 □ 11. 退休
□ 12. 其他＿＿＿＿＿＿＿＿

您從何種方式得知本書消息？

□ 1. 書店 □ 2. 網路 □ 3. 報紙 □ 4. 雜誌 □ 5. 廣播 □ 6. 電視
□ 7. 親友推薦 □ 8. 其他＿＿＿＿＿＿＿＿

您通常以何種方式購書？

□ 1. 書店 □ 2. 網路 □ 3. 傳真訂購 □ 4. 郵局劃撥 □ 5. 其他＿＿＿

您喜歡閱讀那些類別的書籍？

□ 1. 財經商業 □ 2. 自然科學 □ 3. 歷史 □ 4. 法律 □ 5. 文學
□ 6. 休閒旅遊 □ 7. 小說 □ 8. 人物傳記 □ 9. 生活、勵志 □ 10. 其他

對我們的建議：＿＿＿＿＿＿＿＿＿＿

＿＿＿＿＿＿＿＿＿＿

＿＿＿＿＿＿＿＿＿＿

【為提供訂購、行銷、客戶管理或其他合於營業登記項目或章程所定業務之目的，城邦出版人集團（即英屬蓋曼群島商家庭傳媒（股）公司城邦分公司、城邦文化事業（股）公司），於本集團之營運期間及地區內，將以電郵、傳真、電話、簡訊、郵寄或其他公告方式利用您提供之資料（資料類別：C001、C002、C003、C011 等）。利用對象除本集團外，亦可能包括相關服務的協力機構。如您有依個資法第三條或其他需服務之處，得致電本公司客服中心電話 02-25007718 請求協助。相關資料如為非必要項目，不提供亦不影響您的權益。】

1.C001 辨識個人者：如消費者之姓名、地址、電話、電子郵件等資訊。
2.C002 辨識財務者：如信用卡或轉帳帳戶資訊。
3.C003 政府資料中之辨識者：如身分證字號或護照號碼（外國人）。
4.C011 個人描述：如性別、國籍、出生年月日。

請於此處用膠水黏貼